索·恩 历史图书馆
005

律师、政客与知识分子如何重塑世界

How a Radical Plan to Outlaw War Remade the World

反战之战

THE INTERNATIONALISTS

〔美〕乌娜·A. 海瑟薇　〔美〕斯科特·J. 夏皮罗　著
朱世龙　译

Oona A. Hathaway　Scott J. Shapiro

社会科学文献出版社
SOCIAL SCIENCES ACADEMIC PRESS (CHINA)

前　言

1928 年 8 月 27 日，人群聚集在法国外交部（Quai d'Orsay）① 之外，围观世界各国领导人的到来。围观者站在任何可供下脚的地方：人行道上、出租车上、卡车上、塞纳河的护栏上。有些人为了看得更真切些，干脆爬上了路灯杆，以致警方不得不动用额外的警力驱赶他们。政要和新闻记者强行穿过人群，向引座员递上黄色的邀请函，上面印着当天的日期并写着"《关于废弃战争作为国家政策工具的普遍条约》② 签署仪式（*Signature du pacte generale renonciation a la guerre*）"。[1]

引座员把客人们领进了宏伟的时钟厅（Salle de l'Horloge），它位于法国外交部这座巨大建筑物的深处。大厅里，巨大的吊灯悬挂在闪耀着金光的天花板上，血红色的窗帘将世界隔在了外面。四个彩色的旋涡装饰被固定在雕刻精美的嵌线上，它们代表着"四大洲"。整个大厅的设计似乎在传递这样的信息：世界法则在这里制定。

实际上，在几代人的时间内，世界法则确实是在这里制定的。为了使国际贸易和科学研究顺利进行，1875 年，国际社会在这个奢华的大厅里建立了一个统一的度量标准体系。[2] 1920 年，国际联盟

/ x

① 奥赛码头，是巴黎的一个码头，位于塞纳河左岸，旁边是奥赛街。法国外交部位于奥赛码头，法国人喜欢用地名称呼政府机构，因此奥赛码头通常代表法国外交部。——译者注（本书除特殊标注为译者注外，其余均为作者注）

② 《非战公约》英文为"General Treaty for Renunciation of War as an Instrument of National Policy"，全称为《关于废弃战争作为国家政策工具的普遍条约》。本书中，作者使用以下术语来指代该条约：《白里安 - 凯洛格公约》（Briand-Kellogg Pact）、《放弃战争的普遍条约》（General Treaty for the Renunciation of War）、《凯洛格 - 白里安公约》（Kellogg-Briand Pact）、《凯洛格公约》（Kellogg Pact）、《非战公约》（"No War Pact"）、《巴黎公约》（Pact of Paris）、《巴黎和平公约》（Paris Peace Pact）、《公约》（Pact）。为了便于阅读，在无特殊情况下，原文在使用上述术语时，译文全部以《非战公约》来表述。——译者注

（League of Nations）的第一次会议也是在这里举行，它是为解决国家间争端而创设的。[3]仅仅十年前，同样是在这里，战胜国向战败的德国规定了和平条款。[4]

这一天，时钟厅外天气温和宜人，但是厅内却酷热难耐。为拍摄签约仪式而架设的弧形灯散发出炽热的光线，把时钟厅变成了一个烤箱，烘烤着衣冠楚楚的政要们。列队行进仪式下午 3 时零 1 分准时开始。携带中世纪长戟的瑞士警卫带领使者们进入大厅。正当客人起身时，摄影师用不同语言开始大喊："坐下！坐下！"原来他们挡住了镜头。尽管他们对摄影师的冒失行为感到震惊，但还是听从安排回到了座位上。

现场仪式由法国外交部长阿里斯蒂德·白里安（Aristide Briand）主持。白里安看上去不像一个政治家。他既不身材高大，也不引人注目；他脸色灰白，长长的胡须垂下来，遮住了大部分脸庞，并且，他常常显得极为严肃古板。然而，白里安是一个精力旺盛的外交官，他不知疲倦地捍卫着法国的国家利益。自从德国战败后，他耗费十年时间，努力周旋，致力于让法国避免再次卷入一场血腥冲突。两年前的 1926 年，他因促成《洛迦诺公约》（Locarno Treaties）的签订而获得诺贝尔和平奖，该公约是一套相互关联的协议，设计初衷是防止欧洲各强国相互发动战争。现在，白里安和他的美国同行、美国国务卿弗兰克·凯洛格（Frank Kellogg）一道，要把"洛迦诺精神"传播到全世界。[5]

当白里安起身发言时，摄影师们关掉了明亮的弧形灯，代之以更为柔和的聚光灯照射在他身上。他首先热情感谢位于他左边的美国国务卿凯洛格和右边的德国外长古斯塔夫·施特雷泽曼（Gustav Stresemann）。他宣布，今天"标志着人类历史上一个新的开端"和"自私且任意的战争"的终结；从这一刻起，世界各国不再将战争视为解决争端的合法手段；由于剥夺了战争的"合法性"，该条约将打击"邪恶的根源"。[6]此时，大厅里爆发了热烈的掌声，泪水从凯洛格的脸颊滑落下来。

弧形灯重新亮起。由于光线太强而出现视觉盲区，白里安要求关掉它们，但摄影师没听他的吩咐。白里安转身向施特雷泽曼鞠躬致意，后者起身走向条约文本放置处。施特雷泽曼头上和脖子上沁出亮晶晶的汗珠，他在一张放着羊皮纸文件的小桌前坐下，拿起一支约 20 厘米的金笔。这支笔是勒阿弗尔市（Le Havre）最近赠送给凯洛格的礼物。这支笔装饰着月桂花环，上面刻着这样一句话："Si vis pacem，para pacem（如果你想要和平，那么就要为和平做准备）。"这句话改编自一句非常著名的格言——"如果你想要和平，那么就要为战争做准备"，这句格言通常被认为是罗马军事理论家韦格蒂乌斯（Vegetius）所说。[7]

下一个签字的是凯洛格。由于金笔比较笨重，无法顺利地使用，他恼怒地作了个苦相，然后用力地晃动金笔。

在凯洛格之后，比利时外交部长保罗·海曼斯（Paul Hymans）和白里安分别代表比利时和法国签署该条约。然后英国代理外交大臣库申登勋爵（Lord Cushendun）代表大不列颠及北爱尔兰签署了条约。加拿大、新西兰、南非、澳大利亚、爱尔兰自由邦、印度、意大利、日本、波兰和捷克斯洛伐克的全权代表紧随其后签署了条约。[8]

整个仪式用了不到一个小时。下午 3 时 57 分，一名瑞士警卫把他的长戟重重地扔在地板上，摄像机也停止了转动。至此，战争在世界历史上第一次被宣布为非法。

即使不是国际关系方面的专家也知道，当天签署的《非战公约》未能终结战争。声势浩大的宣告仪式结束后仅仅三年，日本就侵略了中国；日本侵华之后四年，意大利入侵埃塞俄比亚；再后四年，德国入侵波兰和大多数欧洲国家。结果是，除了爱尔兰，当年齐聚巴黎宣布放弃战争的国家都处于战争之中。随之而来的灾难比之前发生的灾难更具破坏性。第二次世界大战的死亡人数是第一次世界大战的五倍，达到了难以想象的 7000 万人[9]，是过去 1000 多年来伤亡人数最多的冲突。[10]《非战公约》也没有阻止朝鲜战争、阿以冲突、印巴战争、越南战争、南斯拉夫的分裂、卢旺达的种族屠杀、“反恐战争”或者乌克兰和叙利亚的冲突。

当时，《非战公约》是历史上批准国家最多的条约，有 63 个国家加入。①然而，今天它在很大程度上被遗忘了，已经很少有人听说过它，大多数历史学家也忽略了它。无论是《企鹅世界史》(*The Penguin History of the World*) 还是牛津大学《世界史》(*The History of the World*)，甚至都没提过它，尽管二者篇幅都超过了 1200 页。[11] 当人们提及《非战公约》[在美国被称为《凯洛格 - 白里安条约》] 时，它通常被视为严肃的国际事务中一个令人尴尬的失误，一个永远不应该被重复的天真实验并遭到否定。美国前国务卿亨利 · 基辛格 (Henry Kissinger) 嘲笑非法化战争的努力“像空中楼阁一样充满诱惑力”(“as irresistible as it was meaningless.”)。[12] 冷战战略家乔治 · 凯南 (George Kennan) 形容它是“幼稚的，十足的幼稚”。[13] 在另一本优秀著作《地狱归来》(*To Hell and Back*) 中，英国历史学家伊恩 · 克肖 (Ian Kershaw) 将《非战公约》描述为“异常空洞”。[14] 外交官肯尼思 · 阿德尔曼 (Kenneth Adelman) 判定它是“一个笑柄”，外交关系委员会的詹姆斯 · M. 林赛 (James

① 截至 1934 年底，下列国家已成为该公约的缔约国：阿富汗、阿尔巴尼亚、澳大利亚、奥地利、比利时、巴西、保加利亚、加拿大、智利、中国、哥伦比亚、哥斯达黎加、古巴、捷克斯洛伐克、但泽、丹麦、多米尼加共和国、厄瓜多尔、埃及、爱沙尼亚、埃塞俄比亚、芬兰、法国、德国、希腊、危地马拉、海地、汉志、洪都拉斯、匈牙利、冰岛、印度、伊拉克、爱尔兰自由邦、意大利、日本、拉脱维亚、利比里亚、立陶宛、卢森堡、墨西哥、荷兰、新西兰、尼加拉瓜、挪威、巴拿马、巴拉圭、波斯、秘鲁、波兰、葡萄牙、罗马尼亚、暹罗、南非、苏联、西班牙、瑞典、瑞士、土耳其、英国、美国、委内瑞拉和南斯拉夫。巴巴多斯在 1971 年加入，安的列斯和阿鲁巴在 1986 年加入，多米尼加联邦在 1988 年加入，波黑在 1994 年加入。

M. Lindsay）称之为“国际飞吻”（the international equivalent of an air kiss）。[15]

或许比利时电影制片人亨利·斯托克（Henri Storck）对《非战公约》的控诉最为铿锵有力。1932 年，斯托克利用《非战公约》签署仪式的镜头，将其与 1928 年以来的相关新闻场景拼接起来。这些场景有英国“无畏”舰发射巨大炮弹的片段，德国军官头戴钉盔（那是他们的标志性尖头盔）阅兵，以及贝尼托·墨索里尼（Benito Mussolini）挑衅性地挥舞着拳头，等等。电影没有故事叙述，但它表达的信息很明确：时钟厅里的庄严仪式是纯粹的政治演出；大国根本无意废弃战争，相反，它们正忙于扩军备战。法国政府对这部讽刺作品感到非常震惊，于是在电影发行之前对其进行了审查。这部影片仅在 1959 年上映，当时，为了强调废弃战争的行动本质上是一出闹剧，斯托克特意为其配了进行曲。[16]

《非战公约》并没有像 1919 年的《凡尔赛条约》（Treaty of Versailles）和 1938 年的《慕尼黑协定》（Munich Agreement）那样受到谴责，人们常常指责后两者是第二次世界大战的起因之一。因为没有人真正在意它，所以人们也就不会去责难或者斥责它。当我们在《纽约时报》上写了一篇专栏文章[17]来赞扬该条约时，国际关系学者丹尼尔·德雷兹内（Danial Drezner）评论说：“这可能是我看到的专栏文章中第一次正面提及《凯洛格 - 白里安公约》的。我这么说并非刻薄——我确实没有见过对该条约的积极评价。”[18]

本书认为，《非战公约》确实应该被正面评价。坦率地说，《非战公约》并没有造就世界和平。然而，它却是人类历史上最具变革意义的事件之一。它从根本上使得我们的世界更加和平。它没有终结国家间的战争，但它标志着国家间战争终结的开始，并且，它带来了国际秩序的变革。

“国家间战争终结的开始？”“创造了一个新的国际秩序？”这些强烈主张无疑会引发怀疑论。毕竟，甚至就在我们写下这些话时，世界很多地方正被卷入残忍的、毁灭性的冲突。叙利亚正处在血腥的内战当中，这场内战已经夺走了50万人的生命；土耳其正陷入库尔德人寻求独立的战争；克里米亚并入俄罗斯，后者正在支持东乌克兰的东部民间武装；“伊斯兰国”（The Islamic State）的影响从伊拉克扩散至叙利亚，现在也控制了利比亚相当面积的国土；尼日利亚政府正与“博科圣地”（Boko Haram）恐怖集团战斗。上述冲突导致的伤亡人数令人感到恐怖。2015年，死亡人数超过1万的武装冲突有3起，分别发生在叙利亚、伊拉克和阿富汗，这些人员死亡均与战斗有关。仅在叙利亚，一年的伤亡人数就超过了3万。此外，爆发在三个不同大陆的另外6场冲突至少造成1000人死亡，这些冲突分布在非洲的尼日利亚、南苏丹和索马里，亚洲的巴基斯坦和也门，以及欧洲的乌克兰。[19]

/ xiv 但是，对《非战公约》持怀疑态度的主要依据并不是简单地认为该条约不起作用，而是认为其不能起作用，以及认为在权力政治世界中，非法化战争的努力是在完成一项愚蠢的使命。那种认为通过宣布战争不合法就可以终结战争的观点，通常被认为是荒谬和天真的而遭到人们拒绝。正如美国参议员亨利·卡波特·洛奇（Henry Cabot Lodge）所指出的，“以政府命令的形式宣布废弃战争，本质上是荒唐的”。[20]因为爱好和平的国家不需要和平协定来防止它们开战，而一纸协定也无法阻止好战者通过战争去攫取利益。

为何这种质疑具有合理性，但它却错了？本书给出了解释。如今看来，非法化战争对我们来说似乎不过是徒增荒谬而已，因为我们的世界早就宣布战争非法了，除了防御功能外，很难想象战争还有其他合法的功能。今天，战争被认为是对文明政治的背离。但事实并非总是如此。1928年之前，所有国家接受的是与之相反的观念：战争并非对文明政治的背离，它就是文明政治。各国甚至无法想象如果没有战争，国家该如何作为。

《非战公约》签署国试图通过宣布废弃战争作为国家政策的工具来终止国家间战争。但它们宣告废弃战争的行为只是一个变革的开端，而不是最终目标。与美国《独立宣言》（Declaration of Independence）有诸多相似之处，《非战公约》也表明了与过去的决裂。它同时也是对创建一个新的法律和政治秩序的承诺，只不过这个新秩序彼时尚未形成。正如《独立宣言》的承诺经历了革命战争、美国第一部宪法［被称为《邦联条例》（Articles of Confederation）］的废除和1789年第二部宪法的重新修订才得以实现一样，《非战公约》的承诺变成现实也经历了20年的斗争，包括一次世界大战、国际联盟的解散以及联合国的创建。

它确实变成了现实。借鉴大量的统计和历史研究，我们将会表明《非战公约》并非以令人欣赏的方式获得成功，因为它并非像齐聚巴黎的代表们可能期望的那样起到立竿见影和精准无误的效果，其成功在于随着时间的推移，它深刻地塑造着我们生活的世界。我们的证据不仅会揭示最致命的冲突已经变得不那么普遍，而且更重要的是，它们还会揭示冲突的性质已经发生了根本性变化。《非战公约》的目的是结束国家间战争，在这方面，事实证明它非常成功。然而，它的确没有终止所有的武装冲突。自相矛盾的是，由于《非战公约》将战争从国家合法政策工具中剥离并增强了国家的主权，它极有可能使一些冲突变得更加难以解决。 / xv

《非战公约》宣布战争非法。但是，它所起到的作用远不止于此。通过禁止各国利用战争解决争端，它引发了一系列事件，正是这些事件形成了现代全球秩序。随着在全球范围内影响日益广泛且深远，《非战公约》重塑了世界地图，促进了人权革命，使经济制裁成为法律实施的工具，并导致国际组织数量激增——现如今，这些国际组织规制着我们日常生活的许多方面。

本书以还原现已被遗忘的、1928 年之前的世界作为开端。我们称这一阶段的世界为“旧世界秩序”，它指的是欧洲国家在 17 世纪采用并在接下来的三个世纪强加于全球其他地区的法律制度。它构成了我们现在所称的“国际法”的基础。定义旧世界秩序的规则是通过权宜之计（improvisation）和文化互渗的渐进过程非正式地逐步完成的。但是，尽管这些规则是通过习惯而非条约制定发展出来，但这并不意味着它们的约束力就小。事实上，人们认为旧世界秩序的规则具有强制性，主权国家在很大程度上遵守了它们。

旧世界秩序的规则与今天的规则截然不同。旧世界秩序首先是基于这样的信念被定义，即战争是纠正错误的合法手段。生活在旧世界秩序的人们会发现，卡尔·冯·克劳塞维茨（Carl von Clausewitz）《战争论》（*On War*）中的格言具有无可争辩的准确性：战争无非政治通过另一种手段的延续。[21] 诉诸武力并不表示该体系失灵：这正是该体系的运行方式。旧世界秩序认为战争是实现正义的工具，承认强权即公理（Might was Right）。

但旧世界秩序不仅仅许可战争，确切地说，它依靠战争并回报战争。所有国家都有征服的权利：任何国家只要声称它遭受另一国不公正对待，并且其赔偿要求被对方忽视，就可以使用武力进行报复并获取领土作为补偿。征服国因而成为新获领土的统治者：它拥有所有公共财产并拥有合法权威来统治其国民。今天世界上几乎所有的边界都见证了一些此类战争——包括美国的边界。亚利桑那州、加利福尼亚州、内华达州、犹他州，以及科罗拉多州、新墨西哥州和怀俄明州的部分地区已不再是墨西哥的一部分。因为墨西哥未能偿还债务，美国在 1846 年对其发动了一场战争，获取了上述领土。

各国不仅拥有发起战争以补偿被不公正对待的合法权利，还可为同样目的发起战争威胁。19 世纪，日本拒绝与美国进行贸易，违反了其参与全球贸易的义务，美国派遣马修·佩里准将（Commodore Matthew Perry）率领一支舰队前往日本，提出要与其签订一份“友好条约”。佩里毫不怀疑，如果日本拒不签订条约，那么替代友谊的就是战争。

旧世界秩序还为那些发动战争的人授予豁免权，实际上，这就是授权他们大规模杀人。如果一个普通人在战争之外杀了另一个人，那是一种凶残的罪行。如果一支军队在战争中杀死数千人，那不仅合法而且光荣。在那时，发动战争必然地免受刑事起诉。

在发动战争合法的时期，中立国被禁止对交战国实施经济制裁。中立国如果在战争中偏袒某一方，就可能会受到惩罚，即使它从未开过一枪。因此，如果中立国与交战一方进行贸易，但拒绝与其对手进行贸易（或以不利的条件进行贸易），则违反了其中立义务并可能受到报复性攻击。例如，在第一次世界大战开始时，如果美国与英国进行贸易，但拒绝与德国进行贸易，那它就违反了中立义务，德国将有权对其进行打击。正因如此，伍德罗·威尔逊（Woodrow Wilson）总统呼吁美国人保持“思想和行动上的公正”。1916 年，他以“他让我们摆脱了战争”的口号竞选连任。

《非战公约》是天真的，但并非出于大多数人所想的原因。非法化战争确实奏效。如果有什么区别的话，就是它的效果太好了。《非战公约》的问题在于它纯粹是破坏性的。通过非法化战争，各国放弃了解决争端的主要手段。它们破坏了现存体系，这个体系允许国家使用武力纠正错误，但它们并没有建立新的体系取而代之。这部分是因为已经有一个机构——国际联盟——似乎做好了解决争端的准备。但是，国际联盟是建立在旧世界秩序的原则之上的，它也要依靠战争和战争威胁来纠正错误并执行规则。于是，便出现了这样一种现象，在一个战争被宣布为非法的世界里，国际联盟的执行机制却基于一项各

/ xvii

国不愿意行使的权利，即发动战争的权利。

因此，当日本人在1931年入侵中国东北时，国际联盟便瘫痪了。毕竟，几乎所有的成员都刚刚宣布了放弃战争。对战争的禁止当然不能用战争来强制执行。但如果不用战争，那又要用什么来禁止战争？毕竟，旧世界秩序下经济制裁是非法的，只有战争才是合法的。现在，既然战争是非法的，那么经济制裁可能会成为惩罚国家的合法工具吗？20世纪30年代，当世界迅速陷入灾难之后，哲学家、律师和政治家们竭力回答这些问题，想要填补战争被非法化后留下的手段真空。就如何应对非法行为——如果不通过战争的话，他们未能达成共识，这造成了思想混乱和政策瘫痪，从而失去了对日益增加的轴心国威胁采取协调一致且行之有效的应对措施的可能性。

直到第二次世界大战结束时，一个以彻底非法化战争为前提的世界秩序——我们称之为“新世界秩序”——终于出现了。这个我们现在生活其中的新世界秩序是对旧世界秩序的逆反。旧世界秩序有着管理征服、刑事责任、炮舰外交和中立的规则。新世界秩序也有这些规则，但它们正好相反。在新世界秩序中，侵略战争是非法的。而且由于侵略战争是非法的，国家不再有权征服其他国家；发动侵略战争是一宗严重的罪行；炮舰外交不再合法；经济制裁不仅是合法的，而且是国际法执行的标准方式。

新世界秩序不仅仅意味着有法律条文，更重要的是，各国实际上也服从这些法律条文。当然有一些违法行为。但是，《非战公约》签订前后的世界的差异极其巨大。事实上，我们将表明，1928年以后，一个国家遭受征服的可能性从每几十年一次下降到每千年一到两次。

/ xviii

我们的数据并不仅仅表明国际秩序在第二次世界大战后发生了急剧变化，辅以历史证据，这些数据还使我们得出一个更加令人震惊的结论：早在1928年，各国相互联系的方式就发生了转变，这一转变进程是《非战公约》启动的。当然，《非战公约》并不是促成这一转变的唯一因素。《非战公约》废除了旧世界秩序的核心原则，但并没有用一套新的机制取而代之。因此，若要成功地变革国际法律秩序并改变国家行为，仅仅依靠《非战公约》是不够的。但是，《非战公约》非法化战争是一个至关重要——却被忽视的——触发因素，它引发了一系列将导致建立新的全球秩序的事件。

禁止战争影响了各国的开战时间和开战频率，但也改变了和平时期各国彼此关联的方式。在新世界秩序中，一个主权国家如果想要另一个主权国家按其意愿行事，唯一合法的方式是提供对双方都有利的合作。战争作为争端解决的合法机制的终结，导致了贸易合作以前所未有的方式和规模兴起，并推动了数千个国际协议的签订，这些协议包罗万象，从咖啡种植到税收，再到刑法。最新版的《联合国条约汇编》(United Nations Treaty Series）有2800多卷，包括数十万份国际协议。通过这些协议，即使是最小的国家也可以通过合作而非战争的方式与世界上几乎所有其他国家发生联系。

新世界秩序减少了国家间战争，其本身连同上述结果颇有值得庆祝之处。但是，从旧世界秩序向新世界秩序的转变也产生了始料未及的后果，而且并非所有这些后果都是积极的。在旧世界秩序中，战争是合法的，一个主权国家如果没有运转良好的国家机构，那么它将面临被另一个各项机构运转良好的国家夺去领土的风险。而在新世界秩序中，军事侵略是非法的，这就允许即便弱国也能生存。但弱国能够生存下去的世界也是弱国可能成为失败国家的世界。失败国家往往陷入内战和人道主义灾难，并成为叛乱和恐怖主义的温床。因此，新世界秩序促成了国家间战争的减少和领土侵略行为的减少，而这导致了失败国家和内战的相应增加。这也是1928年《非战公约》开启的变革所带来的结果。

历史学家和国际关系理论家传统上将现代国际秩序称为“威斯特伐利亚秩序”（Westphalian order），它以德国西北部威斯特伐利亚地区命名。这里曾签署两个和平条约，其中之一结束了1618~1648年欧洲三十年战争（Thirty Years War）。三十年战争是欧洲最血腥的宗教战争，根据大多数学者估计，这场战争杀死了德国三分之一的人口。[22]根据这些学者的观点，《威斯特伐利亚和约》建立了现代主权国家秩序。在这个体系中，各国有权按照它们认为合适的方式管理其公民；在其地理管辖范围内，它们是主权者，无需向任何外部力量负责。[23]

本书不是从1648年威斯特伐利亚条约开始叙述，而是从比其早40年的荷兰律师和哲学家雨果·格劳秀斯（Hugo Grotius，1583~1645）的工作开始。我们之所以从这里开始，有两个原因。首先，正如学者们现在承认的那样，威斯特伐利亚条约与国际体系无关。它们的目标不是将主权原则强加于欧洲国家。它们的重点是地方性的——重新安排神圣罗马帝国的内部结构，从而结束德国天主教徒和新教徒之间的宗教冲突和政治冲突。[24]

其次，我们从格劳秀斯开始，是因为他通常被认为是“国际法之父”。更重要（也不太为人们所了解）的是，他是卓越的战争哲学家。本书的主要论点之一是，体现国际体系本质特征的是它如何规范武装冲突。格劳秀斯最有创造性且最为清晰地表达了这样的观点，即允许国家彼此发起战争以加强其合法权利。换句话说，他是旧世界秩序的开创性理论家。

我们一旦从战争的角度来看待国际体系，就会看到国际体系已经发生了根本性变化。无论它何时受到了侵害，国家也不再被允许用武力来加强自己的合法权利。我们将这一转变的根源定位于1928年《非战公约》签署。从这个时间点切入，我们的目标就是要表明，国际体系从那时起已经出现了结构性转变——从我们所说的旧世界秩序向新世界秩序的转变。

格劳秀斯并没有发明旧世界秩序。尽管对旧世界秩序的形成具有极大的影响，但他也只是在描述几个世纪以来在西方文化和政治中一直存在着的实践和系统化思想。然而，他过去是且现在依然是旧世界秩序逻辑最明确的倡导者，因此，尽管他的犀利辩解通常会令现代人感到困惑，但这不妨碍我们将其作为分析旧世界秩序残酷原理的切入点。正如格劳秀斯所写的那样，旧世界秩序在 17 世纪的时候已经完全形成了。而且，如果我们是对的，它将于 1928 年 8 月 27 日结束。

虽然我们研究了大量的数据并间或描述了一些不为人所熟知的事件，但从根本上讲，本书是一部思想史著作。它记录了长期以来人们试图解决的关于战争的最为重要的问题：战争是何时合法的？什么时候一群人被允许杀死另一群人？

在追踪领导者和思想家如何解决这些问题时，我们关注的是那些我们认为的关键时刻。在过去几个世纪里，他们对这些问题的答案在关键时刻几经变更。我们通过研究两类人群（他们几乎都是男性）的工作和生活来跟踪这些变化。第一类我们称之为“干涉主义者”。干涉主义者认为，在世界政府缺失的情况下，战争是加强权利的合法手段。他们以格劳秀斯为代表，将旧世界秩序视为一种体系，为建立在战争基础上的合法秩序构建了思想基础。西周（Nishi Amane，1829~1897）追随格劳秀斯的思想，他试图理解西方国际法体系并将格劳秀斯的观点引进日本。他把日本这个一度孤立的国家变成了西方帝国的镜像。卡尔·施米特（Carl Schmitt，1888~1985）曾预计，非法化战争将会导致变革，并且作为第三帝国最有影响力的法律思想家之一，他曾竭尽全力阻止这种变革。赛义德·库特布（Sayyid Qutb，1906~1966）是一名埃及籍干涉主义者，由于对西方的霸道行径和埃及日益世俗化感到不满，他将激进伊斯兰思想政治化，为今天的伊斯兰国设定了方向。

第二类我们称之为“国际主义者”。他们认为，战争是解决争端的野蛮手段，解决争议的最佳途径是诉诸国际制度（international institution）。国际主义者以萨尔蒙·O. 莱文森（Salmon O. Levinson，1865~1941）和詹姆斯·T. 肖特维尔（James T. Shotwell，1874~1965）为主要代表。然而，二者虽互为竞争对手，但对这个世界有着共同的愿景，即战争被宣布为非法。在这个愿景的驱使下，莱文森组织了一场社会运动，并且他和肖特维尔以不同的方式和不同的侧重点说服了美国政府将这一想法变为现实。萨姆纳·威尔斯（Sumner Welles，1892~1961）是一位性格刚硬、孤僻的美国国务院官员，在他还没有成功地创建国际主义者关于世界秩序的制度框架——后来成为联合国——之前，就被迫辞职了，因为有消息说他曾向一名男性铁路工人求欢。赫希·劳特派特（Hersch Lauterpacht，1897~1960）是犹太人，他的家人在大屠杀中遇害。他对于国际主义者的思想贡献如同格劳秀斯为干涉主义者所做的贡献。他认识到国际体系的规则正在发生转变并总结这些转变，以战争的非法性而不是合法性为基础形成新的世界秩序理论。这些所处历史时代不同、地域相隔甚远的人们并非无中生有地（ex nihilo）创造了关于战争的思想。他们每个人的思想都是在前人研究基础上以自己的方式形成的，但都带来了改变世界历史的卓越创新。

因此，本书的一个关键主题是思想很重要，有思想的人很重要。从这个角度来说，本书既是一部战争思想史，也是一部战争思想实践史。这是一部关于思想如何产生、碰撞和演变的历史。同时，这也是一部讲述思想如何融入重构人类关系的制度之中，并在这个进程中重塑世界的历史。

最后，本书试图反思我们这一代人在这个仍在演绎的故事（unfolding tale）中的位置。现在，人们很容易把《非战公约》的历史成就视为理所当然。战争被宣布为非法已近一个世纪，其结果是国家间关系处于一段前所未有的和平与合作时期。但我们不能假定这种和平与合作将持续下去。世界秩序的规则曾经发生过改变，如果我们忘记过去的教训，它们可能会再次改变。

旧世界秩序——在这个世界里，战争是被允许的纠错方式——是血腥、残酷和不公正的。在其崩溃之前，数百万人参加战斗并死亡。本书的目的是希望读者冷静看待阿里斯蒂德·白里安、弗兰克·凯洛格和其他1928年聚集在巴黎那个闷热的房间里的人所终结的世界。同时，希望他们思考《非战公约》痛苦却成功地建立起来的世界——以及我们如何为子孙后代保护它、改进它。

/ xxii

第一部分

旧世界秩序

1603 年 2 月 24 日夜，三艘荷兰船抵达新加坡海峡的柔佛河口。船员们把锚停在橄榄绿色的水中，然后休整等待。第二天早晨，水手们醒来时看到了一个奇妙的景象：葡萄牙大帆船“圣卡塔琳娜号”（*Santa Catarina*）在夜间抵达并且正好停泊在他们身边。[1]

/ 003

“圣卡塔琳娜号”是一艘巨大的克拉克帆船，呈 U 型，前后是高耸的艏楼和艉楼，如此设计，在于可以抵御较小船只的攻击。它耸立水中，装配大量令人生畏的火炮并拥有充足的空间储藏货物。可以通过对比直观感受一下其规模：麦哲伦（Magellan）环游世界的帆船“维多利亚号”（*Victoria*）吨位是 85 吨[2]，“圣卡塔琳娜号”的吨位是 1500 吨[3]。它能运送近千人：700 名士兵、100 名妇女和儿童（一些可能是船员家属，还有一些是被俘当作奴隶出售的当地人），以及各类船员。[4]

早上 8 点，荷兰舰队队长雅各布·范·赫姆斯科克（Jacob van Heemskerck）命令他的船员进行攻击，指示他们只向克拉克帆船的主桅杆开火。他警告要避免击破船体，这非常重要，“以免我们自己的加农炮摧毁我们的战利品”。[5]这是一次单方面的攻击。“圣卡塔琳娜号”比范·赫姆斯科克舰队的任何一艘船都要大近三倍，但其庞大的体积令其操纵起来很麻烦。船上的人也太多，甲板上非常混乱，不可能进行有效协调。船员也没有经历过海战的洗礼。更为糟糕的是，葡萄牙人不是根据技能或经验选择炮手，他们是将这些职位拍卖给出价最高的竞价者。虽然葡萄牙人发明了一个筹集资金的好方法，结果证明，这个方法在保卫船只方面的效果很糟糕。[6]

/ 004

这场战斗在晚上六点半结束。“圣卡塔琳娜号”的船帆被打得破烂不堪，船只面临撞上新加坡岛东岸的浅滩岩礁的危险。葡萄牙船长塞巴斯蒂亚诺·赛朗（Sebastiano Serrao）向范·赫姆斯科克投降，从而引发了一系列改变世界的事件。

善意捕获

到 1604 年范·赫姆斯科克返回荷兰时，把他派遣到东印度群岛的贸易公司阿姆斯特丹联合公司已经不复存在。它已被新组建的荷兰东印度公司收购。荷兰共和国最高立法机构议会已授予荷兰东印度公司垄断权，以避免荷兰贸易商之间的破坏性竞争。从新加坡到荷兰，行程 1.2 万海里，范·赫姆斯科克拖回“圣卡塔琳娜号”把它交给了他在阿姆斯特丹的新雇主。[7]

按照标准程序，荷兰东印度公司和范·赫姆斯科克向阿姆斯特丹海事法庭（Amsterdam Admiralty Board）提起诉讼，以确保对该船及其装载货物的所有权。[8] 该诉讼宣称以下事实：该公司“曾派出一支由 8 艘船组成的船队在［雅各布·范·赫姆斯科克］指挥下去东印度群岛，以便与当地居民进行正常的贸易”。[9] 然而，当范·赫姆斯科克抵达东印度群岛时，他发现葡萄牙政府谋划了一场大规模的恐怖活动以驱赶荷兰人，因为荷兰人对葡萄牙垄断亚洲香料贸易构成了威胁。恐怖行动的指挥官安德烈·福尔塔多·德·门多萨（André Furtado de Mendonça）上校带领一支舰队前往爪哇岛万丹（Bantam in Java）以“摧毁所有荷兰船只和船员”。[10] 他还攻击了当地人以示惩罚，因为这些当地人向荷兰人“开放了港口和市场”。[11] 他的行动摧毁了香料群岛（今天印度尼西亚马鲁古群岛）最大的岛屿之一安汶（Ambon），并且“残暴地欺压当地穷苦居民”。[12] 范·赫姆斯科克还发现葡萄牙人在中国澳门谋害了 17 名荷兰探险队的水手。范·赫姆斯科克上次航行到香料群岛建立贸易站时留下的一名船员“被葡萄牙人抓去，他被 4 艘战舰关押过，勉强存活了下来”。[13]

范·赫姆斯科克及其船员对这些暴行深感愤怒，准备对葡萄牙人进行报复。他们想要捕获一艘葡萄牙克拉克船。在花了几个月时间搜寻后，他们在 1603 年 2 月 25 日早晨发现了一艘，碰巧的是，它就停泊在他们身边。并且，这条船不是其他的克拉克船，而是珍贵的“圣卡塔琳娜号”。[14]

诉讼提交后，海事法庭发出通知，召集所有申请者对这次捕获的船只及其装载货物的所有权提出申索。并且在接下来的六周内，他们每隔两周重复一次这一过程。当然，没有人回应：“圣卡塔琳娜号”的葡萄牙拥有者在世界的另一端，从来没有看到这些通知。1604 年 9 月 9 日，海事法庭公布了决定，宣布捕获的船只和货物为“善意捕获”，并命令将其“全部拍卖，所得分给原告”。[15]

捕获“圣卡塔琳娜号”的消息迅速传播开来，其货物拍卖吸引了欧洲各地人们的注意。在阿姆斯特丹的公开拍卖会上，商人们惊叹于明朝中国的传奇财富。该船的收获包括超过 70 吨（ton）黄金①，1000 多包中国原丝，装满彩色锦缎、艾特莱斯丝绸（一种抛光的丝绸）、塔夫绸的箱子，大量的金线、长袍和用黄金纺成的床帐、丝绸被面和床罩，60 吨瓷质餐具，大量的糖、香料、树胶和麝香（香水的关键成分）、木床和木箱，一些奢华的黄金饰品以及一个用宝石装饰的王座。一个惊叹不已的观察者形容这是一个“奇迹”。[16]

这次远征获得了惊人的利润。拍卖收益高达 350 万荷兰盾，或 / 006
37.5 公吨（metric ton）白银。以英国货币计算，它可换算成 30 万英镑——超过当时英国政府平均年度支出的 60%。[17] 荷兰东印度公司

① 怀疑此处的 70 吨黄金为 7 吨之笔误。在美国，1 吨等于 907 公斤，1 公吨（metric ton）等于 1000 公斤，即我国之 1 吨；在英国，1 吨等于 1016 公斤。后文说此次收获拍卖收益高达 37.5 公吨白银，即使按照美国标准，70 吨黄金也重达 63490 公斤，远重于 37.5 公吨折算的 37500 公斤白银。而黄金的价值远超过白银，仅 70 吨黄金的价值显然就大于 37.5 公吨白银，更不用说还有其他物品了。又因为前文还说，海事法庭命令该船和货物全部拍卖，故不存在只拍卖部分物品的情况。因此，此次捕获的黄金很可能是 7 吨多。——译者注

将拍卖收益的 1% 奖励给了范·赫姆斯科克，船员分成 3%。其余部分归该公司所有。[18]

雨果·格劳秀斯：公司律师

尽管他们赢得了这个案子，但公司董事们仍然忧心忡忡。公司股东们对这次捕获行动心存抱怨。他们反对说，他们投资的是一家贸易公司，而不是一次海盗行动。海事法庭的决定无法平息批评，因为它的逻辑是混乱的。[19]为了解决这些担忧，并且或许也是为未来此类捕获行动扫清障碍，公司董事们寻求一名能够为范·赫姆斯科克的行为提供更好的公开辩护的律师。[20]这项任务被交给了一个雄心勃勃、才华横溢的年轻人。他的名字叫雨果·格劳秀斯。[21]

这项任务交给格劳秀斯是一个振奋人心的决定。格劳秀斯在 1583 年复活节那天出生于荷兰代尔夫特（Delft）。格劳秀斯这个姓在荷兰语中意思是“伟大”（“de Groot”），但他更喜欢拉丁化的“格劳秀斯”——是一个声名显赫的神童。八岁时，他就能用拉丁语写下出色的诗篇，其中一首作为礼物被呈送给荷兰共和国军事领袖莫里斯亲王（Prince Maurice）。[22]十一岁时，他被国立学院（State College）[不久后成为莱顿大学（Leiden University）]录取。国立学院的教授们对他印象非常深刻，其中一位教授还写了一首诗，将少年格劳秀斯与该国最著名的学者伊拉斯谟（Erasmus）相提并论。“是我被欺骗了？”教授感慨地说，“还是说，我们的伊拉斯谟真的如此伟大？”[23]十五岁时，格劳秀斯陪同一个外交使团前往法国宫廷。据说，法国国王亨利四世（Henry IV）为格劳秀斯的博学多识所折服，以至于称他为“荷兰奇迹”（Miracle of Holland），并赠送他一个带有自己肖像的金质勋章。[24]格劳秀斯在巴黎待了五个多月，并获得了奥尔良大学（University of Orleans）法律博士学位。[25]

回到荷兰后不久，他被授权执业。荷兰雕刻家雅克·德·盖因（Jacques de Gheyn）创作的一幅银尖笔画（silverpoint drawing）纪念了这一事件。[26]这幅画的说明交代格劳秀斯十五岁，但在画中，他看起来不超过十二岁。德·盖因显然是为了捕捉其创作对象传奇般早慧的特点，用明显的皱眉描绘他年轻的脸，但效果却是滑稽多于生动。[27]格劳秀斯的朋友丹尼尔·海因修斯（Daniel Heinsius）后来指出，雨果从未有过童年。“别人要经历很长一段时间才能成为男人，但格劳秀斯从生下来就是一个男人。”[28]

仅仅几个月后绘制的另一幅肖像中，格劳秀斯变成了另一个人。简·范·拉维斯泰因（Jan van Ravesteyn）的圆形版画将他描绘成了一个英俊的少年，精灵淘气的样貌，红润的双颊带着些许微笑。画中，他尚未蓄须，这时他还太年轻，无法留后来时髦的凡·戴克（Van Dyke）胡子。他神情很放松，摆出半侧身的姿势，脸上充满了期待和希望。但是和他之前和之后的许多人一样，格劳秀斯很快就会发现，从事法律工作会令人沮丧和失望。“你不知道，我值得信赖的海因修斯，”这位年轻的律师写信给他的朋友，“那些令人厌倦的工作耗费了我多少时间！每次都是得不偿失。”[29]格劳秀斯称自己为“托加秃鹫”（“vulturiolus togatus”）——一种身着长袍的秃鹫。[30]他宁愿将时间花在对文学的追求上。在这方面，格劳秀斯也很早就表现出色。十八岁那年，他完成了一部圣经剧《流亡者亚当》（*Adam the Exile*），该剧一炮走红，获得极大成功，并激励伟大的英国诗人约翰·弥尔顿（John Milton）写下《失乐园》（*Paradise Lost*）。弥尔顿认为格劳秀斯是他心目中的英雄之一。[31]

1601年，格劳秀斯被提名为荷兰国家史官。这位十八岁的候选人战胜了年龄是自己两倍多的米尼克斯·鲍迪乌斯（Dominicus Baudius）。鲍迪乌斯是一位杰出的学者，他在落败之后被任命为莱顿大学修辞学特职教授（Extraordinary Professor of Rhetoric）。[32]

鲍迪乌斯对于败给格劳秀斯可能并没有多少抵触情绪。在五年后的一封信中，鲍迪乌斯承认，当“荷兰奇迹”意外地出现在他的一次演讲现场时，他非常胆怯，以至于紧张得说不出话来。[33]后来，他请求格劳秀斯原谅他如此糟糕的表现。

伟大的雨果是荷兰公众生活中一颗冉冉升起的新星，他拥有权势煊赫的朋友，还有与之相比更为强大的思想。荷兰东印度公司将因雇用这位出类拔萃而又有广泛社会联系的博学家而获得良好回报，而格劳秀斯自身也会获益匪浅。格劳秀斯雄心勃勃，一个备受瞩目的案子 / 008 会提升他的公众形象，加快他进入政治领域的步伐。[34]

在这起案件中，格劳秀斯也有私人利益。他祖母的娘家姓是埃尔斯林格·范·赫姆斯科克（Elselinge van Heemskerck）[35]。实际上，在证明捕获“圣卡塔琳娜号”具备合法性的过程中，格劳秀斯不仅是在为一家实力强大的贸易公司辩护，也是在为自己的表兄辩护。

海盗和士兵

为了缓解公司股东们的忧虑情绪，荷兰东印度公司的董事们大概希望格劳秀斯就公司案件的辩护理由写一个简短的小册子。[36]因为海事法庭做出的对公司有利的决定只有几页纸。格劳秀斯确实不需要做更多解释论证工作了吗？然而，事实证明，这起案件的复杂程度远远超过海事法庭那寥寥数语且令人尴尬的决定。甫一着手解决问题，格劳秀斯就知道，光靠一个简短的小册子为这次捕获行动进行辩护——以及为更多此类行动设定程序——根本起不到应有的效果。[37]最后，在接下来的两年时间里，格劳秀斯就战争法撰写了一篇长文，用简洁的拉丁文整齐书写，共 163 页（folio），英译文差不多达 500 页（page）。

这起法律案件的焦点是一个很简单的问题：范·赫姆斯科克是海盗吗？毕竟，他袭击了一艘并未对他造成丝毫伤害的外国船只；并且，在控制它之后，他又掠夺了它的财物且绑架了船上的乘员。这不正是海盗的行径吗？这里有很大的利害关系：如果范·赫姆斯科克是一个海盗，那么他从新加坡运回来的，后来被荷兰东印度公司以惊人的利润出售的财富，实际上就是偷来的赃物。

如果范·赫姆斯科克是一名在海战中作战的士兵，其行动的合法性就很容易解决。因为战争中是允许士兵袭击敌人的船只并缴获船上财物作为战利品的。但范·赫姆斯科克不是军人，他是为一家贸易公司服务的散商（private merchant）。虽然此时荷兰共和国确实处于战争状态，但与它交战的是西班牙而不是葡萄牙。[38] 此外，它与西班牙的冲突是一场内战。从 1568 年开始，荷兰北部各新教省就掀起了反抗天主教领主西班牙国王腓力二世（King Philip II）的运动。荷兰共和国——分离出去的几个省份后来的名称——宣称自己是独立国家，但没有获得其他欧洲国家承认。事实上，就连英国和法国这两个荷兰共和国最亲密的盟友，都拒绝承认荷兰派驻其宫廷的代表是全权大使。[39] 那么，为了证明此次捕获行动的合法性并为其表兄的利益辩护，格劳秀斯就不得不说服法律界。他必须解释，范·赫姆斯科克在袭击并捕获“圣卡塔琳娜号”时，其所作所为为何不是海盗行径。[40]

格劳秀斯解决这一困境的方法很激进，他要证明：范·赫姆斯科克拥有与战争中士兵相同的合法权利，因为他实际上正处于战争状态。虽然他并非在获得主权国家授权的情况下发起了战斗，但他并不需要授权。因为一家贸易公司的员工可以根据自己的权限发动战争。

为了捍卫这个奇特的想法，格劳秀斯知道自己任重道远。他不得不重新思考战争的法律基础，并从头开始重建它。

战争有什么好处

在 1970 年的经典反战歌曲中，埃德温·斯塔（Edwin Starr）问道："战争——它有什么好处？"然后高声自答："绝对一无是处！"大多数人依然会赞同他的观点，即使不是绝对的。现代人的态度是这样的：战争是无可争辩的恶和道德灾难，无论付出多大代价都要避免。我们承认，有些战争可能是正义的，甚至是必要的，但只能在极少数情况下才能进入战争，例如反抗军事侵略或预防人道主义灾难。

对于斯塔的问题，格劳秀斯可能会给出不同的答案。他会说战争对许多事情都有益。它对捍卫生命和领土当然是有益的；它对收债也有好处，如果贷款没有偿还，战争是道德上许可的收债方式；战争对于补偿损失也有好处，如果财产未经许可就被夺走，那么可以通过武力来获得弥补；战争对确保赔偿也有好处，如果某种伤害未被补偿，那么可以通过军队来获得补偿；战争对于惩罚罪犯也很有用，如果某人犯下严重恶行并且逃避正义审判，那么可以通过战争来实施惩罚。[41]

因而，对于格劳秀斯而言，战争是一种道德上可以接受的防止或补救侵犯权利的方式。虽然不是特别成功，但格劳秀斯在为范·赫姆斯科克辩护时还是阐述了上述思想："以武力对抗武装的敌人，称为'战争'。""如果一场战争是出于正当的目的，那么它就是'正义'战争，如果它以侵害为目的，则为'非正义'战争。"[42]

格劳秀斯在阐述战争概念时，借鉴了西方道德思想中的一个悠久传统，通常被称为"正义战争理论"，它的贡献者包括罗马雄辩家西塞罗（Cicero）、天主教伟大的神父之一希波的奥古斯丁（Augustine of Hippo），以及最重要的经院神学家托马斯·阿奎那（Thomas Aquinas）。[43]这些思想家们对于武装权利和战争中的正义行为持有诸多不同观点，但他们（以及许多其他思想家们）都同意战争是具有道德合法性的活动。正义战争理论家不是和平主义者，他们相信，出于正义目的可以发动战争。他们还就战争的基本功能达成了一致，即战争是在没有和平选择情况下对错误行为威胁或实际错误行为的反应。[44]如果敌人没有侵犯或威胁侵犯任何权利，国家就不能发动战争。出于争夺荣誉、财富或纯粹敌意而发动的战争是非正义战争，难以与大规模杀戮和疯狂抢劫区分开来。

格劳秀斯接受了这个传统的战争概念，并从中得出了几个重要的结论。由于战争和诉讼的功能是纠正不义行为，因而格劳秀斯声称，发动战争的理由与提起诉讼的理由是相同的。他写道："战争和司法审判的主旨是一样的。"[45]战争的正当理由（*casus belli*）就是今天的律师所描述的"诉因"（causes of action），也就是说，那些侵害可以通过法庭审判加以补偿。这些理由不仅包括自我防卫和惩罚犯罪，还包括完全商业性质的问题，如追讨"合同债务"和"保护财产……这就意味着不仅允许抵御侵害，而且允许剥夺他人财产。"[46]

格劳秀斯从正义战争的理论传统中得出另一个结论：因为战争的功能是纠正不义行为，在正义战争中捕获的财产属于捕获者。捕获、战利品和征服只不过是进攻者应得财物的补偿："只有倾向于获取权利的战争才是正义战争；在捕获奖赏或战利品的过程中，我们通过战争获取属于我们的正当权利。"格劳秀斯还认为，那些"很明显"发动了非正义战争的人不拥有上述权利。他们无权享有"该场战争的捕获"，因为他们并不是在通过战争获取属于他们的正当权利。[47]

通过开战来补偿财产的观点或许令人震惊，但遭受非正义对待的受害者还能怎么做呢？如果有法庭，受害者有义务向法庭寻求救济。但是，"常规救济措施无法适用特殊情况"，格劳秀斯认为，"当一种依赖手段失效后，我们就转向寻求另一种"。[48]因此，如果法庭失效——例如，因为当事方是主权国家且不承认更高权威——那么受害方有权以任何可能的方式进行救济。由于遭受了不公正对待，受害者有权开战，这恰恰是因为他无法向法庭起诉。

格劳秀斯不仅用传统的战争概念替代了法庭，而且把这种思想向前引申了一步。他解释了为什么正义战争理论的基本原则是正确的：

格劳秀斯认为，战争是法庭的替代品，因为法庭是战争的最初替代品。

根据格劳秀斯的观点，所有人与生俱来就有权捍卫自己的生命和财产，执行协定并以暴力惩罚犯罪。这种格劳秀斯所称的“私战”（private war）权，被道德法则，或者还用格劳秀斯的术语来表述，被“自然法”（law of nature）赋予了所有人。[49]私战是对非正义行为做出的自然且原始的反应。但是，他继续说，事实证明，一个人人拥有私战权的世界极度危险。因此，个体决定联合起来并以有效的法律体系来组建政府，这就使得世界脱离了后来的哲学家们所称的“自然状态”（state of nature），从而进入“社会契约”（social contract）时代。通过社会契约，人们将他们所拥有的私战的自然权利让渡给国家，并同意通过法庭来保护他们的生命和财产、执行协定，以及惩罚不义行为。他们决定用公共法庭取代私战。[50]

因此，国家并不是唯一拥有战争权利的。个人也有这种权利。[51]在国家司法管辖范围内，公民无权使用暴力——为何（vigilantism）是非法的——的原因在于，他们已经将私战权让渡给了主权当局。当受到侵害时，他们必须诉诸国家寻求帮助。但私战权让渡并不包括一切形式的暴力。它不适用于政治真空地带，例如公海，在那里，主权国家没有法律强制执行权力。

这种对私战权的刻意解释，让格劳秀斯能够为他的客户辩护。根据对私战权的解释，范·赫姆斯科克在新加坡外海岸袭击“圣卡塔琳娜号”是被允许的，因为袭击地点处于他同意服从其司法管辖权的国家的司法管辖范围之外。因此，范·赫姆斯科克不是自发的报复者（vigilante），而是公海上一场私战的领导者。

然而，到这里，格劳秀斯为范·赫姆斯科克所做的辩护尚未完成。为了表明范·赫姆斯科克不是海盗，格劳秀斯必须证明他的私战是正义的，也就是说他是正在纠正错误。但是当范·赫姆斯科克袭击“圣卡塔琳娜号”时，他纠正了什么错误？

范·赫姆斯科克的私战

格劳秀斯辩护的第一部分是道德理论的抽象推理。正如他在介绍中解释的，他的志向是为战争法的形成打下基础。他为范·赫姆斯科克所做的辩护，涉及“哲学最核心的问题”。[52]他以冷静、有条不紊，几乎是数学式思维的风格写作。从道德权利和义务的一般原则开始，他推导出关于发动战争的适当理由以及战争中适当行为的具体结论。格劳秀斯知道，这个辩护词文本比较晦涩，理解起来很艰难。他为文字陈述的“枯燥乏味”表示歉意，但希望“论证的准确性”能够对这一缺憾有所弥补。[53]

在其辩护词的后半部分，也就是格劳秀斯陈述赫姆斯科克案案情的部分，格劳秀斯的语气发生了急剧变化。[54]当然，谁也不会期望格劳秀斯的态度会不偏不倚，但出人意料的是，他写的却是一篇恶意攻击葡萄牙的长篇大论。[55]格劳秀斯试图揭露他所谓的“葡萄牙人是绝无仅有的背信弃义的典范，残害当地妇女和儿童，通过恶毒的行动干扰［东印度］诸王国正常的生活，以及对本国居民和盟国人民表现出可恶的残忍”。[56]葡萄牙人都充满了“无法控制的仇恨”和“对利益病态的贪婪”，他们“疯狂反对荷兰，这种疯狂（因为没有其他的词来描述他们的态度）以令人难以置信的力量爆发出来”，其“野蛮程度……超过了通常在敌对国家间能够观察的界限”。[57]葡萄牙人是“骗子、刺客、投毒者和叛徒”，他们的残忍“典型地带有伊比利亚人的特点”。[58]

为了证实这些指控，格劳秀斯引用了一封信的内容，这封信是范·赫姆斯科克的手下在一艘被捕获的葡萄牙护卫舰上发现的。这封急件描述了一支荷兰探险队 1601 年 9 月去中国城市澳门考察的情形。[59]由于此前从未到过中国，执行任务的荷兰指挥官派出一艘小船搭载

11个人前去查探情况。葡萄牙人先前已经在邻近的广州建立了一个很大的据点。这次，他们挥舞着白色休战旗将荷兰人的小船引诱到岸边，等他们上岸就把这些水手抓了起来。[60]由于第一批人没有回来，指挥官又派出一支稍大点的队伍，而这些水手又被抓了起来。葡萄牙人将俘虏扔进一个山洞，并虐待他们。信中报告说，葡萄牙官员下令将17名荷兰水手吊死了。不过，格劳秀斯声称，实际上只有6个人被吊死了，而其余的人则戴着铁脚镣在午夜被带到海边，然后“绑上石头，将他们滚进了大海”。[61]

格劳秀斯称，这些暴行意在阻止荷兰在东印度开展贸易。“我们主要的罪过在于，我们在追求大自然向所有人自由开放的利益时与葡萄牙人竞争，而不是我们贪得无厌。”既然没有法庭让荷兰人来控告葡萄牙人的这些罪行，范·赫姆斯科克的行为就是给予他们应得的惩罚。[62]因此，他的私战是正义的。

格劳秀斯不仅对范·赫姆斯科克袭击“圣卡塔琳娜号”进行了巧妙的辩护，他还为荷兰东印度公司提供了更有价值的东西：为继续此类交战行为提供了合法理由。这样，以后在公海上或任何一个法庭有效司法管辖范围之外的地方，荷兰东印度公司的员工都可以使用致命武力来针对葡萄牙人、英国人、法国人，以及其他任何威胁要不公正对待自己的人。只要他们是在预防或纠正错误，他们就不是海盗——他们就是在进行一场正义的私战。

为何正当行为没有带来权利

/ 014

格劳秀斯花了两年时间为范·赫姆斯科克撰写辩护词，然后又花了两年时间进行修改。[63]尽管如此，他似乎从来没有给他那长达500页的巨著拟定标题，而仅仅以“*rebus Indicis opusculum*”来指代它，意即“我在［东］印度事务上微不足道的工作”。[64]他也从未将它整体出版。在他的一生中，只印了一个单章。

格劳秀斯为何长时间保留手稿而不出版？学者们曾就此进行辩论。其中主要的观点认为，格劳秀斯撰写辩护词耗费的时间太久，以至于后来荷兰东印度公司不再需要它了。因为随着时间推移，股东们的争议逐渐消失了。[65]但可能还有另一个原因：格劳秀斯可能已经注意到他撰写的辩护词有一个严重的缺陷。他的辩护是设法证明范·赫姆斯科克捕获“圣卡塔琳娜号”具有正义性，而实际上是在证明荷兰东印度公司在印度群岛的暴力战略具有正义性。但这也有可能会破坏荷兰东印度公司进行商业贸易所依赖的交易系统。

我们回顾一下格劳秀斯关于战利品拥有权和征服权的观点：那些参加正义战争的人有权保有他们捕获的战利品，因为他们正是通过战争获得所欠他们之权益。但他也认为，那些参加明显是非正义战争的人则不拥有上述权利，因为他们并非在通过战争获得所欠他们之权益。否认人们具有发动非正义战争的权利看起来可能是个好主意——甚至可能是一个明显令人痛苦的主意。对于国家（或个人）来说，有能力发动非正义战争并保留战利品似乎是明显的不义行为。因为，强权并非公理。但是，仔细思考一下就会发现，限制正义一方的战争权又是个坏主意。假设一下，如果你在为早期近代欧洲的某个全球贸易公司工作，那将极其可怕。

要想知道为什么，那么请记住，17 世纪很少有制度可以和平解决各国之间的争端。当时，有被称作“捕获法庭”（prize courts）的特种法庭来审理不同国家国民之间的海事诉求。当一艘船捕获了一艘敌船，船主会向捕获法庭提起宣告程序，以确立他们对被捕获船只所载货物的出售权。裁决范·赫姆斯科克捕获“圣卡塔琳娜号”案的阿姆斯特丹海事法庭就是这样的一个法庭。[66]那时，还有各国相互同意组建以解决特定争端的特别法庭。[67]

然而，旧世界秩序缺少可以解决大部分国际争端的一般制度。没

/ 015

有联合国安理会，没有世界贸易组织，没有商业仲裁组织。教宗是唯一一个曾在西欧扮演这样角色的人，但他早就失去了他曾拥有的超国家政治权力。[68] 甚至在宗教改革（Protestant Reformation）之前罗马教宗影响力的鼎盛时期，他都无法影响东正教统治者或者伊斯兰世界。同样，奥斯曼哈里发（Ottoman caliph）声称自己拥有影响所有伊斯兰教徒的权力，但这种权力仅限于逊尼派。萨菲帝国（Safavid Empire）掌握着什叶派波斯的最高权力。而哈里发对埃及马穆鲁克国王（Mamluk kings）、美索不达米亚和阿拉伯的部落领导人，或阿富汗和印度的莫卧儿王朝拥有的实际权力微乎其微。是清廷统治中国，而不是日本统治中国。日本是德川幕府的统治范围。[69] 同样，也没有人能影响那些在香料贸易中居于中心地位的印度群岛小王国。

近代早期的世界缺乏一个有效的统治者或普遍法庭体系来解决争端，这就给各国及其特许贸易公司带来一个严重问题：大多数国际争端该如何解决？

格劳秀斯在范・赫姆斯科克辩护词中提供的答案很简单：战争。但是，这种解决方案并没有真正消除根本性问题，仅仅将问题转移到贸易商身上。格劳秀斯可能已经意识到了这一点。在缺乏有效法庭来决定谁是正义一方的情况下，通过战争来纠正错误，这就意味着贸易商现在需要担负起决定谁是正义方的责任。每当像荷兰东印度公司这样的贸易公司购买战争中捕获的货物时，就不能假定卖方对这些货物拥有所有权。毕竟，卖方有可能是侵略者，因而与海盗就没什么两样。事实上，任何从荷兰东印度公司那里购买货物的人也会有同样的担忧，因为荷兰东印度公司可能是在一场非正义战争中捕获了这些货物，或者出售这些货物给该公司的卖方是从一场非正义战争中捕获了
/ 016 它们。了解了这种风险，贸易公司在购买战争中捕获的货物时就会犹豫，反过来，其他人同样也不情愿从贸易公司手里购买商品。考虑到他们要承担所购商品是赃物的风险，这些商品价格至少会被大打折

扣。事实上，这种风险是如此之大，或许他们根本就不会购买。

法律不确定性问题不仅仅影响战争中捕获的物品。事实上，它影响商业流通中的所有商品。在一个受害者可以发动战争纠正错误且市场是全球性的世界里，贸易商唯一需要担心的是货物可能获自一场非正义战争，因为这种法律不确定性在不知不觉中扩散至交易当中。而当货物来自印度、新加坡、香料群岛、中国、日本时，或者，货物来自纽约州、马萨诸塞州、加拿大、古巴或巴西时，没有人能肯定卖家对所售货物拥有所有权。

你可能会说，等一下！在现代，这不是问题。如果我以市场价从一个信誉良好的商家那里买了一样东西，比如一辆汽车，而事实证明这是辆被盗汽车，那么原车主就不能从我这里将车拿回去。我是律师所称的“诚信”的购买者。我购车时，所购车辆产权链不清洁并不能排除我对该车的所有权。被盗车主可以追究卖方责任，但不能追究我的责任。

然而不幸的是，对于格劳秀斯来说，17 世纪欧洲的财产法并没有如此宽容。欧洲法院仍然遵循罗马法的基本原则——“无论何人不得以大于其所有之权利给予他人”（*nemo dat quod non habet*），该原则规定小偷无法让渡法定所有权。[70] 在该原则之下，无论财产经历了多少手传递，无论这些交易有多么清白，无论在财产被盗和后来的交易之间相隔了多少年，如果该财产是在某一时刻被盗，那么其后续所有交易都无效。[71] 可以说，盗窃给商品留下了不可磨灭的污点。财产的原始所有者总是有权收回他的财产，甚至不必补偿无辜的购买者。

捕获法庭的建立体现了商人们对清洁物权有多挑剔。商人们之所以向捕获法庭提起诉讼，是因为一个“善意捕获”（good prize）的判决将建立有效产权。阿姆斯特丹海事法庭做出的有利于荷兰东印度公司的裁决，使得该公司可以拍卖货物并保留收益。

/ 017

虽然欧洲建立了捕获法庭，以便为海上捕获的货物裁定清洁物权，但没有为领土战争做出类似安排——欧洲没有为战争中获取的土地组建“战利品”法庭或“征服”法庭。当时，军事征服期间捕获的土地上所有物的所有权或领土主权的所有权，不能由法庭来裁定和认定。事实上，在格劳秀斯为范·赫姆斯科克写下辩护词后不久，荷兰东印度公司的商业模式就从海上移植到了陆地上。1612 年，该公司开始向东印度群岛运送定居者，并在 1610 年代末开始征服当地领土。荷兰西印度公司于 1621 年成立，并被指控“在那些物产富饶且无人居住之地定居”。[72] 1624 年，第一批荷兰人抵达并定居曼哈顿岛。

格劳秀斯的战争理论可能会对新兴的全球经济造成严重破坏。在同一个世界中，清洁物权不可能既对商业来说至关重要，同时又只能通过正义战争获得。这一要求将会对交易者提出让其无法容忍的条件。它会要求他们明确所有货物的来源以及是否获自正义战争。因为，在拥有解决产权模糊和争议之权力的法庭缺失的情况下，他们不得不这样做。在这种情况下，交易者会让他的钱冒险吗？

格劳秀斯为范·赫姆斯科克所做的精彩辩护可能试图使贸易公司发起的私战合法化，但这一理论如果应用到实践中，将会给这些公司带来巨大混乱。格劳秀斯认识到了这个致命的缺陷，这可能是让其手稿束之高阁的真正原因。在出版他的战争理论著作之前，格劳秀斯必须先修正它。

陷入低谷

确实有很多时候，人们从事冒险行为而没有引火烧身。而在 17 世纪的欧洲，很少有比海战和宗教政治（confessional politics）更危险的活动。我们英雄的好运即将耗尽。

范·赫姆斯科克是第一个陨落的。“圣卡塔琳娜号”事件令他一夜暴富并获得职位擢升。[73]莫里斯亲王任命他为荷兰海军上将，并指派他率领一支舰队在直布罗陀摧毁西班牙无敌舰队。

这次任务成功了。尽管海军上将范赫姆斯科克没能活着看到胜利，但1607年4月，荷兰舰队消灭了无敌舰队，将西班牙舰队所有的加利恩帆船沉入了直布罗陀湾的海底。[74]他的盔甲今天还陈列在阿姆斯特丹国立博物馆，向人们展示他牺牲的过程。这幅盔甲明显缺少左腿甲，大腿部分的：一发西班牙加农炮弹射进他的左侧腿臀部，然后他因失血过多死亡。[75]

格劳秀斯创作了一首很长的挽歌——一种葬礼颂歌——来纪念牺牲的表兄。[76]这首诗歌颂扬了范·赫姆斯科克短暂却充满意义的一生。从他试图穿过北冰洋到达印度群岛的努力失败开始，然后说他在冰面上受阻并熬过长达八个月的阴冷寒冬："我还记得，收到关于你极北之旅的来信时的心情，在那里，你在极夜里寻找阳光。"诗中也表达了好奇，想知道范·赫姆斯科克在前往香料群岛和新加坡的途中遇到的地方首领们（rajas）会对他的死亡做何反应："谁会将你去世的消息传到印度群岛？赫姆斯科克，首领们会哀悼你；他们原本希望你去那里赶走葡萄牙人，使自由贸易成为可能。"颂歌在结尾时宣称，他的同胞不会为他们英雄的去世而哀伤，因为他们知道，在对抗敌人的战斗中死亡，他是多么幸福："对你来说，西班牙母亲们哀悼儿子时的悲声啼鸣更会令人愉快。"[77]

范·赫姆斯科克在直布罗陀的胜利让西班牙与荷兰共和国之间暂时休战。[78]这次休战为双方就达成更为持久的停战协议的条件进行激烈谈判提供了时机。

格劳秀斯没有直接参与谈判，但他继续为荷兰东印度公司工作。该公司的董事们担心西班牙帝国坚持要求荷兰停止在印度群岛的贸易。为了支持荷兰东印度公司的谈判立场，格劳秀斯修订了为其已故表兄所撰辩护词的第十二章，将其作为一个单独的小册子，并命名为

《海洋自由论》(*Mare Liberum*)。这本小册子认为，在公海航行和贸易是一种不能被任何权力剥夺的自然权利。因为任务目的已经发生了变化，格劳秀斯仔细地删除了小册子中涉及葡萄牙人暴行的煽动性言论以及私战权利的内容，而这些内容曾是他原始手稿的基石。

/ 019 谈判中，荷兰坚持在印度群岛进行贸易的立场最终占了上风。在1609年签署的最终停战协定中，西班牙同意将荷兰作为一个独立国家来对待，并且放弃了原先要求荷兰在印度群岛停止贸易12年的立场。[79]荷兰东印度公司的贸易利益现在有了安全保障。[80]

在接下来的10年里，格劳秀斯一直忠实地为荷兰东印度公司工作。[81]他继续代表公司展开游说活动，并且在涉及荷兰与西班牙、法国和英国的外交争端谈判中担任主要谈判专家之一。[82]根据某些描述，与其说他是一个外交官，还不如说他是一个有才华的学者。坎特伯雷大主教乔治·阿博特（George Abbot, the Archbishop of Canterbury）描述了格劳秀斯和英国国王詹姆斯（King James of England）的第一次会面："他第一次面见国王时，由于有拉丁口音，他的语言是如此单调乏味，谈话内容又全是闲聊杂谈，国王判断他是一个迂腐的书呆子，满口胡言乱语，缺乏远见卓识。"[83]认为格劳秀斯废话连篇且令人生厌的人不止詹姆斯国王一个。在另一次晚宴上，格劳秀斯的演说竟然冗长到让宴会主人坐在那里目瞪口呆，心中不禁诧异地感叹，"这是个什么人啊，他肯定没有出席过宫廷宴会和公司宴会这样的场合，才会废话如此之久，让大家不堪其烦"。[84]

格劳秀斯似乎已经遭遇了神童通常遇到的职业危险：风头正劲时却不懂得韬光养晦（当珍珠从你嘴里涌出，让所有人眼花缭乱时，你却没学会闭上嘴让别人体验一番）。神童已经成长为不可一世的得志少年。大主教乔治·阿博特这样描述了格劳秀斯，他"确实认为所有人都必然要听他演讲，只要他愿意讲，无论多久"。[85]尽管他傲慢自恋且有拉丁语多言癖，但他的政治生涯继续向好，这也是格劳秀斯才华的证明。1607 年，他被选为荷兰和泽兰财政检察官（advocate-fiscal，相当于现代检察长），六年后被任命为鹿特丹市执政（pensionary of Rotterdam，总法律顾问）并成为共和国议会议员。[86]格劳秀斯也卷入了阿米尼乌斯教派运动（Arminian movement），该运动是加尔文主义自由派运动的一种，他们拒绝预定论的正统教义，鼓吹宗教宽容。[87]

然而，这种思想开放性给他埋下了祸根。1618 年，莫里斯亲王和加尔文教徒强硬派逮捕了格劳秀斯和他的保护人——荷兰共和国执政约翰·范·奥尔登巴内费尔特（Johan van Oldenbarnevelt）。二人在一次本应走走过场的公审中被判为异端并犯有叛国罪。奥尔登巴内费尔特被斩首了，但格劳秀斯幸免于难，他获刑较轻些，被判终身监禁。[88]

战争与和平法

格劳秀斯被送往荷兰中部省份格尔德兰（Gelderland）的勒文斯泰因城堡（Loevenstein Castle）服刑。由于四周有着护城河和高墙将外界隔绝开来，这个城堡是关押政治犯和宗教领袖的理想场所。在格劳秀斯到来之后不久，他的妻子和两个分别 6 岁和 8 岁的孩子也来到了这里，因为他们所有的财产都被扣押了，没有其他地方可住。[89]他们一家共用两个房间，每个房间只有十步见方，房间里有带着木栅的小窗户。

格劳秀斯将其中一个房间作为书房，在那里继续工作。他很好地利用了这段时间，写了一篇为自己的宗教观点辩护的文章和一篇关于荷兰法律体系的论文。他还继续他早期对战争法的研究。尽管还能继续工作并有家人陪伴，但格劳秀斯还是不出意料地想方设法要逃出去。对于一个习惯于在法庭上侃侃而谈并享受其他学者奉承的人来说，城堡里与世隔绝的生活状态令人窒息。并且，潮湿城堡里的监禁生活对他的健康造成了损害。

格劳秀斯丰富的藏书作为叛国罪定罪证据的一部分已经被没收，所以他的朋友们借书给他。[90]这些书都是装在大箱子里运进来的，每当格劳秀斯用完了这些书后，它们就连同他的脏衣服一起被装回这些箱子里。在对书籍和衣物进行了20个月的检查之后，警卫们已经不再检查箱子里的东西。这让格劳秀斯和他妻子想出了一个荒谬而又绝妙的主意：在箱子被送回去的时候，他可以代替那些书籍躲进其中一个箱子里，从而逃出监狱。

在妻子的帮助下，格劳秀斯开始练习静静地躺在箱子里，直到他一动不动地待在箱子里的时间足够让箱子被送到远离城堡的地方。1621年，他爬进了一个箱子，头枕在一本《圣经》上，但脚上没穿鞋，因为箱子里没有地方了。至少在一开始，这个计策起作用了。由于没有意识到格劳秀斯被塞在箱子里，所以看守们允许箱子被运出监狱。然而，某一刻，搬运工人注意到箱子的重量不正常，然后怀疑可能有犯人在里面。“我要拿钻头钻到他的屁股里，钻得他屁滚尿流。”一名警卫说。但是他的女服务员艾尔舍（Elsje）回答说：“那么你就会招来一场演习，它将一直持续到犯人被带回牢房。”[91]她的迅速反应说服了他，他们继续前进。

箱子被送到一个朋友家中后，格劳秀斯从箱子里出来，拥抱了忠实的朋友，装扮成一个瓦工从后门离开，直奔巴黎。[92]当他的逃跑被发现后，他的妻子和孩子们被严加看管起来，但因为没有关押他们的依据，所以他们很快被释放，并被允许去国外与他重新团聚。

格劳秀斯在巴黎待了几年，准备撰写一篇关于战争法的新论文。[93]他赶着完成这篇题为《战争与和平法》（*De Jure Belli ac Pacis Libri Tres*）的论文，这样它就可以在1625年法兰克福书展上销售。它引起了轰动，很快就成为战争法的教科书。到18世纪，《战争与和平法》仅拉丁文本就出了50版。[94]

格劳秀斯试图将所有的战争法都浓缩进一篇论文中。[95]它涵盖了一系列惊人的主题——战争的定义、容许性和原因，国界划定，土地、河流和海洋的共同利用，制定条约的程序，安葬权和外交权，战利品分割，人质利用，征服权，战俘的适当待遇，禁止强奸、暗杀和在战斗中投毒，盟友的义务，中立者的责任，休战，和平条约谈判。

这本百科全书式著作体现了格劳秀斯的哲学抱负。格劳秀斯在证明战争正当性方面比他之前的任何思想家的探究都要深入。由于视战争为对侵犯权利的一种许可反应，所以他大胆地试图将任何人拥有的每项权利囊括其中。格劳秀斯想知道人们可以拥有什么样的权利，换句话说，他想知道人们什么时候可以为了这些权利而开战。[96]

格劳秀斯的作品之所以如此现代化，是因为它的一个创新在于，与其他新教思想家不同，他没有把自己的道德焦点局限在基督徒身上。他想揭示所有人的权利，不分种族、信仰或宗教——不仅仅是新教徒和天主教徒，而且包括犹太人、穆斯林、印度教教徒、佛教僧侣、野蛮人以及未开化的人——为了这个目标，他寄望于自然法（law of nature）。

根据格劳秀斯的说法，自然法则非常平等：它赋予每个人相同的基本权利。例如，他声称，所有人都有获得和出售财产的权利。私有财产的自然权利是“普遍的”，“每个人因此为自己的需要而获得的任何东西，另一个人不能从他那里拿走，除非通过一种非正义的行为”。[97]这一立场的法理意义非常深刻。这意味着基督徒不仅被禁止从非基督徒那里获取财产，而且一旦基督徒这么做的话，非基督徒就有正义理由发动战争反对基督徒。

格劳秀斯对于合同和条约提出了同样的主张。他认为，所有人都能够创建具有约束力的合约，每一个国家都能够加入有效的条约。“没有什么比人们遵守彼此之间达成的协议更符合人类的善意了。”[98]

将格劳秀斯看作勇敢地抨击偏见和种族主义的批评者，甚至是人权理念的早期倡导者，这很吸引人。毫无疑问，格劳秀斯今天的良好声誉至少部分归功于这些进步的篇章。但在被深深感动之前，我们应该承认这些开明的想法与其客户的商业利益是多么的一致。毕竟，如果异教徒能拥有财产，他们可能会向荷兰人出售。更重要且更隐蔽的是，如果异教徒可以签订有效的合同和条约，那么荷兰东印度公司就可以与印度群岛当地统治者谈判并达成独家贸易协议。[99] 这些条约将是有效的，是强制性的，不仅针对本地人，也针对其他欧洲国家。

尽管格劳秀斯一直在谈论海洋自由和贸易权利，但他却帮助荷兰东印度公司与东印度各国就垄断性贸易协议进行谈判，并对荷兰东印度公司的欧洲竞争对手提出法律要求。他的伪善并非没有被察觉。在与英格兰东印度公司的贸易谈判中，英国人在听到《海洋自由论》的作者否认他们的自由贸易权后，深感震惊。在一份表明其立场的文件中，格劳秀斯坚持荷兰东印度公司采取葡萄牙式垄断模式，他写道："我们认为捍卫被压迫人民的利益是正直的表现。"一位英国代表在页边空白处潦草地写道："违背他们的意愿。"[100]

强权即公理

格劳秀斯在 1625 年的论文《战争与和平法》中描绘的道德世界充满了权利：个人有权利，国家有权利，当地人民有权利，贸易公司有权利。但是，尽管是道德世界，这个世界并不和平。因为在格劳秀斯承认的权利中，就有发动战争来捍卫所有这些其他权利的权利。

格劳秀斯早期为范·赫姆斯科克所写的辩护词依然被束之高阁，但他在撰写新论文时大量承袭原先的思想。就像早期的手稿一样，《战争与和平法》是对战争道德毫不掩饰的捍卫。格劳秀斯认为，自然法允许个人和国家使用武力以行使其权利。事实上，在法庭缺失的情况下，任何可由法庭执行的权利也可由战争来执行。“显而易见，战争产生的根源就像提起诉讼的原因一样多种多样。”[101]

然而，在撰写《战争与和平法》时，格劳秀斯明白，如果战争要发挥它作为权利执行者的作用，它必须以一种不会扰乱产权体系、避免给商人带来法律不确定性的方式来实现。而且他有解决问题的办法——修正他早期为范赫姆斯科克所作辩护词中的缺陷。

格劳秀斯对这个问题的解决方案也是激进的：如果贸易商永远无法确定谁是正义一方，那么法律就不应该要求他们弄清楚。换句话说，战争法应该允许贸易商以合法所有权的形式对商品和领土进行实际控制。战争中获取的战利品应该百分百地遵循这项法律。这将使贸易商在争端中保持中立，同时也积极参与商业活动。

我们不妨把格劳秀斯的解决方案称为“强权即公理”原则。“强权即公理”原则声明，战争中胜利者创造合法权利。例如，应用到战利品案例中的话，该原则要求战争中一旦财产被另一方占有，所有权便让渡了。士兵成为战利品的合法所有者，并不是因为他们参加了正义战争，而是因为他们成功地从另一方那里拿走了财物。“强权即公理”原则也适用于征服。如果一个国家能够从其他国家抢夺领土，它就获得被抢领土的主权以及统治其居民权。那些不参与战争的国家不需要知道争端的法律细节。他们可以任由战争发展，而自己做裁判。

格劳秀斯将“强权即公理”原则表述如下：

> 进行战争的国王和民族希望人们相信，他们进行战争的理由是正义的，而那些拿起武器与之对抗的国家和民族的行为是不义的。既然各方都希望人们相信这一点，对那些想要维护和平的人来说，干预是不安全的，处于和平状态的人们除了接受战争结果是正当的之外，别无其他选择。[102]

也就是说，因为每个交战方都声称己方拥有正义理由，所以非交战方就只能“接受结果是正当的”，除此没有其他选择。“强权即公理”原则将允许他们简单地把胜利者当作合法的权利拥有者。“根据万国法，不仅仅是那些为了正义理由而发动战争的人，而且在一场公战中，任何一个人都可以毫无限制和制约地成为他从敌人那里获得的东西的所有者，”格劳秀斯宣称，“这类财物的拥有者，以及那些从他那里获得这些财物所有权的人，其财产将受所有国家保护。”[103]

将强权视作公理不仅对贸易公司有利，也可以防止地方冲突升级为全球战争，因为交战方无权发动新的战争以补偿在以往战争中失去的权益。“战争中攫取的无论是奴隶还是物品都不会随着和平的到来而恢复其所有权，”格劳秀斯写道，“否定这个原则的话，实际上战争会迅速激发出新的战争。”[104]

战争的特殊法律后果

格劳秀斯并不是第一个提出“强权即公理”的人。早在两个世纪前，意大利律师拉斐尔·福尔戈修斯（Ralphael Fulgosius）就提出了这个主张。福尔戈修斯困惑地观察到罗马的战利品法律和奴隶法律并没有区分正义与非正义战争。[105]“怎么会这样，”福尔戈修斯问道，“一个发动非正义战争的人获得了通过非正义行为所获取的东西的所有权？”福尔戈修斯回答说：“因为不确定哪一方正当地发动了战争，并且因为在当事方之上没有一个共同的可以用民法对之加以确定的法官，于是各国以最大理性决定由战争判断。”[106] 1582年，在佛兰德出生的西班牙军队军法署署长巴尔萨泽·阿亚拉（Balthazar Ayala）同意福尔戈修斯的观点，并在其论文《战争的权利和义务与军事战略》（*The Rights and Duties of War and Military Strategy*）中接受了强权即公理原则，虽然他没做解释。[107]

在某种意义上，世界也接受了强权即公理原则。在战争中，士兵们尽可能地缴获财物。战斗结束后，胜利者迅速打扫战场，寻找贵重物品。他们剥下阵亡者的外套、鞋子、火枪、剑、珠宝，以及金钱。正如维克多·雨果（Victor Hugo）后来说的，“战斗后的黎明总是从赤裸的尸体上升起”。[108]例如，英语单词“robe”（长袍）就由“rob”（掠夺）派生出来，衣物只是从战场上掠劫的普通物品。[109]缴获“战利品”是士兵们从战争中获益的正常方式。事实上，军队容忍了这种令人不快的行为，因为这样帮助他们节省了一大笔需要付给士兵的报酬。[110]反过来，战争中获胜的国家攫取领土作为征服的报酬。准确地说，正义战争理论家们坚持非正义一方不拥有获取战利品和征服的道德权利。然而，从实际角度来看，这些告诫不起什么作用。战利品和征服作为理所当然的事得到了承认。

在为范·赫姆斯科克所写的辩护词中，格劳秀斯引用了福尔戈修斯和阿亚拉的观点，但仅仅是为了反驳他们的观点。[111]他拒绝战争法给予交战双方同样的权利。但格劳秀斯向现实做了让步：那些以善意行事并相信他们的事业有合理理由的士兵能够保留他们从战场上获取的财物，即使后来发现他们原先错了。但是，如果他们一方显然是非正义的，强权就不是公理，并且获胜者就不能合法地保留或出售他们在战场上捕获的东西。正如格劳秀斯所写的那样，奖励非正义行为“缺乏任何理性基础”，并会“鼓励人们从事不道德行为”。[112]

然而，当格劳秀斯写作《战争与和平法》时，他改变了观点，显 / 026
然是因为他意识到奖励非正义行为具有理性基础。毕竟，将强权视作公理可以保护商人免受战争所导致的法律混乱的影响。[113]格劳秀斯也承认，世界依照强权即公理原则在运行。他解释说，该原则“得到各国的同意”，恰恰是因为它是合乎理性的。[114]可以肯定的是，在他的战争理论中增加这一原则造成了不良后果。毕竟，格劳秀斯遵循正义战争的传统，以恢复或保护正义。这种传统限制征服战争、捕获和掠夺战利品。只有受害者及其盟友被允许诉诸武力。然而，他现在赋予每个人以合法权利来保留他们夺取的财产，甚至包括从受害者那里掠夺领土和财产的不法行为者。由于认识到这种反常，他将这些后果称为战争的“特殊法律后果”（*peculiares effectus*）。

格劳秀斯试图通过将这些特殊权利仅赋予某些战争来限制其被滥用的可能性，他称这些战争为“正式战争”（formal war）。[115] 正式战争是国家对国家的冲突，这些战争以正式宣战开始，如西班牙王位继承战（War of the Spanish Succession）、七年战争（Seven Years War）、普法战争（Franco-Prussian War）、第一次和第二次世界大战（the First and Second World Wars）等。正式战争中，强权即公理。所有其他冲突，如范·赫姆斯科克袭击“圣卡塔琳娜号”，都是非正式战争，在这些情势下，强权并非必然是公理。按照这个修订的理论，荷兰东印度公司的合法诉求仅依赖这一事实，即范·赫姆斯科克是在公海上捕获了“圣卡塔琳娜号”上的货物，且其捕获行动受到捕获法庭的保护。如果该事件在陆地上发生，荷兰东印度公司可能会被要求将所获的庞大财富归还给葡萄牙。事实上，除非他有一项正义理由，否则范·赫姆斯科克和荷兰东印度公司就像海盗一样，对“圣卡塔琳娜号”没有合法诉求。

格劳秀斯的新理论有利于主权国家及其特许贸易公司可能并非巧合。范·赫姆斯科克在直布罗陀取得胜利以及随后与西班牙停战后，欧洲各国开始承认荷兰共和国是一个独立的主权国家。格劳秀斯可能期望，自己著作中的亲荷兰倾向会有助于他返回家乡并劝说政敌们原谅他。实际上，1631 年，时值其专著第二版出版，他已经悄悄地回
/ 027 去待了几个月。他想试试。格劳秀斯发现，他仍然不受欢迎，也许永远不受欢迎。在荷兰的黄金时代，在伦勃朗（Rembrandt）、维米尔（Vermeer）、惠更斯（Huygens）和笛卡尔（Descartes）等人大放异彩的辉煌时期，荷兰共和国著名的神童再次背井离乡，逃离了祖国。

1645年，他在东波美拉尼亚（Eastern Pomerania）临近海岸的一次沉船事件中受伤后去世——他是一个心碎肠断又踽踽独行的流浪者。[116]

国际法之父

为雅各布·范·赫姆斯科克完成辩护词时，格劳秀斯年仅23岁。这是其辉煌职业生涯的一个辉煌开始：他的作品将被视为经典著作，是西方正典（Western canon）的一部分。格劳秀斯曾一度为所有受过教育的西方人所知晓，并被尊为西方最伟大的思想家之一。

《战争与和平法》将成为未来所有国际法著述的基础。17世纪下半叶的国际顶尖学者、德国律师和哲学家塞缪尔·冯·普芬道夫（Samuel von Pufendorf），在其巨著《论自然法和万民法》（*Eight Books on the Law of Nature and Nations*）中数百次引用格劳秀斯的观点。在某些情形中，他直接采用了这些观点。例如，关于战争中杀戮权（right to kill）的全部条目写道："特别是人们通常将战争许可（license of war）扩展至敌国人民身上的程度，参见格劳秀斯的详细说明。"[117] 18世纪杰出的国际法学者、瑞士律师和外交官埃默尔·德·瓦特尔（Emer de Vattel）在他的主要著作《万国法》（*The Law of Nations*）中更多地引用了"那位伟大人物"格劳秀斯的观点，而不是其他任何学术权威的观点。[118]

格劳秀斯对美国革命元勋们同样影响巨大。与那个时代有教养的英国绅士一样，乔治·华盛顿（George Washington）拥有一本《战争与和平法》。[119] 詹姆斯·麦迪逊（James Madison）宣称，格劳秀斯"被当作现代国际法典之父……是名副其实的"。[120] 在一场关于批准某项条约的斗争中，约翰·亚当斯（John Adams）为了寻找国际法论著，搜遍了建了一半的华盛顿特区，后来发现他一直寻找的东西在瓦特尔的著作中。但他却写信给在费城的儿子托马斯（Thomas）

说："在解释条约的规则中，我希望你能深入研究格劳秀斯和普芬多夫［原文如此］的观点，然后把关于这个问题的法律摘要送给我。"[121]

即使今天，律师和外交官都还在盛赞格劳秀斯并称之为"国际法之父"。[122]他的名字为学会、期刊和教授职位增色添辉，他的肖像装饰着宏伟的公共纪念场所。在美国国会大厦，格劳秀斯的大理石浮雕悬挂在通往众议院会议厅的画廊门上方，旁边是摩西（Moses）、汉谟拉比（Hammurabi）和托马斯·杰斐逊（Thomas Jefferson）的雕像。当然，格劳秀斯的地位也遭到过攻击。已故美国参议员丹尼尔·帕特里克·莫伊尼汉（Daniel Patrick Moynihan）曾这样描述里根政府中很多人对国际法的蔑视，"真男人不会引用格劳秀斯"。[123]

当然，格劳秀斯并没有发明国际法。[124]他明显借鉴了正义战争理论的悠久传统，并且在大多数情况下，他描述的是国家最普遍的做法。他的伟大成就在于融合了这些思想和规则，使之形成融贯一致的体系，该体系构成了支配全球商业和国际关系长达几个世纪的秩序的基石，这个秩序就是我们所称的旧世界秩序。正如他解释的那样，推动旧世界秩序形成的核心思想简单而强大：对于主权国家及其特许贸易公司来说，战争是一种相互行使权利的合法方式。结果是，这种战争的基本功能派生出以下权利：发动战争、征服和攫取战利品，为了胜利，必要时摧毁一切。

格劳秀斯是一位人文主义学者、拉丁诗人和新教神学家，但他同时也是一家贸易公司的律师，他从公司律师的角度接触了战争法。他的目标是让其客户和祖国在解决争端的法庭缺失的情况下扩大利益。他创立了战争理论，使得一个全球化的世界发端。在这个世界中，各国和贸易公司的足迹遍及全球，寻找可以买卖的商品。后来他终于意识到，为此目的，战争权不能依赖所发动战争的正义性。一个战争是合法的法律执行手段的世界，也是一个强权必须是公理的世界。

格劳秀斯的成就不仅发展出了一种服务于商人及其国家赞助者诉

诸战争的系统路径，更重要的或许是，他为战争提供了坚定的道德基础。他解释说，战争的道德权利与合法权利总是来源于同一事物——个人的自然权利。[125]公战和私战一样，只有基于其公民让渡的道德权利之上，并且以道德权利的名义进行，才是正义的。国家无权使用暴力，除非公民通过社会契约授权给它们。事实上，公战的权利只不过是所有私战权利的融合和升华。[126]

把战争权利以及事实上所有政治权利建立在个人的自然权利基础之上，格劳秀斯抓住了新兴的时代精神。像雅各布·范·赫姆斯科克，他就代表了一个新时代。格劳秀斯创作于中世纪世界与启蒙运动时代之间的过渡期，当时人类的自我概念经历了一个根本性的变革。井然有序、层次分明的古老宇宙观开始崩溃，一个不同的、更为物质化和个人主义的世界概念正在形成以替代它。[127]

在这个新概念中，宇宙分裂成两个领域——物理的和道德的。物理领域是一个去神圣化的空间，缺乏精神，粒子围绕空间弹跳，遵循无意识的、机械的物理定律。道德领域与以前一样依然具有层次性，但随着个人作为最有意义的道德存在出现，其优先顺序颠倒了过来。无论出身如何，所有人都有自然权利决定他们的生活、获得财产、签订协议，并通过使用武力保护这些权利。自上而下的权威只有在获得自下而上的授权时才是合法的。对政治的这种理解，哲学家最终称之为“自由主义”。自由主义认为，主权者依靠其臣民的恩惠进行统治，而不是相反。

通过创造物质和物理定律，上帝存在于这个分裂的宇宙中，但上帝的地位却被削弱了。物质世界是一个无需神圣干预就能永恒运行的规律宇宙。虽然上帝创造了人类，但他创造的是有理性的人类，理性本身就是一种赋予主权的能力。正如格劳秀斯在其声名狼藉的“假设”（*etiamsi daremus*）篇章中声称的，“即使我们承认——不惜冒着最大恶名去承认——这一假设：上帝不存在，或者上帝不会关心我

/ 030

们世人之事”[128]，人类仍然有道德权利。上帝无关道德或政治，因为人是凭借自己的理性意志成为主权者，并能通过运用理性意志，通过一致同意的社会契约构建其政治世界。

因此，旧世界秩序的出现就不仅仅是商人可以从中获益的变革，还是他们可以信赖的变革。在新的政治自由主义观念中，上帝和贵族地位下降，个人地位上升。因为战争的权利最终来源于个人意志，所有的人类都获得了崇高的甚至是神圣的地位。

当雅各布·范·赫姆斯科克 1603 年在新加坡海岸外袭击“圣卡塔琳娜号”时，他将伟大的雨果引入了作为一名国际法律师的传奇职业生涯。正是格劳秀斯向他的雇主和世界上每个国家展示，在没有可以维护全球体系安全的普遍主权的情况下，他们如何能够在全球范围内开展商贸往来。他们不需要一个世界政府来执行他们的权力——他们需要的只是战争。

/ 第二章　战争宣言

美国文学评论家埃德蒙·威尔逊（Edmund Wilson）曾向战争史 / 031
学家建议：多留意海蛤蝓的习性。威尔逊描述了一部自然生态电影中的场景，其中，这种海洋无脊椎动物“通过其身体一端的大孔吞噬小生物；面对另一个体型稍小一点的同类，它也会大口吞噬”。威尔逊认为，人类的战争动机与此类似，“出于和海蛤蝓相同的贪婪本能”。[1]

许多历史学家似乎本能地遵循了威尔逊的建议。在他们的描述中，交战的主权国家总是被贪婪和赤裸裸的私利驱动。例如，历史学家通常将美墨战争期间担任美国总统的詹姆斯·波尔克（James Polk）描述为一个狂热的扩张主义者，说他垂涎得克萨斯、俄勒冈和加利福尼亚，因为上述地区各自都能提供物质优势。得克萨斯为奴隶制提供温床；旧金山是进出太平洋的理想港口，并且，美国准备入侵的这些地域都具有肥沃的土壤和温和的气候，能为这个成长中的国家提供粮仓。据说，为了获得这些利益，波尔克于 1846 年入侵墨西
哥。在两年的时间里，美国军队杀死了数以万计的墨西哥士兵，征服 / 032
了 50 万平方英里的墨西哥领土。波尔克果断击败墨西哥，将现在的加利福尼亚州、内华达州、犹他州、亚利桑那州以及新墨西哥州、科罗拉多州和怀俄明州的西部地区纳入了美国版图，并确认其对得克萨斯州的主权。[2]

有时候，发动战争的动机被描述为防御性的，而不是扩张性的。历史学家告诉我们，路易十四（Louis XIV）在 1683 年发起了统一战争，并在 1688 年发起了九年战争，其目的是沿法国东翼创建一系列缓冲地带（*cordon sanitaire*），以保护法国免受神圣罗马帝国的侵犯。[3] 在其他时候，我们被告知，主权者因渴望荣耀而发动战争。因此，历史学家叙述了下个世纪的普鲁士统治者腓特烈大帝（Frederick the Great）如何为他的王国和威望而攫取邻国西里西亚

的富庶土地。[4] 1740年，普鲁士入侵西里西亚是一种公然的侵略行为，而此次侵略却提高了腓特烈大帝的声誉，人们认为他是一位勇敢的军事领袖和一位“伟大的”君主。

通过关注主权国家拥有或可能拥有的发动战争的别有用心的动机，此类历史叙述会让人们认为主权国家即使不像海蛤蝓，至少也像流氓。它们让人们的脑海中浮现出国家元首直接用蛮力威胁邻国的形象：“我想要你的领土。把它给我，否则……”但对战争史更为仔细的考察表明，主权者们一直异常谨慎地将自己与罪犯区分开来。当一个持枪歹徒想要你的钱时，他不会证明这个要求的正当性。他不会声称他有权获得这笔钱。他不会说你应该给他钱，因为这真的是他的钱，或者是因为你欠他的钱，或者是因为上帝希望你把钱交给他，或者是因为他的钱比你的钱少，从而是不公平的。他只是说：“要钱，还是要命。”

但是主权者发动的战争是不同的：发动战争的决定总是需要正当理由的支撑。发动战争涉及的东西比坚持威胁或吞并领土要多：发动战争总是涉及某种权利主张。在旧世界秩序中，各国元首竭尽全力证明他们所发动的战争是正义战争。虽然他们的正义观与我们不同，但除非可以肯定其行为在某种程度上是正义的，否则他们很少会发动战争。

追债之战

美墨战争是一个教科书式的案例，说明了旧世界秩序下主权国家是如何陷入武装冲突，特别是它们如何确立了发动战争的合法权利。

尽管波尔克总统想要占有墨西哥所拥有的领土，但他并不是简单地威胁说，如果墨西哥政府不交出这片土地，他就入侵墨西哥。[5] 在这方面，波尔克没有像流氓一样行事。他为获取领土制造了一个合法理由。

他为这场战争制造的合法理由可以追溯到1821年，当时墨西哥刚从西班牙的手中获得独立。独立后的几年间，墨西哥政局处于极不稳定状态，在 34 年内经历了 35 届政府。在那里做生意的美国公民遭到政府官员非法没收财产和人身攻击，他们多次向墨西哥政府提出索赔要求。[6] 美国外交官收集了这些投诉并提交给墨西哥政府。

这些索赔投诉数量庞大并且多种多样。[7] 有些涉及航运，这是当时美国和墨西哥之间的主要运输方式。在一个典型的案例中，纽约的双桅帆船“帕拉贡号”（*Paragon*）船主声称，1834 年夏天，他的船在前往维拉克鲁兹（Vera Cruz）的途中遭到墨西哥帆船“坦皮科号”（*Tampico*）恶意开火攻击。[8] 其他许多索赔涉及未偿债务或不当捕获之财产。[9]

1837 年初，安德鲁·杰克逊（Andrew Jackson）总统发出威胁，除非墨西哥满足这些要求，否则就要开战。他的继任者马丁·范布伦（Martin Van Buren）在当年晚些时候发出了一个类似的警告。[10] 面对战争威胁，墨西哥最终同意仲裁。1839年，双方签署了一项协议，授权由四名仲裁员组成的专家小组来决定这些诉求的有效性，仲裁小组由两名美国人和两名墨西哥人组成。[11] 如果票数相等，决定票将交由普鲁士国王的代表来投。[12]

专家小组审议了 54 项总价值 620 万美元的伤害索赔诉求，并判定墨西哥向美国赔偿约 200 万美元的损失。[13] 不幸的是，持续不断的革命支出已经耗尽了墨西哥的国库，它无法满足这些赔偿要求。美国因此提出接受墨西哥以领土来代替赔款。1842 年，泰勒（Taylor）总统的国务卿丹尼尔·韦伯斯特（Daniel Webster）写信给美国大使，指示他“试探墨西哥政府对于割让靠近太平洋的领土以满足这些索赔要求或其中一些索赔要求的反应”。[14] 墨西哥拒绝了。

随着土地换债务计划的搁浅，美国与墨西哥谈判达成了第二个协议，根据该协议，墨西哥同意在五年内按季度以金币或银币分期支付现有赔偿款。[15] 在支付了四次款项后，墨西哥再次违约。[16]

为了补偿剩余的赔款，波尔克重新启动了之前流产的以土地换赔款计划。他派遣特使约翰·斯莱德尔（John Slidell）南下墨西哥，并下达指示，如果墨西哥同意以格兰德河（Rio Grande）作为得克萨斯的新边界，那么美国可以放弃这些赔偿要求。他还提出，出资500万美元购买新墨西哥州部分地区，2000万美元购买包括蒙特雷或旧金山在内的土地，2500万美元购买整个加利福尼亚州。[17] 为了诱使墨西哥接受他的提议，波尔克也发出了军事威胁。他命令扎卡里·泰勒（Zachary Taylor）将军将其部队推进至格兰德河河畔。

最后，斯莱德尔始终没有机会传达这项提议，因为墨西哥总统拒绝见他。[18] 不久后，墨西哥军队袭击了泰勒将军正在格兰德河沿岸进行侦察活动的小分队，16名士兵被害或受伤，其余的被俘虏。波尔克要求国会向墨西哥宣战，国会被迫答应。[19]

由于波尔克在泰勒部队被袭后立即要求国会宣战，人们普遍认为这场战争的主要理由是自卫。事实上，波尔克总统却在向国会提出的呼吁中指责墨西哥让"美国人在美国的土地上流血牺牲"。[20] 然而，波尔克的战争咨文首先关注的是墨西哥未偿还债务问题。他突出这个问题并将其列为发动战争的主要理由。他解释了"对我国公民侵害的赔偿如何自然地且不可分割地与边界问题交织在一起"。[21] 波尔克将对泰勒侦察部队的袭击作为墨西哥对美利坚合众国犯下的一连串错误的最后一根稻草。[22]

波尔克并不是唯一一个将未偿还债务作为发动战争的主要理由的人。佛罗里达州的詹姆斯·韦斯特科特（James Westcott）在参议院大楼里咆哮道："我们与她谈判达成了一项协议，她据此答应赔偿我们的公民……她是否这样做了？先生们，没有！先生们，没有！……她理应偿还这笔钱，本届政府应该强迫她还钱。"[23]

波尔克坚持认为，由于在整个冲突期间债务未偿还，因此这场战争完全是正当的。[24] 波尔克在1846年的国情咨文中描述了美国长期以来的不满、美国公众的呼吁、墨西哥执行国际条约的情况以及仲裁

/ 035

专家小组工作的情况，包括损失赔偿金额和尚未偿还的 2026139.68 美元。[25] 他在下一年的国情咨文中重申了这些说法。[26]

波尔克强调需要追回损失和未偿还的债务，目的是表明他的国家不像一帮强盗那样行事：美国多次就墨西哥政府的欠债不还行为提出控诉，签署了一项解决这些索赔诉求的仲裁条约，为其公民争取了许多有利的裁决，就损害赔偿金谈判达成协议，在墨西哥违约之后谈判达成另一项条约，提出接受领土补偿代替赔款，等等。[27] 经过近 20 年令人沮丧的谈判之后，美国才开战的。[28]

血腥强制

战争看上去是法律和秩序缺失的缩影，但在旧世界秩序中，战争就是法律和秩序。因此，其每个阶段都经过精心规范。格劳秀斯在 17 世纪详细描述了这些规则，但在那个时候，它们早就不是什么新鲜事了。[29] 它们属于一个延续了两千多年的悠久传统。

在罗马共和国时期，一名神父可以裹着羊毛面纱走近任何罗马意图染指的领土的边界。一到那里，他会提出一个叫作 *clarigatio* 的法律申诉。[30] 如果对方在 33 天内无视 *clarigatio*，元老院就可以批准战争。当神父带着三名青壮年男性返回边界，将铁尖长矛扔在边境线上，这意味着战争将正式开始。[31] 随着帝国向海外扩张，罗马不得不更改这个程序，因为神父无法将他的长矛扔在大海上。在修改后的体系中，一名神父会从即将成为敌人的领土上俘虏一名囚犯，并强迫他在位于罗马古城墙外的战神广场（Campus Martius）购买一小块土地。如果囚犯不能满足神父的要求，那么这时神父就将长矛扔进“外国土地”，这样就可以发动战争。而神父还可以回家吃晚饭。[32]

中世纪和近代早期欧洲主权者对这些协议进行了修改：戴着羊毛面纱和手持长矛的神父被由号手陪同的使者代替。使者享有绝对豁免

/ 036

权和安全通行权，他们是不参加战斗的无害人物。[33]在1415年的阿金库尔战役（Battle of Agincourt）期间，法国使者和英国使者一起站在一座俯瞰战场的山上，观看他们各自同胞与对方拼命厮杀。[34]之后，法国使者宣布英军获胜。

因为在接到使者传递的信息之前是不能开战的，所以使者并不总是受到欢迎。[35]1635年，带着阿朗松公国（duchy of Alençon）国旗的法国使者抵达布鲁塞尔向被称为枢机主教（Cardinal-Infante）的西班牙统治者费尔南多阁下（Don Fernando）呈送宣战书，但枢机主教拒绝接见他。为了完成使命，法国使者从马上将一份宣战书的副本扔到愤怒的人群中间。然而，西班牙传令官勒令那些聚集在一起的人们不要碰那张纸，以免这种举动被视为接受了宣战书，从而开始战争。然后，法国使者跑到边界，在那里他将另外两份宣战书副本钉在了标杆上，并将这些布置通知了附近乡村的村长。[36]该宣战书控诉一名王子被非法监禁，这样写道：

/ 037

> 阿朗松名义下的法国武装力量的使者敬告所有有关人士：他来到荷兰觐见西班牙枢机主教……因为他关押了一位并未与他为战且有主权的王子，这是对帝国尊严的冒犯和对万国法的违背，因此［法国国王］陛下宣布他将通过使用武力来为这一侵犯获取补偿。[37]

各国最终放弃了大张旗鼓地宣战，转而寻求更为有效的程序。他们通过外交官来表达诉求。在莎士比亚的《亨利五世》（*Henry V*）中，亨利的大使和特使埃克塞特公爵（Duke of Exeter）声称亨利有权统治法国并要求法国国王放弃他的王位：[38]

> 凭着万能的上帝之名，

他要求您退位，交出
您那久借不还的荣耀——那原是，凭着上天的恩赐，
又凭着造化的规律、邦国的法度，应该属于他和他的后代；
这就是说，交出您的王冠

国王问如果他忽视这一要求会发生什么，埃克塞特回答："血腥强制"——他的意思是，战争。①

/ 038

法国人是公鸡

在旧世界秩序中，主权者不仅发布简短的战争声明——通常是一页纸左右——陈述其要求，他们还发布篇幅更长的文件，详细说明情况。[39]这些文件被称为"战争宣言"，因为它们"证明了"主权者援引作为发动战争的理由的正当性。

战争宣言因其文字感染力及说服力而受到重视。各国首脑邀请受人尊敬的作家和学者以及经验丰富的律师起草这些文件。1655年，

① 这些规则的确为最后通牒提供了另一种选择：只要一个国家让对方知悉自己的诉求并给予其合理的反应时间，这个国家就可以同时发动攻击并宣战。参见 Grotius, *DJB*, 3.3.13; Emer de Vattel, *The Law of Nations; or, Principles of the Law of Nature, Applied to the Conduct and Affairs of Nations and Sovereigns*, trans. Joseph Chitty（Philadelphia: T & J. W. Johnson & Co., Law Booksellers, 1867［1758］）, 3.4.60; Henry Wheaton, *Elements of International Law: With a Sketch of the History of the Science*（Philadelphia: Carey, Lea & Blanchard, 1836）, 213。因为事先告知敌人要发动攻击，在战略上通常是不可取的，因此这个替代程序就变成了通行的做法。1881年，当一个英法联合财团考虑在英吉利海峡建造一条铁路隧道时，英国军方担心隧道可能被用来发动对自己的突然袭击，于是委托进行一项研究，以明确各国是否在发动袭击之前会发出事先警告。该研究的作者报告说，它们不会。在1700~1882年爆发的177场战争中，事先宣告的战争只有10起。参见 John Frederick Maurice, *Hostilities Without Declarations of War*（London: W. Clowes & Sons, 1883）。

英国军事和政治领导人奥利弗·克伦威尔（Oliver Cromwell）下令入侵加勒比地区的西班牙领地时，他委任伟大的史诗诗人约翰·弥尔顿撰写了《英联邦护国公宣言》（*A Manifesto of the Lord Protector of the Commonwealth*）。[40]1703 年，神圣罗马帝国皇帝利奥波德一世（Leopold Ⅰ）聘请了理性主义哲学家、微积分的共同发明者戈特弗里德·莱布尼茨（Gottfried Leibniz）和一名训练有素的律师撰写了《维护查尔斯三世权利的宣言》（*Manifesto for the Defense of the Rights of Charles Ⅲ*），该宣言捍卫了神圣罗马帝国参与西班牙王位继承战的权利。

我们看一下 1492 年出版的第一份战争宣言，我们从耶鲁大学本尼克珍品与手稿图书馆（Beinecke Rare Books Library）那里获得了这份宣言的副本。这份宣言以很快将成为神圣罗马帝国皇帝的马克西米利安一世（Maximilian Ⅰ，1459~1519）的名义撰写，长达 8 页，由精致的羊皮纸制成。与我们后来看到的许多宣言小册子不同，这部手稿版面较大，其页面大小与标准的笔记本纸相近。它印刷清晰，但字体暴露了文件的过渡性质，它依旧遵循中世纪使用速记抄写的习惯，许多拉丁词被缩写，以减少抄写手稿的劳动。[41]

现代读者很难读懂这份文件。宣言开头如下：“因为没有人不知道法国人是公鸡。”[42]问题不仅仅是大多数人不理解这个笑话——“*gallus*”的意思是“一个高卢人”（即一个法国人），在拉丁语中也是“一只公鸡”的意思——或者对 15 世纪的历史知之甚少，无法理解为什么法国人被称为公鸡，或者更不知道它被称为公鸡代表着什么。最令人困惑的却是，马克西米利安宣称有权对法国国王查理八世
/ 039（Charles Ⅷ）发动战争，是因为查理夺走了自己的妻子。

1491 年，查理入侵布列塔尼（Brittany）。当布列塔尼公爵夫人安妮（Anne）投降后，查理要求她嫁给他。不幸的是，众所周知查理形象欠佳，缺乏吸引力——肖像画家弗朗西斯科·蒙塔纳

（Francesco Mantegna）向人透露，一想到这个“瘦小驼背”，长着“一双鱼泡眼”、一个“硕大的鹰钩鼻”，“头上留几根稀疏毛发”的男人，就要做噩梦——而且当时安妮已经和马克西米利安结婚了。尽管如此，她仍然不得不宣布放弃与马克西米利安的婚姻，转而与法国国王查理结婚。[43] 三天后，查理和安妮秘密订婚，并于 1491 年 12 月 6 日在都兰的朗热堡（Langeais Castle of Touraine）公开结婚。

不出所料，马克西米利安暴跳如雷。他决定在战场上和舆论法庭上攻击查理。马克西米利安利用当时的新媒体——印刷机——发表了一篇宣言，阐述了他发动战争的正义理由。

这份宣言充满了对查理尖酸刻薄的谩骂。宣言开篇关于法国公鸡的侮辱是在影射法国国王：查理是霸占布列塔尼的安妮成为他许多母鸡之一的公鸡。宣言继续指责法国国王，向“轻信的民众”灌输“虚构的谎言”，这些谎言充满“无聊的琐事和空洞的自吹自擂”，并且他宁愿进行此类“背叛”行为也不愿加强“正义战争的力量和活力”。[44] 查理的恶行“超过了通奸者、强奸犯和奸夫”。[45] 宣言的结论是，查理的罪行穷凶极恶，马克西米利安别无选择，唯有开战。

举个更近一点的例子，波尔克总统在 1846 年向国会提交的战争咨文就被认为是一个宣言。美国在 1812 年以后不再使用“宣言”这个词，大概是因为它听起来欧洲色彩太浓厚了。[46] 在这份咨文中，波尔克通过阐述美国的正义理由即索偿债务，证明了美墨战争的正义性。

为什么主权者不厌其烦地要解释他们发动战争的原因？为什么不直接开战？因为发布战争宣言可以达成几个目的。战争宣言的表现和功能与今天诉讼中的投诉很像，尽管它们通常表现得更加激烈，如马克西米利安的宣言所表明的。和投诉一样，战争宣言阐述了受害方对被控为加害方的指控。正如投诉是对损害的赔偿要求一样，战争宣言也是如此。

通过向外界宣布战争原因，战争宣言力图表明其所论及的战争是

/ 040

正义的。正如瓦特尔所解释的，“战争目前是由宣言公开和宣布的。这些文件永远都会包含正当理由，无论是高明的还是蹩脚的，参战方拿起武器的权利都是基于这些理由”。他补充道：即便“最不谨慎的主权者也希望被认为是正义的、公平的和爱好和平的”。[47]

宣言有时会让争端和平解决，这要追溯到可被称为“回应宣言”（counter-manifestos）的东西。如果说宣言等同于原告在诉讼中的投诉，那么回应宣言则等同于被告应诉文件中的应答。正如应答可以产生和解一样，通过澄清争议条款，回应宣言给予了各国解决潜在分歧的机会。例如，一方可能会道歉或提供赔偿，而不是诉诸战争。

在1790年努特卡危机（Nootka Crisis）期间，西班牙俘获了它宣称的正在侵占其太平洋西北部领土的几艘英国船只。针对此次捕获行动，英国以向议会两院发表国王咨文的形式发布宣言，威胁发动战争。[48]通过一系列回应宣言，西班牙慢慢做出了让步。[49]虽然它否认英国有权与西属美洲进行直接贸易，并声称自己有权使用武力来保护其诉求，但它同意归还这些船只。危机最终解除了。

当回应宣言没有带来和解时，它们仍然可以作为针对另一个主权者提供的正当战争理由的反驳意见，也可以作为所有反诉的声明。一个值得注意的例子是，1672荷兰议会的回应宣言分为两栏。左栏以“英国宣言”为题，重印了英国对荷兰的宣战书；右栏以“回应”（ANSWER）为题，包含了对英国每项指控的逐点反驳。例如，左栏复述了一项英国人的指控，即它为了解放荷兰糖厂的奴隶而在西印
/ 041 度群岛进行干预——“让那块殖民地上的所有我国国民都得到自由”；右栏回应说：真正的原因是遏制荷兰的贸易，并“尽一切可能的手段摧毁我们的殖民地”。[50]

发布战争宣言的目的是进行广泛的宣传，以传播到那些被号召支付战争费用和被号召参加战斗的人群当中。他们的观众还包括外国中立的力量、盟友、敌人及其精英群体。随着传播文字的技术变革，战

争宣言的宣传方式也发生了变化。中世纪的战争宣言是手抄的并在乡村地区宣传，人们经常在那里对着聚集的人群大声宣读。1340年，英国国王爱德华三世（King Edward Ⅲ of England）下令将他与法国开战的理由“固定在教堂门口和其他公共场所，从而可以明确地通知所有人”。[51]但随着印刷机的出现和识字率不断提高，战争宣言被印刷出来并最终作为小册子出售给欧洲公众。[52]一些保存下来的宣言仍然有价格标签。1719年路易十五（Louis XV）对西班牙的宣战书随同战争宣言，售价为6便士。[53]18世纪，随着报纸大量发行，战争宣言作为专题被刊发在每天的报纸上。[54]

战争宣言的风格根据主权者的政治战略、争端性质和作者的不同而有所差异。有些是恶毒攻击且针对个人，另一些则是语气平和且符合逻辑。法律上最严谨且最令人叹服的宣言往往极其乏味。莱布尼茨的冗长宣言具有律师抗诉的所有魅力。他的观点是，法国人迫使西班牙垂死的国王改变自己的意志，对他施加了不适当的影响。他这样解释：

> 正是考虑到这一点，法国的支持者在已故国王将要去世时，以他的名义在马德里皇宫里立下了一项遗嘱，在其第十七条中，他们让他解释了《比利牛斯条约》（Treaty of Pyrenees）及与玛丽亚·特雷莎女王（Queen Maria Theresa）的婚姻合同，以及插入其中的放弃声明，这违背了人们对其的一贯理解；仿佛这种放弃的目的只不过是阻止两颗皇冠结合在一起戴在一个人头上而已。[55]

19世纪和20世纪，各国继续发表战争宣言，尽管“宣言”一词变得不太常见。无论它们被称为什么，主权者总是急于通过提供理由来证明自己拥有使用武力的权利，以便把自己与流氓分子区别开来。正如瑞典国王古斯塔夫·阿道夫（Gustavus Aldophus）的战争宣言

/ 042

开头所写的那样，“当我们谈论战争时，首先要提出的问题是，它正义与否”。[56]

“正义”理由

尽管主权国家非常重视战争宣言，但我们要考虑是否应该这么做。难道我们不应该怀疑这些文件？毕竟，这些文件是主权者用来向其臣民兜售战争的宣传手段。

当然，如果认为每一份宣言都是关于主权者为何决定发动战争的准确声明，那就太天真了。有些是，有些则不是。很难知道决定战争的人心中究竟是作何考虑。但是战争宣言的价值与它们可能或不可能揭示主权者的内心世界没有多大关系。宣言之所以很重要，正因为它们是宣传。宣传的功能是说服。因此，我们可以通过研究宣传机构说服人们的理由来判断什么样的理由通常具有说服力。

尽管如此，战争宣言对于理解旧世界秩序下的战争却没有多少研究价值，因为对其研究很少，而且都不是英文的。[57]战争宣言之所以被历史学家忽视了，部分原因在于它们很难找到。幸存下来的副本分散在世界各地的图书馆中，并以许多不同的语言出版。为了更多地了解主权者参战时提出的法律诉求，我们自己汇编了战争宣言集。宣言集中包含 400 多份战争宣言，时间跨度为从 15 世纪末到第二次世界大战，以拉丁语、英语、法语、德语、奥斯曼土耳其语、荷兰语、葡萄牙语和古汉语等多种语言发布。这个集子让我们窥见一个迥然不同的世界——在这个世界中，发动战争的理由在今天看来是荒唐透顶的，但在当时却被认为是完全合法的。[58]

/ 043 例如，马克西米利安的战争宣言证明了对法国的战争是正当的，因为查尔斯夺走了他的妻子——不过，不可否认，这是我们的集子中唯一一份以夺妻之恨作为发动战争理由的文件。其他的战争宣言很少以好色作为错误行为来指控敌人，它们通常包含对敌人犯下不止一种错误行为的指控。其中包括自卫（69%的宣言）、执行条约义务（47%）、获得侵权伤害赔偿（42%）、违反战争法或国际法（35%）、阻止破坏均势（33%）、执行继承法和其他世袭权（30%）、保护贸易利益（19%）、人道主义考虑（17%）、保护某国人民宗教自由（15%）、保护外交关系（14%）、捍卫“真正的信仰”（true religion）（13%）、寻求独立（6%）、收债（4%）和捍卫传教权利（1%）。[59]

自卫是战争的主要原因并不令人惊讶，但其他许多理由表明，当时是一个与我们当前世界截然不同的世界。纠正侵权伤害、收债、保护贸易利益、捍卫各种宗教利益：在今天，这些理由中没有一条被视为可接受的发动战争的理由。但也存在发动战争的理由惊人相似的情况。一般而言，我们倾向于认为人道主义干预是最近才出现的。但正如上面的统计所表明的那样，在我们考察的从15世纪末到20世纪中期的全部战争宣言中，足足有17%包含了人道主义理由。例如，弥尔顿声称，与西班牙的战争是正义的，部分原因是征服者的残暴。[60]军舰应该被“用来为英国人以及可怜的印第安人报仇雪恨，在那些地方，他们遭受西班牙人如此不公正、如此残酷地对待，而且经常流血牺牲”。[61]泰迪·罗斯福（Teddy Roosevelt）为美国入侵古巴辩护，理由是“那里偶尔发生如此大规模、如此恐怖的罪行，以至于我们怀疑，无论这是不是我们要为之努力的明确责任，我们至少要表明对这些行为的不赞成，以及我们对因这些行为而遭受痛苦的人们的同情”。[62]

在阅读战争宣言时，我们需要牢记，主权者所采取的最佳策略是遵循律师界的古老格言：“当法律对你有利时，多强调法律；当事实对你有利时，多强调事实；当法律和事实都对你不利时，敲桌子把水搅浑。”从这些战争宣言中我们可以看到，主权者在有正当理由时， / 044

就将理由解释得很明白。当他们有证据支持自己的诉求时，就将证据罗列得细致且面面俱到。当既没有正当理由又没有事实依据时，很显然，他们通过采取随意侮辱和转移话题的办法来把水搅浑，从修辞上来讲，这与律师敲桌子把水搅浑异曲同工。但是所有宣言的作用——无论价值如何——都是为自己的行为辩护，认为这些行为是对错误行为的正当回应。主权者不可能随便找一个理由就开战，战争的发动必须被冠以正义之名。

国际法执行

战争宣言彰显了旧世界秩序的另一个重要特征：违反国际法不仅是一种投诉的理由，它们是战争的正义理由。我们汇编的集子中，足足有 47% 的战争宣言将对方破坏条约义务作为发动战争的理由，35% 的战争宣言将对方破坏战争法或国际法作为发动战争的理由。此外，一些宣言将侵犯习惯国际法（customary international law）保护的权利作为发动战争的理由，其中包括自卫（69%）、贸易利益（19%）和外交关系（14%）。

美国宪法的制定者们深知这一点。他们是瓦特尔的亲密学生。[63] 瓦特尔追随格劳秀斯，声称违反国际法是战争的正义理由。[64] 事实上，制宪者们正是围绕这一关切制定了他们的新宪法。在制宪会议上，詹姆斯·麦迪逊宣称，任何一个为新的国家政府制订的计划都必须“防止那些违反国际法和违反条约的行为，否则必定会让我们卷入对外战争的灾难”。[65] 基于这一原因，新宪法宣布，条约是“全国之最高法律”，即使这意味着条约凌驾于各州宪法或法律上，各州法官也必须执行。[66] 制宪者担心违反国家政府签订的条约会招致合法的军事反应。

在现时代，观察人士怀疑，在没有警察强制的情况下，国际法是否真的是法律（我们将在第十六章中回到这个问题）。这样的怀疑十分正常。[67]在当时，很少有人认识到这个问题是如此令人烦恼，部分原因在于它太新颖了。在旧世界秩序中，国际法不需要警察强制执行。国际法是由非常现实的战争威胁支持的。

征 服

对历史有一些了解的人都知道，征服造成了世界版图无数次的重绘。我们简要回顾一下欧洲历史上的著名征服。曾说过名言“我来，我看见，我征服”（“*veni, vidi, vici*”）的恺撒大帝（Julius Caesar），在公元前47年泽拉战役（Battle of Zela）后，完成了罗马自公元前58年开始的对高卢的征服。然后，公元410年，西哥特人征服了罗马城，这场征服让圣·杰罗姆（Saint Jerome）不禁悲叹：“啜泣让我口不能言。看哪，征服了世界的这座城，也被征服了。”[68] 756年，法兰克国王丕平（Pepin the Short）征服了伦巴第人位于意大利的领土，并将它们作为新的“教宗国”献给教宗。查理曼大帝（Charlemagne）征服了德国北部的撒克逊人，并于公元800年被教宗加冕为“罗马皇帝”。1066年，诺曼底公爵威廉（William, Duke of Normandy）征服了英格兰。1453年，穆罕默德大帝（Mehmet the Great）在征服了君士坦丁堡之后，终于摧毁了罗马帝国。费迪南德和伊莎贝拉（Ferdinand and Isabella）于1492年通过吞并格拉纳达，从摩尔人那里完成了西班牙的统一（*Reconquista*）。奥利弗·克伦威尔和他的新模范军在17世纪中叶征服了爱尔兰。几年之后，在1658年特别寒冷的冬季里，瑞典查理十世（Charles X）派遣军队从日德兰半岛横渡贝尔特海峡（March Across the Belts）到达西兰岛，征服了丹麦－挪威的一半。将恺撒大帝的“我看见，我征服”作为座右铭的路易十四（Louis XIV）占领了斯特拉斯堡——斯特拉斯堡现在是欧盟的三个“首都”之一（另外两个是卢森堡和布鲁塞尔）以及欧洲议会（European Parliament）和欧洲人权法院（European Court of Human Rights）的所在地。但随后，1681 年，它就成为一座位于法国和神圣罗马帝国边界上具有战略地位的城市。1703 年，彼得大帝（Peter the Great）征服了瑞典的一部分，在那里他建立了俄国新首都圣彼得堡。1740 年，普鲁士腓特烈大帝征服了西里西亚。在 19 世纪头十年的拿破仑战争中，拿破仑征服了西班牙、意大利、荷兰和中欧大部分地区。1871 年，威廉一世（Kaiser Wilhelm Ⅰ）和奥托·冯·俾斯麦（Otto von Bismarck）领导的普鲁士在普法战争中夺回了斯特拉斯堡，却在第一次世界大战中再次输给法国，而后在 1940 年又重新夺回了它，最后在第二次世界大战后彻底失去了它。诸如此类的征服不胜枚举。

正因为战争是实现正义不可或缺的工具，征服在旧世界秩序中非常普遍。当时，任何主权者如果要求对被侵犯权利做出补偿，但没有得到补偿的话，法律允许他通过暴力获得补偿。战争宣言的功能是解释战争的法律基础。主权者有权通过战争获得哪些赔偿，取决于哪些权利存在争议。由于导致战争发生的权利争夺有许多涉及领土争端，因此受害者有权获得领土补偿就是自然而然的事。因此，通过允许使用暴力来加强权利，旧世界秩序使征服行为合法化。

征服意味着在战争中夺取和控制领土。[69] 而且，主权者通过军事力量赢得了什么，它就合法地拥有这些东西。[70] 因此，征服起到了对伤害的补偿作用，而这种伤害可能首先证明了战争的正当理由。在旧世界秩序中，当领土在战争中被占领后，占领者自动继承了前一个主权者的所有合法权利。[71] 可以说，征服者取代了被征服者的位置，以往统治者能做的事情，新的统治者现在都可以做。同样，新的主权者成为以往主权者所有财产的所有者。

对征服者来说，最有价值的可能是控制被征服领土的法律体系。作为新的主权者，征服者可以向被征服领土任命自己的统治者、行政官员和法官，从而控制该族群生活的规则。通过指派国家官僚机构，征服者能够向当地人口征税，征收进出口关税，并出售从事商业活动的许可证。在16世纪晚期，葡萄牙的印度总督地（Estado da Índia）——葡萄牙在印度占领的殖民地——的大部分收入来自亚洲贸易许可，而不是购买和销售香料。[72]主权还带来了人力，包括征召士兵参加未来战争的权利。领土不是简单的土地，它还是潜在的士兵居住的土地，他们可以为现有军队进行未来征服提供支持。

征服不同于占领——就像今天一样。[73]在征服情势下，征服者主张主权：永久统治被征服人口的最高权力。占领者不是这样。他们要求某些统治权力——维持法律和秩序所绝对必需的权力——但他们的权威是暂时的且是有限的。在1870~1871年普法战争期间，德国军队入侵巴黎并控制了人口。但德国并没有征服法国甚至巴黎。“Arc de Triomphe”并没有成为“Triumphbogen”①，巴黎人也没有被迫宣誓效忠德国皇帝，而《普鲁士民法典》（Prussian Civil Code）并没有取代《拿破仑法典》（Napoleonic Code）。德国只是占领了这个城市，却没有主张对它拥有主权。

征服也不同于投降。[74]在投降情势下，通常在一定条件下一方同意放下武器。这些条件可能比征服更有利——例如，它们可能采取赔款的形式。但它们也可能不太有利。那些处于强大军事地位的国家甚至可以要求对方无条件投降。据我们所知，旧世界秩序中没有任何一个国家同意这样的要求，理由显而易见。“投降后，”格劳秀斯写道，“战败者将会承受一切痛苦。”[75]

很难想象还有一种法律权利比征服拥有更长或更辉煌的血统。在公元前6世纪统治波斯帝国的居鲁士大帝（Cyrus the Great）劝告他的王室成员不要对他们的帝国特权感到内疚：“当一座城市在战争

① “Arc de Triomphe”是法语的凯旋门，“Triumphbogen”是德语的凯旋门。——译者注

中被占领后，它的公民、公民的身体以及他们的所有财产都落入征服者手中，这是世界上一条永恒的法则。因此，你们并非出于不讲道义而拿走你所缴获的财物，而是出于你们自己的人性之善，才允许公民持有他们所保留的东西。”[76]

在撰写《战争与和平法》时，格劳秀斯正是基于这一传统，将征服纳入他的战争理论中，作为对无法通过其他方式来弥补的错误行为的补偿。他当然没有发明征服的法律权利。我们甚至不清楚征服权是否是被“发明出来”的，如果我们所说的“发明出来”是指某人或某个团体故意创造出来的。就像大多数国际法，或者正如它在近代早期被称为“万国法”一样，征服的规则随着时间的推移而发展，成为主权者和政治家的习惯做法，他们接受这些规则具有约束力。[77]

/ 048 在《战争与和平法》中，格劳秀斯不仅收集了许多在罗马法和教会法摘编中记载的征服规则，还根据他的战争理论塑造了这些规则。他强调，只有为了防止或赔偿对权利的侵犯，才允许一个国家征服另一个国家。邻国拥有更好的土地这一事实并不是攫取它的正当理由。“为了放弃沼泽和荒野以获得更肥沃的土地从而改变住所条件，并不是发动战争的正义理由。”[78]一个国家也不能仅仅因为相信，在新的管理下，另一国人民会生活得更好而征服另一个国家。“即使某些东西对任何人都有利，也不会立即赋予我以武力将其强加于他人的权利。”[79]无论是神学上的差异还是角色不合格都不是战争的正当理由。格劳秀斯认为征服领土是“无耻的”，“即便当地居住者可能是邪恶的，可能会对上帝持有错误观点，或者可能尚未开化”。[80]

因此，波尔克总统在为自己对墨西哥发动战争的决定辩护时，是遵循了格劳秀斯的规则的。他强调了墨西哥没有偿还债务，而不是加利福尼亚是通往太平洋的理想出口或其肥沃的土壤，因为美国有收回这些债务的权利。而在一场正义战争中，权利才是最重要的。

通过武力手段

欧洲人将旧世界秩序带入新世界。他们以征服者的身份出现，并声称根据万国（他们的）法，他们对土著居民拥有主权。

西班牙征服者第一个抵达新世界，他们以惊人的野蛮行径制服了大半个半球。[81] 西班牙人对阿兹特克人、印加人和其他土著居民进行大屠杀、奴役和统治，他们的官方解释是人道主义干预。[82] 西班牙16世纪著名神学家弗朗西斯科·德·维多利亚（Francisco de Vitoria）认为，为“合法地保护无辜人免受非公正的死亡”而发起战争是可以允许的，并且列举了“对无辜人实施人祭或为食其肉处决死刑犯”来证明西班牙军事干预行为的正当性。[83] 维多利亚列举的例子是经过精心选择的，因为人们普遍相信这些行为在整个新世界是泛滥的。其他人，像16世纪另一个战争法权威阿尔贝里科·真提利（Alberico Gentili）同意，即使不是为了保护无辜者，为了改变野蛮状态而进行军事干预也是正当的。战争是为了惩罚犯罪。“西班牙人向印第安人发动战争的理由是正义的，因为这些印第安人甚至与野兽进行令人作呕的交媾，并且他们为了吃人肉而大肆屠杀同类。这些罪恶是违背人性的。”[84] 格劳秀斯同意真提利的观点。他认为，虽然在正常情况下，一般恶行不是发动战争的正义理由，但这些特殊行为是如此令人发指，以致惩罚性的战争是正义的。

美国在征服理论的基础上证明其主权的正当性。在1823年最高法院对约翰逊诉迈金托什案（*Johnson v. M'Intosh*）的裁决中，首席大法官约翰·马歇尔（John Marshall）裁定，美国的主权“通过武力手段维护并确立，向西远至密西西比河”。[86] 最高法院是“征服者法院”之一，并且“征服行为给了它一个无法否认的头衔”。[87] 就印第安部落而言，大法官并没有闪烁其词：虽然他们有权使用他们曾经拥有的土地，然而他们是被征服的群体，是佃农，必须接受美国的强权。马歇尔写道："[印第安人] 被承认是这片土地的合法居民，他们拥有合法权利和正义理由拥有并根据自己的判断使用它，但作为独立国家，他们拥有完全主权的权利必然会被削弱。"[88]

托马斯·杰斐逊也以征服权为基础为美国独立辩护。1774 年，他出版了一本小册子，宣布殖民者有权反抗，因为征服了这片土地的人是他们，而不是英国人。"美洲被征服了，其定居点的建立及牢固确立是以无数殖民者而不是英国公众的牺牲为代价。为了获得定居土地，他们流血牺牲。"[89]

为了获得印第安人的土地，定居者通常会购买它。其中著名的或臭名昭著的是，荷兰定居者向德拉瓦（Lenape）部落支付了价值 24 美元的小饰物，获得了曼哈顿岛。英国殖民者在建立新英格兰殖民地时遵循了同样的做法。1629 年，马萨诸塞海湾公司（Massachusetts Bay Company）命令它的殖民者："如果任何野蛮人假装对专属我们 / 050 的全部或部分土地拥有继承权……买下他们的权利，这样我们就可以丝毫不用顾虑被指责为入侵。"[90] 尽管出售土地的人并不理解出售的后果或土地价值，但似乎殖民者定居的大部分土地确实是购买来的。正如一位学者所言，"与印地安人被无情地剥夺了土地这一普遍看法相反，除了那些通过征服获得的地区，或像塞勒姆和波士顿这样因为瘟疫导致人口减少而印第安人从未声称拥有的地区，[马萨诸塞州] 白人后来居住的几乎每个地方都是从印第安人那里购买的"。[91]

这种"很少被征服中断的购买行为"的模式是整个美洲大陆上殖民者从土著美洲人那里获得土地的标准方式。[92] 美国联邦印第安人法（Federal Indian Law）领域的创始人菲利克斯·科恩（Felix Cohen）估计，到 1947 年，为获得印第安人土地所有权，联邦政府已经支付了 8 亿多美元。[93] 正如 1872 年印第安人事务专员报告的那样，"1862 年暴乱之后，美国政府从未以征服权为借口消灭过一个印第安人部落，除了明尼苏达州印第安人之外；在后一种情况下，明尼苏达州政府除了将印第安人腾出来的土地出售所得交给他们之外，还向印第安人提供了另一块保留地”。[94]

虽然大多数印第安人土地是被购买的，但这些交易几乎就没有公平可言。1763 年，英王乔治三世（King George Ⅲ）宣布，只有王室才能购买印第安人土地。美国最高法院后来在约翰逊诉迈金托什案中裁决说，由于它拥有征服权，这种专有购买权转交到了美国政府手中。这就产生了被称为买方垄断的现象——一个买家多个卖家。由于没有竞争对手出价高于美国政府，美国政府可以任意地向印第安部落虚报低价并压低土地价格。但是，印第安部落的法律困境更加残酷：美国政府不仅能够控制土地价格，还可能威胁要开战，除非它达成目的。在卖掉土地和被骑兵突袭两个“选择”之间，大多数人选择了卖掉土地。

有一些值得注意的情形，印第安人如果拒绝出售他们的土地，就会遭受上述后果带来的痛苦。1874 年，南达科他州黑山发现黄金后，美国政府试图说服苏族印第安人出售土地。当苏族断然拒绝这些提议后，美国政府下令第七骑兵团（Seventh Cavalry）将其驱逐出去。然而，他们的指挥官乔治·阿姆斯特朗·卡斯特（George Armstrong Custer）中校的失职使得该团在小大角战役（Battle of the Little Bighorn）中被坐牛（Sitting Bull）和疯马（Crazy Horse）屠杀。作为对美国历史上最为严重的军事失败之一的反应，美国国会下令切断印第安人的食物供应。面对饥饿，苏族人投降并签署了一项协议，将黑山让给了美国政府。[95]

根据旧世界秩序的规则，这些协议是完全可行的。在被胁迫情况下，主权者之间达成的协议仍然是一项协议，违反这种协议就是发动战争的正义理由。在旧世界秩序中，各国有权实施我们今天所称的带有贬义的“炮舰外交”。尽管那时强国经常使用炮舰来强迫弱国签订协议——例如荷兰共和国利用荷兰东印度公司的战舰从东印度群岛统治者那里获得独家贸易协议，在17世纪建立了帝国统治——但他们也使用地面部队。[96]因此，1773年，当奥地利、普鲁士和俄国威胁必须满足它们的条件，否则就要开战之后，斯坦尼斯瓦夫·奥古斯特国王（Stanislaw August）和波兰立法机关（被称为色姆）同意割让波兰30%的领土和半数人口给这些国家。[97]正如波兰历史学家诺曼·戴维斯（Norman Davies）对这种骇人听闻的自残行为所描述的，“受害者不仅同意引颈就戮，还被说服亲自挥刀”。[98]

尽管“炮舰外交”一词通常用于一个国家对另一个国家发出军事威胁时，但我们更狭义地使用这个词，它指的是在协定谈判中使用或威胁使用暴力：实力更强的国家威胁要向弱国派出军队，除非它同意那些对其不利的条件。与国内环境下［强迫签订的］合同会被强制失效截然不同，旧世界秩序中，在炮舰停泊在港口或军队集结于边界的情形下强迫签订的条约在法律上是有效的。[99]

/ 052

旧世界秩序接受炮舰外交的合法性，因为它接受战争的合法性。毕竟，如果赋予一个国家使用武力获得侵害赔偿的权利，但不给予它威胁使用武力获得同样的赔偿的权利，在逻辑上是荒谬的。事实上，战争是如此恐怖，以至于有时仅靠威胁便足矣。

谁拥有加利福尼亚？

1847年1月12日，墨西哥军队的一名指挥官在洛杉矶的卡胡恩加（Campo de Cahuenga）签署了投降协议（Articles of Capitulation），这个地方就在今天北好莱坞环球影城（Universal Studios）的对面。[100]美国打败了墨西哥并征服了加利福尼亚州。这段暴力征服和收购的历史是公开的，并不是秘密外交。征服加利福尼亚州是被公开承认的，而且最重要的是美国总统的确加以庆祝了。波尔克总统在 1848 年的国情咨文演讲中赞扬了美国军队在“征服加利福尼亚”的过程中所彰显的才能、勤奋和勇气。[101] 美国看到了加利福尼亚，它来到了加利福尼亚，它征服了加利福尼亚。

波尔克总统没有隐瞒事实真相，并且对占领墨西哥领土并不感到羞耻，因为美国遵循的是当时存在且已存在了几百年的规则。美国是为了收回未偿付的债务而开战的——这是旧世界秩序下发动战争的正义理由。然后，它征服了领土，作为其公民遭受伤害的赔偿，以及补偿发动战争的开支。他展现的不是一个流氓的帝国主义国家欺压弱小邻居的故事，而是一个胜利的故事，是一段根据国际法和正义战争理论而战的令人骄傲的战争历史。

当我们仔细观察时，就会发现，不幸的是，这个故事缺少了几个重要的事实。墨西哥战争爆发前几年，墨西哥特哈斯州的南部边界是努埃斯河。1836 年，得克萨斯州从墨西哥宣告独立时，它宣称其边界位于努埃斯南部，在格兰德河河畔。得克萨斯人引用同年签署的《贝拉斯科条约》（Treaty of Velasco）证明自己的领土要求具备合理性。这份条约是由墨西哥将军桑塔·安纳（Santa Anna）在圣哈辛托战役结束后被囚禁时签署的。桑塔·安纳同意将其部队撤回格兰德河南部，相应地，得克萨斯将其部队向北回撤五里格（leagues）①。得克萨斯人认为，这一协议向南部延伸重新划定了自己与墨西哥的边界。后来等美国吞并得克萨斯之后，它也采纳了这一观点。[102] 然而，这种法律立场是荒谬的。正如伊利诺伊州一位名叫亚伯拉罕·林肯（Abraham Lincoln）的年轻国会议员指出的那样，如果条约确实规定了将边界从努埃斯河南移到格兰德河，那么“它就有个怪异的特点（原文如此），即规定得克萨斯不得进入自己境内五里格范围内”。[103]

如果林肯是对的，并且条约实际上并没有改变得克萨斯和墨西哥

① 长度单位，1 里格约等于 3 英里。——译者注

之间的边界，那么波尔克1846年将泰勒部队派往格兰德河边缘时，就是派他们进入了墨西哥境内！尽管墨西哥欠美国债务是真实的，但波尔克提出的要报复“美国人在美国土地上流血牺牲”的说法要么是基于一个谎言，要么就是一个可怕的错误。

但事实证明，这些混乱都不重要。事实上，即便波尔克在战争真正的合法理由——墨西哥未偿还债务——问题上撒了谎，也不会改变此次征服的合法性。正如我们所看到的，在旧世界秩序中，强权即公理。赢得战争意味着法律上获胜。仅仅因为美国军队在一场正式战争中获胜，加利福尼亚就成了美国的一部分。正如陆军部长威廉·马西（William Marcy）向加利福尼亚州新任州长斯蒂芬·沃茨·卡尼（Stephen Watts Kearny）将军所说的那样，“根据国际法，征服一个领土或国家的强国有权在该领土或国家内建立一个公民政府，作为确保征服成果的手段”。104

但是，如果各国能够得到它们想要的东西——不管是什么东西，哪怕它们基于非正义理由行动，那么整个装模作样要求正义的游戏的关键点是什么？为什么主权者要在其精心炮制的战争宣言中竭力罗列发动战争的正义理由，并且还煞费苦心尽可能广泛地宣传这些宣言呢？为什么格劳秀斯要在战争的“正义理由”上耗费如此之多的笔墨？如果“正义理由”真的没有用，那么战争最终是否因为正义理由而发起呢？

这里有四个相关的原因。首先，认为发动非正义战争没有代价的观点是错误的。即使在非民主国家，发动战争也需要调动国家资源。糟糕的战争理由会破坏战争努力；它也会伤害主权者的国内合法性，并鼓励其对手挑战其地位。

当然，主权者在没有其他选择的情况下也会被迫以糟糕的理由发动战争。在捍卫自己与安妮的婚姻时，查理八世竭尽所能为自己辩护，尽管他最终得到了这个女孩，却遭到了教宗的公开羞辱。教宗发布诏书，宣布安妮之前与马克西米利安的婚姻无效，但也谴责这对夫妻鲁莽轻率，在没有获得宽免之前就擅自结婚，并警告其他人不要重蹈覆辙。[105]没有什么规则可以阻止刻意打破规则的人，但它可以让冒犯规则的人付出沉重的代价。主权者依法而生，所以他们也可以因法而亡，或者至少受到严重的伤害。

其次，战争的正义性对于战争中的合法权利或许并不重要，但许多人认为这对他们来世的灵魂至关重要。发动非正义战争就是大规模屠杀无辜的人，从而犯下了不可饶恕的大罪。在一个几乎普遍信仰宗教的世界里，永恒诅咒的威胁足以让人们担心战争理由是否正义。

再次，即使交战方不关心战争的正义性，但其盟友会关心这一点。一个国家依据承诺履行向另一个国家提供军事援助的义务，是以所涉冲突的合法性为条件的。从法律角度而言，条约义务（*casus foederis*）——促使履行援助盟友义务的因素，总是取决于宣战理由（*casus belli*）——证明战争本身正义性的因素。正如格劳秀斯对互助条约描述的那样，“这样的协议不能被延伸到没有正义理由的战争”。[106]战争宣言会摆出事实证明一国战争的正义性，从而让其盟友难以摆脱它们的条约义务。

最后一个原因涉及旧世界秩序的核心问题。旧世界秩序既奖励因非正义理由而发动的征服，也奖励因正义理由而发动的征服，因为别无选择。

主权者发布的战争宣言可能起到了诉讼中投诉的作用，但是没有世界法庭来权衡双方的证据和论点，并对谁真的应受惩罚做出裁决。毕竟，根据定义，主权者并不承认任何更高权威。因此，没有一个中立的、公正的程序来区分非正义理由和正义理由。结果是，经常会出现这样的情况，一方会大胆吹嘘其战争理由的正义性，而另一方会愤怒地谴责整个计划的虚伪和邪恶。因此，在战争宣言中，国家最需要做的就是提供有利于自己的最佳论据。

在一个国家是主权者且战争合法的世界里，不可能在正义战争和非正义战争之间做出裁决。一旦格劳秀斯式法律秩序允许受害者使用武力来补偿他们（或其公民）受到的伤害，那么就没有别的选择，只能允许侵略者也能从他们的错误行为中获利。因为，惩罚那些基于非正义理由而发动战争的行为会危害整个全球经济。

由于旧世界秩序信奉强权即公理原则，因此战争的滥用不仅是可能的，更是不可避免的。但在全球法庭缺失的情况下，如果战争是合法的，那么强权必须是公理，即使它是错误的。

定居者称之为“鬼舞”（Ghost Dance），他们被吓坏了。印第 / 056 安人仪式以一首庄严的乐曲开始。庆祝的人们整齐地举起双手，朝向西方高呼，祈祷他们祖先的回归，“父亲（The father）是这么说的；父亲是这么说的；您将看到您的家人——‘咿呀呦’！”[1]吟唱一结束，所有人都哭了。

当人们手拉手围着一棵神树转动后，现场气氛迅速发生了变化。舞者加快舞动节奏，直到他们旋转到快得不能再快，他们的脚溅起尘土，他们有节奏的吟唱变成了尖叫。当兴奋情绪感染了现场人群后，喧闹取代了礼仪。有些舞者精神振奋，兴高采烈、激情澎湃且尖叫连连；另一些人则悲痛万分，凄切绝望、战栗哆嗦且无助哀号。接着，他们一个接一个，从旋转的舞圈中退出，仿似魔怔，四处游荡，然后倒下，在尘土中扭动。

一个旁观者描述一个女人从跳舞的人群中摇摇晃晃地离开的情形，“头发在她脸上飞舞，她的脸呈紫色，看上去好像血液会迸胀出来似的；她疯狂地挥舞双手和双臂，每呼吸一次就发出一声喘息和呻吟；她仰面朝天像一根木头一样地倒下。我走近她，她躺在那里一动 / 057 不动，但每一块肌肉都在抽搐和颤抖。她似乎处于无意识状态”。[2]其他人则想象自己变成了动物，“腿抬得很高，在空中乱抓，样子很可怕”。[3]即使在神志不清的状态下，舞者也尽量不踩踏脚下躺着的那些人，直到他们也累得倒下了。当最后一个人倒下后，舞者慢慢恢复神智，重新围成一圈，讨论他们与鬼魂的沟通情况。

鬼舞是1889年内华达州一个叫沃沃卡（Wovoka）的派尤特族巫师创造的。沃沃卡自称基督的化身，两千年前降临世间以拯救白人，不料竟被他们蔑视并被钉在了十字架上。现在，他重返人间拯救印第安人。他预言他们的祖先即将复活，并声称他的舞蹈能让生者与死者——“鬼魂”——沟通。他还承诺，他的舞蹈将驱除邪恶，治愈疾病，让水牛和猎物重返原野，并将重建部落统治。

沃沃卡没有宣扬暴力，但随着鬼舞传遍西方社会，它发展出了极具威胁性的影响力。有些人将其作为战舞来表演，或者对于惊惧不安的定居者来说，它就是战舞。当苏族人手拉手后，他们开始吟唱带有预示性的诗句：“父亲，我来了；母亲，我来了；兄长，我来了；父亲，请赐回我们的弓箭吧。”[4] 苏族人还穿着白色圣衣——被称作“鬼衣”（ghost shirt）的白色床单，鬼衣上镶着蓝色条纹并以鸟类和其他动物图案加以装饰。他们相信，鬼衣着实强大，足以抵挡子弹。[5]

像其他形式的千禧年说（millenarianism）一样，巨大的绝望催生了鬼舞运动。除了像所有印第安部落一样被赶进保留地且文化瓦解之外，1889 年，苏族还面临着饥荒。多年的农作物歉收，加上随着白人在他们先前的猎场定居下来，把原本丰富的猎物逼向灭绝的边缘，这一切使得苏族的人口削减殆尽。雪上加霜的是，联邦印第安人事务局未能提供承诺过的粮食和衣物，而这些是苏族被迫签署的和平条约的一部分。就连华盛顿派来调查鬼舞对社会干扰情况的指挥官纳尔逊·A. 迈尔斯（Nelson A. Miles）将军也承认，苏族有充足的理由抱怨。“他们声称，政府没有履行条约义务，没有提供足够的拨款用于对其支持；他们遭受了食物匮乏带来的痛苦，而这方面的证据是充分的和显而易见的，任何不带偏见且有主见的人都会看到。”[6]

/ 058

苏族期待鬼舞能让弥赛亚（Messiah）降临，但它带来的却是美国政府第七骑兵团。1890 年 12 月 29 日上午，参加过小大角战役的同一支卡斯特连的士兵抵达南达科他州松脊岭保留地（Pine Ridge Reservation）的伤膝河（Wounded Knee Creek），意图解除一支密尼康周苏族人（Miniconjou Soiux）的武装。当一名士兵试图夺下一个叫“黑狼”（Black Coyote，布莱克·凯奥特）的部落聋哑成员的步枪时，打斗旋即开始，接着枪响了。混乱中，指挥官命令他的部队开火。他们第一轮齐射便造成了几十人死亡，不久之后，更是屠杀了好几百人。骑兵们大肆猎杀男人、女人和儿童长达数小时。

当伤膝河大屠杀的消息传到二十英里之外的罗斯巴德保留区后，布吕莱苏族（Brule Sioux）担心下一个遭殃的就是自己。在等待美国政府军到来的过程中，他们跳起了鬼舞。这时爱德华·“内德”·凯西（Edward “Ned” Casey）中尉正带着他的士兵前来，但他不是来找麻烦的。这位军官试图通过平和外交手段缓和紧张局势，避免另一场灾难。

凯西中尉属于那种完美士兵的类型。作为众多军人中的一员，这位西点军校毕业、参加过印第安人战争的四十岁老兵，受到与他一起工作过的部落成员的喜爱和尊敬。他指挥着一支夏安族人（Cheyenne）精英侦察部队，其队员亲切地称呼他“大鼻子”。

1891 年 4 月 9 日，当凯西沿着白土溪（White Clay Creek）向无水（No Water）行进时，他遭遇了一支 40 人的布吕莱苏族队伍。凯西问是否有可能与他们的酋长在其营地里会面。一个信使带着疑惑离开，随后另一个信使带着回复返回来：酋长们认为去无水不太明智，因为鬼舞者们情绪很激动，有可能攻击他们。

还在传递信息之时，一个名叫塔桑卡·奥塔［Tasunka Ota，被称为多马（Plenty Horses）］[7] 的二十岁布吕莱苏族人慢慢地离开队伍。他站到凯西中尉身后几英尺的地方，从容地从毛毯下面取出温彻斯特（Winchester）步枪。当凯西接受酋长的建议并准备返回松脊岭时，多马把枪举到肩膀上，不知为什么，扣动了扳机。子弹掀开了凯西的头骨并从其右眼下方穿出。他跌落马下，死了。[8]

/ 059

审判多马

美国全国各地的报纸都报道了这桩命案。他们写道，一个苏族印第安人背信弃义地从背后枪杀了一名英勇的美国军官。凯西的被害深深地激怒了迈尔斯将军。除了对这次行动毫不知情外，迈尔斯对被害人很了解。他对凯西的兄弟也颇为了解，因为内战中他曾在凯西父亲麾下任职。[9]迈尔斯将军下令逮捕多马并将其移交给民事部门以谋杀罪受审。

审判于 1891 年 4 月 24 日周五上午举行，地点在苏族福尔斯共济会教堂（Falls Masonic Temple），联邦法官来到小镇后就使用了该建筑。《纽约世界报》（*New York World*）对该案兴趣浓厚，专门派出一名记者对这一事件进行全程报道。根据这名记者的观察，拥挤的法庭上旁观的人们已经拿定主意："一名白人男子竟然被一个印第安人谋杀了。这个印第安人必须被绞死。"[10]

在整个审判过程中，多马显得冷漠且困惑。尽管他十几岁的时候在宾夕法尼亚一所寄宿学校里待过几年，并且英语也说得很流利，但回到保留地之后，他发现没有任何使用白人语言的机会，于是逐渐失去了这项语言能力。多马穿着美国政府发给他的土褐色羊毛毯子，面无表情地坐在那里，对挤满了人的法庭上发生的事件既不承认也不做回应。他无法为自己辩护，但他的困境引起了两位极具天赋的律师的注意，他们打算无偿为其辩护。

审判头三天呈送的证据和证词确认了两项事实：第一，多马枪击内德·凯西头部致其死亡；第二，苏族认为自己是在与美国作战。辩方认为，第二项事实免除了多马在第一项事实中的责任。既然凯西是在战争中被敌人杀害了，那么这种杀害就不是谋杀。

/ 060 法官们于是给陪审团做出了指示。他们说，如果陪审团认为当时美国和苏族之间存在战争的话，那么就应该撤销对多马的所有指控将其无罪释放。另一方面，如果陪审团认为双方没有处于战争状态，那么它就要确定多马犯下了何种杀人罪：如果是事先预谋那么就是谋杀，如果是受强烈情绪驱使那么就是过失杀人。

陪审团一直商议到当天深夜和第二天。经过二十三次投票表决，当地农民组成的陪审团未能取得一致意见：六票投了谋杀，六票投了过失杀人。法官宣布审判为未决审判。多马似乎对案件的进展感到很振奋，这也表明他对自己的窘境了解甚微。“昨晚我以为他们肯定会判我绞刑。但现在我觉得不会这样了。”[11]为了避免再审时再次出现僵局，公诉人从迈尔斯将军的部队中找到了一个证人，以证明凯西被害时并不存在战争。但是检察官却被迈尔斯的反应惊呆了。据说，迈尔斯这样说：“我的孩子，这是一场战争。”“你以为我会把我的战争变成阅兵仪式吗？”[12]迈尔斯显然改变了主意，因为先前他下令以谋杀罪起诉多马，而现在他否认了这项起诉所依据的基本假设。

迈尔斯有充分的理由改变态度。多马被抓住后，迈尔斯将其当作战犯关押在米德堡（Fort Meade）。[13]军方关于此次事件的报告也将凯西描述为正在进行军事侦察活动。但除了荣誉和证据之外，促使迈尔斯态度转变的还有另一个因素：伤膝河大屠杀。他一定已经意识到，如果这场大屠杀不被当作战争中的一个不幸事件的话，那么它就是一场大规模谋杀。毫无疑问，迈尔斯肯定不想让自己的部下——实际上，是他自己——承担刑事责任。

二审时，辩方的主要证人是弗兰克·鲍德温（Frank Baldwin）上尉，他是迈尔斯的部下，两次国会荣誉勋章获得者。他告诉法庭，美国和苏族之间当时确实处于战争状态，他的证言是如此可信，以至于控方放弃了争辩。“等一下，先生们，”这时法官詹姆斯·夏伊拉斯（James Shiras）插话，“如果你们双方结束了陈词，我有话要要对陪审团说……事实很清楚地表明，在凯西中尉遇难那天，由尼尔森·迈尔斯少将指挥的美国军队与驻扎在无水及其附近地区的印第安人军队在松脊岭并且就松脊岭保留区的归属问题爆发了战斗。”[14]由于排除了合理的怀疑，美国和苏族之间存在战争这一事实得以确立，因此被告——一名印第安勇士——必须被无罪释放。法官谴责了多马的行

/ 061

为，但也承认，在这些特殊情况下，法律禁止对他的起诉。陪审团当场宣告多马无罪，审判结束，多马作为自由人离开法庭。

战争中的杀戮

1953年，伊恩·弗莱明（Ian Fleming）围绕詹姆斯·邦德（James Bond）——英国特勤局（British Secret Service）特工007——这一角色创造了一个娱乐产业。弗莱明讲述了国际间谍世界紧张刺激的故事，令读者眼花缭乱。作为英国的精英间谍，邦德配备了充足的职业福利——高科技武器、充满异国情调的旅行、干马提尼酒，更不用说极富魅力的同伴了。但是邦德具备一项其他英国雇主无法提供的优势，其代号中的两个“0”表明他拥有“杀人执照”。根据英国法律，邦德不会因为杀死诺博士（Dr. No）、金手指（Goldfinger）、布罗菲尔德（Blofeld）、斯卡拉孟加（Scaramanga）或他们任何强大的、武装到牙齿的爪牙而受到审判。他是身着量身定制的燕尾服的极具绅士风度的法官、陪审团和行刑者。

然而，007的合法权利与多马相比则显得微不足道。根据英国法律，邦德或许拥有杀人执照，但与多马不同，他不受国际战争法的保护。毕竟，他不是军人，英国也没有处于战争状态。其结果是，虽然邦德不会在英国被控谋杀，但他仍然可能被世界上任何其他法庭以谋杀罪审判。如果邦德真如他在小说和电影中那样，在长期职业生涯中杀死了大量克格勃（KGB）间谍，那么一旦被苏联人抓住，他们就可以据此对其进行起诉，更不用说从事间谍活动了。相比之下，多马杀死了一名美国军人却在美国法庭上被无罪释放。多马甚至没有充足的理由杀死中尉凯西，但在旧世界秩序下，每个军人都有杀死对方军人的许可权。它不仅仅是北美大陆的法律，它是这个世界的法则。正如格劳秀斯写道，万国法规定，如果一个士兵“碰巧在其他领土上被

/ 062

抓，[他] 不能因此而被当作杀人犯或小偷来惩罚”。[15]

军人在战争中拥有杀人许可是一种古老的权利。事实上，它是如此古老，以至于在格劳秀斯之前，几乎找不到对它的明确阐述。因为这项权利似乎是如此显而易见，简直不言而喻。就连多马也认为在战争中杀人不是谋杀。他告诉记者：“我不否认凯西中尉是我杀死的……他被杀死了，是的；但不是被谋杀。”原因很简单。“我们正在与白人交战”，多马解释道。[16]

在旧世界秩序中，士兵拥有杀人许可是值得注意的，原因有很多。首先，正如我们所看到的，自卫并不是战争的唯一正义理由。士兵不仅仅为拒绝“门口的野蛮人”（Barbarians at the Gate）入侵、捍卫自己的经济利益而拥有杀人的合法权利，也可为索取债务、收取损害赔偿、执行君主世袭权，或报夺妻之恨而拥有杀人的合法权利。詹姆斯·邦德杀人至少是试图阻止那些具有邪恶天赋的人威胁世界安全，而不是索偿债务。更重要的是，杀人许可适用于没有任何正当理由的情形。即使他们一方发动的是一场非正义战争，其士兵也享有豁免起诉的绝对权利。因此，不仅像多马这样的苏族战士被免于起诉，而且第七骑兵团的士兵也被免于起诉。用格劳秀斯的话来说，就是“[战争中] 既允许对敌方人员也允许对敌方财产造成伤害；也就是说，它不仅允许发动正义战争的一方这样……而且对任何一方都一视同仁”。[17]

格劳秀斯不仅第一个明确地表达了杀人许可的原则，而且他还通过使用战争“宣言”将其正式化了。至于征服权和捕获战利品的权利，只有公战被宣布后才适用，并且只有当主权者宣布进入战争状态后，士兵才享有免于起诉的权利。如果主权者没有遵循恰当的法律形式，其臣民就会承受由此带来的后果。

1602 年 12 月 21 日，极具侵略性的萨瓦公爵（Duke of Savoy）查尔斯·伊曼纽尔（Charles Emmanuel）试图征服日内瓦市（Geneva），日内瓦当时是一个独立的共和国。查尔斯没有发出最后通牒或者直接宣战，他计划当人们都入睡后采取突然袭击来占领这座城市。他选择了一年中最长和最黑暗的夜晚，带着涂成黑色的梯子，晚上十点在城门外集结了两千名士兵。不过，当士兵们攀登城墙时，该计划破产了。一个守城哨兵发出了警报，而且用于炸毁大门的爆炸装置出现了故障没有爆炸。萨瓦方面越过外围防御工事的士兵被困在了防御工事与内城墙之间。一个小时后，战斗结束，萨瓦方面共有13个人被俘。[18]

日内瓦方面没有现场杀死这些人，也没有拿他们去索要赎金，相反，萨瓦的士兵们被当作普通小偷一样被绞死了，头被砍下来摆在城墙柱子顶上，朝向萨瓦军队的方向。[19]根据日内瓦最高行政长官的观点，这些俘虏是被从轻发落了。因为这是和平时期，这些人不是战斗人员（*gens de guerre*），否则他们要遭受“轮裂”（broken on the wheel）。轮裂是一种折磨人的方法，行刑时，行刑者将被判死刑的人绑在马车轮上，用棍棒将其四肢全部敲碎。[20]

国际舆论赞同这一决定。瓦特尔说：“在击败了著名的用梯子占领他们城市的企图之后，日内瓦居民将他们那时从萨瓦军队手中俘获的所有囚犯都当作强盗给绞死了。萨瓦的军队是在既没理由也没宣战的情况下袭击他们的。不仅日内瓦人严厉谴责了这一程序，而且这种行为在一场正式战争中也会遭人厌恶。”[21]萨瓦公爵的错误并不是他发动了一场非正义战争——而是他根本就没有发动战争。

神奇的力量

在战争期间拥有杀人许可权是人类所承认的最奇怪的规则之一。大屠杀在道德上是骇人听闻的，显然是犯罪。但是，某种程度上，当这场屠杀发生在正式宣战之后，它突然变得合法了。

更奇怪的是，在战争中，士兵不仅拥有杀人许可权，他们还被许可侵占、强行入室、盗窃、攻击、致残、绑架、勒索、破坏财产和纵火——实际上，他们总是被普遍许可实施那些在和平时期属于犯罪的行为。由于这个普遍许可的存在，宣战的作用就像最后的“免死金牌”。当一个主权国家正式宣战后，曾经属于犯罪的行为突然变得合法起来。（有一些值得注意的例外即所谓的战争罪行，后来这类例外更多一些）。主权国家从哪里获得如此神奇的力量？

萨拉曼卡的神学家弗朗西斯科·德·维多利亚为士兵在战争中杀人的权利提供了传统的正当理由。在其关于西班牙征服美洲的演讲——后来以《战争法论》（*On the Law of War*）为题出版——中，维多利亚声称，士兵们饱受“顽愚”（invincible ignorance）的痛苦，也就是说，他们要承受无知状况不能被合理解决所带来的痛苦。因为士兵不是国王的顾问班子成员，他们缺乏必要的信息来判断君主是否在依据正义行事。因此，维多利亚总结道：“双方通过战斗来证明目标的正义性。”[22]

如果这是真的，那么士兵将被免除罪责，但国王和他的顾问班子成员不会被免罪，因为他们肯定不会遭受顽愚痛苦。但事实证明，他们也受到战争法的保护。在旧世界秩序下，国家元首及其顾问们也逃避了谋杀的指控。

被放逐的皇帝

1814年元旦清晨，拿破仑·波拿巴（Napoleon Bonaparte）回到书房就寝并下令不要打扰他。[23]不久之后，一个身穿红色衣服的高个子男人出现，要求见皇帝。皇帝的随从莫莱伯爵（Count Molé）拒绝了。“我得跟他谈谈，”客人坚持说，“告诉他，是那个红衣人（Red Man）想要见他，他会见我的。”当莫莱询问时，拿破仑回答说：“让他进来吧。”

莫莱把耳朵贴在书房的门上偷听谈话内容。“这是我第三次出现在你面前，”红衣人说道，“我们第一次见面是在埃及，在金字塔战役期间。第二次是在瓦格拉姆战役之后。那时我给你四年多时间来完成对欧洲的征服，或实现欧洲普遍和平；当时我还威胁过，如果你做不到这两件事中的一件，我就会撤回对你的保护。现在我来了，第三次也是最后一次，警告你，你现在只有三个月的时间来完成你的计划。”拿破仑乞求放宽时限，但被拒绝了。走出书房的时候，红衣人又警告说：“就三个月，不能再长了。”

065 这个关于拿破仑出卖灵魂给魔鬼的荒谬故事是巴黎和伦敦街头流传的众多此类故事中的一个。其中还有一个版本以当时流行的蚀刻版画方式传播。画中，他被襁褓包成埃及石棺的形状放在他父亲别西卜（Beelzebub）① 慈爱的臂膀中。这些故事的吸引力源于拿破仑取得的成就令人难以置信，至少在其诋毁者看来，拿破仑的不可战胜是反常的。拿破仑似乎能够随心所欲地赢得战斗，并且击溃了每一个为阻止其扩张而结成的联盟。他击败神圣罗马帝国并导致这个由查理曼建立的千年帝国解体；他说服教宗为他称帝加冕，就像查理曼当年所做的一样。最令人难以置信的是，他几乎征服了全部欧洲，只有英国、俄国、斯堪的纳维亚半岛和奥斯曼帝国不在他的掌控之下。

关于黑暗势力的荒诞故事不仅表明了人们对拿破仑的敬畏，也体现了对拿破仑的厌恶。他的敌人们认为他是邪恶的化身。英国媒体称他为“科西嘉怪物”（Corsican Ogre）和“地中海穆拉托人”（Mediterranean Mulatto）。西班牙的战争宣言将拿破仑描绘成“一个以人血养肥的怪物（*un monstre nourri de sang humain*）”。[24] 在长达 11 年的时间里，他在欧洲横行霸道，其大军铁蹄踏遍了整个大陆，大肆蚕食领土。很难知道究竟有多少人因他而丧生，但估计有

① 别西卜是《旧约·圣经》中魔鬼的名字，意思是“苍蝇之主”或者“粪堆之王”，是故意侮辱人类最大的敌人而用的。——译者注

400 万 ~700 万人死亡，这是近两个世纪以来也是直到第一次世界大战之前欧洲最大规模的人类死亡。但拿破仑似乎不太关心被他送上战场死去的年轻士兵的人数。根据奥地利外交部长梅特涅亲王（Prince Metternich）的说法，拿破仑曾说："我是在战场上长大的。像我这样的人是不会在乎 100 万人的性命的。"[25]

然而，当 1813 年拿破仑在莱比锡战役中战败并在 1814 年被剥夺法国皇位后，反法同盟国并没有起诉他。他们在《枫丹白露条约》（Treaty of Fontainebleau）中向他提供了慷慨的和平条件。当拿破仑放弃了对法国、意大利和其他国家的主权时，盟国允许他保留皇帝称号。他们还对他被放逐厄尔巴岛进行了婉转地描述，宣布这个小小的地中海海岛被"拿破仑皇帝陛下选择定居，作为他颐养天年之所"。法国拿出了自己一小块领土把它捐给了拿破仑，作为"一个独立的公国，其所有主权和财产都归他所有"。该条约还保证每年给他提供两百万法郎来经营这座岛屿。

从法兰西皇帝降至厄尔巴岛皇帝，无疑是个莫大的耻辱。同样，即使让他统治这么一个微不足道的小国，似乎也不足以为他屠杀了这么多人赎罪。严格说来，流放并不是惩罚，因为拿破仑没有犯下任何罪行。和他的士兵一样，拿破仑拥有杀人许可权。此外，作为一个君主，他有诉诸武力——计划、宣布以及发动战争——的权利。因此，厄尔巴岛不是监狱。它更像是一个疗养院，它被封锁起来与欧洲其他地方隔绝，以防止这个科西嘉传染病的蔓延。一个更准确的类比可能是，它是这个危险的疯子最安全的收容所。对他的敌人来说，拿破仑对鲜血和权力具有永不满足的渴望，因此，为了防止他东山再起，必须将他从文明社会中清除出去。[26]

事实上，反法同盟国别无选择，只能给他一个某种形式的主权国家。随着战争的结束，拿破仑不再是战俘，他必须被释放。但是盟国不能让他留在法国，因为他对新近恢复统治的波旁王朝国王构成的威胁太大。他们也无权违背他的意志在国外拘禁他。那么，只剩下一个选择：给他一个自己的王国，然后禁止他踏上反法同盟国的土地。

1814 年 5 月 4 日，拿破仑登上厄尔巴岛，由于生性好动，他立刻开始工作。[27] 在一边和宠物猴子杰纳玩耍，一边重新布置小皇宫里窗帘的间隙，他改革了小岛的公共管理体系，重新组织了防御体系，铺平了道路，修建了桥梁和灌溉系统。[28] 他在波乔村（Poggio）外安装的喷泉两百年后依然能够喷水。拿破仑甚至重建了首都波托佛拉约（Portoferraio）的公共厕所，因为它们气味太难闻了。[29] 但他渐渐厌倦了这个小小的公国——他缺乏“厄尔巴空间”（Elba room），英国人后来将其用作双关语——于是起程去了法国。[30] 他在戛纳登陆，然后行进了一千英里回到巴黎，夺回了王座并召集部队卷土重来。[31]

当时，盟国正在维也纳召开会议，以重建被二十年持续不断的战
/ 067 争破坏的秩序，他们都被拿破仑违反条约的行为震惊了。[32] 他们发表了一份宣言，称拿破仑是“一个敌人，是世界安宁的扰乱者”。他逃离厄尔巴岛并控制法国，因而违反了《枫丹白露条约》——这是他签署并宣誓维护的一项体面的解决方案，拿破仑·波拿巴“自己剥夺了法律对他的保护”，并“使自己成为公众复仇的对象”。[33] 通过将拿破仑列为被剥夺法律保护者，盟军宣布他是一个可以被当场处决的人。[34]

然而，即使他在滑铁卢这场决定性战役中被威灵顿公爵（Duke of Wellington）和布吕歇尔元帅（Marshal Blucher）击溃，他的生命还是得到了保全。这场战役中有五万人遭到了屠杀。1815 年 7 月 8 日星期六，上午 8 点，拿破仑向英国海军上校弗雷德里克·刘易斯·梅特兰（Frederick Lewis Maitland）投降。[35] 他谦逊地摘下双角帽，露出灰色稀疏的头发，将自己的安全寄托于英国人的仁慈：“我登上了你们的船只，把我自己寄于英国法律的保护之下。”[36] 拿破仑希望在英国避难。他本可以安全地前往美国定居。相反，他被发配到了世界的尽头。

无限期拘禁

当拿破仑从英国军舰“诺森伯兰郡号”（*Northumberland*）的甲板上看到自己新的流放地时，他沉默无语。圣赫勒拿岛是一个环境险恶、坚不可摧的堡垒。岛上凸露的玄武岩形成于远古火山爆发，周围环绕着雄伟的城垛，悬崖峭壁上布满了大炮。[37]

即使能突破岛上的防御，也没有人会试图去营救他。圣赫勒拿岛是世上最偏远的地方之一。距离它最近的一块陆地阿森松岛（Ascension Island）还在700英里之外。[38]它与欧洲相距4400英里。“诺森伯兰郡号”航行了近三个月才到达圣赫勒拿岛。即使在今天，岛上还没有机场、自动取款机、信用卡结账、无线电话发射塔和高速互联网。[39]

从安全角度考虑，将拿破仑拘禁在圣赫勒拿岛非常有利。他不仅不可能逃脱，而且这个岛太过偏远，拿破仑会在此默默无闻地委顿下去直到被人们遗忘。但法律方面的担忧也越来越大。英国首相利物浦勋爵（Lord Liverpool）向他的外交大臣卡斯尔雷（Castlereagh）透露，把拿破仑扣押在英国不合适。“我们都坚决地认为，绝对不能把他限制在英国。因为，在这个问题上可能会出现一些特别令人尴尬的法律问题。”[40]

如何把拿破仑送到圣赫勒拿岛去，让英国律师们绞尽脑汁。[41]英国大法官——相当于美国司法部长——艾尔登勋爵（Lord Chancellor Eldon）想不出一个能支持它的法律理论。因为该岛是英国领地，由英国东印度公司管理。如果把拿破仑拘禁在英国是非法的，那么将他拘禁在圣赫勒拿岛也是非法的。理论上，英国可以把这个岛送给拿破仑，但这种选择不现实。不像厄尔巴岛在战略上无足轻重，圣赫勒拿极具战略价值，它是英国船只进出印度群岛一个至关重要的补给基地。

艾尔登勋爵想了几种解决办法。第一个是宣布拿破仑是一名法国叛国者，将他放逐到圣赫勒拿岛是作为对叛国的惩罚。然而，这个提议存在的问题是显而易见的。如果拿破仑是法国的叛国者，那么应该是由法国来惩罚他，而不是英国。还有拿破仑的公民权问题。根据《枫丹白露条约》，他是独立国家厄尔巴岛的君主。因此，拿破仑不可能是法国的叛国者，而且在法律上，他甚至不是法国人。

另一个建议是将拿破仑逃离厄尔巴岛及其对反法同盟的进攻视作海盗行为。因为海盗行为是一种犯罪，因而盟国有理由惩罚拿破仑。不幸的是，这个提议也不可能实现。因为，尽管海盗可以犯罪，但他们不能发动战争。而英国议会已经承认先前的敌对行动是一场战争，这是为滑铁卢战役提供资金的基础。根据当时的法律，发动战争不是犯罪。既然这样，拿破仑也不会因为发动战争而受到惩罚。

艾尔登最可行的建议是声称盟国不是在与法国交战，而是同拿破仑及其同伙交战。因此，英国人只要拒绝与拿破仑讲和，就可以继续把他当作敌人。换句话说，他们可以通过永远保持与他的战争状态，从而无限期地囚禁他。艾尔登对这种方案也不满意。尽管变通方法很巧妙，但正如英国人所说，它聪明过头了。没有人能忘记拿破仑已经
/ 069 投降这一事实。当敌人已经举起了双手，英国怎么还能继续保持与他的战争状态呢？

尽管艾尔登疑虑重重——或者可能正是因为这些疑虑，议会还是颁布了一项特别法律，授权政府羁押拿破仑。这是一种无力且明显的企图，试图为自己违反国际法进行辩护。“然而，为了维护欧洲安宁和普遍安全，拿破仑·波拿巴应该被拘禁起来，这是必须的。”法令写道，“以这样的限制手段，在英王陛下治下这样的地方将拿破仑·波拿巴拘禁并羁押起来由这样的和这类人来看管，对于英王陛下、他的后嗣和继任者来说，应该且或许是合法的……就英王陛下、他的后

嗣和继任者而言，不时这样做似乎是合适的。”[42]

尽管我们可能会忍不住原谅英国政府的行为，但值得注意的是，是英国自身导致了这个问题。拿破仑之所以能够逃离厄尔巴岛，是因为英国只派了一艘船看守该岛，而且看守人员后来还擅离职守。英国船长对玩忽职守的解释是说他与耳医约好了在意大利见面，尽管他更有可能是去与情妇约会了。[43]将拿破仑放逐到圣赫勒拿岛这件事本来可以轻易避免的：如果拿破仑没有逃离厄尔巴岛，那么后面也就不会有放逐圣赫勒拿岛这回事了。

这种对国际法的违反也有代价。放逐拿破仑的结果是，拿破仑被塑造成了一个殉道者，因而使得波拿巴主义的火种充满了生机活力。拿破仑被流放后几十年，他的侄子和继承人路易－拿破仑·波拿巴（Louis-Napoleon Bonaparte）成为法国第一位民选总统。路易－拿破仑还连任了一届，不过这次是通过政变保住了自己的位子。为了向他的叔叔致敬，他在拿破仑一世加冕周年纪念日恢复了帝制，自称“拿破仑三世”（Emperor Napoleon Ⅲ）。

战争的道德魔力

维多利亚的战争中杀人许可理论用在士兵身上可能有一些效力，因为他们本就可以以不知情为借口。他们只是服从命令。但是像拿破仑这样的君主则不能以同样的借口为自己辩护，因为他们是决定发动战争的人。

对于君主和士兵均适用的战争中杀人许可权，格劳秀斯第一个提出了令人信服的解释。他的观点始于受害者。格劳秀斯问道，为什么只有正义一方拥有杀人许可权？他回答说，因为他们是正义的一方，他们正试图维护权利，并被允许做任何必要的事情来纠正不公正。“人们认为，我们有权获得为确保一项权利所必需的那些东西。”[44]如

/ 070

果有人拿走了你的财产，你把它收回来是正当的。如果你不能收回被盗的财产，那么你就有正当理由从盗取你财产的小偷那里拿走与你被盗财产价值相当的财产。[45]如果这个人抗拒，你就可以对其抗拒做出回应。如果冲突升级，你就可使用致命武力来对抗致命武力。“如果不这样我就无法保全自己的性命，”格劳秀斯写道，“那么我就可以使用任何程度的暴力来抵抗实施攻击的人。”[46]

在为正义一方确立了杀人许可权利之后，格劳秀斯开始解决更为困难的部分，也就是为非正义一方确立同样的杀人许可权利。一个主权者在宣布一场非正义战争之后，如何才能为自己及其士兵犯下的在道德上骇人听闻的行为获得许可呢？

对此，格劳秀斯的回答与他对征服权和战利品捕获权的解释如出一辙：战争法必须保护非正义的侵略者，因为那是保护正义方唯一切实可行的途径。如果杀人许可权只适用正义方，对于正义方来说，他们会生活在持续的恐惧中，害怕外人会错误地以为他们是非正义的，从而把他们当作普通的罪犯来对待。将法律保护对象扩大至所有交战方，消除了让那些为正义而战的人们——那些试图维护自己权利的受害者——感到折磨的不安全感，也避免了这类错误指控可能导致的不公正。

可以肯定的是，如果存在一种相对机械的方式来判断一场特定战争是否正义的话，那么对于将来被起诉的恐惧就不会是一个严重的问题。如果有这样一个简单的程序，受害者就会坚信他们的回应行为会被大多数人认为是允许的。不幸的是，情况并非如此。“即使在合法的战争中，”格劳秀斯写道，“也很难从外部迹象中充分地了解［防御性战争］，或者弥补损失，或者施加惩罚的正义限度在哪里。”[47]再者，局外人对冲突的合法性通常缺乏足够的信息，因此他们无法判断一场战争是否正义，以及需要采取哪些行动来维护他们的权利。

/ 071

对战争正义性的不确定不仅仅是信息问题，它也是一个专业知识的问题。在旧世界秩序中，任何正当的行动理由都是战争的正义理由。战争是在战场上交锋的法律争端，因为它们无法在法庭上得到解决。因此，战争的正义性只能通过解决复杂的法律问题来决定，如王朝继承、遗嘱继承、航行权、债务义务、侵权责任以及条约解释等问题。如果连法庭都难以理解这些问题，战斗人员和旁观者肯定也是如此。

因此，根据格劳秀斯的说法，最安全的解决方案就是全体豁免。因为冲突的局外人无法做到准确地区分正义战争与非正义战争，他们也无法可靠地做到仅起诉那些参加非正义战争的人。一些法庭会起诉一些交战方，其他法庭则可能起诉另一些交战方。对于任何参加过战争的人来说，刑事起诉的不一致性和不可预测性将使得穿越边境变得非常危险。解决这个问题的唯一办法就是放过每个人。[48]

战争罪

主权者和士兵不能因为发动战争而受到惩罚，但这并不意味着无论他们在战争期间做了什么都不会受到惩罚。旧世界秩序确实有规则，但不是反对发动战争的，而是关于以正确方式发动战争的。恰当地宣战是第一个法律义务。第二个是需要坚持特定的战斗规则。违反这些规则就构成了“战争罪”，那些违反规则的人应负刑事责任。

格劳秀斯承认三种战争罪：投毒、背信弃义的暗杀和强奸。[49]这些罪行构成了杀人许可权例外。并且，这些例外适用于所有战争，包括正义和非正义战争。各国一致同意，不管出于何种原因，这些行为都是不可接受的。这种对目的的不重视仅是杀人许可权的另一面。尊重战争法的士兵不会因为参加非正义战争而受到惩罚，但是违反战争法的士兵即使参加的是正义战争也会受到惩罚。战争罪犯不是因为错误理由伤害敌人的人，而是以错误方式伤害敌人的人，他如果这样做的话，就失去了杀人许可权。

/ 072

从当代的角度来看，格劳秀斯列出的战争罪清单是值得注意的，不是因为它包括了哪些行为——投毒（想想化学武器）、背信弃义的杀戮和性侵犯直到今天仍然严重违反战争法——而是因为它没有涵盖的行为。格劳秀斯认为，奴役那些被俘获的人完全合法："那些在正式的公战中被俘获的人，自他们被带进敌方控制线那刻起，无一例外，成为奴隶。"[50] 虐待俘虏也合法："任何折磨都可以施加在这些奴隶身上而不受惩罚，任何行动都可以通过酷刑去强迫或命令奴隶完成。"[51] 处决囚犯一样合法："就万国法而言，杀死这些奴隶——战争的俘虏——的权利任何时候都没有被排除。"[52] 掠夺财物和毁坏财物同样是合法的："万国法允许毁坏和掠夺敌人财产。"[53] 最让人震惊的是，格劳秀斯并不认为我们这个时代的典型罪行——故意杀害手无寸铁的平民——是战争罪，"甚至屠杀婴儿和妇女也可免受惩罚"。[54]

格劳秀斯当然不认为法律允许士兵随心所欲地屠杀平民。只有在做这些事，即行使被敌人侵犯的权利所必需之事时，士兵的行为才被法律允许。因为杀害妇女和儿童通常不能促进行使权利这个目标的实现，所以没有合法理由杀害他们。尽管如此，士兵们还是不会因为这些暴行而受到惩罚。[55] 从技术上讲，无意义的暴力行为是非法的，但它并不会被刑事起诉，它会被"免于惩罚"。因此，近代早期的战争法就产生了奇怪的后果。强奸和杀害妇女都是非法的，但只有强奸是一种战争罪行。

这些规定是野蛮的，但在他那个时代，格劳秀斯并不是特别不人道。萨缪尔·冯·普芬道夫认为，对于格劳秀斯对适当战斗规则的权威性讨论，他没有什么可补充的。[56] 荷兰法学家、法官科尔内利斯·范·宾刻舒克（Cornelius van Bynkershoek）的言论使得格劳秀斯和普芬道夫显得心慈手软。战争在"本质上是如此普遍，所以它不能在规定的限度内进行"。[57] 宾刻舒克认为，根据战争法，即使毒死和绞死战俘也是合法的。[58]

上帝与我们同在

1631 年 5 月的第一天，新教城市马格德堡被神圣罗马帝国皇帝的天主教军队包围。这座城市坚持了好几个星期，希望能有救援部队到达。当攻城士兵们向城墙发动猛攻时，这座城市已经处于投降的边缘。神圣罗马帝国指挥这次围攻的帕彭海姆（Pappenheim）伯爵给士兵们分发了大量的酒以增强他们的勇气。进入堡垒后，醉醺醺的士兵就陷入了失控状态。[59]“然后，就是谋杀、纵火、掠夺、折磨和殴打了”，市议会的一名成员说。[60]与格劳秀斯的战利品缴获规则相一致，士兵们将所有能带走的东西都带走了。

帕彭海姆麾下一名上尉尤尔根·阿克曼（Jurgen Ackermann）详细叙述了自己抢劫的过程。他夺过另一个士兵的斧子，开始抢劫。他砍断了一处房子前门的铰链。房主端着枪等在另一边，他向阿克曼开火，但是没打中，却击中了另一个人。房主朝楼上冲去，并拴住了他身后的铁门。士兵们将一楼洗劫一空后，抓住了一个仆人，威胁他说出主人贵重物品藏在哪里，否则就杀了他。“他说好的，他知道什么是好东西。于是他带我们进了一个房间，帮我们搬开了一个床架。那里有一个密室，我们从里面拖出来一个铁箱子。”箱子被抬出了屋子。但在这之前，房子主人从楼上出现了，并且射杀了第二个士兵。阿克曼和他的手下现在得到了箱子，但它是锁着的。士兵们采取蛮力，用斧子砍，最终在箱子上砍出一个足以把里面东西掏出来的洞。“然后我们挨个从这个洞里摸进去，能掏出来什么，全靠碰运气，”阿克曼说，“我抢到了一些上好的金盘子和银盘子以及一条带有一颗贵重宝石的漂亮金链子。”收获如此巨大，阿克曼用抢来的战利品当上了地主。[61]

在这座城市被洗劫一空后，大屠杀并未结束。在酒精、肾上腺素飙升以及因没东西可抢而狂暴的刺激下，士兵们继续横冲直撞。“然而，到最后，当一切都被抢光了，再也没有什么可抢的时候，痛苦才真正开始。”这名议会成员继续说，“那时，士兵们开始殴打、恐吓，威胁开枪射杀市民，把他们串起来、绞死，等等。”[62]有几幢房子被点着了，而当其中一幢存有火药的药店着火之后，那里就变成了一个人间地狱。那些没有被大火烧死或被士兵杀死的人们，躲在地下室里被活活闷死。1900栋建筑中有1700栋被毁。根据第二年的人口普查，这座曾经繁荣宏伟的城市中只找到了449个人。[63]在他呈送给皇帝的信息中，帕彭海姆伯爵庆祝他的胜利：“我相信，[对方]有超过两万人死亡……我们所有的士兵都变得富有了。上帝与我们同在。”[64]

帕彭海姆究竟从何处得知上帝会赞成他屠杀妇女和儿童？当然是从《圣经》中得知的。例如，《民数记》（The Book of Numbers）叙述了对米甸人的战争。“耶和华吩咐摩西说，‘你要在米甸人身上报以色列人的仇’。”[65]摩西听从他的吩咐，派出1.2万以色列人和祭司非尼哈（Phinehas）①参加战斗，非尼哈带着圣所的圣器上阵。军事行动取得了成功。“他们遵照耶和华吩咐摩西的，与米甸打仗，杀了所有的男丁。”[66]他们立即杀了米甸五王，就是以未（Evi）、利金（Rekem）、苏珥（Zur）、户珥（Hur）和利巴（Reba），又杀死了比珥（Peor）的儿子大祭司巴力（Baal）。士兵们掠夺、洗劫，当他们离开时，又一把火把他们所住的城邑夷为平地。唯有妇女和儿童幸存了下来，所有人都被当作了俘虏。

当摩西知道战斗结果时，他难以置信。他怒斥他的军官们，问道：“你们要留这些妇女活命吗？”[67]上帝派以色列人去打仗，目的是要惩罚米甸人。因为米甸女人与以色列男人淫邪，并诱惑他们背叛神。因此，要是饶恕了那些妇女，那么整场战争就失去了意义。他命

---

① 此处原文为“Phineas”，应为“Phinehas”。——译者注

令他的军官们完成这项任务。“现在杀了所有的男孩。也要把所有已嫁的女子都杀了，但女孩子中，凡没有出嫁的，你们可以留下她们的性命。”[68]

在《希伯来圣经》（Hebrew Bible）中，如果不杀死平民，通常就是犯下了战争罪。因此，以色列国王扫罗（King Saul of Israel）在饶恕了亚玛力国王亚甲（King Agag of Amalek）之后，因为没有杀死“男人和女人、儿童和婴儿”而遭到非难。[69]亚玛力人在以色列人出埃及时伏击了他们，扫罗被派去消灭他们的后代。扫罗的怜悯错了。因为他没有洁净那地的恶，从而“将亚玛力的名从天下抹涂”。[70]扫罗的失败是一个可怕的错误——实际上错误是如此严重，以至于上帝亲口承认选择扫罗为国王是个错误。为了弥补扫罗被误导的怜悯，先知撒母耳（Samuel）接着在吉甲（Gigal）的神殿里将被捆住的战俘亚甲（Agag）砍成了碎块。[71]

区别对待原则

对于欧洲的平民百姓来说，幸运的是，《圣经》中的战争模式最终被否定了。到18世纪中期，欧洲军队已经承认“区别对待原则”（Principle of Distinction）。“区别对待原则”是现代人道主义法则的核心理念，它区分了士兵和平民，并且保护后者不受前者伤害。“目前，战争是在常规部队之间进行，”1758年，埃默里希·德·瓦特尔解释说，“人民、农民、公民并不参与其中，通常也无须惧怕敌人的利剑。”[72]战争法现在规定，战斗人员只能攻击战斗人员。平民，即那些没有参与冲突的人，不是合法的攻击目标。[73]

以平民为攻击目标是对万国法的严重违反。根据瓦特尔的观点，“有时，如果愤怒的和无法控制的士兵的残暴行为甚至侵犯了女性的贞洁，或屠杀妇女、儿童和老人，军官们对这些暴行感到痛惜：他们尽最大努力制止这些行为，谨慎的和人道的将军甚至会随时惩罚他们”。[74] 由于新的区别对待原则的存在，先前仅仅令人悲叹的暴行现在被定性为犯罪。

为什么军队不能侵犯平民？在这一点上，历史学家之间存在很大争议。有些人将这个新规则归因于道德进步——或者将其看作启蒙运动的人道主义革命的一部分，人道主义革命开始认为所有生命都是有价值的，或者是不想重蹈以往战争恐怖的覆辙。[75] 另一些人则把这些进步归因于 18 世纪欧洲的政治环境的变化——要么是因为贵族统治了军队，他们认为战争是由骑士精神统领的决斗[76]，要么是因为君主统治了军队，并将战争视为正式的法律程序，而这些法律程序都是由法庭庄严的规则所规约的。[77]

/ 076

当瓦特尔声称平民“无须惧怕敌人的利剑”——战争时期，手无寸铁的平民在全副武装士兵面前永远不会安全——的时候，他将人们的轻信向前推进了一步，当然，不可否认的是，平民的命运被大大地改善了。[78] 到 18 世纪中叶，作为 16 世纪和 17 世纪战争典型特征的城市和乡村人口锐减现象不再发生，因为居民不再需要逃离那些纪律涣散的士兵。以前，这些士兵打家劫舍、强奸妇女、杀人取乐。事实上，亚当·斯密（Adam Smith）曾报告说，荷兰农民们热切地等待着外国军队的到来，因为军事占领为他们的商品创造了一个市场，他们现在可以在这个市场上以高价出售商品。[79]

19 世纪和 20 世纪对平民则不那么仁慈。法国大革命和随后的拿破仑战争、北美印第安战争、非洲殖民战争以及第二次世界大战，对于非战斗人员来说是可怕的灾难。但即使在这些大屠杀发生之后，文明世界并没有把它们当成战争中不可避免的遗憾而加以原谅。尽管迈尔斯将军坚持认为伤膝河大屠杀事件发生在战争期间，因而允许多马被无罪释放，但许多人对于这场无谓的屠杀还是感到不寒而栗。[80] 多马只是射杀了一名军人，但迈尔斯的手下却屠杀了手无寸铁的男人、女人和孩子，因而，他们违反了区别士兵与平民的原则。[81]

虽然区别对待原则为平民提供了救济，但也付出了代价。为了得到保护，免受攻击，平民必须放弃他们使用武力的权利。根据新的规则，士兵仅仅有权杀死其他士兵。士兵不能攻击平民，但平民也不能攻击士兵，那些有过攻击行为的人就会被当作罪犯。“即使在两个国家宣战之后，如果己方农民实施了任何针对对方的敌对行动，那么敌方将会毫不留情地把他们像对待许多强盗或匪徒那样绞死。”[82] 随着时间的推移，参与敌对行动的平民的称谓发生了变化：从“强盗”“匪徒”“土匪”到“游击队员”“狙击队员”（*franc tireurs*）“丛林游击队员”（bushwhacker），然后是“游击队”“非正规军”“自由战士”“叛乱分子”，最后是“直接参与敌对行动的平民”“敌方非法战斗人员”，当然，还有“恐怖分子”。

因此，区别对待原则涉及一个极其重要的取舍问题。平民获得法律保护，免遭杀戮，但他们失去了杀人许可权。交易的基本逻辑很简单。如果平民没有合法的杀人权利，他们就不会对士兵构成威胁。如果他们不对士兵构成威胁，士兵也就没有攻击他们的合法权利。

由于区别对待原则的引入减少了那些与战争无关的平民的恐惧，因此该原则对于战争有一种促进文明效应。即便如此，战争的核心规则仍然没有改变。战争中正在参加战斗的士兵拥有杀人许可权。在日常生活中，谋杀会被审讯然后处以绞刑，但在战时，谋杀只是军人需履行的职责。只要他遵守了规则，无论他为之战斗的战争是否正义，他在履行这种职责时都是免于惩罚的。

报　复

格劳秀斯赋予发动战争的人以全面豁免权，“区别对待原则”是对全面豁免权的第一个限制。在接下来的一个世纪里，大量新的法律规范出现，对士兵的杀人许可权实行更为严格的控制。例如，国际条约保护伤员和医务人员[《日内瓦第一公约》(First Geneva Convention)，1864年][83]，禁止使用小型的装有碎裂性、爆炸性和易燃性物质的弹丸[《圣彼得堡宣言》(St. Petersburg Declaration)，1874年][84]，禁止从气球上投掷爆炸物、散布窒息性气体和使用达姆弹[《海牙第一公约》(First Hague Convention)，1899年][85]，禁止掠夺、处决投降的士兵和战俘并逼迫被占领地居民向外国宣誓效忠[《海牙第二公约》(Second Hague Convention)，1907年][86]。

这些规则都出于善意目的，预示着对法律和道德有了新的理解。然而，它们也给自己制造了麻烦——最为紧迫的问题是执行问题。毕竟，在旧世界秩序中，战争是国家纠正错误行为的工具。但是，如果这些国家已经处于战争状态，它们又会如何纠正错误行为呢？

/ 078 为了解决这个问题，军队发展出了一个被称为“报复”的程序。在报复情形下，一方因为另一方违反规则而反过来采取违反规则的方式对另一方进行惩罚。因此，1808年，当西班牙游击队向一支正在穿越锡尔山谷的法国军队开枪射击后，法军指挥官卢瓦松将军(General Loison)派出了数支突袭队放火烧掉了整个山村。“以前从未有如此可怕的风暴袭击过这个宁静的山谷，”卢瓦松说，“村子里的人逃了出去，从远处眼睁睁地看着村庄遭毁；只要能找到的，我们就都杀了。”[87]

我们再来看一下关于地雷问题报复的例子。为了清除占领土地上的地雷，威廉·特库塞·谢尔曼(William Tecumseh Sherman)将军命令他的士兵，用长绳把南方士兵绑在一起，然后拖着他们去被怀疑埋有地雷的区域。当然，许多国家认为占领土地后这样做是非法的。“现在，如果发现我们后方的敌人手里有地雷的话，”谢尔曼在查塔努加市命令詹姆斯·斯蒂德曼(James Steedman)将军说，“你可以把它们放在地面上，用装载囚犯的货车压过去来检测，或者，如果需要的话，由牵涉其中的市民踏过去来检测。”[88]

事实上，许多耳熟能详的战争法都是在这种针锋相对的过程中产生的。在八十年战争（Eighty Years War）初期，阿尔瓦公爵（Duke of Alva）把荷兰人当作叛逆者，命令处以他们绞刑。[89]荷兰人则以绞死西班牙俘虏作为回应。到1599年，双方同意执行一个“优待战俘的一般协议”（“cuartel general”），该协议规定了不同级别军人的赎金价格，从普通士兵的7.5荷兰盾到陆军中校1000荷兰盾不等。至于娱乐和住宿，协议这样规定：“身份地位高的先生如果有这个要求并明确表达出来，就可以提供。”[90]这个俘虏交换协议在战争期间被多次执行，不久后又被其他欧洲国家仿效。[91]

由于没有必要来回搬钱，一些国家取消了赎金，取而代之的是一个战俘交换体系。1703年，法国与荷兰联合省签订了一项协议，该协议列出了一个换算表，规定一名中士换两名普通士兵，一名上尉换12名士兵，一名上校换48名士兵，一名准将换70名士兵。[92]该协议是借助报复来执行的：一方违反了战俘交换原则，将导致另一方也违反该原则。[93]

到了18世纪中期，各国军队开始意识到，处决战俘会适得其反。战俘活着更有价值，因为他们可以交换自己被俘虏的同伴。不久之前，就有规定禁止杀害战俘——还会遭到报复——即使没有事先达成协议。[94]正如瓦特尔以实事求是的态度令人心寒地宣称的那样，“如果敌方将军在没有任何正当理由情况下绞死战俘，我们会绞死其同等数量、同等级别的军人，以向其明确宣告，我们会继续这样报复，从而逼迫他认真学习战争法”。[95]但是，为了执行其他战争法，各国军队也可以杀死那些投降士兵。例如，瓦特尔写道：“然而，有一种情况下，我们可以拒绝饶恕投降的人。那就是，当敌人犯下了一些严重违反万国法的罪行，特别是当他违反了战争法的时候。”[96]

虽然每个人都接受了报复的合法性，但没有人喜欢它。20世纪早期伟大的国际法律师拉萨·奥本海（Lassa Oppenheim）称其为“可怕的手段”。[97]战争法的另一个权威 J. M. 斯佩特（J. M. Spaight）把报复描述为“战争所必需的手段中最令人悲哀的”。[98]在1874年的布鲁塞尔会议以及1899年和1907年的海牙会议上，人们曾多次试图使战争摆脱这种令人厌恶的实践，但每一次努力都失败了。[99]

报复之所以令人厌恶，原因显而易见，因为它们一旦实施起来就不分青红皂白。瓦特尔悲叹道：“判处战俘痛苦地死去为其将军的罪行来赎罪，这是一种可怕的极端行为。”[100]作为集体惩罚的例子，报复无疑是不公平的。同样，战争也是不公平的。在战争中，人们被迫为国家的错误行为付出代价。事实上，旧世界秩序建立在集体责任的观念之上。报复只不过是旧世界秩序下普遍不公正的一种特殊情况，在这种情况下，集体责任迫使无辜者因他人的不法行为而丢失他们的财产、安全和生命。

人们容忍了报复行为，是由于其促进文明的效果。在哀叹它们的野蛮残暴之后，奥本海继续为它们辩护：“报复是不可或缺的，因为没有了它们，战争中将会产生无数非法行为。”[101]人们通常以暴制暴。[102]在这种反常情况下，战争在一定程度上变得更加文明了。即使在恰当战争规则被严格遵守的时候——当战俘不再被杀戮的时候，毒气被封存在罐子里的时候，平民不再被骚扰的时候，不再假投降的时候——战争仍然是一场死亡和毁灭的狂欢。战争的规则只减轻了一小部分的痛苦、折磨和恐惧。他们几乎没有改变旧世界秩序的真正本质：所有这些——所有的死亡和毁灭，所有的痛苦、折磨和恐惧——都可以完全不受惩罚地进行。

你可以杀人

也许公共生活最基本的规则是“你不可杀人”。然而，在旧世界秩序中，最基本的规则是“你可以杀人——如果是在战争中”。我们现在知道原因了。生活在同一个政治共同体里的人们有法庭来审理他们的案件。由于这个原因，受害者自己是不被允许执行法律的，他们必须听从法官的判决。然而，在旧世界秩序中，不同的主权者不承认他们之上有一个解决争端的共同权威。因此，如果没有其他选择，受害者有权执行法律。他们可以是法官（也可以是陪审团和行刑者），他们可以做任何他们认为必要的事情来弥补受到的伤害。随着旧世界秩序的成熟，战争的规则变得有点文明起来，但基本的逻辑没有改变。士兵和主权者拥有杀人许可权。不管战争正义与否，他们都拥有这种许可权，并且他们几乎可以在日益局限却又宽容得令人震惊的范围内做任何事情来行使这一许可权。

格劳秀斯成功地构建了一个平行的法律世界——一个在和平时期显得荒谬可笑，但在战争时期却不可或缺的规则体系。它们之所以不可或缺，是因为它们回答了格劳秀斯式视角下所提出的棘手问题：为什么在参加的战争被证明缺乏合法性基础的情况下，士兵和主权者却不是罪犯？格劳秀斯的回答是，他们的战争必须被当作似乎总是有合法性基础。士兵和主权者之所以不是罪犯，是因为冲突的局外人无法了解足够的事实或法律来判断情况。他们可以合法地杀人（以及做很多在和平时期属于非法的事情），因为外人不能也不应该偏袒任何一方。因此，杀人许可权以中立的名义被授予，而中立是那些非冲突方置身事外的义务。事实上，旧世界秩序如此重视中立，以至于它将中立思想延伸至其逻辑结论——这个结论也是荒谬的。

/ 082 英国前首相爱德华·希思（Edward Heath）曾定义外交官是深思熟虑且惜言如金的人。根据这个定义，埃德蒙－查尔斯·热内（Edmond-Charles Genêt）就不是一个称职的外交官。他傲慢无礼且心急口快，他说话口不择言，且做不到体察入微。他更符合信口开河——说话不经过大脑——的定义。然而，热内的确是一名外交官。1792 年，他被任命为法国驻美国公使。[1]

当时，法国正在孤注一掷。在要将大革命火种传播到欧洲其他国家的激情的推动下，它对大多数欧洲国家发动了战争。[2]1792 年 4 月，法国对奥地利宣战，而此前普鲁士与奥地利结成了联盟。第二年 2 月，法国向英国和荷兰宣战，一个月后，向西班牙和葡萄牙宣战。由于过度扩张而陷入四面楚歌的境地，法国革命政府把这个装模作样的热内派到美国，去说服美国加入由法国愚蠢地发动而现在也即将被打败的欧洲战争。

对热内来说，幸运的是，美国对他传递的信息表示同情。法国
/ 083 对美国革命的支持对昔日殖民者而言记忆犹新。与其昔日的支持者一样，美国刚刚把自己从欧洲君主统治下解放出来，就开始了一项大胆的自治实验。用法国外交部长指示热内的话来说就是，如果法国和美国联合起来，将会产生一个新的“自由的帝国”（“Empire de la Liberte”）。[3]美国人透过自身争取独立而斗争的经验来看待法国大革命——那些攻占巴士底狱的人正沿着乔治·华盛顿、托马斯·杰斐逊和本杰明·富兰克林（Benjamin Franklin）指引的道路前进。法国革命者很高兴地承认这一点。拉斐特侯爵（Marquis de Lafayette）把巴士底狱的钥匙送给了华盛顿。正如托马斯·潘恩（Thomas Paine）所说，“是美国所坚持的原则打开了巴士底狱的大门，这一点是毋庸置疑的，因此钥匙就被放到了它应该被放的地方”。[4]

对于热内而言，不幸的是，法国在理想主义驱使下提出了一种行动建议，但对方的谨慎导向了不同的结果。美国负担不起卷入一场欧洲战争的代价。它的陆军力量孱弱，无关紧要，海军甚至还不存在。它几乎没有一个正常运转的政府，唯一真正的收入来源是与英国贸易的进口税。美国如果对英国发动战争，更不用说它的许多盟友了，将会是财政和军事上的自杀行为。

热内的任务是一项不可能完成的任务。一名老练的外交官或许会维持表面上的胜利，但正如事件发展将要表明的那样，热内并不是一名老练的外交官。

战争除外的一切援助

埃德蒙－查尔斯·热内于1763年1月8日出生于凡尔赛，他是家里五个孩子中唯一的男孩。虽然他的家族是资产阶级，但与贵族有着密切的关系。他的大姐是玛丽·安托瓦内特（Marie Antoinette）王后的寝宫第一女官（First Lady of the Bedchamber），这有点像私人助理，负责安排王后的社交活动和财务支出。埃德蒙的父亲是翻译局（Bureau of Interpretation）局长，并以各种欧洲语言教育儿子。这个儿子是个语言天才，在十二岁时就精通英语、法语、瑞典语、意大利语、德语、拉丁语和希伯来语。在父亲的帮助下，他将16世纪埃里克十四世（Eric XIV）国王的瑞典语传记翻译成了法语。这一壮举给埃里克的后裔，瑞典当时的国王留下了深刻的印象，他送给埃德蒙一枚金奖章作为礼物。5

埃德蒙长成了一个风度翩翩、机智风趣的青年。他也是一位才华横溢的歌唱家，在宫廷中为女士们表演。在王后的帮助下，埃德蒙以法国驻圣彼得堡大使馆秘书的身份加入了外交使团，并于1788年被派驻到那里。但他是一个热情的共和党人，在任职四年后，叶卡捷琳娜女皇把他驱逐了出去。1792 年 9 月，在大革命最激烈的阶段，他回到了巴黎。[6]

他因过度的革命热情而被开除出外交官队伍的消息受到了法国国民大会（French National Convention）鹰派吉伦特派（Girondins）的欢迎。当这些鹰派人物破坏了和平，并使国家陷入与大多数欧洲王朝的血腥对抗时，他们意识到自己需要援助。他们的计划是将热内派往美国，让他说服那个与法国有着共同追求的共和国加入其崇高的事业。[7]

吉伦特派知道美国可能拒绝参战。[8] 在这种情况下，他们期望的是得到美国除战争外的一切援助。法国外交部指示热内，要求美国加快偿还在革命战争期间欠法国的债务。然后，他会用这些资金购买美国的战争物资为国内提供补给。[10] 接下来，法国外交部命令热内组织美国探险队，渗透进西班牙控制的佛罗里达、路易斯安那和英国殖民地加拿大，在那里煽动叛乱，暗中破坏西班牙帝国和大英帝国的统治。[11] 最后，热内带着厚厚的 300 份私掠许可证（授权私人水手攻击和捕获外国船只的特别许可证）来了，他将用它召集一支由“私掠船”组成的舰队——一支由美国水手组成的名副其实的私人海军——来掠夺英国商船。[12]

1793 年 2 月 7 日，热内乘坐装有 44 门大炮的“伏击号”（*Embuscade*）护卫舰前往当时美国首都费城。但是逆风将船吹离了航道，迫使它在两个月后停泊在南卡罗来纳州的查尔斯顿。令热内高兴的是，一大群热情的祝福者在码头迎接他。当地显要人物和州长也接待了热内，并向他提供了无条件援助。[13]

遵照合适的外交礼节，热内应该直接前往费城，向政府提交他的全权证书，并向总统阐明他的计划。然而，热内并没有这么做，他不是一个遵守外交礼节的人。他把外交惯例看作贵族礼节的残余，是不适合民主主义者的陈旧的矫揉造作。尽管他从旧制度中获益良多，但现在，热内已经远离了它的颓废，并使用了谦逊的“公民”

（Citoyen）作为自己的头衔。[14]

公民热内继续待在查尔斯顿工作。在繁华的海滨，他慷慨地发掉了他的私掠许可证，委托了四艘私掠船去执行任务，并将它们重新命名为“共和号”（*Républicain*）、“反乔治号”（*Anti-George*）、“无套裤汉号”（*Sans Culotte*）和“爱国者热内号”（*Patriote Genêt*）。他授权当地的法国领事依照捕获法庭规则行事，从而绕过了美国司法体系。他还召集了一批冒险家来推翻英国和西班牙在北美的殖民统治。在完成了这一阶段的任务之后，热内经由陆路向费城进发，这样他就可以尽情享受沿途人群的吹捧，这趟绕道之行花了28天时间。[15]

由于热内的旅程悠闲缓慢，在5月16日到达之前，关于他的壮举的消息就已经传出去了。英国大使乔治·哈蒙德（George Hammond）曾向美国国务卿托马斯·杰斐逊抱怨在查尔斯顿召集的私掠船的委托任务和配备数量。而且，他对最近法国将“伏击号”俘获“格兰奇号”（*Grange*）的行为当作战争捕获尤其感到羞辱。[16]在人群的欢呼声中，这艘英国舰船被法国使节的护卫舰毫无外交策略地直接拖进了费城港口。[17]哈蒙德写信给杰斐逊说，他“毫不怀疑，美国政府会认为这侵犯了它的中立性”。[18]

杰斐逊是法国在美国最坚定的支持者之一，他的亲法态度近乎狂热。作为美国驻巴黎代表，他见证了法国大革命的开端，并被其成功深深打动。[19]影响和欣赏是相互的——法国《人权宣言》（Declaration of the Rights of Man）借鉴的就是杰斐逊自己起草的《独立宣言》（Declaration of Independence）。[20]但即使是杰斐逊也不得不同意英国大使的观点，即热内的行为是非法的。美国是一个中立国家，不能允许其港口被一个国家用于反对另一个国家。6月5日，他写信给热内，宣称“中立国家有义务禁止会伤害交战国之一的行为”，并希望他对违反了“作为万国法不可分割之一部分的美国法律”做出赔偿”。[21]

这种反应令热内惊呆了。他不仅把杰斐逊视为共和主义同道中人和法国坚定的朋友，而且他也深信自己没有做错任何事。[22]相反，他还肯定美国违背了自己的承诺，指责美国“无视对法国人和美国人具有约束力的条约”。[23]

热内指的是1778年《美法同盟条约》(Treaty of Alliance of 1778)，美国当年签署该条约是为了确保在反对英国的革命中获得法国的援助。该条约是法美友谊强大的象征，以至于当年签署该条约的墨水池都被一直保存了下来，并且150年后还用它签署了《非战公约》。《美法同盟条约》中第24条宣布，为了武装私掠船，美国和法国将把对方的敌人驱逐出各自的港口。[24]在热内看来，既然该条约禁止法国的敌人使用美国港口，那么它就暗示允许法国在他们的土地上使用这些港口。[25]

然而，杰斐逊并没有被说服。在6月17日的一封信中，他提醒热内，条约第24条并没有明确允许法国使用美国港口。[26]它仅仅拒绝法国敌人具有使用美国港口的权利。由于美国是一个中立国家，它不能表现出偏袒态度——它不能给予法国那些它拒绝给予法国敌人(比如英国)的好处。

热内收到杰斐逊的信时，暴跳如雷。他承认杰斐逊的解释“新颖独特”，但斥责他的欺骗，说美国国务卿利用花言巧语“来为违背积极的条约辩解或开脱”。[27]美国财政部长亚历山大·汉密尔顿(Alexander Hamilton)和战争部长亨利·诺克斯(Henry Knox)被热内信中的语气激怒了，称它“也许是有史以来由一位驻外使节①写给一个友好国家的最具攻击性的文件了”。[28]热内的语气也让杰斐逊

① 原文此处为“foreign minister”，意为外交部长。但热内此时的官方身份是法国驻美国公使。事实上，由于美国距离欧洲大陆太过遥远，加上刚刚独立，实力相对虚弱，而且“孤立主义”盛行，美国并未过多参与国际事务，尤其是欧洲大陆事务。因此，直到19世纪末，欧洲主要国家与美国尚未建立大使级外交关系，它们的外交关系等级依然是公使级。后文涉及热内这一阶段官方身份的表述一律指的是公使。——译者注

震惊。他向另一个坚定的法国支持者詹姆斯·麦迪逊吐露说，热内正在损害他们的事业，并且“如果他们不抛弃他，他会损害共和党人的利益”。[29]

毫无疑问，热内动辄攻击朋友和敌人，像个十足的笨蛋。但尽管他的风格站不住脚，但他的立场比较容易理解。事实上，人们很容易将热内视作整个事件的受害者，并认为他对杰斐逊的愤怒不仅是可以理解的，而且是完全合理的。因为，如果法国的敌人被明确地禁止在美国港口完成舾装，难道不自然地推断法国本身是被允许的吗？

事实上，杰斐逊的解释更符合当时的行为准则。热内应该意识到，旧世界秩序的规则禁止中立国际在战争中采取偏袒立场。根据这些规则，中立国有“公正义务”——它们被禁止偏袒任何一方。[30]如果中立国表现出偏袒态度，就是放弃中立立场并成为参战国。从法律角度来看，与派遣地面部队参战并无二致。

确实，旧世界秩序禁止歧视的规则并不适用于先前存在的条约。[31]如果在战争开始之前，两个国家就约定了的话，那么一个国家是被允许向一个参战国提供援助的，因为提供援助是为了履行条约义务，而不是帮助受害者。换句话说，禁止歧视原则禁止非交战方惩罚发动非正义战争的一方——同样的逻辑给予了士兵和主权者以杀人许可权。[32]

但1778年法国与美国的同盟条约并没有引发这种例外。正如杰斐逊认识到了而热内没有认识到的那样，禁止帮助法国的敌人这一点应该根据现有的中立规则来解释。中立性要求严格的公正性。如果英国不能利用美国港口来装备私掠船，那么万国法也不允许法国出于相同目的使用港口。为了证明他关于“那条法律和惯例是什么”的观点，杰斐逊大段引用了瓦特尔法语原版著作，然后得出结论，他的国家别无选择，只能拒绝法国使用美国港口。[33]

对于杰斐逊“提出瓦特尔的格言”来证明他对条约解释的合理性，热内大为光火。[34]但人们不禁要问，除了引用当时顶级法律权威的观点来证明自己的解释之外，杰斐逊会如何支撑他的解释。确实，法国使者对国际法的不熟悉让杰斐逊感到震惊。万国法构成了外交实践的基本规则。“热内对这个问题相关知识的无知令人惊讶，”杰斐逊给詹姆斯·麦迪逊写信说，“我想，他从来没有读过这门学科的任何一本书。”[35]

热内没有认识到，在旧世界秩序中，公正义务是被如此严肃地对待，哪怕是表现出一点偏袒的样子，政治家也会深感不安。事实上，当杰斐逊在 6 月 5 日严厉批评了热内使用美国港口之后，他试图以善意的结语来缓和其信件中的严肃口吻。“您在信中所表达的贵国对我国的友谊和拥护的保证，使我们由衷地感到高兴，我们也同样真诚地表达我国对贵国的友谊和拥护，”杰斐逊写道，“没有人比我更热切地希望，这种局面能够长久而坚定地持续下去。”[36]然而，司法部长认为，这些安慰性情绪过于同情法国了。“如果我代表我自己，作为一个个体，我应该同样真诚地同意最后一条。但是，”他继续说道，“我不得不相信，抛开情感上的互惠，保持中立态度更符合我国利益。”[37]杰斐逊这样结尾。

由于旧世界秩序对歧视原则有不同规定，法国外交部给予热内的最初指示也就失去了意义。法国想要获得除战争外的一切援助，但当时这种援助并不存在。美国向法国提供任何偏袒性的支持都有可能成为一个宣战借口（*casus belli*），都有可能被视为一个导致军事反应的交战行为。吉伦特派应该意识到，美国政府不会让它的领土被用来招募起义军以煽动叛乱。以这种方式援助法国是对英国和西班牙的一种战争行为。

美国也不能提前偿还其欠法国债务。即使美国能够筹措剩下的 300 万美元，过早还清债务也会违背公正义务，并损害其中立性。[38]热内未能完成使命，不是因为他外交上不成熟，而是因为他遭遇了更强大的力量——旧世界秩序的规则。

异想天开

尽管杰斐逊直截了当地下达命令要阻止他，但热内并没有收敛。除了组织暴动性的探险队前往肯塔基之外，他在费城的港口装备了另一艘私掠船，重新命名它为“拉帕蒂特民主号”（*La Petite Democrate*），将其装配的大炮由4门增加到14门，招募了120名船员，其中包括一些美国公民。美国政府直到一个月后才发现了这种在自己首都心脏地带的公然挑衅行为，这是美国政府软弱的表现。[39]

华盛顿总统收到消息后，下令进行调查。当调查证实了这一报告内容后，宾夕法尼亚州州务卿亚历山大·达拉斯（Alexander Dallas）命令热内不要让“拉帕蒂特民主号”离开港口。尽管他和热内的关系很友好，但热内却被激怒了。他声称自己有权在美国港口装备捕获船，并把它们派到海上去。他接着也这样做了。但后来，他发出了一个连他自己也觉得厚颜无耻的威胁。他告诉达拉斯，他将“不服从总统的指令而交由人民来裁决”。[40]

华盛顿总统失去了耐心。他不能允许法国大使利用自己的选民来威胁自己。热内必须离开。杰斐逊搜集了许多热内的不当言行并附上了证明文件，然后寄给了法国政府，要求将他召回。法国政府欣然应允。这不仅是因为法国政府依旧希望得到来自美国的帮助，还因为热内是吉伦特派成员，而这一派已经被由马克西米连·罗伯斯庇尔（Maximilien Robespierre）领导的更为激进的雅各宾派（Jacobins）所取代。为了证明这次召回的合理性，雅各宾派指控热内是一名对法国不够忠诚的英国特工。[41]

热内并没有愚蠢到在恐怖最高潮的时候回到法国。他留在了美国，不久就与纽约州州长乔治·克林顿（George Clinton）的女儿结了婚。热内退出了公众视野，在距离奥尔巴尼三英里的哈德逊河沿岸定居下来，成为一个农民绅士。[42]在空暇之余，他梦想着发明新东西，比如一个带有稳定器和方向舵的雪茄形状的氢气球，他在1832年出版的一本书中对其做了详细描述。[43]

热内的发明是异想天开，这一点不足为奇，因为这些设想建立在对物理学定律完全错误理解的基础上。“我一直在寻找一个事实，试图证明这些假设是正确的，却徒劳无功，”一位书评作者写道，“它们就……相当于证明二加二等于五。”[44]

中立者的权利和义务

/ 090 根据一些学者的说法，古希腊和古罗马不承认战争中的中立。[45]古代城邦国家要么是盟友，要么是敌人，没有中间地带。例如，这些学者指出，希腊语和拉丁语没有“中立”这个词。意大利语“*Amici*”（朋友）和拉丁语“*socii*”（朋友）都是盟友的意思，而不是中立者。无论古代国际法是否承认战争中的中立，旧世界秩序确实承认中立。实际上，到18世纪，各国发展出了一套丰富且详细的规则来规范那些希望在战争中置身事外的国家的行为，其中许多是由像瓦特尔这样的著名法学权威在法律论文中论述的，并且后来被编纂进了1907年的《海牙第五公约》（the fifth Hague Convention）。[46]

这些规则并不是简单地说各国可以选择中立，它们也赋予了国家许多宝贵的权利。最重要的是，任何国家都不能被强迫与另一个国家并肩作战，当然，前提是它事先没有同意建立军事联盟。此外，中立国家的领土是不可侵犯的。敌对方可以在彼此土地上作战，也可以在公海上作战，但中立国的领土是禁区。在中立领土上征募士兵也是被禁止的，这就是为什么热内的活动严重侵犯了美国主权。

中立的好处还不止于此。中立者也有与交战方进行贸易的权利，贸易并没有损害中立性。因此，英国不能且也没有抱怨美国向法国出售商品，即使法国及其殖民地会因没有美国出售的农产品而陷入饥荒。通过确保中立者与交战方进行贸易的权利，旧世界秩序将战争对经济的破坏降到了最低。当战争爆发时，经济不会停止运行，世界将继续保持商业往来。

然而，随着权利的出现，责任也随之而来。公民热内事件表明，中立者应该绝对公正，除非有明确的协议，否则禁止他们歧视交战方。正如瓦特尔所言，“一个中立且公正的国家，不应因为一方正与另一方产生争执，而拒绝为其提供它给予另一方的东西”。[47] 杰斐逊在他 6 月 17 日写给热内的信中完整地引用了这段话。

公正的义务不仅仅是一项技术性的法律规则。它体现了格劳秀斯的基本论点——赋予杀人许可权的理由——任何局外人都无法够判断战争的正义性。公正的义务也不只是禁止非交战方公然参加战斗。通过要求中立者平等对待交战双方，公正的义务排除了经济制裁的可能性。如果中立者与一方进行贸易而将另一方排除在外，那么中立方的身份——用法律术语来说就是“双方共同的朋友”——就会变成一个共同参战国，一个贸易同盟。瓦特尔明确指出了中立性丧失的逻辑。“但是，如果仅仅因为一方与另一方交战，它希望偏袒后者而拒绝前者，那就背离了严格中立的路线。”[48] 尽管中立方没有开火，但贸易歧视是一种战争行为，是一种允许另一方用武力来对其加以回应的战争行为。[49]

事实上，历史记录显示，到 18 世纪末，严格的公正原则被严格遵守着。当代经济制裁的权威研究者不无困惑地指出：“仅仅在第一次世界大战后，人们才对这一观点给予了广泛的关注，认为这是一项独立政策，即经济制裁可以取代武装敌对行动。”[50]

这一评论给人的印象是，经济制裁姗姗来迟是由于缺乏想象力，似乎限制中立者的贸易行为是一种新的治国方略，必须在付诸实践之前凭空想象出来。但是，经济制裁的姗姗来迟是完全可以解释的：因为旧世界秩序不允许非交战方强制实施经济制裁。对于一个中立者来说，对一个交战方实施贸易制裁将会违反自己的公正义务，这是一种许可对方对自己发动战争的错误。在今天没有意义的东西在旧世界秩序中却意义重大。

对某些国家来说，中立的严厉性是一种束缚，严重限制了它们帮助朋友的自由——除非它们想要战争。然而，对其他人来说，这些对中立方的要求极大地解放了自己的束缚。因为法律赋予了他们最需要的东西：一个借口。拒绝帮助一方并非声明该方所进行的事业具有非正义性——它仅仅是遵守规则。因此，杰斐逊可以通过引用瓦特尔的观点来否定热内的请求。从他那财政拮据、军事孱弱的政府的角度来看，拒绝法国租借港口用于装备私掠船或加快偿还法国债务的法律障碍并不是一个令人烦恼的限制，反而是一种巨大的解脱。中立也带来了格劳秀斯思想所排除的东西——帮助盟友但不让本国卷入战争的能力，也就是保持处于和平状态的能力，以及与冲突双方进行贸易的能力。

/ 结束语 I

1899 年 7 月 4 日，参加第一次海牙战争法会议的美国代表团以 / 093
纪念雨果·格劳秀斯生平的方式庆祝国庆。美国国务院委托柏林最好的珠宝商为格劳秀斯墓制作了一个巨大的银花圈。那是一个镀银大花环，一边是带有镀银橡子的橡树，另一边是带有镀银浆果的月桂。底部的花茎由一条巨大的银丝带和蓝色珐琅上刻有铭文的蝴蝶结连在一起。纪念牌匾上这样写着：

纪念雨果·格劳秀斯

值此海牙国际和平会议之际
美利坚合众国
向他致以崇高敬意和无限感激

1899 年 7 月 4 日

这个庆祝活动在安葬格劳秀斯的代尔夫特新教教堂里举行。仪式 / 094
以唱诗班演唱门德尔松（Mendelssohn）的《带给我们和平喜讯的使者是多么可爱》（“How Lovely Are the Messengers That Bring Us Good Tidings of Peace”）开始。美国代表团团长暨此次活动组织者安德鲁·迪克森·怀特（Andrew Dickson White）在致辞中这样评价《战争与和平法》：“在所有声称并非神灵启示的著作中，这本书被证明是对人类最伟大的福佑。它的作者是一个因其政治观点和宗教立场而被谴责且被憎恨的人。它比任何东西都更能阻止不必要的苦难、痛苦和悲伤；它比任何东西都更能促使军人职业变得崇高；它比任何东西都更能促进和平的福祉，减少战争的恐怖。”[1]

基于格劳秀斯在“圣卡塔琳娜号”案中的主张、他为荷兰东印度公司进行的广泛游说活动，以及他对旧世界秩序的哲学建构来看，怀特对《战争与和平法》的评价是荒谬的。怀特让格劳秀斯听起来像一个人道主义的和平主义者，而实际上他却是主张贸易公司和主权国家拥有在全球发动战争的权利的首席发言人，如果不是设计师的话。[2]

有不少国际主义作家正确理解了格劳秀斯的作品。康德（Kant）称格劳秀斯是主战论者中“令人遗憾的安慰者”。[3]卢梭（Rosseau）认为格劳秀斯“对暴君再有利不过了”，并认为他和托马斯·霍布斯（Thomas Hobbes）没什么区别，而霍布斯认为，不存在管理战争的正义规则。[4]这些国际主义者之所以重视格劳秀斯思想的启示，是因为他们看到了它的影响——用康德的话来说，它“被引用来为军事侵略辩护”的频率有多高。[5]

但他们的声音早已被其他声音淹没了，比如在代尔夫特举行的仪式上，与会者们就颂扬格劳秀斯对和平与国际法的贡献。他不仅仍然被尊为“国际法之父”，还是“和平宫”——国际法院（International Court of Justice）大楼的名称——的守护神。和平宫图书馆拥有世界上最庞大的格劳秀斯派图书收藏。

格劳秀斯被误解了这么久，部分是缘于一个历史的意外：他对范·赫姆斯科克的辩护词在历史的长河中被湮没了几个世纪。格劳秀斯从未准备出版其手稿，这些手稿被夹在一堆废旧信件和其他材料中，由其后代继承了下来。当后代中最后一名男性科尔内·格罗特（Cornet de Groot）去世后，他的财产向公众出售。书商马丁·奈霍夫（Martin Nijhoff）在1864年拍卖了这些文件。莱顿大学法学教授西蒙·菲塞林（Simon Vissering）认识到了手稿的重要意义，并推测它是《海洋自由论》的原稿。[6]这部手稿于1868年出版，但只以拉丁语出版。直到1950年，它才被翻译成英语。[7]

在许多关键方面，这份范·赫姆斯科克的辩护词只是格劳秀斯后来被广为流传的作品的一份粗略的草稿。但它率真直接，不够圆滑，因此暴露了格劳秀斯的真正目的。正如伟大的荷兰历史学家罗伯特·福罗英（Robert Fruin）所说，他的目标“不是他向我们保证的那样从总体上限制战争，而是恰恰相反，为了维护其同胞与西印度群岛的贸易，以及占据葡萄牙的垄断地位”。[8]

由于无法接触他的早期作品，一代又一代的学者透过国际主义者的视角来解读格劳秀斯。当以这种方式阅读其作品时，就有可能找到许多似乎充满了和平主义思想的篇章。格劳秀斯的崇拜者引用了《战争与和平法》开头的著名段落：“在整个基督教世界中，我观察到，人们对于战争缺乏克制，甚至连野蛮的国家也应该对此感到羞耻；我观察到，人们为了微不足道的原因，或者根本就没有任何原因，而诉诸武力，而当武器一旦被拿起，人们就不再对法律、神灵或人有丝毫尊重了。”[9] 人们通常认为，格劳秀斯指的是始于1618年并差点摧毁了整个欧洲的三十年战争。[10] 如果像这样善意解读的话，《战争与和平法》的目的是试图减少战争的数量，并使仍然存在的冲突更人道、破坏性更小。

格劳秀斯在三十年战争期间写下了《战争与和平法》，但他不知道这是三十年战争。他在冲突刚开始时写下前述著名段落，当时还只是五年或六年战争，远远早于法国或瑞典介入冲突。格劳秀斯可能指的不是德国新教徒和天主教徒之间的宗教战争。他当时正全神贯注于欧洲帝国之间在东印度群岛的斗争。事实上，这本书的目的在接下来（经常被忽略）的段落中变得清晰起来：“面对这种绝对的冷酷无情，许多人，他们根本不是坏人，竟然禁止向基督徒使用一切武器。”[11] 换句话说，格劳秀斯担心东印度群岛的殖民冲突会给战争带来恶名，而和平主义者会赢得结束战争的政治斗争。

096

格劳秀斯的著作有一个方面值得赞扬。格劳秀斯不仅仅寻求正义战争合法化，他还寻求消除另一种战争，即寻求净化邪恶之地或异端蔓延之地的战争，这些可被称为“净化战争”（“hygienic wars”）。在这些冲突中，杀戮通常不是弥补错误的手段，杀戮本身就是目的。许多圣战，如《希伯来圣经》中描述的圣战和中世纪十字军东征，都是“净化战争”。它们是血腥的灭绝战，想要将异教徒从圣地上消灭。或许因为他是一名在一场恐怖的宗教冲突中出生并成长起来的新教徒，所以格劳秀斯否认净化战争的合法性。他否认宗教差异是战争的正义理由。[12]

但格劳秀斯的目的并不是结束战争。他是一名干涉主义者，坚持认为即使其他战争，如净化战争，不可接受，但发动正义战争是可以接受的。格劳秀斯不反对战争，也不寻求让世界因为和平而安全。相反，这位“国际法之父”的标志性贡献是使世界因为战争而安全。

尽管格劳秀斯坚持认为战争只能为正义而战，但他也明白，在一个主权国家的国际秩序中，正义有很多种。全球商业往来和国际合作所赖以存在的合法权利的稳定性将因对特定冲突正义性的不同理解而受到损害。让受害者通过战争来维护自己的权利，唯一可能的方法就是让非受害者也从战争中获得合法权利。当强权即公理时，对正义的多重观点不再重要，所有参与战争的人，无论是受害者还是非受害者，都有杀人许可权。

格劳秀斯并没有发明征服、发动战争的刑事豁免、炮舰外交的原则，或者中立公正的观念。他只不过是基于前人的直觉知识和著作建立自己的思想并表达了类似的想法。在某些情况下，他只是在描述几十年来的实践，如果不是几个世纪的话。然而，格劳秀斯比任何其他人看得更清楚，这些规则相互交织并形成了一个复杂的体系，同时，他比其他任何人都更清晰地表达出了该体系的残酷逻辑。格劳秀斯明白，在一个强权即公理的世界上，一旦战争是合法的，就没有其他选择了。

格劳秀斯描述的国际秩序的逻辑结构可能如下图所示。这张图表不仅突出了战争与和平各自的规则，还强调了它们如何结合成一个体系。一旦国家享有使用武力行使其权利的特权，一系列法律规则就不可避免地随之而来。

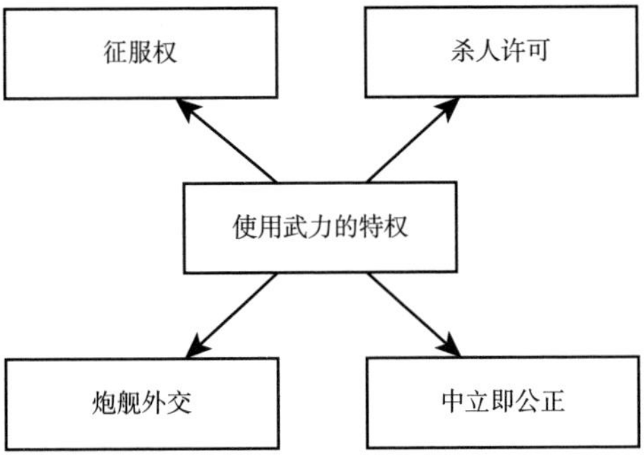

1899 年，人们聚集在代尔夫特，向一位思想家致敬，而这位思想家在很大程度上代表的却是他们唾弃并为改变之而奋斗的那些思想。雨果·格劳秀斯并不是伟大的和平信徒，他是伟大的战争辩护者。[13] 作为主要的干涉主义思想家，他将大规模屠杀人类重新定义为一种正当的道德和法律程序。他还为各国合法化战争提供了一种新的理论框架和话语体系。现在，统治者可以否认他们是在为自己的权利而战。相反，他们可以宣称，他们是在为公民的自然权利而战。他们发动战争，只是在做被统治者委派他们去做的事情而已。

伟大的雨果所建构的理论是一个令人生畏的、充满智慧力量的成果，甚至也是一个美好的成果。它也是一种法律框架。在代尔夫特庆典十几年后，正是这个法律框架准许了一场道德上荒谬到任何理性的人都不能宽恕的战争。1914 年开始的那场战争是旧世界秩序的恐怖 / 098

顶点。它导致数百万人死亡、数百万人流离失所、世界各国领导人陷入绝望。它促使另一位公司律师重新思考这个为如此之多痛苦辩护的理论，并重建一个截然不同的世界秩序——在这个秩序下，战争不仅是非理性的，而且是非法的。

第二部分

变　革

/ 第五章　结束一切战争的战争

/ 101

1914年6月最后一个星期天早上，一个身材单薄、体弱多病，名叫加夫里洛·普林西普（Gavrilo Princip）的19岁波斯尼亚塞族青年在萨拉热窝用半自动手枪瞄准弗朗茨·斐迪南大公（Archduke Franz Ferdinand）并开了两枪。第一枚子弹穿透大公的车门，击中了大公妻子索菲亚（Sophie）的腹部，第二枚子弹击中了大公的颈部，刺穿了颈静脉，并卡在了脊柱中。上午11点，哈布斯堡皇朝皇位的法定继承人和他的妻子去世。

遵循格劳秀斯的理论，奥匈帝国发出了最后通牒：除非塞尔维亚满足十项条件，以镇压暗杀背后的“颠覆运动”，否则就会对其开战。[1] 塞尔维亚接受了除第六条第二款之外的所有条件，该款坚持要求奥匈帝国直接参与对刺杀事件的调查。塞尔维亚解释说，这种要求无法接受，因为塞尔维亚宪法不允许外国势力参与内部调查。[2]

十项条件满足了九成半，奥匈帝国还不满意。1914年7月28日，弗朗茨·斐迪南的叔叔、已经耄耋之年的奥匈帝国皇帝弗朗茨·约瑟夫（Franz Joseph）对塞尔维亚宣战。因为“塞尔维亚拒绝了我国政府正当且温和的要求，”弗朗茨·约瑟夫在战争宣言中解释道，“我必 / 102 须通过武力来确保这些不可或缺的保证，而这些保证本身就能确保我的国家内部的安宁祥和与外部的持久和平”。[3]

连锁反应接踵而至。俄国站在塞尔维亚一边，开始动员军事力量。德国认为俄国的军事动员无异于宣战。[4] 于是，它发表了一份长达48页的宣言，还以小册子形式出售，售价40芬尼。这份宣言的标题是《俄国如何背叛德国的信任从而引发欧洲战争以及法德冲突本应如何避免》（*How Russia Betrayed Germany's Confidence and Thereby Caused the European War and How the Franco-German Conflict Might Have Been Avoided*）。[5] 针对德国的战争宣言，俄国发布了一则回应宣言，声称是德国忽视了俄国“充满善意的”调停努力，是德国在攻击俄国。[6]由于《法俄同盟军事协定》（Franco-Russian Alliance Military Convention）的存在，德国与俄国开战也就意味着它也要与法国开战。[7]因此，当法国拒绝宣布中立后，德国对法国宣战。

因为法国边境戒备森严，德国要求比利时给予自己绕过法国防线的通行权。比利时援引1839年《伦敦条约》（Treaty of London）加以拒绝。事实上，包括英国在内的欧洲强国在该条约中承认并保证了比利时的独立和中立。即使如此，德国还是入侵了比利时，它在赌英国不会仅仅因为“一纸协定”而开战。[8]但是，德国赌输了。英国在其入侵比利时的当天便向德国宣战。[9]

接着，奥匈帝国也加入了战团，向英国和法国宣战。英国和法国同样宣布对奥匈帝国作战。很快，许多欧亚国家都选择了立场。奥斯曼帝国和保加利亚与德国和奥匈帝国结盟；意大利和日本与法国、俄国以及英国结盟。[10]战争宣言和回应宣言指出了一个错误行为和反错误行为的重叠网络，它为发动战争提供了合法许可和公共理由。由于没有一个国家愿意让步——或抑制积怨、猜忌以及令事态开始的野心，这片大陆最终陷入了战火。

美国试图置身于不断升级的混乱之外。欧洲战争爆发后，伍德罗·威尔逊总统在向国会发表的演说中，宣布美国将保持中立。[11]事实上，许多美国人从战争中看到了机会。由于欧洲的竞争对手忙于战争，美国可以将贸易扩展到新的市场。但威尔逊明白旧世界秩序的规则。他告诫公众，只有遵守中立责任，美国才能享有中立的权利：“在这些考验人们灵魂的日子里，美国必须在事实上且在名义上保持中立。我们必须在思想上且在行动上保持公正，必须抑制我们的情感，同时也要对每一项可能被解释为利于一方但反对另一方的交易加以限制。”[12]无论多么轻微，任何偏袒的迹象都可能把这个国家拖入欧洲的地狱。

想要保持公正态度并不容易。1915 年，一艘德国 U 型潜艇在没有发出警告的情况下用鱼雷击沉了一艘英国客轮——皇家邮轮“卢西塔尼亚号”（*Lusitania*），之后美国和德国之间的紧张关系开始加剧。[13] 威尔逊总统第一次听到这场灾难的消息时，他刚吃完午饭，正准备去打高尔夫球。[14] 报告中没有提到伤亡情况。当晚快到八点的时候，传来消息说许多乘客可能已经死亡。晚上十点，威尔逊知道了最坏的消息：多达一千名乘客失去了生命。其中肯定有美国人。[15]

威尔逊竭力保持克制。持反战态度的国务卿威廉·詹宁斯·布莱恩（William Jennings Bryan）向德国大使递交了一份措辞谨慎的照会，寻求“对由此造成的严重局势进行清楚和全面的了解”。此后不久，威尔逊起草了第二份同时也更具对抗性的照会。“男人、妇女和儿童以现代战争中前所未有的境遇被送上了死亡之路”，他写道，他要求德国尊重中立者的权利。由于这份照会措辞不符合自己的反战态度，布莱恩的回应是辞职而不是向德国大使发出照会。无尽的外交争吵接踵而至。到 1916 年 4 月，由于德国人继续闪烁其词、避实就虚，威尔逊被激怒了，他威胁要发动战争。[16]

5 月，德国最终同意尊重中立国家的权利，称其“现在决定做出进一步的让步，以符合中立国利益的方式实施潜艇战”。[17] 对威尔逊来说，这是一次伟大的胜利。1916 年，他以“他让我们远离战争”为口号竞选连任。[18] 然而，在距他发表第二次就职演说不到两周的时候，威尔逊获悉了德国外交部长亚瑟·齐默尔曼（Arthur Zimmermann）发出的一份密电的内容。在这份电报中，德国声称要给墨西哥提供机会来扭转 1848 年美墨战争中的灾难性失败。“并肩作战，共创和平”，这份电报提议。[19]“我们的理解是，重新征服得克萨斯、新墨西哥和亚利桑那州失去的领土。”[20] 一星期后，当电报内容在报纸上刊登出来后，美国发现在行动上保持中立越来越难，更不用说在思想上了。

/ 104

1917 年 2 月，德国重新恢复无限制潜艇战——不加警告便对中立船只开火，此举破坏了本身就很脆弱的协议。在第二个任期上任一个月后，威尔逊总统在国会两院联席会议上要求宣战。在一次呼应《海洋自由论》——格劳秀斯对使用战争来确保海上自由的辩护①——的演讲中，威尔逊认为，“使用武力维护我们的中立权利，反对非法干涉我们利用海洋的权利、反对非法暴力以保护我国人民安全的权利”，已经不足以解决问题了。[21] 该是通过战争执行权利的时候了。

这场“伟大战争”是一场真正的格劳秀斯式战争——为了纠正错误行为而发动，而这些错误行为既有真实的，也有想象出来的。在争取正义的斗争中，交战方造成了前所未有的、难以想象的破坏。它们导致 800 万战斗人员死亡[22]、700 万人永久性伤残，另有 1500 万人受伤。据一项估计，大约有 3.5% 的欧洲人口死于这场战争。[23]

由于认识到这场战争将会是一场可怕的战争，威尔逊曾承诺，这将是最后一次战争，是“结束一切战争的战争”。[24] 但是当战争接近尾声时，如何确保来之不易的和平还远不清楚，更不用说结束一切战争了。

如何实现和平

/ 105 1919 年 1 月，近 40 个国家的代表齐聚巴黎，就领土和赔偿问题进行讨论。[25] 同这场战争一样，巴黎和会也是按照旧世界秩序的规则

① 战争前夕，卡内基国际和平基金会（Carnegie Endowment for International Peace）重印了一版《海洋自由论》，在其导言中，明确表达了这种关联：“‘海洋自由’这个表述一直被交战方和中立方挂在嘴边，现在第一次用英语及时地发行格劳秀斯著名的拉丁文小册子似乎是明智的。格劳秀斯通过这本著作宣称、解释并在很大程度上实现了‘海洋自由’。’”参见 Hugo Grotius, *The Freedom of the Seas or the Right Which Belongs to the Dutch to Take Part in East Indian Trade,* trans. Ralph Van Derman Magoffin（New York: Oxford University Press, 1916）, v。

进行的。英国和法国坚持要对德国索取巨额赔偿以削弱德国的实力，同时欧洲、亚洲和非洲的领土边界要重新划定，以牺牲失败者的利益来奖赏胜利者。

但是如何确保和平呢？威尔逊的解决方案是创设一个规范国际事务的新组织，用其“十四点和平计划”的话说，这是一个“普遍的国家联盟”，它将“一视同仁地为大国和小国的政治独立和领土完整提供保证”。[26]它被称为“国际联盟”。

概述新联盟职能的文件《国际联盟盟约》(Covenant of the League of Nations)试图通过一项强制性的争端解决机制来确保和平。《国际联盟盟约》要求成员国不得将争端诉诸战争，而是将其提交给联盟解决，要么提交给当事各方同意设立的仲裁法庭，要么提交给新的常设国际法院，或者是接受联盟理事会的“调查”。[27]在上述机构其中之一做出裁决之前，各国有义务等待。如果一个国家在争端中获胜，失败方需遵守裁决，胜利方也不能发动战争。但是，如果一个国家被裁决失败且不愿意服从裁决，裁决结果发布三个月后，可以诉诸战争。

《国际联盟盟约》不仅建立了一个新的争端解决机制，还创设了一种强制各国执行的新机制。其中第10条和第16条规定，违反《国际联盟盟约》规定而发动战争的成员国将面临由国际联盟理事会决定的制裁，不仅包括贸易和金融制裁，还包括军事制裁。如果有必要，国际联盟会通过战争来强制执行《国际联盟盟约》。

回到美国后，威尔逊总统开始了一次雄心勃勃但使他精疲力竭，足迹遍及全美国的行程，他在22天内行程8000英里，以推动美国加入国际联盟。“我的委托人是孩子们；我的委托人是下一代，”他在此次行程最后一次主要演讲中宣称，“他们不知道，当我命令美国军队开赴法国国土时，我承诺了什么，我答应了什么。但我知道，并且我打算兑现我对孩子们的承诺；他们再也不会因类似使命而被派遣出 / 106

去了。”[28]

正如批评者后来指责的，国际联盟的问题并不是它试图做太多的事情来维护和平——而是它做得太少了。国际联盟虽然削减了个体的战争权，但减少幅度不大。即使法庭驳回了各国的要求，它们也可能在三个月后开战。为了执行这些对战争权利的温和限制，国际联盟强化了战争责任。根据《国际联盟盟约》第16条，在多数成员同意的情况下，国联理事会有权命令成员国拿起武器来维护《国际联盟盟约》。为了解决战争问题，国际联盟的答案似乎是……更多的战争。

作为一项合法的制度，战争曾对国际关系至关重要，即使它是一场毁灭数百万人生命的血腥大屠杀，并且浪费了数十亿美元。国际联盟并没有预示着旧世界秩序的终结，只是延缓了它的终结。

不太可能是一位革命者

萨尔蒙·莱文森（Salmon Levinson）不太可能是一位革命者。他是芝加哥一名成功的公司律师，在一些重大金融重组案件中扮演关键角色。[29]他有许多知名的客户，包括西屋电气（Westinghouse）、圣路易斯和旧金山铁路公司（the St. Louis and San Francisco Railroad），还有西尔斯·罗巴克公司（Sears, Roebuck and Company）。

萨尔蒙拥有丰富的从商经验。1848年，他的祖父母和父亲为躲避政治动荡，从德国移民到美国，那时他父亲才18岁。后来，萨尔蒙的父亲在印第安纳州的诺布尔斯维尔找到了一份裁缝工作。随着时间的推移，他的店铺发展成了这个城市最成功的服装店之一。甚至在萨尔蒙十几岁的时候，他每天早上6:30就打开店门，直到上课之前都和父亲一起工作。可能是犹太人入学指标限制的原因，他被耶鲁大学拒绝，而后就读于芝加哥大学。但他锲而不舍，在通过了一系列旨在将他拒之门外的考试之后，他被允许转到耶鲁大学继续完成大四学业。毕业后，他回到芝加哥从事法律工作。[30]

虽然他可能成为主要的国际主义者，但在其大部分职业生涯中，萨尔蒙对国际事务几乎没有什么兴趣。尽管他是犹太裔德国移民的儿子和孙子，但他并不太关注欧洲以及欧洲事务。他在法律职业道路上继续成功前行，但 1914 年以前，他在写给朋友和同事的信中提到美国之外事情的次数屈指可数。[31] 他是完美的公司律师——勤奋努力，在压力下保持冷静，讨厌无谓的争斗。他唯一的政治参与是偶尔的竞选捐献。

1914 年 8 月，纽约证券交易所在一场几乎史无前例的抛售面前收市，这是其历史上第三次收市。[32] 这一切的毫无意义激怒了莱文森。他抱怨利率攀升，以及威尔逊“用一切可能的方式向我们征税，就像我们自己已经处于战争状态一样”的决定。[33]

但直到他在《纽约时报》(*The New York Times*) 上看到了德国移民、纽约金融家雅各布·希夫（Jacob Schiff）与哈佛大学荣誉退休校长查尔斯·W. 艾略特（Charles W. Eliot）之间的交锋后，他才决定对此做些什么。希夫将战争归咎于英国，称它“不愿停止对德国的压榨”，而艾略特则认为，德国已经表现出不愿妥协的迹象，这将带来两种可能性，即德国“要么成为世界帝国，要么彻底垮台”。[34] 莱文森判断，如果他能够利用自己的谈判技巧让这些顶尖的知识分子赞同一项计划，把欧洲的战争推向终结，那么，或许有“极小的机会取得某种成功”。[35] 他开始确信，国际关系与工业关系并没有多大的不同：在这两种情况下，都必须说服各方采取理性的行动，说服他们不要让糟糕的情况变得更糟。[36]

他利用自己广博的人脉关系网，成功地与希夫和艾略特见了几次面——恭维和劝导一方之后接着恭维和劝导另一方，让他们克服对彼此的厌恶，并同意会面以找到一个双方妥协的方案。对莱文森来说，这么做不仅是出于知识分子的良知，他还有两个适龄参战的儿子。[37] 但局势进展之快超出了他的能力范围。德国军队的军事胜利，加上“卢西塔尼亚号”的沉没，终结了他能促使双方妥协的希望。“‘摧毁卢西塔尼亚号’的鱼雷，”他后来写道，“彻底摧毁了我们的和平计划，而我在这方面的乐观主义态度有待修正。”[38] 不到两年后，他的儿子以及美国就在欧洲作战。

莱文森在希夫和艾略特之间寻找共同点的努力虽然没有结果，但会产生持久的影响。在与希夫的通信中，他开始发展一种简单而深刻的思想。“由于法庭彻头彻尾地保护犯罪国家的贪婪侵略，”他在1917年8月写道，“我们这个世界真正的疾病是战争的合法性和实用性。鉴于我们都承认和认可战争合法，因此从道德上讲，我们都是帮凶。”[39] 他总结道：“我们不应该像现在这样制定战争法，而应该制定反对战争的法律，正如没有谋杀法和投毒法而只有反上述行为的法律一样。”[40]

在接下来的一年里，莱文森发展了自己的思想并写成了一份备忘录在亲密朋友中传阅，其中包括哥伦比亚大学哲学教授约翰·杜威（John Dewey）。杜威和莱文森早几年通过他们的配偶相识。莱文森的妻子是杜威在密歇根大学的学生，也是杜威妻子的同学和密友。在杜威和他的妻子去纽约之前，这两对夫妇的关系就已经很密切了。[41]

和莱文森一样，杜威并不是一个狂热的激进分子。他以务实著称，流露出冷静温和的气质。事实上，这两个人看上去像兄弟俩。两个人都是头发灰白中分，胡须修剪整齐并戴着一副金属框眼镜。和莱文森一样，杜威也很谦逊低调。曾在密歇根大学杜威手下担任讲师的詹姆斯·塔夫茨（James Tufts）说：“就其品格而言，他简单、谦逊，完全没有任何矫情或自我意识，结交了很多朋友，没有树立敌人。”[42] 然而，杜威的谦逊更加引人注目，因为他是一位伟大的哲学家，也许是美国有史以来最伟大的思想家之一。杜威在20世纪早期定义了公共理智主义（public intellectualism）：他创办了一所实验小学，以检验他关于教育改革的想法，并为《新共和》（*The New Republic*）杂志（这份进步杂志创办于 1914 年）撰写了近 200 篇文章。在接下来的十年里，在莱文森致力于推翻旧世界秩序的努力中，他将成为莱文森最重要的智力导师。

战争的法律地位

莱文森的檄文《战争的法律地位》（The Legal Status of War）于 1918 年在《新共和》杂志上发表。莱文森并没有打算参加公众争论。他把他所谓的“备忘录”发给杜威，请求杜威考虑把这一想法以自己的名义发表。杜威把这份备忘录转给了他在《新共和》杂志的朋友们。他们以莱文森的名义发表了这篇文章。[43]

“假设世界处于和平状态，”文章开头写道，“突然，德国向法国宣战，侵略它的领土，甚至毫不掩饰吞并和奴役其邻居的意图。”[44] 他问道：“法律上，会发生什么？”答案是“由于这场战争看起来是一项善意事业，其他国家同样受到中立规则以及国际法规则约束”，从今往后，它将成为一场“合法的战争”。他指出，“主要事实”往往被忽视，即“战争一旦发动，文明世界就把所有的战争置于同一合法层面上，而不考虑它们的起源和目标”。他解释说，即使是国际联盟，“也不打算宣布战争非法；它只是建议完善那些规定，在这些规定下战争是合法的”。

真正结束战争的唯一方法是莱文森所说的“非法化战争（outlawing of war）”。[45] 他承认，“战争虽然被定为非法，但仍会发生”。但是，他解释说，“它将被贴上犯罪的标签，世界各国的力量将被组织起来对付罪犯”。莱文森用决斗来比喻。几个世纪以来，人们努力通过设置“行为准则”来限制决斗，这些“行为准则”变得越

/ 109

来越精细，也越来越“人道”——与规范战争中人道行为的《海牙公约》不同。就像《海牙公约》一样，这些行为准则也假定了决斗行为的合法性。但是，决斗最终被宣布为非法，并且他又解释道：“决斗现在已经绝迹了，因为我们的法律清楚地规定，决斗是谋杀。”因此，应该放弃规范战争的努力，宣布战争非法。

莱文森非法化战争的想法与当时正在讨论的其他和平计划不同。截至当时，包括裁军建议、国际联盟和其他方案在内的所有和平安排都假定战争具有合法性。它们只是在引导人们如何利用战争的方式上有所不同，它们的设计者致力于创设制度和激励手段，以促使各国尽可能少地诉诸战争。那些努力争取和平的人甚至没有想到要质疑战争的合法性。这就需要一个对国际法和国际政治有着全新理解的人提出与现行国际体系相关规则直接冲突的想法。

/ 110

但是，只要这些思想还停留在《新共和》杂志的页面上，它们就不太可能改变世界。公众需要参与进来。即使这样也不够：如果没有政治人物的鼓吹和号召，新构想也无济于事。

非法化战争从一个想法到一个运动，再到一个计划，最终到一个条约的演变，始于宾夕法尼亚州资历尚浅的参议员菲兰德·C. 诺克斯（Philander C. Knox）打给莱文森的一个电话。还在各国就成立国际联盟进行谈判期间，这两个人就都公开表示支持联盟。莱文森是如此积极，甚至在芝加哥举行了大规模集会，竭力争取民众的支持。[46]但当他看到威尔逊谈判的《国际联盟盟约》文本时，他对国际联盟的支持就消失殆尽了。诺克斯也感到沮丧。在盟约文本公开之后的第二天，他邀请莱文森到纽约去讨论非法化战争的新思想。两人在二月连续三天会面。[47]

他们的第一个任务是要打败国际联盟。[48]莱文森习惯给自己写许多没有注明日期的备忘录，在其中一份（可能是一篇文章或信件的草稿）中，他把国际联盟比作陈旧的中世纪的卫生习惯，以此解释自己对它的反对：

> 最近，我听说一个人引用了一本关于中世纪卫生情况的书中的内容，大意是在浴盆发明之前，人们大量使用香水，而当浴盆被发明后，人们就不怎么用香水了。现在，可以说，我们的国际问题专家们都热衷于卖香水了。他们想要通过稍微抑制一下战争散发的恶臭来消除战争的威胁。不管市场上的香水多么廉价，他们总是迫不及待地接受它，总是沸沸扬扬地事先昭告天下，尤其是如果这种香水是在瑞士某个小镇上装瓶的话。[49]

威尔逊谈判的《国际联盟盟约》只不过是用来掩盖战争散发的恶臭的香水。非法化战争则是可以清洗污垢的浴盆。“非法化战争意味着通过粉碎战争的法律支柱并将其定为犯罪，来废除这个现在还是合法的制度。”[50]

诺克斯有更直接的担忧：他和参议院许多共和党同僚担心，成为国际联盟的成员不仅会假定战争的合法性，还会把美国拖入一场战争之中。他们的担心集中在拟议的国联盟约条款上，特别是第 10 条和第 16 条，这两条似乎要求各成员国在侵略行为发生时互相提供帮助。[51] 时任参议院外交关系委员会主席的参议员亨利·卡伯特·洛奇（Henry Cabot Lodge）反对加入一个可能将美国拖入“其他国家内部不管什么性质的冲突”的组织。[52] 洛奇曾提议有保留地采纳《国际联盟盟约》，即必须澄清，在未经国会批准的情况下，美国不会参加战争。[53] 威尔逊认为这项提议企图破坏他精心起草的协议，故而拒绝。他因此失去了洛奇的支持，同时可能失去了获得参议院批准美国加入国联的所有希望，尽管当时他还没有意识到这一点。[54]

来自爱达荷州的共和党参议员威廉·E. 博拉（William E. Borah）也加入了莱文森、诺克斯和洛奇的阵营。博拉被称为“完美的孤立主义者”[55]，他领导了参议院“势不两立”（“Irreconcilables”）运动，该运动由一群坚定反对国际联盟的共和党参议员组成。[56]大家都知道他喜欢骑马，所以他的对手开玩笑说，他是如此叛逆，但让人吃惊的是，骑马的时候他居然会和马保持在一个方向上。[57]

博拉是一个强大的对手。他被公认为参议院伟大的演说家之一，在担任刑事律师和特别检察官期间，磨炼了宣传鼓动技巧。《凡尔赛条约》——现在大家知道该条约结束了第一次世界大战并创建了国际联盟——投票当天，他站出来发言，强调了要求成员国使用武力来执行联盟的决定所造成的危险。博拉怒吼道：“你不可能把一个以自由为基本准则的政府与一个以武力为首要准则的政府强行联合起来，并希望维护前者。”“你们可能还会像其他人过去所做的那样，仍然在用表象和符号欺骗自己，但当你们将这个共和国托付给一个基于武力的世界控制计划时，”他警告说，“你们会很快摧毁自由的氛围和大众自治能力的自信，而只有这种自由和自信，一个民主国家才有可能繁荣昌盛。”[58]这次被一位同时代人评价为“参议院演讲杰作之一”的演讲让洛奇感动得潸然泪下。[59]

/ 112

在呼吁支持《凡尔赛条约》的演讲中，威尔逊总统向参议院外交关系委员会发问：“我们敢拒绝它，因而让整个世界伤心吗？”参议院选择了敢于拒绝。[60]投票结果不仅意味着该条约在美国就此作罢，也意味着美国作为该条约最伟大拥护者身份的终结。威尔逊总统耗费了数月时间在欧洲就该条约进行谈判，并在全国各地艰难地团结美国人寻求他们对该项事业的支持。这次失败使他备受打击、遭受病痛折磨且深感孤独。威尔逊无法兑现使上一场战争成为最后一场战争的承诺。他担心，如果没有一个强大的由美国领导的国际制度来防止战争，历史注定会重演。投票结束后不久，威尔逊就中风了。他的身体每况愈下，再也没有恢复过来。在下一任总统竞选中，沃伦·哈定（Warren Harding）采取抨击威尔逊政治议程的策略，这一策略为他赢得了48个州中37个州的支持。威尔逊在卸任后不到三年去世，他的政治遗产已经支离破碎了。[61]在没有加入《凡尔赛条约》的情况下，诺克斯与德国单独缔结了和约。三个月后，诺克斯也去世了。[62]但这是在帮助发起非法化战争计划之前。

非法化战争计划

随着国际联盟的失败，莱文森及其盟友的下一步行动是制订一个基于非法化战争的和平计划。1919年，莱文森和诺克斯合作写了一本题为《非法化战争计划》(*Plan to Outlaw War*)的小册子，该计划将向国会议员和公众解释何为非法化战争。[63]

在发布该计划之前，诺克斯给博拉看了一份副本。博拉是参议院外交关系委员会成员，并且很快成为该委员会的主席。[64]博拉不仅对国际联盟深恶痛绝，而且是在参议院投票中反对与德国签订单独和平条约的仅有的两名共和党人之一，他声称这只是一个“被设计用来在未来某个时候把美国拖进国际联盟的工具”。[65]很显然，他不赞成签订一个旨在非法化战争的全球性条约。

但是博拉知道，他正在赢得一个反对一切的名声，而且是毫无理由地反对一切。他怀有当总统的雄心，并且渴望一个他能支持的和平计划。[66]作为一个机敏的谈判家，莱文森道出了博拉的焦虑和雄心。“尽管你的名声越来越大，”他在给博拉的信中写道，“但人们似乎普遍批评你总是在反对，认为你没有做任何真正有建设性的事情。”[67]现在，努力推动战争非法化将为他提供一种他可以支持的、积极但不妥协的方式去做建设性的事情。[68]

根据莱文森的叙述，这三个男人在诺克斯的办公室里花了整整一个下午的时间仔细研读了莱文森在诺克斯邀请下起草的计划。[69]后来，在1921年的圣诞节，该计划书由新成立的美国促进战争非法化委员

/ 113

会（American Committee for the Outlawry of War，由莱文森主导成立并主要资助）以小册子出版，该委员会呼吁召开一次“所有文明国家”参加的会议以宣布该计划。[70]以下是部分内容：

1. 进一步利用战争作为解决国际争端的制度应予以废除。

2. 国家之间的战争应被宣布为一种公罪（public crime），应受国际法的惩罚。

3. 战争应在法典中定义，对实际或即将发生的攻击的防卫权应予以保留。

4. 所有通过强制、胁迫或欺诈获得的兼并、勒索或捕获，均为无效。[71]

莱文森的朋友约翰·杜威为这一反战宣言写了前言，他解释说，“在集中世界上所有道德力量反对现代战争这种最为令人憎恶的东西”方面，非法化战争计划做得比其他相关努力都要多。[72]

为了在全国范围内开始这项运动，莱文森将他的小册子赠送给任何可能有影响力的人士。他印制了5万册，并为使得“更多的人拥有”——10万册，“可能更多”。[73]在一个月内，印刷量达到了20万册[74]，到4月底，数量更是达到了35万册。[75]爱达荷州、蒙大拿州、俄勒冈州、华盛顿州、加利福尼亚州和亚利桑那州的商会、律师、男性和女性俱乐部、大学、学院、图书馆、部长、学校负责人、主要的制造商、劳工组织以及农民都收到了这个小册子。[76]他的宣传覆盖了博拉参议员邮寄清单上的所有对象。[77]他以参议员亚瑟·卡普（Arthur Capper）的名义单独向“农民和乡村商人”派发了2万册。[78]

/ 114

莱文森及其领导的美国促进战争非法化委员会也借助了一个已经相当活跃的和平运动的影响力，该运动由数百个松散的协调组织组成。与莱文森一样，简·亚当斯（Jane Addams）也是芝加哥人，在 1919 年创立了国际妇女争取和平联盟（Women's International League for Peace），并担任第一任主席。妇女联盟不仅在华盛顿特区和纽约组织分会，还在全国范围内组织分会，为支持非法化战争运动提供了一个全国性的网络。[79]

1921 年诺克斯去世后，博拉同意接管对非法化战争运动的政治领导。[80] 随着非法化战争计划势头越来越猛，其支持者们承受的压力也越来越大，因为人们要求他们回答他们一直在回避的问题：法律如何执行？博拉反对任何需要用武力的机制。而且，实际上，对于反对国际联盟的大多数人来说，通过战争来执行一项反对战争的法律是一个诅咒。正如他们所看到的那样，旨在确保和平的国际制度将导致战争。

“博拉积极支持非法化战争运动后，”莱文森后来回忆道，“他一直提醒我要解决国际关系中的武力问题，这也许是我在整个行动过程中必须做的最困难的事情。”[81] 莱文森迫切希望博拉能够在参议院提起一项非法化战争的决议，但是博拉不愿意这么做，因为他不知道决议该如何执行。[82]

宣传非法化战争的小册子呼吁由一个有管辖权的法院解决国际争端。但是小册子却选择性地回避了下一个明显的问题：这个法院的判决将如何执行？莱文森得出的结论是，就像旧世界秩序认为的那样，一个国家对另一个国家实施的任何形式的制裁都无异于战争。当然，执行法院判决的努力也是如此。

在私下交换备忘录和信件时，莱文森和博拉考虑了是否可以在解决方案中对个人实施刑事制裁。莱文森观察到，“在战争构成犯罪的前提下，政府不能征兵，因为它不能征召男孩们去实施谋杀”。[83] 博拉同意这个观点。[84] 但是这种解决方案也产生了问题。一些非法化战争的倡导者担心，如果国际法院被授权惩罚像美国总统这样的官员，那么这个法院将拥有“超国家”的权力。[85] 但是，如果它不能强制执行其判决，那么它的判决还有意义吗？

在绞尽脑汁地处理了这个难题之后，莱文森得出结论，所有的法律都在某种程度上取决于受其约束的人是否愿意服从："政府统治的基础不是武力，而是人们服从法律的习惯。"[86]但话说回来，国家并不是一国国内之人民，它们能养成遵守法律的"习惯"吗？莱文森建议说，答案还是要从人民自身来寻找。在一篇名为《能否实现和平？》("Can Peace Be Enforced?")的文章中，他认为，通过参与非法化战争运动，公民将会内化和平规范。每个国家都应举行公民投票，人民将"谴责并非法化战争体系"。他们一旦这样做了，就会"处理和惩罚自己的战犯"。[87]

这一立场鲜明地体现了多年来莱文森与杜威交流的思想。杜威是一位进步改革家，长期以来，他一直坚持人性具有灵活性的观点。杜威认为，虽然人的本能是固定的，但这些本能的引导方式以及思维习惯和行为方式的形成取决于社会结构，比如法律制度和公共教育。因此，改变这些社会背景结构就可以改变人类本性。在1922年出版的《人性与行为》(*Human Nature and Conduct*)一书中，杜威批评了那些认为因为人性本质上好战，故而战争不可避免的人。他们认为，战争"根深蒂固地建立在不变人性的基础上，试图改变它是愚蠢的"。[88]但是，杜威认为，当初，人们对奴隶制也是这么认为的，然而奴隶制却被废除了。人的本性并非注定导致不道德的行为。正如社会选择自由而不是奴隶制一样，通过努力，人们会更珍视和平而不是战争。

"强制"非法化战争

在离杜威位于哥伦比亚大学哲学系办公室不远的地方，他的一位朋友兼同事正在形成一种实现和平的不同愿景。詹姆斯·汤姆森·肖特维尔(James Thomson Shotwell)是哥伦比亚大学历史系教授，

/ 116

曾担任《大不列颠百科全书》（*Encyclopaedia Britannica*）总编辑。[89]他出生于美国贵格会教徒（Quaker）家庭，在安大略省长大。1898年，肖特维尔来到哥伦比亚大学撰写学位论文，其论文主题是关于中世纪教会圣餐的历史。1903年，哥伦比亚大学历史系聘请他为讲师。1908年，他成为一名全职教授。

1917年，威尔逊总统任命肖特维尔为“调查小组”（“The Inquiry”）成员，这是一个由百余名学者组成的小组，旨在协助他进行和平谈判。肖特维尔还是威尔逊横渡大西洋前去参加巴黎和会时，被选中陪同的21名成员之一。[90]一位记者这样描述这些顾问：他们是“一群急切的大学教授，戴着角框眼镜，手里拿着课本、百科全书、地图、图表、海图、统计数据，还有各种各样的书面文件，这些东西可以撬动欧洲各国的边界，并以正义之名对其加以更改”。[91]

肖特维尔没有过多地参与重新划分欧洲边界事宜。他仅在关于拟议的国际劳工组织（International Labor Organization）谈判中扮演了一个小角色。[92]在一张摄于凡尔赛的调查小组成员合影上，留着大胡子的肖特维尔站在后排，比站在他右边的研究中世纪史的同事和站在左边的经济学教授矮了整整一个头。当然，这并不表明他第一次走上国际舞台时无足轻重。

然而，肖特维尔没有气馁。凡尔赛的经历促使他选择了新的使命。目睹正在形成的历史，他很难再回到研究和讲授枯燥乏味的中世纪历史的轨道上了。他离开了哥伦比亚大学，接受了主编一套现代战争通史的工作。这部著作最终将集结200名合作者参与编写，涵盖15个国家，总共150卷。他把这项工程看作帮助公众了解战争及其代价的一种方式。[93]

但是肖特维尔并没有就此止步。他想塑造历史，而不仅仅是书写历史。1923年春，他把注意力集中在了关于裁军的提案上。当时，国际联盟和华盛顿正在对其进行辩论。[94]其中的主要建议是呼吁对主要国家军事人员配置和军备配额做出要求。肖特维尔发现这个想法是错误的。他认为，“仅仅靠坚持理想主义态度”，不能建立和平。[95]他召集了一群学者和公共知识分子在哥伦比亚大学俱乐部审阅裁军条约草案。该条约开篇宣布：“侵略战争是一种国际犯罪。”肖特维尔告诉这些学者和知识分子，这一规定很可能是空洞的说辞，因为它没有对侵略做出具有可操作性的界定——这项条约没有提供侵略的定义。但是，从来就没有人能想出如何恰如其分地定义侵略。[96]

当夜幕降临时，肖特维尔突然冒出一个想法：如果无法对侵略进行实质性定义，为什么不对它进行程序性定义呢？可以要求各国将争端提交法院，并诚意地接受裁决，而那些拒绝法院裁决的国家将被视为侵略者。他兴奋地向那些学者和知识分子解释了这个想法，而后，他们开始一起在一张菜单卡片的背面起草新条约文本。[97]

这份 1924 年面世的文件被称为“美国计划”。它是由一群美国人构思和起草的，他们在国际联盟这个美国曾经拒绝过的组织中找到了自己的听众。肖特维尔和他的合作者们与国际联盟进行了谈判。他们这么做事实上是冒着被起诉的危险，因为根据《罗根法案》（Logan Act），如果美国公民同与美国有争端或争议的外国政府进行谈判将会构成重罪。[98]但是，当美国国务卿查尔斯·埃文斯·休斯（Charles Evans Hughes）暗示肖特维尔他正在犯罪时，肖特维尔狡辩说，他没有违反《罗根法案》，因为美国政府没有承认国际联盟。毕竟，他不能因为与一个不存在的组织进行谈判而被起诉。根据肖特维尔自己的描述，国务卿听完后哈哈大笑，然后说：“你把我难住了！”[99]

为了推销他的新计划，肖特维尔提出了“非法化战争”责任的概念。他向媒体解释说：“据我所知，这是第一次试图准备一项可以让我们真正宣布战争非法的条约。”[100]虽然早些时候他曾向莱文森示好，希望能得到他对自己计划的支持[101]，但他还是忍不住批评莱文森提出的非法化战争建议——那就是，缺乏“强有力的制裁手段”。[102]他将莱文森的非法化战争建议与他自己的所谓“切实可行的计划”进行了对比，他的计划不仅宣布战争非法，还提供了强制执行的机制。国际联盟拟议的基于“美国计划”形成的所谓的“《日内瓦议定书》（Geneva Protocol）”采纳了非法化战争条款，但将非法化战争思想置于“新的背景下”。侵略不仅“为国际法所禁止”[103]，而且国际常设法院也有权审理因侵略而引发的争端。它的权力不仅在于参与者的善意服从，它还会得到一个新的严厉的金融制裁体系的支持。肖特维尔提出了他的非法化战争提议，并且这项提议伴随着强制手段（teeth）。

该提议并没有提出以一种集体军事回应的方式来执行和平，这将与时任参议院外交关系委员会主席博拉的观点相去甚远。相反，侵略者会被切断所有的商业往来，并失去国际法为其所提供的一切权利。肖特维尔后来解释说，各国承受不起忽视国际法庭裁决带来的后果，因为它们想必都有商船在海上航行。“国际联盟内反对它们的成员国会允许这些商船停靠自己的港口吗？”[104]侵略者将成为被遗弃者。①

当肖特维尔为了《日内瓦议定书》而发起一项运动时，在芝加哥，莱文森对于他亲手培育起来的运动被人占用而暴跳如雷。[105]当著名的政治记者威廉·哈德（William Hard）询问他对《日内瓦议定书》的意见时，莱文森在一份电报中明确表示，通过强制手段非法化战争根本就不是在真正地非法化战争：它“用承诺非法化战争的温和外衣来掩盖其通过强力来控制世界的铁血手腕，符合外交正统”。[106]

1924年10月2日，47个国际联盟成员国批准了《日内瓦议定

① 肖特维尔的提议与他早期对圣餐历史的研究有惊人的相似之处。在他的博士论文中，他认为对圣礼的控制是早期教会控制“羊群”（教徒，《圣经》以羊群比喻教徒——译者注）的主要方式。“其针对罪恶和邪恶的法令仅仅是道德上的谴责，仅仅是言辞上的谴责，如果它不能对它们施加惩罚的话。”参阅 James T. Shotwell, *A Study in the History of the Eucharist*（London: Eyre and Spottiswoode, 1905），2。逐出教会就是惩罚——教会的“牙齿（强制手段）”。

书》。[①]然而，不到一个月后，在英国国内选举中，工党败给了保守党，新政府开始重新审议议定书。新首相的一个咨询委员会准备了一份报告，详细说明了该议定书可能带来的影响。该委员会警告说，为了实现和平而实施的制裁措施可能会使英国与美国发生冲突。[107]《日内瓦议定书》规定，任何国家假如没有将争端首先提交国际争端解决机制就诉诸战争，那么它将被视为侵略国。通过这种方式，该议定书非常灵活地解决了一个问题——关于侵略的定义问题。[108]但在解决这个问题时，肖特维尔和他的盟友们却又制造了一个新问题。[109]根据《日内瓦议定书》，国联成员将“有义务防止与被制裁对象国以及像美利坚合众国这样还不是国联成员国之国民进行一切金融商业或个人往来”。[110]然而，作为中立者，美国和其他未加入《国际联盟盟约》的国家有合法权利继续与冲突各方进行贸易。因此，议定书缔约国可能被要求干涉中立国家的合法权利，从而侵犯它们的法定权利。更重要的是，对于那些没有加入国际联盟因而也不会成为《日内瓦议定书》缔约国的国家，战争仍然是一种完全合法的反应。

因此，该议定书不仅威胁到要唤醒国际联盟框架下处于休眠状态的制裁机制，而且要扩大它。[111]咨询委员会指出，这是“一个充满了最严重危险的情势”。[112]在一个制裁仍是战争理由的世界里，依靠实施制裁来非法化战争，实际上并没有结束战争，只不过是开辟了一条走向战争的新道路。英国一明确表示无意批准该议定书，国际联盟内部对于该议定书的支持就土崩瓦解了。[113]

围绕《日内瓦议定书》而进行的这场斗争暴露了和平运动中两个主要派别之间的紧张关系。作为肖特维尔的老朋友，杜威不愿破坏两人在参加第五大道的争取妇女参政权游行中结成的同志情谊。但随

① 1924年10月2日签订的议定书全称为《和平解决国际争端议定书》。1925年6月17日在日内瓦由美、英等国签订的《禁止在战争中使用窒息性、毒性或其他气体和细菌作战方法的议定书》也被称为《日内瓦议定书》。——译者注

着他们之间的分歧越来越尖锐，他们的友谊也逐渐破裂。自杜威决定为一本非法化战争的著作写前言那刻起，他们之间的关系就再也无法恢复到从前了。在这个前言中，他宣布支持莱文森：“我很高兴自己有机会以任何可能的方式支持这项运动，因为他已如此令人信服地证明，这是摆脱战争体系诅咒的唯一途径。”[114]

“使用更多的外交辞令”

/ 120

由于《日内瓦议定书》失败，肖特维尔感到很失望，但也没有气馁，他加倍努力。他的足迹再次穿越欧洲，这次是通过法国以及法国外交部长阿里斯蒂德·白里安。白里安刚刚因为促成 1925 年《洛迦诺公约》而与德国外交部长古斯塔夫·施特雷泽曼一道获得了诺贝尔和平奖。《洛迦诺公约》是一系列旨在维持欧洲和平的相互关联条约。[115]

1927 年 3 月，肖特维尔写信给亚瑟·方丹（Arthur Fontaine），他们在 1919 年巴黎和会上见过，在那里，他们曾在同一个委员会里一起工作。[116]肖特维尔在信中指出，美国人越来越认为法国敌视裁军，这一认知受到德国宣传的鼓励，并且，由于法国政府拒绝加入当年夏天在日内瓦举行的有美国、英国、日本参加的海军裁军会议，这一认知变得更为深刻。他认为：“重新获得美国人认同的唯一途径，是通过某些重要的具有信号意义的行动来表明自己的态度。”他建议“在纪念 1917 年 4 月 6 日美国参加第一次世界大战十周年之际，采取大胆的行动”。[117]方丹把信递交给了法国内阁。就在那周内，白里安就邀请肖特维尔在他的办公室里讨论这个提议。当 3 月 22 日的讨论结束时，白里安要求肖特维尔起草一份备忘录，作为谈判的基础。出于谨慎，为了避免违反《罗根法案》——肖特维尔这一次是建议外国政府如何与自己的国家进行谈判，他提出起草一份关于这个主题的公共演讲稿。[118]

尽管他认为莱文森和博拉的非法化战争提议不切实际，但肖特维尔在他的草稿中使用了非法化战争这个术语，因为他认为它会吸引公众。[119]他向白里安解释说，它“代表了一个原则，由于其发明人萨尔蒙·O. 莱文森的大力倡导，以及参议员威廉·E. 博拉的接受，该原则在（美国）中西部大部分地区人们思想中都占据了明确的一席之地”。[120]该草稿随后揭示了“非法化战争”的含义，“这意味着此协议签署国将放弃……将战争作为国家政策的工具、作为执行或实现国
/ 121 家目标的制度”。[121]这句话是对卡尔·冯·克劳塞维茨著名论断“战争是一种政策工具”的一个巧妙的翻转。[122]肖特维尔没有提到制裁，因为他知道这样做对美国来说是一剂毒药。[123]《日内瓦议定书》失败的教训让他变得更为精明，让他学会“使用更多的外交辞令”来掩饰自己的意图。[124]

白里安认为，肖特维尔的提议是仅次于他所寻求的协议的最佳替代方案。他努力促使美国加入欧洲盟友的集体安全安排，但美国对此断然拒绝。但美国能拒绝一项互不侵犯协定吗？特别是在这样的情况下：这个协定体现了美国基层运动的意愿，且该运动最具代表性的代言人是美国参议院外交关系委员会主席。即使法国不能迫使美国向自己提供援助，那么它至少可以抵消这样的威胁——它可能会发现，自己在未来军事冲突中与一个正在崛起的超级大国站在了对立面。

“——和平主义者们”

在美国参加第一次世界大战十周年纪念日，白里安发表了一个演说，他和肖特维尔都希望这个演说会具有历史性意义。在一份紧随肖特维尔准备的备忘录的草案中，白里安呼吁法国和美国就“非法化战争”达成一项协议，这里，他使用了美国的表达方式。[125]白里安

还采纳了肖特维尔对于该表达的解释，即“放弃战争作为国家政策的工具”。[126]

这项提议在美国遭到了冷遇。它仅印在《纽约时报》(*The New York Times*) 第 5 页、《芝加哥先驱论坛报》(*Chicago Herald-Tribune*) 第 12 页、《华盛顿邮报》(*The Washington Post*) 第 4 页，而且直接被《芝加哥每日论坛报》(*Chicago Daily Tribune*) 和《洛杉矶时报》(*Los Angeles Times*) 忽略了。[127] 当时的报纸对禁酒令的关注远远超过对战争问题的关注。经过漫长的海上航行回到美国后，肖特维尔却发现人们已经遗忘了白里安的提议。于是，他着手改变局面。他说服哥伦比亚大学校长尼古拉斯·默里·巴特勒（Nicholas Murray Butler）支持这项提议，并且说服《纽约时报》刊登巴特勒的支持声明。1927 年 4 月 25 日，美国国务卿凯洛格打开报纸，看到了白里安的提议，以及随附的一封巴特勒表达支持态度的信件（肖特维尔后来声称主要是他自己写的）。[128] / 122

凯洛格在美国国务院的办公桌上有一个带按钮的键盘，可以召唤不同的官员。每当早上他在报纸上读到一些让人恼火的东西时，“他会像钢琴演奏家一样，同时把所有的手指都用上敲击键盘，然后传唤他能想到的每一个人”。[129] 4 月 25 日早上，很有可能所有部门的官员都急匆匆地赶到了他的办公室。[130] 凯洛格对巴特勒和法国外交部长的冒失无礼感到怒气冲天，因为他们登报发表，而不是直接向他提出建议。不久之后，在一次与巴特勒两人共同的朋友的会面中，凯洛格展示了他在“恶言谩骂和污言秽语方面的精深造诣”。他称巴特勒和他的盟友为“一群——傻瓜”，并指责他们提出了“不实际的建议，这些建议并没有什么意义，从来也没有任何意义，除了暂时让他难堪之外，什么效果都不会有”。他补充说，“如果世界上有什么他痛恨的，那就是这些——和平主义者们”。[131]

数年过去，当愤怒平息之后，凯洛格更为冷静地描述了他当时的反应：“我向很多人解释过，我不习惯对别国外交部长的非正式演讲做出回应，并且，如果白里安先生希望向美国提出这样一个提议，那么它将获得非常仔细且积极的考虑。”[132] 当年 6 月，白里安就这样做了。他提议法国和美国之间缔结一个包含两项条款的条约。第一条规定，双方“以法国人民和美利坚合众国人民的名义……谴责诉诸战争，并相互放弃将其作为针对对方的国家政策的一种工具”。第二条声明，任何争端都将“以和平方式”来解决。[133]

凯洛格将这个提议搁置了好几个月。他后来声称，之所以搁置如此之久是因为总统不在华盛顿，这使得他无法与后者讨论此事。[134] 事实上，凯洛格对这一提议几乎没有兴趣。他不认为美国和法国真的有相互开战的危险。他认为白里安的提议可能是为了把美国拴在与法国的同盟上。[135]

/ 123 然而，和平条约的支持者们却不愿让步。在这一点上，肖特维尔和莱文森罕见地达成了一致。[136] 这是一个机会，可以实现他们近十年来一直在努力的目标。6 月，莱文森写信给凯洛格，并且在凯洛格的“友好建议”下，提出了一份美法条约草案。莱文森认为该条约的目的“非常简单”，是为了“免受欧洲复杂局面的影响或微妙的间接影响”。[137] 他附上了《非法化战争》小册子的草稿，该草稿提议召开一个多边会议，以在全球范围内宣布战争非法。[138]

在接下来的几个月里，这两个人一直保持着联系。莱文森提出了热情洋溢的赞扬和偶尔的建议，凯洛格则给予了简短而礼貌的回复。[139] 莱文森鼓励凯洛格抵制以下行动，即限制制定反对侵略战争的条约，或对维护自卫权（他认为这是隐含其中的）增加保留条款。[140]“当人们认为战争曾经并且还在被用作‘法庭’，即用作解决争端的合法手段时，他们就会认为自卫权与废除战争制度的问题无关，因为作为一项缺乏保护的权利，自卫权是固有的和根深蒂固的。”[141]

莱文森重新强调战争的法律地位并且绝口不提战争是犯罪行为，

这可能受到他的朋友杜威当年早些时候所提建议的影响。“我突然想到，”杜威写信给莱文森，“如果你抛开有关战争是犯罪的一切想法，并且只要坚持把它从目前的法律保护下剥离出来，那么我们的声明可能会更加简单。之所以要如此，仅仅是因为这涉及一个议题：只要你提到犯罪，他们就会反驳说，犯罪必须被反对和惩罚。犯罪、刑事警察和刑罚的心理联系是非常固定的。”[142] 很明显，这个建议莱文森听进去了，因为自那以后，他很少提及将战争定为犯罪。

他们的目标就要实现，莱文森及其盟友们通过一系列社论、书信、决议和公开会议来支持非法化战争行动。莱文森不满足于仅仅局限在美国，他也在欧洲传播非法化战争的信息。他雇用了一个代理人，“拉着从伦敦到巴黎，到柏林，再到日内瓦的政治家们和他们的秘书倾听自己的提议”。[143] 他给他们送去大量关于非法化战争的文献，给他们写信，并且赠送《非法化战争：世界和平的建设性政策》（*The Outlawry of War: A Constructive Policy for World Peace*）一书。该书为《基督教世纪》（*The Christian Century*）杂志编辑查尔斯·克莱顿·莫里森（Charles Clayton Morrison）所著，由约翰·杜威作序。[144] 白里安和凯洛格在这个将与他们的名字永远联系在一起的条约上可能存在矛盾，但“——和平主义者们”却不会。

一针见血

几个月后，凯洛格不满地得出结论说，他不能对白里安的提议保持沉默。该做些什么呢？这个提议使他处于两难境地。接受它，意味着美国将被纳入它一直以来小心回避的欧洲联盟体系；拒绝它，自己不仅会受到巴特勒、肖特维尔及其国际主义者盟友的攻击，还会被怀疑怀有军国主义意图。经过深思熟虑，他采取了一个明智的解决方案：他建议将白里安的提议向世界上每一个国家开放，这样就把法美双边协定变成一个多边协定。尽管莱文森多年来一直在倡导签订这样一个多边条约，包括他与凯洛格的通信都在倡导，但凯洛格后来声称这是他自己的想法："我准备了一份照会，提议由主要大国签署一项多边条约，并向世界所有国家开放。这是此类条约的第一个建议。"[145]

为了阻止拟议中的法美双边安排，凯洛格起草了一份照会发给法国驻美国大使保罗·克洛代尔（Paul Claudel），指出法美友谊"令人欣慰地不依赖于任何正式约定"。然后，他改变了提议："在我看来，法美两国政府可以努力争取让世界上所有主要国家声明放弃战争作为国家政策的工具，从而可能对世界和平做出更为重要的贡献，而不仅仅满足于发表白里安先生提出的那种性质的双边宣言。"[146]

通过上述表态，凯洛格避开了白里安提议所隐含的陷阱。事实上，凯洛格最初接受多边条约的想法可能并不是出于对非法化战争的渴望，而是为了在不直接拒绝双边条约的情况下结束它。毕竟，鉴于法国曾希望将美国拉进一个实际上的同盟，因而他怀疑对于以同样条件向所有国家开放的协议，法国的热情会小得多。

/ 125 起初，凯洛格的怀疑似乎是对的。在收到凯洛格的回应后，白里安都似乎要完全放弃这个议题了。不仅是因为一个全球性的条约无法在美国和法国之间建立一种特殊的联系，还因为它威胁到法国为了保护自己免受伤害而建立的脆弱的联盟体系。一项对所有国家开放的协议将破坏法国与比利时、德国、英国和意大利等国签订的《洛迦诺公约》，以及与波兰、捷克斯洛伐克、罗马尼亚和南斯拉夫的双边协定。上述条约要求各国在受到攻击时，发动战争以保护彼此。但根据新条约，法国可能会发现自己既有义务发动战争，同时也被禁止这样做。更糟糕的是，在攻击发生时，新条约可能会阻止其盟友保卫法国。因此，一个多边条约会威胁法国在欧洲的地位，而不是加强它的地位。但是，这位因为促成《洛迦诺公约》签订而刚刚获得诺贝尔和平奖的人，怎么会拒绝签订一项让所有国家放弃战争的条约呢，更不用说该条约几乎逐字逐句地重复了他所提议的条约的行动性条款了？凯洛格不仅让自己从一个陷阱里跳出来，还把白里安推进了一个同样令人烦恼的陷阱里。[147]

莱文森可能没有意识到这种外交上的交锋，他热烈称赞了总统和凯洛格。“如果说以前我有时对政府的国际观点缺乏信心的话，”他给总统写道，“那么，现在让我记录下我对您天才般的直觉决断力的无限赞赏和感激，这种决断力就是您目前的立场。我真诚地相信，凯洛格对白里安的提议做出的回应将成为世界和平史上最伟大的里程碑。”[148]然而，他私下里却向杜威发牢骚说，凯洛格在回应中没有使用“非法化战争”一词。“显然肖特维尔及其追随者对他施加了足够的压力，以至于剥夺了我们使用这个词的荣耀。”[149]

尽管凯洛格没有使用莱文森的词语，但他的回应使莱文森的梦想比以往任何时候都更接近于实现。尽管《日内瓦议定书》使用了非法化战争这样的语言，但它却威胁各方侵犯非缔约国的中立权利，从而以结束战争的名义增加了战争的风险。白里安提议的条约草案——凯洛格建议向世界上所有国家开放——中没有这样的要求。虽然制裁措施的缺失可能使得该提议看起来更软弱些，但它实际上使得该提议 / 126
的约束力变得更加强大。早些时候的提议明确指出了非法化战争的含义，这在那些试图结束旧世界秩序的国家和那些仍然坚持这一秩序的国家之间激起了一场冲突。如果凯洛格和白里安能达成协议，那么这一草案通过宣布战争非法——放弃战争作为国家政策的一项工具，将放弃战争的后果留待后续处理，就避免了上述冲突。

计划形成

在接下来的几个月里，凯洛格和他的助理国务卿威廉·卡斯尔（William Castle）与法国大使保罗·克洛代尔进行了谈判，后者代表白里安谈判。随着谈判的展开，卡斯尔在日记中写道，“越来越明显的是”，白里安提出签订双边协议的建议“仅仅是因为政治原因，而且现在他已经临阵退缩了。如果我们把他的提议向所有国家开放，并且让他做点什么，或者拒绝做点什么，这些提议肯定会被冻结”。[150]

谈判人员必须清晰地决定该公约到底该禁止什么。它是否应该仅仅禁止“侵略战争”，从而让各国自由地从事“防御性战争”？它应该保留自卫权吗？这些是莱文森和肖特维尔长期争论不休，没有达成一致意见或解决问题的方案。莱文森一直坚持要宣布所有战争非法，而肖特维尔则极力要求只禁止“侵略战争”。肖特维尔认为这是一种没有区别的区分，因为莱文森允许自卫，在肖特维尔看来，这就是允许国家发动防御战争。

然而，凯洛格赞同莱文森的观点，认为任何关于侵略或防御战争的表述都是不必要的，而且实际上是适得其反。[151]他也认为自卫权是理所当然的，因此拒绝在条约中保留这一权利。就像他在参议院外交关系委员会做证时所说的那样，“我无法理解的是，任何人都可以说，任何国家都要签署一项条约，而这个条约又可以被解释为如果一个国家受到了攻击，它就被剥夺了自卫权。而事实上，自卫权是每一个主权国家的固有权利，也是每个人的固有权利，因此它在每一项条约中都是不言而喻的”。他接着说：“我说过，没有必要对‘侵略者’或‘自卫’做任何定义。我认为，无论如何也无法对其做精确界定。”[152]

争论的另一个问题是禁止战争的规定如何执行。与《国际联盟盟约》不同的是，拟议的条约不允许各国发动战争以实现和平。与《日内瓦议定书》不同的是，它没有提供严厉的金融制裁措施。那么，它该如何执行呢？著名记者沃尔特·李普曼（Walter Lippmann）抱怨说，没有制裁措施的条约将毫无价值。他写道：“我认为，宣布放弃战争不能或不会推进世界和平，只要世界和平受到威胁，唯有采取共同行动才能奏效。”[153] 莱文森在给博拉的电报中愤怒地说：“在李普曼看来，一个没有制裁措施且允许发动战争的条约是好的，而一个禁止发动战争的条约却是毫无价值的，除非它规定了制裁措施。这是什么价值逻辑。”[154]

无论符合逻辑与否，对这一批评都需要给出一个答案。非法化战争的支持者们得出了一个简单得令人吃惊却有效的结论：如果一个国家违反了该多边条约，那么其他各方“将不会再受条约义务约束，并可以对交战国采取他们认为合适的行动”。[155] 新条约与《国际联盟盟约》或《日内瓦议定书》之间的关键区别在于，它不要求各国以任何具体方式做出反应，如对当事方或非当事方实施军事或经济制裁。这样一来，各国将被免除对正在诉诸战争的国家不诉诸战争的义务。[156]

在谈判的同时，莱文森与凯洛格进行了会面。正如莱文森在给博拉的信中所描述的那样，恰当地制定禁止战争的条约将面临诸多问题，凯洛格对此异常恼火。凯洛格在房间里踱来踱去，“似乎被这一想法困扰，即法国很不理智，它制造了不可能实现的条件”。莱文森对他的反应感到不安。他指出，让他感到诧异是，使得凯洛格如此恼火的竟然“仅仅是措辞问题”。“我亲爱的博拉，”他在信的结尾写道，“为了世界和平，你依然任重道远。”[157]

不到一周后，凯洛格就向法国发去了一份条约建议草案，这份草案与最初的双边协议的草案非常相似。[158] 在接下来的几个月里，凯洛格拒绝在条约中添加附加条款、附加说明和例外条款等，目的是保持文本简洁。最后通过的草案只有两项实质性条款：

128

Ⅰ.各缔约国以各自人民的名义庄严宣布，他们谴责为解决国际争端而诉诸战争，并在相互关系中放弃战争作为国家政策的一项工具。

Ⅱ. 各缔约国同意，对于在他们之间可能发生的争端或冲突，无论何种性质或何种来源，除和平方式外，不得寻求其他方式处理或解决。

一旦凯洛格和他的同行们在文本上达成一致，他们就转而讨论条约将在哪里签署的问题。美国驻意大利大使鼓励凯洛格前往欧洲参加签约仪式。[159] 如果在巴黎举行签约仪式，所有国家的外交部长都将出席，而要是在美国举行签字仪式的话，出席的人将会少很多。凯洛格同意了，但坚持要提前敲定文本。[160] 这个签约仪式将是一个“庄严且令人印象深刻的场合”，而且“只有高级官员”才能签署该条约。[161]

1928 年 8 月 27 日，15 个国家的代表齐聚巴黎，签署这个宣布废弃战争的条约。政要们聚集在时钟厅里，当部长们一个挨着一个坐下来肯定自己国家对和平的承诺时，照相机的闪光灯让大厅里的空气变得灼热起来。然后，部长们逃到法国外交部的花园里呼吸新鲜空气——他们摆姿势合影时明显松了一口气。莱文森给博拉发电报遥相庆祝：“我们梦想的第一步今天实现了，这预示着臭名昭著的战争体系将会毁灭。”[162]

在乘坐美军“底特律号”驱逐舰（USS *Detroit*）回国途中，凯洛格接到了美国在巴黎的大使馆发来的一封“海军急件”，这封邮件总结了铺天盖地的正面报道。其中，《巴尔的摩太阳报》（*Baltimore Sun*）称，“对于开启了辉煌外交的《非战公约》起草人凯洛格国务卿，应该不吝赞美之词”。《纽约先驱论坛报》激情澎湃地表示：“在
/ 129 这一历史性事件中，美国人民可以为凯洛格先生的表现感到骄傲。为了和平，各国齐聚一堂，这件事充满了庄严，他的谦虚和真诚在其中发挥了重要作用。”《华盛顿星报》（*The Washington Star*）宣称：“这一天，世界各国应该欢欣鼓舞。”[163]

在博拉参议员的大力支持下，该条约在美国参议院几乎没有遇到

什么阻力。1929 年 1 月 16 日，《关于废弃战争作为国家政策工具的普遍条约》(后来被称为《巴黎和平公约》)《白里安 - 凯洛格公约》和《凯洛格 - 白里安公约》) 在参议院以 85 票对 1 票通过，只有威斯康星州共和党人约翰·J. 布莱恩（John J. Blaine）投了反对票。[164] 第二天，美国总统批准了它。到 1929 年 7 月 24 日，所有签字国都正式批准了该条约。此后，它便开始生效。

“我已经忘记了他的名字”

《非战公约》越接近达成，凯洛格就越激动。既然这是国际法律，他就有机会在世界历史上占有一席之地。[165] 尽管在公开场合他假装不感兴趣，但公约签订后不久，凯洛格就发起了一场全面争取诺贝尔和平奖的运动。[166] 他指示自己的助手威廉·贝克（William Beck）与数十位领导人进行系统地接触，以征求支持他获得诺贝尔奖提名的信件，甚至还提出愿意支付他们向诺贝尔奖委员会发电报的费用。[167] 随之而来的是密集的行动，寻求社会名流的支持。凯洛格还亲自给一些亲密朋友和同事写信，要求他们争取更多的支持信。[168]

与此同时，凯洛格试图将莱文森置于被人遗忘的境地，后者同样被提名为诺贝尔奖候选人。[169] 当凯洛格在 1929 年 12 月得知莱文森也在竞争诺贝尔奖时，他写信给积极参与了诺贝尔奖委员会事务的挪威大使。“一个姓莱文森的人——我已经忘记了他的名字——正在芝加哥进行活动，他自称是非法化战争这一思想的创始人。”凯洛格继续声称，莱文森“从未与《非战公约》的谈判有过任何关系”，尽管他可能曾向美国国务院递交过文件，但自己从未见过这些文件，也没有与莱文森有过任何关系。“莱文森是一个固执、傲慢、自负的人，”他补充道，“显然，他认为自己是世界上第一个想要宣布战争为非法的人。”他向挪威大使保证说：“我不会因为竞争诺贝尔奖而降低自己

/ 130

的人格。”[170] 一年后，凯洛格获得了诺贝尔和平奖。

尽管凯洛格否定了莱文森的历史作用，但这位芝加哥律师——以及那位他还不时与之针锋相对的纽约历史学家——已经取得了胜利。尽管这项协议在美国可能以《凯洛格 - 白里安公约》之名而为人们所知，但它体现了莱文森 - 肖特维尔关于这个世界的愿景：在这个世界上，军事强权不再是合法的公理。这一愿景将继续获得拥护。在凯洛格接受诺贝尔奖后的短短几年时间里，几乎世界上所有国家都批准了这项条约。用莱文森的话来说，战争被宣布为非法了。

1931 年 9 月 19 日，星期六，下午 5 时，国际联盟理事会第 65 届会议在日内瓦召开。理事会成员们围坐在一张巨大的马掌形桌子周围，在听取日本代表和中国代表的报告之前，处理了一些平常的行政事务。日本代表芳泽谦吉（Yoshizawa Kenkichi）[1] 用法语报告了前一天晚上日本军队和中国军队在中国奉天靠近南满铁路附近发生的“碰撞”事件。芳泽似乎为日军挑起的暴力事件感到尴尬，并且对发生的事情感到困惑，但他向理事会保证，他的政府将提供更多信息，“将尽一切可能缓和局势”。[2] / 131

他的中国同行，施肇基博士也用英语简短地说了几句话。他说他“不愿向理事会隐瞒，他对中国东北发生的事件深感不安”。除了从新闻报道中获知消息，他也没有其他的信息，但他保证会让理事会知情。理事会主席表示“真诚希望迅速解决这一问题”。[3]

很快就清楚地看到，这张桌子的形状不会给理事会带来好运。① / 132在三天后的会议上，施肇基大声朗读了前一天晚上从南京收到的两封电报。“长春铁路被占，”第一封电报这样开头，“营口、安东、长春、抚顺和其他许多城镇都被日本人占领，他们切断了所有的电报、电话和无线通信，因此中国政府很难得到完整的消息。”同一天发送的第二则消息说，长春市“现在恐怕已经有一半变成了废墟……据估计，中国士兵和平民伤亡约有 600 人，目前有 1000 多人被日本军队关押。整个万宝山地区已被日军占领。[4] 电报断断续续的节奏徒增了现场的混乱感。

芳泽对施肇基报告所传达的令人震惊的消息做出了回应：“中国代表声称该事件是在中国军队没有挑衅的情况下发生的。这只是一种

① 在西方文化中，马掌象征好运。如前文所述，国联代表们讨论日本侵略中国问题时围坐的桌子是马掌形的，故有此说。——译者注

单方面的主张，在没有明确证据的情况下我们不能接受。”相反，他声称，中国军队要为此次事件负责，因为他们炸毁了奉天的日本铁路。“因此，此类行为在那些地区经常令人不愉快地发生，以至于小股日本驻军不得不拿起武器。”[5]

关于日本扩大对中国东北的占领的争论持续了数周。10 月 13 日，在阿里斯蒂德·白里安担任理事会主席的第一天，就该问题举行的第八次会议上，施肇基几乎失去了镇静。“我是在巨大的情感压力下发言的”，他坦言，随后，他宣读了一份事先准备好的声明，以免使用“过激”的词语。施肇基首先指出，日本拒绝如它先前所承诺的那样，将其军队撤回到铁路沿线地区，并继续实施“占领、侵略和暴力”行为。[6]他接着说：“《国际联盟盟约》和《非战公约》是我们的两块锚定，依靠它们，我们的国家之船可以安全停泊，在它们的帮助下，我们相信我们将会安然度过这场风暴。”他说，《国际联盟盟约》和《非战公约》应该保护中国，但不仅仅保护中国。它们也是“世界和平大厦的基石……而且，如果它们崩溃，大厦就会倒塌”。这些事件是对《非战公约》和国际联盟的“第一个重大考验”。如果它们无法公正解决此次事件，施肇基问道，难道每个国家不会得出“必须依靠自己的武装力量，而且只能依靠自己的力量”这样的结论吗？“……然而，尽管对于西方人来说，远东地区失序似乎离他们太过遥远且无关紧要……但命运之网把我们联系在了一起。”[7]

白里安承认，要阻止即将爆发的战争困难重重，并且也承认它对国际秩序构成危害，然后结束了这场气氛激烈的会议。他宣布，理事会“在获得关于这一争端的起因和程度的充分信息后，将以必要的坚定态度履行其职责”。[8]白里安没有承认大家心知肚明的一个事实：与他的名字联系在一起的《非战公约》即将面临第一次重大考验。

旧世界秩序来到亚洲

日本在19世纪50年代初第一次接触到旧世界秩序。造船技术的创新使跨洋航行更加可靠，也更加经济。一艘蒸汽船能够以快得令人窒息的速度在十八天里从美国西海岸到达日本。[9] 世界正处于一场全球贸易革命的边缘，美国渴望与东方建立关系。

1848年美墨战争以美国胜利结束，美国获得了加利福尼亚，并拥有了一条漫长的太平洋海岸线。转向亚洲是美国下一个合乎逻辑的步骤。[10] 美国早在19世纪40年代初就已经在中国站稳了脚跟，当时，它与其他几个国家一起，强迫中国开放五个港口，开展对外贸易。[11] 然而，由于中国人拒绝强加于自己身上的不平等、不公平条约，所以西方国家对当时卷入了一场内战的中国政府未能履行其条约承诺感到愤怒，双方的不满情绪日益加深。[12]

因而，中国的邻国日本的价值就体现了出来。它不仅是一个潜在的有价值的贸易伙伴，而且获得进出其港口的权利也将加强美国在整个地区的地位。美国海军补给站位于当时由英国控制的香港。在第一次鸦片战争中，英国强迫中国将香港岛割让给英国以换取和平。英国发动第一次鸦片战争的目的是确保其东印度公司继续在中国市场上销售鸦片。[13] 后来担任美国第一任日本总领事的汤森·哈里斯（Townsend Harris）认为，作为部署补给站的地点，香港是“整个东方最糟糕的地方之一”，尤其是因为“我们东方部队的全部供应都掌握在我们强大的政治和商业竞争对手手中”。[14]

但是，美国把目光转向日本不仅仅是因为需要在亚洲建立一个更好的立足点。随着越来越多的美国渔民和捕鲸船进入太平洋，在日本海岸失事的美国船只也越来越多。在其闭关锁国政策下，日本没收了他们的财产，并且实际上关押了他们，直到这些船员被转移至获准访问日本的为数不多的外国船只上。日本采取极端闭关锁国政策不仅意味着美国失去了进入该国的机会，而且它正在主动地伤害美国公民。这给了美国国会另一个采取行动的理由。[15]

炮舰外交

1852 年，美国国会指派海军准将马修·佩里（Matthew Perry）率领一支远征军前往日本，以确保签订一项友好通商条约。尽管在这次远征中佩里年届 59 岁，但他依然满头棕发，形象威严，其部下在背后称之为“大熊座”（Ursa Major）[以大熊星座（Great Bear）命名]。有些人认为他“专横”“苛刻”“太死板”，而且脾气暴躁。[16] 仅仅几年前，他曾帮助美国海军在美墨战争中取得胜利。现在，他决定打开日本大门，向西方开放。[17]

自 17 世纪开始，日本一直采取闭关锁国政策，仅通过长崎港与中国和荷兰进行非常有限的贸易。[18] 汤森·哈里斯这样描述日本人的态度：“由于闭关锁国制度导致的封闭性，对于过去 250 年间震撼了其他国家的诸多事件，他们很少听说过，并且也许根本就不关心。因此，他们中的许多人拒绝改变那种长期以来保障了他们的安宁和幸福的制度，也就不足为奇了。”[19] 佩里的手下约翰·塞沃尔（John Sewall）说得更有趣味些：“日本是个有点高傲的贵妇，先前对这样的主动示好非常反感。”[20]

/ 135

佩里带来了四艘威武的战舰，明白无误地表达了他的意图。“美国有理由要求一个发表意见的机会，”塞沃尔解释道，“而它的舰队使之成为可能。”[21] 佩里的舰队由两艘蒸汽护卫舰和两艘轻型巡洋舰组成。[22] 舰队旗舰“密西西比号”是一艘具有纪念价值、深受喜爱的战舰，因为 5 年前佩里曾在其甲板上指挥过墨西哥湾舰队。[23] 这些巨大的黑船冒着滚滚浓烟，逆风行驶，让人不禁产生敬畏之感。[24] 当这些黑船进入陆地视线时，岸上的人都吓坏了：“母亲们抱着孩子，男人们背着母亲，四散奔逃。”[25]

这些船停泊在距离江户（今东京)27 英里的浦贺（Uraga）海岸。无数的船只包围了它们。[26] 当地一名官员告诉佩里，日本法律禁止与外国人在长崎以外的任何地方进行任何贸易。佩里反过来告诉这名官员，他“是特意来到浦贺的，因为它靠近江户”，目的是向日本天皇转交一封美国总统的信，并且“如果日本政府没有指定一位合适的人来接收这些交付天皇的文件的话，我就带着足够的军队上岸去交付，不管后果如何”。[27] 他还警告，如果围在其军舰周围的船只不在 15 分钟内离开，“他将不得不开炮并击沉它们”。[28] 他会给出三天时间等候江户的答复，但不会多等。[29]

随后，佩里命令了几艘“配员整齐、装备精良”的船只勘测浦贺港和浦贺海湾。当日本知事通知他日本法律禁止此类勘测时，佩里回答说，美国法律命令他们这样做，“而且我们必须像服从日本法律一样服从美国法律”。[30] 然后，他命令“密西西比号”继续向江户靠近，“比任何一艘外国船只都更靠近江户”。他拒绝会见任何特使，“直到收到江户的答复”。佩里的航海日志清楚地表明了他的动机：“我特意派遣‘密西西比号’和那些船只前去完成这一任务，因为我确信，如果一艘配备强大火力的军舰靠近江户，就会对当局发出警告，迫使他们对我的要求做出更为有利的答复。”[31] 当他的行动引起当地官员的恐慌时，佩里解释说，除非他获得了他所寻求的协议，否则他将在春天率领更加强大的军队进一步逼近江户，“这将使我们与那座城市的沟通更加便利”。[32] 在日本进一步推迟回复之后，佩里发出了明确的威胁：“如果这封总统致天皇的友好信件没有被送达或没有得到及时回复，他将会认为这是对他的国家的侮辱，并且不会对此引发的后果承担责任。”[33]

/ 136

佩里如何证明这种公然的武力威胁是合理的呢？毕竟，只要他们不违反中立原则，每个国家不是都有拒绝贸易的权利吗？是的，各国可以拒绝就特定商品进行贸易或拒绝与特定国家进行贸易，但在旧世界秩序下，它们无权拒绝全部贸易。正如格劳秀斯所解释的那样，“每个国家都可以自由地前往其他国家，并与之进行贸易”。[34]上帝没有让哪个国家完全自给自足，没有哪个地方能够提供所有的“生活必需品”，并且“一些国家在某种行业具有优势，而其他国家则在另一种行业具有优势”。这样，上帝就明确地表示：“他希望相互需要和资源需求激发人类友谊，以防止那些认为自己完全自给自足的人会因此变得不合群。”[35]因此，每个国家都有义务从事一些贸易。拒绝所有贸易的国家就是在拒绝上帝的安排。汤森·哈里斯后来对日本人的解释清楚地反映了这一观点：“任何国家都无权拒绝与他国交往。”[36]

此外，在旧世界秩序中，佩里所威胁的那种炮舰外交是司空见惯的。毕竟，正如17世纪东印度群岛统治者和19世纪苏族印第安人所学到的，旧世界秩序不仅允许发动战争并保留自己征服的东西，也允许用威胁要发动战争来获得一个有约束力的协议。佩里对这一理念理解得很透彻，而且在美国的要求得到满足之前，他也没有想过要收手。

日本人态度缓和了，就像确认收到照会所说的那样，“在违背日本法律的情况下”，同意派使者去浦贺接受美国总统的信件。[37]在一幢专门为这次交接而建的大楼里举行的盛大仪式上，佩里递交了信件，之后，他决定起程，并准备在春天返回以得到日本的答复。他认为，现在离开一方面可以留给日本时间仔细考虑，另一方面也可以给他机会以压倒性的力量卷土重来。因为他的供给越来越少，他担心日本人会等他耗尽供给而不得不离开。[38]

/ 137

佩里以其特有的夸张姿态，向日本特使赠送了两份临别“礼物”：一面白旗和一封信。信中解释说，如果日本人选择战争而不是条约，“胜利自然是属于我们的，你们绝不可能战胜我们”。如果到那时他们希望和解，他建议道，“你们应该挂起我们最近赠送给你们的白旗，我们会停止射击，我们的战舰也会掉转方向，与你们达成和平”。[39]

正如他所承诺的，佩里在1854年2月返回日本，这次是率领了七艘军舰。双方关于谈判地点的争论随之而来。日本人希望会面在浦贺举行，但佩里坚持要距江户更近一些。佩里后来解释说，他“不可理喻地固执己见”是试图为即将到来的谈判定下基调：“我确信，如果我从我最初设想的立场上退让一丝一毫，那将被日本人认为是自己占据了优势。”[40]

当日本人坚持不退让时，佩里命令他的舰队开至江户可视范围内，这些军舰离江户是如此之近，甚至晚上都能听见城市里的钟声。[41]根据佩里的描述，日本人的回应是建议在靠近船只停泊处的岸边——靠近江户，但不在江户——会谈。[42]于是，佩里准备再一次交换“礼物”。这次的礼物中，除了几加仑威士忌，他还带来了各种贵重物品，意在展示西方的技术和知识。礼物清单上列出了一长串赠送给天皇的礼物，包括一个小型蒸汽机，两套电报设备，一系列美国海岸警卫队测量图，一个由霍尔步枪、梅纳德步枪和手枪组成的小型军械库，以及包括从奥杜邦（Audubon）完整的九卷本《美洲鸟类》（*Birds*）到《纽约州立图书馆和州立邮局目录》（*Catalogue of New York State Library and of Post Offices*）在内的大量书籍。[43]他送给“伊势亲王、第一顾问阿部”（“Abe, prince of Ise, first councilor”）①两本书：乔治·威尔金斯·肯德尔（George Wilkins Kendall）和卡尔·内贝尔（Carl Nebel）合著的《美墨战争》（*The War Between The United States and Mexico Illustrated*），以及罗斯韦尔·萨宾·里普利（Roswell Sabine Ripley）的《墨西哥战争史》（*History of The War in Mexico*）。[44]里普利在书中详细描述了佩里的一些英勇事

① 指的是伊势守、老中首座阿部正弘。——译者注

迹，包括他如何占领图斯潘和塔巴斯科。[45]这条信息很明显：除非同意我们的友好提议，否则我们将发动战争。佩里是美国的特使，但他也是格劳秀斯式法律秩序的使者。

在将其战舰并排泊成“一条直线……重炮覆盖岸上范围深达 5 英里”之后，佩里进入了另一座日本人为此建造的特别建筑。[46]几天之内，他就得到了一份几乎满足了他所有要求的条约。正如舰长的手下塞沃尔所说，“不能说日本真的渴望像牡蛎那样被‘打开’，然而，当时机一到，它就像我曾经有幸见到的所有牡蛎一样优雅地屈服了”。[47]根据该条约，日本向美国开放了三个港口。①如果美国船只在日本海岸失事，其船员和货物将被运送到其中一个港口，他们将“像在其他国家一样自由”。[48]其他细节将在随后的协议中规定。

佩里也许没有意识到他正在向日本介绍旧世界秩序，而日本人将证明他们是优秀的学生。

“国际法是什么东西？”

两年后，汤森·哈里斯来到日本，担任美国驻日本第一任总领事。[49] 1856 年他到日本时，刚过五十岁，满头白发，胡须经过精心修剪，还留着微微翘起的髭须。他本来身体健壮，但在长期留日期间，不断生病，身体日渐清减，最后骨瘦如柴。

日本人对他的到来毫无准备。几个月前遭受了毁灭性的地震，江户正处于一片废墟之中。日本人坚持认为他现在到来为时过早，毕竟，《美日亲善条约》要求双方在互派领事之前达成一致。[50]哈里斯坚持认为，情况恰恰相反，该条约允许美国向日本派遣一名领事来谈判并签订一项商业条约。事实上，双方都是正确的。由于原先在谈判

① 该条约即《美日亲善条约》，又称《神奈川条约》，1854 年 3 月 31 日签订。——译者注

该条约时使用的是荷兰语，并且条约的日文和英文文本都由荷兰文翻译过来，所以两个文本在这一点上存在差异。在含蓄的武力威胁下，英文版本最后占了上风。[51]

可以预见的是，哈里斯着手谈判的是一项有利于美国的协议。[52]该条约规定，即使在日本领土上，也允许美国人（以及后来其他国家的人）服从本国法律规范和接受本国法院管辖。①它要求日本政府按照特定税率征收关税，至少在 5 年内不得改变。[53]同时，条约规定使用铸币贸易无须缴纳关税，这一决定将导致日本大量黄金货币外流。反过来，哈里斯几乎没有放弃什么利益。该协议允许日本派遣外交代表在美国自由居留和旅行，并承诺美国船只将向在公海上可能遇到的日本船只提供“友好援助”。[54]

在谈判期间，汤森·哈里斯和几位日本政要之间有一次生动的甚至是令人心酸的对话。一位日本官员问道：“国际法是什么东西？”哈里斯回答说：“这个问题千头万绪，要想完整地回答它，三言两语解释不清楚，非得长篇大论不可。”[55]他接着解释了有关外交官待遇的规则。但是，当涉及国际法的普及教育时，佩里的炮舰已经为这个学科做了强势介绍。[56]

日美之间的谈判在日本国内精英阶层中引发了激烈的斗争。而对这一点，哈里斯几乎完全没有察觉到，至少一开始是这样。[57]与佩里不同的是，哈里斯清楚地知道，自己没有必要坚持要求与日本天皇谈判。虽然天皇是国家元首，并任命了幕府将军，但他在很大程度上只是一个象征性人物，就像现在的英国女王一样。[58]哈里斯与德川幕府将军的代表进行了谈判，德川幕府是在江户的封建军事政府，由幕府将军领导、老中会议（military command office）管理。与天皇不同，幕府将军拥有有效权力。然而，他并非无所不能。许多地方统治

① 1858 年《日美修好通商条约》。——译者注

权被分封给了封建领主，或者叫大名，他们在其领地与江户之间轮流居住。事实证明，大名们对哈里斯与幕府代表谈判的协议并不满意，不仅是因为该协议条款的不公平，也因为自己被排除在了谈判之外。天皇的顾问们最初打算执行这项条约，但迫于压力，最终同意在大名们认可该条约之前不将其呈送给天皇。[59]

哈里斯没有意识到日本各大权力中心之间的激烈斗争，他对这种拖延日益感到愤怒和沮丧。在谈判后期，他患上了“非常危险的神经热”。[60]幕府将军派了两名最好的御医来给他看病。哈里斯后来报告说，当医生告诉将军哈里斯的病情毫无希望时，他们接到了命令“要治好我，并且，如果我死了，他们自身也会性命难保”——他认为这是日本人“善良性格”的感人体现。[61]

/ 140

当身体康复到可以谈判后，哈里斯提出了更为尖锐的主张。[62]幕府老中首座堀田正睦（Hotta Masayoshi）要求推迟两个月再正式签署条约（在此期间，他大概希望得到天皇的批准）。作为回应，哈里斯则“威胁要前往京都，与他现在确信是日本真正的主权力量——天皇——进行谈判”。[63]堀田向天皇报告了这一僵局，被迫从老中首座任上辞职。

1858年7月3日，一艘美国轮船抵达日本并带来一则消息，说在第二次鸦片战争期间，中国已经同意了美国、英国、法国和俄国提出的开放更多港口，使进口鸦片合法化，建立有外国检查的海关服务并建立外交关系等要求。第二天，哈里斯给堀田写了一封信——显然他不知道堀田已经被免职了，他在信中警告说，日本将成为西方关注的新对象。到时候，一支由30艘或40艘军舰组成的英国舰队可以“在任何时候”出现，紧随其后的将是法国舰队。[64]如果正在谈判的条约能够在这些舰队到达之前签订，哈里斯主动提出自己将作为“友好调解人”，来鼓励英国和法国和平地接受同样的条件。[65]

如何回应哈里斯的决定落在了堀田正睦的继任者井伊直弼（Ii

Naosuke）身上。他是一个野心勃勃的官员，对幕府将军非常忠诚。由于对“国际法”有了充分了解，井伊直弼知道，如果不签订条约，那么另一个选择便是战争。于是，他决定在没有天皇批准的情况下签署条约。[66]后来，他与英国、法国、荷兰和俄国签署了类似的条约。[67]在威胁要获得自己想要的条件时，这些国家甚至比美国人更加赤裸、直接。根据哈里斯的说法，英国代表詹姆斯·布鲁斯（James Bruce）——他是第八位埃尔金伯爵（Earl of Elgin），同时也是中国和远东地区高级专员和全权专使——告诉日本专员，如果他们迟迟不同意条约草案，“他就会离开，然后很快率领一支由50艘舰船组成的舰队回来，到时候他不仅要求他现在要求的东西，还会要求日本人给所有英国人提供在日本帝国任何地方或所有地方旅行的权利，并且，如果英国人认为合适的话，他们会坚持日本人应该享有自由接受基督教信仰的权利”。[68]

虽然井伊直弼很有可能把他的国家从被西方侵略的命运中拯救出来，但他还是为他的行为付出了代价。在与美国签订条约后不到20个月，在五六十名武士保镖护卫下，44岁的井伊直弼被一支由18个年轻的尊王攘夷派浪人——无主的武士——组成的志士队袭击。当时，保镖们反应迟缓，因为他们的刀上裹着笨重的雨具，以防止落雪沾上刀柄上的装饰物。三四个浪人撕开井伊直弼所坐轿子的轿门，把他拖了出来，砍下了他的首级。[69]

发现格劳秀斯

佩里的远征和随后发生的事件激起了人们对这个问题的强烈兴趣：“国际法是什么东西？”在19世纪60年代的日本，这个问题并不容易回答，因为没有一位日本学者或政治家研究过国际法。日本领导人需要自己的格劳秀斯。他们找到一位，他是一位学者、哲学家和政治家，名叫西周（Nishi Amane）。

和格劳秀斯一样，西周也将成为一位哲学家和著名的国际法学者。事实上，今天他在日本被称为现代哲学之父，他创造了日语词哲学（tetsugaku）。[70]他的父亲是一名低级武士，是当地大名的私人医生。西周在早期的乡村生活中接受了传统的儒家教育。当西周完成学业后，大名派他到江户去教书。[71] 1853 年 3 月 10 日，他收到了命令，这个时间就在佩里第一次远征到来前四个月。他发现这座城市充满了活力。在他遇到的人当中，最吸引他的当属“荷兰医生”，他们是日本宫廷和家族医生，懂荷兰语，了解一些西方思想。西周白天教授儒家思想，闲暇时就学习荷兰语。[72]

1853 年 7 月，佩里的到来使这座城市陷入了政治混乱当中。这时，西周认为仅在业余时间学习荷兰语是不够的，他告诉朋友们，“我终究不能忽视对西方知识的学习”。[73]因为他所从属的大名命令他教儒学，所以他要想倾心学习西方知识，唯一的途径就是放弃与其家族的所有联系。这样的话，他将变成一个浪人。以前，如果切断与家族的联系的话，将被处以极刑。虽然现在不像以前，但这仍将让他被从其所属大名领地上——他的故乡——驱逐出去。

/ 142 不管面临什么样的后果，他还是决定全心学习荷兰语。他还学了一点英语，当时日本几乎没人懂这种语言。短短几年后，他就成为日本主要的荷兰语语言学家之一。这既表明了他的天分，也表明了当时日本国内外语知识的贫乏以及外语人才的匮乏。[74]西周日益熟练掌握外语刚好符合德川幕府的需求，当时德川幕府决定尽可能地向外部世界学习。佩里到访后不久，规模一度非常小的日本政府翻译机构就逐渐发展成为一个研究所，即蕃书调所（Bansho Shirabesho），它成为日本的西方研究中心。[75]西周被任命为该机构教师，加入了翻译西方文本和概念的紧急任务中。[76]

然而，事情很快就明朗了，光是学习书本知识并不会真正理解西方，必须要研究这些知识发源国的理念和语言才能达此目的。因此，日本政府开始制订计划，派遣学者到美国去搜集它迫切需要的知识。

从 1858 年开始，西周和他在蕃书调所关系密切的同事津田真道（Tsuda Mamichi）就计划出国旅行。他们在 1861 年获得了去美国学习的初步许可，但是美国内战使得在美国旅行变得不安全。他们转而被允许登上了一艘开往日本长期贸易伙伴荷兰的轮船。和他们一起上船的还有来自战舰航海学会（Warship Navigation Institute）的 5 名学生、2 名医科学生，以及 7 名工匠，西周和津田是日本政府派往欧洲学习的第一批日本人。[77]

他们于 1862 年 7 月 14 日出发。[78] 航行几个月后，由于一艘船在苏门答腊岛海岸失事，加上几次计划的停靠，最终他们在出发将近一年后才抵达荷兰。[79] 一开始，西周和津田的学业是由莱顿大学中文和日语教授约翰·约瑟夫·霍夫曼（Johann Joseph Hoffmann）负责的。到达荷兰 8 天后，西周制订了他的学习计划，其中包括学习“统计、法律、经济、政治和外交”。[80] 他还表示希望学习“哲学领域内的那些科目”。[81]

一张西周在莱顿时期的照片被保存下来。这张照片拍摄于 1865 年，是与其他 8 名日本留学生的合照。照片中，西周打扮得像一个地道的荷兰人。他穿着晨礼服，里面是一件纽扣背心，打着领结，下身穿一条宽松的长裤，脚上是锃亮的靴子。他的胡子刮得干干净净，一头长长的卷发分垂在两边。他双臂抱胸，脸上带着不耐烦、几乎目中无人的表情。[82]

霍夫曼首先让他的学生们在当地一位中学校长的指导下进一步学习荷兰语。几个月后，这两个人被送到莱顿大学，交给西蒙·菲塞林（Simon Vessering）教授指导。在 1865 年 12 月二人返航之前，菲塞林将担任他们的导师。[83] 菲塞林为他们设计了由自然法、国际法、宪法、经济学和统计学五部分组成的课程体系。在两年时间里，每周四和周五晚上，这三个人都要碰面举办一场私人讲座。西周和津田做了大量笔记，仔细记录了这些知识，他们这么做不仅是为了他们自己，也是为了整个国家。[84]

莱顿大学之所以让菲塞林来指导日本学者，主要是因为这位荷兰教授博学多才，他的社会科学和人文学科知识非常渊博，足以驾驭学科跨度如此巨大的课程体系。但这项任务却产生一个谁也没有预料到的影响。就在那时，菲塞林在国际法历史上扮演了一个关键角色：他在 1864 年发现了格劳秀斯为雅各布·范·赫姆斯科克所写辩护词的手稿。长期以来，这份手稿一直下落不明。因此，当西周和津田在学习国际法时，他们的导师则在研究格劳秀斯。但菲塞林并不仅仅研究格劳秀斯的理论，他还沉浸于对格劳秀斯最为激进的小册子的详细分析中。正是这篇为范·赫姆斯科克辩护的文章震惊了荷兰学者，并使他们不再相信格劳秀斯是早期反战的人道主义者这一普遍观点。这份遗失的手稿是一份号召书，号召荷兰人攻击葡萄牙人。通过号召战争，这本书勾勒出了旧世界秩序的知识蓝图。它是自然权利理论和社会契约理论的起源，是正义战争的现代正当性的源泉。当西周来到荷兰学习西方国际法规则的基本逻辑时，没有哪个老师比菲塞林更合适了。

通过菲塞林，西周和津田发现了格劳秀斯。他们不仅会发现这位晚年思想已经成熟的学者，还会发现一名年轻的律师，这名律师证明了捕获一艘葡萄牙船只的合法性，而这艘船的所有者并没有对捕获他们的荷兰人采取任何行动。他们带回日本的将是这样一个格劳秀斯。

翻译《国际法》

/ 144 1866 年，西周和津田返回日本。德川幕府几乎立即就任命西周为其欧洲事务的官方顾问。他的第一个任务是翻译他记录的菲塞林讲座笔记。他将其加以整理，1868 年，以《毕洒林氏万国公法》[意为 Vissering's International Law，菲塞林国际法］为题在日本出版了一本汇编。同年，格劳秀斯为范·赫姆斯科克所写的辩护词也在荷兰发表。与此同时，津田出版了《泰西国法论》［意为 Lectures on National Law，国际法讲座，有时也译为《西方法论》（On Western Law）］。[85]在其著作序言中，西周解释了这本书的由来："我所记录的菲塞林教授的授课笔记是本书的基础。菲塞林教授是荷兰莱顿大学的一名学者，他也是我在那里的老师。"[86]

《毕洒林氏万国公法》并不是日本接触的第一个国际法文本。此前，亨利·惠顿（Henry Wheaton）的《国际法原理》（*Elements of International Law*）中文译本曾被翻译成日文，并以《万国公法》（*Bankoku Kōhō Yakugi*）为题出版。[87]然而，正如人们所预料的那样，基于译本进行的翻译通常不能准确表达原来的意思，《万国公法》日文版在很大程度上也让人无法理解。即使该文可能翻译得很完美，但它更多的是引起困惑而不是启发。作为一个独立文本，惠顿作品的英文原版晦涩难懂，令人费解。日文译本以第六版为基础，这些新版本并不是对原文的简单改写。相反，每个版本都添加了越来越冗长的注释和脚注，以解释每条规则是如何被改进、阐述或放弃的。到第六版时，读惠顿的文章就像是在研究沉积层一样。在国际法实践或理解发生变化的地方，添加的内容常常与原有的文本内容相冲突。西周在自己著作的序言中婉转地描述了惠顿的文本："它是为那些已经有能力处理法律事务的人准备的。"[88]

向日本受众介绍国际法的任务远不只是翻译现有文本句子那么简单。这些文本所表述的概念是如此陌生，以至于没有任何现存的日语词汇能够表达它们的意思。事实上，西周采用了一种名为"汉文训读体"（kanbun kundokutai）的翻译方法，这种方法最初被日本学者用来阅读中文文本。他将现有的汉字以新的方式组合起来，以表达在日语中——无论是语言上还是生活经验上——没有自然类比的西方术语。[89]

在日本，甚至对什么是“法律”都有争议。“国际法”一词在日语中被译成“万国公法”①。但是一些日本学者反对在“国际法”中使用“法”来指代“法律”。“法”指的是共同的标准或行为模式，即“通过绝对统治者的权力和权威而建立和维护的那些规则、命令和刑罚”。[90]但对许多日本人来说，他们目睹的西方国家基于所谓国际法的行为，并不是一种共同的标准或行为模式，也没有得到主权国家的支持。那么，它怎么能被称为“法”呢？可以理解的是，他们认为西方的“国际法”是不可预测的且是不一致的，反映的是“强权”价值，而不是“法律”价值。[91]

西周的《万国公法》

于是，西周开始着手让自己的同胞理解西方的国际法。他不仅是通过翻译一个文本，还向他们传达一种关于国家以及国家间如何互动的不同世界观来实现这一目标。

西周出版的《毕洒林氏万国公法》体现了雨果·格劳秀斯杰作的影响：它的目录几乎完全反映了《战争与和平法》的内容（其中有一个主要区别，我们将很快讨论）。然而，与格劳秀斯的作品充斥着广博的古典学识不同，西周的作品则把西方国际法规则的基础内容剥离了出来。他谦虚地把这本书描述为“为初学者准备的”和“一个参考工具，或者……考试辅助工具”。[92]西周很清楚，在日本，从学生到政府高级官员，每个人都是初学者。

但是，虽然西周作品的目标与格劳秀斯的不同，但它们的基本理论是相同的。其第一章解释说，西方的国际法及其关于战争的概念

① “*bankoku kōhō*”这个术语的字面意思是“万国公法”（“the law of ten-thousand countries”）。这一表述最先用于翻译惠顿的《国际法原理》，西周后来借用了它。

最早是由格劳秀斯发展出来的："实在法（positive law）仅是西方公法的一部分，但它同样基于自然法，所以在西方公法中没有哪项不是源于自然法。第一次明确地讨论了自然法条款的是荷兰的雨果·德·格鲁特（格劳秀斯是他的拉丁文名字）。他写了著名的《战争与和平法》，该书于1625年出版。"[93] 而且，事实上，该书其余大部分读起来就像是直接从格劳秀斯作品中抄袭来的。在解释战争规则时，西周写道："根据自然法的规则，如果一个人遭受了伤害（kutsujoku，字面意思是'他的权利受到损害'）①，那么他就可以抵抗这种伤害，保护自己，并寻求赔偿。根据自然法，这种权利是与生俱来的。在西方公法中，战争的权利就是基于上述规则。"[94] 然而，战争是"最后的手段。人们不能为了捍卫自己的权利或恢复自己的权利而诉诸战争，除非他穷尽他法且无果"。[95]

《毕洒林氏万国公法》明确地借鉴了格劳秀斯的思想，它描绘了旧世界秩序主要的结构性——和看似矛盾的——特征，也就是说，强权即公理。在旧世界秩序下，只有那些遭受不公对待的人们才被允许合法地发动战争，但是各国在法律上又有权保留它们在战争中俘获的东西，即使它们并没有真正受到不公对待。这一矛盾的结果是必然的，因为不存在一个实体有权说谁对谁实施了不义之举："当两个国家相互宣战时，尤其很难说清楚谁的权利首先被侵犯，谁是造成伤害的一方。"[96] 为了解决这个问题，西方国家将所有公开宣战的战争结果作为决定因素——无论哪个国家获胜，其行为都是正确的："这就是为什么在西方公法中……参与战争的两个主权国家的行为都是恰当的。"[97] 这并不是说没有规则。西周在他的书中用大量篇幅来解释各国必须遵守的复杂的技术性法律程序，包括各国宣战的各种方式，以及由此引发正式战争产生的特殊法律后果。[98]

① "*kutsujoku*"这个词对应的汉语意思是"屈辱"，英文原文使用的是"伤害"（injury），为保持原文意思，此处翻译为"伤害"。——译者注

将国际法基于个人的自然权利也确立了日本与西方的平等关系。因为，如果所有个体都拥有同样的自然权利，而国家的权利是从组成国家的个人那里获得的，那么所有国家都是平等的。[99]

/ 147

尽管格劳秀斯的作品与西周的作品有很多类似之处，但它们之间还是有一个主要的结构性差异。《战争与和平法》是三卷本，但《毕洒林氏万国公法》是四卷本。这多出来的一本着重阐述外交实践。由于封闭了几个世纪，日本甚至连基本的外交规则都不懂。该国缺乏授权外交官代表国家进行谈判和正式批准条约的规定。例如，井伊直弼被夹在一众不愿向天皇呈送条约的朝臣和一个愿意发动战争的谈判对手之间而进退两难，他就是日本缺乏上述规则的一个受害者。西周打算向政府提供必要的工具，以避免重蹈覆辙。[100]这本书结尾一章以“海上礼节”为标题，旨在提醒人们，西周的研究受激于佩里的黑船威胁。

西周的影响并不局限于纸面文字。在完成了他的国际法著作之后，西周像他之前的格劳秀斯一样，帮助塑造了自己国家的外交政策。他成为日本政府外交事务的重要顾问。[101]在德川幕府后期，他甚至担任过幕府将军的私人教师。随着政治气候转向反对幕府统治，政府要求西周起草一部新宪法——一部将恢复形式上的帝制但让幕府悄然保留实权的宪法。[102]但这一努力注定要失败。1868 年，人们熟知的革命明治维新迫使幕府将军下台，取而代之的是 15 岁的明治天皇（Emperor Meiji）。约一年前，明治天皇在其父去世后登基成为天皇。

即使革命后，西周也从未远离权力中心。前幕府将军家族创建了一所军校，并邀请西周来管理。[103]这所学校的成功引起了东京——江户在 1868 年被重新命名为东京——新政府的注意，随后西周加入了明治政府。在 16 年间，他一直在最高级别的军事官僚机构任职，为日本政府提供咨询，告诉他们一个遵循国际法的“文明”国家究竟意味着什么。

在明治时代早期，西周帮助制定了几乎所有重要的陆军和海军条例[104]，包括1872年的第一部军法（Military Criminal Code）和1873年的第一部兵役法（Conscription Act）。[105]他是1878年《军人训诫》（*Gunjin kunkai*）的主要作者，该条例列举了军事行为的准则，以及1882年的《军人敕谕》（*Gunjin chokuyu*），该令阐明了军事行为的道德基础。[106]西周还起草了手册《军人守则》（*Doppo*），所有在皇室服役的士兵随身携带。[107]

西周的著作中贯穿着一种对世界历史的鲜明态度。在荷兰，他研究了康德的《永久和平论》（*Perpetual Peace*）。他相信，这个世界会通过一个世界共和国最终实现和平——但要到“最早一万年以后”才能实现。[108]他认为，只有通过使用权力，才能实现最终的启蒙。“日本和西方的历史都表明，这种情况没有先例，即两国或更多国家的联盟是通过谈判、借助宗教美德、基于某个理论或立法而形成。不，上述任何一种情况都不能形成联盟，唯有依靠武力。”因此，为了保持独立，日本必须武装起来：“有独立国家，肯定会有政府；有政府，肯定会有军事力量；有军事力量，必须有军备。”[109]

1871年，西周担任当时只有十几岁的天皇的私人老师，教授西方历史和哲学。这位天皇很快就会带领这个国家发动两个多世纪以来的第一批战争。他的孙子裕仁（Hirohito）将延续这一传统。[110]

小学生变成了老师

日本对西方法律秩序了解得越多，就越能认识到其中蕴含的机遇和威胁。通过格劳秀斯的视角来观察世界，日本领导人逐渐将朝鲜视为一种危险。正如一位德国军事顾问所说，其最近的邻居是一把“直指日本心脏的匕首”。[111]

朝鲜对日本构成一种威胁，不是因为它的实力，而是因为它的孱弱。作为中国的一个防卫薄弱的朝贡国，对西方那些侵略成性的国家来说，朝鲜是一个诱人的猎物。正如西周后来解释的那样，保卫一国边界“就像乘坐火车三等舱；一开始有足够的空间，但随着更多的乘客进入，他们就没有地方可坐。……这种必然性逻辑要求人们牢牢地固定两脚，把胳膊肘伸进任何可能形成的开放空间，若非如此，其他人就会关闭这个开放空间”。[112]他和他的政府同僚们决定不让朝鲜这个开放空间关闭。

日本人已经知道，没有正义理由的话，他们就不能发动攻击。但是他们怎样才能找到一个理由呢？朝鲜几乎和曾经的日本一样与世隔绝。因此，这种情况不太可能为战争提供一个理由。1868 年，朝鲜君主拒绝承认日本天皇的王政复古，并成功地羞辱了日本天皇。作为中国的附属国，朝鲜只承认中国的皇帝是“天子”。但仅仅一次羞辱尚不足以让日本发动一场战争。王政复古运动的支持者西乡隆盛（Saigo Takamori）提出一项计划，即激怒朝鲜皇室一名成员将自己杀死，这样出兵朝鲜的理由可能就充分了。但是其他人担心他的计划太冒险了。[113]

后来，日本转而遵循了佩里准将的做法。1875 年，它派遣荷兰建造的最新军舰中的一艘“云扬号”（*Un'yo*）去“勘测”朝鲜海岸。当这艘军舰进入江华岛附近水域寻找淡水和柴火时，它遭遇了朝鲜驻军的射击。日本将朝鲜的反应作为入侵江华岛的法律依据，屠杀了驻扎在岛上的朝鲜士兵，并将许多建筑夷为平地。[114]

既然有了发动战争的“正当”理由，日本随即派出了两艘军舰和三艘运兵船，载着 800 名士兵，停泊在距离汉城 20 英里地方。随船出发的日本使者要求朝鲜通过开放贸易关系来补偿日本。朝鲜政府别无选择，只能让步。1876 年，日本和朝鲜签订了《朝日修好条约》（Treaty of Amity），这是朝鲜政府签订的第一个不平等条约。[115]在精心安排的签约仪式上，日本向朝鲜赠送了一套礼物，与20年前佩里赠送日本的礼物如出一辙。尽管这套礼物中没有白旗，但有几样体现西方技术的东西——一门大炮、一把六发式左轮式手枪、一只怀表、一个气压计和一个指南针。[116]

这份条约与西方几年前迫使日本签订的不平等条约也非常类似。根据《江华条约》(Treaty of Ganghwa Island)，朝鲜向日本开放三个贸易港口，规定互换使节和常驻外交使团，承诺援助失事日本船只，允许日本商人不受阻碍地进行贸易，并保证居住在朝鲜的日本人享有治外法权——根据日本法律生活的权利。它还规定了特定关税税率。[117] 在谈判过程中，朝鲜人对国际法的规则感到困惑。[118] 日本外交官解释说，该条约“以国家间习惯性交往的先例为依据，以世界运行的公正方式为基础”。[119] 这个当年的小学生如今变成了老师。

西方强加给日本的不平等条约与日本强加给朝鲜的不平等条约之间有一个关键区别。朝日条约第一条规定，朝鲜是“一个享有与日本相同主权的独立国家”。[120] 在一项被强制执行的条约的开头设置这样一则条款，似乎令人费解。但这是有具体原因的，因为朝鲜半岛长期以来与中国维持朝贡关系，日本希望切断朝鲜与中国的关系。[121]

先下手为强

由于无法阻止条约签订，也无法抵御西方对朝鲜的入侵，中国便采取“以夷制夷”的策略。如果不能把外国人拒之门外，还不如让他们都进来。这样一来，各国在阻止包括日本在内的任何其他国家单独控制朝鲜上都将利益攸关。因此，19世纪80年代初，中国鼓励朝鲜王朝与美国、英国和德国签订了一系列贸易条约。[122] 然而，这一策略的效果却适得其反。对于现在熟悉西方国际法和军事战略的日本人来说，中国的战略让步突显了朝鲜半岛力量的虚弱和脆弱。

/ 151

这种脆弱性将使结果变得难以忍受。1884 年，中日两国之间的紧张关系达到了一个新的高度，当时，日本支持了朝鲜的一次政变企图，而中国帮助朝鲜挫败了这场政变。为了避免全面战争，1885 年，日本和中国缔结了《中日天津会议专条》(Convention of Tientsin)。他们都同意从朝鲜半岛撤军，并且在没有事先书面通知另一方的情况下，不得重新向朝鲜半岛派出军队。[123] 10 年后的 1894 年，朝鲜王朝政权受到农民起义的威胁，请求中国提供援助。中国派出了近 3000 人的部队帮助击败了叛军。[124] ①

日本政府对中国军队的到来感到震惊，担心中国会利用此次机会再次加强对朝鲜的控制②，或者更糟的是，西方列强会看到一个征服的机会。如果朝鲜仍然处于“落后”和“未开化”状态，它将成为“外国掠食者的猎物”。[125]

日本决定先下手为强。[126] 它宣称，中国派遣军队进入朝鲜，违反了《中日天津会议专条》规定的义务，这一行为给日本提供了发动战争的理由。1894 年，日本发动了后来被人们所熟知的“第一次中日战争（甲午战争）”，以夺取对朝鲜的控制权。在他的宣战书中，西周原先的学生明治天皇宣布，日本将依据西方法律秩序规定行事：“朕兹对清国宣战，百僚有司，宜体朕意，海陆对清交战……苟不违反国际公法，即宜各本权能，尽一切之手段。”[127]

战争几乎一开始就结束了。在这场标志着日本成为一个强大军事强国的决定性胜利中，日本控制了朝鲜半岛，结束了中国与其长达几

① 根据中方史料，在朝鲜政府未“呈文”清政府请派援兵之前，日本国内就已经盛传清政府“选派精兵三千名运往朝鲜”的谣言。——译者注

② 关于中日双方出兵原因，国内外学界流传不同说法。根据中方史料，朝鲜政府正式请求清政府派遣援兵是在 1894 年 6 月 3 日，清政府决定派遣援兵是在 6 月 4 日，但日本在 6 月 2 日已召集内阁会议决定出兵朝鲜。另外，在清政府未决定派兵之前，6 月 3 日日本驻朝使馆秘书、代理公使杉村濬曾会晤中国驻朝鲜商务代办袁世凯，当面表示盼望中国赶紧派兵代剿。——译者注

个世纪的朝贡关系。[128] 作为和平的要价，日本不仅要获取整个朝鲜，还要获取位于中国东北地区东南部的辽东半岛，该地区当时还处在中国的脆弱控制之下。“我们是征服者，你们是被征服者”，日本代表向畏畏缩缩的中国代表团解释说。[129] 中国别无选择，只能接受日本提出的几乎所有要求，并签署了 1895 年的《马关条约》（Treaty of Shimonoseki）。[130]

“卧薪尝胆”

日本已经用行动证明了自己是一个如此精明的学生，欧洲列强对此感到极不痛快。他们担心日本会破坏远东地区的势力均衡，并且干扰让他们很容易进入中国市场的门户开放政策（Open Door Policy）。不过，他们也没有多少选择余地。[131] 毕竟，日本征服朝鲜，侵占了辽东半岛，是在按照旧世界秩序的规则行事。因此，西方列强提出了一种创造性的格劳秀斯式替代方案：日本放弃对辽东半岛 / 152 的领土主张，以换取中国的货币补偿，而西方列强将私下里为中国提供资金。[132] 作为对西方列强提供资金的回报，中国将同意俄国租用旅大地区 25 年，以及给予俄国修建一条从大连到旅顺口的铁路的权利，这将使俄国获得一个梦寐以求的进入太平洋的不冻港。这项交易在 1896 年的一系列协议中得到了确认。[133]

增加货币补偿并不是西方列强向日本提供的唯一刺激举措。日本外交官知道，如果日本不同意这项交易，三大国将进行军事干预。尽管日本没有给它们提供发动战争的正当理由，然而日本官员担心，西方列强会“找到”一个。如果这种情况发生，日本将失去所有战果，因为它永远无法抵抗它们的联合力量。在日本准备好与西方列强平起平坐的时刻，它重新学到了一个格劳秀斯式基本教训。正如其外务大臣陆奥宗光所说，“缺乏军事力量支持的外交努力不会成功，不管其目标有多合法”。[134] 日本民众对这一让步的失望情绪很快就被“卧薪尝胆”的态度或者是“下定决心下次做得更好”的态度取代。[135] 他们认为，日本若要被西方列强认真对待，就不得不专注于建设自己的军事力量。[136]

“卧薪尝胆”的态度很快就得到了回报。日本开始将俄国在该地区的存在视为一种无法忍受的威胁。1904 年，在没有得到俄国不会干涉朝鲜的外交保证之后，日本对旅顺港发动了攻击，后者是南满铁路的终点。[137] 在日俄战争最后一场也是决定性的战役对马岛战役中，日本摧毁了三分之二的俄国舰队，同时也摧毁了俄国要成为主要海上强国的野心。在随后的和平谈判中，日本坚持要收回之前放弃的大部分权益。在 1905 年的《朴次茅斯条约》（Treaty of Portsmouth）中，俄国同意不干涉日本在朝鲜的行动。俄国和日本都同意，撤出中国东北，东北地区归还中国，但有几个重要的例外：
/ 153 日本保留了对辽东半岛及其战略港口旅顺和大连的控制权，以及对新建的穿过东北地区的铁路系统的控制权。[138]

三年后，在布鲁克林长岛历史学会（Long Island Historical Society）大厅举行的雨果·格劳秀斯诞辰 325 周年庆典上，高桥作卫（Takahashi Sakuye）站在一群观众面前发表演讲。高桥是一名国际法教授，曾在日俄战争和甲午中日战争期间担任日本外务省法律顾问。[139] 他的演讲题目是“雨果·格劳秀斯在东方的影响”（“Influence of Hugo Grotius in the East”）。他解释说：“大约 40 年前，甚至没有一个日本人对现代国际法有任何了解。”[140] 从那时起，“日本在国际事务中历经了诸多艰难困苦，我敢说，对于这些，日本应该心存感激，因为那些艰难困苦促使它学习国际法，成为格劳秀斯的好学生”。[141]

《非战公约》的第一次考验

时间进入 20 世纪 30 年代，在先后两次赢得战争的情况下，日本此时正处于一种奇怪而获利丰厚的地位，它控制着俄国修建的穿越中国东北的铁路。在日本战胜俄国25年之后，重新改名为日本南满洲铁道株式会社（Japanese South Manchuria Railway）的铁路公司发展成了一个庞大的企业集团。该公司不仅在中国东北经营着广阔的铁路系统，还拥有诸多煤矿、发电厂和钢铁厂。与荷兰东印度公司极其相似，这个铁路公司几乎具备一个主权国家的功能，它拥有学校、图书馆、医院、公用事业、农业和工业生产。[142]

这个铁路公司的成功和扩张加剧了中日之间的紧张关系。日本人在中国东北地区记录了数百起中国人反抗居住在该地区的日本人的事件。其中一起事件是这样发生的。在中国东北地区一个叫万宝山的小村庄外，朝鲜移民在中国农民的土地上挖了一条灌溉渠，截断了中国农民的灌溉用水。中国农民采取措施，赶走了朝鲜人，并把大部分的沟渠填满。驻扎在南满铁路第一站长春附近的日本领事警察（consular police）代表朝鲜人（毕竟，他们现在是日本的臣民）进行了干预，中国农民做出了让步。但是，在日本人的策划下，日本和朝鲜报纸对该事件进行了耸人听闻的而且往往不准确的报道，这在朝鲜各地引发了反华骚乱，导致100多名中国侨民死亡。[143]作为回应，反日事件在中国全境爆发，而这又进一步加剧了日本国内对中国的愤怒和不满。双方都紧张不安。与世界上许多国家一样，中国和日本也正面临着严峻的经济形势，在日本，农民的处境变得越来越绝望。[144]

在日本报纸所谓的“中村屠杀案”[145]发生后，中日之间的紧张关系进一步恶化。1931年6月上旬，一个名叫中村震太郎（Nakamura Shintaro）的日本军官和几个同伴化装成平民，携带新护照，隐匿身份，在中国东北军事敏感地区旅行。他们在中东铁路沿线停了几站，做了大量的记录。他们的活动引起了当地军队的注意，当地军队逮捕了这个团伙。中村自称农业专家，但当地军队发现他携带了军用地图、麻醉剂、武器和测量仪器。由于有确切的证据证明中村从事了间谍活动，中国军队处决了他。[146]

当中村的死讯传出后，日本民众和军队大为震惊。中村肯定是一个间谍，主要搜集日本入侵中国东北地区西北部所需信息，但这对他们来说无关紧要。中村的一些同事要求对杀害他们的行为进行报复。他们认为，是时候夺取东北剩余地区了。[147]

或许是认识到一个国家向另一个主权国家的军事敏感地区派遣间谍并被抓到，其法律地位将是脆弱的，因此，日本政府没有批准这一大胆行动。它转而允许日本民众激发反华的愤怒情绪。当日本获悉中国计划修建一条通过东北地区的铁路，而这条铁路建成后可能会威胁到日本在该地区的主导地位时，日本民众和军队都迫切地想要复仇。[148]

/ 155 1931年秋初被派去保卫南满铁路的年轻日本军官们知道，他们的政府没有批准接管东北地区。他们被安排在铁路两侧的62米宽的狭长地带上巡逻，而中国则修建了一条与其竞争的铁路，这使得他们的工作基本上失去了意义。但东京政府不可能让他们面对直接攻击时坐以待毙。年轻的军官们制订了一个计划：9月18日晚上，他们在自己受命保护的铁路沿线放置了炸药包。他们的行动可能得到几个上司的默许，其中包括关东军总司令本庄繁（Honjo Shigeru）将军。此人后来切腹自杀（仪式性自杀），从而没有在起诉他的战后东京战争罪行审判法庭上就这些事件及其他活动作证。[149]

东京政府派遣军官建川美次（Tatekawa）赶往中国东北，以阻止日本军队的异动。就在建川到达的当晚，年轻的军官们炸毁了柳条湖一段铁路。消息抵达日内瓦，世界各国代表开始做出反应时，日军已经开始发起一连串的行动，很快就占领了整个东北地区。[150]虽然东京政府没有策划这次袭击，但它允许其军队将控制权从东北地区的南方延伸到北方，最终形成了一个“独立国家”——一个日本的傀儡政府——所谓的“满洲国”。[151]

“日本随时准备被钉死在十字架上！”

随着事态发展，国际联盟收到了相互冲突的说法。日本代表芳泽谦吉声称，日本的铁路遭到了中国土匪的非法袭击，其军队只不过采取了“合法自卫措施”。[152]中国代表施肇基博士回应说，日本公然违反了《非战公约》和《国际联盟盟约》。[153]

由于无法确定真相，国际联盟决定派一个调查团去调查，由维克多·亚历山大·乔治·罗伯特·布尔沃－李顿（Victor Alexander George Robert Bulwer-Lytton）率领，他是第二代李顿伯爵。1932年春天，调查团在东北地区花了六周时间拼凑出了事件过程。调查团成员采访了冲突双方的参与者，并追踪了军事行动的进程。他们的调查显示，日本是侵略者。[154] / 156

1932 年 10 月提交的李顿调查团报告得出的结论是，1931 年 9 月 18 日晚间日本军队的军事行动“不能被视为合法自卫措施”，但为了缓和这一结论对日本的冲击，该报告书不排除“现场的日军军官可能认为他们是在采取自卫行动”这种可能性。它还得出结论，伪满洲国“不能被认为是通过一场真正的、自发的独立运动而建立的”。

调查团认识到，他们的结论将会产生爆炸性影响，日本不会完全接受它们。日本代表团新任首席代表松冈洋右（Matsuoka Shuzo）①是个强硬派，之前十年的大部分时间里他一直在南满铁道株式会社工作，起初担任一名董事，后来担任副总裁。[155]松冈曾竭力勾结中国各路军阀来扩大南满铁路公司的控制面积。现在，既然如此宝贵的领土已经被己方获得，他就不会把它归还给中国了。

松冈接受过良好的教育。他出生在日本，但在俄勒冈州的波特兰

① 松冈洋右的英文翻译为“Matsuoka Yosuke”，此处应该是作者笔误。——译者注

长大，毕业于俄勒冈大学法学院，皈依了基督教，他能流利地说英语并了解西方文化。[156]然而，他举止粗鲁，动不动就使用煽动性的甚至是攻击性的语言。1932年12月8日，在回应李顿报告书时，他将调查结论对日本的攻击比作基督受难（Passion of Christ）。“我们日本人觉得我们现在被审判了。欧洲和美国的一些人甚至希望在20世纪把日本钉上十字架。先生们，日本随时准备被钉死在十字架上！”松冈尖声咆哮：“我们是正确的！”“我们是正确的！”他威胁要退出国联。

虽然大国愿意与松冈达成交易，但小国却犹豫不决。[157]1932年12月，爱尔兰自由邦、捷克斯洛伐克、西班牙和瑞典对日本提出了谴责。[158]与中国一样，它们也将自己的未来与《非战公约》和国际联盟这样的“锚定”拴在了一起。如果它们承认日本的行动具有合法性，那么就会像中国一样失去保护。这证明了战后脆弱的和平正在终结。

李顿调查团的中国东北地区局势最终报告试图走一条折中路线，它充分说明了事实，却没有将日本定性为侵略者。1933年2月23日国际联盟对调查团的报告进行表决，结果是42票赞成，1票反对。[159]反对票当然是日本投的，未计入官方计票。国际联盟一致支持中国。

投票结束后，松冈登上讲台，宣布他的国家将不再继续在中国东北问题上与国际联盟合作。在表达了他的国家真诚希望确保远东地区和平之后，他宣称：“然而，日本认为自己不可能接受国联大会通过的报告。”[161]他离开了讲台。他走在过道上，摘下眼镜，用它招呼同伴也离开。日本代表团跟随松冈走出了会场大门。

在衣帽间，松冈紧张地拿出一支雪茄烟，把尾端剪了下来，划了根火柴，把它对到了雪茄的前端。可能是退场时戏剧性场面的震撼，以及电影摄像机拍摄时发出的嗡嗡声造成的干扰，他并没有注意到雪茄没被点着。他气喘吁吁地走出大楼，钻进了一辆锃亮的豪华轿车，汽车水箱盖上插着一面太阳旗。[162] 日本退出了国际联盟，再也没有回来。留下来的人在想，《非战公约》能否经受住即将到来的巨大考验。

/ 158 心理学家将目击者以多样性的且往往是相互矛盾的方式描述现实的倾向称为“罗生门效应”（“Rashomon Effect”）。这一现象源于黑泽明（Akira Kurosawa）的经典电影《罗生门》（*Rashomon*），它讲述了两个事件的四个不同版本：一个可能是强奸的性邂逅，一个可能是谋杀的武士之死。观众永远不会知道哪个版本是正确的。

各国也在实践“罗生门效应”。例如，日本并不认为它在1928年8月27日废弃了旧世界秩序的规则。在日本，《非战公约》被称为《无战公约》（“NO-War Pact”），它的签署被认为是一种外交姿态，一份崇高的宣言，宣示了所有文明国家寻求和平的愿望。事实上，日本官员认为，日本被包括在参加巴黎举行的盛大仪式的15个国家当中，这是一个标志，表明日本在积极寻求和平的道路上已经走了多远。

日本错误地认为“无战”并不意味着“没有战争”。这一认识之所以是错误的，就在于它显然只为其自身利益服务。日本最终崛起为一个军事强国，它准备要成为亚洲地区的一个主导力量，如果不是唯一主导力量的话。

/ 159 但就像《罗生门》一样，也许日本的观点并没有那么不合理。毕竟，日本仍然不太熟悉旧世界秩序。此时距离西周从格劳秀斯的出生地返回日本写下第一本关于国际法的教科书也仅仅60年。既然日本已经尽职地学会了“国际法是什么东西”，那么他们就很难想象，这个体系可以接受公开辩论，更不用说彻底改变了。

一些谨慎的日本官员反对签署《非战公约》。但是，裕仁天皇的外交和国际法事务老师立作太郎（Tachi Sakutaro）轻视了《非战公约》的意图和意义。他向天皇建议说，该条约允许自卫，因此不会阻止日本保护自己在该地区的利益，所以日本应该签署该条约。[1]

立作太郎利用西方国家的声明来支持他的解读。例如，在与美国的通信中，英国表示，只有在这种情况下才会加入新提议的《非战公约》，即在英国的“理解”看来，在涉及“其繁荣稳定对我们的和平与安全构成了特殊和重大利益的某些地区”——构成大英帝国的辽阔疆域——的问题上，它不会限制英国的“行动自由”。[2]法国也要求公开保证，它可以保卫其帝国范围内的领土。[3]

凯洛格在美国参议院作证时解释说，该条约不会干涉自卫的权利。他甚至说，它不会妨碍“门罗主义”（Monroe Doctrine）——禁止欧洲干涉西半球事务——的实施。[4]这些保证使日本外务省相信，《非战公约》中自卫的概念，正如一份内部备忘录所指出的，“有足够的弹性，可以使未来日本在中国的行动合理化”。[5]

事实证明，那是一个可怕的误判，日本意识到这一点时为时已晚。日本没有意识到过去和未来之间的关键区别。过去的征服会得到保护，但未来的征服不会。

事实上，《非战公约》之所以对西方国家具有吸引力，是因为它承诺保护先前的征服成果，从而确保西方国家在国际法律秩序中保持无限期的领导地位。1928年，大英帝国疆域遍布地球，占地近3100万平方公里。法兰西帝国范围稍小些，但仍然非常辽阔，绵延1250万平方公里。[6]联合王国和美国总共控制了世界上四分之三的矿物资源。[7]《非战公约》将保护这些领土不被重新征服，在这些庞大帝国开始衰落、竞争对手开始出现的时候，保护它们的安全。

英国人在条约的谈判过程中厚颜无耻地直陈他们的意图。是的，英国在自己有“特殊和重大利益”的地区保留了行动自由的权利，但这些利益是现存殖民地的利益，而不是未来殖民地的利益。事实上，英国修订了条约序言部分，以使国际联盟创始签约国囊括“大英帝国的所有组成部分，它们是国际联盟不可分割的成员”。英国明确地表示要让英帝国的成员也得到《非战公约》的保护。[8]

/ 160

当国际联盟一致通过李顿调查团的报告，谴责日本在中国的侵略行为时，日本大为震惊。日本外务省发表了一份声明，指责国联大会“带有偏见”。[9]关东军总司令宣布：“我们仍然相信，我们的行动毫无疑问符合国际法的规定和公认的国际惯例。”[10]日本的精英社会，包括反对党领袖、贵族院、枢密院和几乎每一份报纸都谴责了这份报告及其得出的结论。[11]日本社会的反应体现了普遍的愤怒和挫败感——由于调查团不相信日本声称的是出于自卫而导致的挫败感；由于它对日本宣称的伪满洲国“独立”几乎一笑置之而导致的挫败感；不言而喻但也许最糟糕的是由于下述情况而导致的挫败感，即当日本刚刚学会使用旧世界秩序的规则为自己获取优势时，这些规则已经改变了。[12]

瘫痪状态

与此同时，日本的不妥协使得国际联盟无所作为。要恢复该地区的原状，各国需要采取果断行动，但这并不是一件轻而易举的事。国际联盟的瘫痪状态似乎令人费解，因为正是其强制性军事执行要求使美国从一开始就没有加入国际联盟。当初，萨尔蒙·莱文森和他的盟友之所以反对美国批准《国际联盟盟约》，是因为它不仅允许成员国发动战争来执行《国际联盟盟约》的规定，而且可能会强迫它们这样做。难道莱文森错了？

不，莱文森没错。因为他反对美国加入国际联盟是在《非战公约》存在之前。而当日本侵略中国的时候，大多数国联成员国都加入了《非战公约》，它们因而放弃了把战争作为国家政策的工具。[13]各国广泛采纳《非战公约》给国际联盟带来了真正的麻烦。不只莱文森及其盟友注意到了国际联盟和非法化战争条约的相关规定导致了冲突性的法律义务。正如国联行政院任命的调查日本侵略中国东北事项的调查团所指出的，“《国际联盟盟约》在某些条款中保留了国家发动战争的权利”。[14] 但是《非战公约》却禁止各国诉诸战争，甚至可能连《国际联盟盟约》批准的战争也被禁止。[15] 因而，比利时认为，“从道德和司法的角度来看”，修订《国际联盟盟约》是必须的”。[16] 这一看法反映了各国的一致意见。甚至在日本入侵中国东北之前，很明显，有些事情必须改变。

但是，要改变什么？国联成员国一致认为，仅仅将《非战公约》附在《国际联盟盟约》上是解决不了问题的，因为这样会产生“令人讨厌的矛盾”。[17]《国际联盟盟约》规定，在解决争端的三个月时间里，各国不能发动战争，但没有对之后各国发动战争的权利加以限制。相比之下，《非战公约》禁止各国发动战争，除非是出于自卫。如果将《非战公约》纳入《国际联盟盟约》的话，那就意味着同一份文件既允许又禁止国际联盟成员国发动战争。

德国代表建议，“《国际联盟盟约》中关于禁止各国诉诸战争的所有条款……都需要重新审视”。[18] 许多国家赞同德国这一主张，国联随后任命了一个委员会就其适当修订提出建议。

这个委员会一开始提议，待三个月冷静期过后，取消各国发动战争的权利。他们主张，在任何情况下，国际联盟成员国都不能“诉诸战争以解决争端”。[19] 该委员会的另一个建议是，如果国联行政院的报告没有得到一致支持，就取消成员国发动战争的权利。相反，国联行政院应该“审查最适合解决案件的程序，并将其推荐给各方”。[20] 要想使《国际联盟盟约》与《非战公约》不发生冲突，就要将曾让莱文森和博拉忧心忡忡的承诺——允许通过发动战争来执行国际联盟的声明——从《国际联盟盟约》中剥离出去。 / 162

然而，该委员会中的许多人认识到，剥离《国际联盟盟约》中与《非战公约》相冲突的条款解决不了问题。因为，简单地删除《国际联盟盟约》的组成部分会破坏它的完整性。该委员会解释说，《国际联盟盟约》具有必须要维持的“有机性质”。[21]事实上，当初设计国际联盟时，就是将其作为一个完整的系统来考虑的。该委员会的结论是，如果剥离《国际联盟盟约》的一个组成部分——允许诉诸战争，那么将需要另一种争端解决方式来取而代之。

这种争端解决方式的主要替代方案是要求各国将争端提交至国联，和平解决。但许多国家担心，在没有其他更多保障措施的情况下，仅仅要求和平解决争端将会无济于事。奥地利代表指出，正如博拉几年前曾向莱文森施压的那样，如果不依赖战争手段，就无法对拒不服从的国家执行争端判决。[22]法国代表也提出了类似的担忧：“由于《非战公约》抑制了战争的威胁，因此必须采取集体行动的替代措施”来执行国联行政院的决定和仲裁。[23]然而，法国代表没有说明这些集体行动措施可能是什么。[24]

曾经，人们似乎认为让主要军事大国裁军是解决之道。道理很简单，一个国家一旦失去了军事力量，就不太可能无视《非战公约》禁止国家诉诸战争的规定。这一方案吸引了大多数国联成员的兴趣，其中大多数国家对拟议的《国际联盟盟约》修正案表示支持，但条件是各国必须通过一项单独的裁减军备公约。

然而，纳粹夺取德国政权后，达成全面解除武装协议的希望就破灭了。1933年1月，阿道夫·希特勒（Adolf Hitler）成为德国总理。他让德国从修正国联盟约的谈判中退出，并在同年10月退出联盟。[25]经过数年辩论，拟议的《国际联盟盟约》修正案被提交给了一个特别委员会——然后，就像现在的委婉说法，被扔进了废纸篓里。

“和平制裁”

163 随着国联陷入瘫痪，美国领导人就如何应对日本公然违反一项以美国政治家名字命名的条约展开了辩论。[26]这个问题落到了亨利·史汀生（Henry Stimson）的身上，他是长期受益于并支持旧世界秩序规则的东海岸权势集团（East Coast establishment）的代表。1867年，史汀生出生在纽约一个富有家庭，他就读于安多佛菲利普斯学校（Phillips Academy Andover），在耶鲁大学获得学士学位，并加入了秘密精英社团骷髅会（Skull and Bones），他还获得了哈佛大学法学学位。他是一个狂热的户外运动爱好者，从头年9月到来年3月，几乎每个星期六都去猎狐；他还喜欢参加私人俱乐部，在曼哈顿时经常参加专门针对上层人士的世纪协会（Century Association），在华盛顿时，经常光顾大都会俱乐部（Metropolitan Club）。[27]

史汀生的职业生涯始于伊莱休·鲁特（Elihu Root）经营的一家律师事务所。伊莱休·鲁特曾在西奥多·罗斯福（Theodore Roosevelt）政府中担任国务卿和战争部长。在鲁特的影响下，史汀生成为美国扩张的坚定倡导者。他为美国在1898年美西战争中暂时占领古巴和永久占领波多黎各、关岛和菲律宾群岛而欢呼，尽管他拒绝将它们纳入美国版图，因为他认为这些土地上的人口“低等”。他支持1904年门罗主义之罗斯福推论（Roosevelt Corollary），这一主张认为，美国应该进行干预，以确保西半球其他国家履行对国际债权人的义务，这样，欧洲列强便没有理由在该地区发动征服战争。[28]

1911~1913年，史汀生担任战争部长，其间他实施了由鲁特最先提出的军事现代化计划。美国参加第一次世界大战之后，他加入了他曾经领导的部队，为军队做志愿者并担任法军炮兵军官，后来被授予上校军衔。他衣冠楚楚、身材匀称，具有“军人风度和骑手风姿”，在公共场合总是穿着剪裁得体的西装，打着领带，留着整齐的胡子。[29]他的律师事务所合伙人说：“他是一个极其正直的人，但凡与他一起工作，除了对他信任有加之外，无须担心任何事情。”[30]史汀生的挑剔也是出了名的。例如，他和妻子不招待离婚人士。[31]

1929年，史汀生接受了胡佛总统的任命成为国务卿。在上任后 / 164

的短短几个月内，他就准备主持定于1929年7月24日在华盛顿举行的宣布《非战公约》生效的仪式。[32]但是，随着这一日期临近，苏联和中国在东北地区似乎即将要爆发冲突。史汀生呼吁上述国家保持克制，提醒它们遵守《非战公约》规定的新的条约义务。[33]苏联人民委员的回复让史汀生松了一口气："我们签署《非战公约》不仅仅是一个外交姿态……除非我国遭到侵略，否则我们不会开战。"[34]在仪式上，胡佛总统向"全世界"祝贺《非战公约》生效，该条约承诺"仅以和平方式解决国际争端"。[35]

尽管史汀生在仪式举行前夕避免了各国之间的敌对行动，但他无法阻止它们。在日本入侵中国之后，史汀生希望中日双方能自行化解紧张局势。他告诉美国驻日本大使，他正在"尽一切努力挽回日本的面子，给他们时间，让他们自己与中国解决这个问题"，不过他警告说，"他们必须尽快解决这个问题"。[36]然而，当日本飞机1931年10月在锦州城投下了大约80枚炸弹后，这种警惕的等待就戛然而止了。由于锦州离（南满）铁路区相当远，因此日军轰炸的目标可能是已经从奉天迁至锦州的中国省级政府。[37]此时，史汀生发现，他的"不偏不倚"政策收效甚微。[38]

然而，中国的危机很难引起胡佛总统的注意，因为此时他正肩负着领导美国走出严峻的经济大萧条的艰巨任务。[39]但是胡佛总统清楚地知道一件事：他不想美国卷入远东的侵略行动。[40]除了怕被牵扯进国外事务之外，胡佛还担心，任何介入远东地区事务的行动都将激怒孤立主义者和支持他们的赫斯特报团（Hearst newspapers）。①因此，胡佛只同意对日本施加"道德压力"，即外交规劝。因为他认为经济

① 赫斯特报团是美国著名报团，由威廉·赫斯特创立。到1935年，赫斯特报团拥有28份主要日报、18份杂志、数家电台和电影公司以及其他新闻服务机构，在美国公共生活中拥有巨大影响。今天在全球150多个国家和地区拥有350多个分支机构。——译者注

和军事制裁是“战争之路”，所以一再排除两者作为政策手段。[41]

随着战争持续，以及日本继续向中国东北扩张，对其进行道德制裁显然没有效果。于是，国联开始讨论对日本实施经济制裁的可能性。为了表示对这一行动的支持，史汀生说服胡佛派一名美国代表参加一个“以《非战公约》为主题”、与国际联盟联合召开的会议。[42]但是，当英国外交大臣询问美国是否会加入针对日本的禁运时，史汀生回答说，美国不会加入。然而，胡佛以一种经过精心设计的支持姿态，授权史汀生明确表示，美国舰队不会干涉国联实施的禁运。此外，考虑到美国公众对中国的同情，他允许史汀生表达这一点，即“拒绝与日本进行贸易的自愿行为可能会带来私人禁运”。[43]

胡佛的谨慎是可以理解的，他并不仅仅是出于政治原因而作如此考虑。因为在旧世界秩序下，如果对日本实施英国提出的那种经济制裁，那将违反中立国家需要保持公正的法律义务。事实上，这将是一种战争行为。对于美国而言，在失业率高达25%且选民普遍持孤立主义态度的情况下，这种行为的后果是不可想象的。

但是，史汀生现在开始认为制裁不是战争之路，而是和平之路。[44]他并不是自己形成了这个想法。两年前，他读过莱文森的一篇文章，他们是耶鲁大学的同学。他们曾一度失去了联系，但在1929年4月，也就是史汀生成为国务卿后不久，他们又恢复了联系。[45]史汀生给莱文森发了一封私人电报，邀请他出席在白宫举行的庆祝《非战公约》生效的仪式。[46]他们早期的通信主要关于提议美国加入常设国际法院。史汀生希望莱文森能帮忙说服博拉参议员，他担心后者会像十年前领导反对美国加入国际联盟的运动那样，领导运动反对美国加入常设国际法院。[47]

然而，1930年1月，史汀生给莱文森写信讨论了另一个议题：“《基督教世纪》的编辑把你关于和平制裁的文章寄给了我，我怀着极大的兴趣拜读了它。这是一篇发人深省的文章。你知道，我已经在考

/ 166

虑你提出的一些观点，而你引用的那些权威观点非常有趣。”[48]

在史汀生提到的那篇文章中，莱文森谈到了一个他长期抵制、令人烦恼的问题：《非战公约》怎样才能被执行？[49]莱文森第一次公开承认，仅仅宣布废弃战争是不够的。需要有什么东西来取代它。他现在提出的解决办法是用“和平制裁”取代“武力制裁”。

这些“和平制裁”是什么？根据莱文森的说法，关键是要否认非法征服具有任何法律效力：“如果发动战争是非法的，那么通过战争而进行的征服则不应具备合法所有权。”他认为，拒绝赋予战争以法律效力将成为一种真正的制裁，因为这将意味着“一个决心要对外征服的国家，再也不能获得对任何事物不可剥夺的所有权”。[50]正如当他形成这个想法之后给一个朋友写信所说的，任何国家再也不能“通过残暴的武力确立权利、正义或所有权”。[51]是的，侵略者仍然可以使用武力夺取一座城市，“但从法律上讲，它不会变成属于他的城市”。[52]

史汀生主义

如今，在读了同学的文章近两年后，史汀生面临着如何应对日本入侵中国的困境。到 1931 年 12 月，很明显，国联不会再考虑对日本实施军事或经济制裁，而是转向组建一个独立的委员会，即后来的李顿调查团来对此事进行调查。然而，史汀生仍在考虑莱文森的建议。因为针对日本的抵制行动可能需要军事力量来执行，而“和平制裁”则不需要采取军事行动。因此，美国将会拒绝承认日本对中国东北地区的征服。

史汀生知道自己的设想是史无前例的，可能会在白宫遭到质疑，于是他起草了两份不同的照会，准备发给中国和日本。第一份照会声明，美国将不承认任何妨碍其在中国基于门户开放政策获得的商业权利的新协议。第二份照会是一份更宽泛的意向声明，以日本违反《非战公约》为由，声明美国不承认中国东北任何法律权利的改变。胡佛同意了史汀生的建议，采取第二种方案。[53]

1932年1月8日，美国向中国和日本政府同时发出了外交照会。[54]这些照会宣布了美国的不承认政策，该政策后来被称为史汀生主义（Stimson Doctrine）。史汀生写道："美国政府不打算承认任何可能通过违反1928年8月27日《非战公约》的盟约和义务的方式产生的局势、条约或协议。"[55]

1932年8月8日，史汀生在外交关系委员会做了题为"《非战公约》三年发展"的演讲。在纽约豪华的丽思卡尔顿酒店（Ritz-Carlton Hotel），史汀生站在观众面前，身边是麦克风，通过国家广播公司向全国广播他的讲话。

"四年前，"他开始演讲，"美国与法国一道发起了……所谓的《白里安－凯洛格公约》……它在1929年7月24日刚刚宣布获得批准后，就遭受了第一次挑战，而这只是一系列现在仍在继续的艰难挑战中的一个。"鉴于这些挑战的存在，他提议对《非战公约》当时的立场"以及我们希望它最终在世界事务中发挥什么样的作用"进行评估。

和他的老同学莱文森的观点差不多，他接着说："在国际法诞生以来的几个世纪里，该法在很大程度上就是基于战争而存在的诸多原则的发展。"在这样的世界里，各国被要求保持中立，"在两个交战方之间保持公正"。毕竟，战争是"一种使这些权利和义务产生的法律情势"。因此，国际法禁止中立国家偏袒任何一方。

史汀生又接着说，1929年，世界各国宣布战争为非法。现在，那些发动战争的国家是"违法者"。因此，战争不再仅仅是直接参与其中的国家的法律关切，它现在还是与《非战公约》有关的所有国家的法律关切。史汀生宣称，由于"被一种新的战争观联系在一起"，即使在“遥远的中国”发生冲突，这些国家也必须采取行动。

史汀生承认，在这个新世界里，单独一个国家的行动，即使是一个像美国这样强大的国家，也几乎不会产生什么效果。但他坚持认为，和平制裁具有重大的集体分量：“当它变成全世界的谴责时，道德谴责（moral disapproval）就具有国际法迄今为止所未知的意义。”[56]

史汀生的演讲很受欢迎。未来的最高法院大法官费利克斯·弗兰克福特（Felix Frankfurter）在一封信中盛赞它阐明了一种执行国际法的新方法：“《凯洛格－白里安公约》是一个新世界的孩子，而且……一直在成长，并通过稳步的发展实现自己的成熟。”[57]

然而，在史汀生的“孩子”成熟之前，胡佛总统就被富兰克林·罗斯福击败了，史汀生也因此被迫下台。他的继任国务卿科德尔·赫尔（Cordell Hull）对史汀生主义反应比较冷淡。他担心这会在美国最无力承担战争的时候把美国拖入战争。

然而，即使美国放弃了这一主张，国联还是接受了它。[58] 在过去几年里，国联成员国一直在辩论如何使《国际联盟盟约》与《非战公约》关于禁止战争制裁的规定协调一致。通过借鉴莱文森的和平制裁思路，史汀生为他们提供了一条走出僵局的途径。

正在改变的中立法

1933 年 2 月，在史汀生主义影响下，国联警告说：“不承认任何可能通过违背《国际联盟盟约》或《非战公约》精神的方式而形成的形势、条约或协议，是国联成员义不容辞的义务。”[59] 国联将禁止成员国承认领土征服。从国际联盟的角度来看，“满洲国”并不存在。

国联秘书长致函所有会员国，列出了审议该问题的委员会提出的广泛且严厉的建议。该委员会鼓励成员国“无论在法律上或在事实上

(*de jure* or *de facto*)”都不承认“满洲国”政权。因此，“满洲国”不被允许加入国际公约或参加各类国际委员会和国际协会。委员会还劝阻成员国承认“满洲国”货币或护照。这封信提醒各成员国，“满洲国”不是万国邮政联盟（Universal Postal Union）的成员，因此往返“满洲国”的邮政服务已被暂停。它最终建议，成员国应通知本国公民“在满洲接受特许或任命所带来的特殊风险”，尽管这些并非强行禁止。60

国际联盟接受史汀生主义具有重要意义。到1933年2月，绝大多数国家都加入了国际联盟——包括战败的奥地利、德国、土耳其和保加利亚等同盟国（Central Powers）。① 在接受了非成员国美国提出的史汀生主义之后，国际联盟成员国放弃了最古老的主权权利：征服权。国际关系上第一次，强权不再是公理。

日本是个例外。在处于退出国际联盟边缘的情况下，它投了弃权票。这种不同意见反映了日本对《非战公约》的罗生门式看法。通过接受史汀生主义，国联肯定了《非战公约》对旧世界秩序基本法律原则的革命性拒绝。一个曾经基于以合法化战争为救济工具的体系，将必须围绕非法化战争进行重组。既然战争现在是非法的，那么战争的成果是不被承认的。日本认为，《非战公约》是对旧世界秩序基本逻辑的保护。它曾如此痛苦地从旧世界秩序中吸取了教训，现在，它希望从中获利。因此，日本不能接受以毁灭旧世界秩序为前提的原则。

史汀生主义是打破旧世界秩序、建立新法律体系的第一步。史汀生主义就像一根挂在毛衣上的线，国联拽着这根线，直到毛衣开始被扯散。尽管旧世界秩序的瓦解不会立刻发生，但一旦开始，就没有办法阻止了。

① 在退出国联12年之后，阿根廷于1933年重新加入。苏联、阿富汗和厄瓜多尔于1934年加入，墨西哥于1937年加入。它们加入国联之后，就受到了国联规则的约束。

这根线首先导致了旧世界秩序中有关征服的规则的瓦解，然后是中立法。回想一下我们就知道，中立国家有着严格的公正义务，冲突局外方不可以区别对待冲突方。在一个战争合法、没有任何一方能够决定性地判断谁对谁错的世界里，中立方保持严格的公正性是唯一的 / 170 选择。因为如果每个人都可以根据自己的特定解释选择立场，那么混乱必定会随之而来。正如史汀生在他的演讲中所指出的，中立法试图“缩小和限制”战争的破坏性影响——“在一个仍然承认破坏人类生命和财产并将其合法化的世界里”，创造“生命和财产安全的绿洲”。

但是，如果中立法取决于战争的合法性，那么随着非法化战争进程的推进，它就不能一成不变。史汀生在 1932 年的演讲中也提出了同样的建议，尽管他从未直截了当地说出来。通过对日本实施经济制裁——这一措施是被排除在旧世界秩序之外的，美国制定了一条路线，这条路线偏离了先前对中立的法律要求的理解。

然而，其他人则更为明确地表达了出来。一些学者开始注意到中立法存在的背景已经发生改变。1937 年，一位研究战争与中立问题的国际法学者出版了一部著作，开篇就提到了《非战公约》的文本，并解释称：“该条约……实质上废除了中立法。”[62]

不是每个人都愿意接受国际法的革命性改变。史汀生的学说不仅威胁要抛弃几个世纪以来的既定法律，还威胁要颠覆现有的关于该法律的大部分学术成果——许多法学家愿意挑战史汀生学说。约翰·巴塞特·摩尔（John Bassett Moore）是一位直言不讳的批评家，他编撰了详尽的八卷本国际法法典，被称为《摩尔国际法汇编》（*Moore's Digest*）。[63] 在整个 20 世纪 30 年代，他和他的门生、耶鲁大学法学院教授埃德温·伯查德（Edwin Borchard）都在反对为迎合史汀生的观点而修改美国中立法。[64] 他们抱怨说，史汀生的激进解释是基于《非战公约》的两则小条款，这些条款根本没有提到任何关于中立或制裁的内容，也没有提到任何其他国际法附属规则，而史汀生主义的倡导者认为这些附属规则已经被废除了。他们指责说，这不是国际法的运作方式。国际法的运作需要有辩论、会议和详细的评论。不能见风就是雨。[65]

尽管遭到了抵制，史汀生的观点还是得到了越来越多的支持，尤其是在美国之外的地方。1934 年，在布达佩斯的一次国际会议上，学者们总结了一份报告《〈非战公约〉在国际法中的影响》（“Effect of the Briand-Kellogg Pact of Paris in International Law”）。[66] 除了接受史汀生主义之外，它还得出结论，中立法不再保护违反《非战公约》的国家。因此，现在允许中立者对交战方区别对待，包括向受害者出售弹药，向他们提供财政援助，以及拒绝让侵略者访问和搜查他们的船只。[67]

/ 171

昆西·赖特（Quincy Wright）是当时研究中立问题最多产的美国学者。他指出，布达佩斯报告证明，赋予总统对侵略者实施武器禁运的权力并不违反国际中立法。[68] 然而，赖特也承认，放弃传统的中立立场并不容易。正如他直言不讳地说的那样，“中立能够带来利益”。通过保持中立，美国过去能够“以战时价格与交战双方进行付现交易，为其筹集、生产和运送粮食、货物和弹药”。[69] 放弃传统中立立场意味着对所有这些都说再见。

美国国会不愿采取如此激进的措施。[70]相反，1935年，在美国出现了一个令人不安的妥协，它既符合摩尔和伯查德关于中立法的观点，同时也允许美国停止支持侵略国。这种解决方案就是摩尔在 1933 年所称的，对所有参战国家实行“全面、不偏袒的武器禁运”。[71] 正如伯查德反问过的那样，“为什么不将这一规定作为美国法令的一部分，即在国外爆发战争时，无论是国内战争还是国际战争，任何武器弹药都不得从美国运往任何交战方？武器禁运必须适用于所有交战方”。[72]

赖特后来推测，这项新政策的吸引力与其说来自对国际法的解释，不如说是出于实际需要。许多国家现在缺钱，因此开始赊购货物。它们不断增加的债务可能迫使美国选择立场，以保护最大的债务国免于失败。通过阻止向处于战争状态的交战方出售武器，对双方实行强制性禁运可能会缓解这一问题。[73]1935 年，美国国会接受了对交战方实施普遍武器禁运政策，在接下来的 1936 年和 1937 年《中立法案》中，美国国会重申了该政策。[74]然而，这种平衡政策很快就被证明难以为继。随着第一种世界秩序开始让位于第二种世界秩序，崛起为大国的美国最终将被迫在交战双方之间做出选择。

新旧世界秩序的碰撞

/ 172

1934 年年底，意大利皇家殖民地军团（Italian Regio Corpo Truppe Coloniali）雇用的索马里非正规武装团伙杜巴斯（Dubats）与埃塞俄比亚民兵在埃塞俄比亚－厄立特里亚（意大利殖民地）边境发生冲突。战斗结束后，107 名埃塞俄比亚人、50 名意大利人和索马里人死亡。埃塞俄比亚皇帝海尔·塞拉西（Haile Selassie）指控意大利对自己发动了侵略。意大利对这一指控做出回应，要求埃塞俄比亚道歉。几天后，意大利紧接着又提出了经济赔偿和战略赔偿的要求。

埃塞俄比亚请求国际联盟对这一争端进行仲裁。但是在国际联盟宣布双方都没有过错后不久，来自厄立特里亚的意大利士兵入侵了埃塞俄比亚。入侵四天后，国际联盟宣布意大利为侵略者。但国联成员国不准备采取他们在中国东北地区采取的正式的不承认政策。对“满洲国”的不承认政策是否产生了积极的影响，这一点远未明朗。因为日本仍然占领该地区，并没有表现出任何收敛的迹象。如果说有什么影响的话，那就是史汀生主义促使日本进一步远离了妥协。[75]

事实上，到 1935 年，形势已经很清楚，切断“满洲国”与世界的联系几乎是不可能的。因为一旦对“满洲国”实施的制裁生效，邮件就无法通过穿越中国东北的跨西伯利亚线路运送，只能通过距离更长、耗时更久的苏伊士运河线路运送。到 1935 年，作为国际社会不承认日本征服的最大受益者，中国也认为完全切断“满洲国”与外部世界的联系是不现实的。[76] 中国想出了一系列变通办法，让自己和其他国家可以在不承认日本征服的情况下与中国东北地区进行有限的贸易。中国解除了对进出中国东北地区的邮政服务的封锁，但继续拒绝承认“满洲国”政府发行的邮票，也不承认出现“满洲国”字样的邮汇（transfer mail）。[77] 它还开始在海关事务和铁路通道方面进行有限的合作。事实证明，出现这种情况，问题不在于莱文森的和平制裁措施过于软弱，而在于它们太过强大了。各国对于日本征服中国东北地区不予承认不仅仅意味着切断了“满洲国”与外部世界的联系，而且意味着切断了外部世界与“满洲国”的联系。

/ 173

国联制裁“满洲国”的经验让国联成员国不愿将不承认政策作为制裁意大利的武器。意大利是欧洲各国的近邻这一现实更加剧了这种不情愿。对于欧洲的国联成员来说，由于最近违反国际法的这个国家并非地处遥远的东亚，与一个它们几乎没有什么贸易往来的国家切断联系是一回事，而要切断与一个欧洲经济核心成员的联系则又是另一回事。

国联还知道，任何通过将意大利排除在全球贸易之外而向其施压的努力，其效果都将因国联之外的国家——包括美国、日本和德国——的行为而削弱。由于世界上一些较大的经济体并没有加入制裁机制，因而它们将可以自由地、毫无限制地向意大利提供物资。[78]

国联因此决定采取一种更加慎重的方式。它允许成员国承认意大利对埃塞俄比亚的征服，但要求它们实施零散的经济制裁。1935 年 11 月，国联采取了四项单独的制裁措施，包括禁止向两国出售武器，禁止与意大利进行金融交易，禁止从意大利的进口货物，以及限制向意大利或其殖民地出口战争物资。[79]

国联对意大利实施的新制裁机制最值得注意的地方或许是它所遗漏的：它没有禁止向意大利出口石油，如果没有石油，意大利就不可能继续发动战争。正如一名英国外交官后来所说的，这些制裁是“一系列半途而废的措施，这些措施不但毫无效果，反而让意大利人异常恼火”。[80]

美国的反应则更为平淡。埃塞俄比亚皇帝呼吁美国根据《非战公约》采取行动。美国国务卿科德尔·赫尔回应称，由于国联已经在处理，美国政府“认为自己采取行动是不合适的和无益的”。[81]美国报纸将政府的这种反应解读为美国已经放弃了《非战公约》。赫尔别无选择，只能发表一份声明，重申美国对《非战公约》的支持：“《非战公约》现在的约束力并不弱于当年63个缔约国签署它的时候。”[82]美国政府当然要遵循史汀生主义，拒绝承认意大利征服埃塞俄比亚。它还将启动被赫尔国务卿称为“道德禁运”的政策，该政策鼓励美国人抵制意大利商品。[83]但是，美国拒绝了国联提出的对意大利实施全面经济制裁的所有邀请，担心这样做会招致国内强大的孤立主义势力的攻击。按照《中立法案》的要求，总统对两国实施了武器禁运，但这些温和的制裁措施收效甚微。[84]

/ 174

1936年5月5日，意大利占领了埃塞俄比亚首都亚的斯亚贝巴。7月，成员国代表们齐聚国联，认为制裁已经变得毫无意义。事实上，它们已经变得适得其反。随着意大利对埃塞俄比亚首都的占领，正如智利代表里瓦斯·维库纳（Rivas Vicuna）所说，“制裁不再有任何目标，并且，制裁不仅影响到被实施制裁的国家，也影响到实施制裁的国家”。[85]随后，国联取消了对意大利的所有制裁，意大利将埃塞俄比亚和它在索马里兰和厄立特里亚的殖民地合并，建立了统一的意属东非殖民地。当时生活在英国的埃塞俄比亚皇帝写信严厉谴责国联，提醒其遵守“不承认任何通过武力获取的领土”的承诺。他警告说：“无视承诺的政策所造成的灾难性后果正在欧洲显现，有可能引发一场全面战争，使世界血流成河。”[86]

深渊的边缘

1937 年 7 月 7 日，在没有告知中国地方政府的情况下，日本人在北京西南部进行了军事训练演习。在一名日本士兵被推测为死亡——他在方便时迷路了，从而未能及时回来报到——之后，日军与中国军队爆发冲突。中日之间脆弱的停火协定破裂，日本开始向中国进军。[87]

新任中国驻国联代表顾维钧恳请国联采取行动："四亿五千万人的生命处于危险当中；整个世界的文明和安全处于危急状态。"[88] 虽然日本很明显严重违反了《非战公约》和《国际联盟盟约》，但国联没有采取行动。在制裁意大利失败的阴影和全球经济大萧条的影响下，国联成员国甚至不愿实施哪怕是最弱的集体制裁。国联通过了一些缺乏勇气的决议，邀请各国考虑向中国提供个别援助。虽然这些决议减轻了一些人的良心压力，但这对中国人的帮助微乎其微。[89]

随后的冲突是世界上迄今为止最为残酷的冲突之一。日军从上海向南京进军时，沿途留下了大片恐怖的景象。一名日本随军记者评论道："日军（第十军）之所以迅速向南京挺进，是因为官兵们心照不宣，他们可以随心所欲地抢劫和强奸。"[90] 知道南京沦陷只是个时间问题，中国国民政府领导人蒋介石下令撤退，带走了他的大部分军队，使得这座城市几乎处于不设防状态。在占领这座城市后六个星期的时间里，日军实施了大规模的强奸和抢劫，杀害了 20 多万人。①[91]

就在南京沦陷一个多月后，1938 年初，国际联盟第 100 届会议召开，整个会议被悲观情绪笼罩着。法国外交部长承认："国际联盟

① 1947 年国民政府国防部在《谷寿夫战犯案件判决书》中判定南京大屠杀死亡人数为 30 万以上；新中国成立后，经过系统且规模巨大的调查研究，向世界宣告中国确认南京大屠杀遇难人数在 30 万人以上。——译者注。

受到了指责——毫无疑问，是因为人们对其期望过高了。”[92]顾维钧说：“在国际联盟成立的近二十年中，其声望和权威从来没有像今天这样低落。”[93]

罗斯福的隔离政策

然而，如果说国联的权威正在衰落，那么《非战公约》所体现的对中立的新理解则在上升。随着战争在亚洲和非洲蔓延，美国国务卿赫尔开始重新考虑他早些时候取消经济制裁的做法。螺旋式上升的暴力对世界和平构成重大威胁，国联已被证明无力阻止暴力的升级。与此同时，美国民众根深蒂固的孤立主义思想限制了罗斯福采取行动的能力，这有可能使得国际体系变得无法无天。因此，赫尔认为是时候让总统发表讲话了，以抵制国内日益增强的孤立主义倾向，并声明他对经济制裁的支持，以阻止世界大战的爆发。[94]

/ 176

1937年10月5日，罗斯福总统在“孤立主义大本营”和萨尔蒙·莱文森的家乡芝加哥发表演说。[95]“《非战公约》中表达的豪情壮志以及由此带来的对和平的希望，”他这样开头，“最近已被一种萦绕心头的对灾难的恐惧取代。”罗斯福提议用医疗手段解决军事问题。“当传染病开始蔓延时，社会便赞成并联合起来对患者实行隔离，不使疾病蔓延，以保护社会的健康。”[96]总统的解决办法是孤立侵略者：爱好和平的国家切断与侵略者的联系，拒绝与他们进行任何形式的合作。

起初，他的演讲受到了好评。但是，终止美国传统中立政策的提议也遭到了强烈批评。演讲后几天，人们开始质疑，“隔离”意味着什么。[97]许多人仍然不相信国际关系中的中立义务已经改变，他们担心隔离是战争的另一种形式。美国政府很清楚，这个国家还没有做好改变中立立场的准备；它将继续坚持对所有卷入冲突的交战方的“中立”禁运。[98]

直到 1939 年 9 月 1 日，德国坦克开进波兰，欧洲在三十年时间里第二次陷入残酷的战争时，美国法律依旧如此。但现在，“妥协”的中立法把罗斯福置于难以为继的境地。两天后，当英国和法国对德国宣战后，《中立法案》却要求他在美国最重要的欧洲盟友最需要帮助的时候对它们实施武器禁运。禁运的影响是毁灭性的，因为在战争爆发前，英国和法国都向美国订购了大量武器装备，而现在这些订单必须被冻结。[99] 罗斯福开始相信，中立法的效果与预期相反。因为禁运非但不能使美国远离战争，反而会使美国陷入战争。毕竟，如果英国、法国及其盟国无法获得美国的巨大资源，它们会更易于被德国打败。如果英国和法国倒下，美国就会不可避免地卷入这场战争。正如赫尔在他的回忆录中所说，“如果德国赢了，我们就很有可能不得不很快进行战斗”。[100]

采取新的中立思想

即使在德国军队包围了华沙的时候，在美国，反对改变美国国内中立法的声音仍然坚定。参议员博拉和他的几个同事发起了一场全国性的广播运动，反对修改中立法。这场运动引发了大约 100 万份支持禁运的电报、信件和明信片涌入国会办公室。有些参议员每天会收到 4000 条信息。[101] 这场运动的成功再次确认了罗斯福已经知道的事情：完全废除《中立法案》是不可能的。

没有多少迹象表明公众舆论潮流已经转向。尽管有 80% 的民众支持这场战争中的同盟国，但还有 70% 的民众希望美国在向交战方出口货物时，继续表明其公正立场，因为他们担心，任何偏袒的迹象都会把这个国家拖入战争。[102] 因此，罗斯福退而求其次：通过“现购自运”（“cash and carry”）条款废除强制性武器禁运条款。[103] 这项新条款要求只能用现金购买美国武器，并由买方①自行运输。尽管从表面上看，修订过的《中立法案》平等地对待所有国家，但“现购自运”原则却有利于拥有最强大海军的国家，因为它不仅可以运输更多武器，而且可以在公海上保护自己。当时，拥有最强大海军的国家是英国。

至少有一个人确切地理解罗斯福的真实意图——罗斯福的战争部长哈里·海因斯·伍德林（Harry Hines Woodring）——但他对此并不满意。伍德林是堪萨斯州的前州长，和他那个时代的大多数中西部政界人士一样，他坚持中立政策和不干涉政策这两大支柱。他警告说，不管罗斯福（或国际法学者们）怎么说，偏袒战争中的一方都会导致战争。随着时间的流逝，伍德林一再反对罗斯福帮助欧洲同盟国的努力。当罗斯福总统提议将多余的武器卖给瑞典，然后由其再卖给芬兰时，伍德林警告说这将违反中立原则，迫使总统放弃了这个想法。伍德林还反对美国向英国和法国出售军事装备的计划。在罗斯福总统命令他要么赞同该计划，要么辞职后，他才做出让步。[104]

就在伍德林对美国政策表示不满的时候，其他人也在敦促美国政府尽快采取行动。1940 年 6 月 18 日，亨利·史汀生在纽黑文市发表讲话，他将欧洲的危机描述为美国历史上“可能最严重的”危机（他是一位忠诚的校友，当时正在纽黑文市参加耶鲁大学的毕业典礼）。他宣称，风险是可怕的，“今天的美国正站在两条道路的岔口：在这个世界危急的时刻，她可以坚持错误的中立幻想，而它们已不再符合她的利益需求或安全需求”。根据史汀生的观点，对于美国来说，更好的选择，也是唯一的选择，就是接受对中立原则的新理解，“废除我们注定要失败的所谓中立行动条款，五年多来，这些条款已经束缚了我们获取真正的利益”。他说，如果从中立公正的约束中解脱出来，

① 此处原文是“seller”（卖方），但是根据 1939 年美国中立法修正案，美国取消了禁运条款，实行现金购买、运输自理原则。因此，此处应为“buyer”（买方）。——译者注

“美国可以坦率地认识到，现在和过去的许多年里，我们自身的安全在一定程度上取决于英国海上力量的持续”。当然，这意味着要慷慨地援助英国。

看到报纸上的演讲后，罗斯福决定，史汀生就是他需要的执掌战争部的人选。[106]他要求伍德林当天就辞职。[107]伍德林遵从了他的建议，但在即将离任时公开抨击总统。他在辞职信中警告说：“我相信你会建议那些会挑起战争的人来担任这一职位，但他们这样做的时候，一定要知道，我们还没有为应对一场重大冲突做好准备。”[108]

史汀生获得这一提名让所有人都感到意外。[109]毕竟，他曾服务过被罗斯福击败的总统，而且他是一个坚定的共和党人，一个72岁的坚定的共和党人。但在这个危险的时刻，他也是一位坚定的领导者。罗斯福知道自己可以信任他：在胡佛政府向罗斯福政府过渡时期，史汀生与罗斯福共事过。任用一名共和党人担任战争部首脑，也表明罗斯福希望在战争部消除党派政治。[110]他在同一天宣布，1936年共和党副总统候选人弗兰克·诺克斯（Frank Knox）上校被任命为海军部长，此举进一步强化了这一信息。

尽管这些任命得到了广泛的赞誉和参议院的轻松批准，但有些人认为，罗斯福总统跨越党派的决定有着更为阴暗的动机。反对这些任命提名的人担心，“随着诺克斯和史汀生进入内阁，这个国家更有可能陷入战争”。[111]另外一些人也以同样的理由庆祝这些任命。《每日镜报》（*Daily Mirror*）和其他英国报纸兴奋不已，它们兴高采烈地宣称：“仇恨希特勒的人加入了美国内阁”。[112]

随着史汀生上台以及战争在欧洲蔓延，美国政府开始更加积极地拓宽传统中立原则的边界。1940年9月2日，美国向英国移交了50艘退役驱逐舰，以换取在英国控制的领土上建立基地的权利。司法部长罗伯特·H. 杰克逊（Robert H. Jackson）以一种令人难以置信的观点辩称，《中立法案》没有禁止这项交易，因为该法案不适用于

“不以服务于交战一方之目的而被建造、武装、装备或改装成战舰的超龄驱逐舰”。[113]

在 1940 年的选举中取得压倒性的胜利后，罗斯福政府摒弃了这一幻想，转而采取新的中立思想。1941 年 3 月罗斯福签署的《租借法案》（The Lend-Lease Act）允许美国在出售、借用或处置物资时，对交战国家进行区别对待。[114] 而且美国的确实行了区别对待。在该法案通过后的 90 天里，美国就拨出 42.5 亿美元采购援助盟国的物资，立即提供了 200 万英吨（gross ton）的货船和油轮来装载援助物资，并开始训练 7000 名英国飞行员。[115]

不得已而为之

美国不仅在欧洲，在亚洲也开始依照新的中立理论行事。1941 年，日本入侵印度支那南部，威胁到英属马来亚、北婆罗洲和文莱的安全。当年 7 月，美国对此做出回应，冻结日本在美国的资产，并禁止向日本出口石油和汽油。[116] 禁运给日本带来了毁灭性的打击，日本超过 80% 的石油来自美国。当罗斯福说服英国和荷兰加入对日石油禁运后，日本就与国际石油市场完全隔绝了。由于没有本土石油供应，日本石油储备很快就会耗尽。

对日本领导人来说，这似乎又是一个残酷的转折。他们的国家一直在努力学习统治世界的规则并要求其应有地位，美国人和欧洲人却改变了这些规则。现在，征服不再被允许（尽管坚持和保卫 1928 年之前被征服的领土是被允许的）；同时，允许非交战国对交战国实施后果严重的经济制裁。根据《非战公约》，任何军事反应都将被视为非法侵略。不过，许多日本人，包括与天皇关系密切的人，都认为这份协定不过是一纸空文。[117]

日本海军开始推动尽早与美国开战。日本海军认为，日本等待的时间越长，石油供应就会越少，日本也就会愈发虚弱。日本需要在行动能力被过于削弱之前发动袭击。由于怀疑日本是否能赢得与美国的战争，天皇拒绝了这项提议。但是，随着禁运的延续以及形势变得更加绝望，他的想法开始改变。[118] 1941 年 11 月 26 日，赫尔国务卿向日本大使递交了一份照会，要求日本从法属印度支那和中国撤出全部日军。[119] 尽管照会上没有明确提出，但日本认为赫尔所指的“中国”包括“满洲国”。

赫尔不知道的是，日本袭击珍珠港的攻击部队此时已经出发前往夏威夷，尽管它们当时行进得不太远，还能召回。日本首相东条英机（Tojo Hideki）将赫尔的照会视为战争不可避免的证据，称其为美国“向日本发出的最后通牒”：退出中国——包括“满洲国”——否则将承担后果。在与顾问们审议了这份照会后，裕仁同意对美国发动攻击。他批准了对珍珠港的袭击，并决定对美国、英国和荷兰发动战争。[120] 第二天，日本舰队收到了电令“Niitakayama Nobore”（字面意思是“攀登新高山”）：继续进攻。[121]

日本天皇开始起草宣战书。它的措辞表明，日本天皇深陷旧世界秩序的痛苦之中。宣言一开始就指责美国和英国在中日争端中偏袒一方：“由于美国和英国都支持重庆政权，它们加剧了东亚局势的动荡。”关于制裁，它这样表述：“他们千方百计阻挠我们的和平贸易，最后又直接断绝与我们的经济关系，严重威胁着我们帝国的生存。”这份宣言得出结论，“如果放任这种形势发展下去，不仅会使我们帝国为了东亚的稳定而做的多年努力化为乌有，而且会危及我们国家的生存”。[122]

就在赫尔向日本人递交照会的前一天，史汀生在日记中写道：“（罗斯福）提到，我们可能在下周一遭到袭击，因为日本人因经常不加警告地发动突然袭击而臭名昭著，问题是我们该怎么做。问题是，我们应该如何在不给自己造成太大危险的情况下，谋划让他们打响第一枪。”[123] 他很快就会明白，没有必要再进行谋划了。第一枪即将打响。

人们很容易认为，日本偷袭珍珠港是一种没有法律依据的行为，因为它没有任何正当理由或借口。用罗斯福总统的话说，对美国人来说，12 月 7 日仍然是“一个必须永远记住的耻辱的日子”。但日本发动对美国的毁灭性打击并非没有法律依据，它只不过是遵循了 1854 年美国海军准将马修 · 佩里的黑船带来的国际法。然而，日本未能认识到的是，这些规则在 1928 年被宣布废弃了。美国自己也只是最近才接受了《非战公约》所引发的法律秩序的彻底转变——1941 年 3 月，也就是珍珠港事件发生前 6 个月，《租借法案》通过后，美国才最终接受了对中立的新理解。

1941 年 12 月 7 日，仅仅在赫尔获悉日本偷袭珍珠港几分钟之后，日本大使就在美国国务院向赫尔亲自呈交一份照会，这份照会最为明显地体现了日本人与美国对这一法律的不同理解。[124] 日本三天后发表的备忘录，读起来就像一份旧世界秩序下的战争宣言。它详细描述了美国对日本犯下的诸多可感知的错误行为。它抱怨美国支持中国以及美国坚持要求日本从中国撤军。尽管这份备忘录从未直接提及《非战公约》，但它拒绝接受美国对该条约带来的变化的看法。它抱怨说：“尽管美国政府在其一贯坚持的原则下，反对通过军事压力来解决国际问题，但它正与英国和其他国家一起通过经济力量来施加压力。”日本外务省认为，这种经济压力“应该受到谴责，因为它有时比军事压力更不人道”。[125]

/ 182

随后发生的战争将成为两种竞争的世界观之间的较量：一方将《非战公约》视为一纸空文，另一方将其视为新的法律现实；一方坚持征服权，另一方拒绝征服权；一方坚持中立需要公正，另一方认为“和平制裁”是法律执行的基本手段；一方谴责经济制裁，另一方谴责军事力量。简而言之，这将是一场新旧世界秩序之间的战争。

1942 年一个温暖的春日，沃尔特·李普曼到萨姆纳·威尔斯 / 183
（Sumner Welles）的办公室拜访了他，后者的办公室位于白宫西侧巨大的国务院、战争部和海军部大楼里。作为美国最有影响力的专栏作家，李普曼享有其他人无法比肩的与当权者接触的机会和渠道。他来是为了讨论一个重要的问题。尽管战争才刚刚开始，他还是恳求副国务卿为战争的结束做好准备。

李普曼从自己的经验开始谈起。他是“调查小组”的最初成员之一，这个秘密小组是威尔逊总统匆忙组织起来的，目的是在第一次世界大战之后向战胜国提供技术性援助。在巴黎，李普曼目睹了拖延导致的致命错误。他认为，参加和平会议的代表们做出的决定是不正确的，因为他们没有足够的时间进行研究。他们的问题因为团结一致的立场被破坏而复杂化。一俟战争结束，战胜国便开始尽可能多地攫取利益，而不是花时间为和平奠定基础。李普曼非常苦恼，他认为世界即将犯下同样的错误。[1]

对于李普曼的建议，威尔斯给出了慎重的回答。他解释说，总 / 184
统、国务卿和参议院外交关系委员会的立场是，在战争结束之前不会就领土调整或政治解决方案与各国达成协议。然而，他没有向李普曼透露的是，他强烈反对官方的观望政策。他暗地里同意了李普曼的意见。事实上，当时他正在研究 1919 年巴黎和平会议的记录。他后来回忆道，看得越多，“我就越相信，我们最明智的做法是，在胜利日（V-Day）到来之前，现在就与我们的盟友达成一个尽可能详细的协议”。结果便是，几个月里，他一直在实施李普曼恳求他实施的那种计划。

在威尔斯看来，挑战是严峻的。只要战争继续肆虐，“我们的武装力量、我们的物质资源、罗斯福总统的道德权威，甚至更有可能的是盟友对我们的需求，这些因素让我们现在拥有比赢得胜利后更大的影响力”。胜利将不可避免地释放出“自私民族主义的夸张形式”，这将加剧对战利品的争夺。这种狂热可能比上一次世界大战之后更加严重，因为届时美国将不仅仅与法国和英国谈判。这一次，苏联将站在争夺战利品的前线，而威尔斯对“政治局外交政策的内在利他主义”缺乏信心。[2]

威尔斯明白，国际秩序的崩溃不仅仅置世界安全于危险之中，它已经使人们对盟国所坚持的理想产生了疑问。这一次，他们需要一种能经受住挑战的战后愿景——一种不会让世界任由少数几个不合作国家摆布的愿景。威尔斯认为，要将这一愿景变为现实，就需要建立一个新的世界组织，该组织要以禁止战争为核心，且能召集大国来约束任何敢于违抗规定的国家。但在 1942 年这样黑暗的日子里，在德国在欧洲的气焰最高涨和日本加紧对亚洲的控制的形势下，建立一个新的、统一的世界组织似乎是一个遥不可及的目标。

雄才大略的人物

/ 185 甚至在美国参战之前，威尔斯就一直在考虑战争结束后的安排问题。在日本袭击珍珠港的六个月前，威尔斯——后来由于科德尔·赫尔生病而担任代理国务卿——发表了一次演讲，这次演讲让他从默默无闻变得广受赞誉。

威尔斯发表演说的场合是挪威驻华盛顿公使馆新侧厅奠基仪式。挪威使馆的扩建是一种挑衅行为，因为挪威在前一年被纳粹占领。当王储妃玛莎（Crown Princess Martha）升起挪威国旗，用她浑厚的女高音领唱挪威国歌之后，威尔斯开始发表演说。[3]

他的演说始于一个当时尽人皆知的事实——除非希特勒政权被“最终、彻底摧毁”，否则世界不会有和平。但那又怎样？难道战争的结束仅仅意味着“回到被毁的家园，回到被屠杀的妻子和孩子的墓前，回到贫穷和匮乏，回到社会动荡和经济混乱之中”？

他呼吁“世界各地爱好和平国家的自由政府”开始为世界和平制订计划。他提醒观众，在上一场战争结束时，为实现“法治世界的愿景”，一位总统献出了自己的生命。但是，“部分地由于美国人的盲目自私自利”，那场实验失败了。尽管上次失败了，但他相信胜利者将实现“建立一个国家联合体的伟大理想，通过这个联合体，各国人民的自由、幸福和安全将得以实现”。[4]

这次演讲用25种语言向欧洲广播。[5]《南华早报》(*South China Morning Post*)称，这是“一位美国政府高级官员就美国战后目标发表的最为具体的声明”。[6]《纽约时报》更进一步，称这是“自战争开始以来所有政府发言人”就和平目标发表的最为具体的声明。[7]《圣路易斯邮报》(*St. Louis Post-Dispatch*)称，威尔斯是第一个“在画板上画着‘V’字，期待在和平谈判桌上以及战场上取得胜利”的美国人或英国人。[8]当被问及威尔斯一周后在下议院的演讲时，英国外交大臣安东尼·艾登（Anthony Eden）宣布了英国政府“诚挚的赞同”，并希望盟国政府很快召开会议，“届时，我们可以开始研究战后问题”。[9]

/ 186

《时代》周刊在随后一周的封面上刊登了威尔斯的特写，称这位“不知名的绅士”是对抗轴心国的雄才大略的人物（“field marshal” in the “War of Brains”）。这篇题为《外交官中的外交官》(*Diplomat's Diplomat*)的报道，令人屏息地这样描述威尔斯，他“牢牢把握着每一项外交美德：绝对精确、沉着、准确、诚实、老练、周密、有教养、见多识广、财务状况稳定……是少数几个成竹在胸的美国人之一，是一位优秀的语言学家，永远不会忘记别人的名字，永远不会眼高手低”。[10]

所有关于威尔斯的故事都提到他举止庄重。他出生在纽约社区一个富裕家庭，11 岁之前，他参加了一个时髦的男孩学生军训队，然后进入精英私立寄宿学校格罗顿中学上学，随后进入哈佛学院（Harvard College）读书。[11]即使成年以后，他的身上还带有学生军训时的举止。他身高六英尺三英寸，“长身玉立，笔直挺拔”。一位中美洲部长形容他看起来像“一高杯蒸馏冰水”。[12]记者布莱尔·博勒斯（Blair Bolles）说得更刺耳：“他在冰冷的环境中……长大……读的是冷冰冰的学校……从事的是冷冰冰的职业……他像歌剧院里的包厢一样沉默寡言……就连他那金黄色的胡子看起来都很冷。”[13]

赫尔从来都不喜欢威尔斯，但不只是因为他举止正经刻板。尽管赫尔不承认这一点，但他事实上羡慕威尔斯能够接近总统和第一夫人。在威尔斯和埃莉诺·罗斯福（Eleanor Roosevelt）成长的过程中，他们两家关系非常亲密。1905 年，埃莉诺嫁给富兰克林时，她邀请了 12 岁的萨姆纳做她的小男傧相。[14]威尔斯年轻时就进入了外交部门工作，在这个职位上，他先是短暂地去过东京，然后去了阿根廷，在那里他学会了西班牙语，并开始发展出了自己的地区研究专长。此后，威尔斯继续在国务院服务，担任拉丁美洲事务司司长。然而，在他与第一任妻子离婚，并同刚刚与参议员彼得·格里（Peter Gerry）离婚的玛蒂尔德·斯科特·汤森（Mathilde Scott Townsend）结婚后，他迅速晋升的势头就中断了。离开妻子去娶一个参议员的前妻可能还不足以让威尔斯遭到解雇，但是格里也是卡尔文·柯立芝（Calvin Coolidge）总统的好朋友。在上级的压力下，威尔斯于 1925 年从国务院辞职。他取得伟大外交成就的机会似乎就此丧失了。[15]

在不情愿地退休后，威尔斯投入了从事多米尼加共和国历史的写作当中——《时代》杂志的文章甚至称之为“冗长的、毫无生气的两卷本”。然而，这种漫不经心的态度之下，掩藏着他对美国西半球外交政策的谨慎谴责。该书对于美国在外交谈判同样有效的情况下却使用残酷的武力提出了批评。相反，它敦促“促进商业联系、专家交流、分担维持（西）半球和平的责任”。[16]

当罗斯福考虑竞选纽约州州长时，威尔斯和罗斯福恢复了联系。1923 年，威尔斯到罗斯福位于纽约的家中拜访，两年前患了脊椎灰质炎的罗斯福的巨大变化令他震惊：“似乎生活中所有的琐事都在他身上消失殆尽了。”[17]

两人开始交换关于拉丁美洲事务的想法，威尔斯的洞见帮助罗斯福形成了自己对该地区的政策。[18]1928 年，当罗斯福支持阿尔弗雷德·E. 史密斯（Alfred E. Smith）竞选总统，史密斯转而支持罗斯福接替他担任纽约州州长之后，两人的谈话主题变得更为集中。在此期间，威尔斯发表了一篇长达 26 页的演讲，详细地批评了共和党的拉丁美洲政策，并与埃莉诺分享这一演讲。她说这是她读过的关于这个问题的“最好的东西之一”，这也巩固了他们后来的终生合作。[19] 10 年后，威尔斯的思想将为罗斯福在第一次就职演说中宣布的睦邻政策（Good Neighbor Policy）奠定基础。[20] 这项政策完全是对美国长期坚持的干涉南部邻国事务的权利——这一权利体现在数千次大大小小的干涉上——的公然拒绝。几个月后，罗斯福重申了这一政策，并宣称：“从现在开始，美国明确的政策就是反对武装干涉。”[21]

罗斯福当选总统后，复出的威尔斯击败了赫尔最喜欢的候选人 R. 沃尔顿·摩尔（R. Walton Moore），被任命为副国务卿。作为总统的老朋友，威尔斯获得了远超其官方职位的影响总统的能力和接近总统的机会。他定期拜访总统和第一夫人。1933 年 4 月至 1945 年 3 月，他的名字出现在白宫日历上的次数多达 400 次——这一数字还不包括在白宫之外进行的非正式拜访。[22] 赫尔也经常到访白宫，然而他的到访几乎总是局限于正式场合，如欢迎外国官员，并且他几乎总是作为团体一员到访。与威尔斯不同，赫尔很少有机会与总统单独相处。

1941 年威尔斯在挪威大使馆发表关于战后和平的演讲之后，引起了媒体的广泛关注，但人们可能很容易忘记威尔斯还有多少话未说。他呼吁建立一个国际组织，但没有说它将会是什么样子，或者确切地说，没有说明它将如何避免国际联盟的错误。正如一家报纸所说的那样，“威尔斯先生只在素描纸上轻轻画了几笔”。[23]

威尔斯没有画满素描纸，是因为他还不知道如何画。他知道国际联盟是个可怕的失败，认为《非战公约》是误入歧途的浪费。如果写于第二次世界大战末期，他会回顾过去，并且像许多尚未认识到其革命性含义的人一样，指责《非战公约》给“广大美国人民造成了错觉，即仅仅规划了一个愿景就等同于采取积极行动”。威尔斯认为，数百万美国人曾认为《非战公约》是“他们的政府拒绝加入国际联盟的正当理由”，但此时他们却忘了，《非战公约》是在美国拒绝加入国联 10 年之后签订的。对威尔斯来说，《非战公约》体现了这个国家的孤立主义思想。事实上，这个国家的孤立主义思想使得《非战公约》的愿景几乎不可能实现。但威尔斯的简画得出的结论无疑是正确的：任何新的国际组织都不能重复这种错误。

《大西洋宪章》

/ 189

然而，罗斯福总统此时还不相信建立一个新的国际组织是确保和平的必要条件——威尔斯知道这一点。根据威尔斯的说法，罗斯福经常说，“首要事情必须首先做”，“在 1941 年夏天，首要事情是……要打败轴心国”。[25] 之后，将有足够的时间来设计一个维护和平的世界组织。此外，罗斯福深信，用威尔斯的话来说就是，在“一些配备必要武力的警察”承担“一项长期的清理工作”之前，任何组织都不会有效。[26]

一位副国务卿发表演讲呼吁一项重大的外交政策倡议，而他还知道自己的总统并不支持这一倡议，这在今天是不可想象的。但是在1941年，像威尔斯这样的副国务卿就可以在不经过白宫审查的情况下发表演讲，并希望总统能转变态度同意自己的观点。

要想罗斯福改变态度，只能靠时间。尽管罗斯福已经计划在1941年夏天晚些时候与温斯顿·丘吉尔会晤，但他仍然坚持自己“首要事情必须首先做”的观点。自丘吉尔1940年就任首相以来，罗斯福一直与他保持沟通，但两人尚未见面。这次会晤将在纽芬兰海岸外的“普拉森舍湾”（Placentia Bay）秘密举行。在那里，美国正在建设一个新的海军基地，美国最近通过向英国提供驱逐舰得到了这项特权。他们的第一次会晤于1941年8月9日在美国总统乘坐的军舰“奥古斯塔号”（USS *Augusta*）上举行。

两位领导人都是在顾问的陪同下到达的。罗斯福总统的团队包括哈里·霍普金斯（Harry Hopkins）。今天，他最为人所知的是他在制定和实施罗斯福新政（New Deal）中所扮演的角色。霍普金斯辞去了商务部长一职，担任罗斯福的私人顾问和接触丘吉尔的非官方特使。霍普金斯是租借计划的首席设计师和管理者，他比美国政府里的任何人都更了解丘吉尔。他可能也是最了解罗斯福的人，因为当时他实际上是住在白宫里的。[27]

罗斯福总统钦佩和信任霍普金斯也许还有另一个原因：霍普金斯也患有严重的慢性疾病。20世纪30年代晚期，胃癌开始消耗他的生命。后来，在雅尔塔举行的最后一次战时会议上，他大部分时间都躺在床上。[28]尽管饱受病魔折磨，但他对生活的热情使得他深受罗斯福的赏识。然而，总统的医生却不太高兴，他有一次称：“我们最大的任务是阻止哈里感到完全康复。当他认为自己已经恢复健康时，他就到城里去了，然后又从那里去了梅奥诊所。”[29]

霍普金斯是个实干家，不是思想家；是个修理工，而不是空想

/ 190

家。一旦行动方向确定好了，他就能熟练地把事情往前推进，但他的眼界有限，缺乏既能解决眼前的问题，还能预见后续问题的能力。而这是威尔斯的工作。

威尔斯曾领导美国国务院战后安排方面的工作，这足以使他成为此行团队的一员。但这并不是唯一的原因。当罗斯福的儿子问他为什么要带威尔斯而不带科德尔·赫尔时，罗斯福回答说："第一，我相信他。第二，他不和我争论。第三，他能完成任务。"[30]

丘吉尔此行的主要顾问是亚历山大·卡多根爵士（Sir Alexander Cadogan）①。作为负责外交事务的常务副外交大臣，卡多根是威尔斯的英国同行。虽然一开始他并不喜欢威尔斯，但在谈判过程中，对他产生了好感。卡多根在会议第二天的日记中写道，威尔斯"提高了我们的熟识程度，但遗憾的是他年轻时接受的训练太刻板僵化了"。[31]

罗斯福号召此次秘密会晤是为了一个目的：联合宣战。[32]考虑到此时美国还没有参战，而且直到四个月后珍珠港事件爆发美国才宣战，这个目的似乎令人费解。就像丘吉尔后来说的那样，尚未参战的美国决定与一个交战国联合宣战是"令人震惊的"。[33]但此时此刻，美国已经表明了它对此目的的忠诚。由于1939年《中立法案》中加入了现购自运条款，罗斯福得以向英国提供大量支持。对英国更多的支持来自租借计划（主要由霍普金斯制订）。它被证明是英国的生命线。

但这条生命线对罗斯福来说是一个政治负担。美国人担心向同盟国提供物资会使本国面临被卷入战争的危险。对于一个如此习惯于认为经济偏袒是战争行为的国家来说，很难对此不担心。罗斯福知道，他已经使这个国家更接近与轴心国的对抗，所以他想发表一份公开声

/ 191

① 一译"贾德干"。——译者注

明，明确什么才是利害关系。的确，他希望与丘吉尔的联合声明能够“影响整个美国舆论运动”[34]，鼓励美国人冒更大的风险支持同盟国。

会晤的第一个晚上，丘吉尔着手起草一份联合原则宣言，以指导两国沿着如罗斯福所说的“同一条道路”[35]前行。第二天早晨，卡多根将丘吉尔起草的将成为《大西洋宪章》（Atlantic Charter）的文件交给威尔斯。对于前半部分，威尔斯后来写道“闪耀着丘吉尔的天才”，但对于后半部分，他认为“太模糊或太笼统”。威尔斯和罗斯福把自己关在罗斯福的客舱里，开始一起修改草案。之后，威尔斯和卡多根敲定了终稿。[36]

最终，他们形成了一份引人注目的文件。它首先重申史汀生主义的原则——不再有征服；两国将“不寻求任何领土的或其他方面的扩张”。此外，将“不再有任何与有关人民自由表达意愿不相符的领土变更”。《大西洋宪章》展望了“纳粹暴政最终毁灭”之后的时代；对于一个战争中立者来说，这一声明非同寻常。它宣称，两国“希望建立和平，使所有国家能够在它们境内安然自存”。

《大西洋宪章》以罗斯福和威尔斯增加的一段结尾。它声明“世界上所有的国家……必须放弃使用武力”。丘吉尔的草案曾支持建立一个“国际组织”，但罗斯福还没有做好准备。因此，新的草案转而呼吁“在一个更广泛和持久的普遍安全体系建立之前”，有关国家裁减军备。[37]

《联合国家宣言》

1941 年 12 月 22 日，就在日本偷袭珍珠港致使美国卷入战争两周后，丘吉尔抵达华盛顿进行对美国的首次国事访问。他在白宫住了三个星期，他的房间位于二楼，在哈里·霍普金斯房间对面。在此期间，他把自己住的房间变成了大英帝国的临时指挥部。曾经用来存放圣诞礼物的安静走廊，如今变成了一条熙熙攘攘的要道，提着破旧红皮公文包的英国官员和秘书们穿梭往来。[38]

既然美国已经站在盟国一边介入了冲突，罗斯福便建议他们准备一份关于战争目标的联合声明。它将基于《大西洋宪章》，但开放给当时所有与德国、意大利或日本交战的国家签署。由于毕竟不是所有国家都位于大西洋沿岸，他还发明了一个新短语来形容签约国：“联合国家”（United Nations）。[39]

1942 年元旦那天，《大西洋宪章》从一份两国间的宣言变成了一份关于新世界秩序的全球性宣言。罗斯福、丘吉尔、苏联的马克西姆·李维诺夫（Maxim Litvinov）和中国的宋子文齐聚罗斯福总统的书房，他们代表四国首先签署了新的《联合国家宣言》（Declaration of the United Nations），然后由美国国务院收集文件中其他 22 个国家的签字。[40]通过签署该宣言，新的同盟国同意《大西洋宪章》所体现的“宗旨和原则的共同纲领”——其中最重要的是拒绝战争和领土扩张。这是“联合国家”一词首次在正式文件中使用。[41]

轴心国代表着旧世界秩序。德国、日本和意大利都曾拒绝接受《非战公约》的原则——日本侵略中国东北地区并继续入侵中国其他地区，还入侵法属印度支那、英属马来亚、印度尼西亚和新加坡；意大利入侵埃塞俄比亚、希腊、南斯拉夫和北非；而德国则试图控制几乎整个欧洲。因此，每个轴心国成员都有理由憎恨同盟国以及它们非法化战争的努力。轴心国基本上都错过了抢夺殖民地的机会。日本直到 19 世纪 60 年代才开始参与国际事务，直到超过一代人时间之后，日本才准备在本国境外部署军事力量，但为时已晚，此时它已无法参与建立帝国的争夺。德国和意大利最终在同一年——1871 年——实现了统一。不久之后，它们加入了抢夺领土的行列，但从未像法国、西班牙、葡萄牙、英国和荷兰那样成功，后者建立了幅员辽阔的帝国。

如果无权发动战争和征服新领土，轴心国几乎看不到与上述殖民帝国实现平等的可能性。

轴心国在 1940 年的《三国同盟条约》(Tripartite Pact) 中阐述了自己关于战争目的的宣言。尽管这些国家也签署了《非战公约》，但现在它们把它视为获得"适当地位"的障碍。[42]它们宣布，它们一致同意要"建立并维持新秩序"，在这种秩序下，德国和意大利将"在欧洲建立……新秩序"，而日本将"在大东亚建立新秩序"。[43]这些"新秩序"正在以过时的方式——通过残酷无情的征服战争——建立。

此时，战争不再是为了谁控制什么领土，其目的是确定战争结束后将以什么样的规则来管理世界。

和平计划

虽然各国已经发表了庄严宣言，但是，如何执行这些宣言？这一艰巨任务仍然摆在它们面前。赫尔和威尔斯在国务院成立了一个名为战后外交政策咨询委员会 (Advisory Committee on Post-War Foreign Policy) 的机构。[44]在与委员会协商后，威尔斯敦促总统召集一个国际性小组来制订战后和平计划。威尔斯后来将这一想法归功于罗斯福夫人。他指出，是罗斯福夫人在 1939 年第一次建议成立一个国际性小组来"持续地为未来和平制订计划"。但这一想法很可能并不是她一个人的。威尔斯和罗斯福夫人的关系一直很亲密。威尔斯是她在国务院工作时的心腹，毫无疑问，他们应该早就讨论过这样的计划了。就他自己而言，威尔斯至少从 1937 年开始就主张召开国际会议，一开始是为了维护和平，战争爆发后，他又主张缔造和平。[45]

罗斯福总统没有采纳这个想法。毕竟，当时战场形势对同盟国很不利。很明显，同盟国的胜利将取决于苏联抵御德国进攻的能力。参谋长联席会议警告说，任何关于和平的谈判都会遇到苏联的领土要求，对于美国来说，如果不想面临联盟解散，甚至可能把苏联领导人约瑟夫·斯大林送回希特勒——希特勒当时肯定已经意识到了他的错误——怀抱的风险的话，就无法拒绝苏联的领土要求。然而，屈服于苏联的要求也不是一种选择，因为这将暴露出联盟的软弱性。罗斯福得出结论，最好的选择是，在召集一个国际性小组来制订和平计划之前，任由战争进行。[46]

/ 194

不过，罗斯福总统确实很喜欢这样的想法，即该和平计划是一项秘密的、美国主导的、由威尔斯监督的进程。正如后来参与制订计划的国务院官员哈利·诺特（Harley Notter）回忆的那样，“总统希望以后能有一个政策篮子，以便他能够在里面找到他所需要的关于战后外交政策的任何东西”。那样他就可以自由自在地“全身心投入谋划赢得战争的途径和手段中去”。[47]

威尔斯悄悄地在国务院成立了国际组织特别小组委员会（Special Subcommittee on International Organization）。[48] 他在政府内外挑选了具有各种丰富专业知识和经验的人作为该委员会成员。“调查小组”前负责人以赛亚·鲍曼（Isaiah Bowman）也在其中，“调查小组”曾试图在一战之后重塑全球治理。鲍曼被公认为是世界上在探索、测绘和构思物理空间领域的顶尖专家。[49] 他写了一本关于政治和领土的相互关联、他称之为“政治地理学”（political geography）的综合性著作。[50] 他还是一个恶毒的、直言不讳的反犹主义者。

因此，鲍曼肯定对威尔斯的另一个人选，白宫律师本杰明·V. 科恩（Benjamin V. Cohen）感到不满。科恩曾就中立法的修正向总统提出建议，并为美国将“超龄”驱逐舰移交给英国以换取英国的基地扫清了道路。[51] 他以“恣意懒散的姿势、有失体面的衣着、心不在焉的餐桌礼仪而著称，但他也被公认为具有美国最好的法律起草技巧”。[52] 美国国务院法律顾问格林·哈克沃斯（Green Hackworth）作为国务院的首席法律官员加入了委员会。同样来自国务院的还有列奥·帕斯沃尔斯基（Leo Pasvolsky）。他身材矮小、体态圆硕，工作勤奋，是一个“单人智囊团”（one-man think tank）。[53]

威尔斯团队的最后一名成员是詹姆斯·T. 肖特维尔，他是鲍曼在“调查小组”中的同事，也是《非战公约》的捉刀人。[54] 在《非战公约》取得外交成功之后，他回到了哥伦比亚大学。现在他已经快 70 岁了，并且刚从教学岗位上退休。他现在与拍摄于 1919 年巴黎和平会议期间的照片中的那个瘦弱形象判若两人。现在，他身材魁梧，脸上有深深的皱纹，松弛的皮肤使他有了多重下巴。他喜欢开玩笑说自己长得像阿里斯蒂德·白里安。[55]

肖特维尔渴望有机会纠正他所认为的过去时代的错误。1942 年 2 月 12 日，该小组委员会召开第一次会议，会后，他向威尔斯递交了一份备忘录，概述了一个新的国际组织的原则、职能和形式。[56] 这份 23 页的文件涉及范围广泛，内容主要是关于“人类的主要利益：安全、福利、正义和促进文化发展”。当然，安全排在第一位。肖特维尔直接针对的是在非法化战争运动中的老对手莱文森、博拉和杜威，尽管他从来没有提到过他们的名字。他解释说，事实证明，那些在战前反对集体安全安排的人是错误的。现在是建立“一个‘拥有武力强制手段’的国际组织”的最后时刻了。[57] 虽然他不能确切地知道如何实现和平，但他接着说：“我们至少知道，有些途径不能实现和平。我们知道，试图仅仅通过谴责战争的罪恶来摆脱战争是不够的。”[58]

对于实现和平的解决方案，肖特维尔已经有了一个开端：将《非战公约》写进一个新条约，然后围绕它建立一个执行体系（enforcement structure）。这样做将实现各国在 1928 年做出的承诺。肖特维尔解释说，“当白里安提议与美国进行谈判时，他的脑海中想的正是这种执行体系，当他在巴黎《非战公约》签署仪式上发表的最后演讲中说，‘我们宣布了和平……现在我们必须组织起来’”[59]时，他指的也正是这种执行体系。肖特维尔完全有理由知道白里安的想法，因为他起草了白里安向凯洛格递交的提案的初稿。显然，肖特维尔自负依旧。

为了说明如何实现这一目标，肖特维尔起草了一份条约草案。1942年8月21日，他给团队成员分发了第一个版本，该版本的特点是，它是一份联盟宪章的修改建议。[60]肖特维尔直截了当地以《非战公约》为出发点，初稿便以《非战公约》开头。[61]该条约草案第1条逐字重复了《非战公约》第1条。第2条规定，“为了加强和保障《关于废弃战争作为国家政策工具的普遍公约》所规定的国家间和平，联合国家同意就建立必要的工具以便有效地维护和平进行合作”。[62]接下来便列出了一份关于现代联合国所有必要制度的大纲。十天后，他分发了一份更为详细的草案，这次是以《国际组织临时大纲》（“Provisional Outline of International Organization”）为标题。[63]这份新草案将拟议文本与解释性讨论交织在一起。它在以后的文件中通常被称为“99号文件”（“Doc.99”），它仍然是检验该团队深思熟虑程度的试金石。尽管后来的历史学家大多会忽视威尔斯和肖特维尔的关键角色，事实上，它将被证明是后来成为《联合国宪章》（United Nations Charter）的第一份草案。①

/ 196

联合国与国际联盟有着根本性不同。在国际联盟的框架下设立一

① 就我们所知，此前没有人把肖特维尔与《联合国宪章》初稿联系起来。这份草案没有完整的签名，但签上了姓名首字母“J.T.S.”。我们相信，它们代表了詹姆斯·托马斯·肖特维尔。肖特维尔是小组委员会中唯一姓名中有这些首字母的人。此外，该草案的思想体现了三个星期前写给威尔斯的一份备忘录中的观点，这份备忘录签署了同样的姓名首字母，而随同备忘录一同交给威尔斯的则是一封肖特维尔写的附函。Letter from James T. Shotwell to Sumner Welles, July 30, 1942, box 192, folder 8 SWP FDRL; “Preliminary Memorandum on International Organization,” July 28, 1942, box 192, folder 8 SWP FDRL.

个国际法院，将有助于防止“以武力和暴力违反国际法律义务”。[64] 但是，联合国组织将支持以武力和平解决争端。它将确保和平，并提供“一个永久的安全与裁军机制”。肖特维尔强调：“裁军的最终问题是通过其他技术来解决国际争端，从而消除战争。”[65] 他再次强调：“人们普遍认识到《非战公约》和国际联盟的缺陷在于缺乏一个适当的国际性警察行动组织。”新的组织必须填补这一关键空白。它需要的不仅是谴责非法行为的能力，而且是制止这种行为的力量。[66]

该小组的其他成员对如此赤裸裸地依赖《非战公约》持谨慎态度，担心“试图恢复一种让人们对和平问题产生许多错误想法且现在受到普遍怀疑的政策工具，在政治上和心理上都是不明智的”。[67] 相反，他们希望把重点放在《非战公约》所缺失的制度结构上。

然而，即使那些不喜欢逐字逐句重复《非战公约》条款的人，仍然认为它是构建新的联合国组织的起点。该小组甚至考虑过，要强迫每一个加入《非战公约》的国家成为新组织不可撤销的成员。正如一份早期会议的纪要所解释的，小组委员会“认为，由于没有任何国家宣布放弃《非战公约》，因此该公约可能会被用作成员国自动加入新的联合国组织的基础”。[68] 经过激烈辩论，起草者决定改为成员国自愿加入，并只向签署了包含《非战公约》各项原则的《联合国宣言》的国家提供成员资格，至少在最初阶段是这样的。[69] 联合国将是一个全新的和改进的《非战公约》，而不是它的延续。

到了 12 月，小组委员会将肖特维尔起草的草案修订为《国际组织章程草案》（Draft Constitution of International Organization）。[70] 该草案包含了一项基本原则：禁止战争。在后续经由美国国务院、白宫以及一系列国际会议通过的过程中，这一原则将保持不变。[71]《国际组织章程草案》致力于使这项承诺尽可能有效。

然而，威尔斯却无法亲历它最终生效。三年前，1940 年 9 月 16 日，威尔斯与总统及几乎全体内阁成员一起乘火车前往亚拉巴马州的贾斯珀，代表国务院出席科德尔·赫尔的葬礼。[72]他疲惫不堪，就在餐车里喝酒。凌晨4点左右，他摇摇晃晃地走到自己的车厢，按铃叫来一名行李员。前来服务的是普尔曼服务公司（Pullman service）一名非裔美国老兵约翰·斯通（John Stone）。他后来报告说，威尔斯给他钱，让他提供属于“不道德行为”的服务。斯通拒绝后，回到了餐车，并把这件事告诉了其他行李员。他们答应了威尔斯随后的要求，并向他报告了事情的“间接”进展。随后，消息传到了餐车经理和售票员耳中，最终铁路公司总裁欧内斯特·E. 诺里斯（Ernest E. Norris）知道了这事。

对威尔斯来说，一个不幸的巧合是，诺里斯与国务院顾问R. 沃尔顿·摩尔（R. Walton Moore）是好朋友，而当年罗斯福在选择副国务卿时，并未考虑后者，选择的是威尔斯。身患绝症的摩尔计划将这份指证威尔斯有罪的口供告知小威廉·克里斯蒂安·布利特（William Christian Bullitt, Jr.），后者是威尔斯的坚决反对者。25
/ 198 年后，布利特的女儿在父亲家的地板下找到了这份口供，还附有指示，要求在摩尔死后将其交给布利特以“供其使用”。[73]虽然摩尔直到去世后才把这些文件交给布利特，但他安排布利特查看这些文件，并让他做了大量笔记。事件发生两年后，布利特手里拿着足以让威尔斯定罪的证据，极力要求罗斯福解雇威尔斯。他的行为争取到了赫尔的支持，而后者则因为有机会摆脱自己的对手而欣喜异常。

罗斯福拒绝了布利特的要求。接着，布利特犯下了一个永远不会被原谅的背叛行为：他将此事告知了罗斯福的一个共和党对手，参议员欧文·布鲁斯特（Owen Brewster），后者威胁要就此事举行听证会，而这将毁掉威尔斯本人以及罗斯福的政治议程。1943年9月30日，罗斯福极不情愿地接受了威尔斯的辞呈。

布利特将为他的背叛付出代价。罗斯福鼓励他竞选费城市长，然后秘密地告诉该市的民主党领袖，“毁掉他”。在竞选市长彻底失败后，布利特找到赫尔，让他帮忙为自己谋一个外交领域的职位。赫尔跟总统说了此事，总统的反应是往后一靠，顿了顿，然后回答道："行啊，科德尔。利比里亚怎么样？我听说那里有职位。"[74]

威尔斯离开后，国际组织小组委员会也随之解散。威尔斯不再参与有关战后世界安排及谈判的事务，但他努力的结果是明确的。当各国外交部长同意"在切实可行的最早日期"[75]建立一个普遍的维持和平组织时，美国已经准备好了。小组委员会的大多数成员重新开会，以拟定提案终稿。[76]

1943年12月，小组委员会向总统提交了题为《建立维持国际和平与安全的国际组织的计划》（"Plan for the Establishment of an International Organization for the Maintenance of International Peace and Security"）的提案。[77]1944年2月，在白宫会见了赫尔和该小组的几名成员之后，罗斯福总统在提案上签下了"OK FDR"字样，这是他的姓名首字母。美国的计划——那个由肖特维尔制订但永远不会得到应有认可的计划，那个由威尔斯发起并引导得出结论却永远无法实施的计划——现在可以正式付诸实践了。[78]

"种因得果"

1944年8月一个炎热的日子里，英国、美国和苏联的代表们齐聚华盛顿特区乔治敦城中心的敦巴顿橡树园大厦。与大厦毗邻的花园大门上写着"Quod Severis Metes"（种因得果）几个字。

这三个国家都提交了提案，但美国的提案——威尔斯团队1943年12月提出的一个更为详细的方案——成了会议的"基本参考框架"。[79]事实上，各国提前达成了一项关键协议。成员国决定禁止各国对彼此使用武力。新的《联合国宪章》要求"避免以与本组织宗旨不符的任何方式进行武力威胁或使用武力"。[80]

英国代表亚历山大·卡多根爵士解释说，“鉴于‘侵略’一词含义的不确定性”，建议使用美国人提议的“更广泛，更具包容性的语言”。[81] 中国代表团后来询问该协议是否允许各国单方面使用武力。答案是否定的。“除自卫外，未经理事会批准，不得单方面使用武力。”[82] 毫无疑问，非法化战争仍然是文明世界的法则：禁止使用武力的规定涵盖了所有对军事力量的进攻性使用。

下一个问题是如何执行这一禁令。其他代表团接受了美国人提议的基本组织框架，包括大会、执行理事会（后来更名为“安全理事会”）和国际法院。 但是事实证明，有两个问题很棘手，而且确实有可能使整个计划搁浅。首先是大会的代表权问题。各方同意，联合国的每个成员国将有一票表决权。但苏联大使安德烈·葛罗米柯（Andrei Gromyko）建议，苏联的16个加盟共和国中的每一个都应获得单独的成员国资格。[83] 由于担心这项提议一旦泄露，会破坏美国国内对建立该国际组织的支持，美国人将其称为“X事项”（“the X / 200 matter”）。[84] 罗斯福给斯大林发了一份加急电报，警告说：“在这个国际组织最终成立并开始运转之前的任何阶段提出这个问题，都会危及整个计划。”斯大林拒绝做出让步。[85]

但是，还有第二个问题，这个问题甚至更严重。葛罗米柯坚持认为，安理会常任理事国在所有事务上，甚至在直接涉及它们自身的事务上，都应该拥有绝对否决权。美国和英国则持相反意见：常任理事国不应该拥有否决权，尤其是在直接涉及它们自身的事务上不应该拥有否决权。代表美国代表团发言的列奥·帕斯沃尔斯基几乎无法抑制自己的沮丧情绪。“美国代表团非常确信，美国不会希望单方面使用武力，”他宣称，“愿意建议美国在解决争端方面将自己置于世界上所有其他国家同一位置。”而且，“如果美国得出结论说，在自己可能被牵扯进争端的情况下，它不愿意听取安理会的意见，那么实际上等于美国准备与世界所有其他国家开战”。[86]

罗斯福总统一大早就邀请葛罗米柯在总统的白宫卧室进行一对一会谈。[87] 罗斯福在会谈中解释说，美国长期以来的理解是，争端各方不应参与争端裁决。他将“这种……美国公平竞争理念的发展历史追溯到开国元勋们的时代”。他还解释说，苏联提出的允许安理会成员在他们有利害关系的情况下投票的建议永远不会得到美国参议院的支持。[88] 葛罗米柯不为所动。即使罗斯福总统给斯大林发了加急电报，也没能促使斯大林做出任何让步。[89]

经过两个月的谈判和近三年的准备，整个行动似乎都是徒劳无功的。[90] 取代威尔斯担任副国务卿的爱德华·斯特蒂纽斯（Edward Stettinius）在日记中写道：“这将整个会议推到了天花板上。我们陷入了僵局……整个事业能否成功就在于能否在这一点上取得平衡。”[91]

/ 201

现在就剩下三种选择：结束会议并宣布各方无法达成协议；公布他们已经起草的文件，其中载有他们已经同意的所有事项，并将表决权问题留待联合国大会讨论；或者，第三种选择，公布已经起草的文件，但计划在任意一次联合国大会之前召开一次大国会议，解决投票权问题。所有人都认为第一种选择会是一场灾难。葛罗米柯排除了第二种选择。他宣称，除非与其他大国就安理会表决权问题和 X 事项达成协议，否则苏联政府永远不会同意参加联合国大会。[92] “没有我们的加入，你们不能建立一个国际组织。同样，没有你们的加入，我们也无法建立一个国际组织。我们与其他大国必须达成一致。全体一致的原则被打破，就意味着战争的开始。”[93]

代表们决定采用第三种方案。会议结束时，代表们发表了一份关于建立一个国际组织的协议草案。这份文件几乎包含了后来成为《联合国宪章》的所有内容。但是在本应描述表决规则的一节中，草案简单地写着：“注意——安全理事会的表决程序问题仍在审议中。”[94]

/ 202 1945 年 1 月 22 日，在发表第四次就职演说仅两天后，美国总统富兰克林·德拉诺·罗斯福就开始了他的旅程。傍晚时分，总统和他的随行人员从华盛顿乘火车出发。总统的私人火车是在战争开始后为他制造的，有防弹窗、装甲侧板和钢筋混凝土地板。当火车在清晨到达弗吉尼亚州的纽波特纽斯时，特勤局在黎明前将他们送上了美国海军“昆西号”巡洋舰（USS *Quincy*）。[1]

上午 8 时 30 分，该舰开始了从美国东海岸到马耳他的 4000 英里远洋航行。这次航行，护航队需要穿过 U 型潜艇出没的水域。雷达发现德国潜艇在卡萨布兰卡和直布罗陀之间出没。在整个行程中都有飞机护航，同时还有 8 艘驱逐舰和 9 艘巡洋舰，但它们对曾摧毁了英国海军的水下威胁，提供的是不确定的保护。

虽然海上行程既危险又疲惫，但它可能也是此次旅程中最轻松的
/ 203 阶段。美国代表团从马耳他出发，英国代表团紧随其后，经过 7 个小时的艰苦飞行，抵达克里米亚的萨基（Saki）。总统搭乘的飞机安装了电梯，以方便他上下。这架飞机戒备森严，仅有的几个知道它的人称之为“圣牛号”（“Sacred Cow”）。六架战斗机为“圣牛号”伴航，以抵御敌人的攻击。但德国人并不是唯一的担忧。总统的随从也担心苏联的防空炮火，因为众所周知，苏联人习惯于“先开火，后识别”。[2]

最后一段行程也许是整个旅程中最不愉快的了，在崎岖蜿蜒的道路上行进了 80 英里之后，来到里瓦几亚宫。里瓦几亚宫位于小镇雅尔塔附近，在克里米亚南端俯瞰着黑海。[3] 苏联军队护卫着从萨基到雅尔塔的整条路线。他们中的许多人是年轻的女孩子，她们的父亲和兄弟曾在战场上阵亡，或仍在前线作战。[4]

对任何人来说，这次旅行都是一次可怕的冒险。对于一位坐在轮椅上的战时总统——他“疲惫、憔悴”的外表让他的顾问们忧心忡

忡——来说，这可能是一次自杀式任务。[5]尽管大选时白宫医生公开庆祝总统的健康状况——宣称他“状态极佳”——但他身边的人更了解他的身体状况。[6]

罗斯福不是傻瓜，他知道其中的风险，但他觉得冒这些风险值得。斯大林刚刚扭转了德国人疯狂进攻的势头。他同意会晤并讨论可能的战后和平，但只要他的军队还在东线作战，他就拒绝离开苏联。[7]如果罗斯福和丘吉尔要敲定成立一个新的国际组织的安排，他们就得去找他。罗斯福确信，这次会议是必要的。正如他对斯大林说的那样，“我们三个人且只有我们三个人，才能找到解决悬而未决之问题的办法”。[8]丘吉尔一如既往地喜欢使用华丽辞藻，他把这次会议称为“阿尔戈行动”①（Operation Argonaut）。[9]

尽管丘吉尔同意参加这次会议，但他对选择雅尔塔作为会议地点感到遗憾，他指出，“哪怕我们花十年时间研究会议地点，也找不到比这更糟糕的地方。”[10]他的抱怨不无道理。每年这个时候，雅尔塔附近的海域都是冰封的，从而导致从马耳他出发的旅程异常艰苦。尽管从远处看，苏联精英们的奢华住宅似乎完好无损，但仔细观察后就会发现，它们已被烧毁，没有屋顶，而且已经被撤退的德国军队洗劫一空。 / 204

斯大林——在会议前的大量信件中，罗斯福和丘吉尔称他为“乔大叔”或“U.J.”——要求在雅尔塔会面。然而，丘吉尔在一封给罗斯福的电报中宣称，在黑海港口举行会晤，“毫无可能”。[11]为了避免在那里会晤，丘吉尔和罗斯福甚至考虑过鼓励土耳其向德国宣战，这样苏联船只就可以更容易地通过土耳其海峡离开黑海，把斯大林送到马耳他、雅典或塞浦路斯与他们会面。[12]但斯大林拒绝了。[13]

也许世界上没有其他地方像克里米亚半岛这样残酷地提醒人们，

① 阿尔戈行动（Operation Argonaut），阿尔戈指的是希腊传说中的快船“阿尔戈号”。相传，有50位英雄同伊阿宋一道乘“阿尔戈号”去科尔基斯（Colchis）的阿瑞斯圣林取金羊毛。丘吉尔此处将自己等三人比喻为希腊传说中的英雄。——译者注

俄国在过去一个世纪里经历的战争所付出的代价有多大。德国最近的占领所带来的破坏随处可见，但早期战争留下的创痕却依然深刻。这片土地被俄国人的鲜血一遍又一遍地神圣化了。19 世纪中期，法国、英国和奥斯曼帝国组成的联盟从俄国手中夺取了克里米亚半岛的大部分领土，而俄国花了一代人的时间收复这些领土。1917 年俄国革命期间，克里米亚多次易手，每次易手都会导致新的屠杀。

苏联现在处在胜利的边缘，但付出了可怕的代价。军队死亡和失踪人数达到近 900 万。[14] 至少有同样数量的苏联平民死于军事活动或与战争有关的饥荒和疾病。美国和英国的损失也很惨重，但相比之下，就显得微不足道了。据估计，战争结束时，两国死亡人数都将超过 40 万。[15] 当时，这个会议选址提醒了美国和英国客人，盟军之所以能有机会制订战后和平计划，是因为有一个国家做出了不可比拟的牺牲。但它也向斯大林提醒了战争的危险——不仅对他的国家，而且对他的政府，甚至对他自己。

在赢得了关于会议地点的意志战后，斯大林面临着一项几乎不可能完成的任务：为雅尔塔迎接数百名来访者做好准备。苏联无情地召集疲惫不堪的当地工人并恐吓战俘，疯狂地为这次历史性会晤准备会议场所。[16] 尽管苏联做了这些非凡的努力，但大家还是普遍感到不适——其中最主要的是浴室数量严重不足和臭虫到处都是。[17] 来自美国的两支卫生小分队被安排到处喷洒滴滴涕（DDT）。[18] 丘吉尔有他自己的解决办法：用“足够的威士忌”来抵挡臭虫。[19]

/ 205

然而，与促使他们举行会晤的棘手问题相比，这些不适带来的挑战微不足道。敦巴顿橡树园会议上最可能引起冲突的两个问题仍未解决：X 事项和安全理事会的表决程序。[20] 当然，新的国际组织的表决规则也不是唯一令人关注的议题。毕竟，这场战争还没有打赢。在第一次会议上，讨论的重点是打仗，而不是维持和平。罗斯福总统对斯大林的招待表示感谢后，宣布会议开幕，会议讨论的重点是最近苏联的进攻行动。[21]苏联方面明确表示，希望盟军加快推进西线部队，以缓解苏军在东线的一些压力。[22]鉴于战争给苏联造成的毁灭性破坏，罗斯福和丘吉尔同意了这一要求。

赢得战争的迫切需要促使罗斯福做出了让美国人后来会后悔不迭的让步。罗斯福的主要战略目标，除了就建立新的联合国组织达成协议外，就是获得斯大林的承诺，苏军加入对日作战。[23]到此时为止，苏联一直回避加入亚洲战场。罗斯福担心，如果没有苏联的支持，对日战争将持续数月，甚至数年。美国在研制核弹方面取得了进展，但核武器的效果仍未得到验证。为了获得苏联在对日作战中的援助，这位美国总统愿意付出高昂的代价，包括割让千岛群岛、中国东北的部分地区和库页岛南部，后者在1904~1905年日俄战争中被割让给了日本。[24]

与此同时，斯大林担心德国会再次发动侵略。事实上，他决心尽一切努力确保德国不再对苏联构成威胁。联合国是一个更广泛计划的至关重要的组成部分。首先，让德国瘫痪。把它分割成几个占领区（苏联占领区面积越大越好），然后榨取能严重损害德国发展的赔款。[25]第二，沿苏联西侧建立物理屏障。斯大林要求盟军移交波兰一部分领土给自己。由于波兰是德国三十年来两度进攻苏联的通道，斯大林认为，盟国在这些领土上的让步，“不仅是事关苏联荣誉，也事关苏联生死存亡”。[26]

最后是联合国。《联合国宪章》将把各大国纳入一个持续存在的联盟中，并减少它的国家再次陷入战火的可能性，或更糟的是，减少它的国家被孤立的可能性。对于一个没有任何稳定联盟的国家来说，这种保护是无价的。但是，能够对该机构采取的任何行动行使绝对否决权也至关重要。因为，如果没有绝对否决权，斯大林无法确定，他帮助建立的组织不会反过来反对他。[27]有时候会祸福相依。

这些问题在会议上被反复讨论，每一方都竭尽全力争取优势，结果第二天优势就会不复存在。会议于2月4日星期日开始。当天上午和下午的大部分时间都在讨论战争计划，晚宴上的谈话转移到了联合国否决权问题上，尽管是拐弯抹角的。他们讨论的正式主题是“战后和平组织中较小国家的发言权”。根据会议的大量记录，斯大林重申了他的立场，他“认为，阿尔巴尼亚将与赢得战争并出席这次晚宴的三大国拥有平等发言权的观点是荒谬的”。他抱怨说：“一些获得解放的国家似乎认为，为了解放自己，大国被迫流血牺牲，而他们现在正在斥责这些大国没有考虑到这些小国的权利。”他绝不会同意“让任何大国的任何行动屈从于小国的判断”。[28]

葛罗米柯后来写道，虽然罗斯福在会议期间对斯大林的言论反应平静，但丘吉尔无法掩饰自己的愤怒。他抽雪茄的频率反映了他的情绪，“当他紧张或兴奋的时候，抽得就多。他抽的雪茄烟头的数量与会议的紧张气氛成正比”。[29]

斯大林发言结束后，丘吉尔回应说：“不存在小国向大国发号施令的问题，但世界上的大国应履行其道德责任和领导作用，并应以适度且对小国权利极大尊重的态度来行使其权利。”[30]美国代表团的一名成员、罗斯福的会上译员查尔斯·波伦（Charles Bohlenn）也负责记录，他补充说，美国人民永远不会接受一个有损小国利益的协议。对此，安德烈·维辛斯基（Andrei Vishinsky）——一位英国外交官后来把维辛斯基描述为“极尽卑躬屈膝之能事的阿谀奉承者，甚至在主人还没有表达意愿之前，他就迫不及待地想要听从主人的吩咐”[31]——咆哮道：“美国人民应该学会服从他们的领导人。”波伦说，他“希望看到他把这些告诉美国人民”。维辛斯基反驳说：“他很乐意这样做。”[32]

当晚的讨论几乎没有取得任何进展。在罗斯福总统和斯大林退场后，丘吉尔会见了英国外交大臣安东尼·艾登和美国国务卿爱德华·斯特蒂纽斯。他向他们承认，他已开始相信，除了在否决权问题上放弃原先的立场之外，别无选择。“一切都取决于三个大国的团结。没有这一点，世界将遭受无法估量的灾难，任何保持这种团结的东西都将获得他的支持。”艾登不同意丘吉尔的观点，他认为，如果这样，同盟国将失去小国和英国人民的支持。[33]丘吉尔离开后，斯特蒂纽斯、艾登、艾夫里尔·哈里曼（Averell Harriman）大使和波伦一致认为，在关键的否决权问题上没有取得任何进展。事实上，这个问题已经有了进展，但方向是错误的：英国首相的立场似乎已经转向了支持苏共总书记。艾登担心他的老板根本不明白这个问题的利害关系。[34]

德国的战败似乎已近在眼前，第二天的讨论转向战后对德国的处理。三大国早先同意将德国分区占领，但有许多其他问题仍悬而未决，包括占领区的边界划分和分区占领的持久性问题。斯大林反复提及要将德国“肢解”，而丘吉尔和罗斯福则谨慎地将占领区描述为仅仅是“暂时的”。[35]

第三天，当罗斯福总统提议重新回到处理敦巴顿橡树园悬而未决的问题，即安理会的表决程序，尤其是否决权和 X 事项上时，斯大林毫无妥协之意。罗斯福说，他强烈感受到“世界上所有的国家都有一个共同的愿望，那就是至少在五十年之内消除战争”。[36]为了确保这一目标实现，他们必须解决安全理事会的表决问题。然后，罗斯福让斯特蒂纽斯发言，概述美国代表团认为的试图打破僵局的折中方案：安全理事会授权使用武力或实施制裁的决定，需要 11 票中的 7 票，也就是斯大林主张的三分之二多数赞成方可。此外，五个常任理事国——苏联、美国、英国、中国和法国——可以否决任何实质性决定，而不仅仅是程序性事项；为了保全体面，对于安理会不授权使用武力或实施制裁的决定，涉及争端的常任理事国应该避免行使它们的否决权——它们应该，如草案所述，“弃权”[37]；最后，常任理事国不能阻止安全理事会进行辩论，即使它们能阻止安全理事会采取行动。

丘吉尔表示支持这项提议。斯大林没有拒绝这种妥协，但他也没有接受它。正如丘吉尔后来所述，斯大林担心，尽管三位领导人现在团结在一起，但十年后，他们都将不再掌权。新一代可能会忘记他

/ 208

们一起经历过的一切。斯大林警告说："最大的危险是我们之间的冲突。""因此，"他建议说，"我们现在必须考虑如何确保我们未来的团结，以及如何保证三大国（可能还有中国和法国）将保持统一战线。"[38]他认为，只要团结能够保持下去，"德国重新发动侵略的危险就很小"。[39]

在研究了这个提议之后，斯大林认为它给了他所需要的东西：防止大国利用联合国的机制对苏联采取行动的能力。美国的折中方案被提出两天后，斯大林同意了该方案。[40]然而，斯大林想要一些回报。尽管他放弃了在敦巴顿橡树园提出的 X 事项的要求，但他仍然希望有三个或者至少两个苏联加盟共和国加入联合国大会。[41]他认为，乌克兰共和国、白俄罗斯共和国［the Republic of White Russia，今天是白俄罗斯（Belarus）的一部分］和立陶宛在战争中比大多数国家遭受了更多的苦难，它们理应在这个因其人民的鲜血而成为可能的新的世界组织中发出自己的声音。关于这一点，斯大林说得有道理。乌克兰失去了 15% 的人口，白俄罗斯失去了几乎五分之一的人口——不仅仅是战士伤亡，每个人都遭受了痛苦。[42]最后，三位领导人达成了妥协：不邀请任何苏联加盟共和国参加最终成立联合国的联合国家会议，但如果苏联提议让乌克兰和白俄罗斯加入该组织，英国和美国代表将会支持它们的加入。[43]

最终，三位领导人达成的协议并没有满足任何一方的所有要求，但也给了他们足够的满足。美国代表团知道，尽管《联合国宪章》赋予了美国同样的绝对否决权，但决定让苏联对联合国的大多数决议拥有绝对否决权，在国内需要做出最充分的解释。正如威尔斯后来在他为《联合国宪章》所做的公开辩护中解释的那样，否决权是苏联加入联合国所付出的代价。"鉴于 1945 年的情况，难道还有任何客观的观察者……严肃地认为，因为拒绝妥协而冒着没有联合国的风险……会比建立一个苏联从一开始就是成员国的联合国还更好？"此外，妥协并不是单方面的：苏联承认，否决权不会妨碍安理会对争端的审议，即使是涉及一个大国的争端也是如此。“因此，妥协方案使安全理事会对未来可能涉及苏联或任何其他大国的所有争议公开表达意见。”[44]妥协接纳乌克兰和白俄罗斯（众所周知的白俄罗斯加盟共和国）为联合国创始成员国没什么实际意义，但“在心理上是明智的”，因为允许苏联加入一个组织，而在这个组织中，它“只能依靠少数坚定的追随者”，所以它在几乎每一个实质问题上都有可能寡不敌众。[45]

所有战争的结束

会议结束后，美国代表团于 1945 年 2 月中旬返回美国，深信他们已达成一项组建联合国组织的协议。罗斯福本来就身体不舒服，这次旅行更是让他的身体状况雪上加霜。看到他的人都注意到，他看上去是多么消瘦和疲惫。他回国后不久，财政部长亨利·摩根索（Henry Morgenthau）与罗斯福见了面。摩根索报告说，“看到他时，我非常震惊，我发现他老得可怕，看起来非常憔悴”。[46] / 210

但是罗斯福有他的计划。他告诉妻子，他打算在 4 月下旬去旧金山，出席为即将产生新的联合国而召开的最后一次会议。他希望她能来听他的演讲，然后和他一起去英国旅行。在那里，丘吉尔承诺英国人民将给予他“自纳尔逊勋爵（Lord Nelson）得胜回伦敦以来最盛大的接待仪式”。[47]

但首先，他需要休息。他决定回到他在佐治亚州的温泉小屋休息。当他想要摆脱华盛顿的严寒和政治压力时，他就会去那里。虽然他休息了，但他根本闲不下来。作为战时总统，他有访客、要回信，还要写演讲稿。4 月 11 日，正是在那里，他为计划几天后将在全国广播中发表的演讲写了一段：

我的朋友们，我们的工作是实现和平，而不仅仅是结束这场战争——是所有战争的结束。是的，是这种通过大规模屠杀人民来解决政府间分歧的不明智的、不切实际的做法的永远结束。[48]

他永远没有机会发表这个演讲了。写完演讲稿后的那天下午，他坐在小屋的客厅里，签署文件，偶尔停下来与朋友们以及那位正在为他准备一幅肖像画的艺术家交谈。突然，他把手放在头上，向后一倒。几分钟后，他因大面积脑出血而去世。[49]

埃莉诺·罗斯福得知他的死讯后，给都还在服役的四个儿子发了电报："如他也对你们希望的那样，他工作到了最后一刻。愿上帝保佑你们及所有我们所爱之人。妈妈。"

当月下旬，罗斯福计划参加的会议在旧金山开幕。出席会议的有50个国家的代表，这些国家全都与美国、英国和苏联立场一致，在战争期间签署了《联合国家宣言》。

/ 211

詹姆斯·肖特维尔也出席了会议，他代表的是卡内基基金会（Carnegie Endowment），这是42个被邀请出席的非政府组织之一。虽然威尔斯没有参加会议，但其思想的影响是显而易见的。他不仅促成了后来成为《联合国宪章》的文件，而且他1944年出版的《决定时刻》（*The Time for Decision*）一书售出了50万册，该书向美国公众宣传了联合国的目标，并帮助美国参议院轻松通过了《联合国宪章》。[50]他还加入了美国广播公司，担任"和平顾问"，在直播中发表专家评论，并主持"萨姆纳·威尔斯和平论坛"（Sumner Welles Peace Forum），在这个由四个广播节目组成的系列节目中，他和其他专家讨论了旧金山会议。[51]他曾经的死对头科德尔·赫尔也缺席了会议。他病得太严重，无法出席。鉴于他对这个新的国际组织的贡献，赫尔后来获得了1945年诺贝尔和平奖。[52]

刚刚宣誓就职的美国总统哈里·杜鲁门（Harry Truman）通过

电报发表致辞，宣布会议开幕："我们这些经历了两次世界战争的折磨和悲剧的人，必须认识到摆在我们面前问题的严重性……我们仍然有两种选择：是放任国际秩序继续混乱，还是建立一个维护和平的世界组织。"他宣布，齐聚旧金山的人们抱持着一个目标："我们必须提供一种机制，让未来和平不仅成为可能，而且成为必然。"[53]

正如杜鲁门清楚表明的那样，这次会议绝对不是走过场。除了大国之外，所有国家都还没有批准该协议条款。为了达成共识，需要对协议文本进行几处修改。事实上，建立联合国组织的计划一度可能因安全理事会的表决程序分歧而再次遭到失败。正如预测的那样，小国反对不平等待遇。此外，对于在雅尔塔达成的、关于表决权问题的妥协方案的确切含义也存在相当多的争论——例如，该协议是否确实允许常任理事国将一些问题排除在议程之外，或者只是允许常任理事国有权禁止强制措施。[54]尽管如此，最终获得所有50个国家赞成的文本，其大致轮廓甚至在大多数细节上，都与雅尔塔会议形成的文本相同。 / 212

考虑到战争在国际法中所起作用的悠久历史，这次会议最引人注目的也许是对新的《联合国宪章》第二条第4款所规定的禁止"武力威胁或使用武力"，没有任何一个国家表示反对。各国对此表示沉默的原因是，事情已经解决了。毕竟，几乎所有与会国家都批准了《非战公约》，并在《联合国家宣言》中承诺"放弃使用武力"。

在22卷超过10000页的旧金山会议记录中，只有很少一部分是关于《联合国宪章》第二条第4款的。尽管如此，这寥寥数页还是很有启发性。一些小国希望大国能够承诺对非法使用武力做出反应，将《联合国宪章》从一项互不侵犯协定转变为一项全球共同防御条约。例如，新西兰曾建议，规定"联合国组织所有会员国承诺集体抵制针对任何会员国的一切侵略行为"。[55]巴拿马代表也提出了一项修正案，规定各国有对侵略做出反应的积极义务。[56]美国代表坚持认为，只要略微修改一下措辞，现有话语就足够了。毕竟，"如果对侵略不加抵抗，大国也面临灭亡的威胁”。[57]此外，这些建议“使人联想到《国际联盟盟约》的某些特点，而正是这些特点使美国无法接受该文件”。[58]

这番话传递的信息是明确的：美国永远不会同意一份要求它扮演世界警察角色的文本，也不会同意让苏联、英国、中国和法国扮演世界警察角色的文本。建议所有成员国同意抵抗针对任何成员国的侵略，将“意味着在西半球动用欧洲部队，在世界许多地区动用美洲部队，这是包括美国在内的许多国家所不能接受的”。[59]从理论上讲，它似乎强化了对战争的禁止，但实际上，它注定行不通。正如威尔斯后来所说，对世界和平的这种保证将导致保证自身被破坏：要求大国充当世界警察的方法必然假定“大国有权将世界划分为四个大国影响下的区域”。“要过多久，”他问道，“其中最强大的国家才会寻求在不受伙伴干涉的情况下维护这一权利？”[60]是的，对非法使用武力不予回应是一种危险。但是，允许各国每当认为存在违反国际禁止使用武力规定的行为就拿起武器，则更加危险。

反对强制执行的意见占了上风。[61]大家最终同意，各国没有对侵略做出反应的明确义务，这将留给采取自卫行动的国家以及只能采取集体行动的安全理事会。[62]

1945年6月26日，所有参会的50个国家签署了《联合国宪章》。现在，联合国诞生了，但是战争还没有结束。在会议期间，1945年5月8日，德国宣布投降，但日本还在战斗。斯大林遵守他在雅尔塔会议上做出的承诺，在沿苏联与中国东北的边界集结了一百多万军队。1945年8月9日，苏联对盘踞在中国东北的日军发动进攻。当天恰逢美国在长崎投下第二枚原子弹，而几天前，美国在广岛上空引爆了第一枚原子弹。大约一周后，日本停止了战斗，并于9月2日宣布投降。战争结束了。[63]

自第二次世界大战一开始，盟国就清楚地表明，它们不仅仅是为了自己的安全而战斗，不仅仅是为了那些被征服的国家和人民的权利而战斗，不仅仅是为了打败希特勒和他的盟友以及他们的卑鄙想法而战斗。正如丘吉尔、罗斯福和威尔斯在1941年的《大西洋宪章》中所说，他们是为了维护让“世界上所有国家……必须放弃使用武力”的原则而战斗。当盟国赢得战争时，他们不仅打败了德国、日本和意大利。他们战胜了旧世界秩序。

联合国是新世界秩序的体现。它是在战争仍然肆虐的情况下，在艰难抉择中形成的。但这些都并非仓促草率的选择。那些做出这些选择的人知道其中的利害关系，明白其中的代价，并尽其所能带来“所有战争的结束”。一位伟大的美国总统冒着生命危险使各国达成协议，因此从根本上说，这项协议是一项美国主导的文件——由美国人构想、由美国人协商、由美国人促成。和美国宪法一样，《联合国宪章》是理想主义的，同时也是务实的。它不是为了解决所有可能的国际问题，而是为了解决一个特定的问题——国家间战争的灾祸。 / 214

禁止战争不仅限于《联合国宪章》的规定。同盟国监督每个轴心国起草新宪法，并将禁止战争写入了它们的根本大法。德国《基本法》(Basic Law）第二十六条规定：“扰乱国际和平共同生活之行为，或以扰乱国际和平共同生活为目的之行为，尤其是发动侵略战争之准备行为，均属违宪。此等行为应处以刑罚。”[64]日本新宪法第九条规定：“日本国民永远放弃以国权发动的战争、武力威胁或武力行使作为解决国际争端的手段。”[65]意大利宪法第十一条规定，意大利“拒绝把战争作为侵犯他国人民自由的方式和解决国际争端的工具”。[66]

世界已经开始响应白里安的号召，不仅要宣告维护和平，而且要组织实现和平。然而，组织和平需要的不仅仅是重申禁止战争，还需要建立一个能够对国际和平与安全的威胁做出集体反应的全球制度。如果自1928年以来发动侵略战争确实是非法的，那么就必须使追究发动战争的人的责任成为可能。

/ 第十章 朋友和敌人

/ 215 德国纽伦堡，1947 年 4 月 3 日，下午 3 点 45 分。一位 58 岁的法学教授在司法宫（Palace of Justice）166 室等待审讯开始。[1]这位教授个子不高，但相貌出众，他干净利索，轮廓分明，双目炯炯有神，但是左前额一颗突出的脂肪瘤——一种良性的脂肪性肿瘤——破坏了他脸型的对称。

根据盟国的一份报告，这位教授是卡尔·施米特（Carl Schmitt）。他是德国首屈一指的政治学家，也是世界上最伟大的政治作家之一，“一个近乎天才的人”。[2]施米特不仅是“少有的将学识与想象力结合起来的学者之一”，而且是一个能够运用这种“理论知识对政治可能性给予现实关怀”的学者。[3]尽管他才华横溢，或许正因如此，这份报告建议将他作为战犯起诉。“卡尔·施米特是希特勒德国的智力支柱之一，他积极准备并促成了后者的侵略行为。”[4]另一 / 216 份建议没收施米特的图书馆的报告总结道：“我几乎不知道还有谁比卡尔·施米特在捍卫纳粹政权方面做出的贡献更大。”[5]

施米特确信有一个针对他的阴谋，而且他很清楚这个阴谋的领导者是谁。“我落入了强大的美利坚帝国手中，”他在日记中写道，“我对我命运新的主宰者很好奇。但直到今天，在五年漫长的岁月里，我没有和任何一个美国人说过话，只和德国犹太人说过话。”[6]他认为，迫害他的是犹太人，美国人是他们的走狗。“这些可怜的现代北方佬和他们（的控制者）古老的犹太人一道，组成了这个世界奇特的主宰。”[7]

那天下午，审讯施米特的人确实是个犹太人，名字叫罗伯特·肯普纳（Robert Kempner），是一名德国犹太律师，曾在 20 世纪 30 年代初担任普鲁士警方首席法律顾问。肯普纳是一位强硬的检察官，而且行事有点肆无忌惮。他还威胁要把不合作的证人交给苏联人。他的同事不喜欢他，认为他既粗俗又难相处。[8]

肯普纳认识施米特，或者至少听说过他。1932 年，有一起案件让肯普纳不仅丢掉了工作，且后来还被迫逃离德国，施米特则是该案的关键参与者。但是肯普纳这次回来是为了起诉纳粹战犯，并不是为了讨论他的个人恩怨。他想谈谈《非战公约》。

开始审问时，肯普纳告诉犯人他有权保持沉默。[9] 施米特说他很乐意合作，但想知道具体的指控。“我来告诉你我感兴趣的是什么，”肯普纳回答说，“我对你直接或间接地参与策划侵略战争这件事感兴趣。”[10]

“策划侵略战争是一个全新且非常广泛的概念”，施米特回答道。[11]

肯普纳怀疑施米特在装傻充愣。“我理所当然地认为，作为一名公法教授，你完全知道侵略战争是什么。”[12]

他确实是在装傻。因为这位教授是这方面的世界级专家。他比其他学者更早涉足这个研究领域。他也是这一“全新且非常广泛的概念”的主要反对者。多年来，施米特一直警告称，将侵略战争定为犯罪行为将导致灾难，不仅是德国的灾难，也是全世界的灾难。1945 年，富有的实业家弗里德里希·弗利克（Friedrich Flick）担心自己会被盟国起诉，于是聘请施米特撰写了一份有关侵略罪的专家法律意见书。这份意见书很可能构成了纳粹在纽伦堡法庭进行辩护的基础。该法庭所在地与施米特目前被关押地同属一个建筑群。

施米特输掉了那场官司。他有再次输掉的危险，而这一次他自己的生命危在旦夕。

朋友和敌人

在坐进纽伦堡审讯室的 20 年前，施米特曾坐在柏林政治学院

/ 217

（Hochschule für Politik）的演讲厅里。[13]演讲者是詹姆斯·肖特维尔，他是因德国政府启动恢复与美国大学关系的项目而受到邀请。1927 年 3 月 1 日举行的这次公开演讲，庆祝了这两个昔日敌国之间友好相处的新时代。德国最高法院首席法官主持了这次演讲。出席活动的还有德国总理威廉·马克思（Wilhem Marx）、普鲁士首相奥托·布劳恩（Otto Braun）及其内阁成员，还有身着全套军服、腰佩武器的陆军部和总参谋部的领导们。[14]

到 1927 年，肖特维尔在国际联盟关于《日内瓦议定书》的斗争中失败了。但从这次失败中，他吸取了一个重要教训：（非法化战争运动）始于宣布战争非法，忧于后续执行。因此，他在演讲中提出了非法化战争运动的基本建议。“我们正处于人类历史上最伟大的转折点，”肖特维尔声称，“我们的智慧已经战胜了我们的物质环境，现在它正在努力解决人类自身的问题。”对于所有问题中这个最为关乎人类本性的问题（most human of problems）——战争问题，唯一的解决办法就是确保“非法化除防御之外的所有战争”。[15]三个星期后，肖特维尔将在巴黎向阿里斯蒂德·白里安提出同样的建议，后者会欣然接受，并以此作为他提议的法美条约的基础。

肖特维尔的演讲使施米特紧张不安。他认为这是“对德国命运最重要的演讲之一”，并想对此做出回应。[16]当肖特维尔的非法化战争建议在各大国获得越来越多的支持时，1927 年 5 月 10 日，施米特发表了 20 世纪最著名的演讲之一。他以“政治的概念”为主题，进行了反击。他警告德国，灾难即将降临；非法化战争是一个诡计，全世界都趋之如鹜。 / 218

在肖特维尔提议非法化战争的同一栋大楼里，施米特谴责了非法化战争。施米特在政治学院的演讲中声称，各国放弃战争是荒谬的：非法化战争听起来很美好，但正因为听起来很美好，所以它实际上却很危险，而且非法化战争是不可能的；认为战争可以被非法化是对政治的误解，政治以战争可能性为前提；一个宣布战争非法的国家也在非法化这个国家本身。

这一说法听起来就像纳粹的野蛮军国主义。尽管施米特后来加入了纳粹党，但此时他还不是纳粹分子，也不是民族社会主义理论家。他的反对并非出于对暴力的颂扬，而是基于一种阴暗而根深蒂固的政治愿景。

按照施米特的说法，政治世界［或者如他用德语称为“政治”（the Political）］不是由它的主题来定义的，任何问题都可能引发政治争端。定义政治的是它的强度：斗争越激烈，争端就越政治化。“政治，”施米特写道，“是最激烈、最极端的对立。”[17]

政治争端是激烈的，因而它们是危险的。最极端的争端，也是最危险的争端，是根据施米特所谓的“友—敌”有别的理念组织起来的争端。[18]朋友和敌人都在为生存而斗争：朋友保护朋友，但他们试图消灭敌人。

施米特强调，朋友不必憎恨敌人，也不需要认为他们是邪恶的。敌人之所以成为敌人，仅仅是因为与他们的冲突是如此重要，以至于变得关系到生死存亡：不管出于什么原因，敌人威胁着自己的生活方式，因而必须被消灭。“朋友、敌人和战斗的概念之所以准确地具有它们的真正含义，是因为它们指的是肉体杀戮的真实可能性。”[19]当然，人们通常憎恨他们的敌人。他们倾向于认为敌人道德沦丧、罪恶深重或面目可憎。敌人利用这些道德和审美评价来强化敌对情绪，使互相残杀的任务变得更加容易。[20]

施米特认为，国家的决定性任务是规范政治争端，确保那些威胁群体生活方式的激烈冲突得到解决。在极端情况下，各国会区分敌友，并部署所有斗争工具中最具政治色彩的——战争。“国家作为决定性的政治实体拥有巨大的力量：发动战争从而公开处置民众生命的可能性。”[21]实际上，拥有发动战争的权利赋予了国家一种近乎神一般的力量："要求其成员随时准备赴死和毫不犹豫消灭敌人的权利。"[22]

施米特不是军事家。[23] 他否认国家的目的是发动战争。"战争既不是政治的目标，也不是政治的目的，甚至也不是政治的内容。"[24] 但是，国家必须时刻准备发动战争，因为存在一些严重威胁着国家生存的冲突，这些冲突只有战争才能解决。故而，杀戮逼近的可怕前景笼罩着所有的政治行动。因此，战争必须作为国家的一种选择——一种激烈的选择，但依然只是一种选择。[25]

施米特总结道，因为国家的职能是规制政治冲突，所以国家不可能非法化战争。如果一个国家想要尝试非法化战争，那么它将无法区分朋友和敌人。这将结束政治，并进而反过来终结国家自身，因为根据定义，国家是使用任何必要手段解决激烈冲突的实体。施米特解释道："一个存在于政治领域的民族，在必要时不能放弃自行决定敌友之别的权利……如果这种敌友区分消失了，那么政治生活也就一道消亡了。"[26] 在施米特看来，肖特维尔并不是在建议德国非法化战争，而是在要求德国和其他所有听从他建议的国家去自杀。

"与魔鬼战斗的人"

220 他们说，所有的小说都是自传。哲学写作也是自传式的，这虽然是事实，但这种说法却显得不落俗套。哲学家们总是自命能发现有关人类状况的抽象而永恒的真理，但他们却不得不依靠自己个人的和狭隘的经验。施米特的政治理论是典型的案例：激烈的冲突定义了他的生活，区分朋友和敌人是他的主要困扰，而后者对他在19世纪末20世纪初的激烈动荡中生存下来至关重要。

1888年7月11日，施米特出生于德国小镇普莱滕贝格，这座小镇坐落在威斯特伐利亚茂密的山林中。[27] 他家是天主教家庭，与教会联系密切。他的三个叔祖都是神父。卡尔年轻的时候，他母亲希望他也能成为神父。[28]他的亲戚们站在了“文化争端”（Kulturkampf）①的前线，这是俾斯麦挑起的从天主教会手中夺取权力的长期斗争。斗争的痛苦折磨着施米特的集体记忆，尽管俾斯麦最终屈服了，但这个家庭从未失去受围心态（siege mentality）。

卡尔在一个以新教徒人口为主的小镇长大，那里的教派分歧真实存在且非常明显，敌对教派之间经常发生暴力冲突。普莱滕贝格人口可能主要是以新教徒为主，但它是天主教莱茵兰地区的一个城镇，而莱茵兰又是新教德国的一个区域。德国本身夹在信奉天主教的法国和信奉东正教的俄国之间。因此，施米特的性格形成期是在一系列忏悔性的俄国套娃中心度过的。对他来说，蹂躏德国的宗教战争并没有在1648年结束。它们只是转入地下，有随时爆发的威胁，仿佛威斯特伐利亚的和平从未达成。

卡尔卑微的出身也使他疏离了占统治地位的、上层阶级的新教精英。父亲让他去经商，他拒绝了父亲的建议，进入了久负盛名的柏林洪堡大学（Humboldt University）学习。对于一个像他这样背景出身的年轻人来说，这一举动非同寻常。[29]他在学校里成绩优异，但他从未有被接纳感。“我是一个出身平凡、默默无闻的年轻人，”他后来写道，“我完全站在黑暗中，从黑暗中望向一间灯火通明的房间。”[30]1915年，他迎娶了一位名叫帕芙拉·多洛蒂（Pavla Dorotić）的维也纳舞蹈演员。她艳丽夺目，自称克罗地亚贵族的后裔。施米特似乎被她所谓的血统所吸引，就像被她的美貌吸引一样。结婚后，施米特开始在自己的出版作品中使用她的娘家姓，以“卡尔·施米特-多洛蒂”为文章署名。[31]

他称呼她卡莉（Cari）。卡莉是朋友和敌人的化身。尽管两人相爱，但她对他反复无常，且经常恶言相向。施米特一直搞不清她所做

① 1873—1887年罗马天主教会和德国政府之间围绕教育和教职任命权进行的斗争。——译者注

何为。卡尔后来发现，卡莉是个冒名顶替的骗子，她只是一位血统普通的年长妇人，编造了自己的人生故事。这让他悲愤欲绝。经过七年痛苦的婚姻生活，施米特获准离婚。这段时间里，他“感觉自己像地狱里的疯子”。[32]

施米特认为自己是处于困境中的少数派的一员，因为占统治地位的是新教精英，他是一名下层天主教徒。但他也是一个德国人，和他的同胞一样，经历了德国在第一次世界大战中战败的屈辱和困苦。当时，除了少数军队高层外，没有人预料到德国会输掉这场战争。德国的失败令人震惊，许多人认为这个国家已经从内部被削弱了。

第一次世界大战结束后，协约国惩罚性的和平解决方案加剧了德国人的愤怒。根据令人恼火的“凡尔赛勒令”（Versailles Diktat），德国不得不放弃1918年在布列斯特－利托夫斯克（Brest-Litovsk）从俄国夺取的领土、1871年普法战争中从法国征服的土地，以及所有海外殖民地。同时，它还承诺支付毁灭性的经济赔偿。德国承担了整个战争的责任。协约国起诉德国皇帝，强迫他继续流亡荷兰。他们把德国军队的人数限制在10万人以内，禁止重整军备，并强制要求莱茵兰地区非军事化。后来，德国拒绝支付赔款，法国再次入侵鲁尔河谷，引发了一场危机，最终导致1923年的恶性通货膨胀。在这场经济噩梦中，物价一日之内几倍攀升，日复一日如此。[33]人们一生的积蓄在几个小时内就化为乌有，纸币变得一文不值，只好烧掉取暖。1923年11月，德国政府被迫印刷100万亿马克面值的钞票，而按照当时的汇率，每张钞票的价值仅略高于20美元。[34]

即使经济混乱平复下来，德国社会也没有恢复正常状态。德国陷入深刻的、有时无法控制的冲突。1928年，至少有41个政党参加了选举。[35]当时，德国政治暴力猖獗。各党派都有自己的准军事部队，在国会选举失利后，这些准军事部队便在街上互相厮杀。纳粹有两个这样的组织：身穿棕衣的突击部队“冲锋队”（Sturmabteilung,

SA））和身穿黑衣的安全人员“党卫军”（Schutzstaffel, SS）。德国人不仅有被包围感，而且不确定是谁在包围他们。敌人是布尔什维克主义、自由主义、美国、法国、“被诅咒的共和国”、天主教会、工会，或者可能是犹太人？ / 222

然而，施米特否认他的政治理论是狭隘的。对于一个生活在动荡时代的德国人来说，这一反应是可以理解的。他坚持认为，战争是政治的永恒潜台词，是人类社会普遍存在的特征。他声称，“没有什么可以逃脱政治的这个逻辑结论”。[36]和平主义似乎是个例外，但施米特认为，这是一种幻觉。因为，如果和平主义者对和平主义持强烈坚持态度——如果他们真的致力于结束战争——那么，他们就会以战止战。[37]

事实上，当施米特演讲的第二版在1932年出版时，《非战公约》已经签署。施米特借机把《非战公约》说成一个危险的骗局。他认为，与它包装的相反，该公约并没有非法化战争。相反，它制造了一群新的敌人，也就是那些违反公约的国家。“非法化战争的庄严宣言并没有废除敌友区分，相反，它赋予了一份国际敌对宣言以新内容和新活力，从而带来了新的可能性。”[38]

施米特问道，如果非法化战争是不可能的，那么为什么世界各国要这么做呢？施米特的回答很简单：非法化战争是一种武器。《非战公约》的支持者并不是出于停止杀戮的虔诚愿望而采取无私行动。他们把它设计成一个圈套来压制对手。“战争是以人道的名义进行的……这一点具有特别强烈的政治意义。当一个国家以人道的名义与其政治敌人作战时，这不是一场为了人道的战争，而是一场某一特定国家企图通过篡夺某种普遍概念来对付其军事对手的战争。”[39]因此，非法化战争比荒谬更糟糕——它不诚实、虚伪、卑鄙。这是德国的敌人为了统治世界而建造的特洛伊木马。“不管是谁，只要祭出了人类的大旗，”他既厌恶又钦佩地讥讽道，“都是想要欺骗世人。”[40]

他解释说，如果理解正确，《非战公约》不会结束战争，它将创造一种新的战争，一种在那些使用军事力量的国家和那些使用其他形式影响力（如经济或文化实力）的国家之间的战争。战争仍将继续，但不再被称为“战争”，它们将披上刑事司法的术语外衣并被人道主义干涉的习语伪装：“执行、制裁、惩罚性讨伐、平息、保护条约、国际警察以及确保和平的措施。”[41]“敌人”将继续存在，但他们也不会被称为“敌人”，敌人将会被贴上“和平扰乱者”和“人类的罪犯”的标签。[42]

更糟糕的是，当战争被描述为警察打击罪犯的行动时，所有的约束都将失效。那些打着“人类”旗号打仗的人，不会把敌人当人类看待。被剥夺人性的敌人将得不到所有人类都应得到的法律保护。即使胜利者也会被非法化战争运动改造。未来的战争将变成殊死战斗的圣战、十字军东征、野蛮的歼灭战，打到最后，留下的只有可怕的毁灭。施米特的前辈、德国哲学家弗里德里希·尼采最好地表达了这种担忧：“与魔鬼战斗的人，应要谨防自己变为一个魔鬼。”[43]

施特雷泽曼的计划

施米特扮演了末日先知卡桑德拉（Cassandra）的角色，预言他的国家即将遭到毁灭。和卡桑德拉一样，施米特也受到了诅咒，但被忽视了。因为德国不仅签署了《非战公约》，还迫不及待这样做。1928 年 4 月，当弗兰克·凯洛格向各大国分发他的非法化战争提案草案时，古斯塔夫·施特雷泽曼说服了德国内阁签署。德国外长当天就宣布了德国加入《非战公约》的意愿，从而成为第一个加入美法倡议的国家。[44]《非战公约》签署时，施特雷泽曼坐在时钟厅中央的桌子上，与白里安和凯洛格相邻。

施特雷泽曼不是和平主义者，他是一个狂热的民族主义者和君主主义者。在第一次世界大战中，施特雷泽曼采取了强硬路线，他敦促德国东西两线出击，征服土地，并对美国发动无限制潜艇战。他忠于最高指挥部直到最后一刻，但他所有的信念却被德国突然投降的消息击得粉碎。[45]但是令人震惊的战争结局使他确信，德国无法在军事上与其他世界强国竞争。恢复德国在世界上应有地位的途径是贸易，而不是战争。他的国家最好的选择是参与全球经济，与美国建立紧密的金融联系，并与英国建立密切的贸易关系。

224

对德国来说，签署《非战公约》是经过深思熟虑的，此举是其一系列国际行动的序曲，它向美国发出了反对军国主义且致力于经济合作的信号。施特雷泽曼知道，他的国家对这个新的超级大国有着近乎全盘的依赖。鉴于德国巨大的贸易赤字，美国的贷款是德国经济得以维持的全部保障。施特雷泽曼还希望美国利用其对协约国的影响力来减少在凡尔赛会议上强加给德国的战争赔款。在施特雷泽曼的计划中，这两个问题是相互关联的：美国只有在能够保护德国偿还这些贷款的能力的情况下才会继续向德国提供贷款；但德国只有在美国说服法国和英国减轻自己沉重的战争赔偿负担的情况下才能偿还贷款。

事实上，邀请肖特维尔在柏林发表演讲是德国与美国和解计划的一部分。[46]施特雷泽曼没有出席肖特维尔的演讲，当时他正在参加国际联盟的一个会议，但是在肖特维尔经过日内瓦去巴黎与白里安会面的途中，他们见过面。他们谈得很愉快，但没有谈论非法化战争问题。“我们只是在一起随便聊聊，度过了一段快乐的时光”，肖特维尔说。[47]他们之所以没有谈论非法化战争问题，是因为肖特维尔不希望探讨这个问题：他担心施特雷泽曼会接受他的建议，从而劝阻美国人签署协议。肖特维尔知道，美国永远不会被德国牵着鼻子走。要想成功，就得走另一条路。[48]

施特雷泽曼之所以能够保持他对美国的和解态度，是因为这一策略一直在发挥作用。1924年，美国银行家约翰·道威斯（John

Dawes）说服欧洲人降低对德国的赔款要求。[49] 随着道威斯计划的实施，美国的银行热衷于向德国提供工业贷款。德国经济形势因而大幅改善。在施特雷泽曼的领导下，德国恶性通货膨胀得到了遏制。失业率也下降了，从 1926 年的 18% 下降到 1928 年的 8.6%，比英国的 10.8% 还要低。[50] 在 1928 年 5 月的联邦选举中，纳粹党惨败，仅获得微乎其微的 2.6% 的选票，只选出了 12 名国会代表［尽管新当选
/ 225 的代表中有两名分别是约瑟夫·戈培尔（Joseph Goebbels）和赫尔曼·戈林（Hermann Goring）］。《我的奋斗》（*Mein Kampf*）的销量是如此惨淡，以至于出版商建议希特勒推迟出版他的第二本书，这本书主要是为了攻击施特莱泽曼的国际主义理念。[51]

因此，此时签署《非战公约》的德国与仅仅几年后就将欧洲重新拖入战争的德国是截然不同的。1928 年的德国是一个宪政民主国家即“魏玛共和国”（Weimar Republic），正沐浴在“黄金年代”的光辉中。这是一个稳定和繁荣的时代，产生了一批世界上前所未见的最伟大的创造性天才，是人类历史上人才辈出的时代之一。魏玛时期在电影上创造了表现主义，在设计上创造了装饰派艺术，在建筑上创造了包豪斯风格，在文学上创造了现代主义，在物理学上创造了量子力学，在哲学上创造了逻辑实证主义，在运动上创造了普拉提技术。长期以来，这一直是一个谜：一个产生了阿尔伯特·爱因斯坦（Albert Einstein）、马克斯·普朗克（Max Planck）、贝托尔特·布莱希特（Bertholt Brecht）、沃尔特·格罗皮乌斯（Walter Gropius）、沃尔特·本杰明（Walter Benjamin）、托马斯·曼（Thomas Mann）和弗里茨·朗（Fritz Lang）等伟大人物的文化如何也能产生海因里希·希姆莱（Heinrich Himmler）、赫尔曼·戈林、鲁道夫·赫斯（Rudolf Hess）和约瑟夫·戈培尔等人。但在 1928 年 8 月，这还不是一个谜，人们对未来持乐观态度仍然是可能的。

魏玛共和国的黄金时代很快就结束了。结局很难看。施特雷泽曼

加强德国与美国经济联系的计划，尽管无疑是精明的，但也是一场赌博。如果美国经济碰巧下滑，就会导致德国经济进一步下滑——事实的确如此。当美国股市在1929年10月29日崩盘时，美国银行收回了它们提供给德国的贷款。没有外国资本，德国既无法为其经济复苏提供资金，也无法支付赔款。银行挤兑导致了德国金融体系的崩溃。是否有政治家能把德国从随之而来的灾难中拯救出来，这一点无法肯定，但如果有人能做到，那一定是施特雷泽曼。作为连续七届政府的外交部长，他是唯一有能力在飓风袭击时稳定国家的政治人物。但是，就在“黑色星期二”前三周，51岁的施特雷泽曼因多次中风于1929年10月3日去世。“黑色星期二”之后，支撑德国经济的金融支柱崩塌了。随着德国经济自由落体式下滑，希特勒获得了一个利用经济灾难蛊惑人心的机会，而随着施特雷泽曼的去世，再也没有谁能阻止他了。

魏玛共和国的衰落和施米特的崛起 / 226

在20世纪20年代的大部分时间里，施米特在位于天主教莱茵兰地区首府的波恩大学教授公法。1926年，他与塞尔维亚女子杜丝卡·托多罗维奇（Duška Todorović）结婚，后者是他办理与第一任妻子卡莉离婚诉讼时的翻译。[52] 虽然她比他小15岁，但他们的婚姻似乎比他第一次婚姻更成功。

在此期间，施米特发表了一篇备受推崇的关于独裁统治的研究报告，并对议会制民主提出了若干尖锐的批评。[53] 后来，他写了一部不朽的研究魏玛宪法的报告以及抨击肖特维尔的《政治的概念》（*The Concept of the Political*）。[54]

凭借这一学术研究，1927年，位于柏林的商业管理学院（Handelshochschule）向施米特提供了宪法学教授职位。施米特接受了这个职位。他已经厌倦了沉寂的小城波恩，想体验一下“大城市的乐趣”。[55]他也在寻求一个全新的开始。由于施米特无法说服天主教会承认他与卡莉婚姻的破裂，所以当他与杜丝卡结婚后，他被逐出了教会。于是，一团丑闻的阴云笼罩着这对身在省城的新婚夫妇。

若干年后，施米特声称，他搬到柏林是为了学术研究，他写道，他可以“近距离地熟悉我的学科目标，即国家”。[56]果真如此的话，那么他如愿以偿了。在他抵达德国首都一年后，全球金融危机来袭。当政府疲于应对自恶性通胀危机以来未曾有的失业率时，他目睹了一个承受巨大压力的宪政体系的运转。

为了应对严重的预算短缺，保守的内阁提出了一项紧缩预算提案。它大幅削减了失业保险，停止了社会福利项目，并增加了税收。由于这些措施带来的后果是如此痛苦且其分布的领域又是如此均匀，因此国会不会批准政府的预算提案。双方都坚持己见，陷入政治僵局。

有几位政府成员认为，施米特是一位可以给他们带来帮助的法律学者，因为他能证明他们结束危机并敦促预算通过的努力是正当的。在他的学术著作中，施米特对独裁统治在紧急情况下能够重建正常秩序的优点大加赞扬。他认为，事实上，魏玛宪法第48条赋予德国总统以恢复“公共安全和社会秩序”的独裁权力。[57]施米特坚决认为，法院不能发挥这种稳定社会秩序的作用，因为与总统不同，法官不是选举产生的，不能相信他们会为德国人民服务。虽然议会成员是选举产生的，但施米特认为议会是非理性的机构。它的运行依靠的是各党派的脆弱联盟，容易发生激烈的内讧，在危机时期，议会在解决危机问题上效率低下、靠不住。[58]

1930年9月，德国政府委托施米特撰写一份意见书——一份专家法律意见书——使政府从国会夺权的计划合法化。在这份意见书中，施米特不仅认为，根据魏玛宪法第48条，德国总统保罗·冯·

兴登堡（Paul von Hindenburg）有权作为紧急措施而颁布预算法案，而且他还认为，如果国会拒绝总统的紧急权力主张，总统还有权解散国会。[59]施米特甚至走得更远。他声称，根据第48条，总统可以在举行新的选举之前临时执行政府的预算。在上一届国会解散和举行新一届国会选举之间的几个月里，兴登堡实际上是一个独裁者，他行使着德国唯一的、最高的立法权。[60]

施米特被选中担当此任绝非侥幸。他为承担这项任务努力游说。除了向总统的幕僚长递交支持政府立场的文件外，施米特还与库尔特·冯·施莱歇尔（Kurt von Schleicher）上校的几个心腹交上了朋友。[61]施莱歇尔是政府背后真正的力量，他是一个有魅力、机智、有天赋的谋士。[62]他认识到施米特的政治价值，并且委托他来撰写意见书。

有了施米特的法律依据，施莱歇尔启动了这项计划。当德国国会未能通过政府的预算提案后，兴登堡根据宪法第48条颁布了它。当国会拒绝总统行使紧急权力后，兴登堡解散了国会，要求重新选举，并根据第宪法48条重新颁布了预算法案。

施莱歇尔认为，德国人民需要强有力的领导，并将回报这种大胆的权力主张。事实证明，这是一次严重的误判。中产阶级将经济恶化归咎于政府，并通过投票的方式对其施以惩罚。1930年9月14日，纳粹党取得了惊人的胜利，其在国会中的代表人数从12人增加到107人。[63]希特勒从政治坟墓里爬了起来，领导着德国国会第二大党。施米特向施莱歇尔展示了如何撬开魏玛宪法的锁。野蛮人如潮水般涌进了敞开的大门。

普鲁士政变

纳粹致力于摧毁魏玛共和国，因此，他们无意与政府合作。在施米特的法律建议下，德国总统绕过陷入僵局的国会，根据紧急状态令掌管国家。施米特所主张的打破议会僵局的权宜之计变成了新的常态。于是，德国政治体系在一种例外状态下被永久地终止了。脱离议会控制后，德国政府加大了实施紧缩计划的力度，但这只会进一步抑制需求，并使失业率在1932年初达到惊人的40%。[64]

随着德国社会苦难的加深，纳粹势力不断壮大。1932年4月，纳粹在普鲁士选举中获得了36.3%的选票，远远超过了他们在1928年惨淡的1.8%①的得票率。更令人印象深刻也更令人不安的是，冲锋队已经发展了超过40万队员，是德国军队人数的4倍。

当右翼势力从支持德国政府转向支持纳粹时，施莱歇尔试图压制左翼的反对。普鲁士是社会党最后一个重要据点。施莱歇尔决定驱逐他们。这场大规模的夺权运动被称为“普鲁士政变”（Preussenschlag），用英语说是“strike against Prussia”，用半法语（semi-French）表述是“Prussian Coup”。施莱歇尔打算以其一贯的方式来为政变辩护：援引宪法第48条赋予总统的紧急权力。他声称，当时的普鲁士社会党政府再也无法控制纳粹和共产党之间肆虐的政治暴力。

1932年7月20日，兴登堡宣布进入紧急状态，将普鲁士政府的控制权交给了新总理、极端保守派贵族弗朗茨·冯·巴本（Franz von Papen）。作为德国派驻普鲁士的新的国家专员（Reich commissar），巴本命令帝国军队进驻柏林的街道。由于武器装备完全处于下风，普鲁士警察无可奈何地退让了。社会党决定不召集自己的准军事组织进行反击。相反，他们通知律师走法律程序，律师立即对帝国政府提起诉讼，要求宣布政变违宪。

1932年10月，普鲁士诉德国政府案（*Prussia v. Reich*）在莱比锡开庭。施莱歇尔要求施米特在诉讼中代表政府出庭，为此他获得

/ 229

① 此处原文为1.8%。实际上，在1928年5月20日的选举中，纳粹党得到3100万张选票中的81万张，得票率为2.6%。作者前文中使用的数据是2.6%，此处应该是笔误。为保持与原文一致，译文未做改动。——译者注

了一大笔律师费，并且兴登堡观看了他的庭审辩护。[65] 经过德国最优秀的法律人才长达 6 天的紧张辩论，法院做出了一个意见不一致的判决。[66] 判决认为，虽然德国可以暂时任命巴本为管理普鲁士的专员，但剥夺普鲁士政府对国家的永久统治权是违宪的，德国必须恢复普鲁士政府对普鲁士的统治。施米特对他没有取得彻底胜利感到沮丧，他对“犹太媒体为取得胜利而欢呼雀跃”怒不可遏。[67]

所有人都对这个结果感到不满。[68] 左派明白，即使德国对普鲁士是暂时的控制，也意味着对普鲁士造成永久的损害。戈培尔后来开玩笑说，巴本彻底清洗了普鲁士社会党政府，以至于纳粹掌权后，他们竟然无事可干。[69] 因其在己方失败中所扮演的角色，左派永远不会原谅施米特。对于弗朗茨·诺伊曼（Franz Neumann）这样的人来说，施米特是左派的反英雄（antihero）。诺伊曼是一名犹太劳工律师，他在普鲁士与社会党一起工作，曾与施米特是朋友。几年来，他一直参加施米特在商业管理学院的研讨会。[70] 戈林接管普鲁士后，逮捕了诺伊曼，不过诺伊曼后来设法越狱逃到了美国。在纽约市德国犹太流亡者避难所社会研究新学院（New School for Social Research）教书期间，诺伊曼撰写了一部分析纳粹国家的重要著作，题为《巨兽》（*Behemoth*），于 1941 年出版。在书中，施米特被描绘成主要的恶棍之一，他是保守派攻击魏玛共和国的“思想家”，他的理论是终结议会民主制的“骗局”和“蓄意操纵”。[71] 普鲁士政变发生后，诺伊曼总结道：“抵抗民族社会主义的最后希望似乎已经破灭了。”[72]

魏玛共和国正在崩溃。施米特似乎也是如此。焦虑和抑郁折磨着他，他酗酒，包养情妇，经常嫖妓。他被噩梦和狂乱的情绪波动困扰着。[73]

施米特的声望确实给他带来了一个新的职业前景：科隆大学的教授职位。[74] 这个职位对他来说是一个进步，但施米特不确定他是否想要离开柏林。在得知要想在柏林获得更好的职位，唯一途径就是先去

/ 230

科隆之后，他决定谋求这个职位。但要到达科隆，他必须先克服一个巨大的障碍。

施米特与凯尔森

1934 年，哈佛大学法学院院长罗斯科 · 庞德（Roscoe Pound）称赞他“毫无疑问是当代最杰出的法学家。世界各地的追随者对他顶礼膜拜，充满热情。各种语言都在讨论他的思想”。[75] 两年之后，庞德邀请他参加哈佛大学 300 周年庆典，在那里，他与精神分析学家卡尔 · 荣格（Carl Jung）以及哲学家鲁道夫 · 卡尔纳普（Rudolf Carnap）一道，获得荣誉学位。[76] 法官兼小说家伯恩哈德 · 施林克（Bernhard Schlink）同意庞德的判断，65 年后，他甚至在《纽约时报》上给他冠以“千年最佳律师”的称号。[77]

庞德和施林克说的不是卡尔 · 施米特，他们赞美的是施米特的敌人汉斯 · 凯尔森（Hans Kelsen）。凯尔森代表了施米特所憎恨的一切。但他是科隆大学最重要的教授，施米特需要他的同意才能进入科隆大学工作。

1881 年，汉斯 · 凯尔森出生于一个深深扎根于加利西亚犹太小镇的犹太中产阶级家庭。[78] 他的父亲讲德语，在布拉格长大，但在汉斯三岁时把家搬到了维也纳。那时，他们已经世俗化了，决心融入维也纳文化。汉斯被送到国立文科中学（state gymnasium）接受传统的人文教育。他对哲学很感兴趣，但基于实用考虑，他选择了法律，并于 1911 年成为维也纳大学的助理教授。凯尔森是一位坚定的不可知论者，但他还是皈依了天主教，几年后又皈依了新教。尽管维也纳是世界大都会，但在 19 世纪末期，它还是反犹太主义的温床。那时，犹太人的身份在职业上是个累赘。

/ 231 凯尔森没有加入任何政党，他认为学者应该超越党派政治。尽管如此，他对社会民主党抱有强烈的同情，并且是议会和自由民主制度的热心支持者。他还参与了许多进步事业，包括妇女权利运动。作为西格蒙德·弗洛伊德（Sigmund Freud）的朋友，凯尔森也参加了“星期三心理研究小组”（Wednesday Group），在那里，精神分析理论的基本框架得以讨论和发展。[79]

战争期间，凯尔森担任奥地利国防部长的法律顾问，专门研究国际法和战争法。战争结束后，奥地利新领导人委派凯尔森帮助起草奥地利宪法，然后任命他为由他设计的宪法法院法官。凯尔森在宪法法院服务了10年，直到他因一场涉及婚姻制度有效性的争论而被解职。奥地利天主教会党派攻击凯尔森支持夫妻再婚的权利。

不久之后，由科隆市长（后来成为西德总理）康拉德·阿登纳（Konrad Adenauer）领导的科隆大学董事会邀请凯尔森加入了他们的法学院。[80]当时，凯尔森已成为维也纳反犹主义者攻击的目标，他迫切希望离开奥地利。于是，他接受了科隆大学的邀请。

第二年，凯尔森就施米特关于独裁的书写了一篇措辞严厉的评论。[81]他认为，施米特所认为的德国总统可以被赋予独裁权力的论断是荒谬的。毕竟，总统是一个政党的成员，由其支持者选举产生。为什么会有人期望政治家在危机中不偏不倚呢？恰恰相反，只有法院才能被信任是公正的，因为它们不是通过选举产生的。凯尔森预言说，施米特对魏玛宪法第48条的过度依赖将最终导致议会制民主的终结。[82]

但是，1932年5月，当施米特被任命为科隆大学教授时，凯尔森还是投了赞成票。[83]因为凯尔森无法否认施米特的才华。他觉得，对公平理念的坚持让他支持这项任命。

作为法学院的院长，凯尔森需要与施米特商讨他的工作问题。两人于10月22日在凯尔森的办公室会面。当时正跟着凯尔森撰写学位论文的德国文学学者汉斯·梅耶（Hans Mayer）后来描述说：“（施 / 232

米特）在科隆拜访了凯尔森，积极争取要与他一道工作，并展现了普通教员中两位伟大人物——汉斯·凯尔森和卡尔·施米特——之间最友好的一面，尽管他们存在明显的学术分歧。凯尔森是个好人，他愿意相信自己听到的。”[84] 然而，这次商讨一定很尴尬：不仅施米特和凯尔森在普鲁士政变问题上观点相左，而且施米特坚持要求他的工资和福利应不低于凯尔森所得到的待遇。[85]

凯尔森始终坚持履行他的院长职责，施米特接受了职位。凯尔森甚至给施米特写了一封信，表示听到施米特的决定后感到“非常高兴”。[86] 但这种高兴不会持续很久。

接　管

1932年12月3日，弗朗茨·冯·巴本被解除德国政府总理职务，施莱歇尔取而代之。施米特可能期望过，随着自己顾问对象地位的提升，他自己的影响力也会增加，但结果却恰恰相反。如何对一个处于崩溃边缘的国家进行治理，这是施莱歇尔面临的任务。他得出结论，自己不能再仅凭紧急状态令统治下去了。于是他最终决定成立一个联合政府。施米特现在是可有可无的了，并且事实上，他被闲置了。[87]

施莱歇尔未能拼凑出一个多数派联盟，之后，他说服兴登堡任命希特勒为下一任总理。施莱歇尔犯下的最后一个也是致命的错误是，他认为可以通过在内阁中安置非纳粹人士来牵制希特勒。希特勒于1933年1月30日接任总理。尽管在政府中属于少数派，但他无所畏惧，要求任命赫尔曼·戈林为巴本的助手，协助他管理普鲁士政府。戈林这位才华横溢、魅力超凡的反社会者，开始从内部摧毁魏玛共和国。

戈林作为普鲁士内政部国家专员的第一个行动是解雇了23名警察局长中的22名，然后代之以冲锋队军官。在对重组后的警察部队队伍的讲话中，戈林解释了新的体系："未来将只有一个人在普鲁士拥有权力和责任，这个人就是我自己……我只认识两种人：支持我们的人和反对我们的人。"[88]当年4月，戈林与施米特会面，戈林给施米特留下了深刻的印象。施米特喜欢他的活力和果断，说他"或许是这个时代的合适人选"。[89]相比之下，"愚蠢可笑的希特勒"让他反感。[90]当施米特第一次看到希特勒发表演讲时，他形容这位著名的啤酒馆鼓动家像"一头斗牛场上愤怒的公牛"。[91]

在解雇了警察部门首脑之后，戈林转而向检察官开刀。司法部门负责人罗伯特·肯普纳一直是纳粹的强烈反对者，主张以恐怖主义犯罪组织成员的身份起诉他们。他本应该因为政治上不可靠而被解雇，但一个老朋友把他调到了另一个部门，他在那里的工作是检查柏林水道的水位。他坚持到了9月，最后还是被解雇了。[92]

4月7日，希特勒解散了公务员体系。《职业公务员制度恢复法》(The Law for the Restoration of the Profession of Civil Servants)规定，非雅利安人后裔或政治上不可靠的公务员将被解雇。由于德国的大学教授被归类为公务员，所以许多犹太人教授，以及信仰马克思主义和社会主义的教授失去了他们的终身教职。同时，法律部门也受到严重影响。到1937年，22%的法学教授被解雇。国际法这一分支学科的情况更糟，34%的教职工被解雇。[93]

当德国教育部要求科隆大学提供一份需被解雇的法学教授名单时，名单上只有一个人：汉斯·凯尔森。凯尔森是在自瑞典演讲回来后从报纸上得知这一决定的。[94]接替凯尔森的法学院院长对前者被解雇感到愤怒，他写了一份长长的抗议请愿书。请愿书指出，凯尔森从未在政治上活跃过，他在战争期间担任法律顾问，是一名授勋军官；凯尔森的免职将对科隆大学造成巨大损失，也将损害德国的国际声誉。[95]除了卡尔·施米特，所有的法学院教员都在请愿书上签了名。

据汉斯·梅耶说，施米特是解雇凯尔森的罪魁祸首。"春季学期

/ 234

伊始”，施米特出现在科隆大学，“他所做的第一件事就是要求立即解雇犹太人和马克思主义者汉斯·凯尔森。凯尔森就被解雇了”。[96] 不管梅耶的报告是否准确，施米特对驱逐教授这事的支持确实是不遗余力的。“有关公务员、医生和律师的新规定清除了公共生活中非雅利安人的外来成分，”施米特在科隆的纳粹报纸上写道，“我们再次学会了歧视。最重要的是，我们正在学习区分朋友和敌人。”[97]

事后看来，尽管这么说可能存在把责任推给受害者的嫌疑，但有件事确实令人费解：凯尔森竟然信任施米特。毕竟，没有人比凯尔森更符合施米特对敌人——“他者、陌生人……本质上是不同的和异质的”——的定义。[98] 因为，他是一个被同化了的犹太人、一个假装的新教徒（以前是一个假装的天主教徒）、一个同情社会主义的自由派议会民主主义者，他坚定地相信法院是宪法的捍卫者，对施米特的提议持强烈的批评态度，而且是一个更杰出的学者。同时，施米特性格有问题也不是什么秘密。阿登纳警告教职工，施米特是一个“很难相处的人，可能会破坏教职工之间的和谐关系”。[99] 凯尔森知道这些告诫，他也像其他人一样了解施米特的行为，但是，想到教职员工中有一位值得与之竞争的知识分子，他感到很高兴。[100] 凯尔森不仅符合施米特对敌人的定义，也符合他对自由主义者的讽刺：无法区分敌友的人。

不出所料，这份请愿书没有得到教育部新官员的同情。9月11日，凯尔森接到通知，他将于1934年1月1日被迫退休。在这场新的“学术音乐椅游戏”（academic musical chairs）① 中，来自莱比锡的年轻国际法教授赫尔曼·雅赖斯（Hermann Jahrreiss）取代了凯尔森的

① 音乐椅游戏玩法是在地上放置比参与者少一张的椅子。音乐响起后参与者在椅子旁绕圈，然后音乐突然停止。参与者要尽快坐到椅子上。最迟得不到座位者淘汰出局。之后减少一张椅子，继续游戏，至得出胜利者为止。此处用来比喻众人各出奇谋，相争有限的席位。——译者注

位置。

施米特也迎来新的机遇。这个出身卑微、默默无闻的人终于准备走出黑暗，步入灯火通明的房间。

第三帝国理论家

1938 年，阿道夫·希特勒在接受外国媒体采访时，坦率地表达了他对知识分子的态度。“不幸的是，人们需要他们。否则，人们可能——我不知道——会把他们消灭掉或什么的。但不幸的是，人们需要他们。”[101]

1933 年 1 月 30 日，希特勒上台，施米特不得不决定自己是否要成为新政权需要的知识分子之一。他犹豫了几个月，徘徊不定。施米特不是纳粹的同情者。他曾属于施莱歇尔阵营，为防止纳粹夺取政权进行了艰苦的斗争。直到 1932 年 7 月，施米特还公开表示，投票给纳粹是“愚蠢的行为”，并形容该党是一个“思想上和政治上不成熟的运动”。[102]

施米特很快意识到，由于他过去反对纳粹党，现在要想保全自己，与纳粹的合作就变得更加必要。大学里正在清除政治上不可靠的教授，要想不被清除，他就要证明自己不是他们中的一员。施米特还认为，他可以作为一个保守派来平衡纳粹这种“政治上不成熟的运动”，从而影响纳粹政权的发展方向。因此，1933 年 4 月 27 日，他站在了纳粹党位于科隆的办公室外排起的长长队伍中，成为该党第 2098860 名党员。[103]

恐惧无疑是促使施米特决定与纳粹党合作的原因之一。从本质上说，施米特是一个缺乏安全感的人。[104]但是，人们本不必偏执地害怕纳粹。施米特之所以如此，是因为他面临丢掉在大学的工作的风险，而且他的妻子杜丝卡也面临同样的境遇。作为塞尔维亚人，她不被认为是雅利安人，因此很容易受到新的被合法化的种族主义的伤害。施米特本可以辞职的，但他没有这么做，因为这样做意味着他将失去养老金和工作。因为根据德国法律，辞职的公务员无权享受退休福利。[105]

做出这种选择后，施米特虽然有所失，但也有所获。纳粹不仅愿意原谅知识分子过去的“轻率”之举，还愿意奖励他们，因为他们可以利用他们的声望。一旦施米特与纳粹达成了他的浮士德式①协议，福利待遇就随之而来了。

7月31日，戈林任命施米特为国务委员会（Staatsrat）的一员，该委员会负责就国家事务向前者提供建议。这个委员会没有正式的权力，且在1936年后停止了运转。然而，这个职位确实带来了一大笔酬金，终身有保障，根据戈林的规定，这是一项不能放弃的特权。施米特把这份腐败的闲职看作自己职业生涯中最大的荣誉，直到1945年，他还以“卡尔·施米特，国务委员会”在信上签名，这充分说明了他极度的不安全感。[106]

柏林大学为施米特提供了一个公法教授的职位，这或许是德国最有声望的法律学术职位。这个职位是专门为施米特设立的，因为他与巴伐利亚州部长、希特勒的私人法律顾问汉斯·弗兰克（Hans Frank）关系很好。[107] 新成立的纳粹法律组织德国法律学院（Academy of German Law）还授予施米特一个理事会席位，以及其学术分支管理者职位。

/ 236

当然，这种交换是有条件的。为了履行自己的义务，施米特开始为纳粹政权撰写详细的辩解书。其中值得注意的是他为一项法律上存在疑点的处决——马里努斯·范·德尔·卢贝（Marinus van der Lubbe）被斩首——的辩护。1933年，愚蠢的荷兰无政府主义者范·

① 浮士德，寓意为前进的东西总是要胜利的，不过它是以无数悲剧为代价。——译者注

德尔·卢贝放火焚烧了德国国会大厦。戈林希望判处他死刑，但没有法律依据。因此，为了解决这个漏洞，纳粹迅速通过了一项新的法律，即所谓的《卢贝法》(Lex Lubbe)①，该法追溯性地将政治纵火定为死罪。施米特为这项追溯既往的立法写了一篇有力的辩护文章。[108]

对施米特来说不幸的是，他的成功也引起了对手的嫉妒，他们恶意地发起了一场运动，想要把他打倒。他们指出，施米特在纳粹掌权之前就对他们持批评态度；他有许多犹太朋友和学生；他是天主教徒；在他 1933 年之前的著作中，没有体现纳粹意识形态——没有反犹太主义或种族主义——的证据。

因为这些攻击是准确的——即使是《极权主义的起源》(*The Origins of Totalitarianism*)的作者，犹太人汉娜·阿伦特(Hannah Arendt)后来也承认，施米特不是一个好的纳粹分子——于是他决定加倍支持这个政权。[109] 在他最为臭名昭著的作品中，施米特为“长剑之夜”(Night of Long Knives)的合法性进行了辩护。这场血腥的清洗运动发生于 1934 年 6 月 30 日，当天，希特勒下令杀害了数百位政敌。其中一个受害者是库尔特·冯·施莱歇尔。那天晚上，党卫军冲进施莱歇尔的家中，将他击毙。当他的妻子发现他躺在血泊中的尸体时，她也被射杀了。考虑到自己过去与施莱歇尔的交往，施米特害怕遭遇同样的命运。由于没有法学家会为暗杀行动辩护，施米特看到了自己的机会。基于他的独裁理论以及独裁者拥有通过违反法律来拯救法律的权利的观点，他以自己作为学者的崇高威望为希特勒的罪恶勾当背书，并且写下了将成为法律史上永远洗刷不掉的耻辱的话语：“在危急时刻，元首保护法律免遭最严重的滥用；作为元首和最高司法权威，元首他直接创建法律。”[110]

施米特是一个陷入道德流沙中的人：他挣扎得越厉害，就陷得

① 这里指的应该是《国会纵火法令》。——译者注

/ 237

越深。事实上，施米特最大的敌人是他自己。他的焦虑和野心相互助长，使他陷入一种大棒加胡萝卜的恶性循环。恐惧导致他与纳粹合作，与纳粹合作带来福利待遇，福利待遇导致他人嫉妒，他人嫉妒给他带来更多的恐惧。

日益增加的恐怖在闹剧中愈演愈烈。1936 年，施米特组织了一场关于“德国法律中的犹太精神”的会议，旨在从德国法学中找出犹太人的影响。作为对知识分子实施大屠杀的一部分，施米特在发言中呼吁对犹太作家的书目进行编纂，并将他们的书籍隔离在图书馆的一个特殊区域——犹太文献区，让他们不会影响德国人的思想。[111] 他还建议修改学术惯例：从此以后，引用犹太作者观点时必须标注为“犹太人”。他指出，这是公平的，因为犹太学者没有引用德国学者的观点。“我只需要提醒你们，犹太人凯尔森的维也纳学派（Vienna School）肆意妄为，他们只是相互引用观点，而忽略其他人的观点，对我们德国人来说，这是一种不可理解的残忍和厚颜无耻。”[112] 这样看来，凯尔森和他的追随者之所以犯下了罪行，似乎是因为他们的作品没有足够引用施米特的观点。他接着称所有犹太人都是“寄生虫”，因为他们只能模仿更好的国家的思维模式（而没有创造性）。施米特最后引用希特勒《我的奋斗》里的言论结束发言。“我们的元首曾说：‘在和犹太人战斗时，我是在做主工（the Lord’s work）。’”当会议记录发布后，施米特寄了一份副本给希姆莱，并补充说法律界还有更多的净化工作要做。[113]

然而，施米特发现，他怎么也做不到比纳粹更疯狂。阿伦特曾经观察到，纳粹之所以不相信知识分子，就是因为他们不是江湖骗子。[114] 党卫军报纸《黑色军团》（*Das Schwarze Korps*）发表了攻击施米特忠诚度的文章，他开始担心自己的生命安全。戈林最终阻止了这种攻击，他没有对报纸上针对施米特的指控提出异议，但拒绝让党卫军攻击他掌控的国务委员会。[115]

施米特得到了一个痛苦的教训：当一个纳粹分子也许不好，但要三心二意就更加糟糕。失败的纳粹分子极少有朋友，但敌人却很多。事实上，在一次令人震惊的自哀自怜中，他声称纳粹真正的受害者是那些像他一样，“人数超过200万的纳粹党员”。[116] 因为每个人都鄙视纳粹党员的机会主义选择，同时对他们的失败都表示庆祝。

施米特没有意识到，他地位的跌落却给了自己最后一次自救的机会。因为那还只是1936年，当时，希特勒的暴政还仅局限于德国。 / 238 而施米特也尚未将自己牵扯进希特勒的外交政策中去。他仍有机会自救。

中立政策的终结

1937年4月23日，德国法律学院第四届年会在慕尼黑召开，当天是星期六。学院院长汉斯·弗兰克与德国外长康斯坦丁·冯·纽赖特（Konstantin von Neurath）共同主持了会议开幕式。第二天，与会者参观了德国法院（House of German Justice）的建筑工地，这是德国法律学院院址和弗兰克的总部所在。这座建筑是法西斯主义建筑的绝佳典范，是一座巨大的对称堡垒。它散发着力量和团结的光芒。弗兰克把它描述为“坚如磐石的民族社会主义理想”。[117]

周五，在会议结束时，施米特发表了一份题为《转向歧视性的战争概念》（*The Turn to the discriminating Concept of War*）的报告。他的目的是总结国际法最近发生的变化，首先从1931年日本入侵中国东北地区开始。他认为，世界变得越来越暴力，控制这种暴力的规则也在改变。“旧秩序正在瓦解”，他警告说。[118]

施米特报告说，法国和英国的律师开始区别对待正义战争和非正义战争。发动被认为是正义战争的国家受到优惠待遇，而发动被认为是非正义战争的国家则受到经济制裁和其他歧视性待遇的惩罚。中立政策正在逐渐消失。

施米特关注的是国际联盟试图对意大利入侵埃塞俄比亚实施制裁。他称这种行动是“病征的”（pathognomic），也就是说，这是一种明显的疾病症状，可以做出明确的诊断。他认为，这种疾病就是非法化战争。国际联盟要求对意大利实施制裁的意愿表明，战争不再被视为一种主权特权。侵略战争现在是非法的，旁观者也不再被要求保持中立。因为意大利的行为是非正义的，国际联盟成员要求新的权利来惩罚它。

施米特有一种不可思议的发现敌人的能力，并在报告中指出了他。他的名字叫赫希·劳特派特，是伦敦政治经济学院（London
/ 239 School of Economics）的国际法教授。劳特派特不是英国人，而是一个东方犹太人。他是一名东欧犹太人，曾在维也纳与凯尔森一起开展研究工作。[119] 事实上，劳特派特把凯尔森视为他心目中的英雄之一，并把他的照片挂在书房的墙上，旁边是他在伦敦经济学院的导师阿诺德·麦克奈尔（Arnold McNair）的照片，还有一幅格劳秀斯的版画。[120] 施米特甚至可能知道这种关系：他在报告中提到，劳特派特是加利西亚人，而加利西亚是凯尔森的祖籍。

麦克奈尔选择劳特派特完成一项重要任务：负责修订当时最重要的国际法著作——拉萨·奥本海的《国际法》。在1935年的版本中，劳特派特增加了20页关于《非战公约》的内容。在序言中，他论证这一重大修改的合理性时说，该公约“对国际法体系产生了根本性改变”。[121] 劳特派特特别指出，旧的中立原则必须被抛弃。根据该公约，“战争的爆发不再仅仅是交战国的事情”。[122] 相反，这是全世界都关注的事情。“由于违反了《非战公约》，有罪的交战国侵犯了所有其他签约国的权利，而这些签约国可能选择采取歧视性措施作为报复，例如……积极禁止对其领土范围的部分或全部出口。”[123] 从本质上说，劳特派特是从法律上允许那些非国联成员国，如美国，对那些被认为是侵略者的国家实施经济制裁。不久，他将以一种更加直接、更加明确的方式向美国提出同样的建议。

施米特的预言成真了:《非战公约》是一份革命性的文件，规则就在德国的眼皮底下改变着。施米特警告说，这场革命带来了两个明显的危险。首先是法律不确定性带来的风险。不同的国家会按照不同的规则行事，一些国家接受战争的合法性，而另一些国家不接受。这就会导致“战争合法与战争非法并存，无政府状态，以及国际法的混乱。[124] 第二个风险更加危险，即进一步远离强权即公理的原则，走向歧视性的战争概念”。作为末日预言家，施米特警告过，国际联盟和《非战公约》之间最终会联合，并且各国将建立一个致力于非法化战争的世界性组织。当然，这样一个组织不会让世界摆脱战争，它将成为统治全球的秘密武器。施米特预测，任何试图“将国际联盟转变成一个更‘有效’的组织”的尝试，都将是“一次使自己更接近战事的尝试”。[125] 其结果将是灾难性的，不仅对该组织的敌人——他们将被视为次等人类（subhuman），不享有通常在战争中给予“敌人”的保护——来说是如此，而且对全人类来说也是如此，因为战争将以人类的名义进行，因此将毫无节制。这将是净化战争（hygienic war）的回归。[126]

大空间理论

净化战争确实迫在眉睫，尽管不是施米特所预测的那种。施米特发表报告五天后，希特勒召开了一次高级顾问参加的秘密会议。在这次会上，希特勒抛出了他的“生存空间论”（Lebensraum），与会人员惊呆了。希特勒说，德国就是不够大，“德国族群……构成了一个紧密团结的种族核心”，他形容自己的同胞仿佛沙丁鱼罐头。[127] 因此，德国不得不对外扩张。他们的第一步将占领奥地利和捷克斯洛伐克。在德国东侧安全得到保障的情况下，法国将是下一个要被占领的目标。

“生存空间论”本身并不是一个秘密。希特勒的意图在他的《我的奋斗》中再清楚不过地表达了出来。“民族社会主义者必须坚定地坚持我们的外交政策目标，即确保德国人民享有他们在世界上应有的土地和土壤。”[128]对于德国将从何处获得这些土地的大部分，他也没有遮遮掩掩。“如果我们今天谈论欧洲的土地，我们考虑的只能是俄国及其周边附属国。”[129]让他的顾问们吃惊的不是这项政策本身，而是实施的时机。他们担心德国还没有为这些扩张战争做好准备。

希特勒对德国未来的看法与施特雷泽曼截然不同。希特勒计划利用战争来攫取尽可能多的领土，而不是融入全球经济。“生存空间论”基于一种近乎封建的前现代经济学概念：国家财富取决于农田面积而非贸易量。但是，希特勒的计划也建立在一个疯狂的种族理论之上。在他那疯狂的世界观里，德国人民有权拥有东部的土地，因为他们比斯拉夫人优越。就像人类利用动物达到自己的目的一样，雅利安人也通过征服劣等种族实现了自己文化上的伟大。

/ 241

尽管施米特明显是一个反犹分子，但他并不赞同纳粹的“科学种族主义”（scientific racism）。他并不认为犹太人属于必须被奴役、流放或消灭的低等生命形式。但是，当希特勒开始执行他的计划——吞并奥地利并征服捷克斯洛伐克——之后，施米特又极力用自己的话语来证明，或者至少是描述希特勒新的侵略外交政策的正义性。1939年4月1日，在基尔大学（University of Kiel）的一次演讲中，他提出了一种新的替代理论：大空间理论（Grossraum）。

施米特“大空间理论”的灵感来自门罗主义。该理论主张，就像美国人阻止欧洲国家干涉西半球事务一样，德国也有合法权利将侵略者拒于自己势力范围之外。中欧是德国的“大空间”，是受其保护的、不容外来干涉的势力范围。施米特不仅借鉴美国的信条来为德国所用，而且通过将新兴的西方联盟重塑为新的“神圣同盟”（Holy Alliance），将德国重塑为弱国的救星，来寻求道德上的优势。施米特也谨慎地将“大空间理论”描述为一种政治学说，而不是一种种族主义理论：它主张，一个大国有权保护自己的朋友免受他们共同敌人的伤害。

英国媒体报道了施米特关于“大空间理论”和新的“德国门罗主义”的演讲。《每日邮报》以优雅的小报风格，不仅评论了他的主张，还评论了他的样貌。“在这一政策中，希特勒先生的‘关键人物’是卡尔·施米特教授，他是一位中年男子，相貌英俊，是德国首屈一指的国际法律师。”[130]这个消息也传到了希特勒的耳中，他对施米特的思想推崇备至——甚至把它据为己有。

1939年4月28日，希特勒在德国国会演讲中提出了“他的”想法，以回应罗斯福要求德国保证不再在欧洲谋求领土的信件。希特勒言辞考究地反问美国总统，如果德国要求美国做出同样的保证，他会有何感想。“我必须承认，在这种情况下，罗斯福先生完全有权利引用门罗主义，并将其作为干涉美洲大陆内部事务的一种要求而加以拒绝。”希特勒只是在为他的国家主张同样的权利。“为了欧洲的利益， / 242
尤其是德意志帝国的领土需求和利益，我们德国人支持一个类似的思想。”第二天，汉斯·弗兰克打电话给施米特，建议他对这个思想的真正起源保持沉默，他解释说：“元首为自己思想的独创性感到自豪。”[131]

次年，尚未声名鹊起的美国副国务卿萨姆纳·威尔斯为一项实地考察任务访问德国时，希特勒再次祭出了施米特的思想。[132]希特勒对威尔斯十分警惕。他称威尔斯为“狡猾的狐狸”，并指示他的顾问们要“尽可能让萨姆纳·威尔斯先生发言”。[133]他还起草了一份谈话要点备忘录。这样，他的顾问们会说：“正如美国会基于门罗主义坚决拒绝欧洲政府对墨西哥事务的任何干涉一样，德国将东欧地区视为自己的利益范围。”[134]

戈林给约阿希姆·冯·里宾特洛甫（Joachim von Ribbentrop）起了个绰号，叫“德国头号鹦鹉”。1940年3月1日，这位德国外交部长与威尔斯会晤的情形表明了缘由。威尔斯后来回忆说，里宾特洛甫“在门口迎接我，态度冷淡，没有一丝笑容，也没有一句问候”。[135] 在威尔斯询问是否有可能实现持久和平之后，里宾特洛甫开始了长达两个小时的独白。“这位部长相貌堂堂，五十岁左右，面容憔悴，头发灰白。他坐在那儿，双臂搭在椅子两侧，双目紧闭。他显然把自己想象成德尔斐神谕（Delphic Oracle）①。”[136] 更有可能的是，他闭着眼睛，是因为他在背诵希特勒的指示。里宾特洛甫一遍又一遍地重复说：“德国必须在中欧实行自己的‘门罗主义’。”[137]

里宾特洛甫教训错了对象。威尔斯在离婚后退出政府的那段时间，他对多米尼加共和国历史进行了学术研究。正如《纽约时报》后来总结的那样，威尔斯曾主张，美国“应该待在自己的后院，停止为自己主张我们拒绝给予其他主权国家的权利”。[138] 凭借他在拉丁美洲丰富的外交经验，他还帮助构思了罗斯福的睦邻政策，该政策实际上是对强硬的门罗主义的拒绝。[139]

/ 243 里宾特洛甫一讲完，威尔斯就解释说：“部长对那一政策的本质存在误解。”[140] 虽然美国过去可能使用门罗主义作为政治控制的工具，但它现在不再以这种方式看待美国与美洲其他国家的关系了。“此刻，我很高兴地说，一种新型国家间关系在西半球出现了。”[141]

第二天，希特勒在会见威尔斯时，就利用了施米特的门罗主义思想，他在其他场合也重复了这一思想。[142] 施米特已经恢复了自己的影响力。但是，一如既往，成功带来了脆弱。对施米特的攻击又开始了。由于不愿再经历一次磨难，施米特退出了政治舞台，转而进行学术研究，并避免对当代关注的问题公开发表评论。直到 1945 年 5 月，他才重新露面。

---

① 古希腊德尔斐神庙阿波罗神殿门前有三句石刻铭文：“认识你自己”“凡事勿过度”“承诺带来痛苦”。这三句话曾引起过无数智者的深思，后来被奉为“德尔斐神谕”。——译者注

1933 年，被科隆大学被解雇后，凯尔森搬到了日内瓦，并在 / 244
那里的国际法研究生院（Graduate Institute）找到了一份教职。但1936 年，他决定回到出生地布拉格，接受德意志大学（German University）国际法教授的职位。他把妻子和两个女儿留在了瑞士，因为他知道此行有风险。此时，法西斯主义正在捷克斯洛伐克兴起，但凯尔森相信，他可以帮助巩固该地区最后坚持民主的进步防御力量。[1]

凯尔森是个小个子，身高五英尺二英寸半，身材瘦弱。他戴着眼镜，秃顶，人到中年，看上去就是他那种职业身份的人——简直就是直接从人物模子里倒出来的一个奥地利法学教授。他身体上的勇敢得到了近乎天真的理性乐观主义力量的支持。凯尔森认为，在大学做国际法讲座，可以抵消激进民族主义的非理性力量。

不出所料，凯尔森的计划从一开始就不顺利。[2]1936 年 10 月 22 日，他的就职演讲吸引了一大群学生——事实上人数太多了。事实证明，他们中的大多数人并不是来听这位伟大人物演讲，而是为了阻止
别人听他演讲。等到凯尔森开始演讲，大多数人就起身离场了。仅剩 / 245
的几个人还被打了一顿，并被拖出了房间。由于这次演讲导致的混乱，教育部关闭了这所大学三周时间。等到学校重新开放后，凯尔森需要警方的保护才能确保安全。1938 年初，他放弃了这次堂吉诃德式的使命，回到了日内瓦。

但凯尔森无法逃脱欧洲法西斯的魔爪。当它在日内瓦的影响上升到威胁要关闭研究生院时，凯尔森开始谋求美国的一个永久职位。他给哈佛大学法学院院长罗斯科·庞德写了许多卑躬屈节的信件，从中可以看出他的绝望。1938 年，他写道：“在这个不幸的欧洲，政治事件的发展已经是第三次给我带来了太多痛苦。”[3]在恳求庞德代表他给

各个学院和研究机构写求职信后，他在信的结尾致歉道：“我知道您很忙，但对我来说，向您提出这么多要求并不容易。”[4]

在接下来的几年里，庞德英勇地代表凯尔森给全美各地的法学院、基金会和图书馆写信。不幸的是，都毫无效果。哈佛大学校长詹姆斯·科南特（James Conant）告诉庞德，哈佛大学没有钱支付凯尔森的薪水，尽管它的预算足以支持政府学系在同年聘请魏玛前总理海因里希·布吕宁为终身教授。[5]其他的大学则抱怨说，由于战时入学人数下降以及学校的雇佣政策偏向美国人，预算出现短缺，所以无法给凯尔森提供职位。[6]在1940~1942学年，庞德借助哈佛大学法学院奥利弗·温德尔·霍姆斯讲师职位（Oliver Wendell Holmes Lectureship）为凯尔森创造了一个临时工作机会。但为期两年的工作结束后，凯尔森又一次失业了。

“刀叉业务”

赫希·劳特派特比他的老师更早离开维也纳，所以他的境况要好得多。尽管1923年在英国格里姆斯比港下船时，劳特派特几乎一句英语也不会说，但他的事业发展势头迅猛。1937年，他被选为剑桥大学惠威尔国际法讲座教授（Whewell Chair in International Law）。战争爆发后，卡内基基金会为劳特派特提供了一个研究员职位，让他在美国各地讲授国际法。 / 246

1940年秋天，卡内基基金会给劳特派特制定了一份足以让人累到崩溃的日程表，这份日程表让他在两个月内跑了6000多英里，去了15所大学。他给妻子的信中充满了抱怨，抱怨他的健康，抱怨天气，抱怨缺钱，抱怨坐火车旅行带来的不适，以及抱怨“刀叉业务”（the fork and knife business）。“刀叉业务”指的是美国人令人费解的使用刀叉切食物的做法：美国人（右手用刀切好食物后）把刀放下，然后把叉子移到右手边，再（用右手拿叉子）① 把切好的食物放进嘴里。[7] 这场令人筋疲力尽的折磨结束时，他开始认为他的努力是徒劳无功的。"当然，所有这一切纯粹是在浪费时间和精力。"[8]

但是，他其实并没有浪费时间。在游历美国并与美国孤立主义者就中立问题展开辩论的过程中，他打磨了自己的论点，并对《非战公约》如何改变国际法规则有了更清晰的认识。当 12 月底他拜访美国司法部长罗伯特·杰克逊（Robert Jackson）时，这种观点成熟的宝贵性就显现出来了。在他们会面的过程中，杰克逊要求劳特派特就国际中立法提供法律建议。因为美国总统曾向盟国承诺，美国将提供"除战争外的一切援助"。但许多国际律师坚持认为，向英国提供战争物资将违反美国的中立立场，因此是违反国际法的战争行为。杰克逊告诉劳特派特，他不只是简单地想要一个狭隘的、技术性的法律理由来论证后来成为《租借法案》的行为的正当性。他说："我们需要的是一种哲学思想，从国际法角度而言，这种思想能够解释我们对盟国提供除战争外的一切援助的政策。"[9]

劳特派特把自己关在华盛顿一家酒店房间里将近两个星期，给杰克逊写了一份有关中立政策的长篇备忘录。在他自己 1935 年修订的《奥本海国际法》（*Oppenheim's International Law*）里，劳特派特认为《非战公约》已经改变了国际法。但他现在已经准备好迈出下一步了。他认为，通过在法律上禁止将战争作为一种强制执行权利的手段，《非战公约》在法律上是允许中立国对侵略者和受害者采取歧视性政策的。他写道："（非战公约）的效果是使违反其条款而进行的战争变得非法。结果就是，（非战公约）摧毁了被构想为体现了绝对公正态度的中立政策的历史基础和司法基础。"[10]

1941 年 3 月 27 日，杰克逊在哈瓦那美洲律师协会（Inter-

① 括号内的内容为译者所加。——译者注

/ 247

American Bar Association）发表了一篇著名的演讲，他在演讲中引用了劳特派特备忘录的观点，声称《非战公约》在法律上授权了《租借法案》的实施。事实上，他只是直接从劳特派特的备忘录中摘取了主要段落，但杰克逊并没有机械地复述劳特派特备忘录的内容。带着明显的皈依者的热情，他在演讲结束时发出了一个激动人心的呼吁，他呼吁将《非战公约》作为建立世界新秩序的基础："这一原则——作为国家政策工具的战争被宣布为非法——必须是任何国际重建计划的出发点。国际法律发展的一个有希望的方向就是提供我们所能提供的一切制裁措施，使废弃战争成为我们社会的一项生存原则。"[11]

在十多年后撰写的一份报告中，杰克逊回忆说，总统和他的核心圈子也认同这种对于《非战公约》的看法。他说，《非战公约》"没有给（一个国家）诉诸侵略战争留下任何法律权利的痕迹。从一开始，罗斯福、赫尔、威尔斯、史汀生和我就一致认为希特勒的战争……是非法的，其他国家没有义务保持中立"。[12]杰克逊接着说："这一观点被频繁讨论，也获得了广泛同意，不需要在官方圈子内重复。"[13]

是劳特派特让杰克逊转向了支持非法化战争的事业吗？或者是，他仅仅给司法部长提供了一份方便他政治上操作的意见书——一份来自权威机构的专家意见，就是施米特经常提供给施莱歇尔以便其回应来自德国国会批评的那种法律辩护？事实上，可能是两者兼有。显然杰克逊想要的结果正是他所得到的，但是从这样一位杰出的法律权威那里得到这个答案，且这个答案具有深刻的法律意义，这增强了他的信念和决心。杰克逊从未放弃他的观点，即《非战公约》已经改变了这个世界的法则。即使在《租借法案》争端解决之后，即使在他成为美国最高法院大法官之后，而且最重要的是，在他被任命为纽伦堡国际军事法庭美国首席检察官之后，他仍然是这种思想的积极倡导者。

“我们必须如何处置战犯”

/ 248

在 1935 年出版的《奥本海国际法》第五版中，劳特派特告诫学者不要离政治家太远。国际法必须通过国家实践来改变。“国际法是通过国家自身的共同行动改变的，而不是通过从《非战公约》中得出合乎逻辑结论的法学家来改变的。”[14] 非法化战争运动是革命性的，它为建立一个新的世界秩序提供了全新的基础，但各国必须自己建立这种秩序。仅依靠学者舒舒服服地坐在学术研究的办公室里写论文不可能达到这一目的。

尽管如此，学者还是可以推动政治家前进的。他们可以从《非战公约》推断出一些启示，提出建议供参考，并希望实现最好的结果。在 1941 年关于《租借法案》的辩论中，劳特派特成功地改变了罗伯特·杰克逊对中立政策的看法。接着，他在建立新世界秩序的道路上又迈出了下一步。他开始考虑对发动侵略战争的人提起刑事诉讼。毕竟，如果《非战公约》改变了交战方对中立方的权利，难道不应该也改变了受害方对交战方的权利吗？如果美国可以惩罚德国入侵波兰，难道波兰不能惩罚德国吗？从美国回来后，劳特派特为“剑桥小组”（Cambridge Group）写了一份著名的备忘录。“剑桥小组”是一群在剑桥大学讨论战争罪起诉合法性的学者。在这份备忘录中，他阐述了《非战公约》所引发的革命的下一步行动。

这份写于 1942 年 7 月的备忘录，最为著名的地方就是它拒绝以“上级命令”（Superior Orders）为战争罪辩护。劳特派特认为，士兵们声称自己“只是在执行命令”，想通过这种方式为犯下的暴行辩护已经不再被接受。纽伦堡军事法庭的被告会试图用这种方式为自己的行为辩护——这种辩护方式因而得到了“纽伦堡辩护”这样一个别称——但法庭会拒绝接受这种理由，反而接受劳特派特的立场。但在备忘录中，劳特派特还声称，《非战公约》可被用来起诉发动侵略战争的轴心国领导人。“任何名副其实的国际社会的法律都必须拒绝并谴责这样一种观点，即国与国之间的任何侵略行为都不应受到惩罚；而且，必须把蓄意违反《关于废弃战争作为国家政策工具的普遍公
/ 249 约》的责任视为属于刑法范畴。”[15]

劳特派特并不是第一个提出这一建议的人。[16] 另一位犹太法学教授抢先了他一步。与赫希·劳特派特一样，勒内·卡森（Rene Cassin）也相信通过国际法能够实现和平。1916 年，作为一名为法国而战的年轻人，卡森腹部中了两枪，尽管他侥幸活了下来，但子弹给他的身体造成了巨大的伤害，使他在痛苦中度过了漫长的余生。[17] 毫不夸张地说，这种惨痛的经历使他对战争产生了一种发自内心的憎恨。1924 年至 1938 年，他被任命为国际联盟的法国代表。纳粹占领法国后，他跟随戴高乐一道逃到了伦敦。

1941 年 11 月 14 日，在战争形势最严峻的日子里，卡森在剑桥小组第一次会议上发表了讲话。他声称，根据国际法，发动侵略战争现在是一种罪行：“但就战争本身的犯罪性质而言，我们并不像 1914 年那样没有立法……1928 年 8 月 27 日，《白里安－凯洛格公约》签署——德国是其中一员——庄严宣布各国放弃战争作为国家政策的工具。”[18] 卡森随后警告他的同事，谨小慎微会带来危险。因为国际联盟得到的惨痛教训是，允许各国违反规则只会鼓励它们继续违反规则。[19]

1943 年初，美国参议院主要的国际法专家、参议员埃尔伯特·托马斯（Elbert Thomas）提出了类似的建议。《美国杂志》（*The American Magazine*）2 月上旬刊，在一则“现役军人都想使用诺克斯玛（Noxzema）”的护肤霜广告上方位置，发表了一篇题为《我们必须如何处置战犯》（“What We Must Do with the War Criminals”）的文章。在这篇文章中，他为如何处置轴心国领导人希

特勒、墨索里尼和东条英机制订了计划。

托马斯参议员解释了两次世界大战期间国际法是如何变化的。“我们没有绞死德国皇帝①，这一点每个人都知道。他晚年享受侍从陪伴和警卫保护，过着模仿皇室的奢华生活。”虽然让他这样逍遥法外是不公平的，但是合法的。“因为在那个时候，战争是一种被普遍接受的国家工具，而且几个世纪以来一直是这样被承认的。”然而，轴心国领导人再也无法从战争法中得到保护。“《凯洛格 - 白里安公约》改变了这一切。当各大国签署了那个废弃战争作为国家政策工具的公约时，战争在那一刻变成了一种非法行为，一种反社会、反整个人类大家庭的罪行。”[20]

/ 250

托马斯参议员没有要求判处轴心国领导人以极刑，但宽恕他们并非出于仁慈。他说：“我应该坚决反对这样做，不是因为我认为它不公平，而是因为我认为它还不够。”相反，“胜利的联合国应该选择将他们流放到孤岛上，并将其作为无主之地（No Man’s Lands）置于同盟国和平理事会（Inter-Allied Peace Council）的管控之下”。对他们的生活安排应该尽可能地简朴，既要令他们生活不方便，又要有利于他们进行痛苦的反省。“我们不应该为这些人建造别墅……不应该允许任何船只接触这些岛屿的海岸，并且这些流放者与世界的唯一联系应该就只是巡逻海岸的国际哨兵。”[21]

然而，在这一点上，思想家走在了政府的前面。迟至 1942 年 10 月 8 日，萨姆纳·威尔斯甚至还不愿透露盟国是否打算起诉希特勒的战时暴行。《纽约时报》报道，当威尔斯“被问及希特勒是否会是（被起诉者）之一时，他反驳说，他会让提问者自己来判断”。[22]

① 原文为“We did not hang the Kaiser”，根据语境，这里的“the Kaiser”指的是德国皇帝威廉二世（1859~1941），他是一战主要策划者和闪电战计划的创始人。迫于战败和国内的革命压力，1918 年 11 月 28 日威廉二世退位，1941 年在荷兰病逝。——译者注

1943年10月，丘吉尔、罗斯福和斯大林在《莫斯科宣言》(Moscow Declaration）中承诺，“哪怕他们跑到天涯海角，也会追究到底”。但所指的“他们”是传统的战争罪犯——“那些对上述暴行、屠杀和处决负有责任或同意参与其中的德国官兵和纳粹党成员”。[23] 宣言没有提及要以发动侵略战争的罪名来起诉轴心国领导人。[24]

1943年的时候，盟国更关心的是胜利，而不是它的法律后果。尽管日本和德国分别在中途岛海域和斯大林格勒的雪地中失去了军事主动权——意大利从无任何主动权可失，但轴心国仍然控制着欧亚大陆大部分地区，而且盟国尚未找到突破大西洋屏障（Atlantic Wall）的办法。此外，战争罪行仍在继续，盟国希望通过警告阻止更多的战争罪行发生。但是战争本身是不可能立即停止的。战争犯罪是一个学术问题，至少现在是这样，这就是为什么学者是讨论战争罪行的主要力量。

/ 251

除了条件不成熟，起诉轴心国领导人还存在其他几个严重的政治问题。《凡尔赛条约》的灾难已经赫然耸现。没有人能忘记将战争罪责归于整个国家所带来的日益激化的怨恨情绪。在公开法庭上就战争的起因进行起诉，还将为轴心国领导人提供一个巨大的宣传平台，他们可以借此向世界宣传自己，就像1923年希特勒利用啤酒馆暴动受审的时机有效宣传了自己那样。同时，还有可能将人们的注意力从传统的战争罪行上引开，而这些罪行无疑是可怕的。既然公开和不公开的案件中有那么多坏人要起诉，为什么还要用新颖的法律理论来搅浑道德水域（moral waters）呢？[25]

在对侵略行为提起刑事诉讼方面也存在许多法律问题，国际律师对这些问题看法不一。最困难的是所谓的“溯及既往”问题：轴心国领导人只有在先存法律将发动侵略战争定为犯罪的情况下才能因发动侵略战争而受到惩罚。任何文明的法律体系都不会强行施加事后刑事处罚——更不用说死刑了。[26]

经过仔细观察，一些似乎令人鼓舞的历史先例证明，以发动侵略战争为由起诉国家元首是一件新鲜事。[27] 虽然拿破仑在莱比锡战役失败后被流放到厄尔巴岛，但他的流放并不是一种刑事惩罚。这次流放是对民事监禁的一次绝望尝试。由于战胜国不能将拿破仑定为囚犯，因为他没有犯下任何罪行，相反，他们只能让他成为拥有自己领土的皇帝，同时禁止他前往战胜国。他被流放到圣赫勒拿岛的确是一种惩罚，但不是因为他犯了发动侵略战争的罪行，而是基于他逃离厄尔巴岛违反了《枫丹白露条约》所规定的投降条件这一脆弱的法律依据。[28]

更令人期待的是《凡尔赛和约》对德皇威廉二世的起诉。第 227 条写道："同盟国和协约国公开提讯前德国皇帝霍亨索伦的威廉二世，因其严重违反国际道德和条约的神圣性。"[29] 但是仔细阅读就会发现，这项指控并不是因其违反法律。因为该条约认为，威廉二世违反了"国际道德"和"条约的神圣性"。该条约强调由于没有法律可适用，它指示未来的法庭审判以"国际政策的最高动机"为指导。[30] 该条约在法律上的不当之处是如此明显，以至于荷兰政府不愿将威廉二世交给协约国。威廉二世退位并在德国投降前一天悄悄越过荷兰边境，荷兰政府给他提供了庇护。[31]

当时面临的挑战是，如何在不违反禁止事后惩罚原则的情况下，以发动侵略战争的罪名起诉轴心国领导人。

一种解决方案

当然，对于"事后惩罚"问题有一个答案。惩罚轴心国领导人也许是非正义的，但不惩罚他们也是非正义的。事实上，让他们逃避责任将是更大的非正义。如果希特勒被处死，谁会觉得他被冤枉了呢？毫无疑问，他在道德上的罪责如此深重，完全超过由于判决他犯下了一项全新的罪行而带来的任何不公。

这个简单答案的问题在于，它太简单了。听起来像是卡尔·施米特对《卢贝法》的辩护。难道他没有说过，范·德·卢贝放火烧毁国会大厦的罪行是如此邪恶，以致司法部门需要追溯立法吗？难道他没有敦促纳粹用一条新原则——“法无惩罚不为罪”（nullum crimen sine poena）——来取代古老的“法无明文不为罪”（nullum crimen sine lege）的法律原则吗？[32] 在惩罚纳粹领导人时，美国人不想把自己变成他们那样。律师们不得不展开辩论，把英美法系的法律方法与民族社会主义的法律方法区分开来。[33]

但是，第一个从理论上取得突破的并非来自英国或美国的学者，而是一位捷克律师博胡斯拉夫·埃切尔（Bohuslav Ečer）。[34] 埃切尔曾是捷克斯洛伐克纳粹党的反对者，当纳粹入侵捷克斯洛伐克时，他逃到了巴黎。当纳粹转而进攻法国时，埃切尔逃到了英国。在那里，他参加了伦敦国际大会（London International Assembly），这是
/ 253 一个类似于剑桥小组的工作小组。[35] 埃切尔对《非战公约》将侵略战争定为非法持赞成态度。但他认为，这并没有使发动侵略战争成为犯罪或应受惩罚。要使违法行为成为犯罪行为，法律必须考虑提起公诉，在公诉中，由检察官谴责被告，并设法惩罚他们的犯罪行为。因此，刑法典有一种独特的形式：它包含了犯罪的详细定义，并清楚规定了对每种犯罪行为的惩罚。但《非战公约》看起来根本不具备刑法典的特点。它既没有界定侵略罪，也没有规定对侵略罪的惩罚。事实上，它根本就没有提到制裁。它仅指出，各缔约国放弃诉诸战争，并谴责将战争作为解决国际争端的手段。因此，埃切尔认为，试图把《非战公约》当作刑事法令是走进了一条死胡同。

但埃切尔认为还有另一种途径解释《非战公约》，即可以将它解读为一种宪法性原则，而不是把它当作一项刑事法令。[36] 通过宣布战争非法，该公约废除了旧世界秩序的核心原则。因此，战争不再是强

行行使权利的合法方式，只有自卫才是战争的正义理由。这样，古老的格劳秀斯式原则不再具有任何意义，它们已经失去了存在的理由。

因此，《非战公约》并没有把侵略战争变成单独的罪行，它只是取消了在战争还是解决国家间争端的合法手段时期侵略者所享有的法律保护。各国现在可以揭开战争的法律面纱，揭露其潜在的犯罪行为。战场上的非正义杀戮现在将会与战场外的杀戮同等对待，即被视为谋杀。因此，可以根据普通刑法起诉纳粹。[37]

在 1942 年 10 月 10 日呈给伦敦国际大会的备忘录中，埃切尔首次提出了追溯效力问题的解决方案。[38] 第二年，埃切尔以更加干脆利落的形式提出了同样的论点："一旦作为高阶法（higher order）的国际法剥夺了侵略战争的合法性，人们就会看到它原来的样子：一系列被禁止的犯罪行为将受到有关国家刑法的最重处罚。"埃切尔以一个反问句一针见血地总结道："当国际法院把发动这场战争的人作为大屠杀、纵火、抢劫等罪行的共犯送到国内法庭，即犯有谋杀罪的人的断头台时，谁的法律良心会受到困扰？"[39] / 254

即决处决

埃切尔提出了一个具有启发性的解决追溯效力问题的途径。但是还有几个障碍需要克服。首先是信息传递的问题。一个流亡的法学教授的法学理论怎样才能传递到那些当权政客那里呢？与劳特派特和施米特不同，埃切尔没有与当权者接触的渠道。但在将侵略战争定为犯罪之前，还有一个更加困难的问题需要解决。当时还不清楚同盟国是否想审判轴心国的领导人。因为许多人对此表示反对。他们要求简单而原始的正义，要求一个短暂而果断的过程，要求一种迅速而可怕的清算。他们想要大规模即决处决（summary execution）。

在美国，即决处决论的主要鼓动者是财政部长小亨利·摩根索。

摩根索制订了一项至少要阉割德国一个世纪的战后计划。为了确保德国不会东山再起，该计划要求彻底摧毁德国工业。根据这个计划，同盟国将掠夺德国所有有用的机器，关闭其矿山，驱逐其技术人员，并摧毁其他一切能让德国再次崛起的条件。这些举措将对施米特的家乡莱茵兰的鲁尔河谷造成最严重的冲击。“这里是德国工业力量的心脏、战争的熔炉。这一地区当前所有的工业不仅要被剥离，而且要弱化并控制其发展潜力，使其在可预见的将来不能成为工业区。”[40]摩根索还敦促美国总统跳过对轴心国战犯的审判，对他们直接进行处决。[41]

亨利·史汀生将这一计划背后的狂暴愤怒归因于摩根索的种族归属。他认为摩根索陷入了“狂热的复仇犹太主义”。[42]摩根索一度主张“彻底消灭纳粹党所有成员”。[43]当被告知大约有1300万纳粹党成员时，他回答说他以为只有500万。[44]虽然没有其他官员表现出这种疯狂，但摩根索并不是唯一一个渴望复仇的人。圣公会（Episcopalian）教徒、美国国务卿科德尔·赫尔的妻子是半个犹太
/ 255 人，他对摩根索说：“我和俄国人之所以相处得如此融洽，是因为我去莫斯科的时候，我告诉他们，我要做的第一件事，就是让这些人接受战地军事审判，在日落之前把他们枪毙。从那天起，我就同俄国人和睦相处。”[45]当史汀生在一次内阁会议上反对摩根索的计划，坚持遵守法律程序时，摩根索报告了赫尔的反应：“赫尔迫不及待了，他只想在黎明时把他们全部枪毙掉。”[46]

罗斯福总统最初支持摩根索。1944年9月，罗斯福在魁北克会见丘吉尔时，摩根索是唯一被邀请的美国内阁部长。[47]令摩根索高兴的是，他发现丘吉尔也同意他的观点。然而，与摩根索不同的是，丘吉尔明白摩根索的选择是可怕的，他试图给这个计划披上一层更为温和的外衣。他将其命名为“田园化”（Pastoralization）：盟国仅“将德国转变成一个以农业和田园为主要特征的国家”。[48]丘吉尔也赞成即决处决，尽管他认为这种处置只适用于领导人，即50~100名

主要战犯。[49]他希望成立调查法庭，“不是为了确定被告有罪或无罪，而仅仅是为了确认身份事实”。一旦身份被确认，被告应“在6小时内被枪毙，且无需上级指示”。[50]丘吉尔不想审判这些战犯。因为审判有时会带来意外，有时也会以无罪释放而告终。

史汀生当时目瞪口呆。在魁北克会议后提交给罗斯福总统的一份备忘录中，他警告总统，迦太基式和平只会使敌对状态持续下去。“在我看来，这种方法并不能防止战争，它们往往会滋生战争。”[51]他谴责即决处决。[52]他认为，实行战地军事审判不仅违背了美国的价值，还浪费了建立纳粹罪行权威记录的机会。[53]“只有通过彻底逮捕、调查和审判纳粹恐怖主义体系中的所有纳粹领导人和工具，例如盖世太保（Gestapo），并尽可能及时、迅速和严厉地对其实施惩罚，我们才能表明全世界对这种制度的憎恶，并使德国人民认识到我们永远铲除这种制度及其所有后果的决心。”[54]这些对审慎明智的处置方式的急切呼吁被忽视了。罗斯福支持摩根索。[55]

弗里德里希·尼采和卡尔·施米特似乎一直都是正确的：与魔鬼战斗的人自己也变成了魔鬼。为了惩罚德国的侵略，盟国打算让德国整个国家好几代人陷入贫困；由于纳粹的种族主义和种族灭绝行为，盟国计划进行大规模、有系统的种族清洗；对于处决囚犯，盟军想要在没有正当程序的情况下枪毙数百人，可能是数千人，也可能是数万人。 / 256

但尼采和施米特都错了。因为当该计划的消息泄露时，新闻界毫不留情地进行了报道。《时代》周刊的反应很典型。它发表了一篇名为《仇恨政策》（*The Policy of Hate*）的文章，讽刺摩根索的计划“仅略高于‘让所有德国人彻底绝育’的标准”。[56]没有人会被这个计划的委婉用语愚弄。“田园化”意味着和平的进程和田园式的结果，但显而易见的是，将中欧大部分地区夷为平地并将其改造成大片草地的提议，将导致数百万平民被强行驱离家园，并可能导致大规模饥荒。纳粹宣传人员充分利用了这条新闻。纳粹党的官方喉舌《人民观察家报》（*Völkische Beobachter*）刊登了一个耸人听闻的标题："罗斯福和丘吉尔同意犹太人的谋杀计划！"[57]

罗斯福总统意识到了他的错误，但拒绝对此负责。据史汀生说，罗斯福试图推卸责任，说"摩根索犯了一个'愚不可及的错误'"。[58] 事实上，"田园化"德国计划具有很大的危害性，它破坏了对纳粹领导层实施即决处决的准备，而这种处置纳粹领导层的方式在公众中很受欢迎。戈林被捕10天后，一项盖洛普民意调查显示，只有4%的受访者希望在法庭上对他进行审判，56%的人选择了"绞死、枪毙、处决、斩首、死刑"等方式来处置他，同时还有15%的人想"慢慢地杀死他，折磨死他，让他做苦工，让他饿死，将他碎尸万段"。[59]

当时，甚至连纳粹领导人也有权享有正当法律程序这样的观点也没什么市场。美国公众不想通过战争罪行法庭审判他们，美国和英国政府也不想。甚至一些纳粹分子也不想。德国劳工阵线（German Labor Front）领导人罗伯特·莱伊（Robert Ley）在纽伦堡对心理学家古斯塔夫·吉尔伯特（Gustave Gilbert）说："让我们靠墙站着，然后朝我们开枪！皆大欢喜——你们是胜利者。但我为什么要像个罪——，罪——，罪——，像个罪——，罪——罪——那样被送上法庭呢？"当吉尔伯特接上"罪犯"这个词时，莱伊回答道："是的，我甚至连这个词都说不出来。"[60] 第二天，莱伊在牢房卫生间管道上自缢身亡。

那时候，唯一赞同史汀生的主要政治人物也许就是斯大林了。斯大林热情地倡导对纳粹进行审判——当然不是真正的审判，而是摆摆样子的公审（show trials）。他知道公审是一种很好的宣传，也相信20世纪30年代大清洗运动（Great Purges）经验丰富的执行者安德烈·维辛斯基能够重现这些表演。

斯大林不仅支持对战争罪的审判，他还想以侵略罪审判轴心国领导人。苏联法律学者A. N·特赖宁（A. N. Trainin）在1944年出版的《希特勒的刑法责任》(*Hitlerite Responsibility Under The Criminal Law*)一书中表达了斯大林的观点。特赖宁说:"苏联认为，发动侵略战争是今天国际法上的一项罪行。"[61] 特赖宁是一位才华横溢的律师，他对侵略的特征做了一个简洁明了的区分。他认为侵略不是战争罪，而是破坏和平罪。侵略者不仅侵犯了受害者的权利，而且破坏了和平的世界秩序。[62]

史汀生和斯大林是一对奇怪的组合，但他们都欣赏法律的力量。他们比大多数人更清楚，法律程序赋予其产生的结果以巨大的合法性。他们还意识到，国际审判可能会对侵略战争制度造成冲击。然而，他们的观点一致性也就到此为止了。因为与尊重法律程序的史汀生不同，斯大林利用了这些程序。

斯大林也不关心违反和平的罪行是否是属于国际法范畴的真正罪行。然而，要想说服史汀生，就需要拿出可靠的法律论据。史汀生想要被说服，但他仍然需要说服。会有必要的人物来说服史汀生，但并非如劳特派特、埃切尔，或者特赖宁这样的著名学者，而是他的朋友、邻居和法律合作伙伴威廉·钱勒(William Chanler)。

威廉·钱勒

威廉·张伯伦·钱勒(William Chamberlain Chanler)是真正的纽约上层社会人士。[63] 他的出身可以追溯到新尼德兰殖民地(New Netherlands Colony)第一任总督彼得·斯特伊弗桑特(Peter Stuyvesant)，以及从皮草商人转型为纽约市房地产大亨的曾祖父老约翰·雅各布·阿斯特(John Jacob Astor, Sr.)。他的父亲刘易斯·斯特伊弗桑特·钱勒(Lewis Stuyvesant Chanler)兄弟姐妹10个。由于父母不幸过早地去世，他们成了"阿斯特孤儿"，同时也继承了父母留下的阿斯特家族财产。[64] 从哈佛大学法学院毕业后，威廉·钱勒进入了温斯洛普 - 史汀生 - 帕特南和罗伯茨律师事务所（Winthrop. Stimson, Putnam and Roberts）从事法律业务，这是一家有着强烈国际主义倾向的华尔街“白鞋”律师事务所①。它由西奥多·罗斯福政府的国务卿、美国国际法学会（American Society of International Law）创始主席伊莱休·鲁特（Elihu Root）创立。多年来，亨利·史汀生一直是这家事务所的主要合伙人之一。[65]

像那个时代的其他华尔街律师和金融家一样，钱勒有着强烈的责任感和公民美德。因此，当美国参战后，47 岁的钱勒毅然弃笔从戎，赶赴前线。作为一名经验丰富的律师，钱勒被任命为占领区盟国军政府的最高军事官员，负责北非、西西里以及后来的意大利南部占领区。他起草了许多军政府占领法。[66]他也是第一个试图起诉在任国家元首违反《非战公约》的美国政府成员。

尽管贝尼托·墨索里尼代表意大利加入了《非战公约》，但他从未把它当回事，他以特有的咆哮向他的众议院宣布：“我们签署了《非战公约》。我给它的定义是，它是崇高的。现实中，它是如此崇高，甚至可以称之为超验的（transcendental）。”[67]他的听众都笑了起来。他们理解了自己领导人传递的信息：《非战公约》太过虚幻，因而毫无意义。这是一种虚无缥缈的姿态，一种没有任何支撑的虔诚。一纸协定怎么能约束领袖的意志呢？国际联盟对他入侵埃塞俄比亚的软弱反应证实了它的无能。但墨索里尼并没有笑到最后。因为他没有意识到，各国逐渐认识到不作为的代价并学会如何运用《非战公约》的精神和相关条款，该公约将随着时间的推移而变得有效。他也没有意识到，自己的军队已经变得多么超验。

1943 年 7 月 25 日下午 5 点，当他的阿尔法·罗密欧汽车开进意大利国王维托里奥·埃马努埃莱三世（Victor Emmanuel Ⅲ）王宫的

① “白鞋公司”（white-shoe firm），老牌专业服务公司的指称，这些公司多是纽约历史悠久的银行、律师事务所和咨询公司。——译者注

车道上时，事情变得明朗起来。墨索里尼不仅把这位五英尺高的君主当作朋友，也把他当作傀儡。因此，当这位国王称这位法西斯独裁者为“意大利最可恨的人”并将其逮捕时，墨索里尼大为震惊。[68]考虑到把墨索里尼交给盟国还能做笔交易，维托里奥·埃马努埃莱三世迅速把他带到了位于亚平宁山脉上一个与世隔绝的高山滑雪胜地帝王台（Campo Imperatore）。钱勒意识到，墨索里尼被捕，机会来了。于是，他与另一名同事一起起草了一份起诉书，指控墨索里尼违反《非战公约》，犯了多项罪名：第一项罪名是1935年入侵埃塞俄比亚，其他几项罪名是侵略英国、法国、希腊和南斯拉夫。[69]

不幸的是，钱勒起草的起诉书很快就变得毫无意义。1943年9月12日，墨索里尼在希特勒亲自下令的一次大胆突袭中被救了出去。[70]希特勒曾向术士占卜朋友墨索里尼的下落。此次行动由奥地利突击队队员奥托·斯科尔策尼（Otto Skorzeny）领导，他身高六英尺三英寸，因为左脸颊上有多处决斗留下的伤口，所以绰号“疤脸”（Scarface）。他还因在特种作战中的丰富技能而被称为“欧洲最危险的人”。[71]他率领一个由滑翔兵和伞兵组成的中队击败了看守墨索里尼的装备精良的部队。斯科尔策尼在这个与世隔绝的山坡度假地着陆后，冲上了关押墨索里尼的大楼的楼梯，喊道：“领袖，元首派我来解救你！”墨索里尼回答说：“我就知道，我的朋友是不会放弃我的！”[72]墨索里尼被护送至希特勒那里，二人兴高采烈地团聚。最后，他以纳粹德国在加尔达湖边的一个傀儡小国意大利社会主义共和国（Italian Socialist Republic）领导人的身份回到了意大利。

尽管钱勒没有成功地起诉墨索里尼，但当他1944年回到华盛顿时，他却能够用同样的法律理论来解决一些问题。当时，前身为伦敦国际大会的联合国战争罪行委员会（United Nations War Crimes Commission）在侵略战争问题上陷入僵局。劳特派特的导师阿诺德·麦克奈尔（Arnold McNair）爵士认为，根据国际法，发动侵略战争并非犯罪，但博胡斯拉夫·埃切尔不同意这种观点。[73] 由于担心麦克奈尔会占上风，史汀生指示美国代表，在美国政府研究这一问题期间拖延时间。[74] 钱勒给史汀生写了一份长篇备忘录，日期为“11 月 30 日”，阐述了一年前他在意大利最先提出的法律理论。

/ 260 钱勒与埃切尔的观点大致相同。他认为，《非战公约》并没有创造一个新的罪行，即国际侵略罪，它只是取消了在发动战争符合国际法的时代侵略者所享有的任何豁免。如今，侵略者不再是合法的战斗人员，而是普通的罪犯。[75] 钱勒预料到被告会辩护说自己“被指控的行为是合法的战争行为”，他回应说，这样的“辩护无效，因为被告违反了《非战公约》，因而不是合法的交战方”。[76]

尽管两人在考虑这个问题的思路上存在明显的相似性，但钱勒声称，他的思想并非来自埃切尔，不过当时至少有一份埃切尔的备忘录在美国战争部传阅。[77] 在 10 年后的一封信中，钱勒声称，他“当时的理论基于费尔肯菲尔德的第五版《奥本海国际法》，其中有一个脚注非常清楚地阐述了该理论”。[78] 不幸的是，钱勒的回忆是错误的。因为《奥本海国际法》第五版的编辑是赫希·劳特派特，而不是恩斯特·费尔肯菲尔德（Ernst Feilchenfeld）。而且，也不清楚钱勒心里想的是哪个脚注。① 劳特派特有可能是钱勒最初的灵感来源，但前者是

① 钱勒声称，这个脚注在“费尔肯菲尔德第六版”中被“撤回”了。实际情况是，劳特派特而非费尔肯菲尔德修订了《奥本海国际法》第六版，唯一一个出现在第五版而不是第六版中的相关脚注是这样的：“也许有人会说，违反《非战公约》进行的战争是非法行为，因此无法产生与导致战争爆发的因素有关的其他结果。”（意即，侵略者通过非法发动战争实现的目标是非法的、无效的。——译者注）这一脚注表明，那些违反《非战公约》的人将不会享有免于起诉的豁免权，但这很难算得上“非常清楚地阐述了该理论”。如果说在第六版中去掉这个脚注就等于撤回了，那就有点夸张了。有可能的是，钱勒指的是劳特派特 1942 年写给剑桥小组的私人备忘录中有关《非战公约》的那一段，但在 1944 年发表时被删除了。参见 Hersch Lauterpacht, “The Law of Nations and the Punishment of War Crimes,” *British Yearbook of International Law* 21（1944）：58-95。

如何影响后者的，还不清楚。

尽管史汀生强烈希望以侵略罪起诉轴心国领导人，但他朋友备忘录所阐述的观点并不能让他信服。他形容钱勒的论点“发人深省”，但也让他很紧张。在给自己的副手杰克·麦克洛伊（Jack McCloy）的一份封页备忘录（cover memo）①中，史汀生认为，钱勒的观点“比国际思想的进步略微超前一点”。尽管如此，它“很值得您和您的委员会审阅一番”。[79]

他们确实审阅了，但他们也很紧张。他们写了一份备忘录作为回应。这份充满质疑的备忘录并没有直接提到钱勒的论点，但不难看出是什么困扰了它的作者们。[80]钱勒的理论不仅新颖，而且对军事律师来说也有危险的含义。因为如果轴心国领导人是非法的交战者，如果他们如同钱勒所言，与墨西哥传奇革命人物潘乔·维拉（Pancho Villa）这样的游击战士没有区别的话，那么他们将不受战争法的保护。[81]他们将无权享有给予合法交战者的保护，他们将因战争中的行为而被处以死刑。更糟糕的是，轴心国的士兵也会有同样的遭遇。如果同盟国采取这样的立场，那么轴心国也会采取同样的立场。他们会宣称同盟国是侵略者。这样的话，战争法将会失效，到时候双方都会声称对方违反了《非战公约》，每方都将对方视为游击队员而不是受保护的士兵，可以立即处决。

钱勒不打算放弃。他试图通过迂回方式说服那些怀疑他的人。由于出身于一个上层社会家庭，他从小就对社交网络有着敏锐的理解，也知道如何通过正确的途径来解决官僚体制中的棘手问题。钱勒知道他需要总统的“支持”，于是他找到了约翰·伯蒂格（John Boettiger）寻求支持。伯蒂格是钱勒在五角大楼的同事，他的妻子碰巧是罗斯福总统的女儿兼亲信安娜·罗斯福（Anna Roosevelt）。

/ 261

① 指仅用于组织内部交流的备忘录。——编者注。

当伯蒂格去海德公园和岳父母一起度假时，钱勒在他的备忘录中附上了一封只有半页的简短信件，让他的朋友递交给总统。[82]在这期间发生了什么，我们一无所知。但1945年1月3日，总统草签了钱勒的封页备忘录，并给新任国务卿爱德华·斯特蒂纽斯写了如下便签："请向我提交一份有关战争罪行委员会工作进程的简要报告，特别是美国代表对针对希特勒和主要纳粹战犯的指控的态度。这些指控应该包括对违反《非战公约》发动侵略战争的起诉。"[83]

史汀生派现在处于上风，他们开始计划起诉轴心国领导人违反了《非战公约》。

罗伯特·杰克逊的任命

在签署了钱勒的备忘录三个月后，罗斯福总统逝世了。第二天，司法部长弗朗西斯·比德尔（Francis Biddle）邀请此时担任美国最高法院大法官的罗伯特·杰克逊给他的前工作人员①讲讲总统的生平。在司法部大厅，杰克逊面对一群听众向罗斯福致敬时，他将罗斯福所指挥的压倒性军事力量与他更加强大的道德权威进行了比较。[84]"无论是亚历山大，还是恺撒、汉尼拔、拿破仑、希特勒，他们都没有指挥过这样大规模的军队……但他真正代表的是人类的道德力量和精神追求，而这些从未如此热情地集中体现在一个人身上。"[85]杰克逊竭力控制自己勉强讲完，直到最后情绪崩溃。结束时，他强作振奋，说总统看到了"他所付出的努力已经带领着我们的国家走向胜利"，他感到非常高兴，他也正走在"永无尽头的通往和平之路"[86]

演讲结束后，杰克逊动身前往卡尔顿酒店，美国国际法学会正在这里举行年会。杰克逊在向与会律师讲话时宣布，他将站在那些"及

① 罗伯特·杰克逊1940~1941年间担任美国司法部长。因此，作者说司法部工作人员是他的前工作人员。——译者注

/ 262

时且坚定地承认自己的信仰……根深蒂固地相信国际法是一个存在的、坚不可摧的现实”的人一边。此番讲话的主要议题是战争罪法庭问题。在这个问题上，杰克逊没有明确表态。作为美国最高法院大法官，他在任何政治辩论中都不能偏袒任何一方。但是，他强调，如果举行审判，就必须是真正的审判。“如果我们进行的司法审判是一场闹剧，那么势必将摧毁人们对司法程序的信心。”虽然杰克逊明确表示，他不支持对即决处决进行审判，但他暗示了自己真正的同情：“当然，如果寻求的是善意审判，那就是另一回事了。我不像有些人那样，为战犯的司法管辖权或为找到现有的和公认的法律来确定有罪标准而烦恼。”[87]

杰克逊一定知道，新一届美国政府会将这篇在《华盛顿邮报》周日版上发表的公开演讲解读为严肃的兴趣表达。美国政府注意到了他的建议。[88]两周后，负责战争罪政策的政府官员塞缪尔·罗森曼（Samuel Rosenman）找到杰克逊，看他是否真的有兴趣被任命为审判纳粹领导人的美国首席检察官。

钱勒声称，他把杰克逊推荐给了史汀生，并通过伯蒂格推荐给了新任总统哈里·杜鲁门。“无论是在与史汀生上校的私下谈话中，还是通过我在民事部门的同事约翰·伯蒂格推荐，我都强烈敦促任命杰克逊大法官为美国首席检察官。这种任命，就如我们在五角大楼常说的那样，是‘最高级别的’。”[89]

/ 263

选择杰克逊并不奇怪，因为他是这个职位最合适的人选。新一届美国政府意识到，杰克逊将《非战公约》视为一份革命性的文件，认为它从根本上改变了中立法和战争法。[90]它也知道杰克逊是一位才华横溢的公务人员。他几乎担任过政府所有最高级法律职位：美国税务总局总法律顾问、司法部副部长、司法部长，现在是最高法院大法官。尤其与战争罪检察官相关的是，杰克逊是一名经验丰富的出庭律师。与出身优越的威廉·钱勒不同，罗伯特·杰克逊与从政之前担任过小镇法官的哈里·杜鲁门一样，是白手起家的人。杰克逊最初是纽约詹姆斯敦（Jamestown）的一名乡村律师，他曾经在谷仓里审理过一个案子，后来又为一起关于一头荷尔斯泰因－泽西杂交奶牛的父权案子提起诉讼。[91] 他是最后一位并非法学院毕业的最高法院大法官。他甚至没有上过大学。尽管没有受过正规的高等教育，但杰克逊是一个有天赋的作家和雄辩的演说家。他阅读广泛，文章旁征博引。他身材短小粗壮，额头上发线中间向下突出，大脸庞，但他穿着优雅，通常是一套三件套的衣服，口袋里塞着手帕和怀表。

杰克逊天生是一个实干家，他对司法部门的严格限制感到沮丧。他告诉杜鲁门总统，他觉得自己"没有做任何促进人们努力消除战争的事情，也没有做多少与世界面临的重大问题相比显得非常重要的事情"。[92] 此外，对战争罪行的审判正在成为一个世纪审判，如果不是历史审判的话。在他获此任命的时候，五名主要被告分别是阿道夫·希特勒、贝尼托·墨索里尼、海因里希·希姆莱、约瑟夫·戈培尔和赫尔曼·戈林。[93] 4 月 29 日，他接受了这个任命。

然而，在几天之内，前四名被告就无法出庭受审了。4 月 28 日，墨索里尼和他的情妇在逃亡瑞士的途中被游击队俘获。他们把他俩靠在一堵石墙上，用机枪扫射处决了他们。他们的尸体被倒吊在米兰的埃索加油站顶上示众，后来被一群暴徒砍下来并加以侮辱。[94] 听到墨索里尼的下场后，希特勒决定，只有一个办法可以避免类似的命运。4 月 30 日，他和结婚不到 40 个小时的爱娃·布劳恩（Eva Braun）一起自杀了。他头部中弹，她服下了氰化氢。希特勒首先在他的爱狗布隆迪身上测试了氰化氢的药效。第二天，戈培尔和他的妻子在毒死自己熟睡中的六个孩子之后也自杀了。[95] 希姆莱活得最久。5 月 8 日，他被盟军俘虏后咬破了氰化物胶囊自杀。

对杰克逊来说幸运的是，纳粹恶魔谱上的其他恶魔还活着。5 月 9 日，戈林向美军投降。戈林之所以这么做，部分原因是逃避纳粹对

/ 264

他的死刑判决，因为在希特勒还活着的时候，他要接管德意志帝国指挥权，此举惹怒了希特勒，要处决他。戈林还抱有一种幻想，希望可以通过说服别人来摆脱困境，他一再要求与德怀特·艾森豪威尔将军会面。他不是唯一心存妄想的人。6 月 14 日，约阿希姆·冯·里宾特洛甫是在汉堡的一间公寓里被发现的，他穿着粉红和白色的睡衣躺在床上。他后来告诉审讯他的人，自己正在为“已故元首”执行一项任务。当被问及他是否认为希特勒真的死了的时候，里宾特洛甫回答说：“我非常确定他死了，但也有可能我错了。”[96] 这只德国头号鹦鹉已经开始神志不清了。

非常脆弱

当罗斯福总统于 4 月 12 日去世时，新近被解放的布痕瓦尔德集中营幸存者在集中营入口处升起一面黑旗，向他致敬。[97] 几天后，乔治·巴顿（George Patton）将军下达命令，强制邻近城市魏玛的居民参观该集中营。[98] 他们第一眼看到的是一系列陈列着的刻有图案的羊皮纸。当他们走近时，他们才意识到，这些画布样的东西是带有精美文身的大块人肉。这些标本是为一位正在写有关文身主题论文的德国医生以及司令官的妻子准备的。司令官的妻子喜欢皮肤艺术，她会挑出身上有特殊标记的在押人员的皮肤供她收藏。那些还没有昏倒的参观者被领着走过肮脏的营房，营房里面挤满了成千上万的病人和垂死的在押人员。接着，他们从另一些人身边经过，这些人虽然走得动路，却像僵尸一样在场地里漫无目的地拖着脚走来走去。然后，参观者们被带进纳粹医生在在押人员身上做实验的实验室，令人毛骨悚然的房间里摆放着一排排装满人体器官、内脏和萎缩的头颅的罐子。他们观察了一些勉强活下来的病人，他们被注射了斑疹伤寒病毒以便研制一种治疗德国人的血清。这个实验室里的死亡率是 98%。隔壁实验

/ 265

室以儿童为实验对象。在那里，德国参观者看到一名来自布达佩斯的9岁犹太男孩，他被注射了好几剂斑疹伤寒病毒。他精神还不错。当被问及父母在哪里时，他回答说："我父亲被杀死了，我母亲被烧死了。"然后他们被带到58号营房，那里关押着病情最严重的在押人员。火葬场恰好就在隔壁。这是一座单层的红砖建筑，屋顶是红瓦。营房前是一堆赤身裸体、瘦骨嶙峋的尸体。火葬场配备了加速烤炉，目的是把尸体烧成粉末。仿佛这还不够可怕似的，地下室里还有一个酷刑室。受害者必须站在一个矮凳上，然后在其脖子上套上套索，这时下一个受害者就被迫把他们脚下的凳子踢开。[99]

1945年4月18日的《纽约时报》头版报道过这个故事。在接下来的日子里，报纸上充斥着关于纳粹暴行的报道。但即使来自其他集中营——贝尔根－贝尔森集中营、奥斯威辛集中营、特雷布林卡集中营、达豪集中营、特莱西恩施塔特集中营——噩梦般的消息充斥着美国媒体，那些负责美国战争罪行政策的人还是把注意力集中在侵略罪上。对他们来说，即将到来的战争审判的主题不是大屠杀，而是战争本身。根据史汀生的说法，战争罪的策划者们均围绕着这一想法，即需要"一次大审判，通过这次审判，我们可以证明纳粹发动极权主义侵略战争的整个阴谋，以及其在战争过程中违反了所有限制不必要的残忍和破坏的规则"。[100]

/ 266 史汀生甚至不想将与大屠杀有关的指控包括进去。这并非他麻木不仁或反犹太。而是因为他认为盟国没有起诉这类行为的法定权威，尽管这些行为令人憎恶。"对于那些在战争前和战争期间在德国犯下暴行但与战争无关的人，我很难找到方法让军事委员会进行审判和定罪。"[101] 在史汀生看来，这些暴行不是国际法庭可以起诉的罪行。杰克逊设法把大屠杀罪行强行纳入即将到来的审判，但也只能通过将其与战争联系起来。他说："这一灭绝犹太人和破坏少数民族权利的计划之所以引起国际关注，是因为它是非法战争计划的一部分。"[102] 在杰克逊看来，纳粹之所以可能会因为大屠杀而被起诉，是因为大屠杀是违反《非战公约》而发动的侵略战争的一部分。

杰克逊的决心从他担任首席检察官的那一刻起就表现得很明显。当他修改了美国人希望在即将召开的伦敦会议上通过的宪章草案时，他确保了发动侵略战争罪是优先要被起诉的罪行。他重新起草了指控清单：

a. 违反战争习惯和规则。

b. 违反国际法或国际条约，以武力入侵或以武力威胁他国。

c. 违反国际法或国际条约发动战争。

d. 发动侵略战争。

e. 诉诸战争作为国家政策或解决国际争端的工具。[103]

这份指控清单中冗长的指控表明，杰克逊是多么坚定地主张即将到来的审判是关于违反《非战公约》的审判。

1945 年 6 月 6 日，诺曼底登陆一周年纪念日，他在给杜鲁门总统的公开报告中表达了同样的观点。"发动不正当战争的罪行，"杰克逊宣称，"包括所有较轻的罪行。"[104] 他为这种解决方案提出的法律依据无他，正是埃切尔 - 钱勒理论。"战争必然是一系列精心策划的杀戮、财产破坏和压迫。"[105] 旧世界秩序"为追求战争合法化，为那些本应是犯罪的行为披上了一层保护的外衣"。[106]《非战公约》已经剥去了那层保护的外衣。杰克逊总结道，新世界秩序"已经废除了这种辩护，即那些煽动或发动战争的人是在从事合法行动"。[107]

采取这样的公开立场，杰克逊已经制造了一种困境。拟议中的战争罪法庭本来不是美国的事情。它被设想为一个国际法庭，由盟国共同努力来惩罚轴心国战犯。但是，当 6 月底盟国聚集伦敦为即将到来的审判制定规则时，各国代表却几乎不能达成一致。法国代表团对杰克逊的方案持敌对态度。法国代表安德烈·格罗斯（Andre Gros）坚持认为，国际法中不存在侵略罪。如果盟国实施杰克逊的计划，批评人士将正确地宣称，侵略指控仅仅是“四个人炮制出来的，仅仅是四个单个的人”，只不过是“事后法”。[108]

杰克逊曾怀疑在早些时候的旧金山会议上，法国并不赞同侵略指控，因为当时国际法教授儒勒·巴德旺（Jules Basdevant）称侵略指控“非常脆弱”。但现在杰克逊无法相信法国人会拒绝他的方案，因为在近代史上，法国人是反复遭受德国侵略的受害者。“上帝保佑我们远离教授！”他在日记里义愤填膺地写道。[109]

事实上，是教授们挽救了杰克逊。在伦敦谈判期间，赫希·劳特派特担任杰克逊的非正式顾问。7月间，杰克逊两次前往剑桥咨询，特别是关于侵略的法律问题。关于如何组织这些随意安排的指控，杰克逊也听从了劳特派特的建议。劳特派特提出了三种明确的分类：（1）破坏和平罪；（2）普通战争罪；（3）反人类罪。这种组织方式直观明了，它成了即将到来的审判的标准。[110]

杰克逊与法国人就《租借法案》谈判时，也倾向于听从劳特派特的建议。他认为，将侵略定为犯罪与《非战公约》所带来的中立规则的变化是一致的。正如1941年劳特派特在哈瓦那演讲前夕写给杰克逊的备忘录中所说的那样，《非战公约》开启了一场国际法上的革命，而即将到来的审判只是承认并扩大了这场革命。“如果那是错的，”杰克逊对法国人说，“那么，我们在美国参战前帮助那些遭受攻击的国家的政策在很多地方都是错的。”[111]

/ 268

当然，杰克逊并不认为美国错了。他援引《奥本海国际法》第六版为自己在哈瓦那支持《租借法案》的演讲辩护。“我注意到，最新一版的《奥本海国际法》刚刚出版，根据该书，我在哈瓦那的演讲——你们有些人已经读过了——是对国际法的正确看法，尽管它当时在我自己的国家受到了批评。”[112]杰克逊从未透露过，二者观点之所以一致是由于一个很简单的原因：哈瓦那演讲的作者和最新版《奥本海国际法》的编者是同一个人，即赫希·劳特派特。事实上，就在两周前，劳特派特已经把最新版的《奥本海国际法》交给了杰克逊，其中就包括哈瓦那演讲的参考资料。

杰克逊甚至还暗示，盟国不支持他的提议是忘恩负义的，因为当时他在关于《租借法案》的辩论中，孤军奋战支持盟国。“国务卿（科德尔·赫尔）、战争部长史汀生先生、作为司法部长的我本人都有正当理由认为，这场战争从一开始就是非法的，因此我们在向那些受到非公正和非法攻击的人民提供援助方面并没有做非法的事情。我们希望这群（同盟）国家站出来说……发动侵略战争是一种罪行，任何政治或经济形势都不能证明其正当性。”[113]

但是劳特派特并不是唯一帮助杰克逊的教授。美国代表团的另一位学术顾问指出了美国提议中的一个严重缺陷，如果不被发现，它可能会毁掉一切。由于不是国际法律师，杰克逊和他的团队并没有注意到他们巨大的错误。但汉斯·凯尔森做到了，而且向他们表明如何及时补救。

汉斯·凯尔森的回归

1942 年，凯尔森在哈佛大学两年的教学生涯结束了，他不得不找一份新工作。美国没有一所法学院愿意或者能够雇用他。凯尔森设法在加州大学伯克利分校找到了一份工作，但只是在政治学系任教而且只有一年时间。在最后一刻，学校将他的任期延长了一 / 269 年，因为伯克利分校开设了一个新的军政学院（school of military government），需要有人来教授有关德国政府和民族社会主义的课程。然而，一年后，新的军政学院的课程变更了，凯尔森的专业知识也就没有了用武之地。[114]

面对贫困，这位 63 岁的奥地利最高法院前大法官、世界上最著名的法律思想家被迫给罗斯科·庞德写信，想要找一份“研究助理或图书馆管理员”之类的工作。[115] 但即便这位庞德先生也无法帮他摆脱困境。[116] 最后，美国国务院给了凯尔森一个工作，让他当外国经济管理局所属地区局解放区分局（Foreign Economic Administration in its Bureau of Areas, Liberated Areas Branch）的顾问。鉴于他在国际法方面的专长，特别是他帮助设计了奥地利宪法体系，他的工作便集中在研究确定战后奥地利和德国的法律地位上。[117]

凯尔森后来调到军法署署长（Judge Advocate General）办公室，在约翰·威尔（John Weir）将军手下处理战争罪行问题。1945 年 7 月和 9 月，凯尔森两次访问华盛顿之后，他就侵略罪撰写了 8 份备忘录。[118] 这些备忘录中，最重要的是他在 7 月起草的那份。在那份备忘录中，他指出了杰克逊团队在拟议的战争罪起诉协议草案中犯下的一个严重错误。凯尔森将重点集中于以下这一关于违反国际法的条款：“本法庭应受签署国关于下列行为是违反国际法的刑事行为的声明的约束。”[119] 对于这一条款，没有受过专业训练的人是看不出问题的，但凯尔森能知道如果不加以修改的话，灾难即将来临。

在他的备忘录中，凯尔森解释了国内法和国际法之间的根本区别。国内法是建立在个人责任原则之上的，也就是说，那些没有正当性或理由而犯下恶行的人将因其行为受到惩罚。[120] 例如，谋杀犯及其共犯因为谋杀而受到惩罚，其他人则不会受到惩罚。

与国内法不同，国际法是根据集体责任原则运行的。[121] 在国内法语境下，只有谋杀犯及其共犯才可以被追究谋杀责任，但在国际法语境下，国家的任何成员均可被追究其国家违反法律义务的责任。例如，如果德国违反了国际法，任何德国人都有责任，不管是不是他或她的错。因此，国际法体现了一种原始的道德观念——凯尔森甚至把

/ 270

国际法称为一种“原始的”法律制度，因为它既对无辜者，也对有罪

之人施加责任。[122]

一旦人们看到国际法接受的是集体责任原则，那么美国草案中的错误就变得显而易见。草案要求法庭将发动侵略战争的行为宣布为“违反国际法的刑事行为”，这对起诉毫无用处。因为起诉想让被告承担个人责任，但国际法只规定集体责任。[123]因此，戈林和里宾特洛甫发动侵略战争的唯一后果是，他们的受害者被允许对德国发动战争进行报复。但法庭不能说戈林和里宾特洛甫他们自己也会因此受到惩罚。

凯尔森提出了一个解决方案。由于同盟国相互之间必须达成一项协议，才能组成一个国际法庭，因此它们应该增加一项关于个人责任的条款。他甚至为要增加的条款想好措辞，即任何违反“国际法禁止使用武力的人……可能要为这些行为承担个人责任……并在法庭上接受审判和惩罚”。[124]

凯尔森承认，这项条款将产生新的法律。[125]这就是它的目的——使盟国能够起诉特定的个人。从这个意义上说，这项法律是事后的。但是，凯尔森指出，这种溯及既往是无害的。因为只有在让被告意外（surprise）时，溯及既往的立法才是不公正的，但在这里不会有让被告感到不公正的意外因素。轴心国领导人不能声称他们不知道他们的行动是非法的。因为《非战公约》禁止发动战争，而他们的国家在几年前才签署了这项协定。这些领导人将被判处死刑也不是一个不可预测的法律问题。毕竟，轴心国的领导人是德国人，根据国际法，每个公民都要为自己的国家违反国际法的行为负责。由于德国违反了《非战公约》，所有德国人都要为德国违反该协定承担责任。戈林知道其中的风险。他很清楚，盟国可能会因为他的国家违反国际法律而对他施加惩罚——如果他们决定把他绞死在绞刑架上，他又有什么可抱怨的呢？[126]

事实上，任何让轴心国领导人为发动侵略战争承担个人责任的法律，都是对当时集体责任体系的改进。因为这样的体系不仅极其低效，而且在道德上也有悖常理。它要求整个国家为少数人的罪行负责，而且保护有罪的少数人免受起诉。将个人责任施加于战争发起者的法律将纠正这种不公正。它将实现冤有头，债有主。[127]

杰克逊理解了凯尔森的观点。在这份备忘录的顶部，他写道："汉斯·凯尔森对国际法在个人责任问题方面的缺失感到担忧。他认为一个明确的声明是必要的。我认为这可能是可取的……我认为，为了停止争论法律是否应该有这样的规定，把它包括进去可能是值得的。"[128] 在伦敦的谈判中，杰克逊坚持认为，宪章应包含对被告个人责任的规定。[129] 最终，个人责任被包括了进去。《国际军事法庭宪章》（Charter of the International Military Tribunal）第六条规定："下列表现为犯罪的各种行为或其中任何一种行为，法庭均有权进行审判和惩处。犯有此类罪行者均应负个人责任：（a）破坏和平罪：……"[130]

凯尔森不仅预先阻止了这种可能性，即法庭认定轴心国存在犯罪行为却不追究个人责任；他还为起诉提出了一个强有力的新论点，即主张让轴心国领导人为发动侵略战争承担个人责任。他们现在可以说，《国际军事法庭宪章》针对的是正确的（right）个人。

卡尔·施米特回归

凯尔森在研究侵略罪的时候，他的对手们也在钻研同样的问题，只不过得出的是相反的结论。1945 年 5 月底，工业大亨弗里德里希·弗利克的一位代表向卡尔·施米特寻求法律帮助。[131] 弗利克曾在美国军事报纸《星条旗报》（*Stars and Stripes*）上看到，杰克逊并不满足于追究德国政治和军事领导人的罪责，他还想起诉德国主要的实业家。由于弗利克是纳粹党重要的财政支持者，也是德国战争物资的主要供应商，他还利用集中营里的劳工生产物资，所以他担心自己会成为被起诉的目标。

由于需要这笔钱且相信自己能成功，施米特接受了这项工作。在盟军开始对德国进行军事占领的三个月时间里，施米特在柏林的公寓里，向秘书口述了一份冗长的意见书，题为《国际侵略罪与“法无明文不为罪，罪刑法定”原则》（The International Crime of Aggression and the Principle *'Nullum crimen, nulla poena sine lege'*）。[132] 在这份法律备忘录中，施米特有力地论证了杰克逊为侵略行为定罪在法律上是非法的。

备忘录的大部分内容都是老生常谈，列出了任何称职的律师都会提出的论点。施米特指出，《非战公约》不具备刑事法的特征。[133] 它没有定义侵略罪，没有具体规定对侵略罪的惩罚，也没有设立一个起诉侵略罪的法庭。也就是说，该公约对侵略罪“没有定义，没有惩罚，没有组织”。[134] 施米特还描述了《非战公约》的立法历史，特别是凯洛格和博拉如何否认该公约有任何与之相关的刑事惩罚，以及至此时为止没有人指出起诉的可能性。[135]

施米特承认，《非战公约》可能被解读为制造了一种新的罪行——侵略罪。大约 20 年前，当肖特维尔在演讲中提出非法化战争之后，他就警告过这种可能性。但他声称，《非战公约》基于非法化战争建立一个新世界秩序的承诺还没有实现。它仍然是“一个计划和一个假设”，而不是“一个实际的现实”。[136] 在备忘录的这一部分，施米特对国际法的理解，一种无论是当时还是现在都很少有人能与之匹敌的理解，表露无遗。

施米特提出了两个主要论点来支持自己的观点，即《非战公约》仍然是一个尚未实现的承诺。第一个论点涉及两次世界大战期间的政治现实。为了建立一个以非法化战争为基础的新秩序来取代旧秩序，必须具备三个方面的发展。“所有旨在废除战争的努力，”施米特写道，“都立即与三大具体问题联系起来，这三大具体问题更多是政治问题，而非司法问题。它们是安全、裁军与和平变革。”[137] 任何国家都不能丧失发动战争的合法权利，除非有一个有效的集体安全体系、削减军备，以及以和平方式修改《凡尔赛条约》所规定的严厉措施。/ 273 但是国际联盟失败了，欧洲国家没有裁减军备，施特雷泽曼的和平修正政策也随着 1929 年股市崩盘而消亡。如果战争真的被宣布为非法，那么必须有别的东西来取代它。然而，什么也没有。

施米特的第二个反对论点是对他先前关于战争的歧视性概念的重申。回想一下，1937 年，施米特曾抱怨劳特派特这样的作者，因为这些作者声称，《非战公约》使各国得以区别对待交战方。他认为，国际联盟对意大利实施制裁和建议改变中立的性质不仅是前所未有的事态发展，而且是危险的。在这份新的战后备忘录中，施米特改变了观点。他说，战争开始时，预言中的国际法领域的革命并没有发生，这有点事后诸葛亮的意味。国联成员国可能给意大利贴上了侵略者的标签，并呼吁各国对意大利采取制裁措施，但这些国家并没有贯彻。事实上，他们实际上承认了意大利对埃塞俄比亚的征服。美国、瑞士、西班牙和瑞典在 1939 年爆发的欧洲战争中曾宣布保持中立。

《非战公约》也没有改变战争中的权利（jus in bello）。施米特认为，如果战争被定为非法，正义一方应该比非正义一方拥有更多的权利。但是有关士兵、囚犯、伤员和平民待遇的规定仍然是非歧视性的。正义方和非正义方的战士一样，都被禁止从事同样的行为。这表明《非战公约》并没有像其支持者所希望的那样彻底改变战争法。

1945 年 8 月 25 日，施米特完成了这项工作。但在四天之内，这份备忘录就失去了意义，因为 8 月 29 日盟国公布的主要战犯名单上没有弗利克的名字。看来，盟国一直不确定是起诉弗利克还是与他做生意。他们最终决定，对他们来说，弗利克更有价值的身份是德国重建者而不是一个主要战犯，至少暂时是这样。[138]

由于弗利克没有因发动侵略战争而被起诉，学者们认为施米特的备忘录就被束之高阁了。[139]但几乎肯定，这不是故事的全部。学者们没有注意到，施米特将备忘录交给了弗利克的刑事辩护律师鲁道夫·迪克斯（Rudolf Dix）。[140]施米特的日记清楚地记载着迪克斯收到了这份备忘录。施米特在日记记录了迪克斯的反应，他写道："当时，迪克斯把我1945年夏天写的备忘录称为'国际法研讨会的作业'。"[141]

虽然不可能确切地说到底发生了什么，但是把施米特的著作、已知的人际联系，以及潜在的法律论据拼凑在一起，就会呈现出下面的画面：迪克斯曾邀请施米特加入弗利克的法律团队。迪克斯不是国际法律师，他是专攻国内法的刑事律师，所以他需要战争法方面的专家。相比之下，施米特是德国最著名的国际法律师。他是研究和批评侵略罪的主要专家。关于这个主题，他已经写书并演讲了将近20年。施米特还有一个优势：他拥有可能是柏林最大的私人法律图书馆，藏书约5000册，后来被盟国征用给占领军政府用作法律图书馆。施米特也有法庭审判实践经验。他因在普鲁士政变中扮演的角色而出名。他本应是加入这个法律团队的自然人选。

施米特原以为他的备忘录会被提交给国际军事法庭。尽管意见书是用德语写的，施米特附加了一页用英语写的便条，大概是写给美国法官看的。施米特在便条中强调，他并不反对就大屠杀起诉纳粹。"在第二次世界大战结束时，毫无疑问，人类有义务对希特勒及其同伙的'滔天罪行'（scelus infandum）做出判决。"[142]"scelus infandum"字面意思为"无法形容的罪行"，是他用来描述纳粹对犹太人实施种族灭绝政策的术语。施米特坚决认为，大屠杀以及盖世太保和党卫军犯下的战争罪行都必须受到惩罚。"对他们的判决，形式必须庄重，效果必须显著。"[143]然而，施米特主要关心的是确保纳粹主义的道德恶行不与发动战争混为一谈。他想实现的目标是，大屠杀和战争罪行应被起诉，但战争本身不应该被起诉。[144]

他苦心撰写的备忘录将永远不会出现在法庭上，这不仅仅是因为弗利克从未被起诉。这份备忘录内容深刻，但它并不适合提交给法庭——/ 275 在这一点上，迪克斯是不会让施米特知道的。毫无疑问，当迪克斯把这份备忘录当作“作业”而不予考虑时，施米特受到了侮辱，甚至可能是羞辱。但是迪克斯是正确的。这份备忘录过于学术化，甚至有些迂腐。从修辞的角度来看，它是一场灾难。虽然它可能会打动学者，但不太可能影响法庭判决。施米特对“滔天罪行”的评论也于事无补。毕竟，弗利克对集中营里的劳工苦役厚颜无耻的剥削使他与纳粹暴行有着千丝万缕的联系。迪克斯不需要在他的团队中有一个认为他的当事人犯下了无法形容的罪行的律师。

有可能此时迪克斯把施米特踢出了法律团队，或者他可能拒绝使用施米特的备忘录，让这件事不了了之。但不管怎样，美国从迪克斯手中带走了卡尔·施米特。施米特本人于 9 月被美国占领总部军政府办公室（OMGUS）逮捕。

那么，备忘录呢？许多人认为，施米特将它存档在他的私人文件中了，直到他去世后才再次被人发现。1994 年，一位德国学者发现并发表了这份文件。但这是不可能的。因为当弗利克被从主要战犯名单中除名后，迪克斯就可以自由地寻找新的客户。而且他也确实找到了一个新的被告：纳粹德国财政部长亚尔马·沙赫特（Hjalmar Schacht）。盟国曾决定不再以侵略战争罪控诉弗利克，而是以该项罪名起诉沙赫特。而当他们这样做的时候，迪克斯手头上已经有自己的辩护词了。

1498 年，瓦斯科·达·伽马（Vasco da Gama）到达印度后，葡萄牙主导了亚洲香料贸易。一个世纪后，荷兰商人开始挑战葡萄牙人利润丰厚的香料贸易垄断地位。葡萄牙人则通过骚扰与荷兰人做生意的当地人，杀害和折磨荷兰商人进行报复。

上图：1601 年，雅各布 · 范 · 赫姆斯科克率领船队前往东印度群岛进行贸易探险。到达时，他得知葡萄牙人进行的恐怖活动，于是决定做出回应。

下图：1603 年 2 月 25 日，在新加坡外海岸，范 · 赫姆斯科克袭击了葡萄牙的“圣卡塔琳娜号”商船（位于图中心位置，该图为唯一已知的同时代画作）。他捕获了那艘船并把它拖到阿姆斯特丹。为了捍卫这一价值极高的捕获，荷兰东印度公司聘请了一位名叫雨果 · 格劳秀斯的年轻律师来进行辩护。

左图：16 岁的格劳秀斯。他是一名律师，但讨厌这份工作。然而，为范·赫姆斯科克的捕获进行辩护还是吸引了他，他花了两年多的时间写了一篇 500 页的论文。

右图：48 岁的格劳秀斯。尽管格劳秀斯从未发表为范·赫姆斯科克所写的辩护词，它却成为他最伟大作品《战争与和平法》的出发点。在这部著作中，格劳秀斯认为战争是一种强制执行法律权利的合法工具。

Contra falsas francorū litteras 1 4 9 1
pro defensione honoris serenissimi Romanorum Regis semper Augusti

Cum nemo sit qui nesciat gallos francos-sic eni eos appellamus: q̄ preter Regem francie etiam diuus Rex noster Romanorum et alij quoq multi reges ac principes magnam gallie parte iustissimis titulis tenent ac possident. Cum nemo inq̄ sit qui nesciat gallos francos nō modo in occupandis vicinorū principum oppidis atq dominijs: magis semper proditionibus q̄ iusti belli potentia aut strenuitate vti solitos: verum etiam varia fictaq mendatia et litteris et nuncijs passim vulgare solere: quibus suas versutias ac perfidas proditiones obumbrent: et credulum vulgus inanibus suis nugis atq iactantijs pascant: pro rei veritate detegenda ac manifestāda: Serenissimiq Regis nostri honore vindicādo falsis atq fictitijs eorum litteris quas nuper de iniqua ac perfida proditione et occupatione ciuitatis Nanetensis crebras per omnem patriam ferri diuulgariq fecerunt: paucis respondendum esse duximus

上图：至少从 15 世纪开始，开战的君主就发表“宣言”，阐明他们开战的“正义理由”。第一份已知的战争宣言是以即将成为神圣罗马帝国皇帝的马克西米利安一世的名义撰写的，以法国国王偷走其妻子布列塔尼的安妮为由，为他对查理八世采取武力进行辩护。该宣言第一行写道：“没有人不知道法国人是公鸡。”

下图：格劳秀斯在荷兰政坛的权力与日俱增，直到 1618 年他被判异端罪并终身监禁。他在妻子和孩子的陪伴下被关押在勒文斯泰因城堡。三年后，他藏在一个箱子里，由毫无戒心的看守带出牢房。

Israel ex. Cum Priuil. Reg.
Voyla les beaux exploits de ces cœurs inhumains
Ils rauagent par tout rien nechappe a leur mains
L'vn pour auoir de l'or, inuente des supplices,
L'autre à mil forfaicts anime ses complices ;
Et tous d'vn mesme accord commettent mechamment
Le vol, le rapt, le meurtre, et le violement . 5

上图：根据格劳秀斯的“正义战争”理论，只要战争是出于“正义理由”，征服和掠夺都是合法的。雅克·卡洛（Jacques Callot）在一系列题为《战争的苦难与不幸》（*Miseries and Misfortunes of War*）的画作中，表达了掠夺的恐怖。

下图：1631 年，由于新教城市马格德堡拒绝投降，神圣罗马帝国的天主教军队洗劫了这座城市。在给皇帝的信中，帕彭海姆伯爵庆祝了胜利：“我相信超过 2 万人失去了生命……我们所有的士兵都变得富有了。上帝与我们同在。”

上左图：1793 年，法国革命政府派遣埃德蒙 - 查尔斯 · 热内去美国。他的任务是说服美国支持法国对英国的战争。他风度翩翩、举止优雅、才华横溢，同时又傲慢无礼、口无遮拦。即使是同情法国事业的托马斯 · 杰斐逊，也对他将美国拉入战争的努力感到不耐烦。

上右图：对许多人来说，拿破仑的军事实力是反常的。1814 年的一幅蚀刻画显示，拿破仑被包裹在襁褓中，他的父亲别西卜慈爱地抱着他。然而，即使拿破仑在莱比锡战败并被逐出皇位之后，反法同盟也没有起诉拿破仑发动战争，因为在当时发动战争并不违法。相反，他们试图通过把厄尔巴岛交给他统治，以便让大家摆脱这位“魔鬼的宠儿”。

下图：拿破仑从厄尔巴岛逃离，随后在滑铁卢战役中失败，于 1815 年 7 月 14 日投降。他再次被流放，这次的流放地是遥远的南大西洋圣赫勒拿岛。1821 年，他在那里去世。

上图：1846 年，美国基于墨西哥未能偿还欠美国的债务这一“正义理由”，对墨西哥开战。战争结束时，美国占领了现在美国西南部的大部分地区，用以清算债务。

下图：塔桑卡 · 奥塔（被称为多马）因冷血杀害爱德华 · 凯西中尉于 1891 年受审。法官判定美国和印第安部落之间存在战争，他因而具有杀人许可权。于是，他被无罪释放。

上左图：这幅日本木刻版画描绘了佩里指挥的美国蒸汽轮船。大多数日本人此前从未见过一艘冒烟逆风行驶的船。这可怕的景象让“母亲们抱着孩子，男人们背着母亲，四散奔逃”。

上右图：1853 年，美国海军准将马修·佩里率领一支美国探险队前往日本。自 17 世纪开始，日本基本上停止了与西方的贸易往来。佩里告诉日本官员，他希望将一封关于缔结美日友好条约的信件递交给日本天皇，如果他们不向天皇递交，他和他的部下将会递交，“不管后果如何”。

下图：美国打开日本国门后，日本政府派出学生代表团前往荷兰学习西方思想。西周（坐在最右边）和津田真道（西周身后）正在与荷兰学者西蒙·菲塞林一起研究国际法。菲塞林发现了早已被人们遗忘的格劳秀斯为范·赫姆斯科克所作的辩护词。

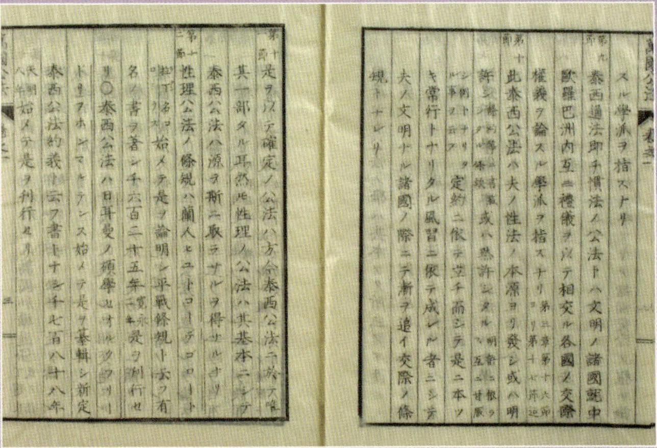
スル學派ヲ指スナリ
第九節 泰西通法即チ慣法ノ公法トハ文明ノ諸國殊ニ中歐羅巴洲内互ニ禮儀ヲ以テ相交ル各國ノ交際權義ヲ論スル學派ヲ指スナリ
第十節 此泰西公法ハ夫ノ性法ノ本源ヨリ發シ或ハ明許シ或ハ黙許シタル定約ニ依テ立チ而シテ是ニ本ツキ常行トナリタル風習ニ依テ成レル者ニシテ方夫ノ文明ナル諸國ノ際ニテ漸ヲ追イ交際ノ條規トナレリ
第十一節 是ヲ以テ確定ノ公法ハ方今泰西公法ニ於テ其一部タル耳然ルニ性理ノ公法ハ其基本ニシテ泰西公法ハ源ヲ斯ニ取ラサルヲ得サルナリ
第十二節 性理公法ノ條規ハ蘭人[illegible]始メテ是ヲ論明シ平戰條規ト[illegible]名ノ書ヲ著シ千六百二十五年[illegible]是ヲ刊行セリ○泰西公法ハ日耳曼ノ碩學[illegible]トヨハンマルテンス始メテ是ヲ纂輯シ新定泰西公法約義ト云フ書ヲ千七百八十八年始メテ是ヲ刊行セリ

上左图：从荷兰回来后，西周撰写了《毕洒林氏万国公法》，向日本读者介绍西方国际法。他的这部著作是以雨果 · 格劳秀斯的杰作《战争与和平法》为蓝本的。

上右图：在加入明治政府之前，西周是“番书调所”的主要学者。他制定了日本几乎所有最重要的军事法规，编写了所有日本士兵遵照执行的战争规则，还担任当时年仅十几岁的天皇的私人教师，后者将日本带入了两个多世纪以来的首批战争。

下图：1875 年，日本派遣一艘荷兰造新舰“云扬号”（木版画中所绘）对朝鲜海岸进行“勘测”。当朝鲜士兵开火时，日本将这一反应视为对朝鲜开战的“正义理由”。然后，它迫使朝鲜接受一份“友好条约”，很像 20 年前它与美国签署的那份条约。

上图：1917 年，芝加哥公司律师萨尔蒙·莱文森有了一个简单但深刻的想法：“我们不应该像现在这样制定战争法，而应该制定反对战争的法律，正如没有谋杀法和投毒法而只有反上述行为的法律一样。”

下图：莱文森提出非法化战争思想时，他写信给朋友约翰·杜威。许多人认为杜威是那个时代美国最伟大的哲学家。在莱文森完善这一思想时，杜威鼓励并帮助他。

上图：詹姆斯 · T. 肖特维尔（站在右边第二位）和一群一战后陪同伍德罗 · 威尔逊总统参加巴黎和会的专家们。他分享了莱文森的非法化战争梦想。但肖特维尔辩称，如果没有强制执行，它不会起作用。

下图：由简 · 亚当斯领导的国际妇女争取和平与自由联盟在整个 20 世纪 20 年代举行了大规模的反战公众集会，其中许多集会与莱文森的美国促进战争非法化委员会相互配合。

上图：1927 年 3 月 1 日，肖特维尔在柏林发表关于非法化战争的演讲。这次讲座让德国法学教授卡尔 · 施米特（不在照片中）感到不安。他担心这些想法会给德国带来灾难。演讲结束后不久，肖特维尔前往法国，会见了法国外交部长阿里斯蒂德 · 白里安，启动了让施米特忧心的进程。

下图：1927 年，白里安（左）成为第一位建议各国缔结非法化战争条约的外国领导人，尽管他最初的建议对象只是美国。当条约文本在所有国家传递审阅时，德国外交部长古斯塔夫·施特雷泽曼（右）说服了德国内阁签署该条约。尽管他不是和平主义者，但他确信，贸易才是恢复德国在世界上应有地位的途径，而不是战争。

上图:1928 年 8 月 27 日,法国外交部“时钟厅”内,白里安在《非战公约》签署之前发表讲话。为拍摄仪式而设置的炽热灯光把整个房间变成了一个烤箱。参加仪式的政要们用手绢擦了一个小时的汗。

下图：签署仪式前，白里安、美国驻法国大使迈伦 · T. 赫里克（Myron T. Herrick）和美国国务卿弗兰克 · 凯洛格在法国外交部会晤。

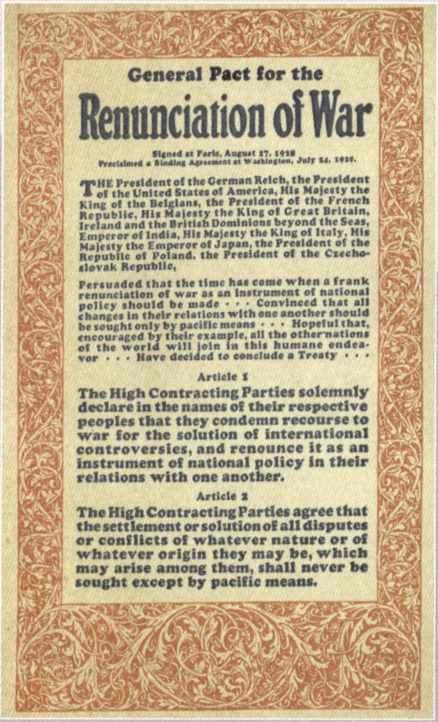

左图 :《关于废弃战争作为国家政策工具的普遍公约》，也被称为《和平公约》和《凯洛格 - 白里安公约》，只有两项实质性条款。关键条款非常简短，可以写在一张明信片上。于是，为了宣传该公约，制作了成千上万张明信片。

右图：1929 年 7 月 25 日，白宫庆祝《非战公约》生效的第二天，凯洛格（左）和史汀生（右）离开美国国务院。尽管凯洛格竭尽全力阻止莱文森因《非战公约》获得任何荣誉，并为争取诺贝尔和平奖与他竞争，但莱文森的耶鲁大学同学史汀生还是邀请他参加仪式。史汀生在考虑如何执行该公约时，也从莱文森的工作中获益。

上图：1929 年 7 月 24 日，在美国国务卿亨利 · 史汀生的注视下，日本驻美国大使出渊胜次（Katsuji Debuchi）签署了《非战公约》。仅仅两年多之后，日本入侵中国东北，这是对该条约的第一次重大考验。

下图：1931 年 9 月，年轻的日本军官们在南满铁路上制造了爆炸，然后将其归咎于“中国破坏者”。作为对“袭击”的回应，日本入侵中国东北。图为国际联盟派遣的李顿调查团检查受损的轨道。

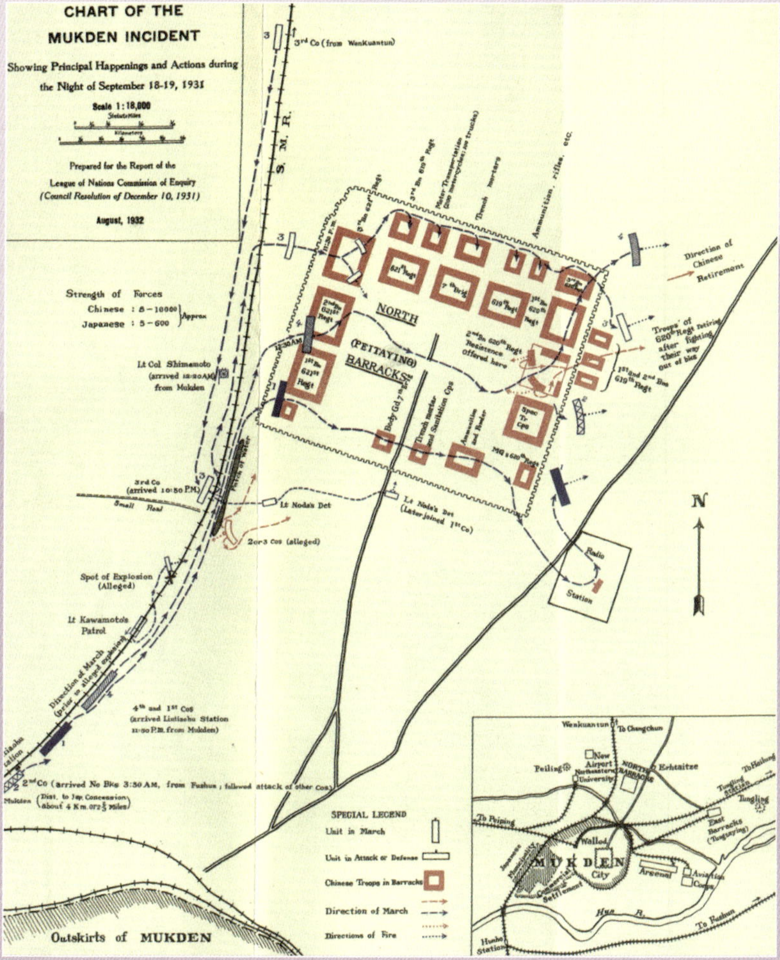

李顿调查团绘制了一系列地图，作为其报告的一部分。这张地图显示了日本控制的铁路上的“爆炸点（据称）”。它还描绘了日军穿过附近中国军营的行进路线（蓝色）、中国士兵的撤退路线（红色）以及双方短暂的交火。

上图：美国副国务卿萨姆纳 · 威尔斯（左）与美国驻柏林大使馆参赞乔治 · 凯南（George Kennan）在一起。当时，威尔斯正在欧洲访问，其间，他会见了希特勒及其外交部长约阿希姆 · 冯 · 里宾特罗甫。希特勒对威尔斯很警惕，称他为“狡猾的狐狸”。

下图：1940 年 5 月 10 日，美国国务卿赫尔和威尔斯（右）抵达白宫，与罗斯福总统会面。赫尔对罗斯福与威尔斯的亲密关系感到不满。威尔斯从小就认识第一夫人埃莉诺 · 罗斯福。

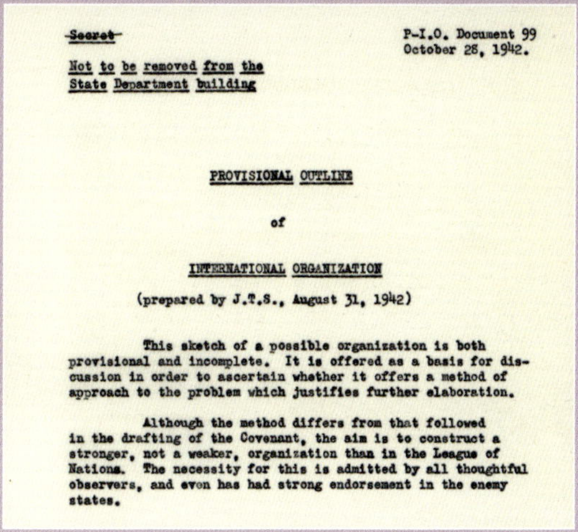

~~Secret~~

P-I.O. Document 99
October 28, 1942.

Not to be removed from the
State Department building

PROVISIONAL OUTLINE

of

INTERNATIONAL ORGANIZATION

(prepared by J.T.S., August 31, 1942)

This sketch of a possible organization is both provisional and incomplete. It is offered as a basis for discussion in order to ascertain whether it offers a method of approach to the problem which justifies further elaboration.

Although the method differs from that followed in the drafting of the Covenant, the aim is to construct a stronger, not a weaker, organization than in the League of Nations. The necessity for this is admitted by all thoughtful observers, and even has had strong endorsement in the enemy states.

上图:1941 年 8 月 10 日，罗斯福和英国首相温斯顿·丘吉尔在英国皇家海军“威尔士亲王号”的后甲板上聊天。当时，两位领导人和他们最亲密的顾问正在起草《大西洋宪章》。这是一份关于战争目标的联合宣言，其基础是《非战公约》反对侵略战争的精神。威尔斯站在两位领袖之间。

下图：这是后来成为《联合国宪章》的文件的初稿封面。由“J.T.S.”为美国国务院“国际组织小组委员会”起草。该小组委员会由威尔斯于 1942 年 2 月悄然召集成立。草案的第一部分几乎一字不差地重复了《非战公约》的表述。

詹姆斯·肖特维尔，即 99 号文件中的“J.T.S.”。他认为，起草一份新的国际协议为重申《非战公约》精神提供了良机，但这次重申要让协议执行具备“牙齿”（武力支持）。

上图：1944 年在敦巴顿橡树园大厦和花园举行的一次会议上，美国提出了一份《联合国宪章》草案供各国代表审议。图中为英国外交部官员亚历山大·卡多根爵士（前左）带领的英国代表团，顾维钧大使（中间戴太阳镜者）带领的中国代表团，美国副国务卿爱德华·斯特蒂纽斯（右前）带领的美国代表团。由于苏联人不愿与中国人会面，他们在顾维钧抵达之前就离开了。

下图:1945 年初，参加雅尔塔会议的罗斯福（坐在吉普车里）、丘吉尔、苏联外交部长莫洛托夫、斯特蒂纽斯（从右至左）等人抵达机场后聆听苏联国歌。在那里，同盟国敲定了新的联合国组织的最后细节。因旅行艰苦而瘦弱不堪，罗斯福总统在返回美国三个月后去世。

左图：雅尔塔会议上，斯大林在微笑，丘吉尔掏出一支新雪茄。安德烈·葛罗米柯后来写道，虽然会议期间罗斯福对斯大林的言论反应平静，但丘吉尔无法掩饰愤怒。雪茄暴露了他的弱点："当紧张或兴奋时，他抽的雪茄就多得多。他抽雪茄烟头的数量与会议的压力成正比。"

右图：1930 年，卡尔·施米特在发表讲话。他是德国政府从国会夺取权力计划的主要捍卫者。

左图：1930，犹太法学教授汉斯·凯尔森逃离维也纳的反犹太主义，来到科隆大学。凯尔森对施米特的任命投了赞成票，虽然他不同意施米特的观点，但他认可后者的才华。施米特回报了他的慷慨，一年后纳粹掌权时，他解雇了凯尔森。

右图：战后由盟军编写的一份报告将施米特描述为德国政治学界的领军人物和世界上最伟大的政治作家之一，“一个近乎天才的人”。报告还要求将他作为战犯起诉。

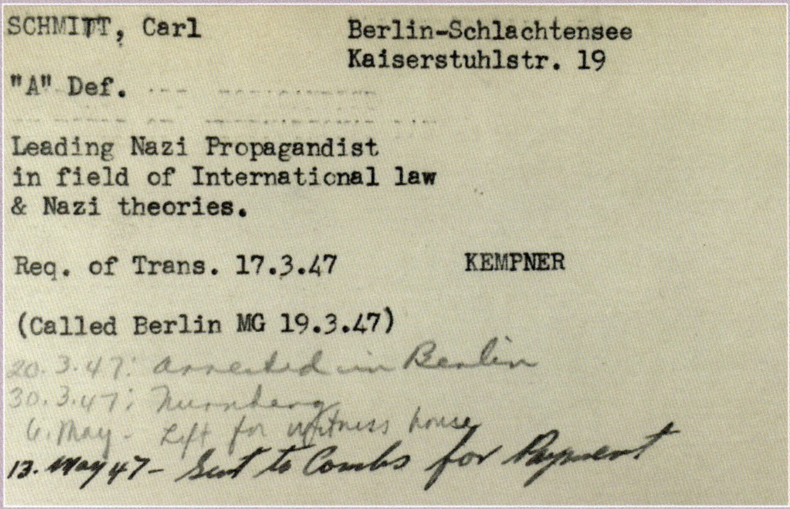
SCHMITT, Carl Berlin-Schlachtensee
Kaiserstuhlstr. 19

"A" Def.

Leading Nazi Propagandist
in field of International law
& Nazi theories.

Req. of Trans. 17.3.47 KEMPNER

(Called Berlin MG 19.3.47)

20.3.47: arrested in Berlin
30.3.47: Nurnberg
6. May - Left for witness house
13. May 47 - Sent to Combs for Payment

这张索引卡展示了施米特被美国军政府关押在纽伦堡司法宫的历史（1947 年 3 月 20 日被捕，1947 年 5 月 6 日获释）。

上图：纽伦堡国际军事法庭的被告席（中间一排，从左到右：赫尔曼·戈林、鲁道夫·赫斯、约阿希姆·冯·里宾特罗甫、威廉·凯特尔、恩斯特·卡尔滕布鲁纳）。在科隆大学取代凯尔森的赫尔曼·雅赖斯为德国囚犯辩护，他在右下角，身穿紫色学位长袍。

下图：罗伯特·杰克逊，纽伦堡军事法庭首席检察官。他从未上过大学，也没有从法学院毕业。尽管他没有接受过正规的高等教育，但他是一位有天赋的作家和雄辩的演说家。大家都说他在纽伦堡的开场白异常精彩。

法律学者赫希·劳特派特。他认识到《非战公约》的革命性，并在反思关于战争与和平的法律方面发挥了核心作用。1941 年，他帮助时任美国司法部长杰克逊为租借计划辩护。他解释说，现在《非战公约》允许各国帮助非法战争的受害者。他还帮助纽伦堡的起诉小组确定了侵略罪。

MEMBERS OF THE BRITISH PROSECUTING BODY AT NUREMBERG: IN THE CENTRE OF THE FRONT ROW IS THE ATTORNEY-GENERAL, SIR HARTLEY SHAWCROSS.

THE WAR CRIMINALS VASTLY AMUSED DURING THE HEARING OF EVIDENCE AGAIN THEM: GÖRING SEEMS TO HAVE BEEN THE "LAUGH-LEADER" IN THIS INSTAN

These photographs, together with Captain de Grineau's drawing, provide interesting contrasts of the trial of the war criminals at Nuremberg. The attitude of the prisoners on the occasion when Göring initiated a loud laugh at the evidence was vastly changed when they were confronted with the horrors of their concentration camps during the showing of atrocity films in the court-room. N were they amused by the evidence of General Erwin Lahousen, one-time Depu to Admiral Canaris, Chief of German Intelligence, whose revelations aroused Göri at least to a state of fury and gesticulation.

在纽伦堡审判期间，劳特派特给妻子发送了一份剪报，上面有英国起诉小组与主要纳粹战犯的合影。“如果你找不到你的丈夫，”他在附信中写道，“他在第633页，在左下角的照片中，坐在最左边。你绝对不会想到你的丈夫会和戈林合影。

根据《联合国宪章》，各国可以在自卫或经安理会授权的情况下使用武力。1990 年伊拉克入侵邻国科威特后，安理会投票通过了第 678 号决议。根据这一授权，美国和联军将伊拉克驱逐出科威特。

1946 年 1 月 10 日，联合国大会第一次会议在伦敦威斯敏斯特卫理公会中央大厅开幕。在闪电战期间用作防空洞的大厅奇迹般地毫无损坏。讲台上方悬挂着一幅从北极角度呈现的金色世界地图，这幅地图很快将成为联合国的官方标志。

上图：1948 年 6 月 30 日，一名英国军人在巴勒斯坦最后一次拽下了英国国旗。当英国对巴勒斯坦的托管权在没有指定继承者的情况下到期时，由此产生的法律真空让冲突不可能在没有有关各方同意的情况下妥善解决，这导致了数十年的战斗。

下图：今天，国际法不再通过战争来执行。相反，它依赖于“驱逐”，即一个集团拒绝与规则破坏者合作，从而令其无法获得合作带来的收益。1974 年土耳其入侵塞浦路斯时，约有 16 万希腊族塞浦路斯人流离失所（图中为寻找亲属）。二十多年后，流离失所者蒂蒂娜 · 洛伊兹多向欧洲人权法院提起诉讼，要求赔偿，最终胜诉。土耳其拒绝支付赔偿，但在欧洲委员会威胁对它采取驱逐措施之后，土耳其屈服了。

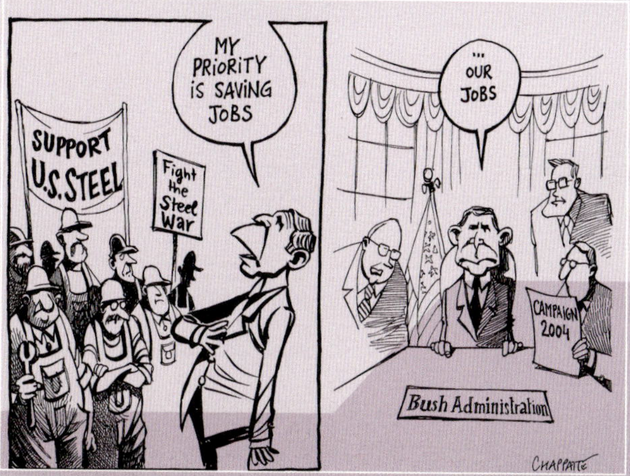

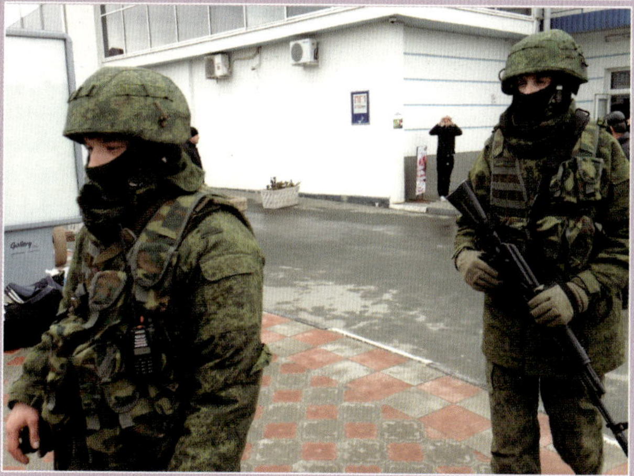

上图：驱逐可以对抗最强大的国家。在 2000 年竞选总统时，乔治 · W. 布什承诺要保护钢铁行业的就业。当选后，他提高了钢铁关税。一些国家向世界贸易组织申诉，世界贸易组织认定这些关税是非法的，并授权这些国家对美国摇摆州的产业征收同等关税。此后不久，布什取消了钢铁关税。

下图：寻求与欧洲建立更密切关系的乌克兰人于 2013 年 11 月开始抗议。示威活动在全国各地蔓延，导致与俄罗斯关系密切的乌克兰总统维克多 · 亚努科维奇下台。俄罗斯派遣武装力量进入克里米亚。欧洲和美国对俄罗斯实施了制裁，2015 年俄罗斯 GDP 下降了 3.4%。

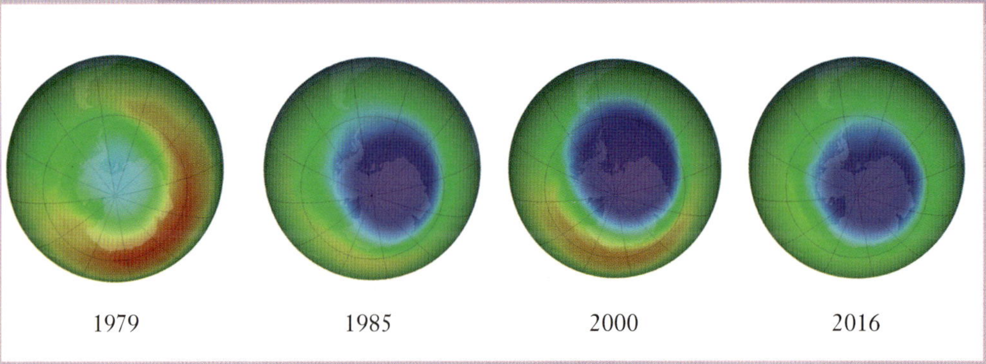

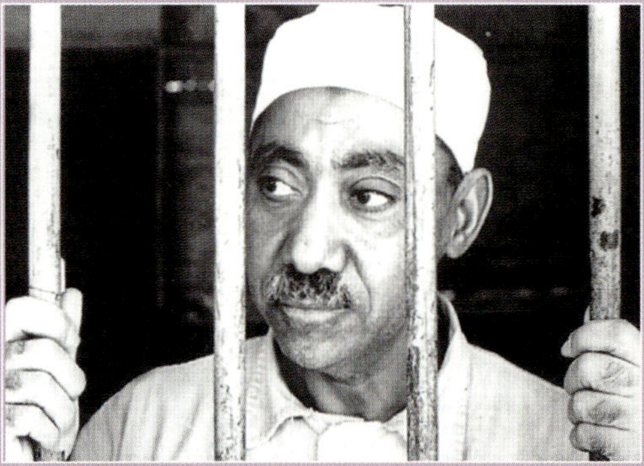

上图：20 世纪 80 年代，生产气溶胶和聚苯乙烯泡沫塑料产生的氯氟烃将保护地球免受有害紫外线辐射的臭氧层撕开了一个洞。1987 年的《关于消耗臭氧层物质的蒙特利尔议定书》使用“驱逐”手段来鼓励各国减少消耗臭氧层物质的消费。结果，在 2000 年达到最大规模的臭氧层空洞缩小了 400 万平方公里。

下左图：赛义德 · 库特布（右）于 1948 年来到美国，在科罗拉多州立教育学院学习。库特布对他遇到的道德堕落、种族主义和空虚感到震惊。“有一篇博士论文是关于洗碗的最佳方式，对他们来说，这似乎比《圣经》或宗教更重要。”

下右图：回到埃及后，库特布成为伊斯兰极端主义思想的领袖。他最具影响力的作品《里程碑》是在狱中写成的。他在书中指出，与西方的战争一直是一场观念之战，一方承认只有神拥有主权，另一方则认为主权属于人类。

上图：自称“伊斯兰国”哈里发的阿布·巴克尔·巴格达迪于2014年斋月发表了首次公开演讲。库特布的世界观渗透在他传递的信息中。巴格达迪呼吁所有穆斯林加入“伊斯兰国”——一个由信仰而非种族、国籍或国际法定义的国家。

下图：2014年，“伊斯兰国”发布了一段视频，一名追随者在视频中宣布，他的组织将消除所有国家边界。站在伊拉克和叙利亚之间一个被占领的边境哨所前，他向空中举起左手食指，这个手势不仅暗示了神的“单一性”，也暗示了拒绝除了神之外的任何合法权威来源，包括每一个现代国家。

/ 276 “这是一次难忘的经历，”赫希·劳特派特在给妻子蕾切尔（Rachel））的信中写道，“历史上第一次看到一个主权国家站在被告席上。”[1]1945年11月21日，罗伯特·杰克逊在国际军事法庭上致开幕词的时候，劳特派特也在现场。他和英国起诉团队坐在一起，距离被告只有15码远。看到纳粹德国的前领导人在法庭上低头并为他们的罪行承担责任，劳特派特激动不已，但与那些要为自己的人民几近灭绝负责的人如此近距离地坐在一起，肯定也很可怕。

审判在纽伦堡的司法宫举行，因为没有其他选择，杰克逊只好选择了这个地方作为审判地点。德国大多数主要城市以及许多较小城市都被炸为平地。柏林变成了一座孤寂之城，纽伦堡几乎同样荒凉。根据盟国的分析，这座城市的91%已沦为废墟。[2]埋在瓦砾下的腐肉散发的臭味到处都是。[3]水不能饮用。[4]然而，位于纽伦堡西郊的一座高大的法院建筑仍奇迹般地矗立着。/ 277 由于遭到五次直接轰炸，司法宫被严重损毁，但还可以修复。更令人惊讶的是，这座法院大楼与一个可以容纳被告的巨大且仍能运转的监狱连在一起。此外，适合接待达官显贵的大酒店也完好无损。由于法庭、监狱和酒店还都在，所以杰克逊打趣道，“那……是精准轰炸”。[5]

除了实用性，纽伦堡还有象征意义。这座城市是纳粹党每年集会的地方。在莱妮·里芬施塔尔（Leni Riefenstahl）1935年的电影《意志的胜利》（*The Triumph of The Will*）中起重要作用的齐柏林广场（Zeppelin Field），就部分地由被告之一阿尔伯特·施佩尔（Albert Speer）设计，它距离法院很近。纽伦堡还是德国国会剥夺犹太人公民权利的地方，也是另一名被告赫尔曼·戈林宣布臭名昭著的“纽伦堡法”（Nuremberg Laws）的地方。纽伦堡是第三帝国的象征，以至于一些军事地图把它标为“纳粹马戏城（Nazi Circus

Town)”。[6]

考虑到建筑物损毁的程度和诉讼程序的规模，法庭必须重新布置。被告席设置在法庭的左侧，前面是一部电梯，用来从与监狱相连的地下室运送犯人。被告按照他们在起诉书上的顺序在普通的木凳上坐成两排。七名“雪花莲”——因其白色头盔而得名的军警——站在被告身后，手持警棍，手枪插在白色的枪套中。被告律师坐在被告席前，以便与当事人交换意见。

被告对面是国际军事法庭审判席。它由四名法官和四名候补法官组成，四名法官由提起诉讼的四个大国各派遣一名，八名法官坐在一排。来自英国的劳伦斯大法官（Lord Justice Lawrence）主持审判。紧挨着劳伦斯的是美国法官弗朗西斯·比德尔。比德尔被杜鲁门任命为纽伦堡军事法庭法官，是对其被免去司法部长职务的安慰。《纽约客》（*The New Yorker*）记者丽贝卡·韦斯特（Rebecca West）把比德尔形容为“一只非常聪明的天鹅，偶尔会弯下身子和一只更小的水鸟谈心”。[7]她没有提及她当时和比德尔的恋情。法官们的身后是法庭的窗户，但厚厚的绿色窗帘遮住了它们。窗帘经常被拉开以便拍摄审判过程。

/ 278 控方占据了法庭的中心位置。每个国家代表前面都摆放了桌子，从左到右排列，分别是法国、苏联、美国和英国起诉团队。法庭上的律师发言席被夹在辩护桌和法官之间。它的右边对着房间前面的证人席，左边是由八名翻译组成的翻译团队，在玻璃墙后提供同步翻译。记者和参观者坐在后面从剧院征来的200把红色长绒椅上。[8]此外，楼厅旁听席还可容纳150名观众。

审判的焦点，无论在视觉上还是道德上，都集中在被告席上。被告席上最引人注目的是赫尔曼·戈林。戈林是尚在世的纳粹领导人中级别最高的，被安排在了体现其身份的位置上——前排角落的座位。他通常穿着一件淡蓝色的德国空军制服，上面的勋章被剪掉了。在审讯过程中，他时常懒洋洋地斜倚着，右臂搭在栏杆上，流露出冥顽不灵的傲慢态度，时而傻笑连连，时而怒容满面。

当戈林出现在法庭上时，许多人都感到惊讶。新闻片上，他看起来很胖，身高5英尺10英寸，拖着将近280磅的身体。[9]他衣着华丽，佩戴勋章和珠宝。他有时抹口红，搽胭脂，涂手指甲和脚指甲。[10]他带着恶作剧般的笑容，就像漫画书里的反派。丽贝卡·韦斯特认为，当他情绪高昂的时候，看上去就像“妓院里的老鸨”。[11]第一次见面时，监狱指挥官伯顿·安德鲁斯（Burton Andrus）上校形容戈林是一个“傻笑的笨蛋”。[12]戈林不仅带来了16个款式相同、印有字母的手提箱，里面装满了小玩意、服装和现金，而且其中一个箱子里装的是人工合成吗啡双氢可待因（paracodeine），大约有2万颗药丸（其实他不止这么多，但在被抓之前都把它们冲进了厕所）。[13]他几乎拥有全世界的毒品供应。但戈林戒掉了毒品，开始节食。到审判开始时，他已经瘦了70磅。那些希望看到一个臃肿的瘾君子的人失望了。

很难知道戈林究竟是更鄙视原告还是他的同案被告。戈林不得不忍受坐在鲁道夫·赫斯（Rudolf Hess）旁边，赫斯曾是副元首，纳粹党的第三号人物。他认为赫斯疯了，他几乎可以肯定，赫斯是疯了。1941年，在没有任何预兆的情况下，赫斯独自一人驾机从德国空降到苏格兰。他的任务是说服丘吉尔加入纳粹对抗苏联的行列。这次任务失败后，他在一所英国监狱里度过了战争的剩余时间。戈林解释了这一愚蠢行为给帝国带来的困境：“难道你认为，我们不得不公开声明我们的一位主要人物疯了是一件值得高兴的事吗？”[14]

赫斯旁边是里宾特洛甫。当然，戈林并不关心德国的头号鹦鹉。戈林曾问希特勒，为什么要任用里宾特洛甫，因为那时里宾特洛甫还没有什么政治经验。希特勒说里宾特洛甫认识所有的外交官。“是的，”戈林说，“但困难就在于他们都知道里宾特洛甫是个什么样的人。”[15]

里宾特洛甫旁边是德国武装力量国防军司令威廉·凯特尔（Wilhelm Keitel）。凯特尔在军队里以完美的“应声虫”而闻名，他是个马屁精，最喜欢说“是，我的元首！”[16]凯特尔之后是阿尔弗雷德·罗森堡（Alfred Rosenberg），他是一个沉闷而又愚钝的民族社会主义“哲学家”。罗森堡是《二十世纪的神话》（*The Myth of the Twentieth Century*）的作者，这是一本种族主义的小册子，充斥着大量关于雅利安人优越性的伪科学，甚至连希特勒都认为不可思议。隔着几个座位坐着尤利乌斯·施特莱歇尔（Julius Streicher），他是一个矮矮胖胖的、光头的虐待狂，甚至在被告中间都是个贱人。[17]韦斯特认为他是“那种在公园里惹是生非的肮脏老家伙”。[18]他是反犹太报《先锋报》（*Der Stürmer*）主编。这份报纸被认为太过无耻，甚至短时间内在纳粹德国都被禁了。施特莱歇尔还是法兰克尼亚地区纳粹党领导人，他的出生地纽伦堡就属于该地区。但当他散布了一则谣言，说因为戈林阳痿，他的女儿埃达（Edda）是在试管中受孕的之后，不出所料，他被解雇了。所有被告中，施特莱歇尔智商测试得分最低，仅 106。

并不是 21 名被告的智商都低得可怜。坐在第一排最后一个的沙赫特，他的智商测试结果为 143，令人印象深刻。虽然他是民族社会主义的早期支持者，但他参与了 7 月 20 日暗杀希特勒的未遂阴谋，并在集中营度过了战争的最后一年，最后待在达豪集中营中。戈林鄙视他，因为他变成了叛徒。[19]戈林起初努力与阿尔伯特·施佩尔搞好关系，后者是希特勒的设计师和后来的军备部长，他坐在施特莱歇尔后面的第二排。戈林钦佩施佩尔，有一次他对希特勒说，施佩尔是德国仅次于希特勒的最伟大的人。[20]但是，在审判期间，当施佩尔承认
/ 280 对自己的行为负责后，戈林转而反对他。因为施佩尔承认有罪，违背了戈林的要求，戈林要求他们这些被告要在法庭上以统一的立场表明自己是清白的。施佩尔认为，戈林不是在为自己的生命而战，而是在

为他在历史上的地位而战。因为戈林曾告诉其他被告，“五十年之内，他的遗体就会被安葬在大理石石棺内，德国人民将把他奉为民族英雄和殉道者加以纪念”。[21]

“《非战公约》是国际法。本法庭将作此声明。”

11月20日，这场世纪审判开始了，既没有法官敲击法槌发出“砰”的一声，也没有家属哭泣发出的呜咽声，有的只是人们低声交谈发出的嗡嗡声。法庭坚持要求完整地宣读包含着对被告详细指控的长篇起诉书。庄重缓慢地宣读起诉书枯燥乏味，这项工作由初级检察官来完成。午休时，里宾特洛甫问古斯塔夫·吉尔伯特（Gustave Gilbert）博士：“为什么？所有这一切都对违反条约小题大做？你读过大英帝国的历史吗？英国历史充满了撕毁条约、压迫少数族裔、大规模谋杀、侵略战争，等等。为什么它没有被这样对待？”[22]

第二天上午，法庭对所有被告质疑其管辖权的联合动议做出了回应。他们反对说，在战争发动时，发动侵略战争并不是犯罪，因此法庭正在进行的是事后调查。法庭暂时搁置了这项决定，但允许“在稍后阶段听证”。[23]

接下来进入抗辩程序，所有被告的抗辩都是“无罪”。准备工作结束后，罗伯特·杰克逊身穿晨礼服和条纹裤走上讲台，为美国做开庭发言。杰克逊认为这次演讲是“我一生中最重要的任务”。大家都认为，这是一场引人入胜的演说。

杰克逊首先指出，这是“人类历史上对破坏世界和平罪的第一次审判”。他说，文明社会不能容忍这些罪行被忽视，“因为如果任其重演，人类文明将无法继续存在”。然后他发表了此次审判中最为著名的一段话，这是对法治的颂歌：“为胜利而欢呼、为战争伤害而愤怒的四个伟大国家，停止了复仇的步伐，自愿将落入己手的仇敌送予

/ 281 神圣的法律裁决。这是有史以来权力对人类理性的最高敬意之一。”[24]

杰克逊开庭演讲的目的是为起诉书第一项指控陈述案情，它指控被告密谋发动侵略战争。他介绍了纳粹党的发展历史，从 1921 年希特勒成为最高领袖或“元首”开始，到 1933 年 1 月被任命为总理，到几个月后夺取绝对权力，再到破坏劳工运动、镇压教会，以及最后迫害犹太人，所有这一切都是纳粹发动侵略战争计划的组成部分。“这场战争不是凭空发生的，”杰克逊声称，“它经过了很长一段时间的精心策划和准备，实施起来得心应手且阴险狡诈。”他认为，国内恐怖主义是一个引起国际关注的问题，因为它是纳粹党为了发动战争而控制德国人民的方式。“纳粹在国内大肆迫害德国人民是为发动侵略战争做准备的一个步骤，而侵略战争就是国际后果之一。为了消除德国人民中间出现的任何温和情绪，并使其人民处于全面战争状态，阴谋者策划并实施了一场针对所有基督教教派和教堂的系统的和无情的镇压。”[25]

在午休期间，戈林对杰克逊指控纳粹镇压天主教运动表示震惊。他不否认这些指控的准确性。但他认为杰克逊没有资格做出这些指控。“但那是我们的权利！我们是一个主权国家，这完全是我们自己的事务。”[26]

午饭后，杰克逊继续列举纳粹犯下的各种暴行——处决被俘士兵、杀戮平民、集中营中的恐怖行为，等等。他的演讲中充满了可怕的细节。有一段耸人听闻，就是杰克逊描述纳粹在犹太人身上进行医学实验。“在达豪集中营，主管‘医生’的报告显示，他们把受害者浸泡在冷水中，直到他们的体温下降到 28℃（82.4 ℉），这时，他们全部立即死亡。”然后，医生们解决了如何用温水让实验对象苏醒的问题。这一系列实验的最后一项是“体温复温”。杰克逊解释说：“几乎冻死的
/ 282 受害者被一堆活着的女人的身体围起来焐着，直到他苏醒过来，然后通过发生性关系对周围环境做出反应。在这里，纳粹已经堕落到了无以复

加的地步。”[27]

在演讲的最后，他解释了为何要对发动侵略战争的被告提起诉讼。可以预见的是，他把重点放在了解释被告对法律追溯效力的指控上。他援引埃切尔－钱勒理论加以回应。“战争不可避免地是一个杀戮、攻击、剥夺自由和破坏财产的过程……规定侵略战争非法的各种国际条约的最低法律后果是，它剥夺了法律曾给予那些煽动或发动侵略战争的人的一切辩护，并让战争制造者受到通常被人们接受的犯罪法原则的审判。”[28]

在证明被告应负个人责任这部分，杰克逊也提出了凯尔森理论的一个版本。正如凯尔森在备忘录中向杰克逊解释的那样，战争中的集体责任是国际法上的标准救济。“一项只对国家有效的国际法只能通过战争来强制执行”，因为强迫一个国家最切实可行的方法是战争。然而，通过战争来强制禁止战争是毫无意义的。只有通过惩罚个人来取而代之，国际法才能结束这一灾祸。“如果国际法要对维持和平提供真正的帮助，这种个人责任原则是必要的，也是合乎逻辑的。”[29]

杰克逊最后以重申人类文明及其对法庭的期望结束了演讲。“人类文明……不期望你们彻底结束战争。它真正期望的是你们的司法行动让国际法的力量、戒律、禁止，以及最重要的是制裁，站在和平一边。”[30]

英俊的哈特利

说实话，杰克逊的演讲与其说是法律上的胜利，不如说是修辞上的胜利。这次演讲中，法律上的论据表达得并不充分，它们似乎是仓促写成的。这样，提出侵略战争的详细法律诉讼的责任便落在了英国检察官哈特利·肖克罗斯（Hartley Shawcross）身上。

肖克罗斯担当此任本来是一个不太可能的选择。他既不是国际律师，也不是知名的公众人物。事实上，仅仅在审判开始前几个月，他才赢得自己的第一次选举。在 7 月的大选中，克莱门特·艾德礼击败了温斯顿·丘吉尔担任英国首相。随后，他任命了这位默默无闻的后座议员担任总检察长，此举令英国当权派极为意外。尽管肖克罗斯是一位受人尊敬的大律师，但他被选中担任此职可能是因为相貌出众。他被誉为“英国公众生活中最英俊的男人”。[31]

劳特派特是英国代表团的法律顾问，但直到他要返回英国的时候才看到肖克罗斯的演讲稿草稿。当时，读到的东西让他惊骇不已。“就在我要离开纽伦堡的时候，有人让我看了总检察长于下周一（12 月 3 日）将要宣读的英国诉讼书，我立刻意识到这件事糟糕到了可笑的地步。”[32] 劳特派特没有描述其败笔所在，但考虑到围绕确定侵略罪而存在的棘手法律问题，肖克罗斯的分析很可能理由不足，表述也不够充分。值得称赞的是，肖克罗斯同意了劳特派特的意见，允许后者重新起草演讲稿。劳特派特专心致志地操劳五天，完成了一份全新的演讲稿，供肖克罗斯在法庭上演讲。[33]

在肖克罗斯演讲的开头部分，其法律论据便强调了《非战公约》的根本性质。他称之为“现代国际法中最基本的、真正革命性的法令，即 1928 年 8 月 27 日的《关于废弃战争作为国家政策工具的普遍公约》《巴黎公约》《凯洛格 - 白里安公约》”。接着，肖克罗斯大声朗读了其中两项条款。他说《非战公约》“废除了战争作为一种法律允许的强制执行法律或改变法律的手段。战争权不再是主权的本质”。尽管肖克罗斯逐字逐句地从劳特派特撰写的演讲稿中摘取了这些段落和其他许多段落，但他也加入了自己的修辞手法，以律师的口吻陈词：“《非战公约》是国际法。本法庭将作此声明。世界各国必须执行它。”[34]

在确立《非战公约》宣布战争非法这一论点之后，肖克罗斯的演讲开始触及难点：如何表明《非战公约》也将战争定为应受惩罚的犯罪行为。但是他并没有依赖埃切尔－钱勒理论来加以论证。相比杰克逊，他可能已经理解了这种解释对战争法的危险影响。相反，劳特派特撰写的演讲稿——肖克罗斯几乎再次一字不差地照搬——是基于他的老师凯尔森的理论。正如凯尔森所教导的，古典国际法是建立在集体责任原则之上的，违反国际法的国家传统上通常受到战争的制裁。[35] 但是，集体责任的实践是一种原始的道德形式，各国应予以拒绝："人类的良知因集体惩罚的严厉而退缩，这种惩罚既可能落到有罪之人身上，也可能落到无辜者身上。"将一个国家的领导人们挑出来，并让他们对自己下令违反法律的行为承担个人责任，这将是一种道德进步，因为惩罚将由真正有罪之人承担，而非强加于他们的臣民。"最重要的是，将惩罚落到对其国家的犯罪行为负有直接责任的个人身上，可以避免许多困难。"《国际军事法庭宪章》就是要实现这样的目标：它以个人责任代替集体责任。"应该把那些违反法律把本国和其他国家卷入侵略战争的人的脖子上套上绞索，这是一项有益的法律规则。"[36]

肖克罗斯总结说，《国际军事法庭宪章》可能创造了一项关于个人责任的新法律，但这都是有益的。"如果这是一项创新，我们准备捍卫它并证明它的正义性。"[37]

"无聊的城堡"

朗费罗（Longfellow）写道，神灵的磨臼磨得缓慢，但磨得十分精细。①他可能还会说，观看这种研磨过程是极其无聊的。丽贝卡·韦斯特形容纽伦堡法庭是"无聊的城堡"。[38] 控方团队在很大程度上是根据堆积如山的书面证据立案的，而这些文件的采用、鉴定和翻

① 这里引用朗费罗的话，表达的意思是"天网恢恢，疏而不漏"。——译者注

译等工作却没完没了。“参与其中的每个人都感到极度单调乏味。”[39] 甚至连法官们也烦腻了。当一位漂亮的秘书走进法庭时，首席法官杰弗里·劳伦斯递给她一张纸条：“怎么样，波普斯（Pops）——是不是像我们一样无聊啊？”[40]

/ 285

经过几天紧张的审判，11 月 29 日，美国起诉团队提出了纳粹犯有发动侵略战争罪的指控。控方一度宣读了戈林与里宾特洛甫通电话的文字记录，内容是他如何精心策划了对奥地利的控制。控方的陈述没有达到预期的效果。戈林、赫斯和里宾特洛甫在被告席上幸灾乐祸地咯咯直笑。

到了下午，纳粹领导人的这种愉快心情就消失了。控方出示了两个小时的集中营影片。这些影像内容超出了任何人的想象。电影一开始，一群人在谷仓里被活活烧死。后面的内容更加令人发指。每个人都震惊了，包括被告在内。戈林垂头丧气地坐在椅子上，没有看屏幕；“波兰屠夫”汉斯·弗兰克（Hans Frank）强忍着泪水；罗森堡在座位上紧张不安；汉斯·弗里切（Hans Fritzsche）痛苦不堪；瓦尔特·冯克哭了 ；就连辩护律师也低声说：“看在上帝的分上——太可怕了。”[41] 电影结束后，劳伦斯法官没有宣布休庭就怒气冲冲地拂袖而去。那天晚上晚些时候，另一名被告阿尔弗雷德·约德尔（Alfred Jodl）将军给他的妻子写了一封信说：“然而，这一耻辱玷污了一切。”[42] 戈林的心情也很糟糕。他说：“那也是一个美好的下午，直到他们放映了那部电影……它把一切都搞砸了。”[43]

纳粹德国发动侵略战争的证据确凿无疑、无可辩驳。某些被告，比如弗朗茨·冯·巴本或亚尔马·沙赫特，是否参与了这起阴谋是有争议的，但对于其他被告，比如戈林、凯特尔和约德尔，这些指控是不容否认的。集中营影片的情感力量以及营中幸存者和看守的证词彻底戳穿了他们的辩解。这些被告们唯一的希望是使法庭相信，对他们定罪是不公正的。要做到这一点，他们就必须证明 1928 年的《非战公约》并没有将发动侵略战争定为犯罪。这项任务落在了一位名不见经传的国际法教授身上，他就是凯尔森在科隆大学的继任者赫尔曼·雅赖斯。

口　技

大多数被告从美国人提供的名单中挑选自己的律师。不过，尤利乌斯·施特莱歇尔没有从中挑选。因为他认为这些名字“看起来像犹太人的名字”，并坚持要请一名反犹太的律师。[44]他要找纽伦堡当地律师、前纳粹党员汉斯·马克斯（Hanns Marx）。他的请求被批准了。[45] 286 阿尔弗雷德·约德尔想知道他是应该找一个刑法专家还是一个国际法专家。他被告知，可能两者都需要。[46]

他的妻子露易丝（Luise）找到了刑法律师。她亲自请求弗朗西斯·比德尔的助手赫伯特·韦克斯勒（Herbert Wechsler）联系一位世交，询问他能否请慕尼黑大学（University of Munich）的弗朗茨·埃克斯纳（Franz Exner）为她丈夫辩护。韦克斯勒回答说他认识埃克斯纳。埃克斯纳曾在战前访问过哥伦比亚大学法学院，韦克斯勒当时是那里的一名教员。他同意寻找埃克斯纳的下落。找到后，埃克斯纳接受了这份工作。[47]

与此同时，雅赖斯也在找工作，因为科隆大学不允许他继续任教了。自1937年取代凯尔森以来，他一直在那里工作。[48]虽然雅赖斯没有加入纳粹党，但他是德国法律学院的活跃成员。[49]德国法律学院是弗兰克创立的纳粹法律组织，施米特是其董事会成员。[50]雅赖斯曾是施米特思想的追随者。战争爆发时，他写了两篇称赞施米特大空间理论的评论文章，在文章中，他支持施米特关于在欧洲大陆建立德国“大空间”的呼吁。[51]战后，这些文章让他麻烦不断。一个负责去纳粹化的大学内部委员会禁止他继续任教。雅赖斯只得开始找工作，他联系了在莱比锡工作时的老同事埃克斯纳。由于埃克斯纳没有国际法方面的经验，他邀请雅赖斯加入约德尔的法律团队。

约德尔对两名法律教授将为他辩护感到自豪。这两位法律教授也为自己感到自豪，这一点从他们决定在法庭上穿紫色的学位袍就可以看出。由于约德尔的妻子会说英语，韦克斯勒便安排露易丝作为他们的秘书加入法律团队。她是一个漂亮的女人，后来好莱坞电影《纽伦堡审判》（*Judgment at Nuremberg*）中玛琳·黛德丽（Marlene Dietrich）饰演的角色就是以她为原型的。[52]

被告律师推选雅赖斯就法律的溯及既往问题为他们进行集体辩护。[53] 1946 年 7 月 4 日，他走上演讲台陈述辩词。他的论点与施米特在为弗利克所写的意见书中所阐述的内容完全一致。雅赖斯首先提出了一个称职的律师会提出的论点：《非战公约》不像一项刑事法，签署国不认为它将被作为刑法来强制执行，而且《非战公约》受制于许多保留条款，这使得它作为一项刑事禁令毫无用处。

但雅赖斯的思考超越了这些基本的反对意见，他提出了施米特在他的意见书中联想到的同样复杂的论点。首先，他认为，《非战公约》无法兑现建立新世界秩序的承诺，因为使这一秩序得以实现的政治制度——集体安全、裁军和修改《凡尔赛条约》——尚未实现。而目前的现实是国际联盟失败了；大国没有解除武装，且盟国对严厉的和平解决方案的态度也不会软化。[54]

在提出当前的政治环境不会支持新的法律秩序的观点之后，雅赖斯像施米特一样问道，是否有证据表明国际法在 1939 年实际上已经发生了改变。为了回答这个问题，像施米特曾经推论的那样，雅赖斯继续推论。雅赖斯认为，如果《非战公约》已经改变了国际法，那么歧视性的战争概念就会出现在国家的实践中，特别是以下领域就会产生变革：（1）战争法；（2）中立义务；（3）对征服的承认。[55]

> （1）国际战争法——毕竟源于自由地发动战争的权利，源于战争类似决斗的性质，当然也源于交战方在法律面前的平等——是否适用于交战国之间的行为限制呢？
>
> （2）在这场战争中，中立是否依然可能，或者实际上依然允许？
>
> （3）假定侵略者获胜，战争的结果在法律上，特别是在简化为以条约形式出现的情况下，能否有效？或者，国际社会难道无须采取不承认政策来剥夺侵略者的战利品吗？

对于上述每个问题，雅赖斯都认为国际法律在战争开始前并没有改变。从来没有哪一个国家提出过，战争法只适用于进行正义战争的一方，而不适用于另一方。同时，1939 年，诸如美国等非交战国也没有放弃中立。最后，虽然美国确实遵循了史汀生主义，但包括英国和法国在内的许多其他国家仍坚持承认领土征服的有效性。 288

雅赖斯得出了与施米特相同的结论。他认为，《国际军事法庭宪章》中规定的惩罚发动侵略战争的个人的法律是“新生事物——革命性新生事物。关于国家间战争与和平的法律没有为它们提供任何空间，也无法为它们提供任何空间。因此，它们是具有追溯效力的刑法”。[56]

雅赖斯给控方留下了深刻印象。纽伦堡检察官泰尔福德·泰勒（Telford Taylor）评论说：“这些被告们找不到比他更好的发言人了。”[57] 泰勒没有意识到，他赞扬的是一个滔滔不绝地阐述施米特思想的人。虽然没有办法确定，但很有可能雅赖斯的演讲是基于施米特的意见书。[58] 首先，迪克斯拿到了施米特的备忘录——或者至少，他已经看过了——而雅赖斯在集体辩护中代表的当事人正因为被指控发动侵略战争而面临死刑。如果迪克斯不把施米特的专家备忘录交给雅赖斯，或者至少传达它的主要论点，那他就失职了。其次，雅赖斯是一个施米特信徒（Schmittian），他推崇施米特的国际法理论。在他负责处理的问题上，他不会忽视施米特的思想。最后，雅赖斯提出的论点和施米特在他的备忘录中提出的复杂论点是一样的。

鉴于这些证据，我们就可以说，纽伦堡审判是法律史上最伟大的口技表演之一。肖克罗斯的开庭演讲稿基本上是赫希·劳特派特撰写的，而雅赖斯的辩护则基于卡尔·施米特的理论。此时，这两个对手——一位犹太人和一个纳粹分子——正在法庭上以律师的身份辩论《非战公约》的法律效力。

劳特派特强辩到底，他撰写了肖克罗斯的法律回应，1946 年 7 月 26 日发表。劳特派特在反驳一开始就嘲讽了这样一种观点，即《非战公约》将侵略战争定为非法，但并未构成犯罪。他问道，禁止大规模杀人怎能不被理解为对犯罪的禁止呢？“造成数百万人死亡和直接攻击文明
/ 289 生活基础的违法行为与犯罪行为没有区别。”[59]

随后，劳特派特猛烈抨击了雅赖斯关于国际联盟未能执行《非战公约》规定的观点。他说，难道仅仅因为罪犯逍遥法外，犯罪就不再是犯罪了吗？[60] 国际联盟的失败意味着必须要有更好的执行机制——它并没有免除各国的义务。“情况也许是这样的，即警察的行动没有像人们希望的那样有效。但那是警察的失职，却不是法律的失败。”[61]

劳特派特还严厉批评了雅赖斯关于中立的主张。“美国在 1939 年宣布中立的事实被引用为说明该法律体系崩溃的一个例子，好像美国有什么法律义务采取其他行动一样。”[62] 事实上，《非战公约》允许中立者对侵略者采取歧视性行动，但肯定没有要求它们这样做。

据劳特派特说，雅赖斯没有意识到《非战公约》确实彻底改变了国际法。因为国际联盟确实对日本和意大利实施了制裁，这是对传统中立原则前所未有地放弃。[63] 虽然国际联盟没有坚持到底，但它的行动似乎是合法的。“爱好和平的国家不愿拿起武器反对针对它们的敲诈和霸凌”是政治意愿的失败，而不是法律权利的失败。[64] 他们有法

律权利惩罚发动侵略战争的国家，因为这些国家通过其领导人犯下了罪行。

他讽刺地问道，当这些领导人发动侵略时，他们是否关心国家主权。他甚至将矛头对准了施米特本人。“奇怪的是，被告以德国政府的身份在大部分欧洲国家横行肆虐，他们残忍地践踏它们的主权独立，他们以自吹自擂和耀武扬威的讥诮态度使被征服国家的主权屈从于‘大空间秩序’新概念。看到这些被告现在呼吁国家主权神圣不可侵犯的神秘美德，着实令人感到诧异。”[65]“大空间秩序”是施米特在1939年发展的理论。后来希特勒据为己有的正是这一理论，对雅赖斯产生了深刻影响的也是这一理论，几乎成为统治整个世界的法则的 / 290
还是这一理论。

判　决

1946年10月1日，国际军事法庭判决如下：12名被告被判处绞刑［戈林、里宾特洛甫、凯特尔、恩斯特·卡尔滕布鲁纳（Ernst Kaltenbrunner）、罗森堡、弗兰克、弗利克、施特莱歇尔、弗里茨·绍克尔（Fritz Sauckel）、约德尔、亚瑟·赛斯－英夸特（Arthur Seyss-Inquart），马丁·鲍曼缺席宣判］；7人被判处10年至终身监禁［海军上将卡尔·邓尼茨（Karl Donitz）、冯克、赫斯、海军上将埃里希·雷德尔（Erich Raeder）、巴尔杜·冯·席腊赫（Baldur von Schirach）、施佩尔、康斯坦丁·冯·纽赖特］；3人被判无罪（沙赫特、巴本、弗里切）。

在判决书中，国际法庭援引《非战公约》来证明《国际军事法庭宪章》将侵略战争定为犯罪行为的正当性。然而，它将《非战公约》作为实施个人刑事处罚依据的理由，却令人失望，甚至令人震惊。因为法庭没有接受，甚至没有提及埃切尔－钱勒理论。不仅如此，它没有接受，甚至也没有提及凯尔森理论。它的主要论点正是控方团队竭力避免提出的：施米特证明《卢贝法》正当性的理论。该理论认为，应该允许对邪恶行为实施惩罚，即使这些行为发生时，它们在法律上还不是犯罪。“断言惩罚那些无视条约而不加警告地攻击邻国的人是不公正的，显然是没有事实根据的，”法庭写道，“因为在这种情况下，攻击者必须知道自己正在从事错误行为，因此，惩罚他非但不是不公正的，如果他犯罪而逍遥法外，那才是真正的不公正。”[66]

法庭又含糊其词地说了几句国际法的独特性。例如，它如何没有立法机构，“如《非战公约》这样的国际协定必须处理一般性法律原则，而不是处理行政程序问题”，等等。“国际法律不是静态的，”它写道，“而是通过不断适应变化的世界需要而发展的。”[67] 的确如此，但为什么，国际军事法庭凭借其中哪一条判人死刑呢？

/ 291 由于判决书简短，同时也由于它对所提观点没有更加认真对待，国际军事法庭错过了一个机会来证明其判决所依赖的基础的合理性。现在，给人的印象是，它的判决并非基于法律规定，而是出于政治动机，是胜利者的正义（victor’s justice）的行为。出现这种结果，更加令人遗憾，因为国际军事法庭其实有着极为有利的论据可以利用。当时一些最伟大的法学家——不仅仅有杰克逊，还有埃切尔、劳特派特、凯尔森，当然，还有施米特——都在致力于为双方辩词提供论据。事实上，他们非常严肃地对待这个问题。然而，由于忽略了这些论据，国际军事法庭未能采取必要的行动来证明其判决的合理性。事实上，国际军事法庭最后形成的意见与法庭上呈现的论据是截然不同的，那些只看了法庭意见的人们——今天几乎所有人都只能看到法庭意见——无从知晓这些论据曾经被提出过。正如许多人所做的那样，他们可能合理地得出这一结论，即国际法庭为它的判决提供了它所能提供的最佳论据，而这些论据是虚弱的，甚至是不合理的。

有迹象表明，国际军事法庭对自己的判决感到不安。因为法庭裁定，没有人会仅因为发动侵略战争而被判处死刑。[68] 只有犯有战争罪或反人类罪的人才会被处以绞刑。法庭还宣判23名发动侵略战争的被告中5人无罪。以沙赫特为例，他在重整德国军备方面的作用是众所周知的，但因为没有合理的怀疑，无法证明他重整军备的意图是为了发动侵略战争，而不是为抵御其他国家的侵略提供强大的防御，因此他被宣判无罪。

国际军事法庭驳回了控方提出的纳粹战前的国内恐怖活动构成侵略战争罪的论点。然而，它确实惩罚了战争开始后在被占领土上参与大屠杀的人。“就起诉书中所指控的在战争开始后犯下的不人道行为而言，尚不构成战争罪，但这些行为都是在执行侵略战争或与侵略战争有关的情况下犯下的，因此它们构成了反人类罪。”[69] 因此，虽然没有人仅仅因为发动侵略战争而被处决，但处决主要战犯的法律理由最终还是来自《非战公约》。纳粹在大屠杀期间犯下的反人类罪行，虽然不是战争罪行，却是在执行侵略战争过程中犯下的罪行。因此，他们可以被处以死刑。

/ 292

卡尔·施米特与卡尔·罗文斯坦

施米特曾在《政治的概念》一书中提出，敌人不必憎恨他的对手。他必须把敌人视为必须消除的一个存在的威胁、一个致命的危险。[70] 战后，施米特的主要敌人卡尔·罗文斯坦（Karl Loewenstein）就持这种态度。过去，罗文斯坦钦佩施米特，关注他的学术研究，甚至与他通信联系过。但战争结束后，为了逮捕施米特，他比任何人都积极。

卡尔·罗文斯坦出生于慕尼黑的一个犹太家庭，比施米特小三岁。[71] 在整个20世纪20年代，他都从事法律工作，同时著述颇丰。

他和施米特交流学术作品，并在各自的出版作品中引用对方的观点。1931 年，罗文斯坦设法在慕尼黑大学谋得一份教职，但两年后，因纳粹解雇犹太公务员而失去了这份工作。随后，他逃到了美国，在耶鲁大学法学院工作了两年，之后在阿默斯特学院（Amherst College）获得了一个教授政府学的终身职位。罗文斯坦发表了许多关于纳粹法律的文章，并且由于他在该领域的专长，1945 年，他以法律顾问的身份加入了柏林的占领政府。

罗文斯坦到达德国后的首要任务之一就是逮捕卡尔·施米特。他的飞机于 8 月 7 日抵达柏林，13 日，他在日记里写下了一个记号，“与［辨认不出］确认（Conf.）关于卡尔·施米特的情况”。[72] 第二天的日记中有一个打印的条目：“撰写关于逮捕卡尔·施米特的备忘录。”[73] 接下来一天，8 月 15 日，他试图逮捕施米特，但没有成功。“似乎没有人对承担管辖权感兴趣（inteested）①。皮球从一个部门被踢到另一个部门。”[74] 第二天，他又试了一次，直接来到公共安全办公室。在那里，“没什么兴趣”。[75]

罗文斯坦没有放弃。9 月 13 日，他与两名男子就“调查卡尔·施米特”一事开了一次会。他还“研究了有关施米特的各种材料”。[76] 9 月 26 日，军政府未经指控就逮捕了卡尔·施米特。[77] 8 天后，罗文斯坦去了施米特的公寓，随后建议没收他的大量藏书，供占领当局使用。[78]

罗文斯坦在 11 月中旬完成了一份关于施米特的备忘录。正如文学理论家维尔纳·索罗斯（Werner Sollors）观察到的，他的逮捕报告读起来像一封推荐信。[79] 这份报告把施米特描述为“最重要的政治科学家”“一个近乎天才的人”“博览群书、学富五车”“善于剥茧抽丝、由表及里”“少有的将学习与想象结合起来的学者之一”。然而，

① 原文为“inteested”，应为“interested”。——译者注

罗文斯坦接着说，施米特“滥用天赋，助纣为虐”。他在“长剑之夜”中对政治暗杀的辩护使得希特勒对世界其他地区采取的非法行动合法化，并且他的大空间理论“为纳粹政权追求世界权力提供了理论基础”。[80]

施米特不仅在德国有影响力，罗文斯坦补充道，作为极权主义和法西斯政权的主要思想家，他世界闻名，尤其在法国、西班牙和拉丁美洲影响深远。“几乎没有一个当代作家能像卡尔·施米特那样对他的时代产生如此大的影响。”[81]

罗文斯坦并不是简单地想要惩罚施米特的罪行。他想保护德国和世界不受其思想的影响。施米特的危险就在于他的天赋，在于他能使非理性的东西显得理性。

时代终结的见证人

施米特在不同的拘留营里待了一年。在监禁期间，他担忧自己会性命不保。20 年前他在柏林演讲厅预言的事件已经发生。现在，德国的敌人们利用《非战公约》的规定来起诉德国领导人，他们在依照这个预言行动。

但他也害怕文明世界的到来。1946 年的某个时候，在被囚禁期间，他为刚刚崩溃的法律秩序写了一篇悼词。就像施米特的许多作品一样，它既令人感动又令人反感；它似乎是真诚的，但同时也是自私的；它充满了不可否认的才华、惊人的博学和明显的荒谬。

施米特主要哀叹的是将战争定为犯罪。他认为，非法化战争的规定正被用作战争的武器，但其致命作用却被掩盖了。“一个人一旦坐在法庭上成了被告，”施米特写道，“他将永远被打上敌人的烙印。”[82]像纽伦堡这样的刑事审判以和平的名义把军事斗争变成了道德上的十字军东征，极大地增加了未来的风险。那些被认为是人类敌人的人正

/ 294

在失去他们的人权。他说："革命性军事法庭和世界法庭的建立不会减少恐怖，只会使其升级。"[83]

施米特求助于"被钉死在十字架上的神"，那位"被外国征服者强加的，因一位奴隶之死而被钉死在十字架上的"神。[84]他在牢房里祈祷时，有过一次神秘的经历。他说，"有时，关押我们俘虏的大门突然打开，然后一个秘密通道出现了"。[85]施米特把自己想象成可与现代政治哲学的伟大人物，以及欧洲公法、旧世界秩序的创造者比肩的人物。即使他的书籍被充公了，他也会在思想上和这些干涉主义者进行交流。"接触和对话出现了，思想的力量无穷无尽。"[86]他同维多利亚、真蒂利和格劳秀斯对话。"我爱他们。他们属于我们的阵营。"[87]但他最认同的是政治理论家让·博丹（Jean Bodin）和托马斯·霍布斯，他们宣扬绝对国家的美德。"对我来说，这两位宗教战争时期的人物变成了活生生的同时代人。他们是我的兄弟，我们超越几个世纪成了一家人。"[88]

这些伟大人物建立了一种法律秩序，作为克服血腥宗教战争的良方。随着这个时代的结束，"血腥内战的合法恐怖"将再次占据主导地位。[89]"我是欧洲公法的最后一位代表，是它存在意义上的最后一位老师和科学家，也是其终结的见证人。"[90]

/ 295

再次被捕

1946年8月，施米特被无罪释放，10月10日，他回到家中。[91]但1947年3月16日，他再次被捕，被送往纽伦堡，并被单独监禁在司法宫中。施米特似乎不知道他为何再次被捕。他的妻子杜丝卡写信给赫尔曼·雅赖斯，想要问个究竟，但没得到任何回复。[92]

军方记录显示，罗伯特·肯普纳要求将施米特转送到纽伦堡。[93]但追究施米特罪责的想法是否出自肯普纳，尚不清楚。[94]这可能是罗文斯坦的想法。他于 1946 年 9 月离开德国，但一直与肯普纳保持着密切的通信联系。[95] 肯普纳也是弗朗茨·诺伊曼的朋友。此时，弗朗茨·诺依曼刚刚完成了《巨兽》的写作，这是一本研究德国纳粹的著作。在书中，他认为施米特在魏玛共和国的崩溃以及为希特勒发动侵略战争提供正当性理由方面扮演了重要角色。1945 年，诺伊曼离开了社会研究新学院，去纽伦堡协助杰克逊大法官，负责搜集证据。另一种可能性是，真正主张再次逮捕施米特的人是奥西普·弗莱希特海姆（Ossip Flechtheim）。1933 年，弗莱希特海姆是科隆大学的博士生。当时，他请施米特做他的博士导师，但施米特拒绝了。弗莱希特海姆以为，他被拒绝是因为他是犹太人，但实际上，弗莱希特海姆也是一个共产主义者，施米特不想指导共产主义者。弗莱希特海姆只得跟着凯尔森在日内瓦继续完成学业。后来，他在纽约做弗朗茨·诺伊曼的研究助理。[96]

罗文斯坦、肯普纳、诺伊曼和弗莱希特海姆都是犹太人，他们有足够的理由憎恨施米特。[97] 他们每个人都被这个人以不同的方式伤害过，他们可能对他怀恨在心。但现在逮捕他不仅仅是出于报复，而是因为他们每个人都真诚地认为施米特应该被当作战犯来起诉。[98]

两周后，施米特被送到纽伦堡。肯普纳在司法宫对他进行了四次审讯。[99] 根据这些审讯记录，肯普纳似乎对施米特的大空间理论最感兴趣。他确信，施米特的著作为希特勒发动侵略战争提供了正当性辩护。

/ 296

第一次审讯是在 4 月 3 日，当时气氛很紧张。“你没有为这些行为提供思想基础吗？”肯普纳问道。“没有。”施米特回答说。“能这样解读你的作品吗？”肯普纳接着问道。“我想不能——读过我的作品的人不会这么认为。”施米特回答说。[100]

肯普纳相信，施米特没有说实话。毕竟，施米特是“第三帝国最重要的法学家之一”。施米特以同样的不信任回应肯普纳的怀疑：“不能以这样的方式来揣度一个1936年在《黑色军团》上被公开诋毁的人。”[101]

肯普纳想让知识分子为希特勒发动侵略战争承担责任，为此，他要求施米特以书面形式证明其主张具有正当性。他说：“我们认为，为整个战争提出理论和计划的人所发挥的作用，与政府执行机构、经济和军事部门同等重要。或许，你可以把你想说的东西写下来。但是，你知道你在多大程度上为希特勒的大空间政策提供了理论基础吗？”[102]

在他的长篇回应中，施米特将他的大空间理论与希特勒的生存空间政策区分开来。根据施米特的说法，大空间理论不是一种关于生物学的、种族的理论。它没有主张德国拥有基于种族优越性而征服其他国家的权利。正如施米特所指出的，他的理论被纳粹的骨干分子谴责为“非民族主义理论”（unvölkisch）——也就是“不是种族主义理论”。[103]

最具讽刺意味的是，施米特在纽伦堡判决中寻求庇护，引用判决结果作为“对我的行为进行评估和判断的先例”。[104]根据国际军事法庭的规定，没有参加战争计划秘密会议的人不应被追究策划或准备侵略战争的责任。“人们对弗里切的最终评价，也同样适用于我，”施米特恳求道，“‘他从来没有被认为重要到这种程度，即他卷入了导致侵略战争的计划的讨论当中。’”[105]

肯普纳似乎被施米特说服了，于是同意释放他。在4月28日最后一次会议结束后，肯普纳问起施米特与纳粹政权的合作情况，当时气氛比较友好。[106]

/ 297

肯普纳：那个时候，你写这些东西难道不感到羞耻吗？

施米特：今天当然感到羞耻。不过我认为，现在继续翻我们当时蒙受耻辱的旧账是不恰当的。

肯普纳：我不想翻旧账。

施米特：毫无疑问，这无法启齿。我无法用语言来描述它。①

① 尽管他拿到了养老金，但卡尔·施米特被禁止在柏林大学任教。1947 年从纽伦堡监狱获释后，他回到了家乡普勒滕贝格。在那里，他接待了许多慕名而来的访客，并影响了新一代的学者。1985 年，他在那里去世，享年 96 岁。施米特的死对头汉斯·凯尔森最终于 1945 年被聘为加州大学伯克利分校政治学系的全职教授。因其在法学领域开创性的学术成就，许多大学授予他荣誉。他于 1973 年去世，享年 91 岁。奥地利称他为“宪法之父”，发行了一枚印有他肖像的邮票来纪念他。1948 年，凯尔森在科隆大学的继任者赫尔曼·雅赖斯恢复在那里的教学工作，并最终成为该大学的校长。1992 年，99 岁的雅赖斯去世时，《明镜周刊》(*Der Spiegel*) 写道，他在纽伦堡的辩护“创造了德国法律史”。参见“Gestorben, Hermann Jahrreiss,” *Der Spiegel*, November 2, 1992。

/ 结束语Ⅱ

/ 298 可能除了罗伯特·杰克逊之外，没有人比赫希·劳特派特更能让纽伦堡审判赢得更多的荣誉，或留下更深刻的印记。从他早期呼吁将侵略战争定为犯罪，到他确立起诉书中指控的框架，再到他为英国代表起草的、阐述了诉讼理论基础的演讲稿，国际军事法庭后来的行动均遵循了劳特派特的方案。然而，在开庭辩论之后，他退出了这一历史性的诉讼程序，让他人来执行自己的计划。

考虑到多年来他为使国际法庭得以运作投入的大量时间和精力，劳特派特最终决定退出似乎有些奇怪。但在审判期间被详细讲述的纳粹暴行，对这个加利西亚犹太人来说，不仅仅是法律上的抽象概念。杰克逊所说的无数受害者中，就包括劳特派特的整个家族。他的母亲、父亲、姐姐和哥哥都在大屠杀中被杀害了。他的祖父母、姐夫、嫂子、叔伯、姑姨、堂兄妹也都是如此——几乎他的整个大家庭都被杀害了。审判开始时，他对自己的一个侄女能幸存下来抱有希望（后来他发现她活了下来）。[1]除了之前我们引用过的那封写给妻子的、谈
/ 299 及看到“一个主权国家站在被告席上”的“难忘经历”的简短信件之外，劳特派特从来没有把自己的感情付诸笔端。[2]然而，他儿子说，回家后“他经常因为在睡梦中想起他所听到的纳粹兽行而号啕大哭”。[3]很可能，出现在庭审现场对他来说太痛苦了。于是，他就通过二手报告跟踪审判进程。

劳特派特从被炸得满目疮痍的纽伦堡隐退至充满田园风光的剑桥。用他自己的话说，他“很高兴能暂时离开纽伦堡一段时间”。[4]在办公室里将自己与外部世界隔离开来之后，他开始创作后来被他称为自己最伟大的作品之一。[5]随着雨果·格劳秀斯逝世三百周年的日子临近，他决心重新研究这个人的著作，在他看来，这个人是“他那个时代最伟大的国际人物之一——一个神童，几乎是一个研究学问的

奇迹……是公认的国际法最伟大的倡导者”。[6]

劳特派特没有将文章写成一篇关于格劳秀斯的圣徒传记。并且情况远甚于此。这篇文章的前半部分对格劳秀斯作品中的许多缺陷进行了谴责。他认为，《战争与和平法》是一部“多少有些肤浅、草率和自命不凡的作品”。[7]同时，他还认为，格劳秀斯这部杰作的前半部分致力于阐述那些“看起来与国际法毫无关系”的问题。[8]劳特派特解释说，根据格劳秀斯对国际法的解释，这种关注尤为必要。因为格劳秀斯认为，“导致一场正义战争的主要原因在于对一项法律权利的威胁或实际侵犯，或者拒绝赔偿”。[9]因此，“有必要对因违反法律义务而可能受到影响的实体法加以说明”。[10]他解释说，这部作品还具有“不充分的特征”，因为格劳秀斯使用了大量未发表过的、为雅各布·范·赫姆斯科克撰写的辩护词。这份辩护词是他在多年前为一宗案件撰写的，在这起案件中，他担任荷兰东印度公司法律顾问。[11]

但是，它不仅仅论述很薄弱，至少以现代人眼光看来是这样，而且它还很冷酷。格劳秀斯的作品“似乎将‘就连野蛮的种族都应该感到羞耻的对战争约束的缺乏’提升到了影响国际法规则尊严的地步”。[12]在格劳秀斯的世界观中，“国际法赋予了杀死或伤害所有敌人领土上的人的权利……战争中的俘虏可以被处死。那些投降但未被接受的人也可以被处死……一般来说，根据国际法，任何针对敌人的行为都是被允许的”。[13]毁灭、掠夺、奴役都是正当的。因此，格劳秀斯的著作非但远没有缓和战争，反而“通过承认战争具有国际法的特征”来支持“不人道的战争”。[14]

300

劳特派特问道，既然格劳秀斯的观点如此野蛮，他又怎么能如此鼎鼎有名呢？劳特怕赫特总结道，答案很简单：“对格劳秀斯思想的教学方向已经与国际法在其法律和伦理内容方面向真正的法律体系发展的方向相一致。”[15]

劳特派特解释说，格劳秀斯把国际法描述为不仅是一种体系，而且是一种具有某些关键特征的体系。即使规则本身发生了变化，这些特征仍然存在。尽管《战争与和平法》“对于寻找一项我们假设它适用于当前国际法院案件的法律规则”不再有任何“帮助”，但它对国际法的功能、作用定位和解决“长期存在的问题”具有指导意义。[16] 这些贡献依然是有价值的——实际上，是永恒的。

和其他任何人一样，劳特派特对格劳秀斯式法律体系带来的可怕后果也感同身受。毕竟，他的家人在格劳秀斯使之体系化的世界秩序的残喘中遭到了屠杀。但他依然看到并欣赏格劳秀斯作品背后的天赋。“格劳秀斯，”劳特派特解释道，“设想国家间全部关系由国际法来管理。”[17]

格劳秀斯逝世 300 周年在国际法领域标志着一个关键时刻。随着轴心国的投降、联合国的成立，以及纽伦堡正在进行的审判，格劳秀斯开创的旧世界秩序遭遇了决定性的终结。随着旧世界秩序的结束，劳特派特认为有可能开创一个新的开始，并有机会主张将格劳秀斯作为国际法的守护神，这并不是因为格劳秀斯所拥护的规则是好的、正确的或道德的，而是因为格劳秀斯明白，国际法要想发挥作用，就必须形成一个完整的体系。

劳特派特知道，他这一代不得不坚持这一传统。不过，他可以利用这一传统，对其加以改造。劳特派特已经做了大量工作来描述这种转变。但还有更多的工作要做。既然武力威胁是非法的，那么炮舰外交又将何去何从？如果不能使用武力来强制执行条约，那么条约将如何执行？包括禁止征服在内的国际法将如何执行？毕竟，安全理事会不能对每一项轻微违法做出反应。

劳特派特并不是唯一一个试图找到这些问题答案的人。事实上，《联合国宪章》就预料到可能会出现这些问题，并赋予联合国大会开展研究和提出建议的权力，以鼓励“国际法的逐步发展及编纂”。[18] 劳特派特不久后被任命为新成立的国际法委员会成员，联合国大会交给它的职责就是制定国际体系的新规则。

炮舰外交的终结

劳特派特接受了国际法委员会的职位。他认为这将提供“一个绝佳机会来做具有持久价值的事情”。[19]他的希望很快就遭遇了政治现实的打击。这份工作很繁重，且与其他成员一起工作令他沮丧。“他们是一群无知的人，”他在给妻子雷切尔的信中写道，“有时候我觉得他们很欣赏我的工作。有时他们似乎因为被当作我研讨班的学生来对待而生气。然而，我班上的学生比他们要好得多。”[20]在第一次会议快结束时，劳特派特被选为委员会条约法问题的报告员。令他大为欣慰的是，他可以独自撰写委员会的报告。在9个月的时间里，他就撰写了一份精彩的、全面的、长达70页的《条约法报告》(*Report on the Law of Treaties*)。

在许多方面，该报告是对现有法律的重述，指出了条约法中那些经受住了《非战公约》和《联合国宪章》带来的巨大变革的持久要素。但报告的某些部分是开创性的——用白代替黑，用黑代替白。也许最突出的例子是题为“没有强制”(Absence of compulsion)的报告第12条，它使因威胁或使用武力而强加的条约无效。[21]

这个立场是革命性的。就在20多年前，也就是《非战公约》签署的前一年，1927年出版的一本书中，劳特派特承认，炮舰外交虽然令人遗憾，但在法律上却是有效的：“国际法的特殊结构剥夺了条约概念中契约的基本要素之一，即自由声明意志的要求。”[22]传统国际法并不认为强迫会损害条约的有效性，理由很简单：战争是合法的。“如果战争作为一种制度而被允许，那么法律就必然承认成功使用武力的结果。”[23]

/ 302

劳特派特在为国际法委员会及其成员国撰写的报告中解释说，这些基本规则已经发生了改变：“在1928年8月27日《关于废弃战争作为国家政策工具的普遍公约》中，各国宣布，在相互关系中放弃战争作为国家政策的一种工具。”[24] 因此，“战争不再是一种法律救济办法，也不再是改变法律的工具”。[25] 由于这种“国际社会法律结构的根本变化”[26]，不能再强迫达成协议。[27]

世界上最权威的国际法机构态度的彻底转变引发了国家之间的冲突。毕竟，这样的条约数以百计——如果不是以千计的话。它们仍然有效吗？可以预见的是，那些盯紧枪管的国家急于宣布这些条约无效，而那些端起枪管的国家则警告称，此类声明会破坏稳定。海军准将马修·佩里所代表的美国政府认为，“大量条约，尤其是和平条约的有效性将受到质疑”。[28] 国际法委员会同意这一看法。1928 年的时候，国际法规则已经改变，但这并不意味着早期的条约无效。旧条约仍然有效。[29]

在如此短的时间内，规则完全颠倒过来，令许多日本人感到困惑。在一份与 1946 年东京战争审判有关的证词中，入侵中国东北的幕后主谋石原莞尔抱怨道：

/ 303

> 你没听说过佩里吗？难道你对自己国家的历史一无所知吗？……德川时代的日本追求孤立；它不想与其他国家有任何关系，并紧紧地关闭了自己的大门。然后，佩里从你们国家开着他的黑船过来，打开了那些大门；他把枪口对准了日本，并警告说：“如果你不跟我们打交道，当心这些枪；打开大门，也和其他国家谈判。”然后，当日本真的敞开大门，尝试与其他国家打交道时，它认识到，所有这些国家都具有可怕的侵略性。因此，为了自卫，日本把你们的国家当作老师，开始学习如何变得具有侵略性。你们或许会说，我们变成了你的信徒。你们为什么不从另一个世界传唤佩里，把他当作战犯来审判。[30]

但是，即使佩里准将能够起死回生，他也不可能被当作战犯来审判。因为当他把他的黑船驶入江户湾并发出威胁，除非日本同意与美国进行贸易，否则就要开炮时，侵略战争还不是犯罪。

伟大的赫希

1928年签署《非战公约》的使者们对他们可能引发的混乱一无所知。他们非法化战争的目标是光荣的。然而，他们几乎没有意识到这也是危险的，因为他们正在移除国际体系的关键支撑点。通过消除战争作为解决国际争端的工具，他们使国际体系的其余规则处于暂时停摆状态。确实用不了多久，整个国际法律秩序就会分崩离析。

两次世界大战期间的危机是可以预见的结果。签署《非战公约》的各国代表们犯了一个严重错误。一方面，他们拒绝了一个把战争作为解决争端和纠正错误的手段的世界，但是他们还没有考虑用什么来取代战争。战争或许是可怕的，但它在一个主权国家的世界中发挥了至关重要的作用。没有战争，主权国家体系怎么可能存在？只有天才人物才能回答这个问题，这个人可以建立一个新的法律体系，这个体系不是基于战争，而是基于其对立面——全新的、对战争的废弃。世界需要另一个格劳秀斯来发展新世界秩序。

赫希·劳特派特太谦虚了，不愿接受这个光荣称号，但他的谦虚不应妨碍我们把这个光荣称号送给他。格劳秀斯是旧世界秩序之父，劳特派特则是新世界秩序之父。他不辞辛劳地耗费十年时间来理解《非战公约》给国际法带来的变化。然后，从1940年开始，他开始将新体系的四大支柱准备就绪。 / 304

在与杰克逊的合作中，他帮助确立中立国不需要公正地对待交战各方的理念。各国可以而且也越来越多地在这样做，对侵略者和其他作恶者实行经济制裁，同时向它们认为是站在正义一边的国家提供更为优惠的条件。1945 年，他帮助确立了这样一个原则：发动侵略战争的人可以被送上被告席。1947 年，他完成了关于国家承认理论（state recognition）的主要研究，他在研究中写道，征服是非法的，国家不仅被禁止使用武力确立领土控制，也不承认那些使用武力控制领土的国家的行为。[31]1949 年，他确立了这样一个原则：胁迫性协议根本不是协议。在每一个案例中，他都以 1928 年《非战公约》给国际法体系带来的变化为基础提出了新原则，而这些原则在很多情况下都是他自己根深蒂固的立场的逆转。

劳特派特帮助阐述的新世界秩序，正如我们在本书开头所说，是对旧世界秩序的否定。格劳秀斯的体系有支配征服、刑事责任、炮舰外交和中立政策的规则。从下图中我们可以看出，劳特派特的规则与格劳秀斯的规则是一样的，除了一个简单的方面：它们是相反的。

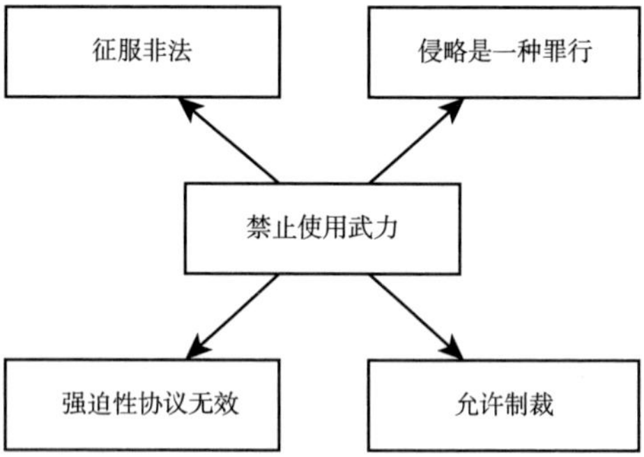

/ 305

随着新的国际法律秩序的建立，劳特派特离开了国际法委员会，接受了国际法院法官的任命。[32]尽管残存的反犹主义者反对，但他还是被选中担任这一职位。虽然他在内心深处仍是一个学者，但他在服务期间表现得极为出色。正如他的儿子所说，“有些人可能会在法律领域陈述方式上对他的草案提出质疑，而他认为自己在这方面的知识和经验超过了他们，因此在他看来，这是别人的假设，他不会轻易接受这种假设”。[33]即使是在当法官的时候，他也继续学术研究，在撰写司法建议之余，还写了一本书和几篇文章。在与癌症和几次心脏病发作做斗争之后，劳特派特于1960年去世，享年62岁——与格劳秀斯在1645年去世时年龄相同。[34]

赫希·劳特派特最重要的遗产是一套规则体系，该体系体现了这样的思想，即战争是确立或行使法律权利的非法工具。现在，各国只有一种方法可以从其他国家获得它们想要的东西——它们必须向这些国家提供它们想要的东西作为回报。用战争强迫的时代结束了。全球合作的时代已经开始了。

第三部分

新世界秩序

/ 第十三章　征服的终结

这场革命开始于 11 月一个寒冷的晚上，20 名学生聚集在基辅中心广场，等待承诺来此的人群。在接下来的几个小时里，越来越多的人陆续来到这里，他们慢慢地响应通过“脸书”（Facebook）和“推特”（Twitter）发出的号召，聚集在独立广场（Maidan nezalezhnosti）。一名帮助引导针对亲俄总统维克多·亚努科维奇（Viktor Yanukovych）的抗议运动的男子通过扩音器对人群发表讲话。他大声疾呼：“乌克兰应该成为欧洲的一部分。没有人——即使是身居要职的官员——有权剥夺大多数乌克兰人对欧洲一体化的愿望。”一名戴着蓝黄丝带的妇女随后发言，她的丝带与抗议者挥舞着的欧盟旗帜和乌克兰国旗颜色差不多。她向广场上的一小群人保证，还会有更多的人前来。“这才刚刚开始。今晚也许有几百人，甚至有 1000 人，但明天就有 1 万人；之后是 10 万人，然后是 100 万人。这是我们拯救这个国家的唯一机会！”[1] / 309

事实上，在几天之内，就有 2 万人参加了示威活动。象征着运动不断发展的蓝黄丝带随处可见。在亚努科维奇与俄罗斯总统普京签署了一项贸易协定之后，抗议升级为骚乱。政府派遣安全警察驱散人群，结果导致抗议人数越来越多。2014 年 2 月 20 日，独立广场的抗议者人数已超过 100 万，抗议激进分子发誓，如果亚努科维奇总统不下台，他们将进行武装抵抗。由于担心自己的生命安全，亚努科维奇和其他主要官员逃离了乌克兰。 / 310

当欢欣鼓舞的激进分子涌进总统遗弃的住所时，他们才发现亚努科维奇的奢华：安装着奢华吊灯的房间让人想起凡尔赛宫，有皮革活动躺椅的私人电影院、装有热水浴缸的湖边浴室、私人水上餐厅、一群鸵鸟、观赏性鸭舍、镀金浴室设备、高尔夫球场、直升机停机坪、巨大的飞机库、大量的青铜和大理石雕像，以及大量商标上印着这位被逐总统头像的白兰地。[2]

不过，并不是所有人都在庆祝。就在目瞪口呆的激进分子搜寻这座废弃的宫殿时，反对乌克兰新组建政府的声音正在该国东部酝酿。在那里，支持与俄罗斯保持密切关系的人最多。在克里米亚，亲俄示威者很快就开始了激烈的抗议。在叶卡捷琳娜大帝时代，这里就是俄罗斯黑海舰队的驻地。2 月 27 日克里米亚最高议会（Supreme Council of Crimea）和部长理事会（Council of Ministers）的办公大楼升起了俄罗斯国旗，预示着即将发生的事情。[3]

克里米亚议会组织了一场独立公投。乌克兰宪法法院宣布这场精心策划的公投违宪，但公投仍继续进行。[4]不出所料，投票结果压倒性地支持独立。3 月 17 日，克里米亚最高议会宣布克里米亚共和国独立。随后，克里米亚共和国宣布放弃独立，并请求加入俄罗斯。[5]
/ 311 俄罗斯总统普京同意了这一请求。[6]其他国家的反应是怀疑，接着是愤怒。然而，没有哪个国家会使用武力来扭转局面。

普京宣称，接管克里米亚的目的是“确保克里米亚人民自由表达自己意愿的适当条件”。[7]

这些事件似乎表明，非法化战争失败了。《非战公约》的签署被认为标志着一个新时代的到来。征服曾经是一个国家确立合法权利的必要手段，但现在却变成了一种错误行为，在某些情况下甚至变成了犯罪。事实上，具有极大讽刺意味的是，克里米亚正是二战期间盟国最终达成后来成为《联合国宪章》的协议的地方。当时，罗斯福总统宣布，这份文件将标志着“所有战争的结束”。

但是罗斯福的预言并没有错。如果我们从更广泛的历史角度来看待克里米亚事件，最值得注意的不是它发生了。最值得注意的是，此类事件很少发生。

全景图

我们现在要看看在漫长的时间里，国家行为发生了怎样的变化。我们需要考察在军事冲突中获取领土的情况有多普遍？更重要的是，自宣布战争非法以来，战争发生的频率经历了怎样的变化？要回答它们，仅举几个备受瞩目的例子是不够的（挑选能为己所用的例子的诱惑太大了）。我们必须研究 1928 年《非战公约》签订前后很长一段时间内所有已知的案例。

/ 312 幸运的是，一个松散的政治科学家团队已经收集了全面的数据以对战争进行研究。他们还刻意给这一项目取了一个直白的名称——"战争相关因素"（Correlates of War），其数据集包罗万象，从"军事化的国际争端"到"世界宗教数据"再到"双边贸易"等。最重要的是，它包含了大量关于"领土变化"的数据——从 1816 年到 2014 年国家间每一次领土交换记录，总计超过 800 个条目。[8] 这些数据集跟踪哪个国家赢得了领土、哪个国家失去了领土、转让领土的面积、该领土上的人口规模，以及转让时是否存在军事冲突。它是有史以来最好的军事冲突数据集。

然而，即使是最好的数据集也不完美，"战争相关因素"也不例外。[9] 这个数据集中，一个多世纪以前发生的事件的信息并不总是可靠的。例如，1816 年盎格鲁 - 廓尔喀战争（Anglo-Gorkha War）结束时，英国从尼泊尔手中夺取了布德沃尔（Butwal）和周边地区，很难确定当时有多少人口和领土被转让。"战争相关因素"数据集不包含对这场冲突造成的人口转让的估计，它只列出了一平方公里的领土转让——肯定被大大低估了。这种信息不可靠的问题在数据集覆盖的早先时期表现得最为明显，因为关于这些数据集的精确信息更难获得。[10]（这实际上使我们更难证明自己的观点，即通过军事冲突夺取领土的情况已经减少，因为它人为地减少了《非战公约》签订前的数据中征服的数量和规模。）简而言之，数据集提供了一幅全景图：战争信息一览无余，因而对我们的研究目的而言是非常宝贵的，但某些案例缺乏细节，特别是当我们回顾更为久远的过去的时候。

虽然从研究“战争相关因素”数据开始，但我们并没有止步于此。通过观察军事冲突期间发生的领土变化，我们缩小了数据集的范围，排除了数百项和平进行而非军事行动导致的领土转让的数据。为此，对于“战争相关因素”数据集中编为“征服”（领土转让“以最低限度的武力进行，没有遇到有组织的军事抵抗”的情况）的类别，我们还补充了案例。我们对数据进行筛选后，总共剩下了254个可能被归类为征服的领土变化案例。

/ 313 然后，在18名才华横溢的耶鲁大学法学院学生的帮助下，我们合作用了一年多时间深入研究这254个案例，探究以下问题：干预行动是否由多国组织（如联合国、北约和国联）实施的，或者是否得到了多国组织的批准；获得领土的国家是否是占领（对被占领土不主张主权）而非征服领土；最后，领土变化是否是国家独立的结果。如果符合上述情况，那么我们就认为该领土改变不是征服。因此，如果一个国家解体为独立的单元（例如，1991年苏联解体），那么它的解体就不是征服；但如果一个国家的领土被另一个或多个国家占领（例如，从奥斯曼帝国夺取的大部分领土），那么它的解体就是征服。我们把另一种情况下的领土变化也排除在“征服”之外，即如果它只是对先前未被承认的被占领土的收复——也就是说，当A国夺回了曾被B国占领但从未获得其他国家承认因而其主权从未被转让的领土，那么这种情况就不属于“征服”。例如，1945年中国从日本手中夺回东北地区，就没有被记录为征服，因为1931年日本的最初占领没有得到其他国家的广泛承认。换句话说，中国没有征服日本领土，只是重新收回了国际社会一直认为是属于中国的领土。①

关于数据的话题说得够多了。254 个领土变更案例告诉了我们什么？它们告诉我们一件既令人震惊又令人惊讶的事情：曾经普遍存在的征服，几乎消失了。更令人意想不到的是，这个转折点发生在我们熟悉的 1928 年，当时全世界都聚在一起宣布战争非法。

从一生一次到一千年一两次

数据集显示，从 1816 年开始记录到 1928 年《非战公约》签署，平均每 10 个月就有一次征服（每年 1.21 次）。换句话说，在这段时期内，在任何一年里，一个国家成为征服受害者的平均概率为 1.33%。[11] 这些似乎是很小的概率。但事实并非如此：一个每年有 1.33% 被征服概率的国家，在普通人一生的时间里就会在战争中失去领土。[12]

这些征战规模都不小。在此期间，平均每年被征服的领土面积为 295486 平方公里。也就是说，在一百多年的时间里，每年被征服的领土面积大致相当于 11 个克里米亚。[13]

尽管这些数字令人震惊，但它们与格劳秀斯帮助建立的法律秩序是一致的——几百年来，这种法律秩序管理着国家行为。战争就是用来解决国家间争端的机制。当争端出现时（这是常有的事），国家诉诸战争寻求赔偿。这种补偿通常以土地的形式进行。

起初，旧世界秩序结束时，国家间行为方式几乎没有变化。在《非战公约》生效后的 20 年里，即 1929~1948 年，平均每年征服的次数保持稳定——每年 1.15 次或者说每 10 个月 1 次。在《非战公约》批准后的 20 年中，平均每年被征服的领土面积为 240739 平方公里，

① 我们的数据发布在网上，想要查看基础数据，可登录 www.theinternationalistsbook.com 查询。

/ 314

与之前113年中每年295486平方公里相差不大。由于更多的被征服领土由国家而不是非国家实体控制，因此，在这段时期内，每个国家在1年时间里有1.8%的概率成为征服的受害者，相比之下，之前阶段的概率是1.33%。

第二次世界大战再次确认、巩固和制度化了始于1928年的变革。因此直到第二次世界大战结束，我们才看到征服数量的明显下降。征服数量的确在急剧下降：当混乱局面平息下来，联合国开始发挥作用的时候，平均每年征服的次数急剧下降到0.26次，或者每4年1次（确切地说是每3.9年1次）。被征服领土的平均面积也在下降，每年只有14950平方公里。考虑到这段时期内国家数量增加，从1949年起，一个国家在每年遭受征服的可能性从1.33%骤降至0.17%。还记得我们的估计吗？ 1928年以前，平均每个国家在一个人一生的时间里被征服一次；1948年以后，一个国家遭受征服的概率从一生一次下降到一千年一两次。[14]

/ 315

“它不是他的城市”

到目前为止，我们的数据所反映的情况似乎并不完全倾向于将1928年确定为国际法律秩序转变的一个重要时刻。如果我们只看征服频率的话，那么各国宣布战争非法似乎不过是繁忙的征服之路上的一个减速带。直到1948年，在一场造成7000万人死亡的战争之后，征服频率才决定性地下降——这反映了1945年后建立的新国际制度，或许还有同时出现的核武器带来的影响。如果说1928年是个减速带，那么第二次世界大战就是个停车牌。

但这还不是全部。是的，第二次世界大战结束了征服。但当二战真的结束征服的时候，令人吃惊的事情发生了。征服并没有恰好停止。先前对大量领土的征服被推翻了。也就是说，大片在战争结束前被占领的土地被归还给了最初拥有它的国家。但更令人吃惊的事实是，归还的不仅仅是 **1939** 年第二次世界大战正式开始后被占领的领土。相反，这种逆转可以追溯到战争爆发前十多年的某一年。那一年是 **1928** 年。

回想一下，在倡导《非战公约》时，萨尔蒙·莱文森曾承诺，一个国家不能再“凭借野蛮的力量确立权力、正义或头衔”。[15] 是的，侵略者仍然可以使用武力夺取一座城市，“但从法律上讲，它不是他的城市”。[16]

莱文森的观点被证明是正确的。我们再次研究征服的次数，如果将那些被大多数国家承认的征服与那些未被承认的征服区别开来，图景就发生了转变：**1928** 年到 **1949** 年，领土征服继续存在，但从日本占领中国东北开始，这些领土转让中的大多数并没有得到大多数国家的承认。法律规则的改变并没有阻止各国夺取土地，但以这种方式占有土地已不足以让占有者确立合法权利。由于知道这类巧取豪夺现在非法，其他一些国家因其非法而拒绝承认。在此过程中，它们重申了以《非战公约》为代表的与过去的决裂。

但事实证明，莱文森在非法化战争运动中的对手詹姆斯·肖特维尔也是正确的。非法化战争使得通过武力实现的领土转让非法。但是，由于在法律禁止的背后“没有牙齿”——没有强制各国放弃非法获得的机制——也就没有办法消除通过武力获得利益的非法行为。是的，经济制裁减少了一个国家从被征服土地上获得的利益。但是，在 **1928** 年之后的几十年里，战争之外的国际经济制裁体系还处于起步阶段，使其成为一种强有力的治国方略的手段还没有被发明出来。当世界各国签署《非战公约》宣布战争非法的时候，它们迈出了改变法律秩序的第一步。但要建立一个新世界秩序，仅仅拒绝旧世界秩序是远远不够的。国际主义者的计划仍未完成。

尽管如此，莱文森的预测还是具有预见性。第二次世界大战结束

/ 316

时，在《非战公约》签订之后的强制领土转让被推翻了。强权仍然可能带来军事上的胜利，但它再也无法提供法律上的持久胜利。轴心国挑战的失败确保了这些非法占领领土的行为不会得逞。因此，1928年至1949年的征服几乎没有给各国的领土分布留下长期的印记。

图1说明了这一点。按照前面的界定，它将每年征服领土的类别分为四类：（1）被大多数其他国家承认的“持久性”领土转让，就是说，领土转让后来没有被推翻（如果相同或几乎相同的领土归还给失去领土的国家，我们就认为该项领土转让被推翻了）。[17]（2）被大多数其他国家承认但后来又被归还（有时是几十年以后）的领土转让。（3）虽然未被大多数其他国家承认但仍然具有持久性的领土转让。（4）未被大多数其他国家承认，后来被归还的领土转让。

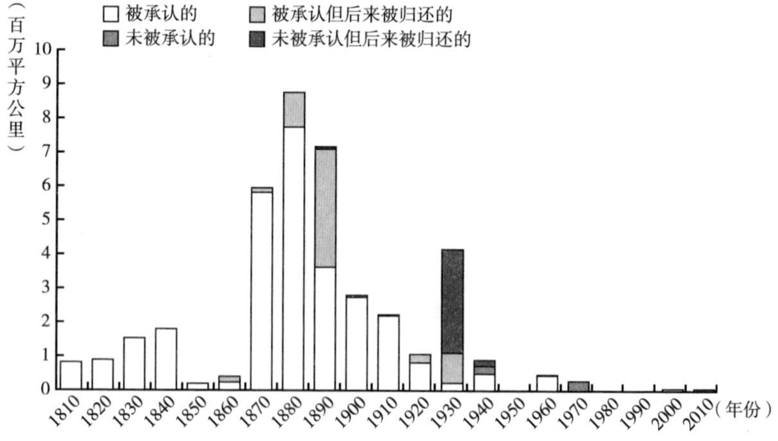

图1　每十年被征服的领土面积

在19世纪早期，每10年被占领的领土面积在81万~177万平方公里。经过19世纪50年代和60年代的短暂下降之后，这个数字在19

世纪剩下的时间里飙升到每 10 年 590 万~880 万平方公里，之所以如此快速增长，很大程度上是因为欧洲对非洲的争夺。 / 317

征服的步伐在 20 世纪初放缓了，但也只是相对于 19 世纪晚期的疯狂侵占而言。此时，通过军事手段占领土地仍然很常见，而且也受到法律允许。在英国和法国继续对非洲进行殖民统治期间，情况就是如此。当新兴的日本对朝鲜和俄国发动侵略时，情况也是如此。在第一次世界大战期间，情况还是如此。第一次世界大战以战败的同盟国被强制分解和领土被强制转让结束。

战争结束后，奥斯曼帝国崩溃，其领土被许多国家瓜分，其继承者土耳其只保留了战前帝国领土的一小部分。奥匈帝国也瓦解了。它的继承国——奥地利和匈牙利——也被意大利、波兰、捷克斯洛伐克、罗马尼亚以及塞尔维亚、克罗地亚和斯洛文尼亚王国占去了大量领土。德国割让部分领土给了比利时、法国、波兰和葡萄牙。保加利亚割让了部分领土给希腊和塞尔维亚、克罗地亚和斯洛文尼亚王国。协约国方面，为了获得参战报偿，罗马尼亚从俄国那里得到了比萨拉 / 318
比亚和布科维那。然后，1920 年，苏俄控制了阿塞拜疆、格鲁吉亚和亚美尼亚。1922 年，它们合并为外高加索苏维埃社会主义联邦共和国（Transcaucasian Soviet Federated Socialist Republic），成为新成立的苏联的一个加盟共和国。与此同时，波兰与苏俄的战争以 1921 年 3 月在里加签订和平条约结束。该条约划分了波兰和苏俄之间关于白俄罗斯（Byelorussia）和西乌克兰争议领土的归属。[18]

这些领土转让几乎都得到了其他国家的承认。虽然后来推翻了一些领土转让，但绝大部分是直到 20 世纪才发生的。例如，沙俄在 1868 年占领塔吉克斯坦，直到 1991 年苏联解体这次占领才得以废除。同样，1885 年，英国对今天的尼日利亚的占领直到 1960 年才被废除。[19] 在整个 19 世纪和 20 世纪初，人们普遍承认征服者合法获得并保留被占领土地。毕竟，强权即公理。

然后，在 1931 年，各国开始拒绝承认征服。强行转让土地的事件仍在发生，但它们第一次没有得到承认。

最值得注意的是，自 1928 年以来，轴心国所有的领土侵占都被废止了。德国失去了它夺取的所有欧洲领土，包括波兰、捷克斯洛伐克和奥地利。日本对中国东北及其他部分的占领——1932 年超过 1304292 平方公里，1933 年超过 173960 平方公里，1937 年超过 1500000 平方公里——也被废止了。在美国国务卿亨利·史汀生的领导下，世界拒绝承认这些征服。战争一结束，对土地的侵占就被废止了。同样，1938 年，匈牙利从捷克斯洛伐克夺取了 11826 平方公里的领土，1939 年又夺取了 11094 平方公里的领土。这两起侵占都没有得到广泛承认，在战争结束时，它们也回归了捷克斯洛伐克。

1928 年至 1949 年的另外三次领土转让也没有得到其他国家的承认，直到很久以后才被废止。1940 年 6 月，纳粹德国和苏联签署的《莫洛托夫－里宾特洛甫条约》(Molotov-Ribbentrop Pact) 给予苏联对爱沙尼亚、立陶宛和拉脱维亚的控制权。包括美国在内的许多国家拒绝承认这一领土转让。萨姆纳·威尔斯作为美国代理国务卿与罗斯福密切合作，起草了一份强有力的声明作为回应。[20] 1940 年 7 月 23 日，美国发表了后来被称为“威尔斯宣言”(Welles Declaration) 的声明。这份文件与日本入侵中国东北后史汀生发给中国和日本的照会的态度相呼应，它谴责了“通过使用武力或以武力威胁而实施的……掠夺性活动”，并拒绝承认苏联控制这些国家的合法性。威尔斯继续说：“这些原则构成了新世界 21 个主权共和国之间现有关系的基础。”[21] 美国坚持这一立场长达 50 多年，直到 1991 年波罗的海诸国最终脱离苏联。[22]

1935 年意大利对埃塞俄比亚的占领并没有引发同样的谴责，尽管这次占领最终也被废止了。尽管意大利接管埃塞俄比亚后在国际联盟中引起了巨大的恐慌，但国际联盟没有采取有效的行动，从而加速了该组织的崩溃。1936 年 11 月，日本承认了意大利对俄塞俄比亚的占领，作为交换，意大利承认日本对中国东北的占领。1938 年，法国和英国紧随其后承认意大利的占领。包括美国在内的 6 个国家继续反对，美国从未承认这一领土转让。[23]战争结束后，非法占领被废止，埃塞俄比亚从意大利手中重新获得独立。

简言之，虽然在《非战公约》生效后继续存在领土被侵占的现象，但《非战公约》意味着除极少数情况外，领土控制权的转让并未转化为对该领土的合法拥有权。强权不再是公理。

持久性征服

要想知道《非战公约》签署之后世界发生了多大的变化，一个方法就是研究那些持续存在的征服。回想一下，持久性征服指的是那些由军事冲突造成的、依然存在的、重塑着全球地图的领土变化。

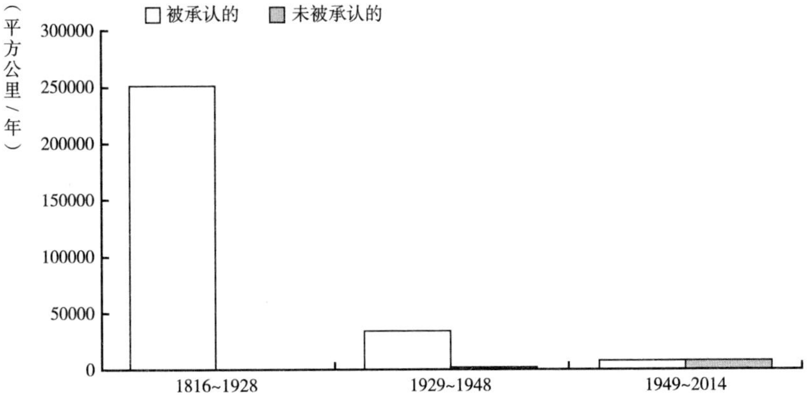

图 2　持久性征服

图 2 显示了在我们已掌握相关数据的时代，由于持久性的征服而在各国间易手的领土面积。这几个时代分别是：1816~1928 年（《非战公约》签署之前）、1929~1948 年（《非战公约》签署和第二次世界大战和平进程结束之间①）、1949~2014 年（第二次世界大战之后）。图 2 清楚地表明，1928 年以后的征服比之前的征服更不可能持久。更准确地说，与 1816~1928 年相比，1929~1948 年平均每年被永久性征服的土地数量下降了 86%。1948 年以后，它又下降了 59%。总的来说，这些被占土地数量的急剧下降使通过持久性征服获得的土地的总量仅为原先水平的 6%。换句话说，在 1929 年以前，通过持久性征服占领的土地如果是 100 平方公里，那么到 1948 年以后，这一 / 321 数字只有 6 平方公里。

这些数字反映了在 20 世纪两次世界大战结束时盛行的截然不同的世界秩序。第一次和第二次世界大战都起源于欧洲的恐怖冲突。但是在两次大战之后发生的事情反映了发生在两次大战之间的法律转变。与第一次世界大战（以及之前的大多数战争）结束时的情况不同，第二次世界大战的战败国并没有被瓜分并分配给战胜国。无条件投降的德国和日本被盟国占领了，但不是为了确立领土要求。

如图 2 所示，在 1928 年至 1949 年，通过持久性征服占领的领土面积急剧下降，但这种征服并没有完全消失。第二次世界大战结束

① 我们把中间时期延长到 1948 年，因为战后的领土转让直到那时才结束。1947 年 2 月 10 日，同盟国与大部分轴心国签署《巴黎和平条约》（The Paris Peace Treaties），但该条约直到 1947 年 9 月 15 日才生效。这些条约为缔约国提供了一年的额外时间来履行多项条约义务。对日和约直到 1951 年 9 月 8 日才签署并于 1952 年 4 月 28 日生效（该条约又称《旧金山对日和平条约》《旧金山和约》，签订时，中华人民共和国尚未取得联合国席位，因此被英、美、法等国排除在外，中国政府至今未承认过该条约。——译者注）。但那时日本在战争期间所占领土已全部归还。1945 年 8 月 2 日公布的《波茨坦公告》（Potsdam Agreement）规定了同盟国统治德国的最初条款。德意志联邦共和国于 1949 年 5 月成为一个独立国家，但战后的领土移交问题已经解决。

时，德国、意大利和日本确实失去了一些它们在 1928 以前拥有的领土，但面积与以前战争结束后战败国失去的领土相比天差地别。1945 年，盟国迫使德国将其东部领土割让给波兰。这片土地在波兰语中被称作“Ziemie Odzyskane”，即被收回的土地，因为它曾经是波兰传统家园的一部分。1945 年，罗斯福和丘吉尔在雅尔塔同意斯大林的要求，将波兰领土克雷西（Kresy）划给了苏联。现在将这片土地割让给波兰，在很大程度上是弥补波兰的损失。

至于意大利，它最大的损失不是征服未成功，而是它之前的殖民地被解放了，特别是利比亚、索马里兰和厄立特里亚，这些地方被置于盟国管理之下。而且，除殖民地损失之外，它也遭受了一些其他损失。1947 年的《巴黎和平条约》（Paris Treaty of Peace）对意大利与法国之间的边界进行了小幅调整，将意大利两个城镇坦达［Tenda，今法国唐德（Tende）］和比尔加［Birga，今法国拉布里格（La Brigue）］划归其北方邻国。条约同时规定，意大利争夺已久的多德卡尼斯群岛划给希腊，的里雅斯特自由区（Free Territory of Trieste）的一部分和佩拉戈萨岛划给南斯拉夫，萨塞诺岛（在阿尔巴尼亚被称为萨赞岛）被划给现在已经独立了的阿尔巴尼亚。然而，即使把这些损失加在一起，也微不足道：意大利的非殖民地损失总计只有 7000 平方公里，这只是那些一战中战败国家损失的九牛一毛。

与此同时，日本失去了它的殖民地朝鲜。朝鲜自 1910 年以来一直是日本的殖民地，后来成为美国和苏联联合管理下的一个独立国家。日本还撤销对中国南海多个岛屿的主权要求。

当然，失去殖民领地的远不止日本和意大利。战争结束后不久，法国放弃了对叙利亚的主权要求。随着对英国的授权到期，以色列宣布独立。这是酝酿的前殖民地独立浪潮的第一波。

从历史的角度来看，最能说明问题的是，美国、英国和法国——四个主要同盟国中的三个——在战后并没有获取新的领土（除了前面提到

/ 322

的法意边界略微调整之外）。与它们在《大西洋宪章》中承诺抵制领土扩张一致，它们赢得了战争，但没有夺取任何土地。[24]战争结束后，它们撤出了从轴心国手中解放出来的土地，把权力移交给当地政府。同盟国不仅把权力移交给它们所解放的国家，还把对战败国的控制权移交给了战败国。① 在旧世界秩序中，胜者的行为模式不是这样的。

战后，唯一获得重要领土的盟国是苏联。由于苏联有超过2000万公民在战争中死亡，因此斯大林坚持获得一些领土补偿，作为苏联为世界和平做出贡献的代价。这些补偿领土中有许多，但不是全部，处于先前存在争议的地区。这些领土包括：之前由德国控制的东普鲁士的一部分、波兰领土的一部分、日本库页岛南部（1905年俄国割让给了日本）、罗马尼亚的比萨拉比亚和北布科维纳（其中一部分是罗马尼亚在1920年从俄国手中获得的），还有芬兰的边境领土（其中一些是1917年俄国割让出去的）。这些对斯大林的让步被其他盟国看作对公认法律的令人遗憾的背离，而不是将来要遵循的先例。

/ 323

除了上述这些战后领土转让外，在1929年至1948年，唯一后来未被废止且被承认的领土转让，是那些在1928年之前就开始酝酿的边界领土争端。在大多数情况下，这些争端都比较温和。例如，1934年，沙特阿拉伯从也门手中夺取了一小片先前有争议的领土，而在这片区域，两国在非殖民化过程中并没有划定边界（在"战争相关因素"数据集的记录中，该区域面积只有1平方公里）。1935年，巴拉圭和玻利维亚之间爆发的查科战争也留下了一个不确定的边界。战争的起因是一片区域的归属问题，该区域自19世纪早期西班牙对该地区实行非殖民化以来就一直存在争议。经过停火谈判和国际调解，巴拉圭获得了对大部分争议领土的控制权。最后一个例子是，

① 盟国在德国、意大利、奥地利和日本建立了占领区盟国军政府（Allied Military Government for Occcupied Territories），并在20世纪50年代中期将权力移交给各国文官政府。

1942 年，秘鲁从厄瓜多尔手中获得了之前有争议的边界领土，这片领土被称为“东方省”（the Oriente），这一争端也源于西班牙前殖民地之间边界模糊。在这三起事件中，领土争端已持续多年——我们后面还将讨论这个问题。①

描绘一个新世界秩序

我们不仅可以通过分析数据，还可以通过研究世界地图看到这种转变。1910 年的世界地图上有一个庞大的奥斯曼帝国和幅员广阔的奥匈帝国，德国比今天大得多，非洲是一张显示殖民帝国势力范围分布的拼凑图。

1928 年的地图——第一次世界大战之后，《非战公约》批准之前这段时间——展示了一个不同的世界。奥匈帝国被肢解得支离破碎。德国也失去了大量领土。与此同时，奥斯曼帝国消亡了，只剩下一小部分曾经由奥斯曼帝国政权统治的领土，现在被指定为新的土耳其国家。

/ 324

如果你对比一下 1950 年的地图，你会发现它和 1928 年的地图并没有太大的不同，整体情况具有连续性。这张地图在现代人看来很眼熟。事实上，在过去的半个多世纪里，这张地图的基本框架几乎没有改变。最重要的变化就是将更大的单元分解成更小的单元，这种变

① 如果有什么不同的话，那就是图 1 和图 2 低估了 1928 年发生转变的影响。我们所依赖的“战争相关因素”数据集只记录战争结束后产生的土地转让，没有将任何战争期间发生的土地转让包括进去。这是很有道理的。因为战场形势的变幻莫测可能导致无穷无尽的只持续很短时间的领土转让事件，这就使得我们无法判断到底是战败一方丢掉了战胜一方的领土，还是战胜一方丢掉了战败一方的领土。第一次世界大战结束时，战败国放弃了它们所占领的领土。1918 年 11 月，当德国签署停战协定时，它占领着协约国大片领土。相比之下，第二次世界大战结束时，战胜方同盟国占领了轴心国的大部分领土——它们后来几乎完全放弃了这些领土。这种差别没有反映在数字中。

化我们将在下一章中更详细地讨论。但除此之外，它们的轮廓几乎完全相同。

通过比较领土丧失和人口死亡数据，我们就会发现，这次全球性灾难与之前战争的对比更加明显。尽管第二次世界大战造成的死亡人数是第一次世界大战的四倍多（约 7000 万对 1500 万），但领土转让面积却显著减少了。第一次世界大战重塑了欧洲版图；第二次世界大战让世界版图只在边缘地带发生了很小的变化，主要是苏联与德国、波兰之间的变化。战争的战利品大大减少，而战争的代价却大大增加——这与格劳秀斯世界的预期正好相反。

这些地图不能显示的是，征服实践的变化不仅是数量上的——通过军事冲突促使领土变更的数量减少到接近于零——而且是质量上的。因为在新世界秩序确立之后的征服和被格劳秀斯正当化与合法化的捕获之间几乎没有相似之处。它们（领土转让）并非源自数千年来定义了征服的典型侵略战争。在每一种情况下，它们都是由内战、非殖民化的混乱进程或两者的某种结合引起的。

1961 年，贝宁迫使葡萄牙撤出殖民地小城维达（Ouidah）。同年，印度从葡萄牙手中夺取了葡萄牙殖民地果阿（Goa），因为葡萄牙拒绝该地区独立的要求。印度尼西亚在 1949 年赢得独立后，西巴布亚（West Papua）仍由荷兰控制。1963 年，印度尼西亚声称对西巴布亚拥有主权。西巴布亚面积为 412781 平方公里，实际上，这一领土转让的面积几乎是图 1 所列的 20 世纪 60 年代被国际承认的征服领土面积的全部。1971 年，在孟加拉国独立战争中，巴基斯坦从印度手中夺回了一小部分领土，但失去了整个孟加拉国。2004 年，也门和沙特两国签署了一项条约，解决了持续数十年的边境争端。根据这项条约，也门从沙特手中获得了一些领土。2008 年，喀麦隆与尼日利亚解决了长期存在的边界争端，喀麦隆获得了 665 平方公里的领土。[25]

/ 328

这些永久性领土转让都得到了世界其他国家的承认。然而，自1928年以来，仍有一些持久性征服未被承认。相比1929年以前通过这类征服所攫取的大片土地，这些持久性征服只涉及一小部分领土，其中包括：在克什米尔战争期间巴基斯坦和印度之间的领土转让；1967年“六日战争”期间，以色列从约旦手中夺取的东耶路撒冷控制权；1973年，利比亚从乍得手中夺取的奥祖地带；1975年，越南共和国被越南民主共和国击败；1976年，印度尼西亚从葡萄牙殖民控制下夺取东帝汶；2000年，埃及从苏丹手中夺取了长期存在争议的边境领土。在这些案例中，1949年，约旦取得了约旦河西岸的控制权，但这次占领后来被废止了。

这些都是对当事方具有重大意义的事件。不过，它们显然与旧世界秩序那种生动的征服叙事格格不入。这就是重点。观察新世界秩序下通过军事冲突——这里是边界调整，那里是岛屿争端——所获得的领土时，观察者往往只见树木不见森林，或者更准确地说，没有看到森林里的树木是如此之少。阅读1948年以来冗长的征服历史可能有些乏味，但阅读旧世界秩序最后几十年征服事件清单则是一份真正的苦差事。那份清单上所列的案例不是两三只手就能数得过来的，而是有一百多个，涉及范围要广得多。 / 329

旧世界秩序是一片深邃而黑暗的森林，新世界秩序则是一片明亮的荆棘丛。此外，那片古老的森林中生长着高大的红杉，如埃及在1874年征服达尔富尔（265万平方公里），英国在1899年征服苏丹（251万平方公里），意大利在1912年征服土耳其（105万平方公里）。新世界秩序下最大的一次征服——1963年印度尼西亚从荷兰手中夺取西巴布亚（412781平方公里）——在旧世界秩序里甚至排不上前20名。

战争从来都不是小打小闹，征服给人民带来了恐惧。虽然荷兰将西巴布亚移交给印度尼西亚并不涉及漫长的军事冲突，但其后两次最大的领土转移，即越南问题和克什米尔问题，则是持续多年的冲突，造成了可怕的破坏和痛苦（并且，克什米尔问题至今仍然没有解决）。我们的数据所提供的广阔视角清楚地表明，从历史的角度来看，这类领土征服既相对罕见，规模又相对较小，尽管它们丝毫没有减少这种痛苦和悲伤。从我们的全景角度，有可能看到些视线受阻的观察者们常常忽略的东西：值得庆幸的是，曾经令人恐惧的现象现在已经不再常见，因为曾经被视为国际法的东西，如今被理解为对国际法的否定。

我们应该清楚数据说明了什么和没有说明什么。它们表明，作为过去的规则，征服已成为例外。但是，它们并没有揭示，强国是否在没有真正征服弱国的情况下，使用武力或威胁使用武力来支配弱国。事实上，我们可以举出一些这样的例子，即有些国家曾利用军事力量对其他国家施加强大的压力，偶尔还支配其他国家。真正的傀儡政府（如由日本建立的伪满洲国）很少见，而且通常被国际社会视为非法而拒绝承认。但在几个案例中，有些国家曾强迫或阻止了某个政权的更迭。最著名的是 1953 年，美国中央情报局策划了一场政变，推翻了穆罕默德·摩萨台（Mohammad Mossadegh）的统治，让伊朗国王重新掌权；1956 年，苏联镇压了匈牙利革命并在 1968 年入侵了捷克斯洛伐克。更近一些的有，美国在 2003 年入侵伊拉克，推翻了萨达姆·侯赛因，建立了联军临时权力机构（Coalition Provisional Authority）来治理伊拉克。但最值得注意的是，这些“非征服”（nonconquest）通常是多么无效和不稳定。强国对弱国间接施加影响，其结果是低效且代价高昂。更重要的是，强国的威胁性一旦消失，其对弱国的影响力就会减弱。不坚定的胁迫和持久性征服两者是不一样的。

/ 330

征服的终结

我们曾说过，1928 年的《非战公约》开启了世界转变的进程，自那以后，世界朝着这个方向转变，即征服是例外。“战争相关因素”数据集有力地支持了我们的说法，它表明自《非战公约》生效以来，很少有征服能够持续下去。之所以没有立马发生这种情况，是因为《非战公约》突然让所有国家都遵守一套新规则。《非战公约》的签署宣告与旧世界秩序的决裂，但还需要数年时间才能用新的法律秩序来取代它。

（各国对）本书第二部分详细讨论的动荡事件（的态度）至少部分源于《非战公约》，这一点从相关人士的发言中可以明显看出。例如，1931 年日本入侵中国东北后，美国国务卿亨利·史汀生宣布，美国“不打算承认任何可能以违反 1928 年 8 月 27 日《非战公约》盟约和义务的手段而产生的情势、条约或协定”。[26] 他后来以《巴黎和约——三年发展》（*The Pact of Paris—Three Years of Development*）为题做了一次演讲。这次演讲成了史汀生主义的试金石，史汀生主义的核心是不承认通过武力执行的国际领土变更。国际联盟也效仿美国，宣布“不承认任何可能以违反《国际联盟盟约》和《非战公约》的手段而产生的情势、条约或协定”是“国际联盟成员国义不容辞的责任”。[27] 尽管《大西洋宪章》及其后的《联合国宣言》（由 47 个国家签署）并没有特别参照《非战公约》，但它们都以拒绝征服为前提，在自决原则和“放弃使用武力”原则中都拒绝将征服作为一种领土获得的方式。[28]

但比各国说了什么更重要的是它们做了什么。它们所做的是投资于国际主义者的愿景。国际主义者竭力通过维护《非战公约》来非法化战争，并在 20 年的时间里努力使《非战公约》的承诺成为现实。战争一结束，同盟国就重申并巩固了《非战公约》的原则。新的《联合国宪章》将禁止“使用武力”作为核心，并建立了一个维护国际和平与安全的制度框架。

《非战公约》签署时，国家行为方式并没有发生变化，而随之而来的变化也并非不可避免。事实上，本书的大部分内容都致力于展示从旧世界秩序到新世界秩序的转变是多么存有争议。如果同盟国没有赢得战争，没有废止自1928年以来的几乎每一次征服，没有把禁止战争和领土征服写入《联合国宪章》，那么非法化战争的努力将会失败。

仅靠《非战公约》无法实现世界秩序的转变，这并不意外。当寻求秩序改变时，仅仅通过一项法律并期望每个人都遵守是不够的。任何政治努力都必须通过政府权力制定具有约束力的法律。法律革命不会终于法律的通过，而是始于法律的通过。

从美国历史一开始，情况就是如此。独立战争使1776年宣布的美国独立成为现实，然后为了确保美国独立能够持续下去，人们并不是一次，而是两次努力制定宪法。美国南北战争为黑奴的解放提供了充分的力量，并且在一个多世纪的时间里，美国人提出了宪法第十三、十四和十五修正案，才结束了国家强制实行的种族歧视。同样，《美国残疾人法案》（Americans with Disabilities Act）、《社会保障法案》（Social Security Act）和《清洁水法案》（Clean Water Act）也没有在一夜之间实现其宏伟目标。要将这些法律改革转化为有意义的社会变革——残疾人享有更平等的机会、人民生活水平提高、人民饮用更清洁的水，即新法律所体现的所有意义深远的承诺，需要数年甚至数十年的不懈努力。

当然，1945年后世界发生了数不清的其他变化，许多深思熟虑
/ 332
的分析家提出了各种各样的理论来解释相对和平的战后世界秩序——包括核武器的出现、民主的传播和更繁荣的全球贸易。尽管上述每一种变化都可能在创造和维持战后世界和平方面发挥了作用，但它们都未能对世界秩序转变的关键方面做出解释。因为这些解释都无法令人信服地回答我们的数据所提出的一个基本问题：为什么二战后世界各国的大部分边界突然恢复到了《非战公约》签署时的状态？毕竟，在

以前的战争中，很少有战胜方在不索取战败方代价的情况下将领土归还给战败方。二战后之所以出现这种情况，部分原因是胜利者刚刚打了一场号召反对武力扩张领土的战争。这一号召根植于《非战公约》。

事实上，我们的数据所突出的现象并不是孤立存在的。同盟国并没有简单地归还它们以武力占领的土地，它们还起诉了发动侵略战争的轴心国领导人；它们还拒绝了炮舰外交；它们还改变了中立规则，使各国有权对侵略者实施经济制裁；并且，它们建立了一个制度网络，它以自由贸易和全球合作取代战争作为获取权力的一种方式。

这种共享的国际主义承诺也有助于解释为什么在战争结束后，核武器被用来维持和平，而不是确立领土支配的权力。核攻击的威胁从来没有被用于领土扩张，甚至从来没有用来针对一个太小或太无足轻重的国家，哪怕这个国家小到其他有核国家都不在乎谁控制它。反对领土征服的规则禁止领土征服行为。当这一规则被破坏时，实力强大的国家即使没有受到直接影响，人们通常也会指望它们来维护这一规则（萨达姆·侯赛因在1991年入侵科威特后认识到了这一点）。[29]

民主的传播也起到了减少国家间暴力事件发生的作用（尽管在什么情况下以及多大程度上减少了暴力事件仍然存在激烈的学术争论）。但是，这至少在一定程度上是正确的，因为民主国家的领导人必须证明他们发动战争的理由是正当的，而征服不再被“视为”正当的理由。征服曾经被视为国家发动战争的正当理由。过去，主权者们通过精心设计的宣言自豪地宣布他们发动战争的正当理由。波尔克总统庆祝了对墨西哥领土的征服，并声称美国军队正在收回未被偿还的债务，为征服行动寻找正当理由。然而，1928年后，这样的战争不再被认为是正义战争。相反，再发动战争的话，民主国家的领袖们觉得必须提及一些限制更严格的理由，这些理由是法律允许的——最常见的是自卫。 333

最后，有些人可能会说征服之所以减少了，是因为它无利可图。

发动战争总是代价高昂，而贸易成本已急剧下降，且知识和技术等移动资源的价值上升了。从纯经济学的角度来看，征服不再有回报。也许，情况的确如此。但是，即使征服不再有利可图，这种解释也不能说明为什么会这样。当然，征服不再有利可图的一个主要原因是，征服战争是非法的。既然征服不被其他国家承认，获胜国家就不能充分享受胜利的果实。此外，正如我们将在下一章更加详细地解释的那样，全球自由贸易的兴起至少既是战争非法化的原因，也是战争非法化的后果。征服的终结使得贸易变得安全，从而有助于进行更大规模的经济合作，即使对方可能在合作中获利更多。这反过来又产生了更多的贸易。通过这种方式，全球贸易和战争非法化进程相互强化。由于侵略战争是非法的，贸易繁荣了，随着贸易的繁荣，侵略战争的代价变得更加高昂，和平变得更加珍贵。最后，“领土价值较低”这一说法只能解释为什么国家更愿意进行贸易和技术交流而不是进行战争。它不能解释为何征服不再得到其他国家的承认。

上述每一种解释至少部分是正确的。核武器、民主和自由贸易都导致了征服的减少。虽然这些解释是正确的，但并不全面。它们之所以能够导致征服的减少，只是因为这些解释假定了一个自己从未明确表达过的想法，即强权不再是公理。换句话说，所有这些解释中缺失的部分就是始于《非战公约》的非法化战争进程。

/ 334

国家间战争的终结

非法化战争不仅导致了征服的终结，也促成了国际战争本身的终结。许多人已经注意到国际战争——国家之间的战争——现在已经很少了（后来更多的是国家内部的战争）。观察这些变化的学者有时被称为“衰落论者（declinists）”。[31] 例如，衰落论者指出，自第二次世界大战结束以来，世界上主要强国之间还没有直接爆发过战争。[32]

在过去的几十年里，冲突的总数下降了40%。[33] 那些最致命的，至少造成1000人死亡的战争的数量减少得更多——减少了一半。[34]

一些衰落论者认为，战争的减少导致战争中死亡人数的减少。然而，要证明这种说法很困难。不幸的是，现有关于战争死亡人数的历史数据远不如领土变化的数据完整和可靠。[35] 结合数据和历史叙述，史蒂芬·平克（Steven Pinker）得出结论，虽然战争变得更加致命，但它们发生的频率降低了，总的来说，与战争相关的死亡人数减少了。[36]

国家间战争减少的事实被如此广泛地接受和记录了下来，这几乎成了一种共识。[37] 然而，对于这一结果出现的原因，人们却远没有达成一致。平克认为是由于人类的移情、自控、道德和理性——“我们人性中更善良的天使”——正在逐步进化。相反，许多政治学家则认为征服减少是由于我们前面讨论过的原因——核武器的发明、民主的传播、全球贸易的兴起。

然而，这些原因所忽略的是1928年宣布战争非法的决定。非法化战争并没有导致国家间战争立即停止，第二次世界大战再清楚不过地说明了这一点。但它促成了一系列事件的发生，最终导致国家间关系出现前所未有的和平时期。法律上禁止战争是对遵守《非战公约》的国家的直接约束。但它并没有限制住所有的国家——一些国家对《非战公约》的意义提出了质疑，而另一些国家则干脆无视它。这些国家发现，违反该法律最终会导致它们的非法征服不再被承认，并将立即被废止。的确，第二次世界大战结束时，几乎所有的后《非战公约》时代的征服都被废除了，这让人们认识到，各国可以占领其他国家的领土，但它们如果这样做的话，就不会从中受益，而且永远也不会完全拥有所占领土的所有权。如果国家不能保留它们的战利品，那么首先发动战争又有什么意义呢？

/ 335

几百年来，通过来回划定边界线，国家面积扩大和收缩，战争塑造和重塑了世界各国版图。它建立了帝国，也摧毁了帝国；它在废墟中产生了新的国家；它掠夺人口，破坏财产，屠杀生灵，毁灭生计。战争不仅被认为是不可避免的，而且被认为是解决争端的适当法律手段。

1928 年后，这种情况改变了。历史上第一次，各国拒绝承认征服。第二次世界大战一结束，其他所有未被承认的征服都被废除了，只有一项除外。1948 年以后，征服和国际战争的数量减少为以前的零头。

简言之，《非战公约》为新世界体系其余部分的运行提供了规则和设想的背景。当各国适应了变化的法律秩序时，它们的适应有助于强化这些新规则，并成为它们自己利用这些规则的理由。《非战公约》本身并没有带来征服的终结以及国家间战争的终结；从来就没有哪份条约、哪条法律做到这点。但这是一个必要的开端，是旧世界秩序终结的开端。

联合国总部位于一个屠宰场的旧址上。这座位于曼哈顿东河、占地 18 英亩的建筑群的主建筑是一栋 37 层高的玻璃和钢混结构大厦，它具有现代、国际化的美学风格，旨在表现出一种“新颖性”，以及世界各国齐心协力的乐观愿景。它乌托邦式设计的轻盈被混凝土结构的联合国大会堂的阴暗厚重抵消了。建筑物风格的对比反映了两位建筑师对联合国场地设计理念的冲突。联合国总部地址是由一个建筑委员会选出的，而这个委员会具有典型的联合国风格，无法在两种设计之间做出选择。 / 336

进入建筑群就像进入了另一个世界。当游客们排着队走过由所有成员国国旗组成的阵列时，他们可能没有意识到自己正在离开美国，进入了连美国官员也没有特权的国际领土。[1] 正如联合国网站上所写的，“任何美国联邦、州或地方官员或公职人员，无论是行政、司法、军事或警察人员，均不得进入联合国总部，除非获得联合国秘书长的同意并在其同意的条件下，方可进入”。[2] 联合国甚至有自己的警察、消防队和邮局。 / 337

参观联合国总部大厦，重点是参观大会堂。巨大的会议厅没有美国国会大厅的那种殖民风格。联合国大会堂是一个带有未来主义色彩的空间，与《星球大战》（*Star Wars*）中的银河议会厅非常相似。大厅前面的舞台上有一个巨大的演讲台，演讲台后面是一幅巨大明亮的金色背景，上面有联合国徽章——一幅以北极为中心的世界地图，由橄榄叶编成的花环环绕着。

在设计联合国大厦时，建筑师们就大会会议厅应放置多少席位进行了辩论。联合国总部高级法律顾问之一、著名国际法学者奥斯卡·沙赫特（Oscar Schachter）建议他们在现有 51 名成员的基础上再增加 20 名成员。这似乎已经绰绰有余了。[3]

今天，联合国有193个成员，数量几乎是其成立时的4倍、沙赫特预言的3倍。几乎所有曾经留给观众的席位现在都被新成立的国家占用了。2014年最近一次装修增加了额外的席位，以便容纳204个成员。[4]

沙赫特的错误估计是可以理解的。在建筑师向他咨询的时候，世界上国家的数量刚刚超过60个，而且这个数字除了在19世纪缓慢增加了一些之外，在几十年里一直保持稳定。在当时看来，即使世界上每一个国家都被接纳进去，联合国会员的数目远远超过70个也似乎是令人难以置信的。

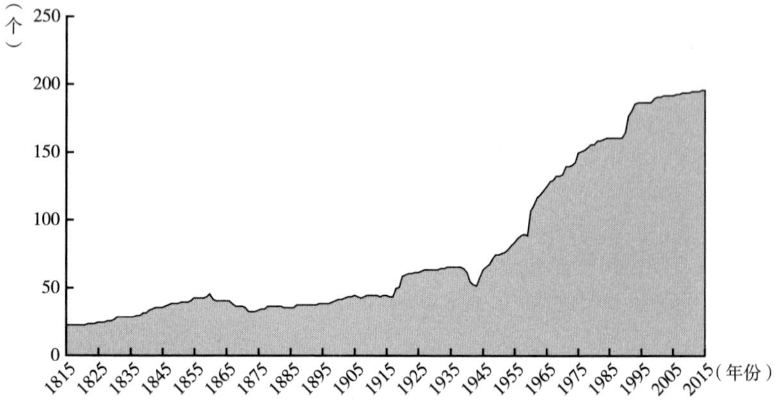

图3　世界上国家的数量[5]

对于沙赫特和依赖其建议的建筑师们来说不幸的是，凡是过去，皆非序章。①因为当时国际秩序正在经历一场革命。20世纪40年代

① 这句原文为“the past was not prologue”，应该是取自莎士比亚《暴风雨》中的诗句“Where of what's past is prologue”，译为“凡是过去，皆为序章”，意思是过去的一切，为未来开启了一个引子。此处说过去并非序章，是想表明沙赫特建立在对过去认知基础上的判断是错误的。——译者注

末，世界上国家的数量已达到 75 个。到 1960 年，这个数字达到了 107 个。从图 3 可以看到国家数量的激增。在 1945 年，几乎整个地球上的人口是由国家控制的，之后国家数量增加是因为有不少国家从当时存在的国家中分裂了出来。随着国家越来越多，其平均规模也在下降。

在 70 年间，世界上国家的数量是如何以及为何增长如此之快？ / 338
为什么国家在 20 世纪 40 年代开始分裂？答案还是要从非法化战争开始。要知道为什么，我们必须回到旧世界秩序的黎明时刻——现代国家的兴起。

战争催生国家，反之亦然

现代国家是一个新生事物。[6] 直到 16 世纪，几乎没有任何实体可以被视为国家。当时有无数的公国、主教辖区、自由市和城市联盟。当然，也有帝国，它们对大片领土实行松散的控制。但是，这些实体并不符合马克斯·韦伯（Max Weber）对国家的最低限度定义。韦伯是一位国家理论奠基人，他认为国家是“一种在一定领土范围内（成功地）垄断了正当使用暴力权的人类共同体”。[7]

20 世纪 90 年代，查尔斯·蒂利（Charles Tilly）对国家的出现 / 339
提出了一个简单但有力的解释：“战争催生了国家，反之亦然。”[8] 蒂利认为，从 17 世纪开始，各国开始对暴力活动实行了垄断，其结果是使“大多数公民携带武器成为犯罪、不得人心和不切实际的行为”。[9] 蒂利认为，在国家内部，正当使用暴力权集中化产生了这样一种效果，即创造了持久的国家结构：要发动战争，就需要一支军队；为了建立和维持一支军队，需要武器、弹药、交通工具、道路、兵营、补给物资和一套征兵和训练体系。

最重要的是，要想拥有一支军队，君主们需要钱——大量金钱。

前现代欧洲的军事创新，尤其是火药武器和大规模军队的发展，使得战争代价高昂。只有拥有大量资本和大量人口的实体才能有效地发动战争。“从 17 世纪后期开始，”蒂利说，“预算、债务和税收都跟随战争的节奏变化。”[10] 事实上，没有人刻意去设计国家结构的主要组成部分。相反，它们“或多或少是无意中的副产品，是在执行更紧迫任务，特别是建立和维持武装力量的过程中产生的”。[11]

人们不需要全盘接受蒂利的观点，就会发现他的核心思想——战争推动了现代国家和国家结构的建立——是有说服力的。战争既需要人，也需要钱，君主们需要臣民顺从才能具备这两样要素。[12] 蒂利正确地指出，任何君主“发动战争，都必须得到几乎所有臣民的默许，以及至少关键少数人的积极合作”。[13] 君主们精心起草战争宣言的原因之一是赢得民心，希望臣民支持战争，或者至少默许战争——人民必须纳税来资助军队，并为他们的儿子、丈夫和父亲提供战斗所需。此外，主权者还需要建立有效的国家机构，以维持战争机器的运转。即使臣民支持君主的计划，为了赢得战争，国家也必须有效地组织人力和物力。

/ 340

如果君主庸碌无能，那么他的统治将是脆弱的。在一个国家可以发动战争，甚至为了一丁点的不满就可以掠夺领土的世界里，主权者没有一支运转良好的军队就不可能长期握有权力。随着国家之间接触增多，它们以一种达尔文主义的方式互动：成功的国家更有机会赢得更多的领土，并在这个过程中变得更加强大，而较弱的国家则会缩小，甚至完全消失。

但是，导致领土合并而形成更大政治单元的不仅仅是战争。16~17 世纪，有两个现象同时发生：全球市场出现，强劲有力且影响深远的重商主义经济理论兴起。在西欧占主导地位的重商主义思想认为，经济增长是一种零和游戏。[14] 正如伏尔泰所言，“很明显，一国只在他国有所失时才有所得”。[15]

因此，在重商主义者看来，政府的职责就是管理经济，以牺牲对手的利益来增强国家实力。与此同时，能确保与一个国家进行自由开放贸易的唯一途径就是控制它。当时，重商主义国家——大多数欧洲大国被包括在内——采取了提高关税和限制进口配额以实现贸易顺差的经济政策。重商主义者认为，出口超过进口将有利于货币和贵金属的积累，进而实现国家实力的积累。

当时，主权者旨在控制货币、贵金属和原材料的政策促使各国对周边实施领土征服，并日益向海外扩张。由于在航海、船舶和制图方面的技术进步，非洲和美洲成为欧洲人征服的新对象。这些地区的土地通常由部落控制，或被欧洲列强认为不是主权国家的其他实体控制。这些土地被欧洲人视为“无主之地”。因此，欧洲人认为对这些土地的控制者发动战争不需要正义理由，于是发动战争所需要的正式理由经常被他们抛弃。

殖民地是原材料来源和制成品市场。历史上，葡萄牙、西班牙、法国、荷兰、丹麦、瑞典，尤其是英国在全球范围内四处出击，建立尽可能多、尽可能大的殖民立足点。重商主义鼓励国家发动战争以扩大领土和市场规模，而在统一的主权控制下利用战争扩大市场，又有助于维持重商主义。这些力量互助互长，鼓励在主权控制下实施进一步领土合并。

事实上，从16世纪开始，国家通过合并，变成了数量上更少但领土规模上更大的实体。15世纪末，欧洲大约有“200个国家、准国家、小国和类似国家的组织”。[16]到了20世纪初，通过国家竞争和合并，这个数字减少到大约20个。世界其他地区也经历了类似的变化。在18世纪的历史进程中，随着那些最成功的征服者巩固了领土控制权，国家规模迅速扩张，但国家数量日益变少。[17]这一切很快就会改变。

战争不再建立国家

法律规则的改变对当时的国际体系带来了意想不到的冲击。旧世界秩序曾经奖励那些有能力夺取和控制领土的国家。新世界秩序消除了此类旧世界秩序规则对国际体系施加的强大压力，代之以一种不同的国际竞争逻辑。就像一场环境灾难消灭了生态系统中的所有捕食者一样，非法化战争进程从根本上改变了世界的力量平衡。通过改变这种权力平衡，它也改变了各国本身。[18]

随着非法化战争进程的推进，那些有利于大国和帝国的力量被削弱，甚至被废除。国家不再仅仅为了生存而必须强大。征服的威胁给各国带来巨大的压力，迫使各国发展壮大，以便能够部署规模更大、装备更加精良的军队。在非法化战争进程中，征服的威胁以及它给各国带来的压力已经减弱。同时，禁止战争和征服领土，对不承认主义的承诺，甚至可能由安理会采取行动废止非法占领，意味着脆弱的国家仍然可以繁荣发展。曾经不断受到威胁的孱弱国家，现在能够守住阵地了。

殖民地也受到新的征服规则的影响。在旧世界秩序中，如果一个殖民地成功地从其帝国领主那里获得独立，它就会陷入被另一个大国接管的危险之中。正因如此，一些易受攻击的领土默许建立保护国，保护国允许它们在一定程度上实行自治。在一个征服司空见惯的世界里，殖民保护国为服从于自己的国家提供安全保障，使其免遭潜在征
/ 342 服者的侵犯。例如，在列强争夺非洲的过程中，当地领导人经常同意建立保护国，将其作为一种防御措施，以防止其他国家对自己提出更具侵略性的权力主张。然而，随着战争被非法化，殖民地不必再担心一旦独立就会被重新征服。在一个侵略战争被视为非法的世界里，保护国所提供的东西很少是一个独立国家自己无法获得的。

自由贸易兴起

重商主义的思想鼓励出口而限制进口，鼓励国家攫取广阔领土，但到战争被宣布为非法的时候，它早已声名狼藉。在其1776年的经典著作《国富论》中，亚当·斯密论证了生产专业化可以带来规模经济效应，提高生产效率和促使经济增长。1817年，大卫·李嘉图指出，即使一个国家能更有效地生产所有贸易商品，它也能从贸易中获益——重要的是它的比较优势。[21]

这些革命思想席卷了西方世界。然而，全球贸易增长依旧缓慢。从18世纪末亚当·斯密第一次对重商主义提出著名的批判开始到20世纪初，全球贸易占全球生产总值的比重从不到10%上升到刚刚超过20%。[22]

全球贸易这种不温不火的反应令人费解。如果各国意识到它们可以通过贸易获益更多，那它们为什么不进行贸易呢？对此，有一种观点认为是缘于国内政治：国内强大的产业力量通常希望得到保护，免受外来竞争的压力，它往往能够向政治领导人施加压力，要求实施贸易保护主义政策。但是，对于为什么国家间很少进行贸易往来——即使它们意识到这在经济上是有益的，另一种解释认为，是出于对贸易伙伴的恐惧。

毕竟，贸易收益几乎从来都是不平等的。一般来说，通过贸易，双方都会获益，但通常会有一方获益更多。在进行布匹和葡萄酒贸易时，英格兰或葡萄牙是否会相对获益更多取决于一系列广泛的因素，包括分工所得、需求和供给响应性（经济学家称之为“弹性”）、汇率、运输成本、劳动力竞争、贸易条件以及生产率提高的水平和数量，等等。因此，尽管两国普遍受益于贸易增长（两国均享有“绝对”获益），但这些获益绝不相同——“相对”获益将出现变化。于是，葡萄牙和英国都不愿进行贸易，因为都担心对方会变得相对富足，一旦两国发生战争，自己会处于不利地位。

这种观点——国家更关心相对获益而不是绝对获益——是最有影响的国际关系理论之一，是现实主义的核心原则。[23]现实主义者认为，国家必须时刻警惕权力的相对丧失。因此，各国不能进行任何形式的真正合作，因为合作的获益是不平衡的，只会使其中一个伙伴的境况恶化。由于邻国之间更有可能发生战争和进行贸易，国家具有明显的抑制与邻国贸易的动机。[24]

现实主义的主要批评者认为，现实主义者颠倒了优先顺序：国家优先考虑的应该是绝对获益，而不是相对获益。[25]他们认为，即使在国际无政府体系中，某些形式的合作也是可能的。为了支持他们的观点，这些批评者举出了二战后出现的一系列国际机构的例子来加以说明。欧洲联盟、北约、世界银行、国际货币基金组织、世界贸易组织和许多其他复杂的国际组织表明，与现实主义者的预期相反，国家间的合作不仅是可能的，而且是实际存在的。

但现实主义的批评者总是很难解释为什么相对获益不如绝对获益重要。他们甚至更难解释为什么近几十年的国际合作比过去三个世纪的合作更加强劲。答案是，战争已经被宣布为非法，这也是为什么现实主义者能够在很大程度上解释前几个世纪的国际关系，却无法解释当今时代的国际关系。在强权即公理的时代，国家优先考虑相对收益的观点是对世界的一种很好描述，但对我们当前的世界却不是，这是一种很糟糕的描述。在一个没有战争的世界里，各国不再执着于在国家竞争中领先。它们可以把注意力放在开展贸易是否比不开展贸易更能让它们富足上。在大多数情况下，贸易更能让它们富足。

/ 344 世界进出口总额占世界生产总值的比重从二战结束时的不到10%上升到今天的60%左右。[26]全球自由贸易在这个时候蓬勃发展，国际法的改变并不是唯一原因。金融和交通技术的进步也发挥了重要作用，同样，政府收入对关税的依赖程度下降也发挥了重要作用。但这些力量中有许多是长期积累起来的。1928 年非法化战争，以及随之而来的更广泛的国际法变革，让贸易变得更加安全。随着征服不再是一种威胁，各国不必担心它们的贸易伙伴会背叛并对自己发动战争。

合作取代征服

自由贸易的兴起意味着各国不再需要先控制他国领土才能进入其市场。那些曾经维持庞大帝国、通过特权贸易关系攫取资源的国家，如今可以在无须控制辽阔领土的情况下，获得贸易利益。是的，它们确实要与其他国家分享市场，但其他国家也必须与它们分享。[27] 曾经通过殖民和攫取获得的原材料，现在可以通过简单的交换获得。

贸易并不是各国可以通过合作获得规模优势的唯一领域。二战后，国际组织开始大量出现，其关注领域日益广泛。这些机构包括：1944 年成立的世界银行，它向发展中国家提供贷款；1949 年成立的北大西洋公约组织，它是一个包括美国和西欧大部分国家在内的 28 个成员国的军事联盟；1948 年成立的世界卫生组织，其宗旨是指导和协调一系列全球公共卫生项目。此外，也出现一些规模较小、知名度较低的机构，如国际咖啡组织（International Coffee Organization），该组织向世界各地的咖啡种植者提供援助；国际橄榄油理事会（International Olive Oil Council），它为橄榄油生产商提供援助；还有国际捕鲸委员会（International Whaling Commission），它的成立是为了“适当地保护鲸鱼种群数量，从而使捕鲸业的有序发展成为可能”。[28]

通过提供一种相互合作的方式，这些国际组织扩大了国家间合作的规模，使各国从中获得了许多好处，即使这些国家本身规模非常小——

/ 345

不仅在贸易规模方面，而且在其他方面。借助日益增多的国际机构，各国可以获得曾经只有通过领土控制才能得到的资源。以前，国家规模越大获得的好处越多，只有大国才能获得的许多好处，现在各国可以通过与其他国家的合作来获得。

在旧世界秩序中，只有不断扩张的大国才能繁荣兴盛。在新世界秩序中，各国可以更加自由地以符合其民族愿望的方式选择国家规模的大小。在不危及其生存或从更大规模的合作尝试中获益的能力的前提下，它们可以选择小规模。

然而，尽管这些国家可以选择国家规模，但它们却不能总是自由地选择其国家政治共同体的组成人群，因为非法化战争所带来的最后一个巨大变化是，国家内部的人民对于建立本民族国家的呼声日益高涨。由于征服是一种始终存在的危险（或者对于那些进行征服的人来说，是一个诱人的机会），所以，旧世界秩序创造了强大的向心力，促使国家组成更大的政治单元。新世界秩序用离心力取代了它们，没有任何一种力量比征服的崩溃所释放的非殖民化运动带来的压力更大。

自　由

《大西洋宪章》——由罗斯福和丘吉尔发表、作为两国为之奋斗的原则的声明——承诺，“尊重各国人民选择他们在其管辖下生活的政府形式的权利”。[29]除了禁止用武力扩张领土和支持自由贸易外，《联合国家宣言》和《联合国宪章》本身也重申了对自决的承诺，新的联合国组织的三个宗旨之一便是“发展国家以尊重人民平等权利及自决原则为根据之友好关系”。[30]

当第二次世界大战接近尾声时，民族自决的豪言和殖民化现实之间的冲突使得殖民地与宗主国之间的紧张关系变得难以维持下去。英国第 / 346

23 印度步兵师（British 23rd Indian Division）——因其制服上的徽章而被称为“战斗雄鸡”（The Fighting Cock）——的一名士兵的描述表明了被殖民者是如何拿起殖民者的思想武器来反抗殖民者的。战争期间，日本人从荷兰人手中夺取了印尼的控制权。当日本在 1945 年 9 月初投降时，“战斗雄鸡”部队前往爪哇代表盟军接受权力移交。在前往爪哇岛的途中，一支先遣部队在新加坡遇到了一位“兴高采烈的荷兰人，他以为他和他的同胞们即将回去，因为他们的帝国将以和平方式重回占领地区。”[31] 但是印尼人的想法却截然不同。他们在马车和汽车上涂写标语口号，以这种方式迎接卷土重来的帝国主义者。这些标语宣布：“《大西洋宪章》意味着摆脱荷兰帝国主义控制，获得自由”“印度尼西亚是印度尼西亚人的印度尼西亚”“自由”。[32] 直到 1949 年联合国承认印度尼西亚独立，该国武装抵抗运动才平息下来。

在追求民族独立解放的道路上，印度尼西亚并不孤单。随着战争的胜利，盟国曾竭力为之奋斗的理想与帝国想方设法维持殖民统治的现实很难达成一致。在一个奴隶制为非法、个人和国家的自决日益被认可为基本人权的世界里，国家继续控制和统治殖民地在道义上是站不住脚的。殖民地国家的人民有自己的民族认同，他们要求享有其统治者所声称的自治权。这些自决的冲动在许多情况下得到苏联和美国的支持。为了争夺国际影响力，这两个超级大国支持希腊、越南、伊朗、印度尼西亚、阿尔及利亚、黎巴嫩、刚果、古巴、哥伦比亚、泰国、也门、埃塞俄比亚、秘鲁和阿富汗等国的民族主义运动。[33]

当然，殖民地要求自决的愿望早已有之。远在非法化战争之前，人们就渴望自治。但是，作为一项联合盟国反对轴心国的原则，自决的兴起意味着一旦战争胜利，殖民帝国就几乎不可能维持下去。

/ 347

世界改变了

于是，1945 年之后，世界上国家的数量激增。两种关键的国家诞生形式——非殖民化和较大的国家分裂成更多较小的国家——让联合国成员数量迅速增加，这大大超出了建造联合国大会堂的那些人最初的设想。20 世纪 40 年代到 70 年代见证了世界上前所未有的最大规模的非殖民化浪潮。随着大英帝国的崩溃，世界上有大片地区获得了独立，包括外约旦（现在的约旦）、印度、缅甸（现在的缅甸）、锡兰（现在的斯里兰卡）、厄立特里亚、埃及部分地区、苏丹、马来亚联邦（现在的马来西亚）、加纳、罗德西亚（现在的津巴布韦）、北罗德西亚、赞比亚、马拉维、马耳他、毛里求斯和斯威士兰。法国也放松了对叙利亚、老挝、利比亚、突尼斯、摩洛哥、柬埔寨、越南、几内亚、达荷美（现在的贝宁）、上沃尔特（现在的布基纳法索）、喀麦隆、乍得、刚果共和国、科特迪瓦、加蓬、马里联邦（现在的马里和塞内加尔）、毛里塔尼亚、尼日尔、多哥、中非共和国和马达加斯加的控制。比利时、意大利、西班牙和美国放弃了它们相对而言较少的殖民地。在 1945~1960 年，亚洲和非洲有 36 个新国家获得了独立。

新国家形成的另一种形式是国土在地理上连成一片的较大国家分裂成较小国家——这种趋势在非殖民化浪潮消退时开始增强。1958 年，埃及和叙利亚创建了阿拉伯联合共和国，1961 年再次分裂。1965 年，新加坡从马来西亚独立出来，成为一个主权国家。孟加拉国在 1971 年从巴基斯坦分裂出去，巴基斯坦本身也是在 1947 年从印度分裂出去的。20 世纪 90 年代，苏联、捷克斯洛伐克和南斯拉夫都解体了，产生了几十个较小的国家。

也门一分为二后又重新统一（目前处于再次分裂的危险之中）。

厄立特里亚也在 20 世纪 90 年代初脱离埃塞俄比亚。最近的一次是在 2011 年，苏丹分裂成苏丹和南苏丹。

根据上一章使用的“战争相关因素”数据集，我们可以绘制出每十年发生的“独立”事件数量图。在这里，“独立”并不一定意味着殖民地独立。相反，它指的是曾经属于一个国家的领土脱离出去并建立自己的独立国家的过程，例如南苏丹成为一个脱离苏丹的国家。如图 4 所示，尽管在整个 19 世纪和 20 世纪初，都有新国家诞生，但在 20 世纪 40 年代“独立”的数量猛增，并在 20 世纪后半叶的大部分时间里一直居高不下，直到 21 世纪初才开始下降。

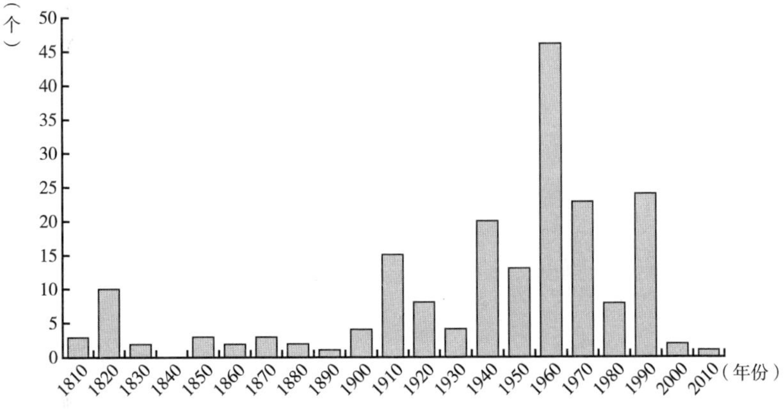

图 4　每十年的“独立”数量[34]

为了了解所有这些新国家从何而来，通过观察领土控制的变化情况，我们绘制了 19~20 世纪国家领土范围和特征的变化图。由于没有现成的数据库能够准确地记录这段时期内国家面积的大小，我们将“战争相关因素”数据集的领土转让数据与世界银行关于当今国家面积大小的数据结合起来。我们倒过来推算，用每年的领土得失数据来

/ 349

估计每个国家在某个时候的面积。例如，今天英国的面积是243930平方公里。1984年，文莱独立，我们需要为这一年的英国领土总面积增加5270平方公里。依此类推，一直追溯到1816年。当时，英国及其帝国面积达到惊人的21384864平方公里，是今天中国国土面积的两倍多，是现在英国面积的88倍。

然后我们开始在时间上向前推，看看1816年最大的10个国家和它们所控制的领土面积——美国、荷兰、葡萄牙、中国、法国、西班牙、俄罗斯/苏联、土耳其/奥斯曼帝国、比利时和英国——我们追溯了它们发展至今的历程。所有在1816年后独立的国家的领土转让都被包括在图表中，以“独立”来表示。与此同时，其他所有的领土被归为“其他”类。这里的其他类领土指的是：1816年已经存在但并不属于10个最大的国家拥有的领土，1816年以后通过强制解散（与独立不同）而形成的国家所拥有的领土，以及1816年不在国家体系内但后来被纳入国家体系的领土。[35]

图5所示的情况是惊人的：在1816年最大的10个国家中，只有一个国家——中国——今天的面积和当时差不多大。奥斯曼帝国在第一次世界大战结束时崩溃，在此之前它已逐渐失去领土。葡萄牙，曾经是一个大帝国，在19世纪30年代失去殖民地巴西后，其领土面积萎缩。当西班牙失去对美洲领土的控制时，它的规模也收缩了。俄罗斯/苏联领土面积一直保持稳定，直到1991年苏联解体。美国开始时面积很小，但通过一系列重大领土斩获，其中主要包括购买路易斯安那、美墨战争、购买阿拉斯加等，其规模迅速扩大。也许最值得注意的是，英国和法国是在19世纪至20世纪初这段时间内发展起来的。随着非殖民化进程快速推进，它们的殖民地开始减少。这场非殖民化进程始于1931年英国放弃对加拿大和澳大利亚的权力要求，并在20世纪50年代和60年代加速发展。同样由于非殖民化进程，比利时和荷兰也在同一时期失去了领土。

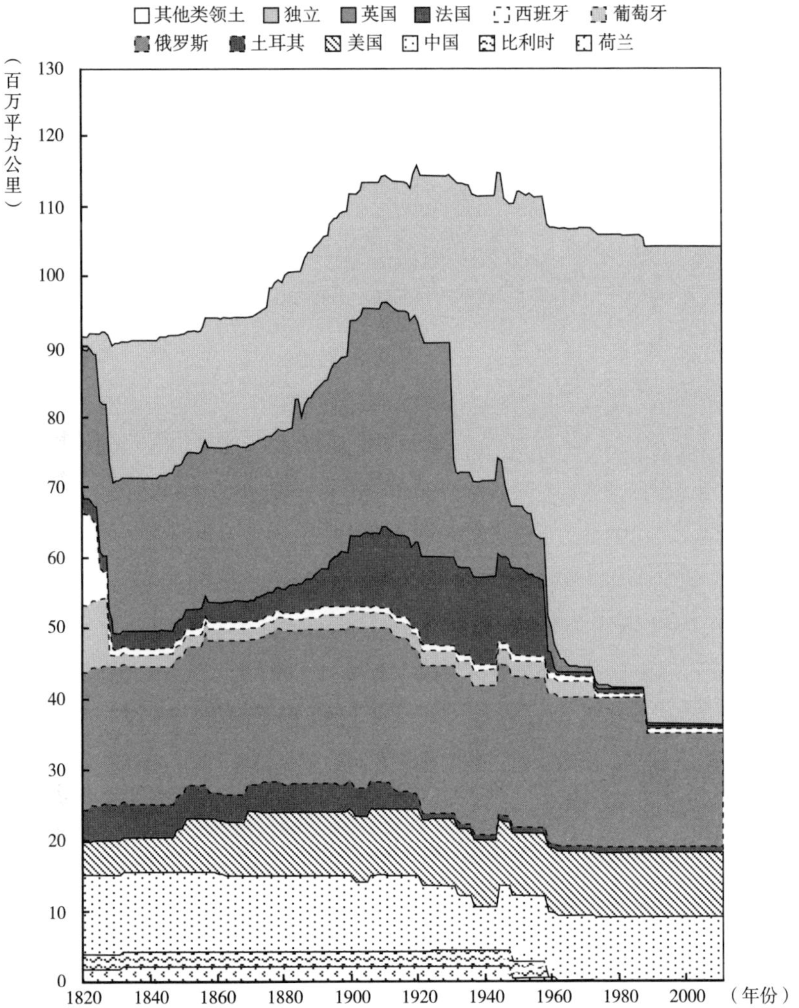

图 5　各国控制领土的面积

/ 351

当最大几个国家的面积收缩时，那些新的国家的面积却在增加。实际上，这一数字中最引人注目的或许是，大国分裂所形成的国家的领土面积日益扩大。到 2014 年，1816 年后独立的国家的面积占据了世界一半以上的领土。

非法化战争消除了曾经逼迫国家的强大压力。相反，它让弱小国家得以生存，甚至繁荣。随着征服终结，国家不再面临持续的攻击威胁，那些太小或没有能力保卫自己的国家即使不能成功，至少也能生存下来。在很多方面，这曾经是且现在依然是一个非常积极的变化。但这并非没有代价。

非法化战争的决定改变了世界。国与国之间的战争现在很少发生 / 352
了。征服已成为一种例外，而不是常态。但如果事实果真如此，为什么还有那么多人错过了非法化战争的非凡成功呢？

至少部分原因是战后世界远非一个和平的世界。自 1947 年以来，印度和巴基斯坦为争夺克什米尔地区一直断断续续地爆发冲突。自 1948 年以来，涉及以色列的冲突导致了三次国家间战争和多次巴勒斯坦人武装起义。朝鲜战争从 1950 年持续到 1953 年，越南战争从 1955 年持续到 1975 年。20 世纪 90 年代，南斯拉夫（现在的前南斯拉夫地区）和卢旺达爆发了种族灭绝冲突，内战蹂躏了苏丹 20 多年。仅在 2015 年，就有尼日利亚、南苏丹、也门、叙利亚、伊拉克、阿富汗、巴基斯坦、索马里和乌克兰等国发生内战，大量人员死亡。[1]

既然战争已被宣布为非法，为什么世界上还有那么多冲突？

答案是，这些冲突并没有被《非战公约》禁止。事实上，它们是 / 353
《非战公约》带来的可预见的后果。尽管《非战公约》具有非凡的——许多人认为是愚蠢的——雄心壮志，但它的管辖范围仍然有限。它宣布一个国家对他国的领土侵犯为非法。《联合国宪章》以它为榜样，禁止“对任何国家的领土完整或政治独立威胁使用或使用武力”。从征服和国家间战争次数的减少可以看出，这一禁令效果显著。但是，禁止一个国家对另一个国家使用武力破坏其领土完整，就酝酿了两个冲突源——一个在国家之间，一个在国家内部。

不确定的主权

国际法禁止侵犯他国领土。但是，如果不清楚一块特定的领土确切属于哪个国家，那么情况又会怎样呢？每一个认为自己对该领土拥有主权的国家，都将把任何其他国家的介入视为对国际法的一种违反，并将自己的回应行动视为正当自卫。

在旧世界秩序中，一个国家可以通过占领该领土来解决这种含糊不清的问题。但在新世界秩序中，征服是被禁止的。如果主权明确，边界被广泛接受，那是件好事。但如果主权存在争议，边界模糊，法律形势很快就会变得复杂起来。

我们可以把新世界秩序中的主权比作房屋所有权。如果你想拥有一所令你羡慕的房子，你不能强行占有它。如果你闯进去，把房主赶走，你不会获得该房屋的所有权。房主会打电话报警，警察会以擅闯民宅的罪名逮捕你。但即使没有警察，知道你做了什么的人也不想与这所房屋有任何联系。银行不会接受这所房子作为贷款的抵押品。没有人会买它。朋友们甚至都可能不会来拜访。

相反，要获得这所房子的财产权，你必须从真正的所有者那里购买（或由真正的所有者赠送给你）。只有他才能让与。如果你想买这栋房子，你的律师会进行所谓的“产权调查”（title search）。他将确定卖家是否从真正的房主那里买了房子，以及之前的房主是否从真正的房主那里买了房子，等等。产权调查可能是件劳心费力的苦差事，因为可能需要追踪几十年甚至几百年的房地产交易。 / 354

最终，所有的产权调查都在律师所谓的“产权之根”（root of title）处触底，即财产的第一个真正所有者。在美国，根产权是由美国政府授予的土地而确立的。如果你能证明当前的所有者从购买土地的人手中购买了土地——依此类推——直到第一个真正的所有者，那么你就建立了一个产权链。许多司法管辖区不会让你追溯到产权链上的第一个环节，他们可能会允许你追溯到一个特定的时间点，比如 1930 年。

国家主权并没有那么不同。正如财产所有权可以通过追溯产权链来确立一样，主权也可以通过追溯主权链来确立。在旧世界秩序下，这个过程很容易：谁占领了这块土地并主张主权，谁就对它拥有主权。由于征服者成为新的根主权，结果是征服重新启动了主权链——这就像一桩你情我愿的房产交易，只是对以前的主人来说结果更糟糕罢了。但在新世界秩序中，征服不再被承认。仅仅占领一片领土并不能建立主权，就像占领一所房子并不能建立所有权一样。

但是，根主权是如何在新世界秩序中确立的呢？《非战公约》给出了答案：真正的主权者是1928年拥有主权的国家。正如我们在上一章看到的，当战争被宣布为非法，领土被禁止扩张之后，国境线固定了下来，曾经用铅笔在地图上画出的国界线被永久性的标记追溯了出来。主权变得根深蒂固。正如日本在1931年学到的那样，军事胜利不再确立法律主权。现在，在政治上，一个国家的领土必须与其称谓相当。

世界上许多地方都有一条简单的主权链，因此，对于那些试图搞清楚自己属于谁的人来说，不存在任何问题。然而，不幸的是，并不是所有的地方都是如此。1928年，也就是国家边界永久性标志制定的时候，还有一些领土尚未妥善确立主权归属。这些领土继续成为国际冲突的根源。

模糊的边界线和拙劣的主权交接

在战后导致国际冲突持续不断的根源中，最持久的也许就是缺乏策略的非殖民化进程。当帝国在二战后崩溃时，它们留下了巨大的不确定性。这种不确定性的两个最大来源是“模糊的边界线”和“拙劣的主权交接”。

模糊的边界线是由于帝国主义国家草率划分殖民地之间的边界造成的。由于殖民地常被视为单纯的行政区划，帝国的地图绘制者画出的边界往往不够精确。当这些殖民地独立后，帝国地图上模糊的线条就成了新的主权国家之间的边界。相互矛盾而又粗心大意的历史记录很难回答在1928年的时候，哪一个新成立的国家对该领土拥有可核实的主权要求，以及哪一个国家在独立后对该领土宣示过主权。

解决 1928 年以后边界领土争端的唯一法律途径是促成争端国家之间达成协议。但这可能需要几十年的时间。事实上，一些在非殖民化进程开启后出现的边界争端已经持续了近一个世纪。例如，直到 2012 年，越南和柬埔寨才解决了边界争端，1954 年，法国撤出该地区后，双方首次爆发争端。埃及和苏丹之间围绕比尔泰维勒的冲突仍在继续，争夺的是一块 800 平方英里的领土，自 1956 年英国撤出以来，这两个国家一直声称对其拥有主权。那片领土仍然是一块“无主之地”——双方都声称拥有主权，但双方都不能开发。

缺乏策略的非殖民化造成的第二个问题是我们所说的拙劣的主权交接。帝国主义大国常常没有足够的耐心去确认它们即将要让出的领土归属哪个新的主权国家——或者未能完全完成主权移交。这就好像你把房子卖给了不同的人，或者在完成交易文件之前就把钥匙交给了别人。当事后你高兴地开着搬家车离开时，身后留下了一片混乱。

最为臭名昭著的主权交接失败的例子也许是前英属巴勒斯坦。要追溯其主权链，我们需要从领土界线巩固之前的年代开始，即 1928 年之前。第一次世界大战后，通过一系列的阴谋诡计——本书的最后一章将会追溯——英国控制了巴勒斯坦。英国正式控制巴勒斯坦是在

1923 年，当时国际联盟授权英国统治曾是奥斯曼帝国统治范围的叙利亚南部地区。[2] 英国对巴勒斯坦的托管创建了两个临时保护国，对其托管都将于 1948 年 5 月 14 日到期。一个保护国是在巴勒斯坦，原因是 1917 年，英国外交大臣亚瑟·詹姆斯·贝尔福（Arthur James Balfour）承诺支持“在巴勒斯坦建立一个犹太人的民族家园”。[3] 另一个保护国在外约旦，实行半自治统治。[4]

随后是一段动荡不安的时期。尽管巴勒斯坦阿拉伯人要求建立一个独立的国家，但犹太人还是继续在巴勒斯坦定居。[5] 随后，当地局势动荡起来，爆发了零星的暴力事件，其中有阿拉伯人发动暴乱反对

犹太定居者，也有犹太复国主义者——有时通过暴力——抵制英国政府限制犹太移民的政策。当恐怖的大屠杀事件被曝光后，英国反对犹太难民进入巴勒斯坦的政策遭遇了大规模反抗。持不同政见的犹太复国主义武装对英国军队和官员发动了袭击。

英国把这个问题交给了新成立的联合国来解决。联合国制订了一项计划，把巴勒斯坦划分为犹太国家和阿拉伯国家，耶路撒冷由联合国控制。[6]但是阿拉伯联盟（Arab League，由声称代表巴勒斯坦阿拉伯人利益的邻国组成）谴责了该计划，使联合国解决冲突的努力陷入僵局。在托管授权到期的那天——1948 年 5 月 14 日，世界犹太复国主义组织（World Zionist Organization）执委会主席、巴勒斯坦犹太代办处（Jewish Agency for Palestine）执委会主席戴维·本 - 古里安（David Ben-Gurion）单方面宣布“在以色列地（Eretz Israel）建立一个犹太国家，名为以色列国（State of Israel）”。[7]第二天，邻近的阿拉伯国家埃及、叙利亚、约旦和伊拉克对以色列发动了攻击。[8]过了一年，双方才达成停火协议。约旦获得了约旦河西岸，包括东耶路撒冷。埃及控制了加沙地带。在此期间，以色列寻求并获得了加入联合国的机会。当时，有相当多的国家拒绝承认其存在的权利。即使在今天，仍有 30 多个联合国成员国拒绝承认以色列国。[9]

这一地区冲突持续不断有许多原因，本书没有提供任何接近于充分解释它的东西。但该地区的冲突之所以如此顽固，至少有一个原因 / 357
已经被证明，那就是英国在托管授权已经到期的情况下，没有对它所管辖的领土做出明确的规划。巴勒斯坦成了一个法律上的黑洞、一片主权链被中断的领土。由于殖民强国在整个 20 世纪初对冲突各方所做的自相矛盾的承诺，使得那里的局势变得更加复杂化。正如英国外交大臣杰克·斯特劳（Jack Straw）在 2002 年所言，“我们现在必须处理的许多问题，同时也是我眼下必须要处理的问题，都是我们过去殖民历史的后果……我们在私下里向巴勒斯坦人做出的保证与同时向以色列人做出的保证相互矛盾，这些保证对我们来说又是一段有趣的历史，但并不完全是一段光荣的历史”。[10]

拙劣的主权交接的例子远不止以色列一个。在朝鲜，1945 年日本无条件投降意味着日本殖民统治的结束。但是日本没有能力制订应急计划来维持法律秩序。日本在朝鲜殖民统治的崩溃促使苏联和美国急急忙忙地确立对该地区的控制。为了防止战时盟国之间的冲突，美国和苏联匆忙达成了一项协议，以北纬 38° 线为界来划分两支占领军的管辖范围。朝鲜战争之所以爆发，是因为这条临时分界线两边的朝鲜人试图确立他们对整个半岛的主权。同样的事情也发生在越南，在那里，日本统治的突然终结留下了不确定性——接着是战争——在日本放弃控制后谁是合法的主权者。1947 年，印度脱离英国独立，并分裂为两个独立的国家——印度和巴基斯坦。之后，印巴边境上的前克什米尔和查谟土邦（Princely State of Kashmir and Jammu）的主权归属问题引发了该地区的多次战争，加剧了两国之间的核军备竞赛。

在新世界秩序中，缺乏策略的非殖民化进程所造成的问题极难解决。除非安全理事会介入调停，否则不可能迫使冲突得到解决。争议领土的冲突只能通过双方达成协议来解决。因此，模糊的边界线和拙劣的主权交接是反对征服的规则有时被打破的主要原因，即使强权不再是公理。回顾一下，除了战后立即移交的领土外，在 1929 年至 1948 年，唯一被承认的且后来未被废止的领土转让类型是由模糊的边界线造成的边界争端，这些争端是沙特阿拉伯在 1934 年从也门夺取领土，巴拉圭在 1935 年从玻利维亚夺取边界领土，以及秘鲁在 1942 年从厄瓜多尔夺取有争议的边界领土。战后许多领土征服事件都是在拙劣的主权交接之后发生的，例如，1963 年印尼接管西巴布亚岛和 1975 年越南统一。因此，当反对征服的规则被违反时，它几乎从来就不是对外国主权领土赤裸裸的侵略，而更多是新独立的国家试图填补那些未能明确主权链的帝国撤退后所留下的法律真空。

/ 358

裁决主权归属

/ 363 在一个强权不再是公理的世界里，主权分歧不可能得到解决。但真的没有办法解决这种不确定性吗？毕竟，就财产所有权而言，有一些工具可以解决这类纠纷。一个人可以在购买房产时购买产权保险，以防将来发生纠纷。如果真的出现了纠纷，寻求确立所有权的人可以向法院申请“判决产权归属”。

但地缘政治中没有“主权保险”之类的东西。一个国家无法从联合国购买保险，以防止自己的争议领土被占领。国际法确实有一些“裁决主权归属”的手段。国际法院——通常被称为“世界法院（World Court）”——成立于联合国成立之时，旨在解决国家间的法律争端，包括边界争端和其他主权争端。自成立以来，它已经裁定了 14 起边界争端案件，最近一次是马来西亚和新加坡就马六甲海峡三组岩石岛屿归属问题产生的边界争端。[11] 相比于国际法院，常设仲裁法院（The Permanent Court of Arbitration）显得更加非正式，它也曾解决过领土争端，不过这类案件的确切数量尚未公开。[12] 然而，这两个法院都没有强制管辖权，这意味着它们只能在争端双方同意受其裁决约束的情况下审理领土争端案件。

/ 364 联合国安理会拥有国际法院所缺乏的解决主权争端的强制权力，并曾利用这一权力来“裁决主权归属”。联合国在成立之初就托管了 11 个前殖民地。联合国托管理事会（U.N. Trusteeship Council）确保了殖民地政府有一个明确的继任者，避免了许多阻碍殖民地权力移交并引发武装冲突的问题。后来，11 个被托管领土都成功地实现独立或自愿加入了一个国家。[13] 安全理事会也曾介入一些领土争端。[14] 例如，1999 年，联合国安理会设立了一个特派团，以解决东帝汶长期以来激烈的领土争端。[15] 特派团就东帝汶独立进行了投票，东帝汶人民投票赞成后，联合国东帝汶过渡行政当局（U.N. Transitional Authority）监督了该地区向完全独立国家的转变过程。但在其他情况下，比如在俄罗斯和乌克兰关于克里米亚问题的争端上，安理会无法采取行动。

因为国际社会缺乏一个解决领土争端的全面且强制性的机制，譬如一个世界最高法院，许多领土冲突只能以一种特别的方式解决。比如，各国只承认一个或另一个主权声索者，并与它们承认的国家开展贸易往来。在特别棘手的领土争端案例中，人们对于到底谁拥有主权没有形成共识。就好像有一半的邻居认为弗雷德是房子的合法主人，而另一半人认为鲍勃才是。

这个问题不仅适用于国家之间的领土争端，也适用于国家内部的争端。

世界上最年轻的国家

2011 年 7 月 9 日午夜钟声敲响时，这个世界上最年轻的国家诞生了。在新首都朱巴，欢欣鼓舞的人群激情难抑，他们欢呼、歌唱、击鼓、按喇叭、燃放烟花。在庆祝人群上方的电子广告牌上闪现着新国家的国旗，上面写着“终于自由了”和“南苏丹共和国”。在第二天举行的庆祝仪式上，这个国家新组建的军队列队走过贵宾看台，看台上的贵宾包括美国前国务卿科林・鲍威尔（Colin Powell）和美国驻联合国大使苏珊・赖斯（Susan Rice）。“我们是一个被外部世界认可的国家了，”一位狂欢者向记者解释道，“曾经，我们是二等公民，但现在我们终于自由了。”[16]

这个新国家从流血冲突中诞生。1983 年，苏丹爆发了非洲现代史上持续时间最长的内战，战争在以穆斯林为主的北部和以基督教徒为主的南部之间展开。2003 年，达尔富尔战争演变成一场可怕的

/ 365

种族灭绝行动，这让西方世界大为震惊。2005 年，苏丹国内的暴力行动终于有所缓和，但在那之前，这场历时 22 年的战争已经夺去了 150 万人的生命，并使 3000 多万人口中的 400 万人流离失所。2005 年的《全面和平协议》（Comprehensive Peace Agreement）赋予南部地区自治权，在共享国家权力的政府中有代表权，并有权举行全民公决——在全民公决中，99% 的选民选择独立。[17]

然而，南苏丹人的期望很快就破灭了，因为南苏丹已经成为现代失败国家的典型。南苏丹独立纪念日庆祝活动结束后，主要存在于丁卡族（Dinka）和努尔族（Nuer）这两个最大的族群之间的种族分歧就升级为暴力冲突。[18]2012 年 1 月，南苏丹政府因与苏丹在石油收入分配上存在争议而关闭了石油生产。由于该国除了军队和石油行业之外几乎没有谋生的机会，所以经济灾难性失衡，进而崩溃。[19] 在萨尔瓦·基尔（Salva Kiir）总统解散内阁后，双方的敌对状态进一步恶化。[20] 他的前副总统里克·马沙尔（Riek Machar）变成了叛军领袖。2011 年，里克·马沙尔代表南苏丹参加了联合国接纳南苏丹的升旗仪式。在随后的战斗中，双方都犯下了可怕的战争罪行，包括不分青红皂白地杀害平民、大规模强奸和烧毁整个村庄。[21]

南苏丹代表着新世界新秩序的黑暗面。尽管南苏丹拥有丰富的石油储藏量，但它不必担心曾经统治该地区的强国的威胁，因为作为一个主权国家，它的主权是其抵御外部暴力入侵的盾牌。然而，它新赢得的主权对于阻止内部暴力行为却无能为力。

甚至正好相反，外部威胁的缺失暴露了内部局势的紧张。没有外部威胁意味着南苏丹作为一个主权国家可以继续存在，尽管它还缺乏建立法律和秩序所必需的、有效的国家机构——警察、法院和军队。 / 366
所谓的资源诅咒加剧了这种局势。这个国家有足够的能源储藏，仅靠出售石油就能自给自足。2012 年，南苏丹 98% 的政府预算来自石油工业。[22] 对于管理这个国家，大多数人是不需要参与其中的。为控制

/ 367

南苏丹，南苏丹人唯一需要斗争的就是彼此。

弱者生存

南苏丹并不是唯一失败的国家。图 6 显示了近两个世纪以来每年失败国家的数量。这些信息来自“政体Ⅳ”（Polity Ⅳ）项目数据集，该数据集跟踪了 19 世纪初至 2014 年世界上所有主要独立国家的情况。政治学家用它来评估各国政府的特征——民主的还是专制的，或者介于两者之间。它捕捉到的信息包括“中央政治权威完全崩溃”（“国家失败或‘政权空位’”导致没有政府可以评估）。这个评估中关于失败国家的标准很严格——可能太严格了。[23] 在这个标准下，非常软弱的政府或控制了部分但不是全部领土的政府不算“失败”政府。（根据该项目的标准，2014 年的伊拉克不是一个失败国家，2003 年的时候是失败国家。）因此，下图中的数字可能低估了近几十年来失败国家的数量。

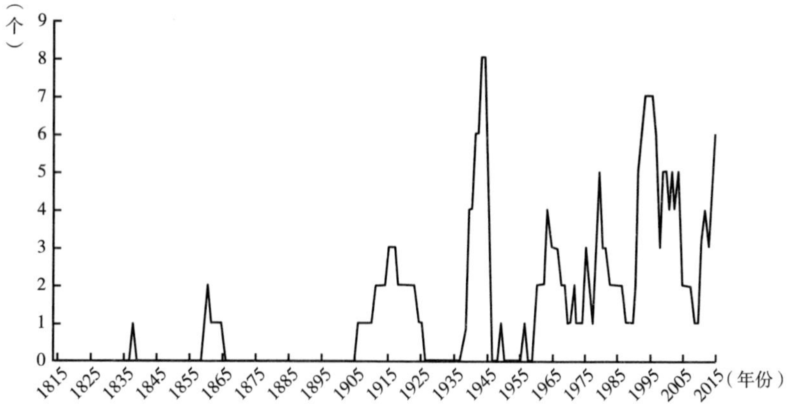

图 6　失败国家数量 [28]

国内战争的历史也遵循类似的模式，如图 7 所示。[24] 来自“战争相关因素”的数据显示，19 世纪，国家内部发生战争的年平均量未超过 12 起。然而，在 20 世纪 50 年代，国内战争变得更加普遍，从 1955 年的 1 起上升到 1992 年的 29 起，然后在 2009 年回落到 4 起。事实证明，这种停顿是短暂的，近年来，尼日利亚、南苏丹、也门、叙利亚、伊拉克、阿富汗、利比亚、乌克兰和其他地方爆发了新的内战。

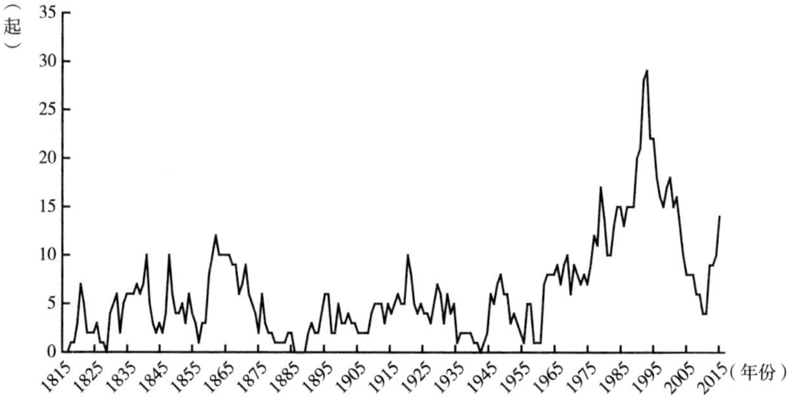

图 7　活跃的内战的数量 [32]

失败国家的暴力行为和国内冲突往往不受国界的限制。活跃于弱国和失败国家的恐怖主义组织经常跨越国界活动。“伊斯兰国”起源于伊拉克西部管理不善的地区，后来蔓延到叙利亚东部人口较少的地区，之后开始在两国国内挑战政府的控制权。它已经扩展到利比亚、西奈半岛、阿尔及利亚、阿富汗、也门、尼日利亚——所有这些政府权力薄弱或真实的国家或地区。同样，长期分裂的阿富汗和巴基斯坦部落地区也成了恐怖组织“基地”组织的温床。类似的 / 368

例子很容易找到：索马里青年党（al Shabab）、尼日利亚博科圣地（Boko Haram）、黎巴嫩真主党（Hezbollah）、巴基斯坦塔利班运动（Tehrik-i-Taliban）、叙利亚努斯拉阵线（Jabhat al Nusrah）和也门的胡塞，等等。[25]

虽然不是所有的失败国家都会滋生恐怖主义，也不是所有的恐怖主义都起源于失败国家，但弱小国家和失败国家是恐怖主义威胁的重要来源。能够有效控制其领土的国家通常利用普通的执法机构——警察，而不是军队来镇压暴力组织。相比之下，在无法控制领土的国家，由于缺乏有组织的力量来遏制或反击，暴力倾向于增长。

因此，通过将捕食者从国际生态系统中清除出去，非法化战争有效地使最弱小的国家得以生存。这些弱国有时会变成失败国家。这些失败国家往往成为国内冲突和恐怖主义的滋生地。

收获及其代价

《非战公约》和《联合国宪章》体现了伟大的承诺：建立一个没有国家间战争的世界的承诺；自决的承诺，在这种情况下，国家尽管弱小，却免于被征服的恐惧；自由贸易的承诺和建立适当规模的国家的承诺；以及国际合作和全球治理的承诺。这些承诺在很大程度上得到了兑现。国家间战争很少见了，且几乎不存在征服。全球贸易变得更加活跃，国际组织规制着我们日常生活的许多方面。

但是战争非法化并没有给世界带来和平。尽管其光明承诺已经兑现，但其他更黑暗的威胁却迅速冲进了国家间关系的空旷地带。通过选择非法化战争，我们把一个国家间战争的世界变成了一个国内战争的世界，把一个只有强国才能生存的世界变成了一个失败国家也能生存的世界，把一个帝国主义盛行的世界变成了一个恐怖主义正在抬头的世界。

/ 369

人们很容易认为，我们可以两全其美——摆脱国家间战争和国家内部的战争，或者阻止我们不想要的战争（赤裸裸的侵略行为），但允许我们想要的战争（应对恐怖主义威胁或解决人道主义危机的战争）。但是，由于没有一支全球警察部队和一个管理它的世界国家（这将有其自身的风险），我们很难做到两全其美。我们要么允许各国采取单方面的强制措施，要么不允许；要么允许各国使用武力来实施其领导人认为的符合法律和正义的行动，要么严格限制使用武力。战争要么是一种解决争端的合法手段，要么不是。

在旧世界秩序中，征服是普遍的。在新世界秩序中，各国不能单方面采取行动解决其他国家的暴力问题，除非它们受到攻击或即将受到攻击（或者应一个国家的要求协助它应对这种威胁）。禁止使用武力的规定适用于任何国家，无论其目标国家是模范民主国家还是毁灭性的专制国家，无论是强国还是弱国，甚至是失败的国家。这是一个悖论：新世界秩序的规则提供了如此多的好处，它们保护所有国家不受武力侵害，包括那些我们不想保护的国家，因为它们太软弱、混乱、专制，或者——因为找不到更好的词——邪恶。

如果让各国在认为自己的行为是正当的情况下选择使用武力，会带来什么困难呢？只要看看叙利亚和乌克兰就知道了，在这两个地方，反对使用武力的规则已经被打破了。美国认为叙利亚总统巴沙尔·阿萨德（Bashar al-Assad）的政权是非法的，认为他的政府在叙利亚没有未来，尽管俄罗斯正在派遣人员和武器保护阿萨德政权免于崩溃。在乌克兰，情况正好相反，美国支持政府打击俄罗斯支持的激进力量，这一力量决心推翻使亚努科维奇垮台的革命政府。

《联合国宪章》有一个用来否决第 2 条第 4 款所规定的普遍性保护的机制——由联合国安理会投票决定。但正是上述分歧阻碍了它的发展。五个常任理事国一直无法就否决禁止使用武力并授权对其中一个国家进行武力干涉达成一致。因此，禁止使用武力的前提假设仍然 / 370

是任何国家都不可能在发动战争的同时，不违反国际体系的最基本原则——反战。除非我们想要出现更多的叙利亚人和乌克兰人，否则我们必须改变禁止使用武力的普遍性保护机制。[①]

但现实中的挑战更大。因为禁止战争不仅阻止各国干预以保护他国的权利，除非安全理事会同意授权干预或一个国家请求援助以抵御武装攻击，它还禁止各国使用武力维护自己的权利（自卫情况除外）。国家可以拒绝与其他国家签订条约。毕竟，炮舰外交不再被允许。然而，各国一旦加入一项条约，可能拒绝履行条约义务。在旧世界秩序中，违反国际法可能引发军事行动，但在新世界秩序中，战争非法化不再允许国家单方面发动战争以纠正错误。国际法禁止各国使用武力来执行国际法，这似乎是一个矛盾。

那么这个体系到底是如何运转的呢？如果每个主权国家都拥有不受干涉的权利——任何国家都不可以武力侵犯他国不受外来干涉的权利——这似乎会给有效执行法律造成一个无法逾越的障碍。然而，国际体系的实际运行情况远好于上述描述的可怕困境，包括有时暗示该体系似乎就要失败。这是因为在新的世界秩序中，各国已经发展出一套丰富的工具来取代战争，作为强制执行国际法的手段——我们称之为“驱逐”。

① 联合国的创始者们认为，联合国将拥有自己的军队，从会员国集结而成。参见 U.N. Charter, Art. 47。但这一愿景从未实现，联合国在形成之前就成为冷战的牺牲品。

2000年，乔治·W. 布什在他的第一次总统竞选活动中开始宣扬自由贸易的福音，不过，这位来自得克萨斯州的共和党人以其标志性风格说错了话。他在纽约州罗切斯特市向一头雾水的听众宣布："如果把那些小猎犬和巴立夫们（terriers and bariffs）① 都消除了，经济就会增长！"[1] / 371

在他对国际贸易唱颂歌时，布什在民意调查中遥遥领先。然而，到了10月底，他的大选对手、民主党人阿尔·戈尔（Al Gore）已经迎头赶上。民调显示两党势均力敌，布什看到了获胜的机会。小猎犬（贸易壁垒）和巴立夫们（关税）从未如此有吸引力。

距离大选还有不到一个星期的时候，布什的竞选伙伴迪克·切尼（Dick Cheney）在竞选战场西弗吉尼亚州的韦尔顿钢铁厂进行了一次竞选活动。韦尔顿钢铁厂曾经是一家领先于时代的综合性制造工厂，它的业务涉及从开采矿石到向客户运送成品钢卷的每一个生产环节。根据一部军队宣传片，韦尔顿钢铁厂制造了数千枚8英寸口径的榴弹炮炮弹，准备在诺曼底登陆那天发射，从而赢得了这场"生产战"（Battle of Production）。[2] 战后，韦尔顿是西弗吉尼亚州——这个州 / 372
的选票传统上由民主党掌握——雇佣人数最多的企业。从20世纪80年代开始，它就一直受到来自苏联、巴西和日本的廉价进口钢材的冲击。作为比尔·克林顿的竞选伙伴，戈尔本人曾在1992年访问过韦尔顿，他承诺帮助那些苦苦挣扎的钢铁工人。但他和克林顿后来认为

① 原文为"If the terriers and bariffs are torn down, this economy will grow!"。人们猜测，乔治·W. 布什总统其实想表达的是"如果消除贸易壁垒和关税（barriers and tariffs），经济就会增长"，结果口误将"barriers and tariffs"说成了"terriers and bariffs"，所以听众迷惑不解。乔治·W. 布什总统经常口误，因此作者说这是他"标志性风格"。——译者注

国际法反对贸易保护主义，于是克林顿政府只实施了几项象征性的保护措施。在20世纪末21世纪初，韦尔顿钢铁厂处于破产的边缘——熔炉冷却、工厂关闭。诺曼底登陆日的工业英雄已沦落为寒酸落魄的马口铁专门生产商。马口铁是一种涂层钢，用于制造汤罐头。

站在黑乎乎工厂的卡车入口处，切尼将韦尔顿的衰落完全归咎于布什的竞选对手。切尼宣称，戈尔是“钢铁工业的威胁”，如果布什当选，他将采取更为积极的立场来保护陷入困境的美国工人。[3]

当然，结果是布什当选总统。2002年，他兑现了切尼的承诺，对进口钢铁强行征收高达30%的关税。对此，钢铁工人工会和行业组织备感振奋，一片欢腾。但是被关税打击的国家却异常恼怒。欧盟向总部位于日内瓦的世界贸易组织提起诉讼，指控美国征收这些关税违反了《关税与贸易总协定》（General Agreement on tariffs and Trade）。《关税与贸易总协定》是一部监管全球贸易的重要条约。世界贸易组织站在欧盟一边，它宣布美国总统的关税政策——这是他竞选时提出的政策，是其吸引国内重要选民的核心政策，也是在国会中得到强烈支持的政策——是非法的。

那么，这位美国钢铁行业的伟大捍卫者做了什么呢？他取消了关税。一份条约让世界头号超级大国做出了让步。[4]

布什总统并不是一个非常尊重国际法的人。在执政的第一年，他退出了与苏联签署的《反弹道导弹条约》（Anti-Ballistic Missile Treaty）。在伊拉克战争的准备阶段，他威胁发动战争，不管安理会是否授权。[5]他兑现了这一威胁，在没有安理会授权的情况下派遣15万名士兵进入伊拉克，去推翻一个主权国家的领导人。但他对国际法的蔑视，最令人难忘的例子可能要属他的2005年度《国防战略报告》（2005 National Defense Strategy），该报告阴暗地预言：“作为一个民族国家，我们的力量将继续受到那些利用国际论坛、司法程序和恐怖主义来实施弱者战略的人的挑战。”[6]

很显然，将国际律师与自杀式炸弹袭击者相提并论，并不是对国际法的极大尊重。然而，面对一个没有武装力量的国际机构，布什总统却做出了一个令人尴尬的让步。它告诉他，他无法兑现竞选时的最高承诺。他为什么要服从世界贸易组织？简而言之，答案是驱逐——一种在一千多年前扎根于世界北面一个小小文明前哨的实践。

“第一个新社会”

冰岛被称为历史上“第一个新社会”。[7]公元870年，当斯堪的纳维亚的水手们勇敢地战胜北大西洋汹涌而冰冷的海水在冰岛海岸登陆时，他们面对的是一片蛮荒、辽阔、荒无人烟的土地，正适合征服和定居。[8]在殖民的过程中，他们不仅建造了实体建筑——至今仍能看到遗迹——还建立了复杂的政府机构。在不到60年的时间里，冰岛就形成了将会持续3个世纪的政治结构形式。[9]

他们创造的社会非常平等：冰岛没有国王、封建领主或贵族。冰岛有地区首领，但他们几乎没有正式的权力，而且冰岛人可以随意改变他们效忠的对象。[10]定居者通过集会来管理自己，这种集会被称为“聚集”（Things）。这些集会有广泛的法律程序，并定期在预定地点举行。最重要的是每年春天的集会［“春季聚集”（*vàrping*）］，听取诉讼案件并解决行政问题。[11]

除了地方集会外，被称为“阿勒庭”（Althing）的自由民大会于930年12月召开。[12]知名人士作为代表于6月——这时候旅行是最不危险的——在该岛东南部聚集，大会担负着国家法院和立法机关的角色。[13]阿勒庭的法律宣讲人（*lögsögumadr*）是唯一重要的国家官员，但他的角色主要是礼仪性的。他的主要任务是在“律石”（Law Rock）前背诵律法。“律石”是一座长满青草的小山，山顶是凹凸不平的火山岩，阿勒庭就绕着它召开（在早期，律法并不是写下来的）。[14]

/ 374 虽然冰岛有立法机构和法院，但缺少公共检察官。[15]寻求正义的受害者不得不在集会上起诉被告。如果受害人胜诉，被告将被宣布有罪，并处以以下几种刑罚之一：轻微犯罪的处以罚款或赔偿，较严重犯罪的处以“逐出法外”（outlawry）。[16]如果某个人被宣布为“逐出法外者”，就是说他被剥夺了法权，失去了冰岛人通常享有的权利，包括留在冰岛的权利、宾客（hospitality）权利和拥有财产的权利。[17]

冰岛的“逐出法外”有两个等级。在“较轻逐出法外”惩罚中，“聚集”将“逐出法外者”驱逐出境三年，没收他的财产，并将其中一部分判给受害者。在“完全逐出法外”惩罚中，“聚集”终生流放“逐出法外者”。“完全逐出法外者”失去了他的法律人格——从法律的角度来看，他是个死人了。因此，杀死“完全逐出法外者”可以不受惩罚。事实上，如果“逐出法外者”没有第一时间离境的话，起诉人不仅被允许而且必须亲自执行惩罚。[18]

这个法律体系的惊人之处不在于它有什么，而在于它缺什么。冰岛政府缺少公共检察官——它根本就没有行政部门。它没有军队，没有消防队，没有收税员，也没有社会工作者。它在没有警察、死刑执行人或狱卒来实施制裁。

总的来说，冰岛人认可了这些惩罚形式。部分原因是，他们认为这套法律体系是合法的，不遵守法律是可耻的。“遵纪守法，则国家兴盛，”一句古老的挪威谚语说，“但混乱无序，则千疮百孔。”[19]但是，冰岛人服从这套法律体系的另一个动机是：如果没有这样做，如果“违反判决”，将会导致更加严厉的制裁。冰岛法律规定，不缴纳罚款的人将受到“较轻逐出法外”的惩罚；没有离开这个国家的“较轻逐出法外者”将受到“完全逐出法外”的惩罚。[20]任何帮助“逐出法外者”的人都可能受到惩罚，甚至被“逐出法外”。“完全逐出法外”是一种可怕的惩罚，这是冰岛人所恐惧的。冰岛不是伊甸园。那里环境恶劣，冬天漫长、黑暗、寒冷，且夏天短暂。一个人一旦被剥夺社会成员资格带来的好处，不仅意味着被剥夺了正常的亲情和友情的乐趣，也意味着失去了在极端气候下生存所必需的工具。

尽管冰岛没有公共执法机构，但其法律是有效的，因为“逐出法外”把所有冰岛人都变成了执法者。这个社会自己执行惩罚——驱逐。 / 375

驱 逐

中世纪冰岛的“逐出法外者”经历了我们所说的“驱逐”的惩罚。当一个群体拒绝向违反规则的人提供其他群体成员可以获得的利益时，驱逐就发生了。驱逐是非暴力的：驱逐者不会对违规者做什么，而是拒绝与违规者做什么。

尽管驱逐本身并不暴力，但它可以与暴力相结合，创造出更有效的社会控制形式。在中世纪的冰岛，一个被宣布为“完全逐出法外者”的人不仅失去了居住权、宾客权和财产权，还可能被杀死。被告被剥夺法律人格——被排除在法律保护之外——是逐出法外法令的放逐部分，被起诉人追杀是其暴力的部分。

《圣经》告诉我们，驱逐是第一种惩罚。亚当和夏娃因为偷尝了禁果而被逐出伊甸园，该隐因为杀了他的兄弟亚伯而被流放。驱逐确实与人类社会本身一样古老，但它在很大程度上被学者忽视了。这种忽视不足为奇，因为在功能完善的现代国家，有复杂的专业官僚机构在暴力威胁的支持下执行法律。如果你抢劫银行，警察会来逮捕你。如果你被判抢劫银行罪，他们会把你关进监狱。如果你不交税，国家就会扣发你的工资，冻结你的资产，或者扣押你的财产。如果你试图阻止，你就会因为妨碍司法公正而被逮捕。

/ 376

国际法没有任何执法机构，没有世界警察，没有具有强制管辖权的全球法庭。在一个后《非战公约》时代，战争不再是合法的执法手段。

国际法的执行依靠的不是战争，而是驱逐。1969 年的《维也纳条约法公约》(Vienna Convention on The Law of treaty) 是一项关于条约的条约。它规定，如果条约的一项重要条款被违反，任何受影响的一方都有权终止或暂缓“条约的全部或部分运作”。[21] 这意味着，如果一个国家不遵守一项条约，受影响的其他国家也可以拒绝遵守该条约。具有讽刺意味的是，国际律师将这种和平的报复形式称为带有军事性质的“反措施”(countermeasure)。反措施的报复力度必须与先前违反条约行为造成的损害成正比。反措施还必须富有成效，而不是惩罚性的。因为其目标不是为了复仇，而是让那个干了坏事的行为者回到正道上来。[22]

一个典型的反措施案例发生在 1978 年。[23] 当时，泛美航空公司开始开通从美国西海岸飞往巴黎的航班，中途在伦敦经停，然后乘客被转移到一架较小的飞机上。法国人反对改变飞机，在航空界被称为“改变规格”(change in gauge)，因为它给了美国灵活性，这是 1946 年达成的一项管理两国间航空服务的条约所不允许的。泛美航空公司无视反对意见，继续运营航班。5 月 3 日，一架泛美航空公司的飞机在巴黎降落后，法国警方包围了飞机，并拒绝让乘客下飞机。美国认为，法国拒绝让乘客下飞机违反了 1946 年的条约。当法国人拒绝让步时，美国暂停了西海岸—伦敦—巴黎的航班。但美国并没有就此止步。它采取了一项反措施，回应法国的非法行为。美国发布了一项命令，禁止从巴黎出发的法国航空公司航班经停蒙特利尔在洛杉矶降落。后来，一个仲裁机构支持了美国驱逐法国的决定——只要法国拒绝给予美国全部条约利益，美国就有权拒绝给予法国全部条约利益。

许多条约都明确规定了驱逐的权利。以国际航空邮件为例，如果你想从美国寄一封信到德国，你只需贴美国邮票即可。你不必去德国大使馆购买德国邮票，更不必为你的信件贴上要经过的每个国家的邮票。总部位于瑞士伯尔尼的万国邮政联盟（Universal Postal Union, UPU）使国际航空邮件的通畅性成为可能。虽然很少有人听说过万国邮政联盟，但它历史悠久。万国邮政联盟成立于1874年，如今有192个成员国。[24] 建立万国邮联的条约确立了一项制度，即允许使用寄信人的邮票将邮件从任何成员国投递给任何其他成员国。[25] 如果某个国家未能递送邮件，该条约并不要求万国邮联派遣武装信使加以干预。相反，它允许寄信者所在国驱逐这个失职的国家。任何成员国均可暂停递送来自或去往违反规则的其他成员国的邮件，从而让它们无法享受国际邮政系统带来的好处。[26]

国际法中有成百上千的类似例子。例如，国际咖啡组织可以将不良行为者赶出去；《濒危野生动植物种国际贸易公约》（Convention on International Trade in Endangered Species of Wild Fauna and Flora）禁止其成员交易濒危物种，除非各贸易方遵守旨在保护这些物种的规则。[27] 因此，驱逐是其自身成功的牺牲品。它是如此普遍，如此有效，通常根本看不见、摸不着。晚间新闻何时报道过一场没有爆发的贸易战，或者邮件被按时送达？驱逐的效果是“润物细无声”。

《非战公约》引发并由赫希·劳特派特解释的中立政策的改变，使得广泛的驱逐成为可能。劳特派特对中立政策的解释最早出现在他写给罗伯特·杰克逊的备忘录中，之后出现在第六版《奥本海国际法》中，最后是在他为国际法委员会所写的文件当中。正如劳特派特向杰克逊解释的，然后杰克逊又向全世界解释的那样，《非战公约》“并没有规定签署国有歧视侵略者的义务，但它赋予了签署国以这种方式行事的权利”。[28] 从禁止歧视到允许歧视的转变意味着，曾经被要求保持不偏不倚的国家现在可以区分交战国。这样做已不再是对中立政策的侵犯，因此也不再是发动战争的正义理由。

然而，今天的放逐并不完全是赫希·劳特派特思想的产物。现代驱逐的手段和工具是经过几十年时间的发展才出现的。驱逐在贸易方面面临的挑战与在人权方面面临的挑战不同，在环境法方面面临的挑战与在核不扩散方面面临的挑战不同。随着时间的推移，为了应对这些挑战，新型驱逐方式应运而生。

/ 378

驱逐的力量

第二次世界大战后，美国及其盟国建立了包括国际货币基金组织和世界银行在内的一系列国际机构，帮助受到战争破坏的全球经济复苏。但是，新世界秩序的标志是让布什总统放弃其2003年竞选承诺的《关税与贸易总协定》。

关贸总协定于1947年由23个国家签署，它促进和规范国际贸易，并以此影响全世界人们的日常生活：从香蕉和苹果手机的价格到食物和衣服标签上的文字，从金枪鱼和虾的捕获方式到拒绝转基因作物，从各国政府给农民提供的农业补贴种类到发展中国家的制药公司是否可以生产通用抗病毒药物来阻止艾滋病的蔓延。关贸总协定的出现是为了使各国之间的贸易更加便利，它确实做到了这一点。由于关贸总协定及其继承者世贸组织促进了自由贸易的发展，今天你买的几乎所有东西的价格都更便宜了。由于自由贸易，普通美国消费者的购买力增加了37%，这意味着他可以用同样多的钱购买到比以前多出37%的产品和服务。全世界的中等消费国也是如此，法国增长29%，日本增长24%，意大利增长31%，德国增长40%，英国增长33%。[29] 据估计，美国经济总体上每年从自由贸易中获得约1万亿美元的收益。在20世纪的最后30年里，贸易让美国消费者可获得的产品种类增加了3倍。[30]

世贸组织鼓励贸易的主要手段是最惠国原则，实际上它也是该条约的核心原则。[31]根据这一原则，世贸组织的任何一方都能获得其他任何一方所获得的最惠国待遇。如果一个贸易伙伴享有较低的关税壁垒，那么其他所有贸易伙伴也必须享有较低的关税壁垒。如果一个国家受到有利的贸易法规的保护，其他所有国家也必须受到这些法规的保护。因此，最惠国原则在某种程度上是一种误称，因为所有的优惠待遇立即会变成普惠待遇。[32]实际上，世贸组织要求164个成员将每一个成员都视为其“最受欢迎”的贸易伙伴。已经签署协定的国家给予每个国家低贸易壁垒，以换取每个国家提供低贸易壁垒。[33]

因为所有这些规则都必须得到有效执行，所以战后贸易体系的缔造者们面临着一个重大问题：如果战争不再被允许，世贸组织如何能迫使各国遵守这些规则？为了解决这个问题，他们依赖“驱逐”手段。

如果一个国家违反了世贸组织的规则，另一个国家可以提出申诉并在法庭上起诉。如果这个法庭的裁决支持世贸组织采取行动，世贸组织不会派出军队，因为它没有军队。事实上，世贸组织会授权提起申诉的国家反过来违反规则。世贸组织协议中有一项条款，似乎是直接从中世纪冰岛法典《灰雁法典》(Gragas)中提取出来的，它赋予获胜方中止给予对方作为共同体成员而获得的好处。[34]因此，如果法庭发现墨西哥对秘鲁征收非法关税，而且墨西哥不取消关税，那么秘鲁将被授权对墨西哥实施同等价值的非法贸易壁垒。这时候，世贸组织就像一个全球性的(中世纪冰岛的)“聚集”。

虽然这是一个巧妙的解决办法，但关贸总协定最初的驱逐手段有一个重大缺陷。它要求所有成员国解决争端时要一致同意，包括争端方。可以预见的是，全体一致的情况并不会经常发生。事实上，只在1953年发生过一次。当时，关贸总协定的一个专家小组授权荷兰对美国实施的奶制品进口配额限制进行报复。美国没有否决该专家小组的决定，因而面临被驱逐的惩罚。美国接受失败的部分原因是它意识到自己的法律立场站不住脚。但它之所以不反抗，也是因为它知道荷兰不会施加惩罚。因为相对于美国，荷兰更需要与美国进行贸易，驱逐美国对荷兰弊大于利。[35]

1995年，为创建世界贸易组织，关贸总协定进行了大规模改革，一致同意的原则被取消了。对某一国家违反贸易规则提出申诉的国家，现在可以向世贸组织争端解决机构提出申诉。然后，陪审团审理案件并做出决定，败诉一方可以上诉。除了申诉和回应，争端各方现在都必须完全置身于决策过程之外。

/ 380

因此，在2002年，当布什将钢铁关税从1%直接提高到30%时——正如切尼承诺的那样，欧盟向世贸组织提出了申诉。日本、韩国、中国、瑞士、巴西、挪威和新西兰加入了申诉。这些钢铁出口国声称布什的行动违反了世贸组织规则。美国回应说，根据规则，一个国家可以暂时提高关税，以保护国内产业不受进口激增的影响。由于美国钢铁工业正遭受进口钢铁的冲击，这样的保护措施是适当的。

世贸组织陪审团驳回了这一辩护。尽管它承认，2000年的时候，美国钢铁进口增加了，但到布什实施新关税时，进口正在减少。该陪审团允许欧盟以价值20亿美元的关税进行报复，如果美国不取消其“保护措施”，这将是有史以来最高的损害赔偿金额。

欧洲人后来被证明是深谙美国政治的精明学生。第二年，布什面临着艰难的连任前景。欧盟威胁要在选票摇摆州瞄准火力——对在宾夕法尼亚州制造的哈雷－戴维森（Harley-Davidson）摩托车、在密歇根州组装的运动型多用途车以及在佛罗里达州种植的橙子征收高额关税。在这种巧妙的法律敲诈面前，布什屈服了。取消钢铁关税在政治上是痛苦和尴尬的，但另一种选择可能会糟糕得多。布什取消了钢铁关税，尽管他在解释自己的立场转变时拒绝接受世贸组织的裁决。相反，他采纳了乔治·艾肯（George Aiken）关于越战的著名建议——他宣布胜利，然后回家。在退却时，布什装模作样，似乎很真诚地说："保护措施现在已经达到了目的，由于经济环境的变化，是时候撤销这些措施了。"[36] 小猎犬和巴立夫们都被取消了。

驱逐的局限性

没有一种执行方法是完美的。驱逐也不例外。它用威胁取消合作好处的方式来鼓励合作。但当国家真的不想合作时，这种驱逐就没什么发挥作用的空间了。

朝鲜受到一些国家的经济制裁。但由于它与国际社会和全球经济处于隔绝状态，所以它几乎没有什么合作利益可以被中止。因此，国际社会使用驱逐来对朝鲜执行法律的能力就相对较小。因为你无法驱逐一个自愿的隔离者。

一般来说，驱逐对合作利益的依赖也意味着，如果驱逐体系中有更多的参与者，那么驱逐措施就更得力、有效。世界贸易组织之所以有效，部分原因在于有 160 多个国家加入了它。随着世贸组织的规模不断扩大，参与者如果被排除出外，代价会越来越大，结果是，该体系监督规则的权力成倍增加。

驱逐的另一个缺点是，驱逐是双向的。当一个国家驱逐另一个国家时，它也伤害了自己。请记住，世贸组织前身关贸总协定的唯一胜诉是一场得不偿失的胜利。由于荷兰农民无法承受与美国断绝贸易往来带来的后果，所以荷兰没有兑现关贸总协定开给它的支票。正如政治哲学家托马斯·霍布斯在 17 世纪提出两难困境时所说，"当一位教宗将某个国家整体逐出教会时，我认为被逐出教会的是他自己，而不是他们"。[37]

由于驱逐对双方都有伤害，所以它往往有利于较大、较强的国家，而不是较小、较弱的国家。2007 年，安提瓜和巴布达就美国限制网民进入安提瓜和巴布达赌博网站的问题，在世贸组织仲裁中战胜了美国。世贸组织授权安提瓜和巴布达实施价值2100万美元的报复措施，但安提瓜和巴布达没有实施这些惩罚措施。[38]因为如果它断绝与美国的贸易联系，那么它的所失将远远大于所得。2007年，与美贸易占安提瓜和巴布达出口量的23.5%、进口量的58.2%。[39]相比之下，从安提瓜和巴布达的进口和出口不过是美国总出口和总进口的一个零头。从安提瓜的角度来看，美国“太大而不能驱逐”。 / 382

当然，安提瓜和巴布达在旧世界秩序中也不会有更好的表现，在旧世界秩序中，争端是通过战争来解决的。但“太大而不能驱逐”的问题提醒我们，新世界秩序并没有脱离全球权力的运动；相反，它既是权力运动方式的生产者，也是产物。梅尔·布鲁克斯（Mel Brooks）曾经说过：“当国王真好。”

但对驱逐来说，最大的问题可能是这些措施并不总是奏效。是的，它们在执行贸易和邮件投递规则方面是有效的，但有一大堆规则不能通过简单的针锋相对来执行。例如，驱逐措施不能用于执行诸如《联合国禁止酷刑公约》（United Nations Convention Against Torture）之类的人权协定。[40]一个国家不能以对本国人民实施酷刑的方式来回应另一个国家对本国人民实施非法酷刑。这种报复措施不仅会破坏该公约的目的，即防止酷刑，也是无效的。因为，如果一个政府连本国人民遭受的酷刑都不关心，它就更不会关心其他国家人民遭受的酷刑。许多关于环境的国际法也面临着同样的问题。如果一项条约禁止各国在国际水域倾倒石油，一个国家就不能通过向国际水域倾倒更多的石油来回应其他国家违反条约的行为。就像一个孩子威胁父母，除非答应他的要求，否则就要一直憋着气一样，这种威胁根本不可信。它们也会弄巧成拙。

因此，对于大多数国际法而言，简单的驱逐，如世贸组织的措施，是行不通的。但这并不意味着不能采取驱逐措施。它只需要变得更巧妙。

巧妙的驱逐

塞浦路斯有两个截然不同的民族：希腊族和土耳其族。希腊族塞浦路斯人的人数更多，约占总人口的 80%，他们在岛上定居的历史悠久，可以追溯到近 4000 年前。土耳其族塞浦路斯人不到总人口的 20%。虽然他们也是很久以前就来到塞浦路斯岛上，但相对希腊族而言要晚得多。1571 年，奥斯曼帝国征服塞浦路斯，从那时起，他们定居在塞浦路斯。在奥斯曼帝国时期，土耳其族塞浦路斯人统治着希腊族塞浦路斯人。

当英国在 1960 年给予塞浦路斯独立时，它在塞浦路斯人之间建立了一个微妙的分权安排：向希腊族和土耳其族都授予了政治权威和宪法权利。为了实施这一妥协方案，英国、希腊和土耳其签署了一项保证条约，允许在出现宪法危机的情况下进行军事干预。

这一脆弱的安排一直持续到 1974 年，当时希腊军政府推翻了塞浦路斯由两个民族组成的政府，并要求合并（enosis）——这个希腊词语的意思是与希腊实现政治统一。由于是自己精心策划了这场政变，所以希腊拒绝出面干预。英国也拒绝干预——失去了印度之后，英国不再需要塞浦路斯来保护它通往东方的海上通道。在这种情况下，7 月 20 日，土耳其根据保证条约以维护自己权利的名义入侵了塞浦路斯。到达成停火协议时，土耳其已经杀害了数千人，控制了塞浦路斯岛近 40% 的土地，其中大部分曾为希腊族塞浦路斯人所控制，并使大约 16 万人流离失所。

在这些流离失所的人中，有一位名叫蒂蒂娜·洛伊兹多（Titina Loizidou）的导游。[41] 洛伊兹多决定组织游行之类的活动，宣传流离失所的希腊族塞浦路斯人的困境。从 1975 年开始，她成为“妇女步行回家”（Women Walk Home）活动的积极参与者，该团体组织希腊族塞浦路斯人妇女从塞浦路斯南部步行穿过“军事分界线”（“Green Line”）——联合国缓冲区——到达该岛被土耳其占领的地区。洛伊兹多率领外国代表团的先遣人员游行示威，以此来表明土耳其入侵和占领的非正义性。如今，当年游行的视频被传到了社交媒体上，里面的内容就像游乐场游戏“男孩抓女孩”（boys catch girls）的超现实重现。视频中，几名土耳其士兵在追赶数百名挥舞着白旗的妇女，他们抓了几名妇女并将其制服，当她们挣扎着逃掉后，他们就困惑地四处寻找新的抓捕目标。[42]

在 1989 年 5 月 16 日的最后一次游行中，洛伊兹多到达土耳其占领的北部，但被土耳其士兵挡住了，并被土耳其族塞浦路斯人警察赶回了南部。此时，她认为“步行回家运动”已经达不到效果。她准备走司法程序。

/ 384

洛伊兹多向欧洲人权法院（European Court of Human Rights）提出申诉，要求根据《欧洲人权公约》（European Convention of Human Rights）获得赔偿。《欧洲人权公约》是一项保护欧洲委员会（Council of Europe）成员国 8.2 亿人口人权的条约。该公约第 8 条保证每个人“享有使其私人和家庭生活、家庭和通信得到尊重的权利”。[43] 洛伊兹多申诉说，去年土耳其士兵对她的逮捕违反了尊重其家庭权利的规定。她的家在凯里尼亚的郊区，这是一个风景如画的渔村，位于彭塔克提洛斯山和塞浦路斯北部海岸之间。她解释说：“这是我家世代居住的地方，也是我成长的地方，对我来说，每一块石头都承载着记忆和意义。”[44] 法院做出了支持她的裁决，并命令土耳其对洛伊兹多的财产损失以及“申请人多年来由于不能按自己认为合适的方式支配其财产而必然经历的痛苦、无助和沮丧”[45] 做出赔偿。

土耳其拒绝支付赔偿。然而，欧洲委员会拒不让步，它要求土耳其遵守法院的裁决。[46] 土耳其决定遵守法院裁决。2003 年 12 月 2 日，土耳其因侵犯了洛伊兹多的人权向欧洲委员会交付了134万美元（全部赔偿金额加上利息）。[47]

欧洲委员会没有军队、民兵或警察。它没有发出这样的威胁，即除非土耳其服从裁决，否则就要入侵北塞浦路斯。那么，究竟是什么迫使一个主权国家在如此敏感的政治问题上做出让步呢？它为什么要冒险设立先例，不仅要为其他流离失所的希腊族塞浦路斯人的索赔要求提供数十亿美元的额外赔偿，还让希腊和塞浦路斯共和国在几十年的宿怨中提出的索赔要求合法化？

答案是驱逐，但与世贸组织使用的方式不同。欧洲人权法院不能允许塞浦路斯侵犯土耳其族塞浦路斯人的财产权，以报复土耳其拒绝给予蒂蒂娜·洛伊兹多财产赔偿。但如果土耳其未能履行义务，法院可能会威胁剥夺其另一项利益。具体来说，如果土耳其未能履行因侵犯洛伊兹多的权利而提供赔偿的义务，法院可能就会承诺将它赶出欧洲委员会。它确实做到了：2003年11月12日，欧洲委员会部长委员会决定，“如果土耳其再次未向申请人支付法院判定的公正赔偿，欧盟将对土耳其采取一切适当措施”。[48] 在土耳其态度软化的前一个星期，法院明确表示，这些措施包括真正的强制措施，从经济处罚到被排除在欧洲委员会之外。

如果被开除出欧洲委员会，土耳其将颜面尽失。自欧洲委员会1949年成立以来，土耳其一直是该组织的成员。成员国身份是其民族自豪感和道德合法性的源泉。被开除出去还会产生深远的政治和财政影响。土耳其不仅会失去在欧洲委员会的投票权，还会失去进入欧盟的机会，无法享受零关税、流动劳动力和资本投资的好处。

欧洲委员会解决了一个困扰其他人权制度的问题，将遵守规定作为继续成为成员的条件。在这里，驱逐使一个领域——人权——的守法行为成为在另一个领域继续获得合作利益的条件：成为欧洲委员会的成员以及由此带来的所有经济利益。

我的发胶是个杀手

在土耳其入侵塞浦路斯的三周前，1974年6月28日，加州大学尔湾分校（University of California at Irvine）的两名化学家马里奥·莫利纳（Mario Molina）和弗兰克·罗兰（Frank Rowland）在《自然》(*Nature*) 杂志上发表了一篇论文，题为《平流层作为氯氟原子的污物槽：氯原子催化破坏臭氧》(*Stratospheric Sink for Chlorofluoromethanes: Chlorine Atom-Catalysed Destruction of Ozone*)。[49]他们声称，氯氟甲烷，包括氯氟烃（CFCs），作为气雾罐推进剂、制冷用的冷却剂以及制造发泡胶的成分，有可能破坏臭氧层。莫利纳和罗兰认为，让氯氟烃能被广泛应用的特性——它们的惰性——也对环境构成了威胁。由于氯氟烃在地球低层大气中保持稳定，它们最终会漂移到平流层，暴露在太阳辐射中。氯氟烃在那里降解并释放大量的游离氯。这些氯原子会破坏臭氧层。

/ 386 尽管这份令人担忧的报告发表在一份著名的科学杂志上，但几乎没有人注意到它。沮丧之余，莫利纳和罗兰在9月举行了一场新闻发布会。随后，《纽约时报》和《时代》杂志刊登了几篇文章，新闻界也开始关注这一事件。[50]这一报告内容甚至出现在美国电视情景喜剧《全家福》(*All in the Family*) 中。[51]在1974年10月26日播出的那一集的一个场景中，迈克尔（Michael）向他的妻子格洛丽亚（Gloria）解释他为什么不想和她生孩子。他说，他太爱孩子了，不想把他们带到一个被污染的世界。当格洛丽亚说她确信人们会治理环境时，迈克尔回答说："那喷雾罐呢？"看到格洛丽亚一头雾水，迈克尔走到他们家的梳妆台前，拿起她的发胶。"它，就是它，它一个杀手。""哦，"格洛丽亚讽刺道，"所以，现在我的发胶是个杀手。""你的发胶，我的除臭剂，所有的喷雾罐，都是杀手，"迈克尔惊恐地喊道，“我听说这些罐子里有气体，格洛丽亚，它们会飞到空中，破坏臭氧层。”在他解释完臭氧层是地球的保护罩，没有它地球上就不会有生命之后，格洛丽亚提出了一个折中方案：“你让我生个孩子，我就把我的发胶交给你（销毁掉）。”

莫利纳－罗兰理论很可怕，但它只是一个理论。当时，没有证据表明氯氟烃确实在破坏臭氧层。直到10年后，英国南极调查局（British Antarctic Survey）报告称，南极洲上空的臭氧层出现了一个巨大的空洞，证据才出现。[52]就像莫利纳和罗兰所预测的那样，氯氟烃正在吞噬臭氧层。格洛丽亚的发胶真是个杀手。

尽管各国政府积极处理这一问题，但它们明白单边行动是徒劳的，即使通过谈判达成一项全球协议也不会奏效。虽然世界上每个国家都会从禁止排放消耗臭氧层的化学物质中获益，但每个国家都会希望自己除外，禁止所有其他国家排放消耗臭氧层的化学物质，从而让本国获得更多利益。因此，一份要求逐步淘汰氯氟烃的条约即使能得到全世界的赞同，也会遭到大规模的欺骗。有些国家可能会宣布放弃使用廉价、有效的化学品，但会无视禁令，利用其他国家的牺牲，坐享其成。

简而言之，消除氯氟烃的环境协定只有在具备可执行性的情况下才能成功。但在新世界秩序中，为执行法律而发动战争是非法的。在这种情况下，简单的驱逐是没有用的：为了应对欺骗而排放氯氟烃——除非你停止破坏臭氧层，否则我将开始破坏臭氧层——只会让事情变得更糟。

但国际社会确实找到了拯救臭氧层的方法。氯氟烃已经在世界范围内被逐步淘汰，臭氧层的空洞已经停止扩大，甚至开始缩小。1987年《关于消耗臭氧层物质的蒙特利尔议定书》（Montreal Protocol on Substances That Deplete the Ozone Layer）提出的解决办法是建立一个类似俱乐部的组织。[53]像所有的俱乐部一样，这个俱乐部要求会员缴纳会费。一旦签字加入，它们就要承担两项义务。第一项义务是根据协议中列出的时间表逐步停止使用氯氟烃。氯氟烃逐步淘汰的速度足以使化学替代品得以开发和生产，但又足以防止臭氧层被最终破坏。第二项承诺是只向俱乐部的成员出售生产氯氟烃的原料。[54]这些贸易特权鼓励非成员加入俱乐部。被排除在俱乐部之外意味着不能从俱乐部成员手中买到原料。会员的利益和非会员的成本随着俱乐部的扩大而增加。由于贸易禁令，该俱乐部每加入一个成员，就意味着向非会员供应氯氟烃原料的供应商少了一个。

更巧妙的驱逐及其局限性

然而，并不是所有的驱逐都进行得那么顺利。在 20 世纪 80 年代和 90 年代，一种驱逐变得无处不在：经济制裁。南非的种族隔离制度、古巴对美国私人财产的没收、军政府接管缅甸、伊拉克入侵科威特——每个事件都引发了多次经济制裁。

但经济制裁只存在一个问题：它们经常收效甚微。在许多情况下，独裁者已经拥有足够的金钱和影响力来保护自己免受最坏的影响，即使他们的公民遭受了苦难。美国 2003 年入侵伊拉克后，美国士兵发现了一辆粉红色的法拉利特斯塔罗萨（Testarossa）、几辆保时捷 911s、一辆法拉利 F40、一辆宝马 Z1 和一辆兰博基尼 LM002 越野车，这些车曾属于萨达姆・侯赛因的长子乌代・侯赛因（Uday Hussein）。[55]

/ 388

与此同时，遭受经济制裁的国家的普通公民——通常是让他们的领导人回归国际社会的预期受益者——发现，获取食物、水和药品变得更加困难。在伊拉克，为惩罚萨达姆・侯赛因而实施制裁后，婴儿死亡率增加了两倍多。根据 1999 年的一项分析，这些制裁导致 5 岁以下儿童死亡人数每年增加 4 万人。[56] 通过豁免粮食和药品来解决这些人道主义危机的努力已经缓解了问题的严重性，但很少能得到完全解决。在经济因制裁而遭到破坏的国家，许多普通公民甚至无法负担这些必需品。

20 年来，美国对伊朗的制裁成为制裁无效的一个案例。1979 年美国驻德黑兰大使馆被占领后，美国开始制裁伊朗。人质获释后，美国总统罗纳德·里根取消了对他们的制裁，但在 1984 年，由伊朗资助的什叶派民兵组织真主党在贝鲁特的一次袭击中杀害了 241 名美国军人后，里根又恢复了对他们的制裁。在接下来的 20 年里，美国实施了一系列制裁，旨在阻止伊朗获得核武器。[57] 但是到 2005 年，几十年的制裁几乎没有任何进展。伊朗经济相对健康发展，前五年的年均国内生产总值增长率为 5.5%。[58] 与此同时，几乎没有证据表明制裁阻止了伊朗人进行核研究。[59]

迈向更有效制裁的第一步是加强国际合作。毕竟，如果只由一个国家来执行，驱逐不会很有效，即使是像美国这样的大国家也不行。参与的国家越多，制裁就越有效。伊朗问题的转折点出现在 2006 年，当时联合国安理会加入了美国的制裁行动。它要求伊朗停止铀浓缩活动，并逐步实施严厉的制裁，以回应其持续的不妥协态度。[60] 结果，伊朗不仅被美国和少数几个与美国立场相同的国家拒之门外，而且几乎被世界上所有的国家拒之门外。

但还有另一个关键因素：在驱逐技术上创新。美国财政部一个不起眼的办公室负责实施制裁规定：海外资产控制办公室（Office of Foreign Assets Control，OFAC）。在过去 20 年里，OFAC 开发了更具针对性且更有效的制裁工具。[61] 最大的创新出现在 2010 年。当时，在 OFAC 的要求下，美国国会通过了《全面制裁伊朗、问责和撤资法案》（Comprehensive Iran Sanctions, Accountability, and Divestment Act），加强了美国对伊朗能源工业和金融部门的制裁。[62] 鉴于之前的制裁措施针对的是伊朗公司，现在美国国会授权对世界

/ 389

上任何与伊朗中央银行交易的银行实施“二次制裁”。通过将它们列入黑名单，OFAC 可以切断任何银行进入美国金融业的通道。美国让世界各地银行不得不选择：你可以与美国做生意，也可以与伊朗做生意；但你不能同时与两者都做生意。[63]

在冻结银行业的同时，美国还对伊朗政权的个别成员及其合作者实施了制裁。2011 年和 2012 年，美国总统奥巴马发布了一系列行政命令，授权财政部打击那些帮助伊朗规避制裁、获取美元、发展其能源业或侵犯人权的机构。[64]这些命令充分利用了财政部开发的新工具来精确地实施制裁——直至制裁个人。与过去笨拙的禁运不同，现在的制裁被用来将个人拒于美国及其经济之外，冻结他们在该（美）国持有的任何资产，并阻止任何受美国管辖的人与他们做生意。

这种仍在进行的驱逐技术升级使制裁比以前更全面，也更有针对性。它通过将进入美国金融业的条件设定为与美国在制裁上进行合作，从而放大了制裁的威力。在这种情况下，不只是那些违反国际法的人将被驱逐，那些与违反国际法者做生意的人也会被驱逐。与此同时，驱逐现在可以更精确地定制。新的制裁措施使针对个别银行、个别企业甚至对违反国际法负有责任的个人的制裁成为可能。

更重要的是，这些新的驱逐制裁措施运行效果非常好：伊朗石油出口下降了超过 50%，该国货币（里尔）价值下跌，并且伊朗经济萎缩，这一切促使时任伊朗总统马哈茂德·艾哈迈迪-内贾德（Mahmoud Ahmadinejad）抱怨：“敌人已经调动了所有的力量来执行他们的决定，因此一场隐蔽的战争正在全球范围内展开。”[65]

内贾德的声明证明了制裁正在让伊朗付出代价。但正如负责监督 OFAC 的美国财政部官员戴维·科恩（David Cohen）所指出的，制裁并非一场隐蔽战争的一部分。相反，它们是“做给全世界看的”，事实上，它们是“全世界实施的”。科恩说，它们也不是一场战争，而是“战争之外的另一种选择”。[66]这个选择奏效了。更精妙的驱逐做到了延续了30年的老派制裁手段没有做到的事情。2013年8月，哈桑·鲁哈尼（Hassan Rouhani）接替内贾德担任伊朗总统，他的竞选纲领是改善伊朗与世界其他国家的关系，缓和制裁。[67]新伊朗领导层开始与“P5+1”——安理会五个常任理事国加上欧盟经济主导者德国——举行谈判。[68] 2013年11月，他们达成临时协议，限制伊朗核计划，部分解除制裁，并计划达成一份更为持久的全面协议。几十年来，人们第一次真正看到希望，可以通过谈判而不是军事打击来阻止伊朗拥有核武器。这种情况能否持续取决于许多因素，其中最主要的是双方是否愿意坚持这项协议。

未竟的事业

就在伊朗新领导层与“P5+1”六国围坐在谈判桌前时，俄罗斯控制了克里米亚。2014年2月，身穿无标志制服的武装人员出现在克里米亚，一个月后，俄罗斯完成了欧洲自二战以来的首次“吞并”。①针对这种情况，国际社会不可能实施联合国支持的军事回应，因为俄罗斯是安理会常任理事国，因此可以否决任何授权。更重要的是，俄罗斯是一个核大国，其军事实力仅次于美国。尽管《联合国宪章》允许美国和其他国家合法使用武力保卫乌克兰，但采取军事行动显然不是一个选择。

于是，人们将注意力转向了驱逐。国际社会封锁了克里米亚，这让人想起近80年前国际联盟对日本占领中国东北的反应。然而，这一次国际社会可以撤回与俄罗斯的合作。美国和欧洲几乎禁止了与该地区的所有投资和贸易。[69]麦当劳（McDonald's）、贝宝（PayPal）、亚马逊（Amazon）、维萨（Visa）和万事达（Master Card）都撤出

① 书中俄罗斯“吞并”克里米亚之说是作者反映的西方国家的立场，其他一些国家有不同立场。——译者注

了克里米亚。克里米亚淡水和电力供应——超过 80% 来自乌克兰——也有波动。一度繁荣的克里米亚旅游业，在并入俄罗斯后的第一年里就下降了一半。[70] 甚至万国邮政联盟也暂停了在该地区的邮政服务。[71] 正如一名美国官员所解释的那样，制裁机制传递了这样一个信息："它基本上是说，你可以声明你的战争捕获，但它对你来说没有多大价值，因为我们不会让你轻易得逞。"[72]

为了驱逐俄罗斯，美国和欧洲必须携手合作，这一计划之所以困难，不仅是因为联合国安理会无能为力，还因为俄罗斯经济对全球经济非常重要，它比以往任何西方制裁的目标都重要。[73] 尤其对于欧洲来说，过去——且现在——制裁俄罗斯的代价太巨大。俄罗斯供应欧洲 30% 的天然气 [74]，是欧洲第三大贸易伙伴。[75] 由于欧洲仍处于从 2008 年金融危机和随后的经济衰退中复苏的状态，其政治领导人谨慎避免本国经济受到伤害是可以理解的。[76] 那些与俄罗斯有重要政治和经济联系的欧盟成员国，包括希腊和德国，对经济制裁俄罗斯的负面影响特别关注。[77]

然而，欧洲确实采取了行动。欧盟宣布，"乌克兰的主权、领土完整和独立必须得到尊重。欧盟既不承认克里米亚的公投，也不承认公投的结果。欧盟现在不承认、将来也不会承认俄罗斯联邦对克里米亚和塞瓦斯托波尔的吞并"。[78] 此外，奥巴马总统也宣布，"乌克兰的主权和领土完整必须得到尊重，国际法必须得到维护"。[79] 双方都清楚地表明，全球法律秩序的基本原则已经被打破。

克里米亚并入俄罗斯后不到一周，工业化民主国家组成的八国集团就暂停了俄罗斯的成员国身份。其余七国谴责"俄罗斯吞并克里米亚的非法企图"是"违反国际法"的行为，并宣布将抵制原定在俄罗斯索契举行的会议，转而在排除俄罗斯参加的情况下，在北约和欧盟总部所在地布鲁塞尔开会。刚刚卸任美国驻俄罗斯大使的迈克尔·麦克福尔（Michael McFaul）解释说，尽管此举主要是象征性的，但它传递了一个重要的信息："八国集团是他们想要成为其中一员的组织。对他们来说，这象征着他们是大男孩俱乐部（big-boy club）——大国俱乐部的一员。"[80]

新一代的驱逐工具还允许实施更精妙、更严格限制范围的制裁。第一个制裁目标是个人。奥巴马总统发布了一项行政命令，授权"制裁对侵犯乌克兰主权和领土完整或窃取乌克兰人民资产负有责任的个人和实体"。美国国务院表示，旅行限制表明美国政府"继续努力让俄罗斯和那些应该对克里米亚局势负责的人付出代价"。[81] 同样，欧盟对那些其行为有助于"破坏或威胁乌克兰的领土完整、主权和独立"的人实施了制裁，比如普京的总统办公厅主任谢尔盖·伊万诺夫（Sergei Ivanov）；普京的总统办公厅副主任维亚切斯拉夫·沃洛金（Vyacheslav Volodin），他负责监督克里米亚融入俄罗斯的政治进程；俄罗斯国有石油巨头俄罗斯石油公司（Rosneft）首席执行官、普京的密友伊戈尔·谢钦（Igor Sechin），以及俄罗斯副总理德米特里·罗戈津（Dmitry Rogozin）。[82]

为了阻止俄罗斯进入乌克兰，美国和欧洲想要强行让俄罗斯付出足够的代价。但它们也希望将对全球经济造成的附带损害降到最低。因此，它们没有以俄罗斯经济的日常健康运行为打击对象，而是瞄准了其长期增长。于是，与对伊朗的制裁一样，它们切断了俄罗斯进入美国和欧洲资本市场的通道。但是，美国和欧洲并没有像在伊朗问题上那样禁止与俄罗斯大型银行的所有交易，而是尝试了一些新方法。它们只禁止了一种特定的金融交易——向特定的俄罗斯银行、能源公司和涉及国防工业的公司提供长期贷款。这些限制措施使得在俄罗斯进行大规模资本投资变得非常困难且代价高昂。从长期来看，这些制裁将严重阻碍俄罗斯经济的发展，但不会对全球经济构成突然的冲击。[83]

美国和欧洲还禁止向俄罗斯出口西方国家拥有的石油勘探技术，

这些技术对俄罗斯页岩、北极和深海石油勘探至关重要。[84]这些措施迫使埃克森美孚公司放弃了与俄罗斯能源公司俄罗斯石油公司在喀拉海（Kara Sea）的合资企业。[85]和针对俄罗斯的其他制裁措施一样，它们都是经过精心调整的，目的是解决这个似乎“太大而无法被驱逐”的国家的问题。西方对俄罗斯的制裁并没有封锁某个行业的全部，而是准确地找出了弱点——比如西方资源或技术极具价值且难以被替代的领域——同时最大限度地减少对实施制裁国家自身的直接经济影响。

俄罗斯采取了所谓的“对等制裁”作为报复。俄罗斯外交部网站上发布的一份声明强调，制裁是一把“双刃剑”，并对几位美国政界人士实施了“对等制裁”，其中包括在推特上庆祝对俄制裁的众议院议长约翰·博纳（John Boehner）和参议员约翰·麦凯恩（John McCain）。[86]

经济制裁与油价下跌一同导致俄罗斯经济衰退。2015 年前两个月，俄罗斯与欧盟的贸易量下降超过三分之一。俄罗斯总理德米特里·梅德韦杰夫（Dmitry Medvedev）估计，2014 年和 2015 年，西方制裁给俄罗斯造成的损失为 1060 亿美元。在克里米亚并入俄罗斯一年半以后，国际货币基金组织的一份报告称，预计俄罗斯 2015 年国内生产总值将萎缩 3.4%。该报告还预计，长时间的制裁可能会导致俄罗斯在中期内累计产出损失达到国内生产总值的 9%。[87] 2016 年 10 月，普京公开承认，西方制裁让俄罗斯付出了代价：“制裁正在伤害我们……尤其是在石油和天然气技术转让方面。”[88]

对俄罗斯的驱逐可能会失败。普京总统没有屈服。但是，这些精心设计的制裁的目的恰恰是让其效果缓慢发酵：避免俄罗斯经济崩
/ 394 溃——那将是一场会让欧洲垮掉的内爆——并刻意惩罚那些帮助“吞并”克里米亚的人，减少战争捕获的规模，并威胁俄罗斯经济的整体发展轨迹。美国和欧洲制定了一项战略，迫使俄罗斯长期尊重国际法——如果美国和欧洲坚持到底的话。

战争的替代选择

如果说克里米亚的局势让人清醒地意识到驱逐的局限性，那么伊朗的局势则表明，即便是短期内失败的驱逐，最终也能取得胜利。2015 年 8 月，经过两年多的谈判，伊朗与六国终于达成了一项前所未有的协议。[89]它规定美国、中国、俄罗斯和欧盟取消诸多制裁措施。作为回报，伊朗将大幅缩减其核计划。它将拆除三分之二的离心机，保持低浓缩铀水平至少 15 年，将其浓缩铀储备减少 98%，并允许国际原子能机构（IAEA）全面监督其执行情况。

协议签署一年之后，即 2016 年 5 月，国际原子能机构发现伊朗履行了承诺。伊朗的铀浓缩离心机从 19000 多台减少到仅 5060 台。伊朗终止了铀浓缩活动，并清除了位于福尔多（Fordow）的秘密设施里的所有核材料。它减少了浓缩铀的储备，并将位于阿拉克（Arak）的重水反应堆堆芯填满了混凝土，使其永远无法运转。总的来说，这些条款将伊朗的“突破时间（breakout time）”——生产足够制造一件核武器所需的裂变材料的时间——从大约两三个月延长到至少一年。[90] 尽管批评人士抱怨该协议仍然允许伊朗拥有浓缩核材料，但其中一些人后来承认，它已经成功地消除了迫在眉睫的威胁。在 2016 年，以色列前国防部长摩西 · 亚阿隆（Moshe Ya’alon）在谈判期间曾强烈反对该协议，他后来改变了态度，姗姗来迟地表示支持，承认伊朗的核计划“已经根据世界大国签署的协议被冻结，不会对以色列构成直接的威胁”。[91]

驱逐的演变并非没有挫折。从 20 世纪 30 年代初发端到今天，这条道路充满了失败。但随着时间的推移，通过反复试验，国际法律秩序已经发展出了一系列非凡的工具来应对全球挑战，这些挑战建立在一个简单的体系之上，这个体系使冰岛的合作型文明在没有中央强制的情况下成为可能。虽然不完美，但事实证明，驱逐的工具非常灵活，主要受到那些运用它的人的创造力的限制。从维持全球贸易，到服务国际邮政、保护人权、保护环境，再到核（不）扩散，驱逐一直被用来鼓励各国遵守规则，并惩罚那些在这个“强权不再是公理”的世界上没有遵守规则的国家。

有些人可能会问，驱逐——如戴维·科恩所言，“战争的替代选择”——是否真的比它所取代的战争好得多。毕竟，各国仍有可能被迫加入协议，如果不是通过武力威胁［在新世界秩序中，这将引发胁迫防御（duress defense）］，那么就是通过经济威胁（这不会引发胁迫防御）。非法化战争以及围绕这一进程发展起来的法律体系，是基于这样一个原则，即战争的物质破坏极度有害。政治理论家朱迪斯·施克拉尔（Judith Shklar）的著名论断是，残忍——“强者为了实现针对一个弱者或弱势群体的某种有形的或无形的目的，故意对后者施加身体上的，其次是情感上的痛苦”——是最大的恶。[92] 驱逐以排斥群体成员利益的方式取代了这种罪恶。就像武力和武力威胁一样，驱逐也限制了选择。但采取驱逐措施的话，没有通常伴随战争的残酷和破坏。

这种驱逐不是暴力行为，它还有一个好处：它使国家机构完整无损。毕竟，战争是一种极其迟钝的工具。如果使用军事力量强迫其他国家，就会破坏向居民提供基本服务和安全所必需的机构。在一个弱国可能成为失败国家，而失败国家又会引起内战和恐怖主义的世界里，使用驱逐手段而不是用战争摧毁它们来向国家机构施压，不仅是一项好的法律，而且是一种明智的做法。

/ 第十七章 “伊斯兰国”的视角

2014年夏天，正当西方世界开始注意到名为“伊斯兰国”（Islamic / 396
State）的暴力组织时，一段名为《赛克斯－皮科协定的终结》（“The End of Sykes-Picot”）的视频出现在网络上。正如片名所暗示的，这段视频谴责了1916年英法之间旨在瓜分阿拉伯世界的秘密协议。可以被视为该剧主角的是一位名叫巴斯蒂安·巴斯克斯（Bastián Vásquez）的年轻“圣战”分子，他是一名居住在叙利亚的智利裔挪威人，是“伊斯兰国”最受欢迎的代言人之一。[1]

“伊斯兰国”是一个不仅允许而且也提倡用暴力冲突达到法律和政治目的的组织。视频中包含了推动“伊斯兰国”崛起的复杂网络宣传的所有标志。高清视频的背景音是男性吟唱和车载音乐，以巴斯克斯升起黑色“伊斯兰国”旗帜的画面开场。他指着一片只有几栋废弃建筑的沙漠，用英语说：“现在，我们在沙姆现场。”“正如你所看到的，这就是所谓的赛克斯－皮科边界。一切赞颂，全归真主。我们不承认它，也永远不会承认它。如真主所愿。这不是我们要打破的第一
道边界。如真主所愿。我们将打破所有的边界，但我们将从这个边界 / 397
开始。如真主所愿。”

然后他走向边境。“这就是所谓的检查站，马利基的士兵曾守在这里。”他指的是努里·马利基（Nouri al-Maliki），当时是伊拉克的什叶派总理。走到一个倒塌的标示牌前，巴斯克斯说道：“正如你所看到的，这是一个标示牌。上面写着‘指挥官的营队边界’（Commander’s Battalion Border）。这里仅有的指挥官和营队是伊斯兰营。如真主所愿。”他站在牌子上，把牌子踩在脚下，这在阿拉伯文化中是一种深深的不尊重，因为他们认为脚底不干净。“正如［自封的哈里发阿布·巴克尔（Abu Bakr）］巴格达迪（al-Baghdadi）说过的，他是打破边界的人。如真主所愿，我们将打破伊

拉克、约旦、越南和所有国家的边界。如真主所愿，直到我们与真主达至统一。这是我们要打破的许多边界中的第一个。如真主所愿。”[2]

这段视频没有“伊斯兰国”制作的其他视频那么可怕，但仍然很恐怖。视频中的某一刻，巴斯克斯打开了边境站的一扇门，房间里面挤满了惊恐的囚犯。巴斯克斯解释说，这些人是什叶派边境警卫和雅兹迪人（Yazidis），他们“崇拜恶魔”。他走出房间，从给大楼安装炸药的同伴身边漫步而过。《赛克斯－皮科的终结》的最后一个场景是在一辆卡车里拍摄的，拍摄的是远处的那座建筑。巴斯克斯的手放在雷管上。他按下按钮，边境警察局就在大规模爆炸中化为灰烬。当尘埃落定后，只剩下一堆瓦砾。然后，背景音乐逐渐增强。[3]

瓜分熊皮

人类学家詹姆斯·斯科特（James Scott）在他的经典著作《国家的视角》（*Seeing Like a State*）中，将伊拉克和叙利亚之间边界的确立描述为将领土划分成合理的、有组织的空间的过程，在这个空间内，一个国家可以对其人民行使权力。[4]巴斯克斯的视频清楚地表明，“伊斯兰国”看待事物的方式与斯科特所描述的现代国家非常不同。它拒绝现存的国家间边界和它们所象征的一切，并试图在它们所在之处建立一个全球性的哈里发国。要理解这一愿景——它的起源、它的范围，以及它对新世界秩序构成的严重威胁——我们必须将时间后退一个多世纪。

/ 398 第一次世界大战爆发时，奥斯曼帝国幅员辽阔。在1912年和1913年的巴尔干战争中，它几乎失去了在欧洲的所有领土。在那之前的几年里，它失去了北非的领土，但它仍然控制着今天的土耳其、叙利亚、黎巴嫩、以色列、约旦、伊拉克、伊朗、也门和沙特阿拉伯的大部分地区。尽管奥斯曼帝国哈里发——伊斯兰政治和宗教领袖——

的权威仍然存在，其权威可追溯到1362年穆拉德一世（Murad Ⅰ）征服埃迪尔内，但至此时，他已经沦为一个傀儡。哈里发穆罕默德五世（Mehmed Ⅴ）于1914年11月11日宣布对协约国发动“圣战”，但他仅仅是遵循了由三位部长组成的三人统治集团的决定。在前一年的政变中，他们控制了奥斯曼帝国政府。[5]

哈里发号召“圣战”一年后，英国的马克·赛克斯爵士（Sir Mark Sykes）和法国的弗朗索瓦·乔治－皮科（François Georges-Picot）就其共同敌人的未来开始了谈判。谈判的目的很简单：确定如果英法在战争中获胜，该地区将做如何安排。不出所料，他们一致认为，该地区将被划分为由法国和英国以及在较小程度上由俄国控制和影响的地区。正如英国陆军部军事情报局局长麦克多诺准将（G. M. W. Madonough）①指出的那样，现在讨论如何安排奥斯曼帝国领土归属还为时过早：“在我看来，我们相当于还没捕熊就把熊皮给瓜分了的猎人。”[6]

皮科对征服事业充满热情。他出身于一个帝国殖民主义王朝——他的父亲帮助建立了法国非洲委员会（Comité de l’Afrique Française），这是一个致力于法国在非洲扩张的精英组织，而他的兄弟是这个组织的财务主管。在法国外交部，他被认为是殖民者利益的代言人，长期以来一直是法属叙利亚（French Syria）的忠实拥护者。[7]他和法国外交部希望建立法国对地中海沿岸地区的直接统治，包括叙利亚和黎巴嫩的部分地区，并通过阿拉伯傀儡领导人控制叙利亚的大部分内陆地区。

皮科不知道的是，法国人的计划正中英国人下怀。这一安排将把法国的控制从地中海沿岸延伸到东部，沿着俄国控制的区域延伸。它将创造出一种法国三明治，北部领土由俄国控制，南部和东南部领土

① 此处原文为“G. M. W. Madonough”，其中“Madonough”应该为“Macdonough”笔误，指的是乔治·麦克多诺。——译者注

/ 399

由英国控制，而法国位于二者之间。法国将成为保护英属中东免受俄国侵略的缓冲地带。[8]

战争时期的同盟国为了瓜分战争中的敌国领土而进行秘密谈判，这不足为奇，甚至也不值得特别注意。这类讨价还价已经进行了几个世纪。但是，使得这些关于奥斯曼帝国领土归属的谈判令人恼火的原因——这也是它们今天继续在该地区激起愤怒的原因——是英国同时向阿拉伯领导人承诺了同样的领土，以换取他们为反对奥斯曼人的战争提供援助。此外，英国人还与犹太族群就在巴勒斯坦建立犹太人民族家园问题进行了秘密谈判，这一承诺最终在 1917 年的《贝尔福宣言》（Balfour Declaration）中公布。

在一封写给“麦加的谢里夫（Sherif of Mecca）”侯赛因·本·阿里（Husayn ibn Ali）的信中，英国保护下的埃及高级专员亨利·麦克马洪（Henry McMahon）爵士同意战后承认阿拉伯独立：“英国准备承认和支持麦加的谢里夫要求范围内的所有地区的阿拉伯人的独立。”[9] 侯赛因及其追随者将这些承诺视为正式条约。鉴于英国的保证，侯赛因的儿子费萨尔（Faisal）在 T. E. 劳伦斯（T. E. Lawrence）（他被誉为“阿拉伯的劳伦斯”这一浪漫主义称号）的帮助和鼓励下，领导了一场阿拉伯起义反对奥斯曼帝国，帮助英国在 1918 年 10 月击败奥斯曼帝国。

这两个承诺——法国、英国和俄国之间的承诺，以及英国和侯赛因之间的承诺——实际上是否不可调和？关于这方面的争论仍在继续。一些人甚至认为，侯赛因得知这些协议内容时并不像他后来表现出来的那么惊讶，因为他知道法国和英国对该地区的领土要求。[10] 但这种辩解似乎只是一层薄薄的遮羞布。麦克马洪很清楚，这份协议对侯赛因来说是一种侮辱，因此他主张保密。他警告英国外交部：“我认为，目前这个时候泄露协议可能会损害我们与各方的良好关系，并可能导致其中一些国家态度的改变。”[11] 侯赛因和他的部下如果知道他们是在为欧洲的影响力而不是被承诺给予自己的独立而战，就不会起义反对奥斯曼帝国了。

/ 400

尽管《赛克斯 – 皮科协定》已成为一个强有力的象征，但它从未真正生效。1917 年 11 月布尔什维克推翻俄国临时政府后，他们发现了这份秘密协议并将其公之于众。协议内容的曝光导致英国和法国完全放弃了这份协议。甚至随后签订的条约——1920 年的《色佛尔条约》（Treaty of Sèvres）——也从未得到批准。该条约试图将奥斯曼帝国划分为英国、法国、希腊和意大利的势力范围。因为在其缔结之前，土耳其独立战争就爆发了。1923 年，《洛桑条约》（Treaty of Lausanne）的签订结束了这场战争，该条约承认今天的土耳其是奥斯曼帝国的继承者。

在随后的几年里，国际联盟授予法国对叙利亚和黎巴嫩的托管权，同时授予英国对巴勒斯坦（包括外约旦）和美索不达米亚的托管权。[12] 法国的托管一直持续到 1945 年 10 月叙利亚和黎巴嫩加入联合国，伊拉克于 1932 年 10 月获得独立，1946 年外约旦哈希姆王国成为独立的约旦国。英国对巴勒斯坦的托管在 1948 年 5 月结束，当时，该领土未能被和平划分导致以色列单方面宣布建国以及该地区的冲突得不到解决。

因此，《赛克斯 – 皮科协定》是一个象征。伊拉克、叙利亚、约旦、埃及和该地区其他国家的边界不是该条约的直接产物。尽管该协议从未生效，但是，人们只需要将赛克斯和皮科特划定的边界与目前界定叙利亚、伊拉克、土耳其、约旦、以色列、沙特阿拉伯、黎巴嫩和伊朗等国的边界进行比较，就可以发现它们之间的相近之处。有人将这种相似性解释为《赛克斯 – 皮科协定》确实塑造了（该地区的）现代地图。但更有可能的是，长期存在的历史主张既塑造了该协议，也塑造了似乎遵循了该协议的各国的现代边界。

尽管该协议对现实世界几乎没有影响，但将《赛克斯 – 皮科协定》与该地区各国当今的边界联系起来看，则会发现这一协定具有强大的修辞意义。它将该地区的现代边界与最后一个伟大的穆斯林帝国的解体联系起来，并将这些边界变成了一个严酷的提醒——西方统治和背叛的历史。对“伊斯兰国”来说，更重要的是，该协定玷污了这些边界内的主权国家。它们认为，这些国家的诞生与一项旨在剥夺穆
/ 402 斯林在世界上应有地位的秘密协议联系在了一起。因此，终结《赛克斯－皮科协定》意味着终结现代阿拉伯国家。

然而，所有这些并不能充分解释为什么《赛克斯－皮科协定》会被“伊斯兰国”及与其志同道合的伊斯兰激进组织认为是如此强大的象征——他们自己世界秩序愿景的陪衬。为此，我们必须及时采取行动，揭开现代伊斯兰极端主义的根源。

赛义德·库特布

这位创建现代伊斯兰极端主义思想框架的人，与现代“伊斯兰国”宣传视频中可怕的年轻“圣战”分子完全不同。赛义德·库特布于 1906 年 10 月 9 日出生于埃及。他个子矮小，身体虚弱，健康状况不佳。三十多岁时，他患了一次肺炎，导致心脏不好，还有慢性肺病。[13] 库特布穿着正式，留着牙刷似的胡子，给人一种古板之感。[14] 在他的许多崇拜者看来，他流露出一个有着坚定信念的人应有的尊严、纯洁和安详。然而，另一些人却看出了他的狡猾和狡诈。纳吉布·马哈福兹（Naguib Mahfouz）是第一个获得诺贝尔文学奖的阿拉伯语作家。他与库特布一道活跃在开罗的文坛上。在一个几乎不加掩饰的虚构描绘中，他表达了对朋友库特布的保留态度。[15] 他欣赏库特布敏锐的理解力和令人印象深刻的学识，特别是考虑到他贫穷的成长环境，马哈福兹也禁不住“被［他］投机取巧的一面所困扰，怀疑他的正直。永恒的反感……在我心中定格”。[16] 马哈福兹暗中观察到库特

布“有能力保守秘密，这在埃及人当中很少见”。[17]

他保守的秘密与他日益完善的伊斯兰主义思想有关。他政治观点的转折点可以追溯到他在美国的两年经历，这两年是一项教育任务。尽管在 1948 年开始他的美国之旅之前库特布就对美国持怀疑态度，但他的不安很快就变成了厌恶。从埃及出航时，他听到有人敲他的房门。一个高大、美丽、“半裸”的女人问是否可以和他一起过夜。他抵挡住了诱惑，砰地把门关上，然后听到了“砰”的一声。那个醉酒的女人醉倒在了走廊的地板上。[18]

美国生活的道德堕落和美国女性的性能力，是库特布后来的反思中反复出现的主题。“女孩看着你，仿佛她是一个迷人的仙女或逃脱的美人鱼，”他写道，“但当她走近时，你只能感觉到她失去光芒的内心深处的原始本能，你能闻到她燃烧的身体，而不是香水的味道。然后，她变成了肉。”“真正美味的肉，”这个虔诚的男人承认，“尽管如此，但仅仅是肉而已。”[19]

在美国生活期间，库特布亲身经历了种族主义。这个皮肤黝黑的埃及人曾被误认为是非洲裔美国人，并被拒绝进电影院。[20]当老板意识到自己的错误而道歉时，库特布拒绝光顾这家电影院。“我看到他们用卑鄙的傲慢和丑陋的残忍对待有色人种，”他后来在对《古兰经》的评论中写道，“他们在全世界面前表现出来的狂妄自大比纳粹还严重。”[21]但是库特布本人并没有超越种族主义。他声称，“黑人创造出来”爵士乐“一方面是为了满足他们的原始倾向和对喧闹的渴望，另一方面是为了激发他们的重要性情”。[22]他还写道，犹太人的“邪恶计划”是确保“人类所有的财富最终都落入犹太人的金融机构”。[23]

美国最使库特布感到不安的是它的空虚。当他在科罗拉多州的格里利市安顿下来并就读于科罗拉多州立教育学院（Colorado State College of Education）时，他为郊区生活中充满空洞的物质主义所震撼。郊区居民在周末整理他们整洁的草坪。“所有的房主都在空暇

/ 404

时间努力工作，浇灌他们的私人庭院，修整他们的花园。这就是他们所做的一切。”[24] 当他们交往时，他们的谈话只不过是些琐碎的闲聊。这个仅存超级大国的经济繁荣并没有带来精神上的启蒙。“灵魂对美国人没有价值，”他在给朋友的一封信中写道，“有一篇博士论文是关于洗碗的最佳方式，在他们看来，这似乎比《圣经》或宗教更重要。”[25] 美国的荒谬甚至可以从橄榄球中看出。“脚在比赛中竟然没有任何作用”，他简直不敢相信自己的眼睛。[26]

回到埃及后，库特布加入了穆斯林兄弟会（Muslim Brotherhood）。该组织由哈桑·班纳（Hassan al-Banna）于 1928 年创立，他是苏伊士运河埃及总部所在地伊斯梅利亚地区的一名小学教师。在教学过程中，班纳越来越担心英国及其对埃及现代化的努力会导致埃及偏离伊斯兰原则。他建立的兄弟会将挑战殖民主义和世俗主义势力。[27] 在班纳为了“告知人民穆斯林兄弟会的使命”而写的一本小册子中，他解释说，它的目的是“建立真主对世界的主权”。[28]

然后，穆斯林兄弟会的目标就像现在一样具有多个层面了：不仅致力于抵制世俗主义，还致力于为那些关注殖民主义、教育、公共卫生、社会不平等以及伊斯兰世界在全球舞台上的弱点的人提供一个论坛。[29] 它既包含了温和的因素，也包含了比较激进的因素，这也像现在一样。[30] 事实上，当库特布第一次加入穆斯林兄弟会时，他拥护该组织的宗旨，反对世俗政府——这种政府的腐败在美国表现得非常猖獗——但与组织中更极端的分子不同，他还没有倡导暴力。相反，他希望埃及人民起来反抗他们的世俗统治者，要求建立一个伊斯兰政府。

正是在这一年，各大国缔结了《非战公约》，一种不同的伊斯兰世界愿景开始出现在埃及面前。今天，这种愿景对《非战公约》促成的新世界秩序构成了危险的挑战。因为，尽管该公约禁止战争，并成为以主权国家为基础的世界秩序的基础，但成立于 1928 年的穆斯林兄弟会将成为一个世界愿景的起点，这个愿景不仅允许而且要求发动战争，以确立真主的全球主权。

《里程碑》

1954年10月26日晚，埃及总理贾迈勒·阿卜杜勒·纳赛尔（Gamal Abdel Nasser）在亚历山大港的公共广场上向人群发表了全国广播直播演讲。[31]纳赛尔的目标是通过建立一个世俗政府来实现埃及的现代化，通过大型公共工程项目建设促进埃及实现工业化，并让埃及与无神论的苏联结盟，他希望借此从苏联获得经济和技术援助。[32]

就在他演讲的时候，一名来自穆斯林兄弟会的激进分子在集会中强行通过，向总理①开了八枪。当子弹从他头上呼啸而过时，纳赛尔并没有退缩。[33]“让他们杀了纳赛尔！”他大声疾呼。“纳赛尔是谁？他只是众多人中的一个……即使我死了，你们也都是贾迈勒·阿卜杜勒·纳赛尔。”[34]

纳赛尔是在两年前的一次军事政变中推翻生活放荡、臃肿肥胖的法鲁克国王（King Farouk）上台的，在此之前，他缺乏合法性。但他面对暗杀袭击时的勇气——奇迹般地，他没有被子弹击中——使他成了民族英雄。[35]纳赛尔利用自己人气飙升的机会，采取行动消灭了穆斯林兄弟会。安全部门抓住了阴谋的主要策划者，绞死了其中6人。然后，它在埃及其他地方到处撒网。赛义德·库特布是被镇压的数千名穆斯林兄弟会成员之一，他当时是穆斯林兄弟会政治杂志的编辑。[36]

---

① 此处原文为“president”（总统），实际上，纳赛尔1954年4月任埃及总理，1956年6月埃及颁布宪法，他当选总统并兼任总理。此次演讲是1954年10月，此时纳赛尔还未当选总统，其职务为埃及总理。——译者注

被捕、在公开审判中被判犯有颠覆活动罪以及随后的监禁和折磨改变了库特布。监狱把一个温和的伊斯兰主义者变成了一个激进分子，这种模式会重复很多次。[37]在他作为囚犯的十年中，库特布成为一名狂热分子，并以狂热分子的激情改造了伊斯兰政治理论，以证明利用战争作为服务伊斯兰终极目标工具的正确性。有了这样的转变，库特布成为激进伊斯兰主义的理论之父，他的作品在伊斯兰世界广为传阅。他对伊斯兰教的概念化将给一代“圣战”者以伊斯兰主义理论形态、声音和方向，同时他也成为当代被引用最多的伊斯兰主义思想作家。[38]

毫无疑问，《里程碑》(*Milestones*)——库特布在潮湿、恶臭的托拉监狱服刑时所写的宣言——的开篇语是压抑恐怖的。他警告说："今天的人类正处于悬崖边缘。”危险不在于“悬在人类头顶上的彻底毁灭”，即核末日的威胁。库特布认为，由冷战引起的存在主义危机只是现代世界所面临的更大的精神危机的一个症状。[39]

更重要的是，库特布现在认为，为了实现这一进步，战争是必要的，也是正当的。库特布强调，在战争权方面，现代国际法不适用于伊斯兰教。“伊斯兰‘圣战’与现代战争没有任何关系，无论是其起因还是其进行方式。”[40]

/ 406

库特布反对“圣战”只能在自卫的情况下进行的观点。事实上，他看到了那些宣扬这种教义的人背后的背叛。他斥责那些虚伪地宣称“伊斯兰教只规定了防御战争”的“邪恶的东方主义者”！[41]他认为，这些为伊斯兰教辩护的人正试图颠覆伊斯兰教，他们“剥夺伊斯兰教的方法，即废除世上所有的不公正，使人们只崇拜神，使他们不再受他人奴役，从而成为神的仆人”。[42]在他看来，“圣战”只有一种防御意义，那就是保护人类免受“人类领主和人为法律的束缚”。[43]

什么样的起因允许侵略战争？库特布认为，“应该从伊斯兰教的本质及其在世界上的作用中寻找”“圣战”的起因。根据库特布的说法，伊斯兰教“实际上是一种普世宣言，宣告人享有不受他人奴役，也不受自己欲望奴役的自由”。[44]伊斯兰教寻求将人从蒙昧（Jahiliyyah）中解放出来，这种精神上的无知覆盖了伊斯兰教之前的世界。蒙昧的本质是“一个人对另一个人的统治”——将人提升到神圣的地位，并将他视为主权的一个最终来源。[45]伊斯兰教的目标是通过说服人类相信“主权只属于真主，他是所有世界的主”来消灭蒙昧。它不允许任何“把最终决定交给人类，且所有权威都来源于人类的体系”存在。任何给予人类终极政治权威的体系都犯了最严重的罪：它“通过指定他人而不是真主来统治人类，从而将人类神化”。伊斯兰教不能容忍这种亵渎神明的傲慢。它要求“把真主被篡夺的权力还给真主，把篡夺者赶出去”。[46]

通过这些话语，这位“圣战”先知不仅拒绝禁止战争，还许可对整个世俗统治发动侵略战争。

黑　旗

由于健康状况不佳，在被囚禁的大部分时间里，库特布都在医务室里度过。正是在病床上，他写下了《里程碑》，由他的两个姐姐分批偷偷带出了监狱。[47]他指导那些被审讯者折磨后送到医院的囚犯。这些被鞭抽、殴打、倒吊数小时、冰水浸泡、野狗袭击的年轻人愿意接受库特布关于蒙昧的理论，即蒙昧控制了阿拉伯世界，必须采取激烈措施打败它。

库特布被判15年徒刑，服刑10年后获释。他被释放的原因尚不清楚。有几种猜测：因为在狱中读过库特布对《古兰经》的评论，伊拉克总统替库特布向埃及政府调停，希望通过这种方式报答他从库特布著述中获得的慰藉；库特布患有心脏病，埃及政府可能不想因为他的死而受到指责。他的支持者持有更为阴暗的怀疑。对他们来说，释

/ 407

放库特布是一个圈套：埃及政府希望库特布参与革命活动，从而给他们一个处决他的借口。[48]

1966 年库特布出狱时，英国人已经从埃及撤退了。埃及经济蓬勃发展。库特布得知自己已经声名狼藉。《里程碑》于 1964 年出版，尽管很快被禁，但它还是被印刷了五次，并在整个伊斯兰世界广为流传。然而库特布不禁得出结论，蒙昧比以往任何时候都更强大。纳赛尔牢牢控制着埃及政治，西方的堕落已经渗透进了流行文化当中。在埃及之外，阿拉伯民族主义也在抬头。帮助库特布出狱的伊拉克总统是一个阿拉伯社会主义者——实际上是一个纳赛尔主义者。阿拉伯民族主义政党阿拉伯复兴社会党（The Ba’ath Party）控制了叙利亚。在 1956 年的镇压中被宣布为非法的穆斯林兄弟会已经被解散并瓦解了。[49]

然而，一些顽固的伊斯兰主义者决心重振穆斯林兄弟会，并选择库特布作为他们的导师。按照他在《里程碑》里制订的计划，库特布不愿准许暴力革命活动。在他的计划里，伊斯兰复兴的第一阶段是远离社会，净化灵魂。然而库特布还是允许先头部队在受到攻击时进行自卫，并且他还批准购买武器和进行准军事训练，但这仅仅是以防万一。[50]

在了解到库特布的行为后，埃及政府再次对他进行了打击。1966 年，库特布被逮捕，罪名是从事颠覆活动，并被判处死刑。在被处决
/ 408 的前一天晚上，政府通过他的姐姐向他传递了一则消息，说如果库特布承认穆斯林兄弟会与颠覆组织结盟并道歉的话，那么他就会被减刑。像苏格拉底一样，库特布拒绝为了获得宽大处置而背叛自己的价值观，他接受了死刑。[51]

1966 年 8 月 28 日凌晨 3 点，库特布和另外两名穆斯林兄弟会成员被送上了绞刑架。当头套罩住头颅，绞索套上脖子的时候，他们都背诵《萨哈达》（*shahada*）——穆斯林信仰的基本告白——“只有安

拉才是神”。接着，黑旗升起，活门打开，他们的身体在空中晃动，直到绳索猛拽，扯断他们的脖子。[52]

先知成了殉道者。

观念的战争

当库特布被吊在绞刑架上时，一年前加入穆斯林兄弟会的15岁青年艾曼·穆罕默德·拉比耶·扎瓦赫里（Ayman Mohammed Rabie al-Zawahiri）决心反击。这位后来掌控“基地”组织恐怖主义网络的人与四名同学组成了一个地下组织，致力于推翻纳赛尔政府，建立一个伊斯兰国家。[53]他后来写道：“纳赛尔政权认为，处决赛义德·库特布和他的伙伴是对伊斯兰运动的致命打击。”但事实正好相反。他们非但没有把火扑灭，反而把火煽旺了。[54]

没过几年，另一个名叫奥萨马·本·拉登的少年加入了沙特阿拉伯穆斯林兄弟会——在埃及20世纪60年代中期的镇压之后，穆斯林兄弟会的许多领导人逃到了沙特阿拉伯。其中有几位成为沙特阿拉伯阿卜杜勒·阿齐兹国王大学（King Abdul Aziz University）的教授。库特布的弟弟穆罕默德·库特布（Mohammed Qutb）就是其中一位。作为一名来自富裕家庭的大学生，本·拉登参加了穆罕默德·库特布大受欢迎的公开演讲，穆罕默德·库特布在演讲中为他兄弟的著作辩护，反对温和伊斯兰主义者的攻击。库特布对暴力的呼吁一开始并没有说服本·拉登，但其思想将使他走上成为世界上最为臭名昭著的恐怖分子的道路。本·拉登大学时代的同班同学和最亲密的朋友后来解释说：“我们试图理解伊斯兰教教我们如何饮食、与谁结婚、如何交谈。我们读赛义德·库特布。他是对我们这一代人影响最大的人。”[55]

库特布的主要学术贡献——他的思想如此有影响力并使伊斯兰激

/ 409

进分子与西方发生冲突——在于他所坚持的与格劳秀斯相反的理论路径。格劳秀斯是自然权利自由主义之父，这是一种将主权归于个人的理论。而国家的主权则是通过社会契约将个人意志集中在一起而产生的。格劳秀斯（以及之后的许多西方思想经典）甚至宣称，个人的主权是终极的，即不是来自上帝。在《战争与和平法》充满了无畏精神的“假设上帝不存在”（etiamsi daremus）篇章中，格劳秀斯声称，即使没有上帝，人类仍然拥有自然权利。

在库特布的世界观中，这种断言是对神明的亵渎，因为它把一种只有神才拥有的属性，即主权，归于个人。因此，自由主义是蒙昧的本质：它明确地与“萨哈达”相悖，根据库特布的说法，“萨哈达”表达了这样的思想，即人们“不应该自己决定任何事情”，而应该只听从真主的命令，因为只有“真主才是真正的主权者”。[56] 因此，自由主义也是多神论的范式，因为它把神圣的地位赋予每一个个体，而不仅仅是神。

库特布与格劳秀斯构成了一对镜像。格劳秀斯试图将战争的权利建立在自由主义之上，建立在个人使用武力保护生命和财产的自然权利之上。库特布把消灭蒙昧的义务作为战争的权利，甚至义务的基础。鉴于此，格劳秀斯认为可以为了自由权利而战，库特布则认为必须与自由权利斗争。

因此，库特布处于强敌环伺之中。蒙昧的领域不仅仅是西方世界的世俗主义、种族主义、帝国主义、不平等和性滥交，也不仅仅是纳赛尔和他的追随者，像托拉监狱那些管理着刑讯室的野蛮人。它包括所有世俗的阿拉伯政府，包括埃及、约旦、伊拉克和叙利亚的政府，它还包括乌理玛（ulema）——声称代表伊斯兰教但支持人类统领地位的神职人员，它包括任何阻碍建立“伊斯兰国”的人。整个世界都是敌人。

伊斯兰教和蒙昧之间的斗争是一场残酷的斗争。这是一场不死不

/ 410

休的斗争，因为蒙昧不可能仅靠言语就能被击败。[57]敌人永远不会接受伊斯兰教，伊斯兰教也不可能接受敌人。没有丝毫妥协的余地。战争是一种“永恒的状态，因为真理和谎言不能共存于世”。[58]

在库特布看来，那些认为战争不是关于思想的而是关于帝国主义的人蠢不可及：“这群思想家，他们是当今一代穆斯林可悲状态的产物……他们在失败中放下了精神和理性的武器。”[59]库特布警告说，更糟糕的是，基督教试图“歪曲历史，称十字军东征是帝国主义的一种形式，以此欺骗我们”。[60]中世纪十字军东征、对抗奥斯曼帝国的欧洲战争、拿破仑入侵埃及、《赛克斯 - 皮科协定》、以色列国的建立、对阿拉伯专制政权的支持——在西方看来，这些事件不过是强权政治的家常便饭，是强者支配弱者的一种可悲的但完全是惯常的倾向。但是根据库特布的说法，这种“承认”是一个谎言。十字军东征从来就不是为了攫取权力或控制领土。伊斯兰世界与西方的战争一直是一场观念之战——在那些承认只有真主拥有主权的人和那些把主权归于人类的人之间展开的战争。

库特布的“圣战”不是民族主义的。他认为，由于中东的历史被看作外国控制的遗产，这误导了阿拉伯人，使他们认为解决办法必须是实现地方控制。阿拉伯民族主义者认为，对付帝国主义的手段是民族主义——纳赛尔必须取代丘吉尔。但这是一个陷阱。由人——不论何人——统治才是问题所在，而不是解决之道。战胜蒙昧不能通过采用阿拉伯世界的蒙昧形式来实现。东方的蒙昧并不比西方的好。在库特布的救世主观点中，只有出现一个全球性的伊斯兰国家才能战胜蒙昧。“这里的民族主义是信仰，这里的祖国是伊斯兰教地区（Dar-ul-Islam），这里的统治者是真主，这里的宪法是《古兰经》。”[61]

因此，对于“伊斯兰国”来说，《赛克斯 - 皮科协定》是一个如此强大的象征，并不是因为它代表了帝国主义和强权政治；并不是协议本身，它也从未生效；它并非——至少不是唯一的——象征着西方的背叛，奥斯曼帝国的崩溃，以及随之而来的最后一个哈里发国的崩溃。该协议代表着更糟糕的东西：现代主权国家。

“伊斯兰国”

2014 年 2 月初，“基地”组织切断了与伊拉克“基地”组织分支的联系，主要原因是该分支组织采取针对穆斯林同胞的恐怖主义政策。该组织取了一个新的名字，阿拉伯语为“*ad-Dawlah al-Islāmiyah fī 'l-'Irāq wa-sh-Shām*”，字面意思为“伊拉克和沙姆伊斯兰国”。“沙姆”（Al-Sham）是一个经常被用来指代叙利亚的术语，因为从西方面朝麦加的时候，叙利亚是在左边（同样，从西方面朝麦加时，右边的国家是也门，也门在阿拉伯语里的意思是“右翼”）。直到这次分裂之后，许多美国人才意识到这个组织的存在，部分原因是 2014 年夏天美国和英国记者遭到该组织残忍杀害，以及该组织在伊拉克境内控制的领土急剧扩张。

7 月斋月第一天，阿布·贝克尔·巴格达迪［原名易卜拉欣·阿瓦德·易卜拉欣·巴德里（Ibrahim Awwad Ibrahim al-Badri）］首次以自封的“伊斯兰国”哈里发的身份亮相。巴格达迪于 2004 年在费卢杰被捕，被关押在臭名昭著的阿布格莱布监狱——在那里，发生了可怕的虐囚事件，该事件后来被人以令人震惊的照片揭露了出来——然后他被转移到布卡营地。在那里，他可能在获释前会见了“伊斯兰国”未来的其他领导人。[62] 巴格达迪出现在摩苏尔的大清真寺进行布道，他的每一个动作都是精心设计的，以模仿先知穆罕默德时代的做法。事实上，这个被拍成视频并发布在社交媒体上的场景，接近于行为艺术。巴格达迪身穿黑衣，头戴黑巾，缓缓登上讲坛台阶。他坐在台阶的顶端，祈祷的钟声响起，他拿出一把古老的木制牙刷（miswak），在牙齿上磨了几下。[63] 然后他站起来演讲。“如果不执行安拉的教法，不向他吁求，不采用伊斯兰律令……崇高的、真主的宗教就不会得到执行。这只能通过武力和权力来实现。”[64]

同月，巴格达迪发布了一条斋月消息，旨在招募新的追随者。库特布的世界观贯穿这条消息始终。巴格达迪解释说，哈里发政权倒台后，伊斯兰国家不复存在：“伊斯兰教的非信仰者削弱和羞辱穆斯林，在各地控制他们，掠夺他们的财富和资源，剥夺他们的权利。”他宣称，“他们通过攻击和占领他们的土地，安置奸诈的代理人掌权以便用铁腕统治穆斯林，并散布令人眼花缭乱的欺骗性口号，如文明、和平、共存、自由、民主、世俗主义、阿拉伯复兴主义、民族主义和爱国主义，以及其他虚假的口号”来达到这一目的。穆斯林屈从于这些“东方和西方人为的规避（多神论）的法则，作为一个追随者卑鄙且可耻地生活着，没有意愿和荣誉地重复这些口号，或者生活在被迫害、被攻击和被驱逐的状态，最后在被指控为恐怖主义的情况下被杀害、监禁或遭受可怕的折磨”。[65]

在演讲的最后，巴格达迪呼吁所有穆斯林加入“伊斯兰国”——一个由信仰而非种族或国籍定义的国家：“各地的穆斯林啊……你们有一个国家和哈里发，他将把你们的尊严、力量、权利和领导权还给你们。在这个国度里，阿拉伯人和非阿拉伯人、白人和黑人、东方人和西方人都是兄弟。”他告诫道：“穆斯林，快点向你们的国家进发吧。”“快点，因为叙利亚不属于叙利亚人，伊拉克也不属于伊拉克人。实际上，世界属于真主……‘伊斯兰国’是所有穆斯林的国家。这片土地属于穆斯林，属于全体穆斯林。”[66]

巴格达迪的号召效果很明显。“伊斯兰国”已经吸引了成千上万的战士。[67]它已经控制了叙利亚、伊拉克的大片地区，以及利比亚和埃及西奈半岛的部分地区[68]，还收到了来自菲律宾、印度、阿尔及利亚、阿富汗、埃及、黎巴嫩、印度尼西亚、巴基斯坦、突尼斯、尼日利亚、马里、突尼斯和也门等国各类组织的效忠誓言。[69]它准许实施针对什叶派穆斯林、土著基督徒、雅兹迪人、德鲁兹教派以及其他群体的暴力活动，犯下了难以估量的暴行和战争罪行。它奴役了这些少数族群的一些成员——很多情况下，为其提供的是最为残酷的条件。但是，针对宗教少数派和少数族群的暴力活动并没有停止。它甚至把暴力攻击对象范围扩大到逊尼派穆斯林——那些不赞同领袖巴格达迪所宣扬的特定伊斯兰教义的逊尼派穆斯林，以及那些与美欧合作的
/ 413 国家。

“伊斯兰国”不仅仅是在寻求对阿拉伯世界被统治和被羞辱历史的报复，它的目的不仅仅是结束西方对阿拉伯国家内政的干涉，它也不仅仅是试图建立一个基于伊斯兰教法的神权政府。“伊斯兰国”的目标更独特、更激进。它致力于改变世界秩序的根本性质。“伊斯兰国”不仅拒绝《非战公约》发起的对战争的禁止，而且恰恰接受了完全相反的立场：（国家具有）发动侵略战争的义务。它不仅拒绝西方对阿拉伯国家的影响，而且拒绝承认主权国家和目前存在的国际体系的合法性。因为现存国际体系承认多个主权国家存在，且每个国家都有自决权和保护自己不受军事攻击和征服的权利。然而，“伊斯兰国”不接受存在不止一个主权国家的可能性。它的信徒相信，只有创造了《古兰经》、伊斯兰教教规（Sunna）和圣训（Hadith）所揭示的规则的真主，才能真正强制人们服从。

在本章开篇的《赛克斯－皮科协定的终结》的视频中，巴斯克斯举起右手食指，这个手势在“伊斯兰国”的宣传中如此普遍，以至于一些人习惯称之为“相当于帮派标志的‘圣战’标志”。从表面上看，这个手势暗示了“一神论”（tawhid）的概念，或者神的“一体性”（oneness）。但它的意义不仅仅是简单的一神论。它代表着“伊斯兰国”对除了真主之外的任何合法权威来源的拒绝——不仅包括每个西方国家政府，还包括每个现代国家政府。[70]

一个反对现代国家思想的团体称自己为国家，这似乎有些奇怪。

但是，我们可以再一次在库特布的话中找到答案："伊斯兰教是一种生活方式，它采取切实可行的步骤来组织一场解放人类的运动。""其他社会，"库特布写道，"不给它任何机会按照它自己的方法组织它的追随者，因此伊斯兰教有责任消灭所有这些体系，因为它们是实现普遍自由道路上的障碍。"[71] 只有在这样的国家里，穆斯林才能按照真主的旨意生活。

/ 414

"伊斯兰国"是库特布愿景的体现：我们每天都能看到新的证据，表明"伊斯兰国"正努力控制领土，并通过武装力量重建哈里发领导下的伊斯兰统治。此外，当它建立起统治时，它的行为就像一个国家。"伊斯兰国"已经基于黄金和白银发行了自己的货币，它声称这种货币"与强加给穆斯林的残暴的货币体系相去甚远，而正是这种货币体系造成了穆斯林的奴役和贫困，并浪费了乌玛（Ummah）的财富"。[72] 它设立了伊斯兰教法法庭，颁发诸如婚姻合同和出生证明等法律文件，解决私人争端，并决定刑事处罚。它提供治安和保护，管理城市服务，收税和征兵。[73] 尽管巴格达迪作为哈里发可以监督国家日常运行，但他和他的党羽相信，最终的政治权威不是来自人民，而是完全来自真主。

"伊斯兰国"是目前持有这种政治神学观点最成功的组织，它远非孤军奋战。从"伊斯兰国"分裂出来的"基地"组织也渴望重建七世纪的哈里发国。1994 年，奥萨马·本·拉登宣布，"基地"组织将收回"被窃取的每块伊斯兰土地，包括从巴勒斯坦到安达卢斯以及其他因为统治者的背叛和穆斯林的软弱而失去的土地"。[74] "基地"组织和"伊斯兰国"之间的主要分歧不在于目的，而在于时机和手段。本·拉登警告称，在没有与其他"圣战"组织充分协商的情况下，在没有保持（对所获领土的）牢固控制之前，不要过早地宣布建立哈里发国。[75] 随着"伊斯兰国"失去对领土的控制，巴格达迪似乎应该要听从本·拉登的警告。但是，即使"伊斯兰国"最终被击败，它清除现代主权国家体系的坚定承诺仍将深深扎根于其他受库特布世界观影响的组织当中，这些组织包括“基地”组织、塔利班和征服沙姆阵线（Jabhat Fateh al-Sham）。消灭成千上万的“圣战”分子并不足以挫败激发他们参加运动的政治理念。其他从“伊斯兰国”的视角看待世界的组织会直接试图填补其撤退留下的空间。

要赢得一场关乎世界秩序未来的战争，我们不仅要用强大的武器，还要有强大的思想。

结论　今后的任务

1940 年 11 月，德国装甲部队开进巴黎，轴心国签署了《三国同盟条约》。几个月后，萨尔蒙·莱文森躺在床上奄奄一息。看来，他的非法化战争的梦想要随着他的死亡一道破灭了。约翰·杜威曾给第二任妻子写过一封信，信中把“索尔”（Sol）① 描述为“发起非法化战争运动的可怜人——尽管总有一天会有结果的”。[1] /415

尽管在那时看来，非法化战争的努力不可能有结果，但杜威是对的。莱文森的非法化战争运动确实“开花结果”了。它引发了一场全球性革命。在杜威写完他的挽歌后不到十年，旧世界秩序已经让位于新世界秩序，而这一切都是非法化战争运动的必然结果。今天，征服在很大程度上灭迹了，炮舰外交也结束了。曾经在逻辑上不可能成立的侵略战争罪，现在是海牙国际刑事法院可以起诉的四项罪行之一。而且，曾经禁止中立国实施的经济制裁，现在已成为执行国际法的一个普遍且关键的工具。

然而，今天莱文森帮助建立的新世界秩序面临着风险。战后关于战争非法的共识如今遭受到了 70 年来最大的冲击。通过回顾历史，本书试图引起人们对这些威胁的注意，并为未来指明道路。 /416

一个风险来源是“伊斯兰国”以及其他受库特布“圣战”愿景鼓舞的组织的崛起。“伊斯兰国”试图破坏整个中东地区的国家控制，同时也把西方拖进一场灌输其世界观、破坏世界秩序的对抗。“伊斯兰国”发布斩首西方人的视频意在吸引皈依者，同时也意欲激发西方的回应，而这种回应将会引起一场世界末日式战争。在一段美国救援人员彼得·（阿卜杜勒·拉赫曼）·卡西格［Peter（Abdul Rahman）

① 猜测“Sol”应该是 Salmon Levinson 的昵称。——译者注

Kassig] 被斩首的视频中，蒙面刽子手宣布："我们在这里，在达比克埋葬第一个美国十字军战士，我们急切地等待着你们其余军队的到来。"[2]"伊斯兰国"试图通过破坏法律秩序的方式来刺激美国、英国、法国及其盟友做出反应，试图通过过度反应来达到仅靠它自己永远也无法达到的目的——削弱甚至终结现代国际法律秩序。

迄今，这种挑衅还没有像"伊斯兰国"显然希望的那样，成功地吸引西方军队进行地面战争。[3]但它引发了另一种破坏性反应：2014年，美国对"伊拉克和叙利亚伊斯兰国"（Islamic State In Iraq and Syria，简称 ISIS）发动了大规模空袭。为了证明这一行动是正当的，它声称，它的行动不仅是在保卫伊拉克（这显然是正当的），而且是在自卫（并非如此）。[4]不幸的是，越来越多的人将自卫作为使用武力——针对世界各地的恐怖组织进行这样和那样的行动——的正当理由，可能会使自卫成为一种例外，从而使反对战争的规则化为泡影。事实上，正是出于这种担忧，《非战公约》的起草者们在文件中略去了他们称之为"防御战争"的一个明确例外，而《联合国宪章》的起草者们认为，国家只有在遭受"武装攻击"的情况下才能行使自卫的权利。如果国家总是以自卫来证明使用武力的正当性，那么禁止战争就变得毫无意义。

另一个对战后禁止在《联合国宪章》框架之外使用武力的共识同样有力的挑战是，战后对人道主义理想的承诺与禁止为纠正错误而使用武力（除非得到联合国安理会的授权）的规定之间的冲突。

/ 417

在写作本书时，叙利亚冲突已造成近 50 万人死亡。那里的冲突几乎没有结束的迹象，尽管仍有一线希望，即用外交手段暂时停止杀戮。

许多人想知道，如果体系的规则允许这种暴行，我们是否应该继续遵守体系的规则。战争的效果似乎很诱人。的确，干涉主义者——雨果·格劳秀斯、西周、卡尔·施米特，甚至赛义德·库特布——似乎是对的：战争是唯一可能的解决方案。

但要持有这种观点，就必须准备好接受它所蕴含的一切。如果我们像卡尔·施米特对待魏玛宪法那样对待《联合国宪章》，对禁止战争的例外最终将摧毁新世界秩序及其取得的一切成就。如果美国坚持自己有权以违反《联合国宪章》的方式诉诸战争来解决紧急情况，那么它就无法阻止其他国家为自己攫取同样的权力，而这反过来又会威胁到要求各国遵守禁止战争规定的整个体系。

/ 418 我们不应把违反国际法律秩序的行为视为放弃它的理由，而应把它们视为要加倍支持它的理由。毕竟，一个法律体系是否健康并不仅仅由法律是否被破坏来衡量。例如，2014 年美国执法部门共报告了 1165383 起暴力犯罪案件。[5] 但这并不意味着美国针对暴力犯罪的法律是无效的。没有任何规则是完全有效的。重要的不是法律是否有时被违反，重要的是它是否在很大程度上有效，即使不是完全有效；重要的是当法律被违反后的反应。在过去的二十年里，美国的暴力犯罪大幅下降。当发生暴力犯罪时，警察会进行调查。如果他们找到了罪犯，他或她就会受到审判；如果罪名成立，就会被判刑。

因此，对国际法体系的考验不是我们能否找到违反国际法的事例。相反，我们要看国际法是否在很大程度上发挥了作用，如果不是完全地发挥了作用的话。答案显然是肯定的，国家间战争减少，征服几乎完全绝迹。此外，我们应该关注当法律被破坏后会发生什么。在国际体系中，法律秩序由驱逐而非战争来维护。

/ 419 这一体系的成功取决于大国是否愿意在面临这些挑战时继续在维持法律秩序方面担当主要角色。事实上，对新世界秩序的最大威胁来自那些希望放弃这一角色而向内转向的人。在世界各地，反国际主义情绪正在增强。在美国，自 20 世纪 30 年代中期以来，支持全球自由贸易的两党共识一直很牢固，但现在正在瓦解。唐纳德·特朗普凭借承诺限制商品和人员跨境流动的反国际主义纲领赢得了总统大选。他曾考虑不为联合国提供资金，撤回美国对北约的支持，无视世界贸易组织，夺取伊拉克的石油资源，并放弃用一系列驱逐工具抵制克里米亚并入俄罗斯的政策。他未经安理会授权对叙利亚政府使用武力，明显违反了《联合国宪章》。

美国并不是唯一反国际主义情绪高涨的国家。不满的英国公民出人意料地投票让英国退出欧盟，法国、德国、希腊、匈牙利、荷兰、瑞典、奥地利以及斯洛伐克反欧盟、反全球化极右翼政党的出现，对国际主义者建立的法律秩序带来了深刻挑战。战后达成的有利于“正和”（positive-sum）和平合作而非“零和”（zero-sum）军事竞争的共识正面临前所未有的危机。

为了让国际主义者建立的世界秩序继续下去，各国必须保持对作为其基础的规则和制度的承诺。《非战公约》发起并在《联合国宪章》中重申的新世界秩序是基于这样一种理解，即如果各国为实现其共同目标而合作，每个国家都将更加安全和繁荣。尽管自 1928 年以来发展起来的国际制度尚不完善，但带来了 70 年空前的繁荣与和平。

/ 420 所有这一切并非凭空出现。当世界第一次宣布战争非法从而导致旧世界秩序终结的时候，它并没有创造出任何东西来取代旧世界秩序。国际主义者经过 20 年的艰苦努力，才制定出相关规则和制度，使战争非法的决定成为现实。直到这个时候，莱文森关于世界不再诉诸战争来解决国家间争端的梦想才最终实现。

此外，对联合国和有关国际制度的支持尚不足以实现非法化战争的目标。继续致力于全球自由贸易也至关重要。国际主义者开始明白，当战争被宣布为非法时，必须有别的东西来取代它以实现以往通过战争来实现的目的。在战后世界，自由贸易填补了这一真空。国家可以通过合作而不是胁迫来实现经济繁荣。

自由贸易不仅引导生产性活动远离战争，而且为惩罚违反规则的国家提供了法律工具。取代战争成为主要的国际法执行机制的驱逐手段依赖于强有力的全球合作。如果各国退出全球合作或退出参与全球经济，它们就会失去其不使用武力而对维持国际秩序稳定施加影响的能力。

重申对自由贸易的承诺并不需要忽视它所造成的混乱和痛苦。民众情绪之所以转向反对自由贸易，是因为自由贸易对某些个人和群体造成了真正的伤害，他们目睹了就业机会乃至整个行业的消失。但是，我们不应该努力让这些就业机会回归，而是应该寻求如何更好地帮助那些受到最沉重打击的人，帮助他们从经济中竞争力较弱的领域过渡到竞争力更强的领域。我们还必须努力使贸易收益更为均等地分配。减轻贸易竞争带来的痛苦的举措是正确的，它们将有助于恢复民众对持续参与全球合作的广泛支持。[7]

确实，参与更多的合作可能意味着放弃一些控制权，但这也意味着获得控制权。加入世界贸易组织的国家同意以最低程度的贸易限制让其他国家（或地区）的商品进入本国，但它们也获得同样的进入世界各地市场的机会。这将创造就业机会并提高整体工资水平。事实上，在1970年到2000年之间，开放经济体的制造业工人的工资是封闭经济体制造业工人工资的3~9倍，具体取决于地区经济发展水平。[8]消费者也从更低的商品价格中受益。这些影响并不局限于贸易领域。例如，同意加入2016年《巴黎气候变化协定》（the Paris Agreement on Climate Change）的国家接受了对危害气候活动的限制，但作为回报，它们从其他国家得到了类似的承诺，即其他国家也限制本国的危害气候活动。在这个过程中，各国在应对集体威胁方面取得了进展，这些集体威胁是任何一个国家——即使是最强大的国家——都无法单独解决的。

当世界站在放弃新世界秩序核心承诺的边缘时，本书提醒我们什

/ 421

么是危险的。我们在前面叙述的历史表明，在一个由诸多主权国家组成的世界里，可供选择的法律秩序是有限的。在第一种情况下——我们在本书第一部分描述的旧世界秩序所呈现出来的，所有国家都同意战争是合法的，是纠正错误的一种工具。在那个世界里，征服是被允许的，侵略不是犯罪，中立者必须保持公正（因此对侵略者实施经济制裁是非法的），而且协议可以是强迫性的。在第二种情况中——我们在本书第三部分中描述的新世界秩序所呈现的，所有国家都同意战争是非法的，并拒绝承认战争是获取合法权利的源泉，即使战争是被用来纠正错误。在那个世界里，征服是非法的，侵略是犯罪，经济制裁是管理国家间关系的一个基本工具，不能强迫达成协议。此外，在这一法律秩序下，贸易不仅作为有益合作的源泉，而且作为限制非法行为的集体工具发挥着重要作用。

第三种情况——我们在第二部分中描述的从《非战公约》签订到第二次世界大战结束之间这段时期所呈现出来的，它介于前述两种截然相反的情况之间。但第三种情况在很多方面都是最糟糕的。它本身是不稳定的，它将产生混乱和无序，直到一个新的、稳定的平衡出现。

通过追溯四个世纪以来全球法律秩序的演变历程，我们知道，国际法是一个体系，其规则起落相伴而生，不可能一次只挑选一项规
/ 422 则。国际法体系的关键规则之间有着必要的逻辑联系。（譬如，如果战争是合法的，征服也就不远了。）也不可能一时遵循一套规则，一时又遵循另一套规则。世界不可能长时间地同时应对两种不一致的法律秩序，它们迟早会发生碰撞并导致秩序崩溃。

尽管存在种种问题，但新世界秩序肯定优于旧世界秩序。生活在这样一个世界里要好得多，在这个世界里，战争不是一种可以被用来纠正错误的手段，即使这意味着一些错误仍然没有得到解决。生活在一个征服不被承认的世界里，好过生活在一个承认征服的世界里。生活在一个武力强制的条约可以被撕毁的世界里，好过生活在一个该类

条约具有约束力的世界里。生活在一个发动侵略战争的人可以在法庭上被定罪的世界里，好过生活在一个他们能逍遥法外的世界里。生活在这样一个世界要好得多，在这个世界里，各国可以利用经济制裁惩罚侵略者，而不必担心因此卷入战争。简而言之，生活在新世界秩序中要好得多，尽管新世界秩序存在种种现实的、有时是可怕的弊端，但总归要好过回到一个战争合法的国际体系，或回到一种介于新旧两种世界秩序之间的混乱状态。

尽管面临诸多挑战，但我们有理由保持乐观。虽然情况的确可能变得更糟，但也可能变得更好。它们是否改变以及如何改变在很大程度上取决于我们。我们可以更新规则以应对全球挑战——就像那些曾努力创建更具创新性和创造性的机制以驱逐规则破坏者的人们一样——或者我们可以无视它们。选择权在我们自己手中。

许多人认为，国家权力最能解释世界，法律只是写在纸上的文字，不可能产生真正的影响。我们不认同这种说法，并不是因为国家或各国民众更为关心法律而不是权力。相反，如果说这本书说明了什么，那就是在法律和权力之间做选择是错误的做法。在法律缺位的情况下，真正的权力——有助于实现重要且持久政治目标的权力——是不存在的。法律创造真正的权力。各国只有在其他国家承认其行动结果的情况下才能实现其目标。正如日本人在1931年经历的那样，如果没有人把中国东北地区当作“满洲国”来对待，对东北的占领不足以实现其目标。

对世界依赖国家权力的解释是宿命论，几乎没有给人类能动性留 / 423
下空间。但我们对旧世界秩序向新世界秩序转变的叙述表明，即使法律塑造了权力，却是思想——以及那些发展和传播思想的人——塑造了法律。野蛮力量如奔流的河水，必须加以控制和疏导，需要修建水坝、挖凿运河、铺设管道。制定法律的人是政治世界的水利工程师。为了让法律有效，他们必须引导权力。

国际主义者的事例提供了一个充满希望的信息：如果法律塑造了真正的权力，思想塑造了法律，那么我们就控制了自己的命运。我们可以选择承认某些行为，而不承认其他行为。我们可以与那些遵守规则的人合作，驱逐那些不遵守规则的人。当规则不再有效时，我们可以改变它们。

国际主义者——那些律师、政客和知识分子——是变革性的人物。他们之所以具有变革性，是因为他们有思想，也因为他们愿意并且能够利用自己的思想来改变世界。

这是我们可以从国际主义者——从萨尔蒙·莱文森、詹姆斯·T. 肖特维尔、萨姆纳·威尔斯、赫希·劳特派特到所有一路支持他们努力的那些人——那里学到的最后一点启示。这些人中没有哪一个家喻户晓，没有哪一个担任过高级政治职务，没有哪一个的使命能轻易完成。更重要的是，没有哪一个人能够独自完成大部分任务。但他们每个人都对世界的组织方式有着自己的信念。他们每个人都愿意在困难重重的情况下，为了在废弃战争的基础上建立一个新的全球秩序的道路上迈出一小步而奋斗多年，甚至几十年。国际主义者相互合作，并与大量的基层团体、政治家、学者、政府官员以及国际同事们一起努力以取得进展。

他们的事例告诉我们，我们有机会也有责任。我们每一个人，甚至那些远离政府的人，都有能力做出改变。我们都对我们生活的世界负有责任。我们可以而且必须一道继续支持曾经维持了和平的制度，使它们适应不断变化的情况，并发展会进一步减少暴力的新制度。 / 424

阿里斯蒂德·白里安明白，宣布放弃战争不会结束战争。1928年8月，当世界各国领导人聚集在奥赛码头时，白里安说了一番时至今日仍然正确的话：“宣告和平：那很好，那很重要。但仍有必要组织起来……那是今后的任务。”

致　谢

国际主义者是一群为了实现战争非法化而一起战斗的人，所以写他们的故事也应该是一群人的努力。我们非常高兴地向那些帮助我们完成本书的人表示感谢。

我们第一个要感谢且最为感谢的是我们的院长罗伯特·波斯特（Robert Post），他一直都很支持我们。他对我们任何请求的回答总是“好”。没有如此慷慨的支持，我们不可能获得对这个项目至关重要的档案、数据、手稿和其他材料。同样有价值的是，罗伯特阅读了我们提交的每一份研讨会论文，并给出了富有洞察力的反馈意见。

耶鲁大学法学院图书馆的工作人员非常出色。这个项目在布莱尔·考夫曼（Blair Kauffman）的领导下开始，在特里莎·米格尔－斯特恩斯（Teresa Miguel-Stearns）的领导下结束。他们创造了一个大多数学者只能梦想的环境。德鲁·阿丹（Drew Adan）、艾莉森·伯克（Alison Burke）、克莱门特·杜普伊（Clement Dupuy）、杰森·艾斯曼（Jason Eiseman）、莎拉·克劳斯（Sarah Kraus）、伊芙琳·马（Evelyn Ma）、约翰·南恩（John Nann）、迈克尔·范德海登（Michael VanderHeijden），尤其是瑞恩·哈林顿（Ryan Harrington），从世界各地的图书馆和藏馆中寻找、翻译和分析手稿、宣言、档案材料和珍稀书籍。

我们的行政助理安妮·库珀（Annie Cooper）、莉斯·卡瓦拉罗（Lise Cavallaro）和黛博拉·斯蒂托（Deborah Sestito）每天都为我们提供帮助。她们帮助我们将工作打理得井井有条，使得我们集中精力从事研究和写作。

这本书涉及范围很广，当我们的研究涉及新的人物、新的时代和这个世界新的领域时，我们能够吸收许多杰出学者的专业知识。彼得·博尔施伯格（Peter Borschberg）分享了他出类拔萃的关于新加坡和东南亚的历史知识，兰德尔·莱萨弗（Randall Lesaffer）帮助我们更好地理解经典国际法，约翰·威特（John Witt）指导我们如何关注战争法细节以及如何更为高超地掌握历史解释的技巧，吉姆·惠特曼（Jim Whitman）分享了他百科全书式的关于早期现代欧洲人对战争理解方面的知识，吉恩·菲德尔（Gene Fidel）向我们介绍多马，大卫·戈洛夫（David Golove）建议将埃德蒙－查尔斯·热内作为中立法的例证，梅雷迪斯·萨克斯（Meredith Sarkees）和保罗·迪尔（Paul Diehl）回答我们许多关于“战争相关因素”数据集的问题，大卫·科恩（David Cohen）帮助我们更好地理解他曾领导的财政部海外资产控制办公室的制裁工作，克劳斯·克雷斯（Claus Kress）分享了他对20世纪30年代科隆的了解，以及他在侵略罪行研究方面的专长，大久保武春（Takeharu Okubo）为我们理解日本早期与西方国际法的接触做出了贡献，马拉·列夫金（Mara Revkin）是我们理解“伊斯兰国”的无价宝藏，安德鲁·马奇（Andrew March）帮助我们开始理解伊斯兰激进主义思想。如果没有机会借鉴上述诸位如此丰富的知识和专长，我们就不可能写作本书。

五年来，本书写作一直都有进展。我们从许多研讨会和会议的宝贵反馈中获益，包括美国国务院、巴黎政治学院、巴黎第二大学、纽约人文科学研究院（New York Institute for the Humanities）、圣地亚哥大学、洪堡大学、科隆大学、斯坦福大学、密歇根大学、乔治城大学、多伦多大学、安特卫普大学、加州大学洛杉矶分校、哥伦比亚大学、纽约大学、牛津大学、伦敦大学学院、耶鲁大学－新加坡国立大学、悉尼大学、福特汉姆大学、波士顿大学，以及在约旦举行的耶鲁中东法律研究研讨会。特别感谢马蒂亚斯·库姆（Mattias Kumm），他在柏林的法治研究所接待了我们，在那里，我们第一次提出了这个项目。同时还要特别感谢格劳秀斯读书会（是的，有这样一个组织），特别是丹尼斯·克利姆丘克（Dennis Klimchuk）、亚瑟·里普斯坦（Arthur Ripstein）、厄尼·韦恩里布（Ernie Weinrib）和阿里尔·齐尔伯曼（Ariel Zylberman）。我们也很幸运地收到了罗布·豪斯（Rob Howse）、马蒂亚斯·雷曼（Mattias Reimann）、丽贝卡·斯科特（Rebecca Scott）和鲁蒂·泰特尔（Ruti Teitel）早先对本书草稿的反馈。我们特别感谢耶鲁大学法学院的同事们，为了周一的教师研讨会，他们已经阅读了本书多个章节的内容；他们善意而适当的鼓励和批评，让我们的书稿有了很大的改进。我们的同事布鲁斯·阿克曼（Bruce Ackerman）在每次研讨会之前、期间和之后提出意见，他本人还代表了一个令人鼓舞的例子，即如何才能成为一名杰出的学者和机构公民（institutional citizen）。

随着手稿接近完成，几位读者对该书的部分内容提出了意见，包括阿川直之（Agawa Naoyuki）、安德里亚·阿什沃思（Andrea Ashworth）、彼得·博尔施伯格、马克·格林伯格（Mark Greenberg）、兰德尔·莱萨弗、杰森·莱尔（Jason Lyall）、吉迪恩·亚菲（Gideon Yaffe）和莫兰·雅哈夫（Moran Yahav）。杰克·戈德史密斯（Jack Goldsmith）和罗伯特·基欧汉（Robert Keohane）都是我们深深敬佩的学者，他们通读了整部手稿，给了我们详细的、坦率的——因此也格外有用的——评语，这些评语帮助我们大大改进了本书。英国企鹅出版社的编辑斯图尔特·普罗菲特（Stuart Proffitt）也多次阅读了手稿，并提出了许多改进建议。斯图亚特不仅不辜负他作为一个编辑的传奇声誉，而且他自己也是一个专家，经常指出很少有人注意到的历史细节。

我们的研究生院院长戈登·西尔弗斯坦（Gordon Silverstein）曾经打趣说，耶鲁大学法学院的教授不想教他们的学生，他们想和他们一起工作。耶鲁大学法学院的人才库是如此之大、如此之广，与这些才华横溢的学生共事并向他们学习的机会是不可抗拒的。

丽莎·王（Lisa Wang）、杰奎琳·范·德·威尔德（Jacqueline Van de Velde）和威廉·霍尔斯特（William Holste）帮助我们思考战争宣言——各国君主说明发动战争理由的文件——的结构和功能，并且花了两年多时间与我们合作构建本书中使用的数据集（他们也从我们的研究助理成长为我们另一篇关于战争宣言的文章的合作者）。我们也非常感谢团队中的学生们，他们既有分析专长，也具备非凡的语言技能，包括古汉语、拉丁语、法语、德语、葡萄牙语、荷兰语、意大利语和奥斯曼土耳其语。他们是：尼科·班纳克（Nico Banac）、雅各布·班纳特（Jacob Bennett）、佩罗·比塞尔（Perot Bissell）、约翰内斯·布克海姆（Johannes Buchheim）、瓦伦·查尔（Varun Char）、伊德里斯·福法纳（Idriss Fofana）、萨梅尔·贾温特（Sameer Jaywant）、奥布里·琼斯（Aubrey Jones）、孔令伟（Ling-wei Kung，音译）、史蒂夫·兰斯（Steve Lance）、格雷戈·诺瓦克（Gregor Novak）、佩德罗·拉米雷兹（Pedro Ramirez）、布里塔·雷德伍德（Britta Redwood）、邦妮·罗宾逊（Bonnie Robinson）、詹姆斯·鲁姆西·梅兰（James Rumsy-merlan）、英格玛·萨门（Ingmar Samyn）、大卫·斯坦顿（David Stanton）和埃文·维尔伯（Evan Welber）。

我们要感谢敬业的学生团队，他们帮助我们了解从1816年到现在的领土征服的兴衰。他们的座右铭是“保持冷静，继续编码”（“Keep Calm and Code On”）。他们是梅根·布劳德（Megan Browder）、约翰·卡尔霍恩（John Calhoun）、凯文·陈（Kevin Chen）、安娜·戴昆（Anna Daikun）、莱斯利·伊斯特布鲁克（Leslie Easterbrook）、伊德里斯·福法纳、克里斯托弗·加利亚多（Christopher Galiardo）、辛妮德·亨特（Sinead Hunt）、亚历山大·卡普兰（Alexander Kaplan）、凯特林·孔克尔（Kaitlin

Konkel）、罗伯特·南丁格尔（Robert Nightingale）、丹尼尔·希恩（Daniel Sheehan）、里玛·沙阿（Reema Shah）、迈克·施（Mike Shih）、朱丽亚·舒（Julia Shu）、诺亚·西蒙斯（Noah Simmons）和彼得·曾（Peter Tzeng）。威尔·斯迈利（Will Smiley）和艾梅·吉奈尔（Aimee Genell）为我们了解奥斯曼帝国及其崩溃提供了专业建议。斯图亚特·克雷格（Stuart Craig）是一位非常有经验的学者，他用他的专业知识来研究我们提供的数据，使我们能够最有效地阐明重要问题。

亚伦·沃罗·德绍尔（Aaron Voloj Dessauer）帮助我们收集有关纽伦堡审判的信息，还帮助翻译了书中核心人物卡尔·施米特一部1946年的手稿，并提供了非常有益的编辑建议。卢西亚娜·桑加（Luciana Sanga）是世界上为数不多的研究早期“汉文训读体”（kanbun kundokutai）——一种最初将中文文本翻译成日语的程序——的专家之一，她为我们翻译了第一个为日本读者撰写的国际法文本，西周的《万国公法》(《毕洒林氏万国公法》，1868）。

我们感谢以下人员在诸多课题上提供了出色的研究帮助，他们是杜鲁弗·阿加沃尔（Dhruv Aggarwal）、本·阿尔特尔（Ben Alter）、乔什·安德森（Josh Andresen）、尤娜·伯格曼（Una Bergmane）、梅根·布劳德、威廉·布鲁诺（William Bruno）、西莉亚·乔伊（Celia Choy）、安娜·戴昆、莱斯利·伊斯特布鲁克、莎拉·格鲁辛（Sarah Grusin）、辛妮德·亨特、张熙龙［Heeyong（Daniel）Jang］、亚历山大·卡普兰、迈克尔·莱曼斯基（Michael Lemanski）、大卫·劳克（David Louk）、马克斯·米什金（Max Mishkin）、蒂凡妮·吴（Tiffany Ng）、罗伯特·南丁格尔、雷蒙德·努纳（Raymond Noona）阿达希提·帕德马纳班（Aadhithi Padmanabhan）、克森加·帕夫洛维茨（Ksenja Pavlovic）、布丽塔·雷德伍德、莱亚·施罗德（Lea Schroeder）、卡拉·谢泼德-琼斯

（Kara Sheppared-Jones）、索菲娅·辛（Sophia Shin）、威尔斯·迈利、诺拉·斯塔普特（Nora Stappert）和彼得·曾。索娜·利姆（Sona Lim）和我们一起工作了几年，做了很多与本书相关的工作；她总是值得信赖，无论项目大小，她总是乐意帮忙。马里兰大学的肖恩·莫拉（Shawn Moura）在马里兰大学帕克分校（College Park）的国家档案馆花了数不清的时间，搜寻战争罪记录中与卡尔·施米特有关的资料。艾娃·海瑟薇·哈克（Ava Hathaway Hacker）帮助在罗斯福图书馆收集了《萨姆纳·威尔斯文集》（*Sumner Welles Papers*），其中包括一份以前不为人知的《联合国宪章》的早期草稿。艾娃和丽莎·麦基恩－夏皮罗（Liza Mackeen-Shapiro）都是新兴作家，她们也提出了编辑建议。此外，一些研究助理帮助我们审阅了手稿的倒数第二个版本，以确保书中我们的引用和所有权是准确的。他们包括本杰明·阿尔特尔（Benjamin Alter）、莱斯利·阿尔法（Leslie Arffa）、艾琳·比尔（Erin Biel）、艾米莉·切尔托夫（Emily Chertoff）、埃里克·钟（Eric Chung）、亚历山德拉·弗朗西斯（Alexandra Francis）、威廉·霍尔斯特（William Holste）、迈克尔·莱曼斯基，亚伦·莱文（Aaron Levine）、艾琳娜·林德布洛姆（Alina Lindblom）、雷蒙德·卢（Raymond Lu）、理查德·梅迪纳（Richard Medina）、布莱恩·蒙德（Brian Mund）、阿琼·拉马穆提（Arjun Ramamurti）、卡梅隆·罗特布拉特（Cameron Rotblat）、保罗·施特劳赫（Paul Strauch）、杰奎琳·范·德·维尔德和比阿特丽斯·沃尔顿（Beatrice Walton）。我们特别要感谢斯利纳斯·雷迪·凯蒂雷迪（Srinath Reddy Kethireddy），他独自完成了整个手稿的最后审核，这是一项异常艰巨的任务。

西蒙和舒斯特公司的团队从头到尾都是愉快的合作伙伴。乔纳森·卡普（Jonathan Karp）是西蒙和舒斯特公司的总裁和出版人，自我们第一次见面讨论本书以来，他就一直坚定地支持这本书。他与我们分享了在很大程度上已被遗忘的国际主义者萨尔蒙·莱文森的一个特别的弱点，这是本书要部分纠正的不公正现象。西蒙与舒斯特公司负责本书的编辑本·洛恩（Ben Loehnen）帮助我们把书稿变成了我们想要的书。他对大事小事的判断都是无可挑剔的，态度温和而坚定。阿玛尔·迪尔（Amar Deol）悉心指导本书的编辑过程，拉里·休斯（Larry Hughes）和他的团队竭力把我们的努力成果交到尽可能多的读者手中。

我们的经纪人艾丽丝·切尼（Elyse Cheney）一直是本书热情且有说服力的拥护者，亚历克斯·雅各布（Alex Jacob）是我们在国际市场上的代表，在整个出版过程中，他提供了非常宝贵的意见。我们感到非常幸运，能够得到这样一支优秀团队的支持。

我们的配偶不仅在整个写作过程中给予了无尽的爱，还发挥了她们非凡的才能，帮助这个项目成为可能。斯科特的妻子艾莉森·麦基恩（Alison Mackeen）一遍又一遍地阅读大家给书稿提出的建议（并且用只有夫妻才能具备的诚实告诉我们，第一稿需要做大量修改）。在几个月的时间里，她帮助我们弄清楚如何使一本关于国际法的书让人感兴趣。然后，她帮助我们熟悉了大众图书出版这个陌生的行业，并对本书的前几章给出了意见。乌娜的丈夫雅各布·哈克（Jacob Hacker）读完了全部手稿。作为一名政治学家，他利用自己的专业知识提出了一些细致入微的建议，以加强本书的说服力，特别是第三部分。一位出色的作家，通常非常善于用清晰的方式表达复杂的思想，他也帮助我们打磨了文本。此外，乌娜的母亲安妮可·海瑟薇（Anneke Hathaway）为了让乌娜能够专心写作，曾数百次接孩子放学；在整个过程中，她还帮助收集关于荷兰的资料，甚至还去了关押雨果·格劳秀斯的监狱——离她儿时住所很近，以帮助我们准确地描述那里的情况。

最后，我们要感谢乌娜的孩子艾娃（Ava）和欧文（Owen），斯科特的孩子丽莎（Liza）和德林（Drin），本书就是献给他们的。本书刚刚酝酿的时候，他们的年龄在 8 岁到 12 岁之间。当我们在一旁谈论格劳秀斯、战争非法化以及国际法的转变时，他们在制订自己的团队计划（不幸的是，他们坚持让我们体验其中的一些计划）并从中感受无穷乐趣。本书的最初想法就是在这样一个亲子游戏聚会中产生的。随着手稿逐步有了进展，他们也帮助我们认识到，这本书不仅是关于国际主义者和他们帮助创造的世界的描述，也是关于我们的孩子——现在即将进入高中和大学——将要继承的世界的描述。

缩略语

BK	Nishi Amane, *Fisuserinku-shi Bankoku Kōhō* (1868) (translated for the authors by Luciana Sanga)
DJB	*De Jure Belli ac Pacis Libri Tres* [The Law of War and Peace in Three Books], translated by Francis Kelsey (Oxford: Clarendon Press, 1925)
DJP	*De Jure Praedae Commentarius* [Commentary on the Law of Prize and Booty], translated by Gwladys L. Williams (Oxford: Clarendon Press, 1950)
FBK	Frank B. Kellogg
FKP MHS	Frank B. Kellogg Papers, Minnesota Historical Society (microfilm edition)
FRUS	United States Department of State, *Foreign Relations of the United States Diplomatic Papers* (Washington, DC: U.S. Government Printing Office)
HLS	Henry L. Stimson
HSP YUL	Henry L. Simson Papers, Yale University Library
IMT	International Military Tribunal, *Trial of the Major War Criminals Before the International Military Tribunal*, "The Blue Series," 42 vols. (Nuremberg: IMT, 1947–1949), www.loc.gov/rr/frd/Military_Law/NT_major-war-criminals.html
JDP CUL	John Dewey Papers, Columbia University Library
JSP CUL	James T. Shotwell Papers, Columbia University Library
JTS	James T. Shotwell
KLP ACL	Karl Loewenstein Papers, Amherst College Library
LNOJ	*League of Nations Official Journal*
PTJ	*The Papers of Thomas Jefferson Digital Edition*, ed. James P. McClure and J. Jefferson Looney (Charlottesville: University of Virginia Press, 2008–2016)
RJP LOC	Robert Jackson Papers, Library of Congress
RPP HLS	Roscoe Pound Papers, Harvard Law School
SLP UCL	Salmon O. Levinson Papers, University of Chicago Library
SOL	Salmon O. Levinson
SWP FDRL	Sumner Welles Papers, Franklin D. Roosevelt Presidential Library
WBP LC	William E. Borah Papers, Library of Congress
WEB	William E. Borah

注　释

前　言

1 关于签署《非战公约》的描述有：Jacques Lefebvre, "Le pacte general de renonciation a la guerre a ete signe hier solennellement, a Paris, par les principales puissances du monde," *L'Ouest-Éclair* (Rennes ed.), August 28, 1928, 1–2; J. G. Hamilton, "Movie Atmosphere Envelops Treaty Signing Ceremony: Searchlights Play on Chief Actors in Famous Clock Room—Shouts of 'Long Live Germany!' Heard in Paris Streets," *The Sun*, August 28, 1928, 1; Correspondent, "To-Day's Great Ceremony in Paris: Preparations in the Clock Saloon,"*Manchester Guardian*, August 27, 1928, 9; Edwin L. James, "15 Nations Sign Pact to Renounce War in Paris Room Where League Was Born; Briand Dedicates It to Nations' Dead," *New York Times*, August 28, 1928, 1, 4。The Salle de l'Horloge is depicted and described in French Ministry of Foreign Affairs, "The Clock Room," France Diplomatie: Ministry of Foreign Affairs and International Development, http: // www. diplomatie.gouv.fr /en the-ministry-of-foreign-affairs /a-tour-of-the-quai-d-orsay/article/the-clock-room。

2 "Documents Diplomatiques de la Conference du Metre," in Diplomatic Documents of the Metre Conference 1875, *Bureau International des Poids et Mesures*, accessed June 1, 2016, http: // www. bipm .org /en /worldwide-metrology /metre-convention /official-texts/.

3 Paul Louis, "La Premiere Seance de la Societe des Nations," *L'Humanite: Journal Socialiste Quotidien* (January 16, 1920), 3.

4 French Ministry of Foreign Affairs, "The Clock Room."

5 Valentine Thomson, *Briand, Man of Peace* (New York: Covici-Friede, 1930), xii; Frederick W. Haberman, *Peace 1926–1950, Nobel Lectures, Including Presentation Speeches and aureates' Biographies*, Vol. 2 (River Edge, NJ: World Scientific, 1999); L. De Saint-Martin, "un Geste: un Acte," *L'Ouest-Eclair* (Rennes ed.), August 28, 1928, 1.

6 U.S. Department of State, *Treaty for the Renunciation of War: Text of the Treaty, Notes Exchanged, Instruments of Ratification and of Adherence, and Other Papers* (Washington,

DC: U.S. Government Printing Office, 1933), 308-9 (French original text) and 313-14 (English translation).

7 韦格蒂乌斯这样表达：“*Igitur qui desiderat pacem, praeparet bellum*”。Publius Flavius Vegetius Renatus, *Epitoma Rei Militaris*, Book Ⅲ.

8 代理外交大臣库申登勋爵代表印度签字。

9 Milton Leitenberg, “Deaths in Wars and Conflicts in the 20th Century,” 2003, https: // pacs.einaudi.cornell.edu /sites /pacs /files /Deaths-Wars-Conflicts3rd-ed.pdf.

10 Human Security Report 2013, *The Decline in Global Violence: Evidence, Explanation and Contestation*, 37. 作者的度量标准是每年每十万人平均死亡人数。

11 值得注意的例外包括国际法史学家史蒂芬·内夫（Stephen Neff）的 *War and the Law of Nations: A General History* (New York: Cambridge University Press, 2005), 293-96; Randall Lesaffer in “Kellogg-Briand Pact (1928)” in *Max Planck Encyclopedia of Public International Law*, ed. Rudiger Wolfrum (Oxford: Oxford University Press, 2013), 579；以及反战积极分子大卫·斯旺森（David Swanson）的 *When the World Outlawed War*（2011 年自行出版）。

12 Henry Kissinger, *Diplomacy* (New York: Simon & Schuster, 1994), 280.

13 Eric Sevareid, *Radio, Racism and Foreign Policy*, at 19: 40, https: //archive .org/details betweenthewarsradioracismandforeignpolicy 20150427.

14 Ian Kershaw, *To Hell and Back: Europe, 1914-1949* (London: Allen Lane, 2015), 181.

15 Kenneth L. Adelman, *The Great Universal Embrace: Arms Summitry—A Skeptic's Account* (New York: Simon & Schuster, 1989), 68; James M. Lindsay, “TWE Remembers: The Kellogg-Briand Pact,” *The Water's Edge* (August 27, 2011), http: // blogs.cfr.org /lindsay /2011 /08 /27 /twe-remembers-the-kellogg-briand-pact.

16 Independent Cinema Office (U.K.), “Histoire Du Soldat Inconnu,” *Essentials: Secret Masterpieces of Cinema*, http: // www. icoessentials.org.uk /film /histoire-du-soldat-inconnu.

17 Oona A. Hathaway and Scott J. Shapiro, “On Syria, a U.N. Vote Isn't Optional,”*New York Times*, September 3, 2013.

18 Daniel W. Drezner, “International Lawyers Give It the Old College Try,” *Foreign Policy*, September 4, 2013.

19 这些数据来自和平与冲突研究所（Department of Peace and Conflict Research）: UCDP Battle-Related Deaths Dataset v.5-2016, 1989-2015, http: // www.pcr.uu.se /research /ucdp / datasets/。它们不包括因疾病、饥饿、犯罪或者刻意针对平民的攻击（单方面暴力行为）导致的死亡。

20 Henry Cabot Lodge, “The Meaning of the Kellogg Treaty,” *Harper's Magazine*, December 1928, 41.

21 Carl von Clausewitz, *On War*, trans. and eds. Michael Howard and Peter Paret (Princeton: Princeton University Press, 1976), 87. 霍华德（Howard）和帕雷特（Paret）将其翻译成“战争只不过是政治交往以其他手段的继续”。同上书，第605页。我们采用更著名的解释。

22 参见 Peter H. Wilson, *The Thirty Years War: Europe's Tragedy* (Cambridge: Harvard University Press, 2009), 779–95。

23 参见，例如 Leo Gross, “The Peace of Westphalia, 1648–1948,” *American Journal of International Law* 42, no. 1 (1948): 20–41; Stephen D. Krasner, *Sovereignty: Organized Hypocrisy* (Princeton: Princeton University Press, 1999)。

24 参见 Andreas Osiander, “Sovereignty, International Relations and the Westphalian Myth,” *International Organization* 55, no. 2 (Spring 2001): 251–87; Ronald Lesaffer, “The International Dimension of the Westphalia Treaties: A Juridical Approach,” in *350 anos de la Paz de Westfalia, 1648–1998. Del antagonismo a la integracion en Europa. Ciclo de conferencias celebrado en la Biblioteca Nacional, Madrid 9 de marzo a 30 de noviembre de 1998*, eds. Garcia Garcia et al. (Madrid: Biblioteca Nacional, 1999), 291–310; Derek Croxton, “The Peace of Westphalia of 1648 and the Origins of Sovereignty,” *The International History Review* 21, no. 3 (1999): 569–91。

第一章　伟大的雨果

1 *DJP*, 538.

2 Scott M. Fitzpatrick and Richard Callaghan, “Magellan's Crossing of the Pacific,” *The Journal of Pacific History* 43, no. 2 (2008): 148.

3 Martine Julia van Ittersum, *Profit and Principle: Hugo Grotius, Natural Rights Theories and the Rise of Dutch Power in the East Indies (1595–1615)* (Amsterdam: Brill, 2006), 35.

4 *DJP*, 14, 538; Peter Borschberg, “The Seizure of the *Sta. Catarina* Revisited: The Portuguese Empire in Asia, VOC Politics and the Origins of the Dutch-Johor Alliance (1602–c.1616),” *Journal of Southeast Asian Studies* 33, no. 1 (February 2002): 35, 41–44; C. R. Boxer, *The Portuguese Seaborne Empire, 1415–1825* (New York: Alfred A. Knopf 1969), 205–27; Alexander Dean Hazlett, “The *Nau* of the *Livro Nautico:* Reconstructing a Sixteenth-Century Indiaman from Texts” (PhD diss., Texas A&M University, 2007), 4, 30. 葡萄牙果阿邦商会在写给国王的信中，将“圣卡塔琳娜号”描述为“驶离中国的船只中最富有、最强大的”。C. R. Boxer, *Portuguese Merchants and Missionaries in Feudal Japan, 1543–1640* (London: Variorum, 1986), 15.

5 *DJP*, 538.

6 Borschberg, "The Seizure of the *Sta. Catarina* Revisited," 47.

7 Robert Fruin, *De Jure Praedae Commentarius: An Unpublished Work of Hugo Grotius's*, trans. H. G. Hamaker (Clark, NJ: Lawbook Exchange, 2003), 18. 荷兰东印度公司通常根据其荷兰语名称"Vereenigde Oost-Indische Compagnie"被称作"VOC"。

8 形式上，阿姆斯特丹联合公司要被列为原告，这就是荷兰的财政检察制度。参见 Verdict of the Amsterdam Admiralty Board, September 9, 1604, in *DJP*, 511。

9 同上。范・赫姆斯科克 1602~1603 年去东印度群岛的航程被马丁・范・伊特逊（Martine van Ittersum）精心再现出来。参见 Martine van Ittersum, "Hugo Grotius in Context: Van Heemskerck's Capture of the 'Santa Catarina' and Its Justification in 'De Jure Praedae' (1604–1606)," *Asia Journal of Social Science* 31, no. 3 (2003)。

10 *DJP*, 512.

11 Ibid.

12 Ibid.

13 Ibid., 513.

14 Ibid.

15 Ibid., 514.

16 Borschberg, "The Seizure of the *Sta. Catarina* Revisited," 37–41.

17 Richard Tuck, *The Rights of War and Peace: Political Thought and the International Order from Grotius to Kant* (Oxford: Oxford University Press, 1999), 80.

18 Borschberg, "The Seizure of the *Sta. Catarina* Revisited," 37–38. The surviving crew split 123, 380 guilders. Ibid., 57. 为了促进与印度群岛的贸易，荷兰议会放弃了他们的份额。参见 Victor Enthoven, *Zeeland en de opkomst van de Republiek* (Leiden: Luctor et Victor, 1996), 208–9。

19 判决只是声称，捕获行动是"自然法和万民法（*jus gentium*）允许的，并且是执行亲王阁下的命令"，而没有去证明这些说法的正当性。参见 Verdict of the Amsterdam Admiralty Board, 513; Van Ittersum, *Profit and Principle*, lv, 22–23。

20 参见弗鲁因（Fruin）等的讨论：*De Jure Praedae Commentarius: An Unpublished Work of Hugo Grotius's*, 32–36, and Van Ittersum, *Profit and Principle*, 119–22。

21 Van Ittersum, *Profit and Principle*, 24–26.

22 Hamilton Vreeland, Jr., *Hugo Grotius: The Father of the Modern Science of International Law* (New York: Oxford University Press, 1917), 9–10.

23 Caspar Brandt, *Historie van het Leven des Heeren Huig de Groot* (Dordrecht and Amsterdam: Van Braam and Onder, 1727), 7 (*"Fallor? an & talis noster Erasmus erat?"*).

24 Ibid., 11 ("*Voy la le miracle d'Hollande! Ziet daer het Wonder van Hollandt!*"). 这个传奇

故事可能是一个传说。让・列维斯克・德布里格尼（Jean Levesque de Burigny）在他与亨利四世的会面记录中没有提到这个荣誉，尽管他确实提到了带有亨利肖像的金勋章。参见 Jean Levesque de Burigny, *Vie de Grotius*, Vol. 1 (Paris: Debure, 1752), 22。很久以后，德布里格尼提到了杰拉德・福修斯（Gerard Vossius）使用的一个类似的绰号（"*le miracle, la gloire eternelle de la Hollande & de son siecle*"）。参见 Jean Levesque de Burigny, *Vie de Grotius*, Vol. 2 (Paris: Debure, 1752), 279–80。格劳秀斯在自己与亨利四世的会面记录中从来没有提到过这个可能授予他的荣誉。

25 W. S. M. Knight, *The Life and Works of Hugo Grotius* (London: Sweet and Maxwell, 1925), 36–39. 奈特（Knight）怀疑格劳秀斯花钱买了这个学位。

26 Ger Luijten and Ariane van Suchtelen, eds., *Dawn of the Golden Age: Northern Netherlandish Art, 1580–1620* (Amsterdam: Rijksmuseum, 1993), 398–99.

27 在格劳秀斯仅仅十三岁时，这位艺术家就委托格劳秀斯为其一个雕刻作品系列写诗歌。Ibid., 399.

28 Vreeland, *Hugo Grotius*, 15 ("[*N*] *amque reliqui viri / Tandem fuere, Grotius vir natus est.*").

29 Ibid., 40.

30 Henk J. M. Nellen, *Hugo Grotius: A Lifelong Struggle for Peace in Church and State, 1583–1645*, trans. J. C. Grayson (Leiden: Brill, 2014), 66.

31 Ibid., 32–34; Christian Gellinek, "The Principal Sources to John Milton's *Paradise Lost*," *Grotiana* 7, no. 1 (1986): 112–18. 关于格劳秀斯对弥尔顿的大致影响，参见 Philip Dust, "Milton's *Paradise Lost* and Grotius's *De Jure Belli Ac Pacis*," *Cithara: Essays in the Judeo-Christian Tradition* 33, no. 1 (November 1993): 17–26; Elizabeth Oldman, "Milton, Grotius, and the Law of War: A Reading of *Paradise Regained* and *Samson Agonistes*," *Studies in Philology* 104, no. 3 (2007): 340–75。

32 Vreeland, *Hugo Grotius*, 39–40.

33 Ibid., 43 (citing Brandt, *Historie van het Leven des Heeren Huig de Groot*, 23).

34 Knight, *The Life and Works of Hugo Grotius*, 191–92.

35 Ibid., 9.

36 *DJP*, xv.

37 Ibid., xvii.

38 从 1580 年到 1640 年，西班牙和葡萄牙处于同一个国王统治之下。例如，西班牙的腓力三世（Philip Ⅲ）就是葡萄牙的腓力二世（Philip Ⅱ）。尽管有联合君主，但葡萄牙对于西班牙具有很大的独立性；事实上，双方在印度群岛是商贸竞争对手。参见 Malyn Newitt, *A History of Portuguese Overseas Expansion, 1400–1668* (Oxford: Routledge, 2005), 174–75; and Peter

Borschberg, *The Memoirs and Memories of Jacques de Coutre: Security, Trade, and Society in 17th Century Southeast Asia* (Singapore: National University of Singapore Press, 2015)。

39 Van Ittersum, *Profit and Principle*, 54. Queen Elizabeth did not recognize the sovereignty of the Dutch Republic. Jonathan Israel, *The Dutch Republic: Its Rise, Greatness and Fall, 1477–1806* (Oxford: Clarendon Press, 1995), 301.

40 如果个人拥有被称为捕拿特许证的特别许可证，那么他们可以攻击敌人船只。赫姆斯科克就有这样的特许证，但这里面也有几个技术问题。首先捕拿特许证的来源不可靠，它是莫里斯亲王颁发的。莫里斯的父亲是奥兰治的威廉（William of Orange），后者 1568 年领导了反对西班牙帝国的新教起义。当威廉在 1584 被暗杀后，莫里斯接替父亲成为共和国反叛西班牙的指挥官。作为荷兰和泽兰海军司令，莫里斯在其能力范围内授予范・赫姆斯科克捕拿特许证。但从国际法的角度来看，目前还不清楚莫里斯是否有这个权力。莫里斯只代表荷兰和泽兰省而不是联合省行事，后者才代表整个荷兰共和国。此外，荷兰是反叛者，莫里斯是其反政府武装领导人。当时没有一个欧洲国家承认荷兰共和国，因而也不会承认莫里斯合法国家元首的地位。如果莫里斯没有主权权力颁发捕拿特许证，那么范・赫姆斯科克确实就是一个海盗。（参见 Martin van Ittersum's introduction to Grotius, *Law of Prize and Booty*, xviii, xiii; Tuck, *Rights of War and Peace*, 80–81。）另一个更为严重的问题是，捕拿特许证只允许范・赫姆斯科克在自卫或为其遭受到的任何伤害寻求赔偿时使用武力。但"圣卡塔琳娜号"不是侵略者。因此，即使莫里斯委任的是有效捕拿许可，范・赫姆斯科克通过武力捕获"圣卡塔琳娜号"的行为还是超出了条款许可范围（Van Ittersum, *Profit and Principle*, 22-23）。尽管有这些技术上的缺陷，格劳秀斯为范・赫姆斯科克的行动进行辩护确实是建立在捕拿许可证的基础上。但他没有太过关注这些论点，因为他的主要论点是在手稿第十二章而不是第十三章，而第十三章中就讨论了范赫姆斯科克的捕拿许可证问题。

41 *DJP*, 102–4.

42 Ibid., 50.

43 关于正义战争理论原始材料的优秀汇编，参见 Gregory Reichberg, Henrik Syse, and Endre Begby, eds., *The Ethics of War: Classic and Contemporary Readings* (Oxford: Blackwell, 2006)。"正义战争"的标签可以具有不同的内涵。当代作者通常将其当作一个关于正义战争的发动条件（*jus ad bellum*）、如何发动（*jus in bello*），以及如何结束（*jus post bellum*）的伦理理论加以介绍。参见，例如 Michael Walzer, *Just and Unjust Wars* (New York: Basic Books, 1977)。但是"正义战争"也可以涉指何时 / 为何发动 / 结束 / 一场战争是公正的 / 罪恶的之神学 / 宗教理由，或者何时 / 如何发动 / 结束一场战争是法律允许 / 禁止之法律理论。本书采用当代用法。

44 Cicero, *De re publica, De legibus*, trans. C. W. Keyes (Cambridge: Loeb Classical Library, 2000), 3.35："在没有受到挑衅的情况下进行的战争是非正义的。因为只有因复仇或防御而

发动的战争才是真正的正义战争。”(*Illa iniusta bella sunt, quae sunt sine causa suscepta. Nam extra ulciscendi aut propulsandorum hostium causam bellum geri nullum potest.*) Augustine, *Quaestionum in Heptateuchum Libri Septem*, 6.10（“Quomodo Deus praecipiat insidias fieri”）：“但是正义战争通常被定义为报复不义行为的战争，如果某个国家或社会不得不承受战争的打击，那是因为它没有补偿其臣民的不义行为，或者没有归还通过非正义方式拿走的东西。”(*Iusta autem bella ea definiri solent, quae ulciscuntur iniurias, si qua gens vel civitas, quae bello petenda est, vel vindicare neglexerit quod a suis improbe factum est, vel reddere quod per iniurias ablatum est.*) Thomas Aquinas, *Summa Theologiae*, IIa-IIae, q. 40 a. 1 co. “我的回答是，任何战争要想被称为正义的……正义事业，那就是被打击的一方因其某种过错应得打击。”(*Respondeo dicendum quod ad hoc quod aliquod bellum sit iustum...requiritur causa iusta, ut scilicet illi qui impugnantur propter aliquam culpam impugnationem mereantur.*) Francisco de Vitoria, *De Indis, Sive De Iure Belli Hispanorum in Barbaros, Relectio Posterior* 13：“发动战争唯一正义的理由就是遭到了不义对待……此外，正如人们所说的，进攻性战争应该是为了报复不义行为以及反对敌人。但是犯罪和不义行为尚未发生时，不得报复。”(*Unica est et sola causa iusta inferendi bellum, iniuria accepta....Item bellum offensivum est ad vindicandum iniuriam et animadvertendum in hostes, ut dictum est. Sed vindicta esse non potest, ubi non praecessit culpa et iniuria.*) Francisco Suarez, *Disputatio XIII de Bello* 4.1 (in *Opera Omnia*, Vol. 12, Tractatus Ⅲ)：“因此我首先说：除非有合法的且必要的理由，否则没有战争是正义的……反过来，这种正义且充足的理由就是被强行施加了严重的不义行为，除了战争，其他任何方法都无法报复或获取赔 偿。”(*Dico ergo primo: nullum potest esse iustum bellum, nisi subsit causa legitima et necessaria. ... Rursus, causa haec iusta et sufficiens, est gravis iniuria illata, quae alia ratione vindicari aut reparari nequit.*) Isadore of Seville, *Etymologiarum* XVIII.1：“正义战争就是经过公开宣布且涉及财产恢复的战争或者是为了反抗敌人而发动的战争。”(*Iustum bellum est quod ex praedicto geritur de rebus repetitis aut propulsandorum hostium causa.*) 这些原则之间有变化。正如彼得·哈根马赫尔（Peter Haggenmacher）所指出的，阿奎那要求有过错（*culpa*），相比之下，像奥古斯丁（Augustine）这样的早期作者只要求有不义行为（*iniuria*）。 Peter Haggenmacher, *Grotius et la doctrine de la Guerre Juste* (Paris: Presses Universitaires de France, 1983), 417–18.

45 *DJP*, 105.

46 Ibid., 103.

47 Ibid., 68, 180.

48 Ibid., 141.

49 Ibid., 302. “自然——在这点上是主宰和至高无上的权威——克制了人类从事私战的权利”。

50 Ibid., 35–50.

51 Ibid., 137.

52 Ibid., 17.

53 Ibid., 18.

54 Ibid., 243.

55 Ibid.

56 Ibid., 259–60.

57 Ibid., 256, 258, 275.

58 Ibid., 284, 277.

59 澳门是葡萄牙人生活的一个蕃坊（外国人聚居区），他们在广州做生意。参见包乐史（Leonard Blusse）对荷兰在澳门考察历史的详细再现：Leonard Blusse, "Brief Encounter at Macao," *Modern Asia Studies* 22, no. 3 (1988): 647–64。

60 Ibid., 652.

61 *DJP,* 282. 可对比 1603 年 7 月 13 日范赫姆斯科克写给阿姆斯特丹联合公司董事的信，ibid., 531。

62 Ibid., 372–79.

63 Martine Julia van Ittersum, "Dating the Manuscript of *De Jure Praedae* (1604–1608): What Watermarks, Foliation and Quire Divisions Can Tell Us about Hugo Grotius' Development as a Natural Rights and Natural Law Theorist," *History of European Ideas* 35, no. 2 (2009): 125, 145–46. 范·伊特逊是在回应彼得·博尔施贝格（Peter Borschberg）的原作。参见 Peter Borschberg, *Hugo Grotius, "Commentarius in Theses XI": An Early Treatise on Sovereignty, the Just War, and the Legitimacy of the Dutch Revolt* (Berne: Peter Lang, 1994)。

64 1606 年 11 月 1 日写给 G. M. 林格尔斯海姆（G. M. Lingelsheim）的信件，收录于 P. C. Molhuysen, ed., *Briefwisseling van Hugo Grotius*, Vol. 1 (The Hague: Martinus Nijhoff, 1928), 72, 也可登录网址 http: // grotius.huygens.knaw.nl /letters /0086/ 查询；Van Ittersum, "Dating the Manuscript of *De Jure Praedae*," 130。这部著作现在叫作 *De Jure Praedae Commentarius*，通常被译为《捕获和战利品法评论》（*Commentary on the Law of Prize and Booty*），这个书名不是作者自己命名的，而是 19 世纪中叶一位书商取的。参见 Robert Fruin, *De Jure Praedae Commentarius: An Unpublished Work of Hugo Grotius's*, 3。（弗鲁因的文章 1868 年写于荷兰。）

65 很有可能是，公司曾权衡过它们能够承担战争的经济损失，因为股东们别无选择。这是贸易垄断，荷兰商人太被动了。参见 Van Ittersum, *Profit and Principle,* 188。

66 也可参考存在于 1819~1866 年的废除奴隶贸易混合委员会法庭（Courts of Mixed Commission for the Abolition of the Slave Trade），珍妮·马丁内斯（Jenny Martinez）的作品有描述：

The Slave Trade and the Origins of International Human Rights Law (New York: Oxford University Press, 2011)。

67 例如，参见美国墨西哥赔偿委员会（American-Mexican Claims Commission）第二章描述。

68 Walter Ullmann, "The Medieval Papal Court as International Tribunal," *Virginia Journal for International Law* 11 (1971): 356–71.

69 清朝统治始于 1644 年，德川幕府始于 1603 年。

70 《学说汇纂》(*The Digest*) 引用乌尔比安（Ulpian）的观点："没有人能向他人让渡大于其自身所拥有的权利"（"*Nemo plus iuris ad alium transferre potest, quam ipsehabet*"）。参见 *The Digest of Justinian*, ed. Alan Watson, Vol. 4 (Philadelphia: University of Pennsylvania Press, 2011), 50.17.54, 474。

71 例如，参见 *DJB*, 2.10.1.2–3。普通法的规则要宽松些，它允许诚信的商人拥有自由市场（market overt）上所购货物之所有权。参见 Peter M. Smith, "Valediction to Market Overt," *The American Journal of Legal History* 41, no. 2 (April 1997): 225–49。

72 《荷兰西印度公司章程》，1621 年 6 月 3 日，第二条，收于 Francis Newton Thorpe, ed., *The Federal and State Constitutions, Colonial Charters, and Other Organic Laws of the States, Territories, and Colonies Now or Heretofore Forming the United States of America* (Washington, DC: Government Printing Office, 1909)。

73 Borschberg, "The Seizure of the *Sta. Catarina* Revisited," 37–38.

74 Van Ittersum, *Profit and Principle*, 207, 218–19 n. 28.

75 该盔甲可登录 www. flickr. com /photos /roelipilami /2047595350 /in /photo stream/ 查看。

76 *The Poetry of Hugo Grotius*, B. L. Meulenbroek, A. Eyffinger, and E. Rabbie, eds., 375–91 (Assen, The Netherlands: Van Gorcum, 1970).

77 Ibid, 384.

78 接下来三段主要参考：Van Ittersum, *Profit and Principle*, 177, 191–95, 325–30, 345。

79 西班牙实际上并没有承认荷兰独立，但同意将荷兰作为独立国家看待。参见 Israel, *Dutch Republic*, 405; Beatrix C. M. Jacobs, "The United Provinces: 'Free' or 'Free and Sovereign'?," in Randall Lesaffer, ed., *The Twelve Years Truce (1609): Peace, Truce, War, and Law in the Low Countries at the Turn of the 17th Century* (Leiden: Martinus Nijhoff / Brill, 2014), 181–95。

80 格劳秀斯的《海洋自由论》在谈判中并没有发挥作用：它刚好在停战协定签署一两周之后发表。参见 Martine Julia van Ittersum, "Preparing *Mare Liberum* for the Press: Hugo Grotius' Rewriting of Chapter 12 of *De iure praedae* in November-December 1608," *Grotiana* 26, no. 1 (2007): 256。

81 Van Ittersum, *Profit and Principle*, 359–483

82 Ibid., xxi.

83 见阿博特大主教 1613 年 6 月 1 日写给拉尔夫·温伍德爵士的信（Sir Ralph Winwood），收于 *Memorials of affairs of state in the reigns of Q. Elizabeth and K. James I.*, Vol. 3, ed. Edmund Sawyer (London: T. Ward, 1725), 459。

84 Ibid.

85 Ibid.

86 参见 Nellen, *Hugo Grotius*, 95, 167–68, 204。

87 Ibid., 134–35.

88 Ibid., 281–84; C. G. Roelofsen, "Grotius and the Development of International Relations Theory: 'The Long Seventeenth Century' and the Elaboration of a European States System," *Quinnipiac Law Review* 17, no. 1 (Spring 1997): 44.

89 关于格劳秀斯如何度过监禁生活的描述，参见 Hamilton Vreeland, *Hugo Grotius*, 124–29; and R. W. Lee, "The Family Life of Grotius," *Transactions of the Grotius Society* 20 (1934): 13–14。

90 关于格劳秀斯图书馆的描写，参见 Edwin Rabbie, "The History and Reconstruction of Hugo Grotius' Library: A Survey of the Results of Former Studies with an Indication of New Lines of Approach," in *Bibliothecae Selectae da Cusano a Leopardi*, ed. Eugenio Canone (Firenze: Leo S. Olschki, 1993): 119–38。

91 Nellen, *Hugo Grotius*, 304–5.

92 关于格劳秀斯逃跑的描述，参见 Knight, *The Life and Work of Hugo Grotius*, 162–63; Vreeland, *Hugo Grotius*, 121–49。

93 Jesse *S.* Reeves, "The First Edition of Grotius's De Iure Belli ac Pacis, 1625," *American Journal of International Law* 19, no. 1 (1925): 12–22.

94 Jesse S. Reeves, "Grotius, De Jure Belli ac Pacis: A Bibliographical Account," *American Journal of International Law* 19, no. 1 (1925), 251, 261–62.

95 正如哈根马赫尔提醒的那样，"该书总体逻辑不符合国际法的模式，因为其古典维度在威斯特伐利亚和平安排形成一个世纪以后才得以明确。格劳秀斯的书本质上是一部战争理论著作"。Peter Haggenmacher, "On Assessing the Grotian Heritage" in *International Law and the Grotian Heritage*, ed. T.M.C. Assar Instituut (The Hague: T.M.C. Assar Instituut, 1985), 152.

96 普芬道夫称《战争与和平法》的作者是"不可比肩的雨果·格劳秀斯"，他"开始着手一项不受其前辈的影响支配的工作"。参见 Samuel Pufendorf, *Eris Scandica: und andere polemische Schriften uber das Naturrecht*, Vol. 5, ed. Fiammatta Palladini (Berlin: Akademie Verlag, 2002), 126。其作品译者珍·巴贝拉克（Jean Barbeyrac）认为格劳秀斯再一次让"道德科学起死回生"。参见 Jean Barbeyrac, "An Historical and Critical Account of the Science

of Morality," in Samuel Pufendorf, *Of the Law of Nature and Nations*, 4th ed., trans. Basil Kennett (London, 1729), 78。巴贝拉克认为弗朗西斯·培根（Francis Bacon）也是如此。

97 *DJB*, 2.2.2.1.

98 Ibid., 2.11.1.4.

99 例如，参见 Ibid., 2.15.8 and 2.2.24。关于荷兰东印度公司的代理人以荷兰议会的名义与东印度国家之间缔结的商业条约的资料，参见 1606 年 5 月 17 日，科内利斯·迈特利夫·德·扬（Cornelis Matelieff de Jonge）海军上将与柔佛国王之间签订的条约，收录于 Peter Borschberg, *Journal, Memorials and Letter of Cornelis Matelieff de Jonge: Security, Diplomacy and Commerce in 17th-Century Southeast Asia*, ed. Peter Borschberg (Singapore: NUS Press, 2015), 158–59，而前述相同缔约方于 1606 年 9 月 23 日签订的另一个条约，引用并吸纳了 5 月签署的协定，ibid. 160；1607 年 1 月 17 日，副海军上将奥利威尔·德·维福瑞（Vice-Admiral Olivier de Vivere）与亚齐沙阿阿里·里亚特（Ali Ri'ayat Shah of Aceh）签署的条约，ibid., 397–99；1607 年 5 月 26 日，迈特利夫海军上将与德那第苏丹莫达法尔（Sultan Modafar of Ternate and his Council）签署的条约，ibid., 421–24；1609 年 10 月 1 日，塞缪尔·布洛迈特（Samuel Bloemaert）与桑马的塞巴人·汤加人·潘格兰人阿迪帕蒂（Sebau Tangan Pangeran Adipati of Sambas）之间签署的条约，ibid., 446–48; Van Ittersum, *Profit and Principle*, 267–70。关于格劳秀斯如何利用这些条约为荷兰东印度公司争取利益的讨论，参见 ibid., 359–483。

100 引 自 G. N. Clark and Jonkheer W. J. M. Van Eysinga, eds., *Bibliotheca Visseriana: Dissertationum Ius Internationale Illustrantium*, Vol. 17 (Leiden: Brill, 1951), 73。

101 *DJB*, 2.1.2.1.

102 Ibid., 3.9.4.2.

103 Ibid., 3.6.2.1.

104 Ibid., 3.9.4.3.

105 罗马法暗含着对强权即公理的接受，因为它赋予不经分辨正义战争与否即可拥有捕获的权利。见 *Digest* 41.1.5.7: *Item quae ex hostibus capiuntur, jure gentium statim capientium fiunt*（"同样地，根据万国法，任何从敌人那里缴获的东西立即变成缴获之人的财产"）；*Digest* 49.15.5 and 49.15.19, *Institutes of Justinian*, 1.12.5。

106 Raphael Fulgosius, *In primum Pandectarum partem Commentaria*, ad Dig., 1, 1, 5 (Lyon, 1554), trans. Robert Andrews and Peter Haggenmacher, in Gregory Reichber, *The Ethics of War*, 228–29. 参 见 Haggenmacher, *Grotius et la doctrine de la Guerre Juste*, 203–6, 284–86。

107 参见 Balthazar Ayala, *De Jure et Officiis Bellicis et Disciplina Militari Libri III*, ed. John Westlake, trans. John Pawley Bate, 2 vols (Washington, DC: Carnegie Institution of U.S.A,

1912), 1.2.34。

108 Victor Hugo, *Les Miserables*, Vol. 2, Bk. 1, Ch. 19.

109 见《牛津英语大辞典》(*Oxford English Dictionary*), "Robe（长袍）" 词条［"'抢劫' 这个词的日耳曼语基础，动词，本意是 '战利品'，(因此）衣物也被视为战利品"］。

110 John Lynn, "How War Fed War: The Tax of Violence and Contributions During the Grand Siecle," *Journal of Modern History* 65, no. 2 (June 1993): 286, 290.（"权力的滥用并不是简单地破坏了这个体系；这个体系的特征就是滥用权力。"）。关于战利品的相关法律，参见 Fritz Redlich, *De Praeda Militari: Looting and Booty, 1500–1815* (Wiesbaden: F. Steiner, 1956)。

111 *DJP*, 179–80. 格劳秀斯赞成 "极其博学的法学家福尔戈修斯" 的观点，因为他没有从字面上理解自己的思想，但他不赞同 "西班牙人阿亚拉"，因为他仅从字面上理解自己的意思，尽管阿亚拉在其著作中明确指出他只是赞同福尔戈修斯的观点。

112 Ibid., 180.

113 格劳秀斯的 "诚信" 例外论并没有解决清洁物权的问题，因为商人们总会怀疑战争中捕获的财产不是来自善意捕获。

114 *DJB*, 3.4.4.

115 Ibid, 1.3.4.

116 Nellen, *Hugo Grotius*, 730–34.

117 Samuel Pufendorf, *De jure naturae et gentium libri octo*, 8.6.17 (1688).

118 Emer de Vattel, *The Law of Nations; or, Principles of the Law of Nature, Applied to the Conduct and Affairs of Nations and Sovereigns*, trans. Joseph Chitty (Philadelphia: T & J. W. Johnson & Co., Law Booksellers, 1867［1758］), 4.4.47.

119 Richard Tuck, "Introduction" in *De Jure Belli ac Pacis* (Indianapolis: Liberty Fund, 2005), xi.

120 James Madison, "Examination of the British Doctrine, Which Subjects to Capture a Neutral Trade Not Open in Time of Peace," in *Letters and Other Writings of James Madison*, Vol. 2, 1794–1815, (Philadelphia: J. B. Lippincott, 1865), 230, 234.

121 约翰·亚当斯 1801 年 1 月 2 日在华盛顿特区写给托马斯·博伊尔斯顿（Thomas Boylston）的信，《亚当斯文集》，卷4000，理查德·塞缪尔森（Richard Samuelson）收录并引用于 "The Midnight Appointments", The White House Historical Association, www. whitehousehistory .orge /08 /subs /08 b07.html; Charles M. Witlse, "Thomas Jefferson on the Law of Nations," *American Journal of International Law* 29, no. 1 (January1935): 66–81。

122 一些学者对这一称呼的归属持不同意见。参见，例如，托马斯·霍兰德（Thomas Holland）的批判，*Studies in International Law* (Oxford: Clarendon Press, 1898), 1–39; James Brown

Scott, *The Spanish Origin of International Law: Francisco de Vitoria and His Law of Nations* (Oxford: Clarendon Press, 1934); and Fruin, *De Jure Praedae Commentarius: An Unpublished Work of Hugo Grotius's*, 60–61。

123 Daniel Patrick Moynihan, *On the Law of Nations* (Cambridge: Harvard University Press, 1990), 7.

124 对格劳秀斯的学术影响和学术先驱地位进行了经典讨论的是哈根马赫尔。参见 Haggenmacher, *Grotius et la doctrine de la Guerre Juste*。也可参见 Benedict Kingbury, Hedley Bull, and Adam Roberts, eds., *Hugo Grotius and International Relations* (Oxford: Clarendon Press, 1990); and Hans Blom, ed., *Property, Piracy and Punishment: Hugo Grotius on War and Booty in De iure Praedae* (Leiden: Brill, 2009)。

125 *DJP*, 136–37; *DJB*, 1.2.1.4–5 and 1.2.2.1.

126 *DJP*, Prolegomena sec. 15; *DJB*, 1.3.8.2. 通过捍卫私战权利，格劳秀斯重申了一项授予贵族——而不仅仅是君主——诉诸武力的权利的古老法律传统。相比这个传统，格劳秀斯确认每一个人都拥有保护自己及其财产的权利，而不仅仅是贵族拥有这样的权利。

127 参见，例如 Arthur O. Lovejoy, *The Great Chain of Being: A Study of the History of an Idea* (Cambridge: Harvard University Press, 1936)。可以对比拉里·赛登特鲁普（Larry Seidentrop）的近作：*Inventing the Individual: The Origins of Western Liberalism* (Cambridge: Harvard University Press, 2014)，他将个人主义起源的时间提前至基督教的兴起。

128 *DJB*, Prolegomena sec. 16.

第二章　战争宣言

1 Edmund Wilson, *Patriotic Gore: Studies in the Literature of the American Civil War* (New York: Oxford University Press, 1962), xi.

2 Ward McAfee, "A Reconsideration of the Origins of the Mexican-American War," *Southern California Quarterly* 62, no. 1 (1980): 49. 麦卡菲向我们提供了以标准的历史叙述对波尔克总统作出的评价。

3 Darryl Dee, *Expansion and Crisis in Louis XIV 's France: Franche-Comte and absolute Monarchy, 1674–1715* (Rochester, NY: University of Rochester Press, 2009), 3–4; Francois Crouzet, "The Second Hundred Years War: Some eflections," *French History* 10, no. 4 (1996): 432–33.

4 Reed Browning, *The War of the Austrian Succession* (Stroud and New York: St. Martin's Press, 1993), 32; H. M. Scott, *The Emergence of the Eastern Powers, 1756–1775* (Cambridge:

Cambridge University Press, 2001), 23-25.

5 摘录自克莱先生（Mr. Clay）写给波恩塞特先生（Mr. Poinsett）的第一封信。波恩塞特 1825 年 3 月 25 日被国务院任命为美国驻墨西哥特派公使和全权公使，参见美国对外关系文件（American State Papers Foreign Relations）, 1: 580. H. Doc. No. 42, 25th Cong., 1st Sess., 8-10 (1837)。美国的主要策略是购买领土。1825 年和 1827 年，约翰・昆西・亚当斯授权购买部分得克萨斯。参见 MSS Archives, Department of State, Instructions to Agents in Mexico, Vol. 15, 53-54。1835 年，安德鲁・杰克逊授权购买得克萨斯以及大部分加利福尼亚。参见 H. Doc. No. 351, 25th Cong., 2nd Sess., Vol. 12 (1838)。

6 Matias Romero, *Mexico and the United States. A study of subjects affecting their political, commercial and social relations, made with a view to their promotion* (New York: G. P. Putnam, 1898), 374-76; Clayton Charles Kohl, *Claims as a Cause of the Mexican War* (New York: The Faculty of the Graduate School, New York University, 1914), vii-viii. 虽然罗梅罗（Romero）提供了墨西哥政权名单，但尚不清楚科尔是如何计算重新执政政府、替代政府、临时政府（*ad interim*）以及共同执政的政府得出三十五届的总数。

7 H. Doc. No. 105, 24th Cong., 2nd Sess., Vol. 3, 24-27 (1838); H. Doc. No. 3, 25th Cong., 2nd Sess., Vol. 1, 40-108 (1837).

8 H. Doc. No. 3, 25th Cong., 2nd Sess., Vol. 1, 109 (1837).

9 Kohl, *Claims as a Cause of the Mexican War*, Appendix.

10 Andrew Jackson, Special Message to Congress, February 6, 1837（"除了最近这位墨西哥已故的特立独行的部长对我国政府和人民的侮辱之外，他们对我们造成伤害的时间之长，我们多次徒劳地申请赔偿，以及他们对我国公民财产和人员的暴行以及对美国官员和国旗肆无忌惮的侮辱，都会向所有国家证明我们立即发动战争是正义的。"）; Martin van Buren, "First Annual Message," Speech to the Congress of the United States, December 5, 1837。

11 参见《调整美国公民对墨西哥索赔公约》（Convention for the Adjustment of Claims of Citizens of the United States Against Mexico），1839 年 4 月 11 日缔结，1840 年 4 月 7 日在华盛顿交换批文，1840 年 4 月 8 日公布。关于墨西哥与美国之间仲裁程序的出色讨论，参见 Kohl, *Claims as a Cause of the Mexican War*, 30-4。

12 参见《调整美国公民对墨西哥索赔公约》，第 7 条，1840；Kohl, *Claims as a Cause of the Mexican War*, 33。

13 S. Doc. No. 320, 27th Congress, 2nd Session, Vol. 4, 209-55 (1842). 有关未能审查所有索赔的评论，参见 John Bassett Moore, *History and Digest of the International Arbitrations to Which the United States Has Been a Part*, Vol. 2 (Washington, DC: Government Printing Office, 1898), 1244-48。仲裁员根据案情拒绝了 8 项索赔，并认为另有 10 项需要司法审判，不宜仲裁。他们总共接受了索赔要求的三分之二。

14 Daniel Webster, *The Letters of Daniel Webster: From Documents Owned Principally by the New Hampshire Historical Society*, ed. Claude Halstead Van Tyne (New York: McClure, Phillips & Company, 1902), 269-70.

15 “根据 1839 年 4 月 11 日缔结的公约进一步向索赔人提供裁定赔偿款项的公约”，1843 年 1 月 30 日缔结，1843 年 3 月 29 日在华盛顿交换批文，1843 年 3 月 30 日公布。

16 Kohl, *Claims as a Cause of the Mexican War*, 54-56.

17 James Buchanan to John Slidell, November 10, 1854, in S. Doc. No. 52, 30th Congress, 1st Session, 78-79; James K. Polk, *The Diary of James K. Polk During His Presidency, 1845 to 1849*, Vol. 6, ed. Milo Milton Quaife (Chicago: A. C. McClurg & Co., 1910), 33-35 (entry from September 16, 1845).

18 Kohl, *Claims as a Cause of the Mexican War*, 66.

19 James K. Polk, “A special message calling for a declaration of war against Mexico,” Speech to the Congress of the United States, Washington, DC, May 11, 1846.

20 Ibid.

21 Ibid.

22 波尔克回忆说，宣战后，他向他的国务卿詹姆斯·布坎南解释说：“尽管我们没有进行以征服为目的的战争，但很显然，在实现和平时，如果切实可行，我们会获取加利福尼亚和墨西哥其他领土以补偿我们对墨西哥的索赔，并支付战争的费用，因为这场战争是因它持续的错误和伤害而迫使我们发动的。” Polk, *The Diary of James K. Polk During His Presidency*, 397 (entry from May 13, 1846).

23 U.S. Congress and Thomas Hart Benton, *Abridgement of the Debates of Congress, from 1789 to 1856*, Vol. 15 (New York: D. Appleton & Company, 1861), 506.

24 Kohl, *Claims as a Cause of the Mexican War*, 72.

25 James Polk, “Second Annual Message,” Speech to the Congress of the United States, Washington, DC, December 8, 1846.

26 James Polk, “Third Annual Message,” Speech to the Congress of the United States, Washington, DC, December 7, 1847. 这不是美国和墨西哥第一次就这些诉求考虑战争了。参见，例如 A Treaty of Amity, Commerce, and Navigation, between the United States of America and the United Mexican States, Art. 34, Sec. 3, April 5, 1831。

27 1907 年《海牙第二公约》禁止发动战争索偿债务，见 *The Hague conventions of 1899 (I) and 1907 (I) for the pacific settlement of international disputes* (Washington, DC: The Carnegie Endowment for International Peace, 1915)。第一条规定：“缔约国同意不诉诸武力收回一国政府向另一国政府索偿属于其国民的契约债务。”然而，战争仍可能发动，如果“债务国拒绝或忽略答复仲裁提议，或者在接受提议后，阻止任何妥协以防止达成一致，或在仲裁后未能提交裁决赔偿”。

28 腓特烈大帝也是基于合法权利证明其入侵西里西亚的正当性。参见“Rescript, welches Ihro Konigl. Maytt. von Preussen an Dero Ministrum zu Regensburg, den Geheimten Justitz-Rath von Pollmann ergehen lassen. Anno 1741” in Reinhold Koser, ed., *Preussische Staatsschriften aus der Regierungszeit Konig Friedrichs II (1740–1745)* (Berlin: Verlag von Alexander Duncker, 1877), 89。“由于我们正在应对的奥地利哈布斯堡家族拒绝承认任何帝国的判决，并且我们无法从他们那里期待正义，我们别无选择，只能通过这些手段来表明我们的诉求并维护我们的权利，而这些手段是由造物主和人民的权利赋予君主们的，又因为在他们之上没有可以对其行为进行评判的法官，因而他们必须以主权平等［*Prince a Prince aequaliter*］的方式相互打交道”［雅各布·班尼特（Jacob Bennett）翻译］。

29 *DJB*, 3.3.5–14.

30 通常参见 Alan Watson, *International Law in Archaic Rome* (Baltimore: Johns Hopkins University Press, 1993)。

31 Livy, *Ab Urbe Condita*, 1.32. 根据哈利卡纳苏斯的狄奥尼修斯（Dionysius of Halicarnassus）的记载，这种身负外交使命的神父将在 30 天内返回。参见 *Antiquitates Romanae*, 2.72.8。

32 Servius, *In Vergilii Aenid on libri*, 9.52.

33 参见 Brian Simpson, “The Agincourt Campaign and the Law of War: review of Henry’s Wars and Shakespeare’s Laws: Perspectives on the Law of War in the Later Middle Ages, by T. Meron,” *Michigan Journal of International Law* 16, no. 3 (1995): 653–66。

34 M. H. Keen, *The Laws of War in the Late Middle Ages* (London: Routledge & K. Paul, 1965), 195.

35 Randall Lesaffer, “Defensive Warfare, Prevention and Hegemony: The Justifications for the Franco-Spanish War of 1635 (Part I),” *Journal of the History of International Law* 8 (2006): 91–93.

36 例如，参见 Emer de Vattel, *The Law of Nations; or, Principles of the Law of Nature, Applied to the Conduct and Affairs of Nations and Sovereigns*, trans. Joseph Chitty (Philadelphia: T & J. W. Johnson & Co., Law Booksellers, 1867［1758］), 3.4.58。

37 Lesaffer, “Defensive Warfare, Prevention and Hegemony,” 92.

38 William Shakespeare, *Henry V*, Act 2, Scene 4, 77–105; Theodor Meron, “Shakespeare’s Henry the Fifth and the Law of War,” *The American Journal of International Law* 86, no. 1 (1992): 1–45.

39 例如，参见 Vattel, *The Law of Nations*, 3.4.52, 55, and 64; Henry Wheaton, *Elements of International Law: With a Sketch of the History of the Science* (Philadelphia: Carey, Lea & Blanchard, 1836), 213。

40 John Milton, "A Manifesto of the Lord Protector of the Commonwealth of England, Scotland, Ireland &c.," in *The Prose Works of John Milton*, Vol. 2, ed. R.W. Griswold (Philadelphia: Herman Hooker, 1845), 464–76.

41 *Contra falsas francor (um) litteras 1491 pro defensione honoris serenissimi Roman (orum) Regis semper Augusti* (Augsburg, 1492).

42 Ibid., 2r. ("*Cum nemo sit qui nesciat francos gallos. ...*").

43 Mantegna to Francesco II Gonzaga, Margrave of Mantua, October 12, 1494, in *Carteggio inedito d'artisti dei secoli XIV, XV, XVI*, eds. Giovanni Gaye et al. (Florence: Presso Giuseppe Molini: 1839), 326–27 (translated by William Holste). 关于查理的类似描述，参见 Samuele Romanin, *Storia documentata di Venezia*, Vol. 5 (Venice: Tipografia di Pietro Naratovich, 1856), 13。

44 Ibid. ("*magis semper proditionibus que justi belli potentia aut strenuitate uti solitos: verum etiam varia fictaque mendatia et litteris et nunciis passim vulgare sollere: quibus suas versutas ac perfidas proditiones ob umbrent: et credulum vulgus inanibus suis nugis atque jactantiis pascant. ...*").

45 Ibid., 5r. ("*At quis hoc tantum scelus ullo jure dispenset, quod ab omni natura tam alienum est ut nec illius exemplum nec vocabulum proprium habeamus? Qui enim soceri filiam uxoremque detineat, hic et fornicatoris et stupratoris et adulteri et incesti et cujusvis libidinosi nomen vincit ac superat.*")（"但是谁犯下如此滔天罪行，这种罪行是如此天理难容，以至于既没有先例也找不到恰当的词语来描述呢？ 对于一个囚禁其岳父的妻女的人来说，他的行为已经超越了通奸者、强奸犯、奸夫、乱伦者以及任何荒淫无度者，令他们难以企及。"）

46 The House Committee on Foreign Relations, "*Report, or manifesto of the causes and reasons of war with Great Britain: presented to the House of Representatives by the Committee of Foreign Relations*" (Washington, DC: A. & G. Way, Printers, 1812). 通常情况下，这些声明将在国情咨文中被重复、修改或详述。有关这些咨文和演说的汇编，请参阅 Call to Arms, ed. Russell Buhite (Wilmington: Scholarly Resources, 2003)。例如，波尔克在 1846 年向国会发表的关于得克萨斯边界爆发敌对行动的咨文被理解为战争宣言。Statement of Senator Cass, *Congressional Globe* (May 11, 1846), 785（"这个咨文显然是刻意当作战争宣言发表的"）。

47 Vattel, *The Law of Nations*, 3.4.64. 例如，路易十四在 1688 年发表"九年战争宣言"时配了这样的标题："据之国王有义务恢复其武装，且应该据之说服所有具有真诚意愿之基督教界陛下建立社会稳定之理由之纪念。"宣言经常被译成多种语言。弥尔顿宣言用拉丁文写成，并用英文、荷兰文、德文、法文和西班牙文出版。古斯塔夫·阿道夫（Gustavus Adolphus）用来证明瑞典干预三十年战争正当性的宣言是以五种语言（瑞典语、拉丁语、德语、法语和英语）和二十三个版本（发行备用版本的目的是针对不同读者）发布的。请参阅 Peter Wilson, *The*

Thirty Years War: Europe's Tragedy (Cambridge: Belknap Press of Harvard University, 2009), 462。关于战争法中托词的作用，请参阅 James Whitman, *The Verdict of Battle* (Cambridge: Harvard University Press, 2012), 125–31。

48 "Message from his Majesty to both Houses of Parliament, May 25, 1790; relative to the capture of certain Vessels, by the Spaniards, in Nootka Sound," reprinted Edmund Burke, *The Annual Register, Or a View of the History, Politics, and Literature, For the Year 1790* (London: J. Dodsley, 1793), 285–86.

49 请参阅西班牙文和英文出版的纪念册，*The Annual Register*, 294–300。西班牙宫廷知道英国人会出版这些信件。因此，我们认为这些信件是用于发表的，而这恰好满足了我们对于战争宣言定义的需要出版物的要求。

50 *The Answer of the States Generall of the United Provinces of the Low Countries to the Declaration of Warr of the King of Great Brittain* (Hague 1674), 12, 18. 也可参阅墨西哥对于波尔克总统宣战的回应。墨西哥的回应充满着讽刺挖苦，声称墨西哥意欲反抗美国带给印第安人的"那种自由、和平和充足"以及它带给"有色人种"的"那种民主"。请参阅 Interim President Mariano Paredes y Arrillaga, *Manifiesto del Exmo. Sr. Presidente Interino de la Republica Mexicana* (Mexico City, July 26, 1846), 16。(*"Si, la libertad, la paz y la abundancia que han llevado a las tribus indigenas, precisandolas a vivir errantes: la democracia de que goza la gente de color en los Estados Unidos, privada de todo derecho civil y politico y excluida de todos los actos publicos, aun los religiosos."*) 威廉・霍尔斯蒂（William Holste）译。

51 "The Letter of King Edward to the Nobles and Commons of France, February 8, 1340, in John Foxe, *The Acts and Monuments of John Foxe,* Vol. 2, ed. Stephen Reed Cattley (London: Seeley and Burnside, 1837), 674–75.

52 尽管如此，在公共场所公布战争宣言的做法还是持续了几个世纪。请参阅，例如 *Ordonnance du Roy, portant Declaration de Guerre contre l'Empereur, l'Angleterre, les Etats Generaux des Provinces-Unies, & leurs Alliez* (Paris: Frederic Leonard, July 3, 1702); Oona Hathaway, William Holste, Scott Shapiro, Jacqueline Van De Velde, and Lisa Wang, "Just Causes of War: Evidence from War Manifestos"（未出版手稿，2017)。本章关于战争宣言的许多讨论借鉴了这部文献。

53 *Declaration of War on Spain of 1719, With a Manifesto, containing the Reasons, and a Postscript of an intercepted LETTER from Cardinal Alberoni to the Prince de Cellamare* (London: A. Bell, 1719). 在宣言标题页的底部，写着"(定价：6d)"——"d"是"便士（penny)"的缩写。

54 Hathaway et al., "Just Causes of War."

55 Gottried Wilhelm Leibniz, *Leibniz: Political Writings*, trans. Patrick Riley (Cambridge: Cambridge University Press 1972), 149.

56 Geoffrey Symcox, *War, Diplomacy and Imperalism, 1618–1763* (New York: Walker, 1974), 102. 也可参阅 Partel Piirimae, “Just War in Theory and Practice: The Legitimation of Swedish Intervention in the Thirty Years War,” *The Historical Journal* 45, no. 3 (Septermber 2002): 499–523。

57 请参阅，例如Anuschka Tischer, *Offizielle Kriegsbegrundungen in der Fruhen Neuzeit: Herrscherkommunikation in Europa zwischen Souveranitat und korporativem Selbstverstandnis* (Munster: LIT Verlag, 2012)。蒂舍尔（Tischer）借鉴了亨利克·雷普根（Henrich Repgen）的作品。Konrad Repgen, “Kriegslegitimationen in Alteuropa: Entwurf einer historischen Typologie,” in *Schriften des Historischen Kollegs, Vortrage* 9 (1985): 5–27. 也可参阅 Bernd Klesmann, *Bellum Solemne: Formen und Funktionen europaischer Kriegserklarungen des 17. Jahrhunderts* (Mainz: Philipp von Zabern Verlag, 2007)。吉姆·惠特曼（Jim Whitman）描述了腓特烈入侵西里西亚的战争宣言。请参阅 Whitman, *Verdict of Battle*, 130–31。

58 Hathaway et al., “Just Causes of War.”

59 Ibid.

60 关于 19 世纪和 20 世纪早期人道主义干涉的相关讨论，请参阅 Gary Bass, *Freedom's Battle: The Origins of Humanitarian Intervention* (New York: Alfred A. Knopf, 2008)。

61 John Milton, *The Works: Historical, Political, and Miscellaneous. To which is Prefixed, An Account of His Life and Writings. In Two Volumes*, vol. 2 (London: Millar, 1753), 263.

62 Theodore Roosevelt, “Fourth Annual Message,” Speech to the Congress of the United States, Washington, DC, December 6, 1904. http: //www .ourdocuments.gov/print friendly.php ?page=transcript&doc=56&title= Transcript+of+Theodore+Roosevelt%27s+Corollary+to+the+Monroe+Doctrine+ (1905). 2016 年 1 月 31 日访问。

63 本杰明·富兰克林（Benjamin Franklin）说，瓦特尔的这本书“我们在座的国会议员一直在学习”。Francis Wharton, *The Revolutionary Diplomatic Correspondence of the United States*, Vol. 2 (Washington, DC: U.S. Government Printing Office, 1889), 64；也可参阅第四章（讨论杰弗逊对瓦特尔思想的倚重）。

64 Vattel, *The Law of Nations*, 2.12.164, 3.3.26

65 *The Records of the Federal Convention of 1787*, Max Farrand ed., Vol. 1 (Norwood, MA: The Plimton Press, 1911), 316. 此外，约翰·杰伊（John Jay）在倡导采用宪法时指出：“战争的正义理由大部分要么来自对条约的违反，要么来自直接采取暴力。”他认为，新的国家政府在避免提供上述正义理由方面，能比十三个州独立运行做得更好。请参阅 *The Federalist,* No. 3

(John Jay)。

66 U.S. Constitution, Art. 4, Sec. 2.

67 请参阅 Oona A. Hathaway and Scott J. Shapiro, "Outcasting: Enforcement in Domestic and International Law," *Yale Law Journal* 121 (2011): 253–349。

68 Jerome, Letter CXXVII to Principia 12, quoted in Girolamo Arnaldi, *Italy and Its Invaders*, trans. Antony Shugaar (Cambridge: Harvard University Press, 2005), 4.

69 为征服领土，征服者必须以有意义的方式控制领土。格劳秀斯要求以永久性防御工事来保卫被征服领土。他用汉尼拔（Hannibal）征服罗马时采用的战略来说明纸上征服的无效问题。格劳秀斯称，汉尼拔对罗马城外领土的控制是如此之弱，以至于他所占领的土地在他占领前后竟然以同样的价格出售。*DJB*, 3.6.4.1。

70 他们是否有能力保住被征服领土则是另一回事。关于帝国过度扩张的主题，请参阅 Paul Kennedy, *The Rise and Fall of Great Powers* (New York: Random House, 1989)。

71 *DJB*, 3.8.4.1; Vattel, *The Law of Nations*, 3.13.199.

72 Anthony Disney, *Twilight of the Pepper Empire: Portuguese Trade in Southwest India in the Early Seventeenth Century* (Cambridge: Harvard University Press, 1978), 71–72.

73 Doris Graber, *The Development of the Law of Belligerent Occupation: 1863–1914* (New York: Columbia University Press, 1949), 37.

74 征服也不同于剥夺国格（"debellation"，拉丁文是"debellatio"）。在剥夺国格情形下，失败是如此彻底，以至于一方失去了统治和保护自身的能力——"*bellum*"在拉丁语中意味着"战争"，因此当一方在战争中完全被征服后，它就是被剥夺国格了。在征服情形下，一个国家从另一个国家夺取领土；在剥夺国格情形下，一个国家摧毁另一个国家。关于剥夺国格的讨论，请参阅 Ernst Feilchenfeld, *The International Economic Law of Belligerent Occupation* (Washington, DC: Carnegie Endowment for International Peace, 1942); Eyal Benvenisti, *The International Law of Occupation*, 2nd ed. (Oxford: Oxford University Press, 2012), 161–64。

75 *DJB*, 3.20.49.2. 1945 年，德国和日本接受无条件投降。

76 Xenophon, *Cyropaedia: The Education of Cyrus*, trans. Henry Graham Dakyns (London: J. M. Dent & Sons, 1914), 240.

77 "国际法"这个术语由律师、哲学家杰米里·边沁（Jeremy Bentham）在 1780 年创造出来。参见 Jeremy Bentham, *An Introduction to the Principles of Morals and Legislation*, eds. J. H. Burns and H. L. A. Hart (London: Athlone Press, 1970), 296 and n. x（"必须承认，'国际的'这个词是个新词"）。

78 *DJB*, 2.22.8.

79 Ibid., 2.22.12.

80 Ibid., 2.22.9.

81 Bartolome de las Casas, *A Short Account of the Destruction of the Indies*, trans. Nigel Griffin (London: Penguin, 1992).

82 关于西班牙王国对人道主义主张接受过程的探讨，参见 Tuck, *The Rights of War and Peace*, 72–75；安东尼・帕戈登（Anthony Pagden）为维多利亚作序之 *Vitoria: Political Writings*, eds. Anthony Pagden and Jeremy Lawrance (Cambridge: Cambridge University Press, 1991), xxvii。西班牙人征服的最初理由源于教宗的捐赠和印第安人自然奴役观。维多利亚在他的《美国印第安人》（"On the American Indians"）一文中，将这些观点去合法化了。参见 Vitoria, *Political Writings*, Question 1 and Question 2, Article 2。关于对这些观点的延伸讨论，请参阅 Anthony Pagden, *The Fall of Natural Man: The American Indian and the Origins of Comparative Ethnology* (Cambridge: Cambridge University Press, 1986); Hugh Thomas, *The Golden Age of Charles V* (London: Allen Lane, 2010)。

83 Vitoria, "On the American Indians" Question 3, Article 5; Francisco de Vitoria, "On Dietary Laws, or Self-Restraint" in Vitoria, *Political Writings*, Question 1, Article 5, Fifth Conclusion. 维多利亚特别指出，人道主义干预并没有自动制裁征服，但他补充说："如果除了通过为其确立基督教君主来保护他们，没有其他的方法来确保安全的话，那么这种做法也是合法的，而且只要确保这一目标能够实现，这么做就是必须的。"参阅 Francisco de Vitoria, "On Dietary Laws, or self-Restraint" Question 1, Article 5, Sixth Conclusion。

84 Alberico Gentili, *De Jure Belli Libri Tres,* trans. John C. Rolfe (Oxford: Clarendon Press, 1933), 1.25.198.

85 *DJB*, 2.20.3.

86 *Johnson v. M'Intosh*, 21 U.S. 543, 588 (1823).

87 Ibid.

88 Ibid., 574.

89 Thomas Jefferson, *A Summary View of the Rights of British America* (Williamsburg, VA: Clementina Rind, 1774), 6.

90 Joel N. Eno, "The Puritans and the Indian Lands," *The Magazine of History: With Notes and Queries*, 3 (1906), 274–75.

91 Yasuhide Kawashima, *Puritan Justice and the Indian: White Man's Law in Massachusetts, 1630–1763* (Middletown, CT: Wesleyan University Press, 1986), 51.

92 Eric Kades, "History and Interpretation of the Great Case of Johnson v. M'Intosh," *Law and History Review* 19, no. 1 (2001): 74.

93 Felix S. Cohen, "Original Indian Title," *Minnesota Law Review* 32 (1947), 36, 45–46.

94 Ibid., 37n. 20.

95 Stuart Banner, *How the Indians Lost Their Land: Law and Power on the Frontier* (Cambridge:

Harvard University Press, 2005), 239.

96 Van Ittersum, *Profit and Principle*, 267–70.

97 Jerzy Lukowski, *The Partitions of Poland: 1772, 1793, 1795* (Harlow, Essex: Addison, Wesley, Longman, 1999), 84.

98 Norman Davies, *God's Playground: A History of Poland,* Vol. 1: *The Origins to 1795* (New York: Columbia University Press, 2005), 395.

99 Compare *DJB*, 2.11.7.2 with 2.12.26.1; Vattel, *Law of Nations*, 4.4.37; Georg Friedrich von Martens, *Summary of the Law of Nations, Founded on Treaties and Customs of the Modern Nations of Europe,* trans. William Cobbett (Littleton, CO: Thomas Bradform, 1795), 2.1.3; Lassa Oppenheim, *International Law: A Treatise*, Vol. 1 (Longmans, Green and Company, 1905), paragraph 499. 瓦特尔和马滕斯（Martens）都排除了一些情况，即国家被迫接受“苛刻的、屈辱的和难以忍受的条件”（瓦特尔指的是和平条约），或者“暴力的非正义性确凿无疑”（马滕斯指的是一般的条约）。

100 Treaty of Cahuenga, January 13, 1847.

101 James K. Polk, Fourth Annual Message to Congress, December 5, 1848.

102 Frederick Merk, “Dissent in the Mexican War,” *Proceedings of the Massachusetts Historical Society, Third Series* 81 (1969): 120–21; Ralph H. Brock, “‘Perhaps the Most Incorrect of Any Land Line in the United States’: Establishing the Texas-New Mexico Boundary Along the 103rd Meridian,” *The Southwestern Historical Quarterly* 109, no. 4 (April 2006): 432 n. 5; William R. Nester, *The Age of Jackson and the Art of American Power, 1815–1848* (Washington: Potomac Books, 2013), 240; Richard Griswold del Castillo, *The Treaty of Guadalupe Hidalgo: A Legacy of Conflict* (Norman: University of Oklahoma Press, 1992), 11–12.

103 Abraham Lincoln, “January 12, 1848 — Speech in the United States House of Representatives,” in *Abraham Lincoln: Complete Works, Comprising His Speeches, State Papers, and Miscellaneous Writings*, Vol. 1, eds. John G. Nicolay and John Hay (New York: The Century Company, 1920), 103.

104 S. Doc. No. 31–18, at 241 (1850).

105 Innocent VIII to Charles of France and Anne of Brittany, dispensation, January 18, 1491, in *Corps universel diplomatique du droit des gens*, eds. Jean du Mont and Baron de Carels-Croon, Vol. 3, pt. 2 (Amsterdam: P. Brunel et al., 1726), 274–76. 查理和安妮被要求忏悔，并且后来要到普莱西斯－勒－派克（Plessis-Le-Parc）大主教的牧师面前向他保证，安妮没有被拐骗，她嫁给查理完全出于自愿。

106 *DJB*, 2.25.4. See also Vattel, *The Law of Nations*, 2.7.168.

第三章　杀人许可权

1 James Mooney, *The Ghost-Dance Religion and the Sioux Outbreak of 1890* (Lincoln: University of Nebraska Press, 1991), 1060−61. 后文相关论述借鉴了该文献，尤其是第916~925 页。

2 Ibid., 917.

3 Ibid.

4 Ibid.

5 Robert M. Utley, "The Ordeal of Plenty Horses," *American Heritage* 26, no. 1 (1974).

6 Nelson A. Miles, "Statement of General Nelson A. Miles on the 'Sioux Outbreak' of 1890," in *Report of the Secretary of War for 1891*, Vol. 1 (Washington, DC: U.S. Government Printing Office, 1892), 133−34, 149.

7 塔桑卡・奥塔翻译过来书面意思是许多马（Many Horses），但美国军方和政府机构叫他大量的马（Plenty Horses）。参见 Roger L. Di Silvestro, *In the Shadow of Wounded Knee: The Untold Final Chapter of the Indian Wars* (New York: Walker, 2005), 3。

8 Utley, "The Ordeal of Plenty Horses."

9 Di Silvestro, *In the Shadow of Wounded Knee*, 102, 134, 138.

10 "He Killed Lieut. Casey: The Trial of Plenty Horses Begun in Sioux City," *New York World*, April 25, 1891.

11 Utley, "The Ordeal of Plenty Horses."

12 Ibid.

13 Robert Lee, *Fort Meade and the Black Hills* (Lincoln: University of Nebraska Press, 1991), 135.

14 *New York World*, May 29, 1891.

15 *DJB*, 3.4.3.

16 Di Silvestro, *In the Shadow of Wounded Knee*, 151.

17 *DJB*, 3.4.3.

18 Olivier Fatio and Beatrice Nicollier-de Weck, *Comprendre L'Escalade: Essai de Geopolitique Genevoise* (Geneva: Labor & Fides, 2002), 71−79.

19 Ibid., 77.

20 Jean-Pierre Gaberel, *Les Guerres de Geneve aux XVI*me *et XVII*me *Siecles et L'Escalade, 12 Decembre 1602* (Geneva: Imprimerie Charles Schuchardt, 1880), 149.

21 Vattel, *The Law of Nations*, 3.4.68.

22 Francisco de Vitoria, *Vitoria: Political Writings*, eds. Anthony Pagden and Jeremy Lawrance (Cambridge: Cambridge University Press, 2003), 313; Andrew Sola, "The Enlightened Grunt? Invincible Ignorance in the Just War Tradition," *Journal of Military Ethics* 8, no. 1 (2009): 48–65.

23 "The Red Man," *The Gentleman's Magazine and Historical Chronicle* 85 (1815): 123.

24 "Manifeste de la justice, de l'importance et de la necessite que trouve le Roi, notre Seigneur, pour s'opposer a l'agression de l'usurpateur Buonaparte, procurer le repos et la tranquillite a l'Europe, et proteger les droits de l'humanite et de la religion, de concert avec les Souverains qui ont donne a Vienne la declaration de 13 mars du cette annee," in *Louis XVIII of France. Declaration du Roi de France, adresse au peuple francais, suivie du manifeste de Ferdinand VII, Roi d'Espagne, publie a l'occasion de la guerre contre Buonaparte* (Paris, 1815), 29.

25 David A. Bell, *The First Total War: Napoleon's Europe and the Birth of Warfare as We Know It* (New York: Houghton Mifflin, 2007), 251, 255.

26 文中对拿破仑的负面描述主要是来自反法同盟国的视角。最近对于拿破仑生平有了重新评价，该评价更为宽容，认为他将启蒙思想传播到整个欧洲，并消除了旧政权的压迫行为。请参阅 Andrew Roberts, *Napoleon: A Life* (New York: Viking, 2014), particularly, xxx-xli。

27 Ibid., 722.

28 Ibid., 723; Philip Dwyer, *Citizen Emperor* (New Haven: Yale University Press, 2013), 501.

29 Philip Mansel, *Monarchy and Exile: The Politics of Legitimacy from Marie de Medicis to Wilhelm II* (New York: Palgrave Macmillan, 2011), 219.

30 Bell, *The First Total War*, 304.

31 Roberts, *Napoleon: A Life*, 732–36.

32 Ibid., 737, 740; Michael John Thornton, *Napoleon After Waterloo: England and the St. Helena Decision* (Stanford, CA: Stanford University Press, 1968), 54.

33 "Declaration at the Congress of Vienna (March 13, 1815)," in Edward Baines, *History of the Wars of the French Revolution, From the Breaking Out of the Wars in 1792, to, the Restoration of General Peace in 1815*, Vol. 2 (London: Longman, Rees, Orme and Brown, 1817), 433.

34 Digby George Smith, *The Greenhill Napoleonic Wars Data Book* (London: Greenhill Books, 1998), 539.

35 Roberts, *Napoleon: A Life*, 776.

36 Ibid., 776–77.

37 Ibid., 781–82.

38 Anthony Mancini, "St. Helena, 'Cursed Rock' of Napoleon's Exile," *New York Times*, May

29, 2012.

39 Ibid.

40 "Liverpool to Castlereagh, July 21, 1815," in *Correspondence, Despatches and Other Papers of Viscount Castlereagh*, Third Series, *Military Diplomatic*, ed. *Charles William Vane,* Vol. 2 (London: William Shoberl, 1851), 434; John Hall Stewart, "The Imprisonment of Napoleon: A Legal Opinion by Lord Eldon," *American Journal of International Law* 45, no. 3 (1951): 571–77.

41 R. A. Melikan, "Caging the Emperor: The Legal Basis for Detaining Napoleon Bonaparte," *Legal History Review* 67, no. 3 (1999): 349–62; Stewart, "The Imprisonment of Napoleon," 571–77.

42 "An Act for the more Effectually Detaining in Custody Napoleon Buonaparte," 56 George Ⅲ, c. 22 (1816).

43 Sir Neil Campbell, *Napoleon on Elba: Diary of an Eyewitness to Exile*, ed. Jonathan North (Welwyn Garden City: Ravenhall, 2004), 172; Roberts, *Napoleon: A Life*, 729–30.

44 *DJB*, 3.1.2.1.

45 Ibid., 3.1.2.2.

46 Ibid., 3.1.2.1.

47 格劳秀斯认为杀人许可权不仅保护受害者，也保护外部观察人士。因为如果在战争中杀人被当作谋杀来起诉，那么冲突的局外人就会面临强大的政治压力来起诉非正义一方，从而置自己于紧张局势之中。"对两国人民之间战争的正义性做出裁决对其他国家人民来说是危险的，他们因此卷入了一场外国战争。" Ibid., 3.4.4.

48 Ibid.

49 Ibid., 3.4.19. 格劳秀斯承认，禁止强奸"不是万国之法，而是更好的法"。

50 Ibid., 3.7.1.

51 Ibid., 3.7.3.

52 Ibid., 3.4.10.

53 Ibid., 3.5.1.

54 Ibid., 3.4.9.

55 Ibid., 3.4.2–3; Emer de Vattel, *The Law of Nations; or, Principles of the Law of Nature, Applied to the Conduct and Affairs of Nations and Sovereigns*, trans. Joseph Chitty (Philadelphia: T & J. W. Johnson & Co., Law Booksellers, 1867 [1758]), 3.8.137.

56 Samuel Pufendorf, *De jure naturae et gentium libri octo*, trans. Basil Kennett (Oxford: Lichfield, 1703), 8.6.17 (1688). 第 18 节继续讨论暗杀问题，在这个问题上，他最终基本同意格劳秀斯的观点。

57 Cornelius van Bynkershoek, *Quaestiones Juris Publici libri duo* (Oxford: Clarendon Press,

1930), 16.

58 Ibid., 16, 26–28.

59 "Account and translation of Jurgen Ackermann, Kapitan beim Regiment Alt-Pappenheim 1631," ed. R. Volkholz, quoted in Geoff Mortimer, *Eyewitness Accounts of the Thirty Years War, 1618–48* (New York: Palgrave Macmillan, 2002), 67–68.

60 Otto von Guericke, "The Sack of Magdeburg (May 20, 1631)," in *The Thirty Years War: A Documentary History*, ed. and trans. Trytje Helfferich (Indianapolis: Hackett, 2009), 108–9.

61 Mortimer, *Eyewitness Accounts of the Thirty Years' War*, 4–5.

62 Otto von Guericke, "The Sack of Magdeburg (May 20, 1631)," in Helfferich, *The Thirty Years War*, 109.

63 Jeffrey Chipps Smith, "The Destruction of Magdeburg in 1631: The Art of a Disastrous Victory," in *Disaster, Death and the Emotions in the Shadow of the Apocalypse, 1400–1700*, eds. Jenny Spinks and Charles Zika (London: Palgrave, 2015), 247–71.

64 Hans Medick, "Historical Event and Contemporary Experience: The Capture and Destruction of Magdeburg in 1631," trans. Pamela Selwyn, *History Workshop Journal* 52 (2001): 33.

65 Numbers 31：1–2 NIV.

66 Ibid. 31：7.

67 Ibid. 31：15.

68 Ibid. 31：17.

69 1 Samuel 15：3.

70 Deuteronomy 25：19.

71 1 Samuel 15：33. 对于《希伯来圣经》中对妇女和儿童的屠杀，格劳秀斯写道："因为这是上帝的杰作，他对人类的权利比人类对野兽的更大。" *DJB*, 3.4.9.1.

72 从技术上讲，禁止直接攻击平民的原则适用于即使是敌人的平民。"妇女、儿童、虚弱的老人和病人，"瓦特尔说，"都是敌人。""然而，这些平民并不是威胁，杀害他们实现不了合法目的。"参见 Vattel, *The Law of Nations*, 3.8.145。

73 Ibid. 也可参阅阿普拉克辛（Apraksin）伯爵在前往普鲁士的途中以伊丽莎白二世女沙皇（tsarina Elizabeth Ⅱ）的名义写的宣言。见 *Sammlung der neuesten Staats-Schrifften zum Behuf der Historie des jetzigen Krieges in Teutschland* (Frankfurt and Leipzig, 1757), 144, 149。"那些只担心自己职业的居民，尤其是农民，没有什么可害怕的。相反，他们应该得到所有军事上必须的和环境允许的保护（Kriegsraison）。然而，对那些已经拿起武器抵抗或者离开他们的家园和祖国的人，我们将继续对其执行最严厉的战争法（Kriegsgesetze）"［詹姆斯·拉姆西－梅兰（James Rumsey-Merlan）译］。

74 Ibid. 然而，这一段的最后一句指出了强制执行的初步性质。这并不是说，对平民滥用暴力受到了一方的惩罚，而是说只有谨慎和人道主义才会促使他们这样做。瓦特尔指出，在其他地方，对于战争法也可以通过准其投降免死的报复性拒绝来执行。Ibid., 3.8.141.

75 Eric Robson, "The Armed Forces and the Art of War," in *The New Cambridge Modern History*, eds. G. R. Potter and G. R. Elton, Vol. 7: *The Old Regime, 1713- 63*, ed. J. O. Lindsay (Cambridge: Cambridge University Press, 1979), 165. 关于人道主义革命和启蒙运动的人本主义，参见 Steven Pinker, *The Better Angels of Our Nature: Why Violence Has Declined* (New York: Viking, 2011), 129–92。

76 Bell, *The First Total War*; Carl Schmitt, *Theory of the Partisan: Intermediate Commentary on the Concept of the Political*, trans. G. L. Ulem (New York: Telos Press, 2007), 36.

77 James Whitman, *The Verdict of Battle: The Law of Victory and the Making of Modern War* (Cambridge: Harvard University Press, 2012); Randall Lesaffer, "Siege Warfare in Early Modern Europe," in E. J. Broers, B. C. M. Jacobs, and R. C. H. Lesaffer, eds., *Ius Brabanticum, Ius Commune, Ius Gentium: Opstellen Aangeboden aan Prof. Mr. J.P.A. Coopmans ter Gelegenheid van Zijn Tachtigste Verjaardag* (Nijmegen: Wolf Legal Publishers, 2006).

78 Bell, *The First Total War*, 5.

79 Ibid., 46.

80 根据《纽约时报》的一篇社论，伤膝河大屠杀事件被英国报纸"几乎一边倒地视为嗜血和肆意屠杀"。然而，这篇社论是至关重要的解释。January 22, 1891, 4.

81 具有讽刺意味的是，多马被宣告无罪排除了以战争罪起诉他的所有可能性——这是一个政治问题，如果不是法律问题的话。尽管杀害凯西和对平民的屠杀二者能从法律上加以区分，但公众不会做那样的区分。在一个印第安人杀死了一个白人却刚刚被无罪释放的情况下，一个白人陪审团基本上不可能因白人士兵杀死印第安人而判其有罪。

82 Vattel, *The Law of Nations*, 3.15.226.

83 Convention for the Amelioration of the Condition of the Wounded in Armies in the Field, August 22, 1864, 请登录 https: //ihl-databases.icrc.org /ihl/INTRO /120?OpenDocument。

84 Declaration Renouncing the Use, in Time of War, of Explosive Projectiles Under 400 Grammes Weight, November 29 (December 11) 1868, 请登录 https: //ihl-databases.icrc .org /applic /ihl /ihl.nsf /Article.xsp ?action= openDocument&documentId= 568842C2B90F4A29C12563CD0051547C。

85 Hague Declarations of 1899 (IV, 1), (IV, 2), and (IV, 3) in *The Hague Conventions and Declarations of 1899 and 1907*, ed. James Brown Scott (Oxford: Oxford University Press, 1915).

86 Hague Convention (IV) of 1907 Respecting the Laws and Customs of War on Land and Its Annex, Articles 28, 47, 23, and 45, in ibid.

87 *Journal du general Fantin Des Odoards*, 244 (Paris: 1895), translated in Geoffrey Best, *Humanity in Warfare: The Modern History of the International Law of Armed Conflicts* (New York: Columbia University Press, 1980), 168.

88 S. W. Bowman and R. B. Irwin, *Sherman and His Campaigns: A Military Biography* (New York: Richardson & Co., 1865), 235–36.

89 Olaf van Nimwegen, *The Dutch Army and the Military Revolutions, 1588–1688* (Rochester, NY: Boydell Press, 2010), 61–64; Geoffrey Parker, *The Army of Flanders and the Spanish Road, 1567–1659: The Logistics of Spanish Victory and Defeat in the Low Countries' Wars*, 2nd ed. (Cambridge: Cambridge University Press, 2004), 143–44.

90 Nimwegen, *The Dutch Army and the Military Revolutions*, 62.

91 Philippe Contamine, "Ransom and Booty," in *War and Competition Between States*, ed. Philippe Contamine (Oxford: Clarendon Press, 2000), 191.

92 Ibid. 关于美国语境下的战俘交换协议的讨论，请参阅 John Fabian Witt, *Lincoln's Code: The Laws of War in American History* (New York: Free Press, 2012)。

93 Henry Wheaton, *Elements of International Law: With a Sketch of the History of the Science* (Carey, Lea & Blanchard, 1836), 251（在这些交易中违反诚信的行为只能通过这样的方式来惩罚，即拒绝给予违约一方根据战俘交换协议所获得的利益；或者，在需要这种手段的情况下，通过报复或惩罚性报复手段来加以惩罚）。

94 Vattel, *The Law of Nations*, 3.8.140, 142.

95 Ibid., 3.8.142.

96 Ibid., 3.8.141.

97 Lassa Oppenheim, *International Law: A Treatise*, Vol. 2 (London: Longmans, Green and Company, 1921), 336.

98 J. M. Spaight, *War Rights on Land* (London: Macmillan, 1911), 462.

99 关于规制或消除报复的努力的讨论，请参阅 Frits Kalshoven, *Belligerent Reprisals* (Leiden: Martinus Nijhoff, 1971), 1–68。关于第一次世界大战中报复手段的运用的讨论，请参阅 Isabel V. Hull, *A Scrap of Paper: Breaking and Making International Law during the Great War* (Ithaca, NY: Cornell University Press 2014), 64–65, 276–316。

100 Vattel, *The Law of Nations*, 3.8.142.

101 Oppenheim, *International Law*, Vol. 2, 336.

102 尽管威胁进行报复通常能够阻止违约行为，但它们也增加了"升级报复性破坏周期"的风险。Witt, *Lincoln's Code*, 64.

第四章　公民热内出使华盛顿

1 在热内被任命为法国驻美公使前不久，他曾写过一份报告，建议将“大使”替换为共和党人更倾向的“公使”。参见 Harry Ammon, *The Genet Mission* (New York: W. W. Norton, 1973), 18。

2 尽管法国的反革命分子在普鲁士集结，威胁要发动袭击并将革命者赶下台，但威胁并不大。因为，一方面武装流亡分子的人数仅为 2 万。另一方面，革命者关于战争的解放潜力的观点发挥了更大的作用：这不仅被法国宣战的理由证明，还被这一事实证明，即法国进攻的是奥地利，而不是反革命分子聚集的普鲁士。参见 David A. Bell, *The First Total War: Napoleon's Europe and the Birth of Warfare as We Know It* (New York: Houghton Mifflin, 2007), 110-11, 114-19, 126。

3 引自 “Editorial Note: The Recall of Edmond Charles Genet,” in *PTJ*, Vol. 26, 686。

4 Thomas Paine to George Washington, May 1, 1790, Thomas Paine National Historical Association, http: // www .thomaspaine .org /letters /george-washington /to-his-excellency-george-washington-may-1790.html.

5 Ammon, *The Genet Mission*, 2-3; Stanley Elkins and Eric McKitrick, *The Age of Federalism* (Oxford: Oxford University Press, 1993), 330.

6 Ammon, *The Genet Mission*, 5-9, 17; Elkins and McKitrick, *The Age of Federalism*, 330-31.

7 Elkins and McKitrick, *The Age of Federalism*, 331-35.

8 埃尔金斯（Elkins）和 麦克特里克（McKitrick）认为，法国吉伦特派对外交是无知的，他们对美国中立显然想“鱼与熊掌兼得”。参见 ibid., 333-35。

9 Ammon, *The Genet Mission*, 21.

10 Elkins and McKitrick, *The Age of Federalism*, 334, 342.

11 Ibid., 333; Ammon, *The Genet Mission*, 26-27.

12 Gaspard Monge to Citizen Genet, February 8, 1793, in *Actes et Memoires Concernant Les Negociations Qui Ont Eu Lieu Entre La France et Les Etats-Unis de l'Amerique*, Vol. 1 (London: J. G. B. Vogel, 1807), 12; Elkins and McKitrick, *The Age of Federalism*, 333.

13 Elkins and McKitrick, *The Age of Federalism*, 335.

14 Ibid., 345, 348; Gordon S. Wood, *Empire of Liberty: A History of the Early Republic, 1789-1815* (Oxford: Oxford University Press, 2009), 185.

15 Elkins and McKitrick, *The Age of Federalism*, 335.

16 “格兰奇号”在美国水域德拉华湾被捕获，使得这一事件在外交上引起轩然大波。参见 Ibid., 343; Ammon, *The Genet Mission*, 53-54。

17 Thomas Jefferson to James Monroe, May 5, 1793, in *PTJ*, Vol. 25, 661.

18 “Memorial from George Hammond,” May 2, 1793, in ibid., 638.

19 Elkins and McKitrick, *The Age of Federalism*, 314–16.

20 Wood, *Empire of Liberty*, 174, 179–80.

21 Thomas Jefferson to Edmond Charles Genet, June 5, 1793, in *PTJ*, Vol. 26, 196.

22 Elkins and McKitrick, *The Age of Federalism*, 348.

23 Genet to Jefferson, June 14, 1793, in *PTJ*, Vol. 26, 281 (“*Mepris des traites qui unissent les Francais et les Americains*”).

24 “Treaty of Amity and Commerce Between the United States and France; February 6, 1778,” Avalon Law Project, Yale Law School Lillian Goldman Law Library, http: // avalon.law.yale.edu /18th century /fr1788–1.asp［“对于任何不属于最信奉基督教的国王（指的是法国路易九世，1226~1270 年在位，被奉为中世纪法国乃至全欧洲君主的楷模。——译者注）的臣民，也不属于美国公民，且接受了与双方之一有敌意的任何其他君主或国家的委托任务的私掠船来说，在一方或另一方港口对其进行装备，都是不合法的”］。

25 Ammon, *The Genet Mission*, 66–67.

26 Thomas Jefferson to Edmond Charles Genet, June 17, 1793, in *PTJ*, Vol. 26, 298–99; Ammon, *The Genet Mission*, 67.

27 Edmond Charles Genet to Thomas Jefferson, June 22, 1793, in *PTJ*, Vol. 26, 339（“*pour justifier ou excuser des infractions faites a des traites positifs*”）.

28 Alexander Hamilton and Henry Knox, “Reasons for the Opinion of the Secretary of the Treasury, and the Secretary at War, Respecting the Brigantine ‘*Little Sarah*,’” in *The Works of Alexander Hamilton*, Vol. 5, ed. Henry Cabot Lodge (New York: G. P. Putnam’s Sons, 1904), 7 (July 8, 1793).

29 Thomas Jefferson to James Madison, August 3, 1793, in *PTJ*, Vol. 26, 606.

30 Emer de Vattel, *The Law of Nations; or, Principles of the Law of Nature, Applied to the Conduct and Affairs of Nations and Sovereigns*, trans. Joseph Chitty (Philadelphia: T & J. W. Johnson & Co., Law Booksellers, 1867［1758］), 3.7.104; Cornelius van Bynkershoek, *Quaestionum Juris Publici libri duo* (Oxford: Clarendon Press, 1930), 1.9.61; Georg Friedrich von Martens, *Summary of the Law of Nations, Founded on Treaties and Customs of the Modern Nations of Europe,* trans. William Cobbett (Littleton, CO: Fred B. Rothman, 1986), 8.6.2; William Edward Hall, *A Treatise on International Law* (Buffalo: William S. Hein & Co., Inc., 1924), 93–94. 关于 18 世纪国家中立实践的描述，请参阅 Charles S. Hyneman, *First American Neutrality: A Study of the American Understanding of Neutral Obligations During the Years 1792 to 1815* (Chicago: University of Illinois Press, 1934), 15–16。海尼曼（Hyneman）对法学家们报告的 1793 年之前国家中立实践具有一贯性表示怀疑，但他认为要

求中立国家具有严格的公正性的做法自那之后就固定了下来。请参阅 Ibid., 15–19。关于不是那么怀疑的看法，请参阅 Charles Cheney Hyde, *International Law Chiefly as Interpreted by the United States*, Vol. 2 (Boston: Little, Brown, and Company, 1922), 692。

31 Vattel, *The Law of Nations*, 3.7.105; Van Bynkershoek, *Quaestiones Juris Publici*, 63; Martens, *Summary of the Law of Nations, Founded on Treaties and Customs of the Modern Nations of Europe*, 8.5.9. 关于这方面 18 世纪的国家实践，请参阅 Hall, *A Treatise on International Law*, 700–02。

32 正如第二章末尾指出的那样，如果盟国认为交战方发动了一场非正义的战争，那么盟国将被解除需要协助交战方的条约责任。但如果它们更进一步，想要交战方付出代价，那么它们就会付诸战争。

33 Jefferson to Genet, June 17, 1793, in *PTJ*, Vol. 26, 299.（“但我们不会独自主张那项法律是什么及其如何应用。让我们向开明公正的评判者求助。没有谁比瓦特尔更合适的了。”）

34 Genet to Jefferson, June 22, 1793, in ibid., 339.

35 Jefferson to Madison, August 3, 1793, in ibid., 606.

36 Jefferson to Genet, June 5, 1793, in ibid., 197 (n. 9).

37 Edmund Randolph to Thomas Jefferson, with Jefferson's Note, May 31, 1793, in ibid., 152.

38 Jefferson to Genet, June 11, 1793, in ibid., 252. See “Alexander Hamilton's Report on the American Debt to France,” June 8, 1793, in ibid., 183–84.

39 Ammon, *The Genet Mission*, 80.

40 关于热内是否真的发出了这种威胁，存在一些争议。这事似乎源自杰弗逊 1793 年 7 月 10 的《与埃德蒙－查尔斯·热内谈话备忘录》(*Memorandum on a Conversation with Edmond Charles Genet*)。参见 ibid., 466。达拉斯否认了这项声明，请参阅 A. J. Dallas, “To the Public,” *American Daily Advertiser* (Philadelphia, December 9, 1793), 4575, quoted in *The Historical Magazine* 10 (1866): 339。

41 Elkins and McKitrick, *The Age of Federalism*, 369–71; Ammon, *The Genet Mission*, 107–8.

42 Ammon, *The Genet Mission*, 172.

43 Ibid., 119–20, 155–60, 170–72, 178–79.

44 Thomas P. Jones, “The Baseless Fabric of a Vision,” in *American Journal of Science and the Arts* 13 (1828): 90.

45 参见，例如 Henry Wheaton, *Elements of International Law*, 8th ed. (London: Sampson Low, 1866), 508。

46 Hague Convention (V) of 1907, Art. 9, in *The Hague Conventions and Declarations of 1899 and 1907.*

47 Vattel, *The Law of Nations*, 3.7.104.

48 Ibid. 也可参阅 Hague Convention (V) of 1907, Art. 7 and 9, in *The Hague Conventions and Declarations of 1899 and 1907*。根据格劳秀斯的观点，公正的义务只适用于“值得怀疑的事情”，但这种情况很明显的话，即当“一个人因支持一项邪恶事业可能会变得更强大，或者发动正义战争的人的行动可能会由此受到阻碍”时，公正的义务不适用。参见 *DJB*, 3.17.3.1。格劳秀斯认为，在明确的情况下，公正的义务不适用，不像征服规则、炮舰外交和杀人许可适用，这在很大程度上是因为国家的实践还没有发展出这样一种责任。请参阅 ibid., 3.1.5.5。(“在这次调查中，我们回顾了自然法，因为在历史叙事中，我们一直无法找到任何由万国意志法所建立的东西来掩盖这种情况。”)

49 只有在一种有限的情况下，国家才可以执行歧视。如果一国对于某项事业的正义性怀有强烈信心，它可以宣布放弃中立，加入受害者阵营。一个国家也可以同时与交战双方保持和平，但它也可以与一方开战以拯救另一方。Vattel, *The Law of Nations*, 3.7.106.

50 Gary Hufbauer et al., *Economic Sanctions Reconsidered*, 3rd ed. (Washington, DC: Peterson Institute for International Economics, 2007), 10.

结束语 I

1 关于这个庆祝仪式的描述，请参阅 Commission of the United States of America to the International Peace Conference of The Hague, *Hugo Grotius Celebration, Delft: Proceedings at the Laying of a Wreath on the Tomb of Hugo Grotius in the Nieuwe Kerk, in the City of Delft July 4th 1899* (The Hague: Martinus Nijhoff, 1899)。关于怀特大使的致词，请参阅 ibid., 14。关于将格劳秀斯作为和平使者而进行类似于圣徒传记的描述，请参阅 C. Van Vollenhoven, “Grotius and the Study of Law,” *The American Journal of International Law* 19, no. 1 (January 1925): 1–11, especially p. 3 (“Peaceful though he is in heart and soul”)。

2 对于格劳秀斯对荷兰商业帝国主义和荷兰东印度公司的毕生服务和承诺的明确讨论，请参阅 Martine Julia van Ittersum, “The Long Goodbye: Hugo Grotius’ Justification of Dutch Expansion Overseas, 1615–1645,” *History of European Ideas* 36, no. 4 (June 2010): 386–411。

3 Immanuel Kant, “Perpetual Peace: A Philosophical Sketch,” in *Kant: Political Writings*, ed. H. S. Reiss (Cambridge: Cambridge University Press, 1991), 103.

4 Jean-Jacques Rousseau, “The Social Contract,” in *Rousseau: “The Social Contract” and Other Later Political Writings*, ed. Victor Gourevitch (Cambridge: University Press, 1997).

5 Kant, “Perpetual Peace,” 103.

6 Martine Julia van Ittersum, “Preparing *Mare Liberum* for the Press: Hugo Grotius’ Rewriting of Chapter 12 of *De iure praedae* in November-December 1608,” *Grotiana* 26–28 (2005–2007): 256.

7 1940 年和 1951 年，克拉克（Clark）和艾伊辛加（Eysinga）出版了一个两卷本的关于英荷贸易会议的档案材料集，请参阅 G. N. Clark and Johnkeer W. J. M. van Eysinga, *The Colonial Conferences Between England and The Netherlands in 1613 and 1615,* Parts 1 and 2 (Amsterdam: Brill, 1940, 1951)。这些材料揭示格劳秀斯深度介入了荷兰东印度公司的事务。

8 Robert Fruin, *De Jure Praedae Commentarius: An Unpublished Work of Hugo Grotius's*, trans. H. G. Hamaker (Clark, NJ: Lawbook Exchange, 2003), 7-8.

9 *DJB*, Prolegomena, Sec. 28.

10 Commission of the United States of America to the International Peace conference of The Hague, *Hugo Grotius Celebration,* 21.

11 *DJB,* Prolegomena, Sec. 29.

12 Ibid, 2.20.47-50.

13 格劳秀斯发展他的自由理论在很大程度上（但不完全）是为了证明荷兰殖民战争和荷兰东印度公司海外扩张的正当性，这一点已经成为研究格劳秀斯的专家们的共识。参见，例如 Van Ittersum, "The Long Goodbye," 409（"格劳秀斯自然法和自然权利思想确立的是一个帝国主义的思想框架，这一点在法律史、国际关系理论、思想史、哲学和后殖民主义理论专家的赞同下已经很快成为新的共识"）。参见，例如 Martine Julia van Ittersum, *Profit and Principle: Hugo Grotius, Natural Rights Theories and the Rise of Dutch Power in the East Indies, 1595-1615* (Amsterdam: Brill, 2006); Peter Borschberg, *Hugo Grotius, the Portuguese and Free Trade in the East Indies* (Singapore: National University of Singapore Press, 2011); Edward Keene, *Beyond the Anarchical Society: Grotius Colonialism and Order in World Politics* (Cambridge: Cambridge University Press, 2002); Richard Tuck, *The Rights of War and Peace: Political Thought and the International Order From Grotius to Kant* (Oxford: Oxford University Press, 1999), 78-108, 尤其是第 95 页 [“《战争与和平法》提醒（格劳秀斯的）崇拜者，他依然是赞同在全球范围内发动战争的狂热者。事实上，他是最不可能成为海牙和平宫守护神的人”]。

第五章　结束一切战争的战争

1 "Austria-Hungary: Ultimatum to Serbia," July 22, 1914, in *International Law Documents 1917: Neutrality, Breaking of Diplomatic Relations, War* (Washington, DC: Government Printing Office, 1918), 38. 关于更多战前事件的描述，请参阅 T. G. Otte, *July Crisis: The World's Descent into War, Summer 1914* (Cambridge: Cambridge University Press, 2014)。

2 "Serbian Reply to [the] Austrian Government," July 25, 1914, in *International Law Documents 1917*, 47.

3 "Imperial Rescript and Manifesto," in *New York Times Current History: The European War from the Beginning to March 1915*, Vol. 1, No. 2 (New York: New York Times, 2005), 225. 参阅 "The Austro-Hungarian Declaration of War Against Serbia," July 28, 1914, in *International Law Documents 1917*, 49。

4 "Note presented by the German Ambassador at St. Petersburgh," August 1, 1914, in *Diplomatic Documents Relating to the Outbreak of the European War*, ed. James Brown Scott (New York: Oxford University Press, 1916), 763-64.

5 宣言通常以《德国白皮书》的名字命名。*The German White Book: How Russia and Her Ruler Betrayed Germany's Confidence and Thereby Caused the European War* (Berlin: Liebheit and Thiesen, 1914). 外交部还向《纽约时报》提供了宣言文稿，后者在其 1914 年 8 月 4 日出版的报纸上刊登了。参见 Frederic William Wile, "Full Text of the German White Paper," *New York Times,* August 24, 1914。

6 "Imperial Manifesto," August 2, 1914, in *Documents of Russian History, 1914-1917*, ed. Frank Alfred Golder (New York: Century Company, 1927), 29-30.

7 The Franco-Russian Alliance Military Convention, August 18, 1892, Avalon Law Project, Yale Law School, Lillian Goldman Law Library, http: // avalon.law.yale.edu / 19th century /frrumil.asp; Germany's Declaration of War with France ("Letter Handed by the German Ambassador to M. Rene Viviani"), August 3, 1914, in Scott, ed., *Diplomatic Documents Relating to the Outbreak of the European War,* 693-94.

8 当英国大使通知德国首相特奥巴登·冯·贝特曼·霍尔维格（Theobald von Bethmann-Hollweg）因为德国破坏了比利时的中立，英国要向德国开战时，德国首相惊呼，他不敢相信英国竟然会因为"一纸协定"而与"一个同源国家"（"a kindred nation"）开战。参见 Sir E. Goschen's report to Sir Edward Grey on interview with Chancellor vonBethmann-Hollweg (August 4, 1914), World War I Document Archive, http: //www .gwpda. org /1914 /paperscrap. html; Isabel V. Hull, *A Scrap of Paper: Breaking and Making International Law During the Great War* (Ithaca, NY: Cornell University Press 2014), 42。

9 "Note Communicated by M. Davignon, the Belgian Minister for Foreign Affairs, to Herr von Below Saleske, German Minister," August 3, 1914, in *Official Diplomatic Documents Relating to the Outbreak of the European War*, ed. Edwin von Mach (New York: Macmillan Company, 1916), 421.

10 Hew Strachan, *The First World War* (New York: Viking, 2004); Barbara Tuchman, *The Guns of August: The Outbreak of World War I* (New York: Presidio Press, 2004), 321.

11 Woodrow Wilson, "An Appeal by the President of the United States to the Citizens of the Republic, Requesting Their Assistance in Maintaining a State of Neutrality During the Present

European War," August 19, 2014, *Congress*, 63rd Cong., 2nd Sess., Senate Doc. No. 566 (Washington, DC: U.S. Government Printing Office, 1914), 3-4.

12 Ibid.

13 Howard Jones, *Crucible of Power: A History of U.S. Foreign Relations Since 1897* (Wilmington, DE: Rowman & Littlefield, 2001), 73.

14 "Lusitania Sunk by a Submarine, Probably 1000 Dead," *New York Times*, May 8, 1915. 德国人声称，击沉该船是完全正当的。他们争辩说，这艘船载有为盟国提供的弹药，因此是一艘军舰，根据国际法是合法的攻击目标。参见 "Sinking Justified Says Dr. Dernberg: Lusitania a 'War Vessel' Known to be Carrying Contraband, Hence Search Was Not Necessary," *New York Times*, May 9, 1915。最近的证据支持了德国的说法：对沉船残骸的物证鉴定表明，"卢西塔尼亚号"沉没时，载有多达 400 万发子弹。参见 Sam Greenhill, "Secret of the Lusitania: Arms Find Challenges Allied Claims It Was Solely a Passenger Ship," *Daily Mail*, December 19, 2008。

15 Erik Larson, *Dead Wake: The Last Crossing of the Lusitania* (New York: Crown, 2015), 276.

16 The Secretary of State William Jennings Bryan to the Ambassador in Germany (Gerard) (May 13, 1915), *FRUS* 1915 (Supplement: The World War), 393; The Secretary of State *ad interim* (Lansing) to the Ambassador in Germany (Gerard) (June 9, 1915) *FRUS* 1915 (Supplement: The World War), 436; The Secretary of State to the Ambassador in Germany (Gerard) (July 21, 1915), *FRUS* 1915 (Supplement: The World War), 480; president Woodrow Wilson to German Foreign Minister (April 18, 1916) (delivered by the Ambassador in German (Gerad), pursuant to instnutions from Secretary of State Robert Lansing, *FRUS* 1916 (Supplement: The World War), 232-34（"除非帝国政府现在立即宣布放弃现有的对旅客和货运船只进行潜艇战的方法，否则美国政府别无选择，只能断绝与德意志帝国的外交关系"）。

17 German Foreign Minister Gottleib Von Jagow to U.S. Ambassdor James W. Gerard (May 4, 1916), *FRUS* 1916 (Supplement: The World War), 257.

18 Democratic Party Platform, June 16, 1916, The American Presidency Project, http: //www.presidency.ucsb.edu /ws/?pid= 29591. 也可参阅 John Milton Cooper, Jr., *Woodrow Wilson: A Biography* (New York: Alfred A. Knopf, 2009), 342。

19 Zimmermann Telegram as Received by the German Ambassador to Mexico, January 19, 1917, General Records of the Department of State, Record Group 59, National Archives.

20 Ibid.

21 Woodrow Wilson, "Joint Address to Congress Leading to a Declaration of War Against Germany," April 2, 1917, Records of the United States Senate, Record Group 46, National Archives.

22 Derek H. Aldcroft, *From Versailles to Wall Street, 1919–1929* (Berkeley: University of California Press, 1981), 13（“现役部队死亡人数……800 万”）; Meredith Reid Sarkees, *The COW Typology of War: Defining and Categorizing Wars (Version 4 of the Data)*（显示战斗死亡 8578031 人）。

23 Aldcroft, *From Versailles to Wall Street*, 13–14（需要注意的是，伤残人数可能包括一些平民）。也可参阅 Samuel Dumas and K. O. Vedel-Petersen, *Losses of Life Caused by War* (Oxford: The Claredon Press, 1923), 137–45。

24 Wilson borrowed the phrase from H. G. Wells, *The War That Will End War* (New York: Duffield & Co., 1914).

25 Margaret MacMillan, *Paris 1919: Six Months That Changed the World* (New York: Random House, 2003), 53. 除了此处讨论的重点《国际联盟盟约》和《凯洛格 – 白里安公约》，更多关于战后和平努力请参阅 Patrick O. Cohrs, *The Unfinished Peace After World War I: America, Britain and the Stablisation of Europe, 1919–1932* (Cambridge: Cambridge University Press 2006)。

26 Woodrow Wilson, “President Wilson's Message to Congress,” January 8, 1918, Records of the United States Senate, Record Group 46, National Archives.

27 The Covenant of the League of Nations, Arts. 12, 13, 15 (1924).

28 Woodrow Wilson, “Address at Pueblo, Colorado,” September 25, 1919, in *Addresses of President Wilson: Addresses Delivered by President Wilson on His Western Tour*, 66th Congress, 1st Sess., S. Doc. No. 120 (Washington, DC: U.S. Government Printing Office, 1919), 359–70.

29 John E. Stoner, *S. O. Levinson and the Pact of Paris* (Chicago: University of Chicago Press, 1943), 8. 莱文森及其发起的非法化战争运动在很大程度上被遗忘了，以下这部著作除外：David Swanson, *When the World Outlawed War*（2011 年自行出版）。

30 Stoner, *S. O. Levinson and the Pact of Paris*, 1–10.

31 Ibid., 11–13.

32 Ibid., 12 (quoting *The New York Times*). 参见 “Governors Close Stock Exchange,” *New York Times*, August 1, 1914。

33 Stoner, *S. O. Levinson and the Pact of Paris*, 12［此处引用了萨尔蒙·莱文森在 1914 年 9 月 15 日写给哈里·莱文森（Harry Levinson）的信件］。

34 “Dr. Eliot and Mr. Schiff Discuss Ways to Peace,” *New York Times*, December 20, 1914.

35 Stoner, *S. O. Levinson and the Pact of Paris*, 14［此处引用了莱文森写给自己的合伙人本杰明·V. 贝克尔（Benjamin V. Becker）的信］。

36 Salmon O. Levinson, “The Legal Status of War,” *The New Republic*, March 9, 1918, 171.

37 他的两个儿子都参加了接下来的战争。参见 SOL, Memo, July 20, 1928, box 28 folder 7, SLP UCL。两个男孩都在 1917 年入伍；在写于 1919 年的一封信中，莱文森提到，自从“两年多前”应召入伍后，他的两个儿子第一次回家过圣诞节。参见 SOL to Knox, December 27, 1919, box 54, folder 7, SLP UCL。

38 Stoner, *S. O. Levinson and the Pact of Paris,* 21.

39 SOL to Jacob Schiff, August 25, 1917, box 44, folder 3, SLP UCL.

40 Ibid.

41 Stoner, *S. O. Levinson and the Pact of Paris,* 25.

42 James H. Tufts to William Rainey Harper, December 1893, 引自 Louis Menand, *The Metaphysical Club* (New York: Farrar, Straus & Giroux, 2001), 288。

43 Ibid., 25–26（引自 Dewey to Croly, January 28, 1918)。

44 Levinson, “The Legal Status of War,” 171.

45 Ibid., 172.

46 Stoner, *S. O. Levinson and the Pact of Paris*, 39–41.

47 SOL, Memo, undated, box 28, folder 7, SLP UCL（据记载莱文森是《国际联盟盟约》公开后的第二天即 2 月 15 日接到邀请，接着在 2 月 17、18、19 日连续三天与诺克斯会面）。

48 法律专家一致认为，国际联盟完整地保留了战争的合法性。奥本海在其著作第三版中说：“战争与国际法不相抵触，是一种受国际法约束的状态。它不反对处于冲突之中的国家彼此发动战争，只要它们遵守了《国际联盟盟约》的规定——先前已经将争端提交给联盟理事会加以调查。”参见 L. Oppenheim, *International Law: A Treatise,* 3rd ed., ed. Ronald F. Roxburgh (London: Longmans, Green, & Co., 1921), 2: 65–66, § 53。

49 SOL, Memo, undated, box 28, folder 8, SLP UCL. 莱文森这里说的可能是《洛迦诺公约》，该公约 1925 年 10 月在瑞士洛迦诺谈判，最终于 1925 年 11 月 3 日在伦敦签署。

50 Ibid.

51 League of Nations Covenant, Arts. 10, 11, 16.

52 “Henry Cabot Lodge Speaks on the League of Nations,” Speech of August 12, 1919, in William Safire, *Lend Me Your Ears: Great Speeches in History* (New York: W. W. Norton, 2004), 314.

53 莱文森谴责洛奇的妥协，他说这“激怒了我们，导致双方观点不可调和”，并指出“勇敢的参议员们抓住了这个机会，做了必要的事情”。参见 Letter from SOL to Mr. Otto H. Kahn, January 24, 1920, box 54, folder 7, SLP UCL。

54 Thomas A. Bailey, *Woodrow Wilson and the Great Betrayal* (New York: Macmillan, 1945), 49–167.

55 William E. Borah, “The League of Nations,” November 19, 1919, in Robert C. Byrd, *The*

Senate, 1789–1989: Classic Speeches, 1830–1993 (Washington, DC: U.S. Government Printing Office, 1994), 567（需要说明的是，他就是“持不可调和观点的人”之一）。John Chalmers Vinson, *William E. Borah and the Outlawry of War* (Athens: University of Georgia Press, 1957).

56 Bailey, *Woodrow Wilson and the Great Betrayal*, 59, 63.

57 Ibid., 64.

58 Byrd, *The Senate, 1789–1989: Classic Speeches, 1830–1993*, 573.

59 U.S. Senate, Classic Senate Speeches: William E. Borah, The League of Nations, November 19, 1919, www. senate.gov /artandhistory /history /common/generic /Speeches Borah League. htm.

60 “Senate Defeats Treaty, Vote 49 to 35,” *New York Times*, March 19, 1919. 两年后，美国加入了与德国签订的一项和平条约，该条约不要求美国加入国联。参见“Senate Ratifies German Treaty by 66 to 20 Vote,” *New York Times*, October 19, 1921。该条约是必要的，因为美国国会的和平决议本身并没有影响和平的实现。正如洛奇所解释的，“就美国而言，它结束了战争，但它不是和平条约”。参见“Opposition Grows to German Treaty; Plea by Harding,” *New York Times*, September 25, 1921。

61 Bailey, *Woodrow Wilson and the Great Betrayal*, 132–34, 350.

62 在使美国加入国际联盟的尝试失败后，诺克斯发起了一项替代的共同决议，该项决议后来由沃伦・G・哈定总统于 1921 年 7 月 2 日签署，正式结束美国对第一次世界大战的介入。参见“Joint Resolution Terminating the State of War Between the Imperial German Government and the United States of America and Between the Imperial and Royal Austro-Hungarian Government and the United States of America,” 42 Stat. 105 (1921); Kurt Wimer and Sarah Wimer, “The Harding Administration, the League of Nations, and the Separate Peace Treaty,” *The Review of Politics* 29, no. 1 (1967): 13–24。

63 Plan to Outlaw War (draft), n.d., box 28, folder 9, SLP UCL.

64 SOL, Memo, undated, box 28, folder 7, SLP UCL.

65 “Senate Ratifies German Treaty by 66 to 20 Vote,” *New York Times*, October 19, 1921; “Wilson’s Hand Seen as Fight on Treaty Stiffens in Senate,” *New York Times*, September 26, 1921; “Wilson Senators Plan Reservations in Fight on Treaty,” *New York Times*, September 27, 1921.

66 Vinson, *William E. Borah and the Outlawry of War*, 59.

67 SOL to WEB, July 17, 1922, box 3, folder 16, SLP UCL.

68 Ibid. 莱文森还鼓励他的朋友约翰・杜威给博拉写信鼓励他领导非法化战争运动，在莱文森大力推动之后，杜威接受了这样的要求。请参阅 Dewey to WEB, March 6, 1922, No. 04891, The

Correspondence of John Dewey, 1871-1952, Electronic Edition。博拉确实在 1936 年参加了总统竞选，尽管支持他的代表屈指可数。

69 这里的描述参考了莱文森一份没有注明日期的备忘录，他在备忘录里将这段回忆记录了下来。请参阅 SOL, Memo, undated, box 28, folder 7, SLP UCL。根据这份备忘录，他们是在 1919 年 12 月会面的。但肯定是 12 月早些时候，因为他们校阅过的小册子于 1919 年 12 月 25 日出版。

70 莱文森创立了该委员会并担任主席，并于 1921 年 11 月 10 召开了第一次会议。参见 Miscellaneous Papers Associated with the American Committee for the Outlawry of War, box 1, folder 18, SLP UCL。

71 Salmon O. Levinson, *Outlawry of War* (Chicago: American Committee for the Outlawry of War, 1921), 11. 这部分以“非法化战争计划”为标题，并加了一个星号注明“由已故参议员诺克斯和作者于 1919 年制订”。Ibid.

72 John Dewey, “Foreword,” in ibid.

73 SOL to Miss Cora Rubin, January 26, 1922, box 117, WBP LC；请参阅 Miss Cora Rubin to SOL, January 27, 1922, box 117, WBP LC; Telegraph from SOL to Miss Cora Rubin, January 26, 1922, box 117, WBP LC. 印刷和邮寄的协调工作由参议员博拉办公室负责，费用是由莱文森担任主席的美国促进战争非法化委员会支出。Letters between SOL and Miss Cora Rubin, box 117, passim, WBP LC.

74 SOL to Miss Cora Rubin, February 7, 1922, box 117, WBP LC.

75 SOL to Miss Cora Rubin, April 28, 1922, box 117, WBP LC; SOL to Miss Cora Rubin, April 5, 1922, box 117, WBP LC; Miss Cora Rubin to SOL, February 13, 1922, box 117, WBP LC.

76 SOL to Miss Cora Rubin, January 27, 1922, box 117, WBP LC; SOL to Miss Cora Rubin, February 10, 1922, box 117, WBP LC.

77 SOL to Miss Cora Rubin, January 27, 1922, box 117, WBP LC.

78 Miss Cora Rubin to SOL, February 7, 1922, box 117, WBP LC; Arthur Capper to SOL, February 1, 1922, box 117, WBP LC.

79 Stoner, *S. O. Levinson and the Pact of Paris,* 61. Levinson corresponded with Jane Addams（国际妇女争取和平联盟主席），box 1, folder 2, SLP UCL; Elinor Byrns（国际妇女和平联盟共同创始人），box 11, folder 11, SLP UCL; the Chicago Woman’s Club, box 18, folder 3, SLP UCL; and with the Women’s Federation of Clubs, Women’s International League for Peace, and Women’s Overseas Service League, box 50, folders 1 & 3, SLP, UCL。更多关于 20 世纪 20 年代和平组织的活动，请参阅 Charles DeBenedetti, *Origins of the Modern American Peace Movement, 1915-1919* (Millwood, NY: KTO Press, 1978); Charles Chatfield, *The American Peace Movement: Ideals and Activism* (New York: Twayne, 1992); Charles DeBenedetti, *The Peace Reform in American History* (Bloomington: Indiana University Press, 1980); Daniel

Gorman, *The Emergence of International Society in the 1920s* (Cambridge: Cambridge University Press, 2012); Cecilia Lunch, *Beyond Appeasement: Interpreting Interwar Peace Movements in World Politics* (Ithaca, NY: Cornell University Press, 1999); Harriet Hyman Alonso, *The Women's Peace Union and the Outlawry of War, 1921–1924* (Knoxville: University of Tennessee Press, 1989)。

80 SOL, Memo, undated, box 28, folder 7, SLP UCL. 为了劝诱博拉领导这项运动，莱文森颇费周折。这段时间二者之间的通信清楚地表明，莱文森积极地寻求博拉作为其参议院盟友和其主张的公共倡导者。请参阅，例如 SOL to WEB, December 16, 1921, box 117, WBP LC; WEB to SOL, December 10, 1921, box 117, WBP LC; SOL to WEB, December 8, 1921 box 117, WBP LC。到 1922 年 7 月 13 日，博拉开始与莱文森一道致力于寻求一种非法化战争的解决方案。参见 WEB to SOL, July 13, 1922, box 117, WBP LC。

81 SOL, Memo, undated, box 28, folder 7, SLP UCL.

82 参见，例如 SOL to WEB, December 2 1922, box 3, folder 16, SLP UCL; SOL to WEB, December 15, 1922, box 3, folder 16, SLP UCL; SOL to WEB, June 12, 1922, box 3, folder 16, SLP UCL; WEB to Morrison, April 9, 1928, box 5, folder 4, SLP UCL（敦促莫里森与莱文森谈话，向其解释在国会就和平公约进行辩论期间提起这样的动议将会破坏美国国务院的威信）。

83 SOL, "Additional Memoranda Re Outlawry," May 1, 1922, box 117, WBP LC.

84 WEB to SOL, July 13, 1922, box 117, WBP LC.

85 SOL to WEB, June 12, 1922, box 117, WBP LC.

86 SOL, Memo, undated, box 27, folder 18, SLP UCL.

87 Salmon O. Levinson, "Can Peace Be Enforced?" *The Christian Century*, January 8, 1925, 46–47. 莱文森和博拉思想的演变可从他们之间的书信窥见一斑。请参阅，例如 Salmon Levinson, "Additional Memoranda Re Outlawry," May 1, 1922, box 117, WBP LC; SOL to WEB, June 12, 1922, box 117, WBP LC; WEB to SOL, July 13, 1922, box 117, WBP LC。二人还就著名的一神论派牧师、和平主义者约翰・海恩斯・霍姆斯（John Haynes Holmes）的问题进行了书信沟通。后者在 1909 年帮助成立了全国有色人种促进会（NAACP），并于 1920 年成立了美国公民自由联盟（ACLU）。参见 WEB to Haynes Holmes, January 31, 1925, box 27, folder 18, SLP UCL; SOL to Haynes Holmes, February 2, 1925, box 27, folder 18, SLP UCL。

88 John Dewey, *Human Nature and Conduct* (New York: Henry Holt & Company, 1922), 109–10.

89 Harold Josephson, *James T. Shotwell and the Rise of Internationalism in America* (Rutherford, NJ: Fairleigh Dickinson University Press, 1975), 39–40.

90 James T. Shotwell, *The Autobiography of James T. Shotwell* (New York: Bobbs-Merrill, 1961), 85.

91 引自 Thomas A. Bailey, *Woodrow Wilson and the Lost Peace* (New York: Macmillan, 1944), 108–9。肖特维尔声称，是他想出了“调查小组”这个名字。Shotwell, *Autobiography*, 79.

92 Josephson, *James T. Shotwell and the Rise of Internationalism in America*, 79–98.

93 该丛书名为《世界大战的经济社会史》(*The Economic and Social History of the World War*)，由卡内基国际和平基金会委托出版。Josephson, *James T. Shotwell and the Rise of Internationalism in America*, 99–115; Shotwell, *Autobiography*, 134.

94 Shotwell, *Autobiography*, 180.

95 James T. Shotwell, “Locarno and After,” *Association Men* 51, no. 6 (February 1926): 269–70.

96 哥伦比亚大学和卡内基基金会在肖特维尔的职业生涯以及关于如何确保和平的辩论中发挥了重要作用。卡内基基金会是 1910 年根据尼古拉斯·默里·巴特勒（Nicholas Murray Butler）的命令由安德鲁·卡内基（Andrew Carnegie）创立，其目的是“加速消灭国际战争，摧毁我们文明中最肮脏的东西”。参见 Michael Rosenthal, *Nicholas Miraculous: The Amazing Career of the Redoubtable Dr. Nicholas Murray Butler* (New York: Columbia University Press, 2015), 167–68。巴特勒曾担任哥伦比亚大学校长和卡内基基金会主席，他是国际联盟的坚定支持者，也坚定支持肖特维尔为和平事业而进行的努力，尽管两人的私人关系从未亲密过。参见 Josephson, *James T. Shotwell and the Rise of Internationalism in America*, 136–37; Nicholas Murray Butler, *The Path to Peace: Essays and Addresses on Peace and Its Making* (New York: Charles Scribner’s Sons, 1930)。

97 Shotwell, *Autobiography*, 182.

98 1 Stat. 613, January 30, 1799, codified at 18 U.S.C. § 953 (2004).

99 Shotwell, *Autobiography*, 195.

100 “American Arms Plan Taken Up by League: Draft of Treaty to Outlaw Aggressive War Is Presented on Europe’s Invitation, N.Y.,” *New York Times,* June 18, 1924. 也可参见“An American Contribution,” *New York Times*, June 19, 1924（这篇报道是这样描述的，即为了“非法化侵略战争”而提供这项提议）。

101 Josephson, *James T. Shotwell and the Rise of Internationalism in America*, 142.

102 James T. Shotwell, “A Practical Plan for Disarmament,” *International Conciliation* 10, no. 201 (August 1924): 318.

103 Ibid.

104 “Institute at Vassar Hears Dr. Shotwell: He Discusses the Proposed Disarmament Treaty Drafted for the League,” *New York Times*, June 20, 1924.

105 See, e.g., James T. Shotwell, “Working Toward Disarmament,” *The Nation* 119, no. 3082 (July 30, 1924): 112.

106 Telegram from SOL to William Hard, October 3, 1924, 引自 Stoner, *S. O. Levinson and the*

Pact of Paris, 113。也可参阅 SOL, "Memo Re: Geneva," September 20, 1924, box 27, folder 19, SLP UCL。这份备忘录列举了拟议议定书的许多法律缺陷，特别强调了议定书承诺加强基于国际联盟的制裁制度的各种方式，使战争变得更有可能，而不是更少。在早期一封写给博拉的信中，莱文森写道："整个条约听起来都是对战争的期待。它建立了一个预期的所谓的防御联盟，并最终依靠压倒性的力量来维护世界和平。这标志着我们的非法化战争主张和他们的非法化战争主张有着巨大的区别。" 参见 SOL to WEB, June 20, 1924, box 4, folder 5, SLP UCL。

107 莱文森在他发给哈德（Hard）的电报中指出了同样的问题：《日内瓦议定书》制造这样的可能性，即美国将"发现自己处于所有联盟国家自动对抗我们的战争中"。参见 Telegram from SOL to William Hard, October 3, 1924, 引自 Stoner, *S. O. Levinson and the Pact of Paris*, 113-14。

108 "Protocol for the Pacific Settlement of International Dispute" (Geneva 1924), Art. 10（"每个违反《国际联盟盟约》或本议定书所载承诺而诉诸战争的国家都是侵略者"）。

109 《日内瓦议定书》特别规定，一旦国际联盟理事会要求签署国实施制裁，《国际联盟盟约》第 16 条将适用："一旦联盟理事会要求签署国按照本议定书第 10 条最后 1 款之规定实施制裁，上述国家对《国际联盟盟约》第 16 条第 1 款和第 2 款所述各类制裁的义务将立即生效，以便这种制裁可以立即用于制裁侵略者。" 参见 "Protocol for the Pacific Settlement of International Dispute" (Geneva Protocol 1924), Art. 11。

110 Committee of Imperial Defence: Report of the Sub-Committee on the Geneva Protocol (January 1925), p. 11, The National Archives, http: // filestore.nation alarchives.gov.uk /pdfs /small /cab-24-172-CP-105.pdf (page 16 of 99).

111 Protocol for the Pacific Settlement of International Disputes (1924), Arts. 10, 11. 正如莱文森对哈德所说的那样，"它使两个曾被搁置了的危险条款，即第 10 条和第 16 条，重新得到强化并变得更加强大"。参见 Telegram from SOL to William Hard, October 3, 1924, 引自 Stoner, *S. O. Levinson and the Pact of Paris*, 113-14。

112 Committee of Imperial Defence: Report of the Sub-Committee on the Geneva Protocol (January 1925), p. 11. 也有人反对这一观点。例如，P. J. 诺埃尔・贝克（P. J. Noel Baker）教授就反对"如果该协议被采纳，整个英国舰队将毫无保留地接受国际联盟的安排"这一"荒诞的谣言"。参见 P. J. Noel Baker, *The Geneva Protocol for the Pacific Settlement of International Disputes* (London: P. S. King & Son, Ltd. 1925), 132。

113 内阁在下议院举行的一次会议的决议（1925 年 3 月 2 日）（决定不批准《日内瓦议定书》）。http: // filestore.nationalarchives.gov.uk/pdfs/small/cab-23-49-cc-12-25-21.pdf.

114 John Dewey, "Afterword," in Charles Clayton Morrison, *The Outlawry of War: A*

Constructive Policy for World Peace (Chicago: Willett, Clark & Colby, 1927), 301; Charles F. Howlett, *Troubled Philosopher: John Dewey and the Struggle for World Peace* (Port Washington, NY: Kennikat Press Corp., 1977), 96–113. 大约过了一年，他们参加《新共和》杂志题为《通往和平的不同道路》（"Divergent Paths to Peace"）的社论辩论后，友谊便结束了。Ibid., 106.（杜威为第一版写了一个"前言"，但在后来的版本中变成了"后记"。）

115 其中最主要的条约是《莱茵兰公约》（"Rhineland Pact"），该公约规定，德国、法国和比利时承诺不互相攻击，英国和意大利担当担保人。一旦前三个国家中任何一个国家对另一国发动侵略，其他各方都有义务协助受到攻击的国家。参见"Treaty of Mutual Guarantee," October 16, 1925, *League of Nations: Treaty Series*, Vol. 54 (1926), 290–301。在一系列相关协议中，德国承诺将与法国、比利时、波兰或捷克斯洛伐克的争端提交仲裁，法国保证对波兰和捷克斯洛伐克在与德国发生军事冲突时相互提供帮助。

116 JTS to Arthur Fontaine, March 18, 1927, box AAA, JSP CUL. 他们一道努力帮助建立了国际劳工组织，当时该组织由方丹管理。参见 Waldo Chamberlin, "Origins of the Kellogg-Briand Pact," *The Historian* 15, no. 1 (1952): 78。

117 JTS to Arthur Fontaine, March 18, 1927, box AAA, JSP CUL.

118 这里我们主要借鉴了钱伯林（Chamberlin）的研究。请参阅 Chamberlin, "Origins of the Kellogg-Briand Pact," 77–92。钱伯林的说法被广泛认为是权威的，但重要的是要记住，他的叙述部分是基于对肖特维尔本人的采访。一种文本的比较分析支持了钱伯伦的叙述，肖特维尔和朋友之间的通信也支持了钱伯林的说法。参见，例如 Earl B. Babcock to JTS, April 20, 1927, box AAA, JSP CUL。

119 JTS, "Notes for a Suggested Statement on Franco-American Policies" , March 24, 1927, box AAA, JSP CUL。

120 Chamberlin, "Origins of the Kellogg-Briand Pact," 80.

121 JTS, "Notes for a Suggested Statement on Franco-American Policies."

122 Carl von Clausewitz, *On War*, trans. and ed. Michael Howard and Peter Paret (Princeton: Princeton University Press, 1976), 605. 肖特维尔用这个短语给自己的著作命名。请参阅 James T. Shotwell, *War as an Instrument of National Policy: And Its Renunciation in the Pact of Paris* (New York: Harcourt, Brace & Co. 1929)。尼古拉斯·默里·巴特勒因 1926 年白里安采用这个短语而对自己大加赞扬，而不是赞扬同事肖特维尔。参见 Nicholas Murray Butler, *Across the Busy Years*, Vol. 2 (New York: Charles Scribner's Sons, 1940), 202–3。然而，大多数人并不相信巴特勒。请参阅，例如 Robert H. Ferrell, *Peace in Their Time: The Origins of the Kellogg-Briand Pact* (New Haven: Yale University Press, 1952), 66–67。

123 "这种和平政策的联合参与并不一定要求立即或强制遵守仲裁或司法解决。" JTS, "Notes for a Suggested Statement on Franco-American Policies"（肖特维尔的草稿信息），March 24,

1927, box AAA, JSP CUL。

124 Josephson, *James T. Shotwell and the Rise of Internationalism in America*, 161. 莱文森并没有忽视这一点，他写信给博拉说："柯立芝确实没有用这个词。凯洛格至此也没有使用过它……我认为这对我们过去的工作以及未来推动凯洛格的提议，明确地非法化战争都是至关重要的。你知道，柯比·佩奇们（Kirby Pages）、肖特维尔们和巴特勒们正试图对《洛迦诺公约》与凯洛格提议做细致的类比，你也知道，后者真的没有提出什么新东西，等等。我们一句话就可以定它的生死。" Levinson to Borah, May 31, 1928, box 5, folder 4, SLP UCL.

125 1928 年 2 月，杜威告诉莱文森，白里安的《非战公约》提议是肖特维尔写的。参见 Dewey to SOL, February 29, 1928, No. 02882, JDP CUL。莱文森在 1928 年 3 月的回复中对肖特维尔的作用持怀疑态度，他写道："我可以直截了当地说，作为法国外交部里职位最高的人之一，白里安没有按照肖特维尔的建议采取行动。" 参见 SOL to Dewey, March 2, 1928, No. 02883, JDP CUL。尽管如此，通过比较肖特维尔的备忘录和白里安的提议，关于肖特维尔的影响的报道似乎是正确的，尽管他实际上没有为白里安执笔创作。请参阅 Chamberlin, "Origins of the Kellogg-Briand Pact"。大多数同时代的人都认为肖特维尔对白里安确实产生了重要影响。请参阅 David Hunter Miller, *The Peace Pact of Paris: A Study of the Briand-Kellogg Treaty* (New York: G. P. Putnam's Sons, 1928), 7。

126 Chamberlin, "Origins of the Kellogg-Briand Pact," 89.

127 Ferrell, *Peace in Their Time*, 74（1927 年 4 月 6 日描述了报纸的报道情况）。

128 "（巴特勒博士）这段时间刚好非常忙，于是他就让我根据我的口头陈述起草一封信。我回到办公室后写了一个草稿……巴特勒博士的信对这一陈述重新措辞，赋予了这封信他自己独特的风格。" 参见 Shotwell, *Autobiography*, 213。

129 Ferrell, *Peace in Their Time*, 80.

130 Ibid.

131 George Barton French to Dr. Nicholas Murray Butler, January 21, 1930, box 149, Butler Papers, Columbia University. 详细叙述了弗伦奇与凯洛格的会面。

132 FBK to Hon Wm. Allen White, April 24, 1933, roll 47, frame no. 533, FKP MHS.

133 Miller, *The Peace Pact of Paris,* 10（重印了提议文本）。

134 FBK to Hon Wm. Allen White, April 24, 1933, roll 47, frame no. 533, FKP MHS.

135 Ibid., 3. 白里安为其提议拟定的标题印证了他的推测，白里安称其提议是一个"永久友好公约"（"Pact of Perpetual Friendship"）。参见 Miller, *The Peace Pact of Paris*, 11。

136 肖特维尔致函卡内基国际和平基金会副总干事（Director-Adjoint）厄尔·巴布科克（Earle Babcock），为一项由基金会发起的支持该条约的运动提供了详细指示。参见 JTS to Earle Babcock, May 21, 1927, box AAA, JSP CUL。

137 SOL to FBK, June 24, 1927, roll 47, frame no. 576, FKP MHS.

138 Ibid.

139 Correspondence between SOL and FBK, June 24, 1927–August 9, 1929, roll 47, frame nos. 576–99, FKP MHS.

140 Ibid.

141 SOL to FBK, August 1928, roll 47, frame no. 596, FKP MHS.

142 Dewey to SOL, January 27, 1928, No. 02869, JDP CUL.

143 Ferrell, *Peace in Their Time*, 103. 也可参见 SOL to FBK, August 1928, roll 47, frame no. 596, FKP MHS。

144 莱文森的论文大量涉及其代理人哈里森·布朗（Harrison Brown）。其作用也可参阅费雷尔（Ferrell）的叙述：Ferrell, *Peace in Their Time,* 103。该书作者是查尔斯·克莱顿·莫里森。参阅 Charles Clayton Morrison, *The Outlawry of War: A Constructive Policy for World Peace* (Chicago: Willett, Clark & Colby, 1927)（第二版是献给"'非法化战争'提议的作者及其忠实信徒萨尔蒙·奥利弗·莱文森"，而且杜威所写的前言被移到书后作为后记）。

145 FBK to Hon Wm. Allen White, April 24, 1933, roll 47, frame no. 533, FKP MHS.

146 FBK to Claudel (the "American Note"), December 28, 1927, reprinted in Miller, *The Peace Pact of Paris*, 164–65.

147 更多关于白里安的反应，请参阅 Ferrell, *Peace in Their Time,* 145。两个草案的文本可参阅 Miller, *The Peace Pact of Paris*, 161–63, 170。在《非战公约》签订之前，联盟并不是完全对称的。例如，《洛迦诺公约》规定德国、法国和比利时不得相互攻击。如果有一个国家进攻另一个国家，那么其他各方将帮助受到攻击的国家。

148 SOL to President Coolidge, January 24, 1928, roll 47, frame no. 591, FKP MHS. 也可参阅 SOL to FBK, February 1928, roll 47, frame no. 592, FKP MHS; SOL to President Coolidge, March 1, 1928, roll 47, frame no. 593, FKP MHS; Telegram from SOL to FBK, June 25, 1928, roll 47, frame no. 594, FKP MHS。凯洛格在系列回信中对这一赞扬予以了答谢。FBK to SOL, February 28, 1928, roll 47, frame no. 593, FKP MHS; FBK to SOL, June 28, 1928, roll 47, frame no. 594, FKP MHS.

149 SOL to Dewey, March 2, 1928, No. 02883, JDP CUL. 事实上，莱文森和肖特维尔之间的敌意持续增长。1928 年 3 月，莱文森写信给杜威："我只是在 3 月 14 日的《泰晤士报》上看到了肖特维尔的真实观点。"他告诉耶鲁，我们应该加入国际联盟，并且凯洛格的提议是"民族伪善"（"national hypocrisy"）[原文如此]。和这种人没什么可打交道的。他是没有希望的，他的判断力是负数。参见 SOL to Dewey, March 14, 1928, No. 02886, JDP CUL。不久之后，他就把肖特维尔称为"邪恶的伪君子"和"该死的讨厌鬼"。参见 SOL to Dewey, February, 15, 1929, No. 03025, JDP CUL。

150 Diary of William R. Castle, January 1, 1928, quoted in Ferrell, *Peace in Their Time*, 147.

151 “但是，如果发表这样一种声明，它带有‘侵略者’一词的定义、例外条款和资格限定等内容，那么它的影响力将被大大削弱，其作为和平保证的积极价值几乎被摧毁。” FBK to Claudel, February 27, 1928, 引自 Levinson Memorandum, “Aggression-International,” February 1, 1929, box 66, folder 1, SLP UCL。

152 Testimony of Frank Kellogg, Hearings Before the Committee on Foreign Relations United States Senate Seventieth Congress on The General Pact for the Renunciation of War Signed at Paris August 27, 1928 (December 7 and 11, 1928), Avalon Law Project, Yale Law School Lillian Goldman Law Library, http: // avalon.law.yale.edu / 20th century /kbhear.asp.

153 Walter Lippmann to Senator Robert F. Wagner (January 9, 1929), in John Morton Blum, ed., *Public Philosopher: Selected Letters of Walter Lippmann* (New York: Ticknor & Fields 1985), 238.

154 Telegram from SOL to Borah, April 12, 1928, box 5, folder 4, SLP UCL.

155 Ibid. Testimony of Frank Kellogg, Hearings on The General Pact for the Renunciation of War.

156 博拉和莱文森似乎都认为这点可以接受。莱文森写信给博拉建议他就这点“简单交换个照会”。参见 Levinson to Borah, April 30, 1928, box 254, WBP LC。[莱文森的建议是由格雷勋爵（Lord Grey）对国际联盟议会委员会的评论引发的，他说：“美国可能一贯同意，任何违反条约的国家都不应再享有条约赋予的保护。换句话说，在有任何一国违反条约的情况下，条约缔约国应被解除条约施加的所有限制和义务。”] 正如肖特维尔向巴布科克解释的那样，“这一策略接近于美国目前能够实施的制裁”。参见 JTS to Babcock, May 21, 1927, box AAA, JSP CUL。这一点后来被加进该法案前言中。

157 SOL to Borah, April 7, 1928, box 5, folder 4, SLP UCL. 博拉与凯洛格于 4 月 9 日会面。他在第二天写给莱文森的一封信中表达了信心，“我们已经达成了实质性的共识，外国列强将要么接受我们的提议，要么拒绝我们的提议”。参见 Borah to Levinson, April 10, 1928, box 254, WBP LC。那年夏天，莱文森劝说博拉将非法化战争纳入共和党纲领中。参见 Republican Party Platform of 1928, June 12, 1928, http: // www. presidency.ucsb.edu /ws/?pid= 29637。当博拉从大会现场把他的徽章寄给莱文森夫人作为这一历史性时刻的纪念时，莱文森夫妇都很振奋。参见 SOL to Mrs. Borah, June 18, 1928, box 5, folder 4, SLP UCL。

158 The text of the proposal, dated April 13, 1928, 重印于 Miller, *The Peace Pact of Paris*, 184–85。

159 U.S. Ambassador to Italy, Henry P. Fletcher, to FBK, June 29, 1928, roll 33, frame no. 126, FKP MHS.

160 FBK to Borah, Boise, Idaho, July 16, 1928, roll 33, frame nos. 298–300, FKP MHS.

161 FBK to President Calvin Coolidge, July 13, 1928, roll 33, frame nos. 265–66, FKP MHS.

162 SOL to Borah, August 27, 1928, box 254, WBP LC.

163 Navy Despatch from American Embassy Paris to U.S.S. Detroit (August 29, 1928), roll 34, frame nos. 316–18, FKP MHS.

164 最初有人呼吁对该协定增加保留条款和谅解，但在最后，该条约没有附带任何条件而获得批准。参见 Telegraph from Borah to SOL, July 27, 1928, box 5, folder 5, SLP UCL（“该条约将完全按照拟议条款签署，没有任何单方面的谅解协议或解释”）。在博拉和莱文森就拟议中的保留条款进行讨论的通信中，莱文森力促博拉坚持签署一份干净的条约。参见 SOL to Borah, box 5, folder 5, SLP UCL; FBK to Hon. Wm. Allen White, April 24, 1933, roll 47, frame no. 533, FKP MHS。“我知道，一些研究《巴黎和平公约》的作家声称，不同的国家提出了许多保留条款。……这不是真的。没有任何国家提出任何保留条款。”参议院没有增加任何保留条款，但它确实通过了一项“解释”条约的措施。该措施规定，该条约不得侵犯美国的自卫权，而且美国没有义务通过对违反该条约的人采取行动来执行该条约。参见 Multilateral Peace Treaty, 70th Cong., 2nd Sess., *Congressional Record* 70, pt. 2: 1713–31. See also Denna Frank Fleming, *The Treaty Veto of the American Senate* (New York: G. P. Putnam's Sons, 1930), 251–68。布莱恩在 1932 年竞选连任失败。

165 从谈判早期开始，其他人就知道凯洛格渴望自己获得别人承认，并小心翼翼行事。《基督教世纪》的编辑写信给博拉：“我不想做任何这样的事情，即将会导致凯洛格先生分散对他至此为止做得很好的事情的兴趣，或者会向他暗示，他的名声将会在最后一刻被其他人分享。与此同时，世界最终必须知道谁才是这项事业中的关键人物。”参见 Editor of *The Christian Century* to Borah, April 12, 1928, box 5, folder 4, SLP UCL（讨论一篇名为《注意你［博拉］在这些谈判中幕后所扮演的角色》的社论的印刷）。

166 凯洛格在 1929 年被提名，但诺贝尔奖委员会决定那年不授予奖项。这一决定激怒了凯洛格：“如果不是因为这个问题［诺贝尔奖提名］去年在世界各地广为宣传，我现在根本就不在意它了，但是去年得到认可，而今年不被认可，这将是相当令人尴尬的。”参见 FBK to William H. Beck, December 27, 1929, roll 39, frame nos. 132–33, FKP MHS（要求贝克帮助他征求诺贝尔奖委员会的支持）。

167 Ibid（要求贝克帮助他征求诺贝尔奖委员会的支持）。贝克有时候被人称作“国务卿的私人秘书”，有时也被称作“国务卿助理”。参见 Letter from the U.S. Legation in Portugal to William H. Beck, May 23, 1927, roll 26, frame no. 120, FKP MHS（称他为国务卿的私人秘书）；William H. Beck to Dr. W. H. Wilmer, May 27, 1927, roll 26, frame no. 169, FKP MHS（签了“国务卿助理”）。

168 可能是贝克准备的一份 1930 年 1 月 25 日未签名的备忘录表明了这场运动的广度和深度。“List of conferences, letters, etc.”（未签名），roll 39, frame nos. 409–12, FKP MHS（列出那些已经或将要为凯洛格写推荐信来获得诺贝尔奖的人）。也可参见，例如 FBK to Willis

Van Devanter, January 16, 1930, roll 39, frame no. 294, FKP MHS［通知范·德文特（Van Devanter），贾斯蒂斯·巴特勒（Justice Butler）给诺贝尔委员会写了一封推荐信，并建议他也这么做）；参见 Willis Van Devanter to FBK, January 23, 1930, roll 39, frame no. 393, FKP MHS［附上了司法部长威廉·米歇尔（William Mitchell）支持凯洛格获诺贝尔奖的信件］；参见 FBK to Donald J. Cowling, December 28, 1929, roll 39, frame nos. 154–55, FKP MHS（关于诺贝尔奖的提名程序）。到竞选活动结束时，凯洛格［通过贝克、卡尔伯森（Culbertson）、范·德文特、卡尔（Carr）、马里纳（Marriner）和考林（Cowling）］得到了最高法院首席大法官威廉·塔夫脱（William Taft）、最高法院的四名大法官、司法部长威廉·米歇尔、参议院外交关系委员会几乎所有成员［博拉、斯旺森、摩西（Moses）、沃尔什（Walsh）、卡珀（Capper）、吉勒特（Gillett）、乔治（George）、费斯（Fess）、戈夫（Goff）、哈里森（Harrison）、范登堡（Vandenberg）］、许多其他著名参议员和代表、几位美国大使以及十几位公民社会领袖和大学校长的支持。参见 FBK to Laurite Swenson, January 27, 1930, roll 39, frame nos. 414–15, FKP MHS（更新斯旺森的信，询问他是否应该写更多的信）。

169 与此同时，莱文森正与伊莱休·鲁特（Elihu Root）及其他人为美国加入常设国际法院铺平道路。参见 Correspondence between HLS and Elihu Root from June 28, 1929 to May 7, 1935, box 43, folder 9, SLP UCL。斯廷森（Stimson）在 1929 年 6 月 28 日为莱文森向鲁特写了一封介绍信，这封信促成了他们不久之后的第一次见面。莱文森还致力于为欧洲争取债务减免。莱文森的这些努力并没有完全不被认可，他在非法化战争运动中的努力也没有被完全忽视。大多数的当代叙述都认为他是“非法化战争”之父，是《非战公约》背后的关键人物。他获得了几所大学的荣誉学位。1934 年，他被授予法国荣誉军团骑士勋章，以表彰他为巴黎非法化战争的《白里安－凯洛格公约》所做的奠基性努力，以及他为国家间的友好关系所做的其他努力。参见 Newspaper Clippings, March 29, 1934, box 29, folder 3, SLP UCL。他还“因调整战争赔款和债务的计划”而获得了 5 万美元的博克和平奖（Bok Peace Prize)。他在《非战公约》签订后致力于此计划。参见 “Mr. Levinson’s Way,” *Time*, October 13, 1930, 15。

170 FBK to Laurite S. Swenson, December 28, 1929, roll 39, frame nos. 152–53, FKP MHS. 凯洛格还几乎和他恳求支持自己的信件一样急切地恳求有关莱文森在《非战公约》中扮演负面角色的信件。参见，例如 Spence Phenix to FBK, April 26, 1933, roll 4647, frame no. 541, FKP MHS（我对与莱文森相关事件的记忆与你的完全相同。他声称自己参与了反战争条约的谈判，这是荒谬的）。

第六章　崩溃

1 我们是按照日本人写名字的顺序来写的，姓在前，名在后。

2 *LNOJ* 12, no. 12 (1931): 2248（会议 1931 年 9 月 19 日召开）；“League Intervenes for Peace in China,” *New York Times,* September 20, 1931。

3 *LNOJ* 12, no. 12 (1931): 2248（会议 1931 年 9 月 19 日召开）。

4 Ibid., 2266（会议 1931 年 9 月 22 日召开）(转摘的电报注明日期是 1931 年 9 月 21 日)。

5 Ibid., 2267（会议于 1931 年 9 月 22 日召开）。

6 Ibid., 2310–11（会议于 1931 年 10 月 13 日召开）。

7 Ibid., 2310–13.

8 Ibid., 2321.

9 “By means of steam one can go from California to Japan in eighteen days.” *Treaties and Other International Acts of the United States of America*, Vol. 7, ed.Hunter Miller (Washington, DC: U.S. Government Printing Office, 1942), 1090.

10 Hirohiko Otsuka, “Japan’s Early Encounter with the Concept of the ‘Law of Nations,’” *Japanese Annual of International Law* 13 (1969): 37.

11 1842 年第一次鸦片战争结束后强加给中国的《南京条约》开放了中国港口与英国进行贸易往来。美国人紧随其后，两年后通过《望厦条约》打开了中国市场的大门。

12 对于中国正在发生的内部冲突，佩里建议采取“精明无为”（“masterly inactivity”）政策。参见 John H. Schroeder, *Matthew Calbraith Perry: Antebellum Sailor and Diplomat* (Annapolis, MD: Naval Institute Press, 2001), 210–11。

13 The 1842 Treaty of Nanking, August 29, 1842, in *Treaties, Conventions, etc. Between China and Foreign States,* Vol. 1 (Shanghai, 1917), 351–56.

14 Miller, ed., *Treaties and Other International Acts*, Vol. 7, 1070.

15 Otsuka, “Japan’s Early Encounter with the Concept of the ‘Law of Nations,’”36–37.

16 Schroeder, *Matthew Calbraith Perry*, 187.

17 Matthew Perry, *The Japan Expedition, 1852–1854: The Personal Journal of Commodore Matthew C. Perry*, ed. Roger Pineau (Washington, DC: Smithsonian Institution Press, 1968). 更多从美国角度讨论佩里远征，请参阅 Francis L. Hawks, *Narrative of the Expedition of an American Squadron to the China Seas and Japan Performed in the Years 1852, 1853, and 1854, under the Command of Commodore M.C. Perry*, United States Navy, Vols. 1–3 (Washington, DC: Beverley Tucker, Senate Printer, 1856)。

18 除了在长崎与荷兰人和中国人进行有限的贸易外，日本还通过琉球群岛与中国进行贸易，与朝鲜通过对马岛进行贸易，并通过松前岛与阿伊努人（Ainu）进行贸易。请参阅 Robert I. Hellyer, *Defining Engagement Japan and Local Contexts, 1640–1868* (Cambridge: Harvard University Press, 2009)。学者们为日本这一时期采取“闭关锁国”政策提供的理由是多种多样的。有些人认为，日本是担心西班牙人（1624 年被驱逐出去）、葡萄牙人（1639 年被驱逐出去）和荷兰人（1640 年被驱逐出去）的外部干涉，包括在日本传播基督教。另一些人则推测这一政策更具有内向性，主要目的是加强日本政府的中央集权。请参阅 James Murdoch with Ishoh Yamagata, *A History of Japan Volume II: During the Century of Early Foreign Intercourse*（*1542–1651*）(London: Kegan Paul, Trench, Trubner & Co., 1925), 696–714; Michael S. Laver, *The Sakoku Edicts and the Politics of Tokugawa Hegemony* (Amherst, MA: Cambria Press, 2011)。

19 Miller, *Treaties and Other International Acts*, Vol. 7, 1063. 值得注意的是，日本人曾允许通过长崎与荷兰人进行有限的贸易，但在佩里征服期间，日本并没有其他的对外贸易。

20 John S. Sewall, *The Logbook of the Captain's Clerk: Adventures in the China Seas* (Bangor, ME: C. H. Glas & Co. 1905), 124–26.

21 Ibid., 124.

22 Ibid., 143.

23 Perry, *The Japan Expedition*, 3.

24 Schroeder, *Matthew Calbraith Perry*, 79.

25 Sewall, *The Logbook of the Captain's Clerk,* 143–44.

26 Perry, *The Japan Expedition*, 91–92.

27 Ibid., 93–94. 佩里远征队与日本人之间的所有谈判都是通过中文和荷兰语翻译人员进行的，并且条约文本被翻译成了四种语言：日语、英语、中文和荷兰语。请参阅 De-min Tao, "Negotiating Language in the Opening of Japan: Luo Sen's Journal of Perry's 1854 Expedition," *Japan Review* 17 (2005): 91–119。然而，正如我们将要看到的，这些翻译都不完美。

28 Sewall, *The Logbook of the Captain's Clerk,* 145.

29 Perry, *The Japan Expedition,* 94. 佩里在其日志中反复提到在江户的“天皇”。佩里抵达日本时，日本皇室（以天皇为首）位于京都，在国家统治中并没有发挥重要作用。直到 1868 年明治维新后，天皇（当时是一个 17 岁的男孩）才成为位于改名为东京（江户）的日本政府的概念性首脑。参见 Meirion and Susie Harries, *Soldiers of the Sun: The Rise and Fall of the Imperial Japanese Army, 1868–1945* (London: Heinemann, 1991), 12。因此，很有可能佩里实际上是与日本国大君（幕府将军）而不是日本天皇在通信。事实上，后来美国和日本之间的条约清楚地显示是美国与大君签订的。请参阅 Cyril H. Powles, "The Myth of the Two Emperors: A Study in Misunderstanding, Pacific Historical Review," 37, no. 1 (February 1968); Hamish Ion, *American Missionaries, Christian Oyatoi, and Japan, 1859–73* (Vancouver and Toronto: University of British Columbia Press, 2009), 38–39。

30 Perry, *The Japan Expedition,* 95.

31 Ibid.

32 Ibid.

33 Ibid., 96.

34 Hugo Grotius, *The Freedom of the Seas, or The Right Which Belongs to the Dutch to Take Part in the East Indian Trade,* trans. Ralph van Derman Magoffin (New York: Oxford University Press, 1916), 7.

35 Ibid.

36 Miller, ed., *Treaties and Other International Acts*, Vol. 7, 1090.

37 Perry, *The Japan Expedition*, 98.

38 Ibid., 98, 102–3.

39 "Perry's Letter in Connection with the Delivery of a White Flag, [July 14,] 1853," trans. Masatoshi Knishi, in *Meiji Japan Through Contemporary Sources*, 2: 15–16. 请参阅 Schroeder, *Matthew Calbraith Perry*, 286 n. 44。美和君忠（Miwa Kimitada）的文章收录了这封信的日语文本以及英语的简要介绍。参见 Miwa Kimitada, "Perry's White Flags: From the Deletion in His Own Records to Their Reemergence in Historical Writings," in *Jochi Daigaku Gaikokugo Gakubu kiyo* 29 (1994): 225–49（在其描述中，提到了两面白旗而不是一面，这与其他描述是一致的）。正如美和君忠正确地注意到的，佩里自己的著作中根本没有提到过这封信或者任何白旗。参见 Kimitada, "Perry's White Flags," 225。

40 Perry, *The Japan Expedition*, 159.

41 Ibid., 162.

42 Ibid., 163.

43 Ibid., 233 ("List of American Presents brought ashore in Japan, March 13, 1854").

44 佩里列的书单是"肯德尔《墨西哥战争》，以及里普利《墨西哥战争史》"。Ibid. 它们几乎肯定是：Roswell Sabine Ripley, *The War with Mexico*, Vol. 2 (New York: Harper & Brothers, 1849)；以及 George Wilkins Kendall and Carl Nebel, *The War Between the United States and Mexico, Illustrated* (New York: D. Appleton & Co., 1851)。佩里所指的"伊势亲王、第一顾问阿部"最有可能是老中首座阿部正弘。

45 Ripley, *The War with Mexico*, Vol. 2, 87–89, 139–42.

46 Perry, *The Japan Expedition,* 163–64.

47 Sewall, *The Logbook of the Captain's Clerk*, 125.

48 Perry, *The Japan Expedition,* 172; Treaty of Peace and Amity, U.S.–Japan, March 31, 1854[被称为《神奈川条约》(Treaty of Kanagawa)], in Miller, ed., *Treaties and Other International Acts*, Vol. 6, 439–40。

49 哈里斯曾前往中国和荷兰东印度群岛，并于 1853 年在上海居住。当时，佩里在前往日本途中经过这里。佩里拒绝哈里斯加入此行任务当中，但后者成功地让自己在两年后获得了这项新任务。参见 Townsend Harris, *The Complete Journal of Townsend Harris: First American Consul General and Minister to Japan* (Garden City, NY: Doubleday, 1930), 2–3。

50 Miller, ed., *Treaties and Other International Acts,* Vol. 7, 617.

51 Otsuka, "Japan's Early Encounter with the Concept of the 'Law of Nations,'" 52–53; Harris, *The Complete Journal of Townsend Harris*, 208–10.

52 与佩里的谈判不同，日本与哈里斯的谈判并不是在一排炮艇威胁的阴影下举行的。但这种威胁同样存在。事实上，哈里斯至少明确表示过一次。他报告说："我说过，在一支舰队的支持下，谈判者（Negociator）[原文如此] 所要求的条款，不会像我这样的人提出来的条款那样温和，并且，让日本人屈服于一支舰队的武力威胁而同意签订条约，会让他们看不起我们的政府，从而实际上削弱了它的权力，所以我拒绝派出一支舰队。"参见 Miller, ed., *Treaties and Other International Acts*, Vol. 7, 1054。

53 美国人会就所有输入该国的货物向日本政府支付固定关税——包括捕鲸装备、腌制食品、活体动物、建筑用木材、铅、锡、蒸汽机械和丝绸在内的开列项目支付 5%，其他几乎所有产品支付 20%。所有出口货物征收 5% 的关税，但铸币除外。参见 Treaty of Amity and Commerce, U.S.–Japan, July 29, 1858, in Miller, ed., *Treaties and Other International Acts*, Vol. 7, 971–73。

54 关于 1857 年和 1858 年条约的文本和谈判经过，参见 Miller, ed., *Treaties and Other International Acts*, Vol. 7, 595–648, 947–1170。

55 参见 Miller, ed., *Treaties and Other International Acts*, Vol. 7, 1095。谈判于 1857 年 12 月 21 日举行。有一个消息来源称，后文将要讲到的西周是哈里斯征服期间的日本译员之一，他把日语翻译成通用外交语言荷兰语，然后又译回来。参见 Alexis Dudden, *Japan's Colonization of Korea: Discourse and Power* (Honolulu: University of Hawaii Press, 2005), 42。

56 佩里的任务并不是日本在格劳秀斯式法律秩序下受到的最后一个教训。1863 年，当长门守护（Prince of Nagato）无视条约规定向美国轮船"彭布罗克号"(*Pembroke*) 开火并将其摧毁，同时关闭马关海峡禁止外国船只通行之后，英国、荷兰和法国的战舰在另一艘美国轮船的伴随下，轰炸了马关，直到长门守护投降。参见 *Claims of Citizens of the United States Against Foreign Governments*, in *Compilation of Reports of Committee on Foreign Relations, United States Senate, 1789–1901*, 56th Cong. 1st Sess., Senate Report No. 752 (Washington, DC: Government Printing Office, 1901), 437–40（1881 年 1 月 13 日对日本索赔）。

57 请比较以下两篇文献：Matthew Lamberti, "Tokugawa Nariaki and the Japanese Imperial Institution: 1853–1858," *Harvard Journal of Asiatic Studies* 32 (1972): 97–123; Harris, *The Complete Journal of Townsend Harris*。

58 Bob Tadashi Wakabayashi, "In Name Only: Imperial Sovereignty in Early Modern Japan," *Journal of Japanese Studies* 17, no. 1 (1991): 27–28. 当其与外国领导人谈判时，幕府将军使

用“日本大君”这一外交头衔。

59 James Murdoch, *A History of Japan*, Vol. 3: *The Tokugawa Epoch, 1652–1868* (London: Kegan Paul, Trench, Trubner & Co., 1926), 569–662; Donald Keene, *Emperor of Japan: Meiji and His World, 1852–1912* (New York: Columbia University Press, 2002).

60 Harris, *The Complete Journal of Townsend Harris,* 558. 默多克（Murdoch）也提到了他的病情。参见 Murdoch, *A History of Japan*, Vol. 3, 652。

61 Ibid.

62 Lamberti, “Tokugawa Nariaki and the Japanese Imperial Institution: 1853–1858,” 119–20. 哈里斯自己的日志缺失关于这一阶段的描述。参见 Harris, *The Complete Journal of Townsend Harris*, 559。

63 Murdoch, *A History of Japan*, Vol. 3, 652.

64 Letter from Townsend Harris to His Excellency Hotta Prince of Bitsu, July 24, 1858, reprinted in Miller, ed., *Treaties and Other International Acts,* Vol. 7, 1064. 也可参见 Murdoch, *A History of Japan*, Vol. 3, 655–56。第二天，美国驻印度、中国和日本海军总司令抵达并证实了英国人正在前来的消息。参见 Miller, ed., *Treaties and Other International Acts*, Vol. 7, 1065。关于从美国视角对上述事件的描述。参见 Ibid., 947–1170。

65 Murdoch, *A History of Japan*, Vol. 3, 656.

66 Lamberti, “Tokugawa Nariaki and the Japanese Imperial Institution: 1853–1858,” 119–20.

67 当时，在最惠国待遇原则之下，各国普遍坚持享有与“最惠”国平等的权利。参见 J. H. Richardson, *Economic Disarmament: A Study on International Cooperation* (London: Allen & Unwin Brothers Ltd., 1931), 81–82。

68 Miller, ed., *Treaties and Other International Acts,* Vol. 7, 1044, 1095.

69 默多克对上述事件进行了详细描述。参见 Murdoch, *A History of Japan*, Vol. 3, 697–703。在其中一个人身上发现了一份宣言，这清楚地说明了他们的不满。参见 Ibid., 702。尽管他们的策略很残忍，但阴谋者的行为反映了许多日本人的观点。参见 Otsuka, “Japan’s Early Encounter with the Concept of the ‘Law of Nations,’” 54。兰贝蒂（Lamberti）也描述了这一事件。参见 Lamberti, “Tokugawa Nariaki and the Japanese Imperial Institution: 1853–1858,” 120。

70 Havens, *Nishi Amane and Modern Japanese Thought,* 106, 218; Gino K. Piovesana, S.J., “The Beginnings of Western Philosophy in Japan: Nishi Amane, 1829–1897,” *International Philosophy Quarterly* 2, no. 2 (1962): 295–306.

71 Havens, *Nishi Amane and Modern Japanese Thought*, 24–27.

72 Ibid., 26–29. 罗杰·F. 哈克特（Roger F. Hackett）也详细描述了西周早期生活的大部分经历。参见 Roger F. Hackett, “Nishi Amane—A Tokugawa-Meiji Bureaucrat,” *The Journal of Asian*

Studies 18, no. 2 (February 1959): 213–25。关于对西周以及这一时期日本人与荷兰人的遭遇情况的讨论，参见 Ōkubo Takeharu, *The Quest for Civilization: Encounters with Dutch Jurisprudence, Political Economy, and Statistics at the Dawn of Modern Japan*, trans. David Noble (Boston: Global Oriental, 2014)。

73 Havens, *Nishi Amane and Modern Japanese Thought*, 29.

74 Ibid., 33–39.

75 Hackett, "Nishi Amane—A Tokugawa-Meiji Bureaucrat," 214. 也可参见 Havens, *Nishi Amane and Modern Japanese Thought*, 36。

76 Douglas Howland, *Translating the West: Language and Political Reason in Nineteenth Century Japan* (Honolulu: University of Hawaii Press, 2002), 124.

77 Havens, *Nishi Amane and Modern Japanese Thought*, 42–43.

78 Ibid., 42.

79 Ibid., 47–48.

80 Ibid., 49.

81 Ibid., 49–50.

82 "Students Studying in the Netherlands at the End of the Edo Period, 1865, National Diet Library," http: // dl.ndl.go.jp /info: ndljp /pid /3851065（西周在前排，最右边）；"Students Studying in the Netherlands at the End of the Edo Period, Japan-Netherlands Exchange in the Edo Period," http: // www .ndl.go.jp /nichiran /e/s2 /s2 6.html.

83 Havens, *Nishi Amane and Modern Japanese Thought*, 50–56.

84 Ibid., 42–56. 除了西周的《毕洒林氏万国公法》之外，还有津田真道用荷兰语记录的讲座笔记副本。其标题是《万国公法学》（"Volkenregt"），这份手稿现在收藏在日本国立国会图书馆。参见 Takeharu, *The Quest for Civilization*, 194。

85 Ibid., 183.

86 *BK*, Introduction. 他写了两个版本，一个是公众版，另一个是政府版，只有后者存世。参见 Thomas R. H. Havens, *Nishi Amane and Modern Japanese Thought* (Princeton, NJ: Princeton University Press 1970), 51。

87 Dudden, *Japan's Colonization of Korea*, 41–42; Rune Svarverud, *International Law as World Order in Late Imperial China: Translation, Reception, and Discourse, 1847–1911* (Leiden: Brill, 2007), 98–100. 参见 Henry Wheaton, *Wanguo gongfa*, trans. W. A. P. Martin, reprinted as *Bankoku koho* (Edo: Kaiseijo, 1865); Tsutsumi Koshiji, *Bankoku koho yakugi* (Kyo [Kyoto]: Zeniya Soshiro, 1868); Shigeno Yasutsugu, *Wayaku bankoku koho* (Kagoshima: Kagoshima han shuppan, 1870); and Nakamura Masanao and Takatani Ryushu, *Bankoku koho reikan* (Tokyofu: Kitabatakemohee, 1876). 关于马丁的翻译，参见 Rune Svarverud,

International Law as World Order in Late Imperial China, 87–112。

88 *BK*. 大久保武治（Okubo Takeharu）比较了西周的文本和惠顿的文本，参见 Takeharu, *The Quest for Civilization*, 215–23。

89 值得注意的是，由于西周使用了不少自己发明出来的术语，从而使得翻译他的文本具有挑战性。在某些情况下，西周发明的术语广泛流传，但是，在另外一些情况下，他发明的术语没被采用，因此也没有出现于任何现存的字典。我们的翻译卢西亚娜·桑加（Luciana Sanga）在很多情况下不得不根据上下文和词根的含义，重新构造术语的含义。更多关于“汉文训读”的讨论，参见 Atsuko Ueda, "Sound, Scripts, and Styles: Kanbun Kundokutai and the National Language Reforms of 1880s Japan," *Review of Japanese Culture and Society*, Vol. 20 (2008): 133–56。

90 Howland, *Translating the West*, 64.

91 Ibid., 65; John Peter Stern, *The Japanese Interpretation of the "Law of Nations," 1854–1874* (Princeton: Princeton University Press, 1979), 80–92; Kido Takayoshi, *The Diary of Kido Takayoshi,* Vol. 1, trans. Sidney Devere Brown and Akiko Hirota (Tokyo: University of Tokyo Press, 1983), 148.

92 *BK*, Introduction.

93 *BK*, Vol. 1, ch. 1, secs. 11–12.

94 这个词通常被翻译成“羞辱”。请比较 *DJP*, 3.1。

95 *BK*, Vol. 3, ch. 1, sec. 6.

96 *BK*, Vol. 3, ch. 1, sec. 16.

97 *BK*, Vol. 3, ch. 1, sec. 17.

98 “最近，根据西方公法的规定，国家之间宣战时，没有任何仪式。这里有很多关于如何宣战的例子：发布一个简明的书面或口头声明，表明你将发动一场战争，以及发动战争的原因；在宣布除非在短时间内满足了有关某个事件的最终要求，否则你将发动一场战争之后，接着发动攻击；公开发表书面声明，并通过演讲来解释发动战争的理由；向全体国民颁布诏令，向军队下达动员命令；驱逐敌国驻本国大使，把他们遣送回去，或者召回本国驻敌国大使。”参见 *BK*, Vol. 3, ch. 1, sec. 24。

99 *BK*, Vol. 2, Ch. 1［“为捍卫其自由，国家拥有以下权利：（1）平等权利……这些权利源于自然法……”］。

100 最后一本书的目录表明这一主题对于西周而言是何等重要：

第四卷　国际访问和通信规则

第一章：君主与其亲属之间的社会交往——8 节

第二章：外交官权利概述——12 节

第三章：派遣政府官员的礼节——8 节

第四章：外交官的权利与义务——18 节

第五章：特使和大使——6 节

第六章：领事馆——15 节

第七章：互相表达感谢、祝贺以及通信礼节——28 节

第八章：海上礼节——12 节

参见 *BK*, Vol. 4。

101 海文斯（Havens）评论道："在现代世界，像西周这样的学者为政府服务是很常见的。但他们在担任公职的同时还创作了最重要的作品，这就很不寻常了。更为罕见的是，一位知识分子能够通过将他的理论理想应用到政治实践中来保持他的学术完整性。"参见 Havens, *Nishi Amane and Modern Japanese Thought,* 192; Harries and Harries, *Soldiers of the Sun*, 14。"他向幕府将军阐述了'蛮族'军事科学；他为大村［这里可能指的是日本近代军事家大村益次郎（Omura Masujiro, 1825~1869）——译者注］和山县［这里可能指的是日本近代著名政治家、军事家山县有朋（Yamagata Aritomo, 1838~1922）——译者注］提供了国际外交实践和军事能力建设的建议，同时他还被任命为天皇的教师，向其教授整个西方思想。"

102 Hackett, "Nishi Amane—A Tokugawa-Meiji Bureaucrat," 215.

103 Ibid., 215–16. 海文斯还深刻地讨论过西周的学术生涯和政治生涯之间的关联。参见 Havens, *Nishi Amane and Modern Japanese Thought*, 191–221。

104 Havens, *Nishi Amane and Modern Japanese Thought,* 194.

105 Ibid., 192–93; Hackett, "Nishi Amane—A Tokugawa-Meiji Bureaucrat," 217.

106 Havens, *Nishi Amane and Modern Japanese Thought,* 207.

107 Hackett, "Nishi Amane—A Tokugawa-Meiji Bureaucrat," 221.

108 Havens, *Nishi Amane and Modern Japanese Thought*, 195.

109 Hackett, "Nishi Amane—A Tokugawa-Meiji Bureaucrat," 220–21（这些引语来自西周在 1878 年至 1881 年发表的演讲，这些演讲后来在陆军报纸上连载）。

110 Piovesana, "The Beginnings of Western Philosophy in Japan," 295–306, 299–300.

111 据报道，这个短语是由德国军事顾问克雷门斯·威尔海姆·雅各布·梅克尔（Klemens Wilhelm Jakob Meckel）少校发明的。他于 1885 年被请到日本帮助实现军队现代化。他将朝鲜半岛描述为"一把插向日本心脏的匕首"。参见 James L. McClain, *Japan: A Modern History* (New York: W. W. Norton, 2002), 296。日本人最初是从法国人那里寻求军事现代化建议的。但是，法国在普法战争中战败后，他们转向冲突胜利方德国求助。明治政府于 1885 年将梅克尔请到了日本，在那里，他协助日本军队进行了结构性改革，为后来日本帝国军队战胜中国和俄国铺平了道路。参见 Marius B. Jansen, *The Making of Modern Japan* (Cambridge: Belknap Press of Harvard University, 2002), 396–97; Joachim Burgschwentner, Matthias Egger, and Gunda Barth-Scalmani, eds., *Other Fronts, Other Wars? First World*

War Studies on the Eve of the Centennial (Leiden: Brill, 2014), 135; D. Eleanor Westney, *Imitation and Innovation: The Transfer of Western Organizational Patterns to Meiji Japan* (Cambridge: Harvard University Press, 1987), 40-100。

112 Hackett, "Nishi Amane—A Tokugawa-Meiji Bureaucrat," 224; Havens, *Nishi Amane,* 196, 200-201.

113 Dudden, *Japan's Colonization of Korea,* 49, 51.

114 Ibid., 51. 更多关于 19 世纪 70 年代日本和朝鲜关系以及日朝战争原因的讨论，参见 Marlene J. Mayo, "The Korean Crisis of 1873 and Early Meiji Foreign Policy," *Journal of Asian Studies*, 31 (1972): 793-819; Donald Keane, *Emperor of Japan: Meiji and His World, 1852-1912* (New York: Columbia University Press, 2002), 229-62。

115 该条约被称为《江华条约》(Japan-Korea Treaty of 1876)，在朝鲜被称为《日朝修好条约》(Japanese-Korean Treaty of Amity), 在日本被称为《朝日修好条约》(Korean-Japanese Treaty of Amity)，以及《江华岛条约》(Treaty of Ganghwa Island)。参见 The Japanese-Korean Treaty, Japan-Korea, February 26, 1876, in *Korean Treaties*, ed. Henry Chung (New York: H. S. Nichols Inc., 1919), 205-9。

116 基恩（Keane）对上述事件进行了一些细节描述。参见 Keane, *Emperor of Japan,* 249-62。

117 The Japanese-Korean Treaty, Japan-Korea, February 26, 1876. 参 见 Dudden, *Japan's Colonization of Korea,* 45-55。

118 Ibid., 54.

119 Ibid.

120 Treaty of Ganghwa Island, February 26, 1876, Art. 1, in Chung, ed., *Korean Treaties*, 205.

121 Dudden, *Japan's Colonization of Korea,* 54-55.

122 Frederick Foo Chien, *The Opening of Korea: A Study of Chinese Diplomacy, 1876-1885* (Hamden, CT: Shoe String Press, 1967), 63; Peter Duus, *The Abacus and the Sword: The Japanese Penetration of Korea, 1895-1910* (Berkeley, CA: University of California Press, 1995), 49-51.

123 Convention of Tientsin (Tianjin), April 18, 1885 in *Treaties, Conventions, etc.Between China and Foreign States,* Vol. 2 (Shanghai, 1908), 1316-17.

124 McClain, *Japan*, 297.

125 Duus, *The Abacus and the Sword*, 49.

126 Ibid., 29-102.

127 "The Declaration of War by Japan," in Vladimir (pseud. for Zenone Volpicelli), *The China-Japan War: Compiled from Japanese, Chinese, and Foreign Sources* (New York: Charles Scribner's Sons, 1896), 245; Sakuyei Takahashi, *The Influence of Grotius in the Far*

East (Brooklyn, NY: Brooklyn Institute, 1908), 13. 日文宣战书中使用了现在普遍使用的“*kokusaihō*”一词，用以指代万国法或国际法。

128 日本自1895年开始对朝鲜实施经济和军事统治，但直到1910年才吞并了这个国家。参见 Treaty Between Japan and Korea (Japan-Korea Annexation Treaty), August 22, 1910, in *Papers Relating to the Foreign Relations of the United States with the Annual Message of the President Transmitted to Congress December 6, 1910* (Washington, DC: U.S. Government Printing Office, 1915), 682–83。随着《日韩合并条约》一道发布的声明解释说，日韩合并是必须的，因为“该国政府的现有系统已经证明其并非完全能够维持公共秩序和安定团结”。声明继续说，“为了维持朝鲜的和平稳定，促进朝鲜民族的繁荣富强，同时保证外国居民的安宁生活，这一切无比清晰地表明，对朝鲜政府政权做出根本性改变是绝对必要的”。参见 Proclamation of Japan Annexing Korea, August 22, 1910, in *Supplement to the American Journal of International Law,* Vol. 4 (New York: Baker, Voorhis & Co., 1910), 280–82。

129 S. C. M. Paine, *The Sino-Japanese War of 1894–1895: Perceptions, Power, and Primacy* (Cambridge: Cambridge University Press, 2003), 270［引自伊藤（Ito）伯爵］。

130 Treaty of Shimonoseki, April 17, 1895, in *Treaties, Conventions, etc. Between China and Foreign States,* Vol. 2 (Shanghai, 1908), 1318–24. 这段历史是从美国视角来看待的。参见 Senate Report No. 752, 46th Cong., 3rd Sess. (January 13, 1881)。谈判的一部分内容可以参阅 Pei-Kai Cheng, Michael Lestz, and Jonathan Spence, eds., *The Search for Modern China: A Documentary Collection* (New York: W. W. Norton, 1999), 172–77。事件的概述可以参阅 Paine, *The Sino-Japanese War of 1894–1895*, 247–93。

131 参见，例如 William L. Langer, *The Diplomacy of Imperialism, 1890–1902* (New York: Alfred A. Knopf, 1956), 167–94。

132 Ernest Batson Price, *The Russo-Japanese Treaties of 1907–1916 Concerning Manchuria and Mongolia* (Baltimore: Johns Hopkins University Press, 1933), 15.

133 Sino-Russian Railway Agreements, 1896, in Cheng, Lestz, and Spence, eds., *The Search for Modern China*, 177–81.

134 Paine, *The Sino-Japanese War of 1894–1895*, 293.

135 Ibid., 290.

136 Ibid., 290–93.

137 日本对俄国的宣战诏书在日本军队对旅顺口发起攻击（这也是后来指控日本非法发动战争的由来）几小时后送抵俄国沙皇手中，宣战书解释说：“俄国，不顾她对中国做出的庄严条约承诺，不顾她对其他大国反复做出的保证，依然占领东北且巩固和加强了对三个省份的控制，并且最终决心要将其吞并。而且，由于俄国吞并东北，朝鲜的完整性将不可能维持，并且也会迫使人们放弃远东地区所有的和平希望，因此，在这种情况下，我们决定通过谈判来解决问题，从而确保永久和平。然而，谈判失败了：她拒绝了日本政府的提议；朝鲜处于危险之中，日本帝国的切身利益受到威胁。我们未能通过和平谈判确保未来和平。我们现在只能诉诸武力。” 参见 Declaration of War, February 10, 1904, in *Papers Relating to the Foreign Relations of the United States, with the Annual Message of the President Transmitted to Congress December 6, 1904* (Washington, DC: U.S. Government Printing Office, 1905), 414。

138 The Treaty of Portsmouth, September 5, 1905. 此外，萨哈林岛（Sakhalin Island）南部北纬 50 度线以南地区归还日本，而俄国保留北纬 50 度线北部地区。在 1951 年的《旧金山和约》（1951 Treaty of San Francisco）中，日本宣布放弃对萨哈林岛和附近的千岛群岛（Kuril Islands）的主权主张，但关于北海道的四个近海岛屿仍然存在主权争议。

139 他就这一主题写了一部著作：Sakuye Takahashi, *International Law Applied to the Russo-Japanese War* (London: Steven & Sons, Ltd., 1908)。他在书的前言中写道，为“庆祝雨果·格劳秀斯诞辰 325 周年”而作。Ibid., vi. 更多关于高桥的讨论，参见 Fujio Ito, “One Hundred Years of International Law Studies in Japan,” *Japanese Annual of International Law* 13 (1969): 23–27。

140 Takahashi, *The Influence of Grotius in the Far East*, 12.

141 Ibid., 13.

142 David J. Lu, *Agony of Choice: Matsuoka Yosuke, and the Rise and Fall of the Japanese Empire, 1880–1946* (Lanham, MD: Lexington Books, 2002), 44; Masayoshi Noguchi and Trevor Boyns, “The South Manchuria Railway Company: An Accounting and Financial History, 1907–1943,” Kobe University Discussion Paper Series (March 15, 2013). 1915 年，日本在向中国提出“二十一条”（“Twenty-one Demands”）后，进一步扩大了对中国的控制，此举导致日本在该地区的控制力得到极大增强。中国屈服的那一天在中国被称为“国耻日”（“National Humiliation Day”）。参见 Jansen, *The Making of Modern Japan*, 515–16。

143 Sandra Wilson, *The Manchurian Crisis and Japanese Society, 1931–33* (New York: Routledge, 2001), 18–20. 关于从中国视角对该事件的叙述，可参见 Whitewall Wang, *Wanpaoshan Incident and the Anti-Chinese Riots in Korea* (Nanking, China: International Relations Committee, 1931)。

144 Wilson, *The Manchurian Crisis and Japanese Society*, 18–20; Robert Ferrell, “The Mukden Incident: September 18–19, 1931,” *The Journal of Modern History* 27, no. 1 (1955): 66–72.

145 Ferrell, “The Mukden Incident,” 67. 这被称为中村事件。也可参见 Daniel B. Ramsdell, “The Nakamura Incident and the Japanese Foreign Office,” *Journal of Asian Studies* 25, no. 1 (1965): 53–55。

146 Wilson, *The Manchurian Crisis and Japanese Society*, 18–19; Ramsdell, "The Nakamura Incident and the Japanese Foreign Office," 53–55; Louise Young, Japan's *Total Empire: Manchuria and the Culture of Wartime Imperialism* (Berkeley: University of California Press, 1999), 39.

147 Young, *Japan's Total Empire*, 39.

148 Shigeru Honjō, *Emperor Hirohito and His Chief Aide-De-Camp: The Honjō Diary, 1933–36*, trans. Mikiso Hane (Tokyo: University of Tokyo Press, 1982), 6.

149 Ibid., 5–8, 41–42.

150 直到去世，本庄繁将军还坚持这些行动仅仅是出于防卫考虑。参见 Ibid., 7–8。目前还不清楚他是否在袭击之前就知道具体的计划，但他已经明确表达了要解决"满洲问题"的意图，并批准了将活动扩展到铁路沿线以外的计划。参见 Ibid., 8–9。

151 League of Nations Special Assembly, *Report of the League Assembly on the Manchurian Dispute* (International Relations Committee, 1933), 4–5.

152 *LNOJ*, Vol. 12 (1931), 2318. 除了应对国际联盟的公开声明和私下通信外，日本还针对这些指控准备了详细的回应。大部分材料参见日本驻国联代表团：Japanese Delegation to the League of Nations, *The Manchurian Question: Japan's Case in the Sino-Japanese Dispute as Presented Before the League of Nations* (Geneva, 1933)。

153 League of Nations, *Appeal by the Chinese Government, Report of the Commission of Enquiry, League of Nations Publications*, No. C.633.M.320 (Geneva, 1932), 5.

154 Memorandum from the U.S. Ambassador in Japan to the U.S. Secretary of State, July 16, 1932, *Papers Relating to the Foreign Relations of the United States, Japan 1931–1941* (Washington, DC: U.S. Government Printing Office, 1943), 93–94.

155 Lu, *Agony of Choice*, 43–65.

156 Ibid., 1–16.

157 Ibid., 86–95.

158 The representatives condemned Japan at a series of special sessions from December 6 through December 8, 1932, *LNOJ Special Supplement*, No. 111 (1933), 32–63.

159 "Discussion and Adoption of the Draft Report Prepared by the Special Committee of the Assembly Under Paragraph 4 of Article 15 of the Covenant," *LNOJ Special Supplement*, No. 112 (1933), 22–23.

160 Ibid.

161 Ibid., 23.

162 关于松冈从国联退场的描述，参见"The League: Crushing Verdict," *Time*, March 6, 1933, 21。

第七章 和平制裁

1 参见 Herbert P. Bix, *Hirohito and the Making of Modern Japan* (New York: Harper-Collins, 2000), 222–23; Hatsue Shinohara, "An Intellectual Foundation for the Road to Pearl Harbor: Quincy Wright and Tachi Sakutaro"（未出版手稿）[引自 Tachi Sakutarō, "Fusen Joyaku no Kokusaiho-kan"(《凯洛格－白里安公约》中的国际法观点), *Kokusaiho Gaiko Zasshi* 27 (December 1929): 7]。

2 参见 Further Correspondence with the Government of the United States Respecting the United States Proposal for the Renunciation of War, June 23, 1928, Avalon Law Project, Yale Law School Lillian Goldman Law Library, http: // avalon.law.yale.edu / 20th century /kbbr.asp; David Hunter Miller, *The Peace Pact of Paris: A Study of the Briand-Kellogg Treaty* (New York: G. P. Putnam's Sons, 1928), 196–200, 232–33。

3 参见 American Note, June 23, 1928, in Miller, *The Peace Pact of Paris*, 213–19。

4 参见，例如 Hearings Before the Committee on Foreign Relations, General Pact for the Renunciation of War, 70th Cong. (December 7, 11, 1929)（国务卿凯洛格）。值得注意的是，英法与美国交换照会不是提出正式的保留意见，尽管有时它们被错误地认为是提出了保留意见。凯洛格明确否认英国和法国的照会构成对条约的保留。然而，他也承认交换照会将影响条约的解释。Ibid.（"如果条约已经摆到桌上，并且在没有任何异议的情况下签署了，那么各国政府的照会中就绝对没有任何东西可以改变这个条约。当然，在这次讨论期间，通过与各国交换照会，也提出了许多关于该条约意义的问题。正是因为这个原因，我不愿就这个问题进行任何私下的讨论，我坚持以交换照会的方式进行谈判。"）

5 Shinohara, "An Intellectual Foundation for the Road to Pearl Harbor."

6 关于这些数据来源的更多资料，请参见第十四章。

7 Mark Mazower, *Hitler's Empire: How the Nazis Ruled Europe* (New York: Penguin, 2008), 576.

8 参见 American Note, June 23, 1928, in Miller, *The Peace Pact of Paris*, 213–19。

9 *Motosada Zumoto, Lytton Report and Japanese Reaction* (Tokyo: Herald Press, 1932), 3.

10 Ibid., 4 (quoting General Muto).

11 Ibid., 10–19.

12 日本提供了一份长达 40 页的回复，这份回复后来与类似文件一起收录进了一本书中，构成了一个更为完整的案例。这本书包括了日本在国联的演讲和其他公开争论，于第二年出版。参见 Japanese Delegation to the League of Nations, *Japan's Case in the Sino-Japanese Dispute as Presented Before the League of Nations* (Geneva, 1933)。

13 只有三个国联成员国没有签署《非战公约》。它们是玻利维亚、萨尔瓦多和乌拉圭。参见“Participant Status, International Treaty for the Renunciation of War as an Instrument of National Policy,” United Kingdom Foreign and Commonwealth Office, accessed January 14, 2016, http: // treaties.fco.gov.uk /treaties /treatyrecord.htm ?tid= 1829; League of Nations Economic Intelligence Service, *Statistical Year-Book of the League of Nations 1942 /44* (Geneva: League of Nations, 1945), 291。

14 “Report of the Committee Appointed by the Council on January 15, 1930,” *LNOJ*, Vol. 11, No. 5 (May 1930), 353.

15 凯洛格在外交关系委员会做了一次广为传播的演讲，他试图在这次演讲中解释这些问题。他通过引用英国对《国际联盟盟约》的理解来解释说：“即使《国际联盟盟约》第 10 条也被解释为国联成员并非因此必须使用军事力量。” 参见 Frank B. Kellogg, “The War Prevention Policy of the United States,” *American Journal of International Law* 22, no. 2 (April 1928): 260。

16 “Report of the Committee Appointed by the Council,” 372. 其他缔约国所做的说明，ibid., 353–83; “Amendment of the Covenant of the League of Nations in Order to Bring It into Harmony with the Pact of Paris,” *LNOJ*, Vol. 12, No. 8 (August 1931), 1596–1604。

17 “Report of the Committee Appointed by the Council,” 353. 委员会首先从英国代表团提出的修正案开始讨论，该修正案首先指出了这个问题。参见“Amendment of the Covenant of the League of Nations,” 1601。

18 “Report of the Committee Appointed by the Council,” 367. 德国代表是伯恩哈德·威廉·冯·布洛（Bernhard Wilhelm von Bulow)。

19 Ibid., 354.

20 Ibid., 357.

21 Ibid., 353.

22 Ibid., 370.

23 Ibid., 376.

24 秘鲁代表团提供了一个可能的答案：如果国联不能登记“作为因违反《非战公约》而爆发的战争的后果而以武力强加的任何和平条约”，并且如果国联“认为它可能包含的任何条款均为无效，并将尽一切努力恢复被武力破坏的现状，那就修改《国际联盟盟约》”。参见“Report of the Committee Appointed by the Council,” 364。各国对这一提议均保持沉默，可能是因为正如仅有的几个作出回应的代表之一所言，他的政府“尚没有做好准备考虑这样一种情况：国联在依据《国际联盟盟约》履行其职责时会如此失败，以至于使战争中的胜利者有可能违反《国际联盟盟约》而将一种蛮横的和平强加于被征服者身上”。Ibid., 379.

25 Edwin L. James, “Germany Quits League; Hitler Asks ‘Plebiscite,’” *New York Times*, October 15, 1933.

26 凯洛格当时担任国际法院法官，他坚持对日本违反《非战公约》做出回应。他给其继任者亨利・史汀生发电报说："我认为向两国提出交涉是每一个《非战公约》缔约国的义务，同时也是每一个《四国条约》缔约国的义务。" 参见 Robert H. Ferrell, *The American Secretaries of State and Their Diplomacy*, Vol. 6, *Frank B. Kellogg*; *Henry L. Stimson* (New York: Cooper Square Publishers, 1963), 133。他没有具体指出交涉什么，但潜台词很清楚:《非战公约》缔约国有义务以某种方式对这种公开和公然的违反条约的行为做出反应。

27 David Schmitz, *Henry Stimson: The First Wise Man* (Wilmington: Scholarly Resources, 2001), 8; Godfrey Hodgson, *The Colonel: The Life and Wars of Henry Stimson, 1867–1950* (New York: Alfred A. Knopf, 1990), 15.

28 Schmitz, *Henry Stimson*, 11.

29 Hodgson, *The Colonel*, 13.

30 Ibid., 17.

31 Ibid., 16.

32 Ferrell, *The American Secretaries of State*, 161–63.

33 Richard N. Current, *Secretary Stimson: A Study in Statecraft* (New Brunswick, NJ: Rutgers University Press, 1954), 46–47.

34 Ferrell, *The American Secretaries of State*, 162–63.

35 President Herbert Hoover, Remarks Upon Proclaiming the Treaty for the Renunciation of War (Kellogg-Briand Pact) (July 24, 1929).

36 HLS, diary entry, September 23, 1931, reel 3, HSP YUL.

37 Richard N. Current, "The Stimson Doctrine and the Hoover Doctrine," *The American Historical Review* 59, no. 3 (April 1954): 516; Documents on the Tokyo International Military Tribunal: Charter, Indictment and Judgments, ed. Robert Cryer and Neil Boister (Oxford: Oxford University Press, 2008), 1：330.

38 HLS, diary entry, October 8, 1931, reel 3, HSP YUL; Henry L. Stimson, *The Far Eastern Crisis: Recollections and Observations* (New York: Harper & Brothers, 1936), 60.

39 Stimson, *The Far Eastern Crisis*, 60.

40 HLS, diary entry, October 9, 1931, reel 3, HSP YUL.

41 Current, "The Stimson Doctrine," 520.

42 Stimson, *The Far Eastern Crisis*, 60. See also Current, "The Stimson Doctrine,"516–21.

43 HLS, diary entry, November 19, 1931, reel 4, HSP YUL. 参见 Current, "The Stimson Doctrine," 520–21; Ray Lyman Wilbur and Arthur Mastocl Hyde, *The Hoover Policies* (New York: Charles Scribner's Sons, 1937), 599–603。

44 11 月 27 日，史汀生要求胡佛"重新考虑……某些支持禁运因素"。史汀生担心，"如果日本真的逃脱了惩罚，如果使用武力就能教会日本和世界其他国家，世界其他国家建设和平的高贵努力可以被日本此时蔑视它们的方式蔑视的话，这将是更高贵动机和更高贵政策的一个巨大的损失”。但胡佛不妥协。原因正如史汀生在日记中所说，“这位可怜的老总统处境很糟。正如他所说的，他一直在发表反对武力制裁的演说，他不能推翻自己的观点”。参见 HLS, diary entry, November 27, 1931, reel 4, HSP YUL。

45 SOL to HLS, April 5, 1929, box 45, folder 8, SLP UCL.

46 HLS to SOL, telegram, July 17, 1929, box 45, folder 8, SLP UCL.

47 Correspondence between SOL and HLS from April 5, 1929 to September 5, 1930, box 45, folder 8, SLP UCL.

48 HLS to SOL, January 2, 1930, box 45, folder 8, SLP UCL.

49 Salmon O. Levinson, "The Sanctions of Peace," *The Christian Century*, December 25, 1929, 1603.

50 Ibid., 1604. 也可参见 David Turns, "The Stimson Doctrine of Non-Recognition: Its Historical Genesis and Influence on Contemporary International Law," *Chinese Journal of International Law* 2, no. 1 (2003): 116。当史汀生第一次和他的顾问讨论不承认问题时，其中一人以“布莱恩（Bryan）国务卿在 1915 年尝试过，但没有结果”为由而反对。参见 Current, "The Stimson Doctrine," 522。也可参见 Roy Watson Curry, *Woodrow Wilson and Far Eastern Policy, 1913–1921* (New York: Bookman Associates, 1957), 128; Hersch Lauterpacht, Edwin M. Borchard, and Phoebe Morrison, "The Problem of Non-Recognition," in *Legal Problems in the Far Eastern Conflict* (New York: Institute of Pacific Relations, 1941), 134–36。19 世纪晚期和 20 世纪早期，英国政府也拒绝承认很多领土脱离奥斯曼帝国主权范围：1886 年，保加利亚独立；1908 年，奥匈帝国吞并波斯尼亚和黑塞哥维那；意大利在 1911 年吞并利比亚。参见 Thomas Barclay, *The Turco-Italian War and Its Problems* (London: Constable & Company, 1912), 41–42; Lauterpacht, Borchard, and Morrison, "The Problem of Non-Recognition," 134–35。

51 SOL to James G. McDonald, April 7, 1928, quoted in John E. Stoner, *S. O. Levinson and the Pact of Paris* (Chicago: University of Chicago Press, 1943), 193.

52 Stoner, *S. O. Levinson and the Pact of Paris*, 192.

53 Stimson, *The Far Eastern Crisis*, 96–97. 也可参见 Turns, "The Stimson Doctrine of Non-Recognition," 117–18; Robert H. Ferrell, *American Diplomacy in the Great Depression: Hoover-Stimson Foreign Policy, 1929–1933* (New Haven: Yale University Press, 1957), 157。

54 Lauterpacht, Borchard, and Morrison, "The Problem of Non-Recognition," 136.

55 The Secretary of State to the Ambassador in Japan (Forbes), telegram, January 7, 1932, in U.S. Department of State, *Peace and War: United States Foreign Policy, 1931–1941* (Washington,

DC: U.S. Government Printing Office, 1983), 159–60.

56 Henry L. Stimson, "The Pact of Paris: Three Years of Development," *Foreign Affairs* 11, no. 1 (October 1932). 该演讲在 1932 年 8 月发表，同年 10 月在《外交》(*Foreign Affairs*) 杂志上再度发表。

57 Felix Frankfurter to HLS, August 11, 1932, reel 83, HSP YUL.

58 国联根据《国际联盟盟约》第十条接受了这条新途径。《国际联盟盟约》第十条规定，成员国承诺"尊重和保护……所有［其他］成员的领土完整和现有的政治独立"。一般参见 Joseph Peter Andrew O'Mahoney, "Denying the Spoils of War?: The Politics of the Nonrecognition of Aggressive Gain" (PhD diss., George Washington University, 2012), 117, Proquest (UMI 3524049)。《非战公约布达佩斯解释条款》(The Budapest Articles of Interpretation of the Pact of Paris）中有一项类似的声明："［非战公约］签署国无权在法律上承认由于违反《非战公约》而事实上获得的任何领土或其他利益。" 参见 International Law Association, "The Effect of the Briand-Kellogg Pact of Paris on International Law," in *Report of the Thirty-Eighth Conference Held at Budapest in the Hungarian Academy of Science* (London: Eastern Press, 1935), 6。也可参见 Quincy Wright, "The Legal Foundation of the Stimson Doctrine," *Pacific Affairs* 8, no. 4 (December 1935)。

59 League of Nations, Report of the League Assembly on the Manchurian Dispute (Nanking: International Relations Committee, 1933), 79.

60 "Measures Proposed by the Advisory Committee in Connection with the Non-Recognition of 'Manchukuo,'" in "Records of the Special Session of the Assembly Convened in Virtue of Article 15 of the Covenant at the Request of the Chinese Government," *LNOJ*, Special Supplement, No. 113 (1933): 10–13. 也可参见 O'Mahoney, "Denying the Spoils of War?," 137–38; Westel W. Willoughby, *The Sino-Japanese Controversy and the League of Nations* (Baltimore: Johns Hopkins University Press, 1935), 522–32。

61 对史汀生主义持更为怀疑态度的讨论，参见 Armin Rappaport, *Henry Stimson and Japan, 1931–1933* (Chicago: University of Chicago Press, 1963), 95。

62 Pitt Cobbett, *Cases on International Law*, 5th ed., Vol. 2 (London: Sweet & Maxwell 1937), 1.

63 John Bassett Moore, *Digest of International Law* (Washington, DC: U.S. Government Printing Office, 1906).

64 参见，例如 *Exportation of Arms or Munitions of War: Hearings Before the Committee on Foreign Affairs House of Representatives on H.J. Res. 93*, 73rd Cong., 1st Sess. (March 28, 1933), 12–13（耶鲁大学国际法教授埃德温·M. 伯查德的声明）; ibid., 14–17 (letter from John Bassett Moore, read by Borchard); John Bassett Moore, "The New Isolation," *American Journal of International Law* 27, no. 4 (October 1933); John Bassett Moore, "An

Appeal to Reason," *Foreign Affairs* 11, no. 4 (July 1933); John Bassett Moore, "Fifty Years of International Law," *Harvard Law Review* 50, no. 3 (January 1937); Edwin M. Borchard, "The Arms Embargo and Neutrality," *American Journal of International Law* 27, no. 2 (April 1933); Edwin M. Borchard, "Sanctions v. Neutrality," *American Journal of International Law* 30, no. 1 (January 1936); Edwin M. Borchard and William Potter Lage, *Neutrality for the United States* (New Haven: Yale University Press 1937).

65 例如，将成为中立法变革进程中一个重要人物的赫希·劳特派特对于国际中立法已经发生改变的观点持更为谨慎的态度。迟至 1935 年，他还未接受史汀生的观点，即国际中立法因《非战公约》已经发生改变。参见，例如 Lassa Oppenheim, *International Law*, 5th ed., Vol. 2, ed. Hersch Lauterpacht (London: Longmans, Green and Co., 1935), 516–17。然而，到 20 世纪 30 年代末，他转变了态度，同意中立法已经发生改变的观点。

66 International Law Association, "Effect of the Briand-Kellogg Pact," 11.

67 Ibid., 5–6.

68 参见，例如 Quincy Wright and Clyde Eagleton, "Neutrality and Neutral Rights Following the Pact of Paris for the Renunciation of War," *Proceedings of the American Society of International Law at Its Annual Meeting* 24 (April 1930): 79–89; Quincy Wright, "How Should the Neutrality Act of August 31, 1935, Be Revised?," *Georgetown Law Journal* 24 (1935–1936): 420–21。赖特和莱文森的关系很好。赖特的妻子路易斯（Louise）是伊利诺伊州妇女选民联盟防止战争国际合作部（League of Women Voters' Department of International Cooperation to Prevent War）的部长，该组织曾与莱文森合作，共同研究非法化战争。昆西·赖特还将在纽伦堡战争罪审判中担任美国国际法顾问。参见 Quincy Wright, "The Law of the Nuremberg Trial," *American Journal of International Law* 41, no. 1 (January 1947): 38–72。

69 Quincy Wright, "The Future of Neutrality," *International Conciliation* 12 (September 1928): 357–58.

70 这一时期《美国国际法杂志》(*American Journal of International Law*）充斥着关于中立法的细微差别的文章。在一些合订本中，有超过一半的文章是关于这个主题的。然而，伯查德仍然一如既往地坚持他传统的中立观点。参见 Edwin Borchard, review of *Draft Convention on Rights and Duties of Neutral States in Naval and Aerial War*, by Research in International Law at the Harvard Law School, *Tulane Law Review* 15 (1940–1941): 640–41。

71 *Exportation of Arms or Munitions of War*, 73rd Cong. 1st Sess., 17 (letter from Moore, read by Borchard).

72 Ibid., 19 (Borchard responding to Rep. Tinkham).

73 Wright, "The Future of Neutrality."

74 Neutrality Act of 1935, 49 Stat. 1081 (1935).

75 10 月 3 日，意大利入侵埃塞俄比亚。10 月 7 日，国联发布《第十三委员会报告》(“Report of the Committee of Thirteen”)，宣布意大利为侵略者。参见 “Seventh Meeting (Public), Eighty-Ninth Session of the Council,” *LNOJ*, Vol. 16, No. 11 (November 1935), 1217–26。更多关于这场战争以及国联对此反应的详细讨论，参见 John H. Spencer, “The Italian-Ethiopian Dispute and the League of Nations,” *American Journal of International Law* 31, no. 4 (October 1937): 614–41。

76 Willoughby, *The Sino-Japanese Controversy*, 532.

77 Ibid., 533.

78 M. J. Bonn, “How Sanctions Failed,” *Foreign Affairs* 15, no. 2 (1937): 350–61. 也可参见 George Baer, *Test Case: Italy, Ethiopia, and the League of Nations* (Stanford, CA: Hoover Institution Press, 1976), Ch. 2。

79 League of Nations, *The League from Year to Year (1935)* (Geneva: League of Nations Information Section, 1936), 80–81.

80 Hugh R. Wilson, *Diplomat Between Wars* (New York: Longmans, Green and Co., 1941), 331. See also Cristiano Andrea Ristuccia, “1935 Sanctions Against Italy: Would Coal and Crude Oil Have Made a Difference?,” *European Review of Economic History* 4, no. 1 (2000): 85–100.

81 Cordell Hull, *The Memoirs of Cordell Hull*, Vol. 1 (New York: Macmillan, 1948), 418–19.

82 Statement by the Secretary of State, September 12, 1935, in U.S. Department of State, *Peace and War*, 276.

83 Hull, *Memoirs*, Vol. 1, 428–43.

84 Ibid., Vol. 1, 428–31. 更多关于美国金融政策在其中发挥的作用的讨论，参见 Gian Giacomo Migone, *The United States and Fascist Italy: The Rise of American Finance in Europe*, trans. Molly Tambor (Cambridge: Cambridge University Press 2015), 287–388。

85 “Second Meeting (Private, Then Public), Ninety-Second Session of the Council,” *LNOJ*, Vol. 17, No. 6 (June 1936), 540.

86 “Situation in Ethiopia,” *LNOJ*, Vol. 17, No. 12 (December 1936): 1409–10. 也可参见 “Situation in Ethiopia,” *LNOJ*, Vol. 18, Nos. 8–9 (August 1937): 658–59。

87 “Situation in China,” *LNOJ*, Vol. 18, Nos. 8–9 (August 1937): 653–57. 也可参见 Rana Mitter, *Forgotten Ally: China’s World War II, 1937–1945* (Boston: Houghton Mifflin, 2013), 80。

88 Ibid., 654.

89 “Second Meeting (Private, Then Public),” *LNOJ*, Vol. 19, No. 11 (November 1938): 878–80.

90 Joseph Cummins, *The World’s Bloodiest History: Massacre, Genocide, and the Scars they Left on Civilization* (Beverly, MA: Fair Winds Press, 2010), 149–50. 当时，日本签署并批

准了《改善战地武装部队伤者病者境遇之日内瓦公约》(Convention for the Amelioration of the Condition of the Wounded and Sick in Armies in the Field)(日本 1929 年 7 月 27 日签署，1934 年 12 月 18 日批准)；签署但未批准《关于战俘待遇之日内瓦公约》(Convention relative to the Treatment of Prisoners of War)(日本于 1929 年 7 月 27 日签署，但从未批准)。

91 Iris Chang, *The Rape of Nanking* (New York: Basic Books, 1997); International Military Tribunal for the Far East, *The Tokyo Judgment* (Amsterdam: University Press Amsterdam, 1977), 390.

92 "Second Meeting (Private, Then Public)," *LNOJ*, Vol. 19, No. 2 (February 1938): 82.

93 Ibid., 84.

94 Hull, *Memoirs*, Vol. 1: 544–49; Dorothy Borg, "Notes on Roosevelt's 'Quarantine' Speech," *Political Science Quarterly* 72, no. 3 (September 1957): 413.

95 Sumner Welles, *The Time for Decision* (New York: Harper & Brothers, 1944), 61.

96 Address Delivered by President Roosevelt at Chicago, October 5, 1937, in U.S. Department of State, *Peace and War*, 383–87.

97 Borg, "Notes on Roosevelt's 'Quarantine' Speech," 426–28.

98 Hull, *Memoirs*, Vol. 1: 545.

99 Ibid., 683–84.

100 Ibid., 684. 罗斯福总统对美国人民的看法更为谨慎。他断言，"相比按照现行法律行事，通过废除禁运，美国更有可能保持和平。我这么说，是因为随着禁运被废除，本届政府将明确且肯定地坚持要求美国公民和美国船只远离实际冲突地区的直接危险"。参见"Address Delivered by President Roosevelt to the Congress," September 21, 1939, in U.S. Department of State, *Peace and War: United States Foreign Policy, 1931–1941*, 485–87。

101 Robert Dallek, *Franklin D. Roosevelt and American Foreign Policy, 1932–1945* (New York: Oxford University Press, 1995), 200.

102 Ibid., 201–2.

103 Address Delivered by President Roosevelt to the Congress, September 21, 1939; "Neutrality Act of 1939," *American Journal of International Law* 34, no. 1, Supplement: Official Documents (January 1940): 44.

104 Dallek, *Franklin D. Roosevelt and American Foreign Policy*, 209–14; Woodring to Roosevelt, June 20, 1940, box 84, President's Secretary's File (PSF), Franklin D. Roosevelt Papers, Franklin D. Roosevelt Presidential Library, Hyde Park, NY. 也可参见"An American National Policy That Is Unqualifiedly Pro-American (September 14, 1937)"(未签署，但来自伍德林)，box 84, President's Secretary's File (PSF), Roosevelt Papers(警告说，"导致美国卷入世界大战的影响再次发挥作用")。

105 HLS, radio broadcast, "America's Interest in the British Navy," June 18, 1940, reel 132, HSP YUL.

106 Keith E. Eiler, *Mobilizing America: Robert P. Patterson and the War Effort, 1940–1945* (Ithaca, NY: Cornell University Press, 1997), 37. 这一想法并非完全是临时起意。克拉克和弗兰克福特（Frankfurter）早些时候曾向总统提出任命史汀生的建议。Ibid., 34–36.

107 Franklin D. Roosevelt to Harry H. Woodring, June 19, 1940, box 84, President's Secretary's File (PSF), Roosevelt Papers.

108 Woodring to Roosevelt, June 20, 1940, box 84, President's Secretary's File (PSF), Roosevelt Papers.

109 Stimson came into office on July 10, 1940, and served until September 21, 1945.

110 "Senate Hearing Ordered on Stimson's Nomination," *New York Times*, June 22, 1940.

111 "Knox and Stimson Approved in Survey," *New York Times*, July 5, 1940.

112 "Roosevelt Move Pleases British," *New York Times*, June 21, 1940［引自《每日镜报》(*Daily Mirror*) 以及其他英国报纸］。

113 Robert H. Jackson, "Opinion on Exchange of Over-Age Destroyers for Naval and Air Bases," August 27, 1940, *American Journal of International Law* 34, no. 4 (October 1940): 728–36.

114 An Act to Promote the Defense of the United States, Pub.L. 77–11, H.R. 1776, 55 Stat. 31（1941 年 3 月 11 日通过）。

115 President Franklin Delano Roosevelt, Letter from the President Transmitting Report (June 10, 1941), Report to Congress on Lend-Lease Operations (Washington, DC: U.S. Government Printing Office, 1941).

116 Bix, *Hirohito and the Making of Modern Japan*, 400–401.

117 偷袭珍珠港之后，日本外务省发布的一份备忘录反映了他们的这种认识。参见 Japanese Note to the United States, December 7, 1941, Department of State Bulletin, Vol. 5, No. 129 (December 13, 1941)［通常被指为"第十四部分电文"（"Fourteen Part Message"）］。也可参见 Bix, *Hirohito and the Making of Modern Japan*, 220–24。

118 Bix, *Hirohito and the Making of Modern Japan*, 387–437.

119 Document Handed by the Secretary of State to the Japanese Ambassador (Nomura), November 26, 1941, in U.S. Department of State, *Peace and War*, 810.

120 Bix, *Hirohito and the Making of Modern Japan*, 428–33.

121 *Pearl Harbor Attack: Hearings Before the Joint Committee on the Investigation of the Pearl Harbor Attack*, 79th Cong. (Washington, DC: U.S. Government Printing Office, 1946), 185.

122 "Emperor of Japan Hirohito, Declaration of War Against the United States and Britain,"

December 8, 1941, *The XXth Century* (Shanghai: XXth Century Publishing Co, 1942), 73.

123 HLS, diary entry, November 25, 1941, reel 7, HSP YUL.

124 Cordell Hull, *The Memoirs of Cordell Hull*, Vol. 2, 1095–96.

125 Japanese Note to the United States United States December 7, 1941.

第八章　最具战略洞察力的人

1 Sumner Welles, *Seven Decisions That Shaped History* (New York: Harper & Brothers, 1950), 123–26; Benjamin Welles, *Sumner Welles: FDR's Global Strategist* (New York: St. Martin's Press, 1997), 330–31.

2 Welles, *Seven Decisions That Shaped History*, 125–26.

3 "The Brick Balloon," *Time*, August 4, 1948, 14.

4 Sumner Welles, "An Association of Nations, Address at the Laying of the Cornerstone of the New Wing of the Norwegian Legation in Washington, July 22, 1941," in Sumner Welles, *The World of The Four Freedoms* (New York: Columbia University Press, 1943), 11–15.

5 "American Peace Aims," *New York Times*, July 24, 1941. 也可参见 Welles, *Sumner Welles*, 281。

6 "Post-War Aims: World Must Be Guided by Strong League—Views of American," *South China Morning* Post, July 24, 1941, 9.

7 "American Peace Aims," *New York Times*.《洛杉矶时报》同样称其为“美国政府高级官员至此就美国政府战后目标所发表的最为具体的声明”。"Welles Urges Peace League: Postwar Association of Nations Favored to Guarantee Disarmament," *Los Angeles Times*, July 23, 1941.

8 "Toward a Better World," *St. Louis Post-Dispatch*, July 24, 1941.

9 "Eden Says Britain Supports Welles'Postwar Program," *Chicago Daily Tribune*, July 31, 1941.

10 "Diplomat's Diplomat," *Time*, August 11, 1941, 11.

11 Welles, *Sumner Welles*, 7–25.

12 "Diplomat's Diplomat," *Time*, 12. 也可参见 James Reston, "Acting Secretary," *New York Times*, August 3, 1941。

13 "Diplomat's Diplomat," *Time*, 12（引自布莱尔·博勒斯）。也可参见 Andrei Gromyko, *Memories*, trans. Harold Shukman (London: Hutchinson, 1989), 49（“就个性和教育而言，威尔斯具有英国人的特征……威尔斯的一举一动都是经过深思熟虑的”）。

14 Welles, *Sumner Welles*, 9, 123. 十年后，时任海军助理部长的富兰克林·罗斯福促成了萨姆纳从事外交服务的申请。Ibid., 123.

15 Harold B. Hinton, "Welles: Our Man of the Hour in Cuba," *New York Times*, August 20, 1933;

Welles, *Sumner Welles*, 102–15; "Foreign News: Honduran Strife," *Time*, April 21, 1924.

16 "Diplomat's Diplomat," *Time*, 11. 这本书叫《拿伯的葡萄园：多米尼加共和国（1844–1924）》(*Naboth's Vineyard: The Dominican Republic, 1844–1924*)。

17 Welles, *Sumner Welles*, 123.

18 Various correspondence between Eleanor Roosevelt, Franklin Delano Roosevelt, and Sumner Welles, 1928, box 148, folder 8, SWP FDRL。威尔斯还协助起草了《民主党党纲》(Democratic Platform)。Draft of 1929 Democratic Platform, box 148, folder 8, SWP FDRL. 在一个说明他们是未来竞争对手的早期例子中，科德尔·赫尔（Cordell Hull）将威尔斯（应未来总统的要求）在拉丁美洲问题上起草的部分剔除出了民主党党纲。Welles, *Sumner Welles*, 139.

19 Eleanor Roosevelt to Welles, October 29, 1928, box 148, folder 8, SWP FDRL.

20 Franklin D. Roosevelt, "First Inaugural Address" (March 4, 1933).

21 Franklin D. Roosevelt, "Address Before the Woodrow Wilson Foundation," December 28, 1933, online by Gerhard Peters and John T. Woolley, The American Presidency Project, http: // www. presidency.ucsb.edu /ws/?pid= 14593. 在 1933 年 12 月的蒙得维的亚会议上，赫尔代表美国支持一项西半球大多数国家赞成的宣言："任何国家都无权干涉别国的内政或外交事务。" 此后不久，威尔斯促成了《普拉特修正案》(Platt Amendment）的废除，该修正案是美国军事干预西半球的象征。"Diplomat's Diplomat," *Time*.

22 根据记录罗斯福总统日常活动的档案资料，搜索 "Sumner Welles" 后在白宫日志中产生了400条条目，包括白宫招待员日志和白宫速记员日记。参见 "Franklin D. Roosevelt Day by Day," http: // www. fdrlibrary .marist.edu /daybyday/。

23 "Toward a Better World," *St. Louis Post Dispatch*.

24 Welles, *The Time for Decision*, 47–48.

25 Sumner Welles, *Where Are We Heading?* (New York: Harper & Brothers, 1946), 4.

26 Ibid.

27 参见，例如 Robert E. Sherwood, *Roosevelt and Hopkins: An Intimate History* (New York: Harper & Brothers, 1948)。

28 Ibid., 92, 850.

29 Ibid., 6.

30 Welles, *Sumner Welles*, 301 (quoting an interview with Franklin D. Roosevelt, Jr. in 1981).

31 David Dilks, ed., *The Diaries of Sir Alexander Cadogan, O.M., 1938–1943* (New York: G. P. Putnam & Sons, 1971), 397–99.

32 Robert Dallek, *Franklin D. Roosevelt and American Foreign Policy, 1932–1945* (New York: Oxford University Press, 1995), 282.

33 Winston Churchill, *The Second World War: The Grand Alliance* (New York: Houghton

Mifflin, 1950), Vol. 3, 394.

34 Dallek, *Franklin D. Roosevelt and American Foreign Policy, 1932–1945*, 282.

35 Churchill, *The Second World War: The Grand Alliance*, 385.

36 Welles, *Sumner Welles*, 304–7.

37 The Atlantic Charter, August 14, 1941. 威尔斯详细描述了编写过程，参见 Welles, *Where Are We Heading*?, 4–18; Memorandum of Conversation, by the Under Secretary of State (Welles) (August 11, 1941), Avalon Law Project, Yale Law School Lillian Goldman Law Library, http: // avalon.law.yale .edu /wwii /at09.asp。

38 Sherwood, *Roosevelt and Hopkins*, 442.

39 Irwin F. Gellman, *Secret Affairs: Franklin Roosevelt, Cordell Hull, and Sumner Welles* (Baltimore: Johns Hopkins University Press, 1995), 272; Churchill, *The Second World War: The Grand Alliance*, 590; 604–5.

40 Churchill, *The Second World War: The Grand Alliance*, 605.

41 "Declaration by the United Nations" (January 1, 1942). 另外 21 个国家将会参战。

42 "Tripartite Pact," September 27, 1940.

43 Ibid.

44 Memo, Hull to Roosevelt, December 22, 1941, 参见 Harley A. Notter, *Postwar Foreign Policy Preparation*, 1939–1945 (Washington, DC: U.S. Department of State, 1950), 63–65. 1942 年 2 月 12 日，这个委员会第一次碰头。Robert Hildebrand, *Dumbarton Oaks: The Origins of the United Nations and the Search for Postwar Security* (Chapel Hill: University of North Carolina Press 1990), 13, 262 n. 16.

45 Welles, *Seven Decisions That Shaped History,* 132–34; Dallek, *Franklin D. Roosevelt and American Foreign Policy*, 149. 在隔离演讲之后，威尔斯私下里鼓励罗斯福召开一次“和平会议”，制定“基本准则”和“国际行为标准”。但当赫尔提出反对时，罗斯福就搁置此事，按下不提。Ibid.

46 Welles, *Seven Decisions That Shaped History*, 132–34. 威尔斯后来写道，第一夫人建议的不开放国际委员会的决定是一个可怕的错误，这是一个他公开批评总统的罕见例子。珍珠港事件发生后的第二年，美国的力量——军事力量和道德权威——达到了顶峰。当时，除其他事项外，苏联依赖《租借法案》为其提供武器，以便他们继续战斗。假如那时总统就战后政治和领土安排问题寻求达成一项牢固的协议，“难道我们的影响力不足以将这些安排控制在和平会议愿意接受的合法和公平的范围内吗？” Ibid., 141. 如果谈判能早点结束，罗斯福也许就不会被迫做出后来在雅尔塔向斯大林做出的让步。1943 年冬季过后，苏军迫使德军后撤，“谈判的最好时机已经丧失”。Ibid., 143.

47 Notter, *Postwar Foreign Policy Preparation*, 79.

48 1942年2月12日，委员会召开首次会议，下设五个小组委员会，国际组织特别小组委员会只是其中一个。参见 “Minutes of AC-1, Meeting of February 12, 1942,” box 190, folder 5, SWP FDRL。时任美国副国务卿爱德华·斯特蒂纽斯在日记中明确表示，该委员会的工作为后来在第一次国际会议上讨论的草案打下基础，联合国便是在此基础上建立起来的，尽管当时科德尔·赫尔和萨姆纳·威尔斯已经离开了国务院。参见 Thomas M. Campbell and George Herring, eds., *The Diaries of Edward R. Stettinius, Jr., 1943–1946* (New York: New Viewpoints, 1975), 103。更多关于委员会组成的资料，参见 Notter, *Postwar Foreign Policy Preparation*, 73–74。

49 更多关于鲍曼的资料，参见 Neil Smith, *American Empire: Roosevelt's Geographer and the Prelude to Globalization* (Berkeley: University of California Press, 2003); Geoffrey J. Martin, *The Life and Thought of Isaiah Bowman* (Hamden, CT: Archon Books, 1980)。在被任命该职的时候，他正在约翰·霍普金斯大学担任校长。据报道，1942年，他每周在国务院待几天。1944年，他成为斯特蒂纽斯率领的伦敦代表团的一员，后来，他加入了前往敦巴顿橡树园参加会议的美国代表团，并在旧金山召开的联合国国际组织会议上担任美国代表团顾问。在这一时期，詹姆斯·肖特维尔是与他进行思想交锋（intellectual interlocutors）的主要对象之一。Martin, *The Life and Thought of Isaiah Bowman*, 141–86.

50 Isaiah Bowman, *The New World: Problems in Political Geography* (Yonkers-on-Hudson, NY: World Book Co., 1921).

51 United States Attorney General, “Opinion on Exchange of Over-Age Destroyers for Naval and Air Bases,” *American Journal of International Law* 34, no. 4 (1940): 728–36.

52 Charles Mee, *Meeting at Potsdam* (New York: M. Evans, 1975), 215. 也可参见 William Lasser, *Benjamin V. Cohen: Architect of the New Deal* (New Haven: Yale University Press, 2002)。

53 Stephen C. Schlesinger, *Act of Creation: The Founding of the United Nations: A Story of Superpowers, Secret Agents, Wartime Allies and Enemies, and Their Quest for a Peaceful World* (Cambridge, MA: Westview Press, 203), 33–35. 帕斯沃尔斯基的助手哈利·诺特（Harley Notter）担任他的研究秘书。参见 Notter, *Postwar Foreign Policy Preparation*, 82, 108。

54 Notter, *Postwar Foreign Policy Preparation*, 108. 除了在国际组织特别小组委员会里任职外，肖特维尔还在最重要的战后外交政策咨询委员会（Advisory Committee on Post-war Foreign Policy）任职，ibid., 73，以及以下机构任职：政治问题小组委员会（the Subcommittee on Political Problems），ibid., 97；法律问题特别小组委员会（Special Subcommittee on Legal Problems）ibid., 114；安全问题小组委员会（the Subcomittee on Security Problems），ibid., 124。

55 “James T. Shotwell, Historian, 90, Dies,” *New York Times*, July 17, 1965.

56 1942 年 7 月 17 日，该团队召开第一次会议。“Preliminary Memorandum on International Organization,” JTS to Sumner Welles, July 30, 1942, box 192, folder 8, SWP FDRL.

57 Ibid., 4.

58 Ibid., 8.

59 Ibid., 8–9.

60 “Preliminary Draft by J.T.S. of Revision of Articles I-VII of the Covenant, for Discussion,” August 21, 1942, box 189, folder 6, Document 20, SWP, FDRL.

61 Ibid., 1.

62 Ibid., 1–2.

63 “Provisional Outline of International Organization (prepared by J.T.S., August 31, 1942)” (Document 99), August 31, 1942, box 189, folder 8, SWP FDRL.

64 Ibid., 5.

65 Ibid., 6.

66 Ibid., 7. 大约在同一时间提交给委员会的另一份文件也提出了同样的观点，该文件很可能也是由肖特维尔撰写的，标题是《白里安 – 凯洛格公约》。在复述了两项执行条款之后，这份备忘录指出《白里安 – 凯洛格公约》具有两个重要的优点：一，它超越了《国际联盟盟约》，规定“全面禁止诉诸战争”；二，“它实现了比《国际联盟盟约》更大程度的普遍性”。备忘录承认，“另一方面，与《国际联盟盟约》不同，《白里安 – 凯洛格公约》没有规定任何永久性组织、程序和制裁”。参见 “The Briand-Kellogg Pact,” August 26, 1942, box 189, folder 6, Document 21, SWP FDRL。

67 “Minutes of October 30, 1942,” box 189, folder 4, SWP FDRL.

68 “Preliminary Views on the Nature of Post-War International Organization, Minutes of August 7, 1942,” box 189, folder 4, SWP FDRL.

69 此外，《联合国宪章》最后草案还将向“所有其他爱好和平的国家开放成员国资格，这些国家接受本宪章所规定的义务，并根据本组织的判断，有能力且愿意履行这些义务”。参见 United Nations, Charter of the United Nations, October 23, 1945。

70 “Minutes of December 11, 1942,” box 189, folder 4, SWP FDRL.

71 尽管它不再重复《白里安 – 凯洛格公约》，但它仍然认为“威胁或侵略行为”是被禁止的。1943 年产生的草案主要用于描述本组织的架构，以确保原有的禁令得到执行。参见 “Draft Constitution of International Organization,” March 26, 1943, revised April 12, 1943, box 189, folder 1, SWP FDRL。

72 代表团于 1940 年 9 月 16 日出发，据称该事件发生在 9 月 17 日。这场政治博弈酝酿了三年多时间。参见 Welles, *Sumner Welles*, 2。

73 Welles, *Sumner Welles*, 271–73.

74 Ibid., 1–3, 27, 272–79, 341–49.

75 Hilderbrand, *Dumbarton Oaks*, 30.

76 Ibid.

77 "Plan for the Establishment of an International Organization for the Maintenance of International Peace and Security," December 23, 1943, FRUS, 1944, Vol. 1 (General), 615.

78 Ibid., 614 n. 2.

79 Ibid., 714 n. 94.

80 Memo, Stettinius to the Secretary of State, August 29, 1944, FRUS, 1944, Vol. 1 (General), 747. 这一措辞被保留在最后商定的草案中。参见 U.S. Department of State, *Dumbarton Oaks Documents on International Organization*, publication 2223, 1945。美国的影响是显而易见的。"第 4 款源于美国提案的第 1 节第 3 款，是一个得到英国和苏联代表团大力支持的想法。" 参见 "Continuing Preparations for a Conference of United Nations," November 20, 1944, FRUS, 1944, Vol. 1, 903。

81 Memo, Stettinius to the Secretary of State, August 22, 1944, FRUS, 1944, Vol. 1 (General), 716. 这反映了梦之队（Dream Team）早期的内部对话。参见 "P-I.O. Minutes," January 8, 1943, box 189, folder 4, SWP FDRL。

82 Memo, Stettinius to the Secretary of State, October 2, 1944, FRUS, 1944, Vol. 1 (General), 862.

83 Memo, Stettinius to President Roosevelt, August 28, 1944, FRUS, 1944, Vol. 1 (General), 738（这份文件这样描述葛罗米柯的提议，"所有 16 个苏维埃加盟共和国都应被纳入创始成员国之列"）; "Informal Minutes of Meeting No. 6 of the Joint Steering Committee Held at 11 a.m. August 28, 1944 at Dumbarton Oaks," ibid., 743; "Memo by Stettinius," ibid., 751–52（这份文件也描述了后来关于此事的对话）。

84 "Informal Meeting Minutes of Meeting No. 6 of the Joint Steering Committee," August 28, 1944, FRUS, 1944, Vol. 1 (General), 743 n. 24.

85 Telegram from Stalin to President Roosevelt, September 7, 1944, FRUS, 1944, Vol. 1 (General), 782–83.

86 "Informal Meeting Minutes of Meeting No. 6 of the Joint Steering Committee," August 28, 1944, FRUS, 1944, Vol. 1 (General), 741.

87 Campbell and Herring, eds., *The Diaries of Edward R. Stettinius*, Jr., 128–31. 也可参见 Dallek, *Franklin D. Roosevelt and American Foreign Policy*, 466–67; "Extracts from the Personal Diary of the Under Secretary of State (Stettinius)," September 7, 1944, FRUS, 1944, Vol. 1 (General), 781–82。

88 "Extracts from the Personal Diary of Under Secretary of State (Stettinius)," September 8, 1944, FRUS, 1944, Vol. 1 (General), 785-86.

89 Ibid., 786. The cable appears in Telegram, President Roosevelt to the Ambassador in the Soviet Union (Harriman), September 8, 1944, FRUS, Vol. 1, 788-89. 也可参见 "Informal Minutes of Meeting No. 14 of the Joint Steering Committee," September 13, 1944, FRUS, 1944, Vol. 1 (General), 798。

90 Ibid., 799-800.

91 Campbell and Herring, eds., The Diaries of Edward R. Stettinius, Jr., 134.

92 Ibid., 138, 144.

93 Ibid., 139.

94 U.S. Department of State, Dumbarton Oaks Documents on International Organization, publication 2223, 1945, 13.

第九章　阿尔戈行动

1 S.M. 普洛基（S. M. Plokhy）在《雅尔塔：和平的代价》（*Yalta: The Price of Peace*, New York: Viking, 2010）一书第 4~7 页描述了这段旅程。

2 Ibid., 35–36; William M. Rigdon, *White House Sailor* (New York: Doubleday, 1962), 143.

3 The President's Log at Yalta, February 3, 1945, in *FRUS*, 1945 (The Conferences at Malta and Yalta), 549.

4 Rigdon, *White House Sailor*, 143–45; The President's Log at Yalta, February 3, 1945, *FRUS*, 1945 (The Conferences at Malta and Yalta), 550.

5 Steven C. Schlesinger, *Act of Creation: The Founding of the United Nations* (New York: Perseus, 2003), 58.

6 Plokhy, *Yalta*, 10.

7 Letter, Marshal Stalin to President Roosevelt, July 22, 1944, *FRUS*, 1945 (The Conferences at Malta and Yalta), 4. 他还援引了医嘱，即不要进行任何长途旅行。考虑到他可能知道罗斯福本人的健康状况，因此，这是一种无耻的呼吁。Ibid., 12.

8 Telegram, President Roosevelt to Ambassador Harriman (for Marshal Stalin), October 4, 1944, *FRUS*, 1945 (The Conferences at Malta and Yalta), 6.

9 Plokhy, *Yalta,* 28.

10 Rigdon, *White House Sailor*, 137–38.

11 Telegram, Prime Minister Churchill to President Roosevelt, November 5, 1944, *FRUS*, 1945 (The Conferences at Malta and Yalta), 13.

12 参阅 Telegram, Prime Minister Churchill to President Roosevelt, October 22, 1944, *FRUS*, 1945 (The Conferences at Malta and Yalta), 10–11。根据 1936 年《关于海峡制度的蒙特勒公约》(Montreux Convention Regarding the Regime of the Straits)，土耳其控制了博斯普鲁斯海峡和达达尼尔海峡，从而控制了黑海和爱琴海之间的通道。

13 参阅丘吉尔、罗斯福和斯大林之间的大量通信，*FRUS*, 1945 (The Conferences at Malta and Yalta), 3–40。

14 G. F. Krivosheev, ed., *Soviet Casualties and Combat Losses in the Twentieth Century* (London: Greenhill, 1997), 85–86. 俄罗斯的研究人员对这些数字提出了批评。他们认为，克里沃什耶夫（Krivosheev）的估计没有充分考虑到战俘和应征入伍者的情况。他们估计，这场战争中苏联的总死亡人数要高出几百万。学者们还就如何正确估计战时“额外”死亡人数进行了辩论。参阅，例如 Michael Haynes, “Counting Soviet Deaths in the Great Patriotic War: A Note,” *Europe Asia Studies* 55, no. 2 (2003): 303–9。

15 就美国而言，国会研究服务局估计，有 291557 人死于战斗，有 113842 属于“其他死亡”（死于其他原因，如事故、疾病和感染）。Nese F. DeBruyne and Anne Leland, *American War and Military Operations Casualties: Lists and Statistics*, Congressional Research Service (January 2, 2015), 2. 就英国而言，英联邦战争公墓委员会（Commonwealth Graves Commission）报告说，英国及其非自治殖民地共有 383758 名军人死于各种原因（这个数字包括确认被埋葬和名字被刻在纪念碑上的人），以及 67170 名平民死于敌人的行动。Commonwealth War Graves Commission Annual Report（2014–2015），39. 其他人给出的数字略有不同。参阅，例如 Alan Bullock, *Hitler and Stalin: Parallel Lives* (London: HarperCollins, 1991), 1086（估计美国死亡人数为 295000，英国死亡人数为 388000）。

16 Winston Churchill, *The Second World War: Triumph and Tragedy* (Boston: Houghton Mifflin, 1953), 347. 1945 年 2 月 3 日总统在雅尔塔的日志也描述了这些准备工作，*FRUS*, 1945 (The Conferences at Malta and Yalta), 551–52。

17 Diane Shaver Clemens, *Yalta* (New York: Oxford University Press, 1970), 116.

18 Ibid.

19 Rigdon, *White House Sailor*, 138.

20 剩下留待解决的问题都很重要，但都不足以破坏成立联合国组织的计划。这些问题包括：应该给予哪些国家以该组织的初始成员国地位，是否应该规定领土托管，该组织应该设在哪里，如何结束国际联盟，以及为最终起草将建立新组织及其组成部分的法律文件做出安排。Memorandum to President Roosevelt, “Questions Left Unsettled at Dumbarton Oaks,” October 27, 1944, *FRUS*, 1945 (The Conferences at Malta and Yalta), 45.

21 Bohlen Minutes, February 4, 1945, *FRUS*, 1945 (The Conferences at Malta and Yalta), 574.

22 Combined Chiefs of Staff Minutes, February 4, 1945, *FRUS*, 1945 (The Conferences at Malta

and Yalta), 583.

23 参阅，例如 Joint Chiefs of State to the President, January 23, 1945, *FRUS*, 1945 (The Conferences at Malta and Yalta), 396–400。大体上参阅 “Entry of the Soviet Union in the War Against Japan,” *FRUS*, 1945 (The Conferences at Malta and Yalta), 361–400。

24 美国、英国和苏联在雅尔塔签署的一项协议规定：“苏联、美利坚合众国和英国三大国的领导人同意，在德国投降和欧洲战争结束后的两到三个月内，苏联将站在盟国一边对日本开战，条件是：……2. 俄国因日本 1904 年背信弃义的进攻而受到侵犯的原有权利，应予以恢复，即（a）库页岛南部及其邻近岛屿应归还苏联……3. 千岛群岛应移交给苏联。” 参阅 Agreement Regarding Entry of the Soviet Union Into the War Against Japan, *FRUS*, 1945 (The Conferences at Malta and Yalta), 984。第二次世界大战后，苏联占领了库页岛和千岛群岛，但对中国东北地区的主权主张却失败了。即使在今天，这些岛屿仍然是日本和俄罗斯之间争端的主题。

25 参见，例如 Bohlen Minutes, February 5, 1945, ibid., 612, 620–21。

26 Bohlen Minutes, February 6, 1945, ibid., 669. 尽管不是雅尔塔会议讨论的主题，斯大林仍然顽固地坚持保留对波罗的海国家爱沙尼亚、拉脱维亚和立陶宛的控制权。毕竟，正是希特勒在《苏德互不侵犯条约》中承诺让苏联控制这些国家，才赢得了斯大林的忠诚（直到希特勒改变侵略路线，入侵苏联）。他不会因为盟国拒绝承认该协议的合法性而动摇自己的决心。毕竟，波罗的海国家并不需要繁荣，它们只需要承受住可能来自西方的新的打击即可。

27 Memorandum, Soviet Foreign Policy, Acting Secretary of State (Grew) for the President, January 12, 1945, ibid., 449–55.

28 Bohlen Minutes, February 4, 1945, ibid., 589.

29 Andrei Gromyko, *Memories*, trans. Harold Shukman (London: Hutchinson, 1989), 85.

30 Bohlen Minutes, February 4, 1945, *FRUS*, 1945 (The Conferences at Malta and Yalta), 590.

31 Arkady Vaksberg, *Stalin's Prosecutor: The Life of Andrei Vyshinsky* (New York: Grove, 1991) (quoting Sir Frank Roberts), 252–53.

32 Bohlen Minutes, February 4, 1945, *FRUS*, 1945 (The Conferences at Malta and Yalta), 590.

33 Ibid., 590–91; Thomas M. Campbell and George C. Herring, eds., *The Diaries of Edward R. Stettinius, Jr., 1943–1946* (New York: New Viewpoints, 1975), 241.

34 Campbell and Herring eds., *The Diaries of Edward R. Stettinius, Jr.*, 1943–1946, at 241. 根据斯特蒂纽斯自己的说法，他后来帮助首相更好地理解了这个问题。Ibid. 241–42.

35 Bohlen Minutes, February 5, 1945, *FRUS*, 1945 (The Conferences at Malta and Yalta), 611–33.

36 Ibid., 661.

37 在正在讨论的草案中，这些事项属于安全理事会第八章管辖范围（今天的第六章 “和平解决争端”）。Ibid.

38 Churchill, *Triumph and Tragedy*, 310. The account accords with the minutes of the meeting, Bohlen Minutes, February 6, 1945, *FRUS*, 1945 (The Conferences at Malta and Yalta), 665–66.

39 Bohlen Minutes, February 6, 1945, *FRUS*, 1945 (The Conferences at Malta and Yalta), 666.

40 Ibid., 711–13.

41 Ibid., 712.

42 Stephen Lehnstaedt, "The Minsk Experience: German Occupiers and Everyday Life in the Capital of Belarus," in *Nazi Policy on the Eastern Front, 1941: Total War, Genocide and Radicalization*, ed. Alex J. Kay, Jeff Rutherford, and David Stahel (Rochester, NY: University of Rochester Press, 2012), 240（据估计，白俄罗斯有160万人死亡，而其战前总人口为900万）; Paul R. Magocsi, *A History of Ukraine: The Land and Its People* (Toronto: University of Toronto Press: 1996), 638（据估计，乌克兰有550万人死亡，占其总人口的15%）; Timothy Snyder, *Bloodlands: Europe Between Hitler and Stalin* (New York: Basic Books, 2010)。

43 Memorandum of Decisions Reached at the Crimean Conference in the Matter of the Two Soviet Republics, March 19, 1945, *FRUS*, 1945 (The Conferences at Malta and Yalta), 991–92. Both were admitted in 1945.

44 Welles, *Seven Decisions That Shaped History*, 193–94.

45 Ibid., 194.

46 John Morton Blum, *From the Morgenthau Diaries: Years of War, 1941–1945* (Boston: Houghton Mifflin, 1967), 416.

47 Samuel I. Rosenman, *Working with Roosevelt* (New York: Harper & Brothers, 1952), 546.

48 罗斯福的这些话写于4月11日晚，也就是他死于脑出血的前夜。这是他计划于1945年4月14日晚上在温泉城的佐治亚大厅通过全国广播发表的讲话的一部分。

49 Grace Tully, *F.D.R. My Boss* (New York: Charles Scribner's Sons, 1949), 364.

50 Townsend Hoopes and Douglas Brinkley, *FDR and the Creation of the U.N.* (New Haven, CT: Yale University Press, 1997), 129.

51 "Sumner Welles," *Billboard* 57, no. 6 (April 21, 1945).

52 会议结束后，杜鲁门总统毫不客气地敦促曾率领美国代表团前往旧金山的斯特蒂纽斯辞去国务卿一职，让詹姆斯·伯恩斯（James Byrnes）接替他的职位。杜鲁门邀请斯特蒂纽斯担任美国驻联合国代表，斯特蒂纽斯接受了这一职位。在那里，他和代表苏联的葛罗米柯将再次坐在桌子两侧。

53 "President Truman's Address to Opening Session of the United Nations Conference on International Organization at San Francisco," April 25, 1945.

54 Campbell and Herring, eds., *The Diaries of Edward R. Stettinius, Jr.*, 374–407.

55 "Summary Report of Twelfth Meeting of Committee," June 5, 1949, in *Documents of the United Nations International Organization San Francisco, 1945*, Vol. 6, *Commission I General Provisions* (New York: United Nations Information Organizations, 1945), 342.

56 Ibid., 346.

57 Ibid., 344.

58 Ibid., 346.

59 Ibid., 344.

60 Welles, *Seven Decisions That Shaped History*, 197.

61 "Summary Report of Twelfth Meeting of Committee," *UNCIO*, 346.

62 有一项条款要求联合国所有成员国“根据安理会的要求，并根据一项或多项特别协议，向安理会提供维持国际和平与安全所需的军队、协助和便利，包括过境权”。U.N. Charter, Art. 43. The standing force envisioned in this article never materialized. Even if it had, its capacity to act would have been constrained by the requirement that the Security Council approve any action taken to enforce peace and security. 这条中设想的常备部队从未实现。即使组建了常规部队，它的行动能力也会受到限制，即为执行和平与安全而采取的任何行动都需要安全理事会批准。

63 有关联合国历史背景的更多信息，请参阅，例如 Mark Mazower, *Governing the World: The History of an Idea* (New York: Penguin, 2012); Paul Kennedy, *The Parliament of Man: The Past, Present, and Future of the United Nations* (New York: Random House, 2006)。

64 *Grundgesetz der Bundesrepublik Deutschland* [Constitution] , Art. 26 (1949) (F.R.G.).

65 *Nihonkoku Kenpo* [Constitution] , Art. 9 (1946) (Japan).

66 *La Costituzione* [Constitution] , Art. 11 (1948) (Italy).

第十章　朋友和敌人

1 Index cards to the war crimes case files ("Cases Not Tried"), 1944–1948, and witnesses and defendants in war crimes cases, 1946–1948, Record Group 549, Records of United States Army, Europe 549.2, Records of U.S. Army, Europe (USAEUR) 1933–1964, Records of the War Crimes Branch of the Judge Advocate General Section, U.S. National Archives and Records Administration (College Park, MD).

2 Karl Loewenstein, "Observations on Personality and Work of Professor Carl Schmitt," November 14, 1945, box 46, p. 1, KLP ACL.

3 Ibid.

4 Ibid., 4.

5 Karl Loewenstein, "Library of Professor Carl Schmitt," October 10, 1945, box 46, p. 2, KLP ACL.

6 Carl Schmitt, *Glossarium: Aufzeichnungen der Jahre 1947–1951* (Berlin: Duncker & Humblot, 1991), 264, 译自 Gopal Balakrishnan, *The Enemy* (London: Verso, 2000), 254。

7 Ibid.

8 参 见 Dirk Poppmann, "The Trials of Robert Kempner: From Stateless Immigrant to Prosecutor of the Foreign Office," in *Reassessing the Nuremberg Military Tribunals*, eds. Kim Priemel and Alexa Stiller (New York: Berghahn Books, 2012), 38。

9 审讯的文字记录，参见 Joseph W. Bendersky, "Interrogation of Carl Schmitt by Robert Kempner (I)," *Telos* 72 (1987): 97–129。

10 Ibid., 98. 整句话是："我将非常坦率地告诉你我感兴趣的是：你直接和间接地参与策划侵略战争、战争罪和反人类罪。"但审讯表明，肯普纳几乎只对施米特参与纳粹侵略感兴趣。

11 Ibid.

12 Ibid.

13 Schmitt, *Glossarium*, 6.

14 James Shotwell, *Autobiography* (Indianapolis: Bobbs-Merrill, 1961), 200–1.

15 Ibid., 203.

16 Schmitt, *Glossarium*, 7. 施米特很快在 3 月 31 日至 4 月 4 日之间口述了他的演讲内容。参见 Reinhard Mehring, *Carl Schmitt: A Biography*, trans. Daniel Steuer (Cambridge, UK: Polity, 2014), 179。

17 Carl Schmitt, *The Concept of the Political*, trans. George Schwab (Chicago: University of Chicago Press, 2006), 29.

18 Ibid.

19 Ibid., 33.

20 Ibid., 27 ["从情感上讲，敌人很容易被认为是邪恶的和丑陋的，因为每一种区分，尤其是作为最强烈和最紧张的政治区分，需要其他领域区分的支撑（才显得正当合理）"]。

21 Ibid., 46.

22 Ibid.

23 参见，例如 Joseph Bendersky, "Schmitt's Diaries," in *The Oxford Handbook of Carl Schmitt*, eds. Jens Meierhenrich and Oliver Simons (Oxford: Oxford University Press, 2013), 126。

24 Schmitt, *The Concept of the Political*, 34.

25 Ibid.

26 Ibid., 50–51.

27 Mehring, *Carl Schmitt*, 4.

28 Joseph Bendersky, *Carl Schmitt: Theorist for the Reich* (Princeton: Princeton University Press, 1983), 5; Mehring, *Carl Schmitt*, 6.

29 Piet Tommissen, *Over en inzake Carl Schmitt* (Brussels: Economische Hogeschool Sint-Aloysisus, 1975), 93, quoted and translated in Mehring, *Carl Schmitt*, 7. (Schmitt in conversation with Dieter Groh and Klaus Figge. ）当时，洪堡大学被称作弗里德里希・威廉大学（Friedrich-Wilhelms-Universitat)。

30 Carl Schmitt, "Berlin 1907," in *Schmittiana I,* ed. Piet Tommissen (Berlin: Duncker & Humblot, 2001), 13–21, translated and quoted in Jan-Werner Mueller, *A Dangerous Mind: Carl Schmitt in Post-War European Thought* (New Haven: Yale Univeristy Press, 2003), 18.

31 Mehring, *Carl Schmitt,* 40. 根据本德斯基（Bendersky）的说法，卡丽自称塞尔维亚人。Bendersky, *Carl Schmitt*, 44.

32 Carl Schmitt, *Die Militarzeit 1915 bis 1919*, eds. Ernst Husmert and Gerd Giesler (Berlin: Akademie Verlag, 2005), 90.

33 Eric Weitz, *Weimar Germany* (Princeton: Princeton University Press, 2007), 104.

34 Ibid., 136–40. 11 月的汇率是 4.2 万亿马克兑换 1 美元。

35 Ibid.

36 Schmitt, *The Concept of the Political*, 36.

37 Ibid.

38 Ibid., 51.

39 Ibid., 54.

40 Ibid. 这是修改了蒲鲁东（Proudhon）的表述。

41 Ibid., 79.

42 Ibid.

43 Friedrich Nietzsche, *Beyond Good and Evil* (1899), Paragraph 146. 这是卡尔・施米特的碑文（epigraph），参见 *The Nomos of the Earth in the International Law of the Jus Publicum Europaeum*, trans. G. L. Ulmen (New York: Telos Press, 2003)。

44 Jonathan Wright, *Gustav Stresemann: Weimar's Greatest Statesman* (Oxford: Oxford University Press, 2002), 415.

45 Ibid., 66–110.

46 Shotwell, *Autobiography*, 204–6.

47 Ibid., 205.

48 Ibid., 206.

49 关于施特雷泽曼计划的精彩讨论，参见 Adam Tooze, *The Wages of Destruction: The Making and Breaking of the Nazi Economy* (New York: Penguin, 2006), 4–20。

50 Walter Gallenson and Arnold Zellner, "International Comparison of Unemployment Rates," in *The Measurement and Behavior of Unemployment*, ed. Universities-National Bureau (Princeton: Princeton University Press, 1957), 455.

51 Tooze, *Wages of Destruction*, 13.

52 Mehring, *Carl Schmitt*, 134.

53 Carl Schmitt, *Dictatorship* (Cambridge, UK: Polity, 2013); Carl Schimtt, *The Crisis of Parliamentary Democracy*, trans. Ellen Kennedy (Cambridge: MIT Press, 1988).

54 Carl Schmitt, *Constitutional Theory*, trans. Jeffrey Seitzer (Durham, NC: Duke University Press, 2007).

55 Diary entry, September 17, 1927, in Mehring, *Carl Schmitt*, 181.

56 Schmitt's carbon copy of a letter dated January 30, 1933, to the journal *Beamtenbund*, in ibid.

57 Weimar Constitution, Art. 48, Clause 2.

58 参 见 Carl Schmitt, "The Guardian of the Constitution," in *The Guardian of the Constitution*, trans. and ed. Lars Vinx (Cambridge: Cambridge University Press, 2015), 125–73。

59 Weimar Constitution, Art. 48. 施米特宣称，根据宪法第 25 条，总统有权解散国会。

60 关于施米特在其中起的作用，参见 Lutz Berthold, *Carl Schmitt und der Staatsnotstandsplan am Ende der Weimarer Republik* (Berlin: Duncker & Humblot, 1999)。

61 Mehring, *Carl Schmitt*, 252–53.

62 Peter Hayes, "'A Question Mark with Epaulettes'? Kurt von Schleicher and Weimar Politics," *Journal of Modern History* 52, no. 1 (1980): 35–65.

63 Weitz, *Weimar Germany*, 351.

64 Ibid., 161.

65 Mehring, *Carl Schmitt*, 264. 虽然施米特是德国政府委托的四名律师之一，但他是该律师小组的组长，并且是他提出了政府行动的主要辩护依据。

66 有关此次辩论和判决的详细讨论，参见 David Dyzenhaus, *Legality and Legitimacy: Carl Schmitt, Hans Kelsen, and Hermann Heller in Weimar* (Oxford: Oxford University Press, 1999)。

67 Mehring, *Carl Schmitt*, 265.

68 有关各方对此次判决的反应，参见 Peter Caldwell, *Popular Sovereignty and the Crisis of German Constitutional Law* (Durham, NC: Duke University Press, 1997)。

69 Hans Mommsen, *Aufstieg und Untergang der Republik von Weimar, 1918–1933* (Berlin: Ullstein, 1998), 543.

70 Mehring, *Carl Schmitt*, 204, 242.

71 Franz Neumann, *Behemoth: The Structure and Practice of National Socialism, 1933–1944*

(London: Oxford University Press, 1944), 43–44.

72 Ibid., 32.

73 Mehring, *Carl Schmitt*, 255, 264.

74 Ibid., 258, 265.

75 Roscoe Pound, "Law and the Science of Law in Recent Theories," *Yale Law Journal* 43, no. 4 (1934): 532.

76 Tamara Ehs and Miriam Gassner, "Hans Kelsen (1881–1973)," November 8, 2012, www.transatlanticperspectives .org /entry.php ?rec= 132.

77 Bernhard Schlink, "Best Lawyer, Pure Law," *New York Times Magazine*, April 18, 1999. 他的同事、德国法学教授霍斯特·德雷尔（Horst Dreier）也做出了类似的评价，称凯尔森是"世纪法学家"。Horst Dreier, "Jurist des Jahrhunderts?," in *Deutsche Juristen judischer Herkunft*, eds., Helmut Heinrichs et al. (Berlin: Verlag C. H. Beck, 1993), 705–32.

78 凯尔森的传记只出版过一本：Rudolf Metall, *Hans Kelsen: Leben und Werk* (Vienna: Verlag Franz Deuticke, 1969)。最近，它的准确性受到了质疑。参见 Thomas Olechowski, "Biographical Researches on Hans Kelsen in the Years 1881–1920," *Pravnéhistoricke Studie* 43 (2013): 280–81。后面的论述中，我们引用的是奥莱霍夫斯基（Olechowski）的文章。

79 参见，例如 *Minutes of the Vienna Psychoanalytic Society,* eds. Herman Nunberg and Ernst Federn, trans. M. Nunberg, Vol. 3, *1910–11* (New York: International Universities Press, 1974), 347, 这一点在克莱门斯·雅伯伦纳（Clemens Jabloner）的著作中也有提及，参见 Clemens Jabloner, "Kelsen and His Circle: The Viennese Years," *European Journal of International Law* 9, no. 2 (1998): 382。

80 Bernd Ruthers, "On the Brink of Dictatorship—Hans Kelsen and Carl Schmitt in Cologne 1933," in *Hans Kelsen and Carl Schmitt: A Juxtaposition*, eds. Dan Diner and Michael Stolleis (Gerlingen: Bleicher, 1999), 119.

81 Hans Kelsen, "Who Ought to be the Guardian of the Constitution?" , in Vinx, *The Guardian of the Constitution*, 174–221.

82 Vinx, *The Guardian of the Constitution*, 209–10.

83 Ruthers, "On the Brink of Dictatorship," 119.

84 Hans Mayer, *Ein Deutscher auf Widerruf* (Frankfurt am Main: Suhrkamp Verlag, 1982), 144.

85 Frank Golczewski, *Kolner Universitatslehrer und der Nationalsozialismus* (Cologne: Bohlau Verlag, 1988), 299.

86 Ruthers, "On the Brink of Dictatorship," 120.

87 Mehring, *Carl Schmitt*, 270.

88 Hermann Goring, Dortmund Speech, Spring 1933, 保罗·马拉辛也引用了这点，参见 Paul

Maracin, *Night of the Long Knives* (Guildford, CT: The Lyons Press, 2004), 91。

89 Mehring, *Carl Schmitt*, 280.

90 Carl Schmitt, *Carl Schmitt Tagebucher 1930 bis 1934*, eds. Wolfgang Schuller and Gerd Giesler (Berlin: Akademie Verlag, 2010), 257, 本德斯基也引用了这点，参见 Bendersky, "Schmitt's Diaries," 126。

91 Ibid., 133.

92 Robert Kempner, *Anklager einer Epoche* (Frankfurt: Ullstein, 1983), 88–90.

93 参见 Detlev Vagts, "International Law in the Third Reich," *American Journal of International Law* 84, no. 3 (1990): 661–704。

94 Golczewski, *Kolner Universitatsleher*, 116–17.

95 这份请愿书是由汉斯·卡尔·尼伯代（Hans Carl Nipperdey）起草的。参见 Ruthers, "On the Brink of Dictatorship," 120–21。

96 Mayer, *Ein Deutscher auf Widerruf*, 144. See also Golczewski, *Kolner Universitatsleher*, 302 n. 17.

97 Carl Schmitt, "Der deutschen Intellektuellen," *Westdeutschen Beobachter*, March 31, 1933, quoted and translated in Ruthers, "On the Brink of Dictatorship."

98 Schmitt, *The Concept of the Political*, 27.

99 Memo from Planitz, after conversation with Adenauer, June 30, 1932, in Golczewski, *Kolner Universitatslehrer*, 299.

100 Golczewski, *Kolner Universitatslehrer*, 299.

101 "Rede Hitlers vor der deutschen Presse 10. November 1938", *Vierteljahrshefte fur Zeitgeschichte*, vi, Heft 2 (1958), 188, quoted in Gordon A. Craig, *Germany: 1866–1945* (New York: Oxford University Press, 1978), 638.

102 Carl Schmitt, "Der Missbrauch der Legalitat", *Tagliche Rundschau*, July 19, 1932, quoted in Balakrishnan, *The Enemy*, 156.

103 Mehring, *Carl Schmitt*, 281.

104 正如本德斯基指出的，施米特日记中最常出现的短语或许是"恐惧"（*Angst vor*）。参见 Bendersky, "Schmitt's Diaries," 4。

105 这么说对施米特可能有点不公平，因为几乎没有人愿意放弃自己的工作。正如阿诺德·布莱希特（Arnold Brecht）观察到的，"只有相对较少的、真正自愿的例外"。参见 Arnold Brecht, *The Political Education of Arnold Brecht: An Autobiography, 1884–1970* (Princeton: Princeton University Press, 1970), 435。

106 施米特后来也承认了这一点。参见 Joseph W. Bendersky, "Interrogation of Carl Schmitt by Robert Kempner (I)," *Telos* 72 (1987): 126（"从根本上说，戈林对这个机构的唯一兴趣就是

裙带关系和金钱”)。

107 Mehring, *Carl Schmitt*, 303.

108 Carl Schmitt, “Nationalsozialismus und Rechtsstaat,” *Juristische Wochenschrift* 63 (1934): 713–18.

109 Hannah Arendt, *The Origins of Totalitarianism* (New York: Harcourt, Brace, 1951), 339 n65.

110 Carl Schmitt, “The Fuhrer Protects the Law: On Adolf Hitler’s Reichstag Address of 13 July 1934,” in *Third Reich Sourcebook*, eds. Anson Rabinbach and Sander Gilman (Berkeley: University of California Press, 2013), 64.

111 将施米特的长篇大论描述为“只不过是在呼吁一场组织良好的针对知识分子的大屠杀”的是巴拉克里希纳(Balakrishna),参见 Balakrishnan, *The Enemy*, 207。

112 Carl Schmitt, “Schlusswort des Reichsgruppenwalters” in *Das Judentum in der Rechtswissenschaft* (Berlin: Deutscher Rechts-Verlag, 1936) (translation by Aaron Voloj Dessauer), available at https: //ia600500.us.archive .org /11 /items/DasJudentumInDerRechtswissenschaftBandDieDeutscheRechtswissenschaft /DasJudentumInDerRechtswissenschaft-1.-DieDeutscheRechtswissenschaftImKampfGegenDenJuedischenGeist193640S.ScanFraktur.pdf.

113 Carl Schmitt to Heinrich Himmler, February 12, 1936, in his Sicherheitsdienst (SD) file: 125, http: // carl-schmitt-studien.blogspot .com /2008 /05 /sicherheitsdienst-des-rfss-sd-hauptamt.html.

114 Arendt, *The Origins of Totalitarianism*, 339.

115 Hermann Goring to Carl Schmitt, undated, in SD file, 142–43, http: //carl-schmitt-studien.blogspot .com /2008 /05 /sicherheitsdienst-des-rfss-sd-hauptamt.html.

116 Bendersky, “Schmitt’s Diaries,” 139.

117 Hans Frank, *Das Haus des Deutschen Rechts in Munchen* (Munich: Akademie furdeutsches Recht, 1939), 14.

118 Carl Schmitt, *Writings on War*, trans. and ed. Timothy Nunan (Cambridge, UK: Polity, 2011), 31.

119 Hans Kelsen to Hersch Lauterpacht, December 3, 1937, in Elihu Lauterpacht, *The Life of Hersch Lauterpacht* (Cambridge: Cambridge University Press, 2011), 87.

120 Martti Koskenniemi, *The Gentle Civilizer of Nations* (Cambridge: Cambridge University Press, 2002), 356.

121 *Oppenheim’s International Law*, 5th ed., Vol. 2 (London: Longmans, Green, and Co., 1935), vii.

122 Ibid., 517.

123 Ibid., 518.

124 Schmitt, *Writings on War*, 73.

125 Ibid., 72.

126 Ibid.

127 希特勒的军事副官弗里德里希·霍斯巴赫（Friedrich Hossbach）上校承担会议记录，它通常被称为“霍斯巴赫备忘录”。参见 *Documents on Germany Foreign Policy, 1918–1945*, Series D（*1937–1945*）, Vol. 1, *Neurath to Ribbentrop* (*September 1937–September 1938*) (Washington, DC: U.S. Government Printing Office, 1949)。

128 Adolf Hitler, *Mein Kampf*, trans. Ralph Manheim (Boston: Houghton Mifflin, 1971 [1927]), 652.

129 Ibid., 654.

130 Joseph H. Kaiser, “Europaisches Grossraumdenken: Die Steigerung geschichtlicher Grossen als Rechtsproblem,” in *Epirrhosis: Festgabe fur Carl Schmitt,* eds. Hans Barion et al. (Berlin: Duncker & Humblot, 1968), 538, quoted in Bendersky, *Carl Schmitt*, 258.

131 Bendersky, *Carl Schmitt*, 258.

132 威尔斯此行的最终目标一直备受争议。参见，例如 Stanley E. Hilton, “The Welles Mission to Europe, February-March 1940: Illusion or Realism?,” *The Journal of American History* 58 (1971): 93–120。威尔斯后来描述这次任务的目的如下：“弄清楚四国（德国、英国、法国和意大利）政府对目前达成任何公正和永久和平可能性所持的看法。”参见 Welles, *The Time for Decision*, 74。

133 Adolf Hitler, Memo of February 29, 1940, in *Speeches and Proclamations, 1932–1945*, ed. Max Domarus, trans. Mary Fran Gilbert (Wauconda: Bolchazy-Carducci, 1990), 1942.

134 Ibid., 1943.

135 Sumner Welles to Roosevelt, Report of March 1, 1940, 1, available at http: //www.fdrlibrary.marist.edu/ resources /images /psf /psfa0071.pdf.

136 Ibid., 2.

137 Ibid., 8, 9.

138 James B. Reston, “Acting Secretary: Sumner Welles, Career Diplomat Who Looks the Part, Is Often Called to the White House These Days,” *New York Times*, August 3, 1941, 9, 22.

139 Edgar B. Nixon, ed., *Franklin D. Roosevelt and Foreign Affairs*, Vol. 1 (Cambridge: Belknap Press of Harvard University, 1979), 559–60.

140 Sumner Welles, March 1, 1940 Report, 11.

141 Ibid., 12.

142 Sumner Welles to Roosevelt, Report of March 2, 1940, 5.

第十一章 “上帝保佑我们远离教授！”

1 Bardo Fassbender, “Hans Kelsen,” in *The Oxford Handbook of the History of International Law*, eds. Bardo Fassbender and Anne Peters (Oxford: Oxford University Press, 2012), 1168–72; Rudolf Metall, *Hans Kelsen: Leben und Werk* (Vienna: Verlag Franz Deuticke, 1969), 69.

2 这个故事转载于 Hans Georg Schenk, “Hans Kelsen in Prague: A Personal Reminiscence,” *California Law Review* 59, no. 3 (1971): 615。

3 Hans Kelsen to Roscoe Pound, October 11, 1938, box 140, reel 7, RPP HLS, 1.

4 Ibid., 2.

5 Roscoe Pound to Hans Kelsen, November 1, 1938, box 140, reel 7, RPP HLS. 1939~1952 年，布吕宁在哈佛大学任教授。

6 参见，例如 Roscoe Pound to John Fairlie, January 27, 1939, and Hans Kelsen to Roscoe Pound, April 15, 1943, box 140, reel 7, RPP HLS。

7 Hersch Lauterpacht diary entry, October 4, 1940, in Elihu Lauterpacht, *The Life of Hersch Lauterpacht* (Cambridge: Cambridge University Press, 2011), 113.

8 Hersch Lauterpacht to Rachel Lauterpacht, December 3, 1940, in ibid., 130.

9 Hersch Lauterpacht to Sir Stephen Gaselee, February 5, 1941, in ibid., 142.

10 参见 Hersch Lauterpacht, “Memorandum on the principles of international law concerning the question of aid to the Allies by the United States,” reprinted in *International Law, The Collected Papers of Hersch Lauterpacht*, Vol. 5, ed. Elihu Lauterpacht (Cambridge: Cambridge University Press, 2004), 651。

11 Robert H. Jackson, “Address of Robert H. Jackson, Attorney General of the United States, Inter-American Bar Association, Havana, Cuba, March 27, 1941,” *American Journal of International Law* 35 (1941): 15.

12 Robert Jackson, *That Man: An Insider's Portrait of Franklin D. Roosevelt*, ed. John Q. Barrett (Oxford: Oxford University Press, 2003), 103. 引用部分省略了这句话的开头：“该条约以及其他许多德国加入的条约”，这里的“该条约”指的是《非战公约》。

13 Ibid.

14 Lassa Oppenheim, *International Law: A Treatise*, Vol. 2, 5th ed., ed. Hersch Lauterpacht (London: Longmans, Green and Co., 1935), 517. 这句话的引文是这样的：“参见 Stimson in *Foreign Affairs* (N.Y.), ii, Special Suppl., No. 1, p. iv”，指的是阐述史汀生主义的那篇文章。

15 Hersch Lauterpacht, “Committee on Crimes Against International Public Order: Punishment of War Crimes,” n.d. 1942, OCLC No. 669764519：5–6.

16 关于将侵略定为犯罪的思想发展情况的进一步讨论，参见 Kristen Sellars, *"Crimes Against Peace" and International Law* (Cambridge: Cambridge University Press, 2013)。

17 Antoine Prost and Jay Winter, *Rene Cassin and Human Rights: From the Great War to the Universal Declaration of Human Rights* (Cambridge: Cambridge University Press, 2013), 20-23.

18 "Penal Reconstruction and Development Proceedings of the Conference held in Cambridge on the 14th November, 1941, Between Representatives of Nine Allied Countries and of the Department of Criminal Science in the University of Cambridge," eds. L. Radzinowicz and J. W. C. Turner. Reprinted by permission from *The Canadian Bar Review* (March 1942): 24.

19 Ibid.

20 Elbert D. Thomas, "What We Must Do with the War Criminals," *American Magazine*, February 1943, 91.

21 Ibid., 90.

22 Bertram D. Hullen, "Roosevelt Says U.S. Will Join in Investigation of Atrocities," *New York Times*, October 8, 1942.

23 Statement on Atrocities, The Moscow Conference, October 1943, Avalon Law Project, Yale Law School Lillian Goldman Law Library, http: // avalon.law.yale.edu /wwii /moscow.asp.

24 他们在 1943 年 11 月和 12 月的德黑兰会议上讨论了这个问题，但只是一带而过。斯大林曾提议将 5 万至 10 万名德军指挥官"彻底清算"。罗斯福开玩笑地回答说，也许"4 万 9 千人"就够了。丘吉尔没听懂这个笑话，他反对"出于政治目的的处决"。Bohlen Minutes, November 29, 1943, *FRUS*, 1943 (The Conferences at Cairo and Tehran), 552-55.

25 Sheldon Glueck, *War Criminals: Their Prosecution and Punishment* (New York: Alfred A. Knopf, 1944), 38.

26 Robert H. Jackson, *Report of Robert H. Jackson, United States Representative, to the International Conference on Military Trials* (Washington, DC: U.S. Department of State, 1949), 295-97, 335; IMT, Vol. 1, 168-69.

27 参见，例如 Lord Wright, "Introduction," in United Nations War Crimes Commission, *History of the United Nations War Crimes Commission and the Development of the Laws of War* (London: His Majesty's Stationery Office, 1948), 10-18。

28 参见第三章的讨论，pp. 74-81。

29 Treaty of Versailles, Art. 227. 有关德国皇帝在凡尔赛被传讯的争辩的详细历史，参见 James F. Willis, *Prologue to Nuremberg: The Politics and Diplomacy of Punishing War Criminals of the First World War* (Westport, CT: Greenwood, 1982)。

30 Treaty of Versailles, Art. 227。

31 Willis, *Prologue to Nuremberg*, 101–12.

32 尽管施米特在他的备忘录《侵略战争的国际罪行与“法无明文不为罪，罪刑法定”(*nullum crimen, nulla poena sine lege*) 原则》中提出了相反的主张，但他在为《国会纵火法令》辩护时还是提出了这些论点。参见 Carl Schmitt, *Writings on War*, trans. and ed. Timothy Nunan (Cambridge, UK: Polity, 2011), 146 (“对于欧洲大陆思维方式的法学家而言，不言而喻的是，只要案件的事实、肇事者、惩罚和法院都没有明确的措辞加以确定和限制，仅仅使用“犯罪”一词并不等于国际法中“法无明文不为罪，罪刑法定”原则意义上的惩罚”)。

33 Telford Taylor, “An approach to the preparation of the prosecution of Axis criminality,” June 2, 1945, 3: box 7, Record Group 238, U.S. Counsel for the Prosecution, Washington, Correspondence 1945–46, National Archives and Records Administration.

34 参见 “Bohuslav Ečer,” *Encyklopedie dějin města Brna* (2004), http: // encyklopedie.brna.cz / home-mmb/?acc= profil osobnosti&load= 5794; “Bohuslav Ečer,” *Věda a Vyzkum—Pravnicka Fakulta Masarykovy Univerzity*, available at http: // science.law.muni.cz /content /cs / vedecko-vyzkumna-cinnost /vav-minu lost /prvorepublikova-era /bohuslav-ecer/。

35 United Nations War Crimes Commission, *History of the United Nations War Crimes Commission and the Development of the Laws of War*, 94, 99–104.

36 Bohuslav Ečer's memo “The Punishment of War Criminals,” in *London International Assembly's Reports on Punishment of War Crimes* (*Reports of Commission I* [*Formerly Commission II*] *on the Trial and Punishment of War Criminals*), 56–58 (memo dated October 10, 1942).

37 Ibid.

38 Ibid., 57–58.

39 Ibid., 172 (f) (memo dated November 1943).

40 “Suggested Post-Surrender Program for Germany,” in Henry Morgenthau Jr. Diary, September 5–6, 1944, Book 769, 29–27 available at http: // www .fdrlibrary.marist.edu/ resources / images /morg /md1062.pdf. 我们从这部作品的精彩讨论中受益匪浅。参见 Gary Bass, *Stay the Hand of Vengeance: The Politics of War Crimes Tribunals* (Princeton: Princeton University Press, 2002)。

41 Morgenthau's memo to Roosevelt from September 5, 1944, in Bradley F. Smith, *The American Road to Nuremberg: The Documentary Record, 1944–1945* (Stanford: Hoover Institution Press, 1981), 27–29.

42 HLS, diary entry, September 16–17, 1944, reel 9, HSP YUL.

43 Group Meeting, September 7, 1944, in Morgenthau Diary, Book 770, 19 available at http: // www .fdrlibrary.marist.edu/ resources /images /morg /md1063.pdf.

44 Ibid.

45 Ibid., 494.

46 Ibid., 526.

47 Bass, *Stay the Hand of Vengeance*, 150; Smith, *The American Road to Nuremberg*, 9; HLS, diary entries, September 13–14, 1944, HSP YUL.

48 U.S. Department of State, *Foreign Relations of the United States: Conference at Quebec* (1944), 467; Smith, *The American Road to Nuremberg*, 27–29.

49 Cabinet Papers from British Public Records Office, 66 /42, Churchill war criminals memorandum, W.P. (43) 496, November 9, 1943, 265–66, available at http: // filestore.nationalarchives.gov.uk /pdfs /large /cab-66-42.pdf.

50 Ibid, 266.

51 HLS, Memo to the President, September 5, 1944, reel 128, HSP YUL.

52 HLS, Memo to the President, September 9, 1944, reel 128, HSP YUL; Smith, *The American Road to Nuremberg*, 30.

53 HLS, Memo to the President, September 5, 1944, reel 128, HSP YUL; HLS, Memo to the President, September 9, 1944, reel 128, HSP YUL; HLS, Memo to the President, September 15, 1944, reel 128, HSP YUL.

54 HLS, Memo to the President, September 5. 1944, reel 128, HSP YUL.

55 Bass, *Stay the Hand of Vengeance*, 166–68.

56 *Time*, October, 2, 1944, 21.

57 Michael Beschloss, *The Conquerors: Roosevelt, Truman, and the Destruction of Hitler's Germany, 1941–1945* (New York: Simon & Schuster, 2002), 144.

58 HLS, diary entry, October 3, 1944, reel 9, HSP YUL.

59 "The Gallup Poll #347：field date 05 /15 /1945-05 /15 /1945," *Gallup News Service* (1945).

60 G. M. Gilbert, *Nuremberg Diary* (New York: Farrar, Straus & Giroux, 1947), 8.

61 A. N. Trainin, *Hitlerite Responsibility Under the Criminal Law*, ed. A. Y. Vishinski, trans. by Andrew Rothstein (London: Hutchinson & Co., 1945), 96.

62 See, e.g., ibid., 37.

63 关于钱勒在发展侵略罪中所起作用的详细讨论，参见 Jonathan Bush, "'The Supreme ... Crime' and Its Origins: The Lost Legislative History of the Crime of Aggressive War," *Columbia Law Review* 102, no. 8 (2002): 2324–2424。

64 Lately Thomas, *The Astor Orphans: Pride of Lions* (New York: William Morrow, 1971). 威廉·张伯伦·钱勒原名是"威廉·阿斯特·钱勒二世"(William Astor Chanler Ⅱ)，但后来为了避免和他的堂弟小威廉·阿斯特·钱勒 (William Astor Chanler Jr.) 名字混淆，他被改了

名字。参见 ibid., 222–23。

65 Bush, "'The Supreme . . . Crime' and Its Origins," 2351.

66 Harry L. Coles and Albert K Weinberg, *Civil Affairs: Soldiers Become Governors* (Washington, DC: U.S. Government Printing Office, 1964), 187, 206–7, 392.

67 Tornata di Sabato, Anno Ⅶ, December 8, 1928, 9768.

68 R. J. B. Bosworth, *Mussolini* (London: Bloomsbury, 2011), 401–2.

69 Telford Taylor, "The Nuremberg Trials," *Columbia Law Review* 55 (1955), 488, 493 n. 29; Telford Taylor, *The Anatomy of the Nuremberg Trials* (Boston: Back Bay Books, 1992), 37.

70 Otto Skorzeny, *Secret Missions: War Memoirs of the Most Dangerous Man in Europe*, trans. Jacques Le Clercq (New York: E. P. Dutton, 1951), 57.

71 Ibid., 102; Glenn B. Infield, *Skorzeny: Hitler's Commando*, 1st ed. (New York: St. Martin's Press, 1981), 12; Skorzeny, *Secret Missions*, 8.

72 Ibid., 96–99.

73 United Nations War Crimes Commission, *History of the United Nations War Crimes Commission and the Development of the Laws of War*, 181–84（引用了英国法律专家阿诺德·麦克奈尔给该委员会的一份说明）; Bohuslav Ečer, "Minority Report," September 27, 1944, The National Archives, United Kingdom, Foreign Office, 371 / 39003.

74 Smith, *The American Road to Nuremberg*, 67.

75 Ibid., 69–71.

76 Ibid., 72.

77 Bohuslav Ečer, Report on Professor Trainin's *The Criminal Responsibility of the Hitlerites*, at the Commission's Meeting of October 31, 1944 (November 11, 1944), 107 /180 /1, War Crimes—Working File, The U.S. National Archives and Records Administration (College Park, MD).

78 Chanler to Telford Taylor, December 28, 1954, in Bush, "'The Supreme ... Crime' and Its Origins," 2418–19.

79 Smith, *The American Road to Nuremberg*, 69.

80 因为在 12 月 14 日和 18 日给麦克洛伊和军法署署长的备忘录中，分别批评了钱勒的理论，参见 Smith, *The American Road to Nuremberg*, 75–84。

81 Smith, *The American Road to Nuremberg*, 71.

82 Chanler to Taylor, February 25, 1955, in Bush, "'The Supreme ... Crime' and Its Origins," 2420.

83 Presidential Memorandum for the Secretary of State, January 3, 1945 in Smith, *The American*

Road to Nuremberg, 92.

84 Robert H. Jackson, *That Man: An Insider's Portrait of Franklin D. Roosevelt*, ed. John Q. Barrett (Oxford: Oxford University Press, 2003), 167.

85 Ibid.

86 Ibid., 169.

87 Robert H. Jackson, "The Rule of Law Among Nations," American Bar Association Journal 31 (1945): 290–94.

88 参见 Telford Taylor, "The Nuremberg Trial," *Columbia Law Review* 55, no. 4 (1955): 495 n37。

89 Chanler to Telford Taylor, December 28, 1954, in Bush, "'The Supreme . . . Crime' and Its Origins," 2418–19.

90 "Address of Robert H. Jackson, Attorney General of the United States, Inter-American Bar Association, Havana, Cuba, March 27, 1941," *American Journal of International Law* 35 (1941): 354.

91 参见 Noah Feldman, *Scorpions: The Battles and Triumphs of FDR's Great Supreme Court Justices* (New York: Hachette, 2010), 44–47。

92 Jackson, *That Man,* 106–7.

93 参见，例如，Colonel Cutter's document, "Punishment of War Criminals," in Smith, *The American Road to Nuremberg*, 173–74。

94 Bosworth, *Mussolini*, 33, 410–11.

95 Ian Kershaw, *Hitler: 1936–1945: Nemesis* (New York: W. W. Norton, 2000), 821, 825. 约瑟夫和玛格达・戈培尔（Magda Goebbels）要求副官让党卫军医务处的主治医生给每个孩子注射吗啡。希特勒的私人医生随后将氰化物胶囊碾碎，塞进他们的嘴里。Ibid., 832–33.

96 "British Capture Ribbentrop in Apartment," *Pittsburgh Post-Gazette,* June 16, 1945.

97 "Nazi Death Factory Shocks Germans on a Forced Tour," *New York Times,* April 18, 1945.

98 参见 Edward T. Folliard, "Tour of Horror After Americans Liberate Buchenwald," *Washington Post,* April 18, 1945。

99 "Nazi Death Factory Shocks Germans on a Forced Tour," *New York Times.*

100 HLS, diary entry, January 18, 1945, reel 9, HSP YUL; Stimson, "The Nuremberg Trial: Landmark in Law," *Foreign Affairs* 25, no. 2 (January 1947): 179–89.

101 HLS, Memo to the President, September 9, 1944, reel 128, HSP YUL; Morgenthau Diary, Vol. 1, 614.

102 参见 Jackson, *Report of Robert H. Jackson,* 331。

103 Smith, *The American Road to Nuremberg*, 182.

104 Jackson, *Report of Robert H. Jackson*, 51.

105 Ibid.

106 Ibid.

107 Ibid., 53.

108 Ibid., 335. See also arguments by Gros on pp. 295, 297.

109 Jackson diary, May 10 1945, box 95, RJP LOC.

110. 关于劳特派特的优秀传记，以及他在发展反人类罪的法律基础方面作用的讨论，请参阅 Philippe Sands, *East West Street: On the Origins of "Genocide" and "Crimes Against Humanity"* (New York: Alfred A. Knopf, 2016)。

111 Jackson, *Report of Robert H. Jackson,* 383-84.

112 Ibid., 299.

113 Ibid., 384.

114 Hans Kelsen to Roscoe Pound, September 8, 1943, box 140, reel 7, RPP HLS.

115 Hans Kelsen to Roscoe Pound, April 15, 1943, box 140, reel 7, RPP HLS.

116 参见，例如，Archibald MacLeish to Roscoe Pound, September 20, 1943, RPP HLS。

117 Thomas Olechowski, "Kelsen, the Second World War and the US Government," in D. A. Jeremy Telman, ed., *Hans Kelsen in America—Selective Affinities and the Mysteries of Academic Influence* (Switzerland: Springer Verlag, 2016).

118 据奥莱霍夫斯基考证，这些备忘录的标题是：1）关于起诉欧洲轴心国战犯的执行协议草案；2）关于起诉欧洲轴心国战犯的协定；3）关于反对追溯既往法律的规定；4）关于侵略的定义；5）关于"发动侵略战争是一种罪行吗？"问题；6）日本政府签署的投降书；7）关于惩治战犯和《联合国宪章》；8）关于未经事先警告而准备、发动和开始敌对行动的战争罪行。Ibid., 106.

119 Jackson, *Report of Robert H. Jackson,* 121; "Amendments proposed by the United Kingdom Delegation to the United States Draft Protocol," June 28, 1945, in ibid., 86; "Minutes of Conference Session of June 29, 1945," in ibid., 99.

120 参见 Memorandum of Hans Kelsen, n.d., box 104, reel 10, pp. 2-3, RJP LOC。关于这一思想的更早表达，参见 Hans Kelsen, "Collective and Individual Responsibility in International Law with Particular Regard to the Punishment of War Criminals," *California Law Review* 31 (1943): 533。

121 Ibid., 533-34, 538-40.

122 Ibid., 533-34（在上面的引用中，"侵害"被替换成了"违反"）。

123 Ibid.

124 Memorandum of Hans Kelsen, at 4-5.

125 凯尔森在下面这篇文章中第一次提出这个问题，参见 Kelsen, "Collective and Individual

Responsibility”。这篇文章于 1943 年发表，杰克逊可能读过它，因为他在论文中摘录过引文。在这篇文章中，凯尔森更全面地讨论了这个问题，参见 Kelsen, “The rule against ex post facto laws and the prosecution of the axis war Criminals,” *Judge Advocate Journal* 2, no. 3 (Fall /Winter 1945): 10。这几乎可以肯定是来自他为威尔写的备忘录，杰克逊可能也读过。

126 Ibid. “随后的条约并不会使一项法律行动变成事后非法。它只会将犯罪者的个人责任加入现有国际法所规定的非法行动的集体责任当中。”

127 凯尔森还提到了这么做在政治上的好处。以这种方式改革国际法将使对战争罪的起诉更容易被接受。“国际法庭对战争罪行的惩罚……肯定会遇到更少的阻力，因为在对国际法进行全面改革的框架内进行这项工作，对民族感情的伤害就会小得多。其目的是通过确定那些以国家代理人的身份违反国际法行为的个人责任来完成对国家违反国际法集体责任的确定。” Kelsen, “Collective and Individual Responsibility,” 565.

128 Memorandum of Robert Jackson, July 5, 1945, box 104, reel 10, RJP LOC.

129 Jackson, *Report of Robert H. Jackson,* 137–38, 395.

130 Ibid., 423.

131 在装着其法律意见书的文件夹的背面，施米特写道，是律师沃尔特·施米特委托的。参见 Helmut Quaritsch, “Zur Entstehung des Gutachtens 1945,” in Carl Schmitt, *Das internationalrechtliche Verbrechen des Angriffskrieges und der Grundsatz “Nullum crimen, nulla poena sine lege,”* ed. Helmut Quartisch (Berlin: Duncker & Humblot, 1994), 125。几乎可以肯定，施米特是通过他的助手康拉德·卡勒奇（Konrad Kaletsch）代表弗利克行事的。参见 Hubert Seliger, *Politische Anwalte? Die Verteidiger der Nurnberger Prozesse* (Baden-Baden: Nomos, 2016), 228。

132 关于这份备忘录更多的背景介绍，参见 Helmut Quaritsch’s Introduction in Schmitt, *Verbrechen*，以及 Timothy Nunan, Notes on the Text, in Schmitt, *Writings on War*, 125。

133 关于施米特对《凯洛格－白里安公约》的讨论，参见 “The International Crime of the War of Aggression,” in Schmitt, *Writings on War*, 155–64。

134 Ibid., 161.

135 Ibid., 159（引自 William Borah, Testimony Before the United States Senate)（“该条约并非建立在任何关于武力或惩罚性措施的理论之上。……没有制裁措施；该条约基于一种完全不同的哲学……换句话说，当条约被破坏时，美国是绝对自由的。它可以自由地选择自己的政策，就好像该条约从来没有存在过一样”）。

136 Ibid., 190.

137 Ibid., 150.

138 弗利克最终于 1947 年被盟国起诉。

139 Ibid., 125–26.

140 弗利克的副手康拉德·卡勒奇聘请施米特为弗利克辩护，他也聘请了迪克斯。参见 Nobert Frei, Ralf Ahrens, Jörg Osterloh, and Tim Schanetsky, *Flick: Der Konzern, die Familie, die Macht* (Munich: Karl Blessing Verlag, 2009), 405。

141 Schmitt, *Glossarium*, 138 ("Dix nannte mein Expose vom Sommer 1945 damals eine 'volkerrechtliche Seminarubung.'").

142 Schmitt, *Writings on War*, 196.

143 Ibid.

144 参见，例如 ibid., 197。

第十二章　纳粹马戏城

1 Hersch Lauterpacht to Rachel Lauterpacht, November 30, 1945, in Elihu Lauterpacht, *The Life of Hersch Lauterpacht* (Cambridge: Cambridge UniversityPress, 2010), 277.

2 Joseph E. Persico, *Nuremberg: Infamy on Trial* (New York: Viking, 1994), 39.

3 参　阅 Thomas Dodd to Grace Dodd, August 14, 1945, in Christopher S. Dodd, *Letters from Nuremberg: My Father's Narrative of a Quest for Justice* (New York: Crown, 2007), 90。

4 Airey Neave, *On Trial at Nuremberg* (Boston: Little, Brown, 1978), 42.

5 Persico, *Nuremberg*, 40.

6 Rick Atkinson, *The Guns at Last Light: The War in Western Europe, 1944–1945* (New York: Henry Holt, 2013), 606.

7 Rebecca West, "Extraordinary Exile," *The New Yorker*, September 7, 1946, 38.

8 Dan Kiley, "Architect of Palace of Justice Renovations," in *Witnesses toNuremberg: An Oral History of American Participants at the War Crimes Trials*, eds. Bruce M. Stave, Michele Palmer, and Leslie Frank (New York: Twayne, 1998), 24.

9 Roger Manvell and Heinrich Fraenkel, *Goering: The Rise and Fall of the Notorious Nazi Leader* (New York: Simon & Schuster, 1962), 114. 被捕后称体重时，戈林重 120 公斤，约 265 磅。Burton C. Andrus, *I Was the Nuremberg Jailer* (New York: Coward-McCann, Inc. 1969), 31.

10 IMT, Vol. 13, 7 (May 3, 1946)（沙赫特的证词）；Andrus, *I Was the Nuremberg Jailer*, 29–30。威尔斯报告说，在1940年3月3日与其会面时，戈林"给人的印象是脸上涂了厚厚的胭脂，但在我们三个小时的谈话结束时，这种颜色已经消褪了"，这表明他的面色是由于"某种形式的面部按摩"导致的。Sumner Wellesto FDR, Report of March 3, 1940, 1, available at http: // www.fdrlibrary.marist.edu/ resources /images /psf /psfa0071.pdf.

11 West, "Extraordinary Exile," 35.

12 G. M. Gilbert, *Nuremberg Diary* (New York: Farrar, Straus, 1947), 11.

13 Andrus, *I Was the Nuremberg Jailer*, 30; Manvell and Fraenkel, *Goering*, 425.

14 Ibid., 12.

15 *War Office Intelligence Review* 110 (December 19, 1945): 11. 沙赫特对里宾特洛甫的评价是“对于里宾特洛甫来说，只有一个解释，即使按照最宽容的估计，他也是愚蠢至极的”。Hjalmar Schacht, *Confessions of "the Old Wizard": The Autobiography of Hjalmar Horace Greeley Schacht*, trans. Diane Pyke (Boston: Houghton Mifflin, 1956), 406.

16 Albert Speer, *Inside the Third Reich* (New York: Macmillan, 1970), 243–44, 321; Schacht, *Confessions of "the Old Wizard,"* 406.

17 Gilbert, *Nuremberg Diary*, 9.

18 West, "Extraordinary Exile," 34.

19 有关沙赫特对戈林的很低评价，请参阅 Schacht, *Confessions of "the Old Wizard,"* 406。

20 Speer, *Inside the Third Reich*, 186.

21 Ibid., 511.

22 Gilbert, *Nuremberg Diary*, 35.

23 IMT, Vol. 2, 95 (November 21, 1945); "I: Defense Motion Challenging Jurisdiction of Tribunal."

24 IMT, Vol.1, "Chapter V: Opening Address for the United States" (November 21, 1945).

25 IMT, Vol. 2, 115 (November 21, 1945).

26 Gilbert, *Nuremberg Diary*, 37.

27 IMT, Vol. 2, 129–30 (November 21, 1945).

28 Ibid., 146–47.

29 Ibid., 150.

30 Ibid., 155.

31 "Lord Shawcross," *The Telegraph*, July 11, 2003, http: //www.telegraph.co.uk/news / obituaries /1435769 /Lord-Shawcross.html.

32 Hersch Lauterpacht to Rachel Lauterpacht, November 29, 1945, in Lauterpacht, *The Life of Hersch Lauterpacht*, 276.

33 劳特派特的开庭词和结案辩论词草稿随后由菲利普·桑兹（Philippe Sands）发表。参阅 Hersch Lauterpacht, "Draft NurembergSpeeches," *Cambridge Journal of International and Comparative Law* 1, no. 1 (2012): 45–111。

34 IMT, Vol. 3, 100 (December 4, 1945)（肖克罗斯的开庭陈词）。

35 Hans Kelsen, "Collective and Individual Responsibility in International Law with Particular Regard to the Punishment of War Criminals," *California Law Review* 31 (1943): 530–39.

36 IMT, Vol. 3, 105 (December 4, 1945)（肖克罗斯的开庭陈词）；Lauterpacht, “Draft Nuremberg Speeches,” 62。

37 IMT, Vol. 3, 106 (December 4, 1945)（肖克罗斯的开庭陈词）。

38 West, “Extraordinary Exile,” 34.

39 Ibid.

40 Taylor, *The Anatomy of the Nuremberg Trials*, 225.

41 Gilbert, *Nuremberg Diary*, 45–46.

42 Persico, *Nuremberg*, 145.

43 Gilbert, *Nuremberg Diary*, 49.

44 Airey Neave, *They Have Their Exits* (London: Hodder& Stoughton, 1953), 184.

45 Taylor, *The Anatomy of the Nuremberg Trials*, 133.

46 Neave, *They Have Their Exits*, 181.

47 参阅 LuiseJodl, *Jenseits des Endes: Leben und Sterben des Generaloberst Alfred Jodl* (Munich: Molden, 1978), 184–85, 以及珀西科《纽伦堡》(Persico, *Nuremberg*) 第 95—96 页，这里收录了对韦克斯勒的采访。约德尔夫妇首先考虑的是法学历史学家海因里希·米蒂斯（Heinrich Mitteis）教授，但不确定他在苏联人手下的表现如何。纽伦堡红十字会主任施勒格尔博士（Dr. Schlogl）建议露易丝去找埃克斯纳。她写信告诉丈夫这个建议，约德尔回复说他曾在维也纳见过埃克斯纳，想不出比他更合适的人选了。

48 Annette Weinke, “Hermann Jahrreiss (1894–1992): Vom Exponenten des volkerrechtlichen‘ Kriegseinsatzes’ zumVerteidiger der deutschenEliten in Nurnberg,” in *KolnerJuristenim 20. Jahrhundert*, eds. Steffen Augsberg and Andreas Funke (Tubingen: Mohr-Siebeck, 2013), 170.

49 Golczewski, *Kolner Universitatslehrer*, 412.

50 Weinke, “Hermann Jahrreiss,” 179.

51 Hermann Jahrreiss, “Volkerrechtliche Grossraumordnung. Bemerkungen zu einer Schrift von Carl Schmitt,” *Zeitschrift der Akademie fur DeutschesRecht*6 (1939): 608–9; Hermann Jahrreiss, “Wandlung der Weltordnung. Zugleich eine Auseinandersetzung mit der Volkerrechtslehre von Carl Schmitt,” *Zeitschrift fur offentliches Recht* 21 (1941): 513–36.

52 参阅 Abby Mann, *Judgment at Nuremberg* (London: Cassell, 1961), xi–xii。书中描述了作者与一位将军妻子的对话，她的丈夫被国际军事法庭处决，她正在写一部回忆录。1976 年，露易丝·约德尔（妮·冯·本达）出版了一本关于她丈夫的回忆录：《超越结局：阿尔弗雷德·约德尔将军的生与死》(*Jenseits desEndes: Leben und Sterben des Generaloberst Alfred Jodl*)

53 雅赖斯只是熟悉战争法的三位辩护律师之一。另外两位是赫伯特·克劳斯（Herbert Kraus）和奥托·克兰茨比勒（Otto Kranzbuhler)。

54 IMT, Vol. 17, 463–75 (July 4, 1946)（雅赖斯的陈述）；Carl Schmitt, *Writings on War*, trans.

and ed. Timothy Nunan (Cambridge, UK: Polity, 2011), 173。

55 Ibid., 472

56 Ibid., 480.

57 Taylor, *The Anatomy of the Nuremberg Trials*, 475.

58 有关类似的推测，请参阅 Kristin Sellars, "'Crimes Against Peace' and International Law" (Cambridge: Cambridge University Press, 2013): 125–26。

59 IMT, Vol. 19, 460 (July 26, 1946)（肖克罗斯的陈述）。

60 Ibid.（"日本和意大利的侵略……接着是德国对奥地利和捷克斯洛伐克的侵略，难道仅仅因为这些罪行取得了暂时的成功，就剥夺了这些义务的约束力吗？"）

61 Ibid.

62 Ibid.

63 Ibid.

64 Ibid., 461.

65 Ibid., 462。

66 IMT, Vol. 22, 462 (September 30, 1946).

67 Ibid., 464.

68 " 'The Supreme . . . Crime' and Its Origins: The Last Legislative History of the Crime of Aggression," *Columbia Law Review* 102, No. 8 (2002): 2373.

69 Ibid., 498.

70 参见第 10 章的讨论，第 217–219 页。

71 参阅 Markus Lang, *Karl Loewenstein: Transatlantischer Denker der Politik* (Stuttgart: Franz Steiner Verlag, 2007)。

72 Karl Loewenstein, "Office Diary, August 1945–August 1946," box 46, folder 1, 3, https: // acdc.amherst.edu /explore /asc: 18140 /asc: 18148, KLP ACA. See Joseph W. Bendersky, "Carl Schmitt's Path to Nuremberg: A Sixty-Year Reassessment," Telos 139 (2007): 6–34.

73 Loewenstein, "Office Diary," entry for August 14, 1945, box 46, KLP ACL.

74 Ibid., entry for August 15, 1945.

75 Ibid., entry for August 16, 1945.

76 Ibid., entry for September 13, 1945.

77 Memo from Loewenstein to McLendon, October 10, 1945, box 46, folder 1, KLP ACL.

78 Ibid.; Loewenstein, "Office Diary," entry for October 4, 1945, box 46, KLPACL. 在《卡尔·施米特的纽伦堡之路》（"Carl Schmitt's Path to Nuremberg"）中，本德斯基援引罗文斯坦的办公日记，声称 9 月 21 日召开了一次关于逮捕施米特的会议，但在 9 月 21 日、26 日和 29 日的记录中没有提到施米特。

79 Werner Sollors, *The Temptation of Despair* (Cambridge: Belknap Press of Harvard University, 2014), 176.

80 Karl Loewenstein, “Observations on Personality and Work of Professor Carl Schmitt,” November 14, 1945, box 28, folder 1, KLP ACL.

81 Ibid., 3–4.

82 Carl Schmitt, “*Ius Publicum Europaeum*,” Archiv Der Max-Plank-Gesellschaft, Rep. 13 Schmitt, Nr. 2 /1, trans. Aaron Voloj Dessauer（与作者一起存档的未出版手稿），1。

83 Ibid.

84 Ibid.

85 Ibid.

86 Ibid.

87 Ibid., 4.

88 Ibid.

89 Ibid., 2.

90 Ibid., 8.

91 一家德国法庭判他无罪，美国当局也证明他们没有理由拘留他。参见本德斯基《卡尔·施米特的纽伦堡之路》第 20 页。本节的讨论很大程度上得益于本德斯基的精辟论述。

92 Duška Schmitt to Hermann Jahrreiss, April 1, 1947, cited in Reinhard Mehring, *Carl Schmitt: A Biography*, trans. Daniel Steuer (Cambridge, UK: Polity, 2014), 416.

93 战争罪行案件档案索引卡（“未审判的案件”), 1944–48, 以及战争罪行案件中的证人和被告，1946–48, Record Group 549, Records of United States Army, Europe 549.2, Records of U.S. Army, Europe (USAEUR) 1933–1964, Records of the War Crimes Branch of the Judge Advocate General Section。

94 关于施米特的再次被捕，肯普纳提供了许多不一致的说法，请参阅 Bendersky, “Carl Schmitt’s Path to Nuremberg,” 7–8, 以及 Helmut Quaritsch, ed., *Carl Schmitt: Antworten in Nurnberg* (Berlin: Duncker& Humblot, 2000), 11–47。

95 Bendersky, “Carl Schmitt’s Path to Nuremberg,” 20–21.

96 Ibid., 23–24. 有可能是肯普纳试图恐吓施米特，威胁要以战争罪起诉他，除非他配合目前正在审理的“司法案件”（“Ministry Cases”），而肯普纳是首席检察官。参阅 Quaritsch, *Carl Schmitt: Antworten in Nurnberg*, 11–47。“司法案件”审判了纳粹的主要律师，如果施米特配合的话，会对检方起诉提供宝贵帮助。

97 另一个可能人选是威廉·迪克曼（William Dickman），他是一名在美国军事政府办公室法律部法律咨询处工作的犹太移民。在一份日期为 1947 年 2 月 6 日的备忘录中，他写道：“在我看来，卡尔·施米特是一名战犯，类似于纳粹其他主要人物。例如，弗里切利用广播来宣传纳粹主义思想，而施米特则利用法律期刊、文章和书籍等媒介来进行宣传。”参阅 Memo to Mr. Alvin J.Rockwell, February 6, 1947, “Carl Schmitt Library” File, in Record Group260: Records of U.S. Occupation Headquarters, World War II, 1923–1972, Series: Legal Files, compiled 1944–1950, box 61。

98 Bendersky, “Carl Schmitt's Path to Nuremberg,” 23.

99 审讯抄本由约瑟夫·本德斯基翻译并发表。第1次（4月3日）、第3次（4月23日）、第4次（4月28日）审讯，参阅 Bendersky, “Carl Schmitt at Nuremberg,” 91–129；至于第2次审讯（4月11日），直到很久以后才被发现，参阅 Carl Schmitt, “The ‘Fourth’ (Second) Interrogation of Carl Schmitt at Nuremberg,” introduction by Joseph W. Bendersky, *Telos*139 (2007): 35–43。

100 Bendersky, “Carl Schmitt at Nuremberg,” 98.

101 Ibid., 100.

102 Ibid., 101.

103 Ibid., 114.

104 Ibid., 124.

105 Ibid., 125.

106 Ibid., 107.

结束语Ⅱ

1 Elihu Lauterpacht, *The Life of Hersch Lauterpacht* (Cambridge: Cambridge University Press, 2010), 11, 280.

2 Ibid., 277.

3 Ibid., 278.

4 Ibid.

5 1945年的最后一天，也就是他从纽伦堡回国的一个月后，他写了一篇纪念格劳秀斯逝世300周年的文章。这篇文章后来发表在他担任主编的《英国国际法年鉴》(*British Yearbook of International Law*)上。Ibid., 279. 麦克奈尔记得劳特派特曾告诉他，这篇文章“比他写过的任何东西都更多地包含了他的基本思想和信念”。参见 Arnold McNair, “Hersch Lauterpacht: 1897-1960,” *Annals of the British Academy* (London: Oxford University Press, 1961), 79。

6 Elihu Lauterpacht, ed., *International Law: The Collected Papers of Hersch Lauterpacht*, Vol. 2 (Cambridge: Cambridge University Press, 1970), 308. 劳特派特是剑桥大学惠威尔国际法教授。这一讲席以威廉·惠威尔（William Whewell）的名字命名，他翻译了格劳秀斯的《战争与和平法》，共三卷，约1400页。

7 Lauterpacht, ed., *International Law*, 310.

8 Ibid. 最初引用的国际法委员会（此处原文为“Itaw Commission”，推测“Itaw”为“International Law”的简写——译者注）的措辞略有不同。

9 Ibid., 311.

10 Ibid.

11 Ibid.

12 Ibid., 320.

13 Ibid.

14 Ibid.

15 Ibid., 327.

16 Ibid., 364-65.

17 Ibid., 327.

18 U.N. General Assembly resolution 174 (II), Statute of the International Law Commission, November 21, 1947, http:// legal.un .org /ilc /texts /instruments/english /statute /statute.pdf. 联合国大会的第一批行动之一是设立国际法委员会，以“促进国际法的逐渐发展及其编纂”。参见 Ibid., Art. 1, .1。《联合国宪章》授权联合国大会“发起研究并提出建议，以……鼓励国际法的逐渐发展及其编纂”。参见 Charter of the United Nations, Art. 13, .1。1946 年 12 月 11 日，联合国大会第一届会议通过了第 94 号决议，审议为履行这些职责而建议的程序。（法律）委员会建议设立一个国际法委员会。1947 年 11 月 21 日，联合国大会通过第 174 号决议，设立国际法委员会并批准其章程。

19 Lauterpacht, *The Life of Hersch Lauterpacht*, 356.

20 Ibid., 357.

21 Hersch Lauterpacht, *Report on the Law of Treaties*, in *Yearbook of the International Law Commission*, Vol. 2 (New York: United Nations, 1953), 147（“违反《联合国宪章》原则，对一国使用武力或威胁使用武力而强加的条约，或作为因使用武力或威胁使用武力的结果而强加的条约，如果国际法院应任何一个国家的请求而宣布其无效，则该条约无效”）。

22 Hersch Lauterpacht, *Private Law Sources and Analogies of International Law: With Special Reference to International Arbitration* (London: Longmans, 1927), 167.

23 Lauterpacht, *Report on the Law of Treaties*, 147.

24 Ibid.

25 Ibid.

26 Ibid., 147-48. 持这种观点的远不止劳特派特一人。在他担任特别报告人时期，这一观点已经成为普遍看法：“国际法作家们似乎一致认为，除了可能的通常由交战的战胜国强加于战败国的和平条约之外，当事各方的自由同意（freedom of consent）是一项条约有效的基本条件。”参见 Harvard Research in International Law, “Draft Convention on the Law of Treaties,” *American Journal of International Law* 29, Supplement: Research in International Law (1935): 1149。

27 Lauterpacht, *Report on the Law of Treaties*, 148.（“只要战争、武力或武力威胁构成国际非法行为，这种非法行为的结果，即与之有关或因此而强加的条约，受非法行为不能产生有利于违法者的合法权利这一原则管辖。”）

28 “Comments by Government of the United States of America on Parts I, II and Ⅲ of the Draft Articles on the Law of Treaties Drawn up by the International Law Commission at its Fourteenth, Fifteenth and Sixteenth Sessions,” *American Journal of International Law* 61, no. 4 (October 1967): 1145–46.

29 法律的彻底改变后来被写入了一项国际条约，即 1969 年的《维也纳条约法公约》（Vienna Convention on The law of Treaties）。该条约第 52 条规定：“如违反《联合国宪章》所载国际法原则，以武力威胁或使用武力获得某项条约，则该条约无效。”参见 Vienna Convention on the Law of Treaties, May 23, 1969, 1155 U.N.T.S. 331, at 344。

30 Mark R. Peattie, *Ishiwara Kanji and Japan's Confrontation with the West* (Princeton, NJ: Princeton Univeristy Press, 1975), 352–53.

31 Hersch Lauterpacht, *Recognition in International Law* (Cambridge: AMS Press, 1947).

32 1945 年设立的国际法院是联合国的主要司法机关，是根据 1922 年《国际联盟盟约》设立的、命名不当的常设国际法院（Permanent International Court of Justice）的继承者。

33 Lauterpacht, *The Life of Hersch Lauterpacht*, 414.

34 Elihu Lauterpacht, “Sir Hersch Lauterpacht: 1897–1960,” *European Journal of International Law* 8, no. 2 (January 1997): 313–15.

第十三章　征服的终结

1 “The First Day of Ukraine's Euro Maidan Protests. November 21, 2013. Kyiv, Ukraine,” YouTube video, 2: 20, posted by ромадське Телебачення (Hromadske), November 1, 2014, https: //www.youtube.com /watch ?v= K6hsBASbX5Y.

2 “In pictures: Inside the Palace Yanukovych Didn't Want Ukraine to See,” *The Telegraph*, February 27, 2014.

3 Andrew Higgins and Steven Erlanger, “Gunmen Seize Government Buildings in Crimea,” *New York Times*, February 27, 2014; Marie-Louise Gumuchian, Laura Smith-Spark, and Ingrid Formanek, “Gunmen Seize Government Buildings in Ukraine's Crimea, Raise Russian Flag,” CNN, February 27, 2014, http: // www.cnn .com /2014 /02 /27 /world /europe /ukraine-politics.

4 Judgement of the Constitutional Court of Ukraine on the All-Crimean Referendum in the Autonomous Republic of Crimea, Case No. 1–13 /2014 (March 14, 2014).

5 Luke Harding and Shaun Walker, “Crimea Applies to Be Part of Russian Federation After Vote to Leave Ukraine,” *The Guardian*, March 17, 2014.

6 “Executive Order on Recognising Republic of Crimea,” March 17, 2014, http: //en.kremlin.ru / events/president/news/20596; “Ukraine Crisis: Putin Signs Russia-Crimea Treaty,” BBC, March 18, 2014, http: //www.bbc.com/news /world-europe–26630062.

7 “Direct Line with Vladimir Putin,” April 17, 2014, http: //en.kremlin.ru/events/president/news /20796.

8 该数据集和文档可查阅“战争相关因素”的“领土变化”条目（v5），上述资料在下面的文献中有描述和记录，参见 Tir, Jaroslav, Philip Schafer, Paul Diehl, and Gary Goertz, “Territorial Changes, 1816–1996: Procedures and Data,” *Conflict Management and Peace Science* 16 (1998): 89–97。

9 其他利用不同资料的研究得出了与我们一致的结论。马克 · W. 扎克尔（Mark W. Zacher）的一篇优秀文章（Mark W. Zacher, “The Territorial Integrity Norm: International Boundaries and the Use of Force,” *International Organization* 55, no. 2 (Spring 2001): 245）总结道：“过去半个世纪里，成功实现领土扩张的战争的数量减少是显而易见的。”遗憾的是，这项研究——与几乎所有此类经验研究一样——把 1945 年作为 20 世纪的相关转折点，因此没有探究发生在 1928 年和 1945 年之间的变化。此外，它说的是反对领土扩张的“准则”（norm），而不是《非战公约》和《联合国宪章》所体现的法律禁止。参见 Tanisha M. Fazal, *State Death: The Politics and Geography of Conquest, Occupation, and Annexation* (Princeton: Princeton University Press, 2007)（记录了 1945 年以后国家消亡数量的急剧下降）；Gary Goertz, Paul Diehl, and Alexandru Balas, *The Puzzle of Peace: The Evolution of Peace in the International System* (New York: Oxford University Press, 2016), 156（该研究发现，“二战后，通过军事占领获得领土的情况极为罕见”，而且“即使在最近一些国家违反了反对征服准则的极少数情况下，国际社会也以寻求维持这种准则的方式做出了反应”）。

10 数据集里面的信息偶尔是错误的，如错误地记录一次领土转让发生的时间。例如，“战争相关因素”数据集“评论”（Observation）目第 225 条表明，1875 年奥斯曼帝国从哈萨（Al Hasa）获得了 107120 平方公里的连续土地。事实上，这次领土转让发生在 1871 年。更罕见的是，“战争相关因素”数据集错误地记录了涉及领土转让的国家。对于这份借来的数据中的每一个明显错误，我们都做了更正。我们发布的数据文件指出了所有更正。

11 我们从战争相关项目“国家体系名单，v2011”（2011）中提取了国家数量的数字，参阅 http: // correlatesofwar .org。这个数字必然不包括这一时期发生的一些征服。在此期间参与征服的许多实体都是非国家实体。数据包括该时期的 137 次征服，其中 133 次征服者是国家。非主权实体的领土被征服案例有 79 个，其他主权国家领土被征服案例有 58 个。因此，在此期间，一个国家每年有 3.0%（133 / 国家年）的机会从征服中获益。它每年也有 1.33%（93/ 国家年）的机会成为征服的受害者。总体而言，一个国家每年有 4.3%（191/ 国家年）的机会以某种方式（作为赢家或输家）卷入征服当中。

12 此种计算仅供说明使用。当然，正如“战争相关因素”项目所承认的那样，这是所有国家、所有年份的平均概率。当然，事实上，有些国家更有可能成为征服的受害者，其成为征服受害者的概率会随着时间的推移而变化，而且这些概率不是独立存在的。此外，这个数字还不包括 79 次非国家实体是受害者的征服。

13 克里米亚的面积是 27000 平方公里。

14 丹・奥尔特曼（Dan Altman）发现，1945 年之后，世界上只有一次“强制割让”领土的情况，而他称之为“既成事实”的“土地攫取”——涉及夺取有争议的领土并意图获得持久的控制权——的情况却有很多。参阅 Dan Altman, “By Fait Accompli, Not Coercion: How States Wrest Territory from Their Adversaries,” November 5, 2016（研究报告）。这些发现与我们的主张一致，即征服（强制割让）在现代世界秩序中是罕见的。它们也符合我们后文第十四章提出的主张，即主权归属不确定的领土是冲突持续的根源。

15 S. O. Levinson to James G. McDonald, April 7, 1928, quoted in John E. Stoner, *S. O. Levinson and the Pact of Paris* (Chicago: University of Chicago Press, 1943), 193.

16 Ibid., 192。

17 如果该领土被确定为处于相同的地理区域，且其面积在最初转让的领土的 ±10% 或 10 平方公里误差范围内，则该领土就可归类为相同的或几乎相同的。

18 “战争相关因素”数据集记录了 1920 年的这次领土转让。

19 1879 年，埃及从埃塞俄比亚手中夺取了领土，当时埃塞俄比亚因与英国的战争而遭到削弱。此后不久，埃及的占领于 1884 年被废除，这是少数几个被废除的占领之一。但那时，埃及本身已沦为英国的“保护国”，这一安排直到 1922 年埃及单方面宣布独立，并在 1936 年的条约中正式确定，才被废除。法国 1881 年占领了突尼斯，在 19 世纪 90 年代占领了老挝、贝宁和马达加斯加共和国，直到 20 世纪 50 年代欧洲开始快速非殖民化进程，上述占领才得以废除。

20 “Oral History Interview with Loy W. Henderson,” Harry S. Truman Library and Museum, (1973), http: //www.trumanlibrary.org /oralhist /hendrson.htm [这份资料表明，威尔斯与罗斯福讨论了宣言的起草问题，他们对亨德森（Henderson）的草案进行了大量修改]。

21 Statement by the Acting Secretary of State, the Honorable Sumner Welles (July 23, 1940), https: //history.state.gov /historicaldocuments /frus1940v01 /d412.

22 该宣言不仅是一项原则声明，还使波罗的海诸国得以维持独立的外交使团，而且 8484 号行政令保护了它们的金融资产。参阅 John Hiden, Vahur Made, and David J. Smith, eds., *The Baltic Question During the Cold War* (New York: Routledge, 2008)。

23 U.S. Department of State, *Peace and War: United States Foreign Policy, 1931–1941* (Washington, DC: U.S. Government Printing Office, 1943), 28–32. 其他 5 个反对的国家分别是墨西哥、中国、新西兰、苏联和西班牙共和国。

24 虽然没有被美国吞并，但冲绳和琉球群岛在战后几十年里一直被美国占领和管理。根据 1952 年签订的《旧金山和约》第三条，日本不仅同意给予美国在这些岛屿上建立军事基地的权利，还同意给予美国行政、立法和司法管辖权。在这个机制下，冲绳人既不拥有美国公民身份，也不拥有日本公民身份。1972 年，美国将这些岛屿归还给日本政府，但岛上仍有许多美军基地。(《旧金山和约》是身为战败国的日本确立战后再次崛起和确立国家走向的决定性合约。因《旧金山和约》签订时，中华人民共和国尚未取得联合国席位，因此被美国、英国、法国等国排除在外，故中国政府自和约签订至今均未承认过《旧金山和约》。——译者注）

25 在我们的数据集中，如果将领土转移归类为征服，失败的实体必须对失去的领土拥有明确的主权。

26 Quincy Wright, "The Stimson Note of January 7, 1932," *American Journal of International Law* 26, no. 2 (April 1932): 342–48.

27 League of Nations, Report of the League Assembly on the Manchurian Dispute (Nanking: International Relations Committee, 1933), 79.

28 Atlantic Charter, Art. 8, Avalon Law Project, Yale Law School Lillian Goldman Law Library, http: // avalon.law.yale.edu /wwii /atlantic.asp.

29 另一种可能的论点是，有核国家不是因为《非战公约》的约束，而是因为使用核武器会破坏征服的价值——至少在一段时间内是这样，因此它们利用核武器来防止而不是追求征服。(这是核武器过于强大而不能使用的观点的一种变体。) 然而，如果是这样的话，核武器的出现仍然不能解释征服的衰落。因此，另一种解释是必要的。

30 Bruce Russett, *Grasping the Democratic Peace: Principles for a Post–Cold War World* (Princeton: Princeton University Press, 1993); Spencer R. Weart, *Never at War: Why Democracies Will Never Fight One Another* (New Haven: Yale University Press, 1998); Paul K. Hutt and Todd L. Allee, *The Democratic Peace and Territorial Conflict in the Twentieth Century* (Cambridge: Cambridge University Press, 2002); Michael W. Doyle, *Liberal Peace: Selected Essays* (New York: Routledge, 2011).

31 参见，例如 Steven Pinker, *The Better Angels of Our Nature: Why Violence Has Declined* (London: Penguin, 2011); Joshua Goldstein, *Winning the War on War: The Decline of Armed Conflict Worldwide* (New York: Dutton, 2011); Azar Gat, *War in Human Civilization* (Oxford: Oxford University Press, 2008); Azar Gat, "Is War Declining and Why?," *Journal of Peace Research* 50, no. 2 (2013): 149–57; *The Waning of Major War: Theories and Debates*, ed. Raimo Vayrynen (London: Routledge, 2006); Nils Petter Gelditsch, "The Decline of War—The

Main Issues," *International Studies Review* 15, no. 3 (2013): 397–99; Lawrence Freedman, "Steven Pinker and the Long Peace: Alliance, Deterrence, and Decline," *Cold War History* 14, no. 4 (2014): 657–72; John Mueller, *Retreat from Doomsday: The Obsolescence of Major War* (New York: Basic Books, 1989)。

32 Mueller, *Retreat from Doomsday*, 3.

33 Freedman, "Steven Pinker and the Long Peace," 658.

34 Ibid.

35 彼得·布雷克（Peter Brecke）的"冲突目录"是最常用的数据集之一，参阅 http: //www. cgeh.nl /data。其中包括 3708 起冲突，包括参与方、死亡人数、日期和持续时间等数据。但以前 100 起冲突为例，只有 13 起冲突标明死亡数据。此外，许多报告的数字似乎很低。塔妮莎·法扎尔（Tanisha Fazal）对所有可用数据集都持批评态度。她特别指出，在过去的几个世纪里，特别是自 1946 年以来，军事医学的进步使战斗死亡的可能性降低，非致命战斗伤亡的可能性增加。参阅 Tanisha M. Fazal, "Dead Wrong? Battle Deaths, Military Medicine, and Exaggerated Reports of War's Demise," *International Security* 39, no. 1 (Summer 2014): 96–98。

36 Pinker, *The Better Angels of Our Nature*, 231.

37 最近，有许多人对战争衰落假说提出了批评，包括 Bear F. Braumoeller, "Is War Disappearing?"（未发表文章）(August 27, 2013); Fazal, "Dead Wrong? Battle Deaths, Military Medicine, and Exaggerated Reports of War's Demise," 95–125; Meredith Reid Sarkees and Jeffrey S. Dixon, "The Waning of Intra-State War? The 'Decline of War' Thesis Revisited"（未发表文章）(March 1, 2017)。正如尼尔斯·彼得·格莱迪奇（Nils Petter Gleditsch）所说，"尽管存在各种各样的批评，但在战争和其他形式暴力的数量已经下降这个问题上，人们达成了广泛的共识……然而，下降的原因还不太清楚"。参阅 Nils Petter Gleditsch, ed., "The Decline of War," *International Studies Review* (2013) 15：396–419。

第十四章　战争不再建立国家

1 这些旗帜包括常驻观察员代表团的联合国非成员国巴勒斯坦和梵蒂冈的国旗。参见"Dag Hammarskjöld Library," United Nations, accessed January 14, 2016, http: // ask.un .org /faq /98140。

2 "Fact Sheet, History of the United Nations," United Nations, 上次修改日期是 2013 年 2 月，2016 年 1 月 14 日查询，参见 http: // www .un .org /wcm /webdav / site /visitors /shared / documents /pdfs /FS _UN%20Headquarters _History_English _Feb%202013.pdf。

3 Robert John Araujo, "Objective Meaning of Constituent Instruments and Responsibility of

International Organizations," in International Responsibility Today, Essays in Memory of Oscar Schachter, ed. Maurizio Ragazzi (Leiden: Martinus Nijhoff Publishers, 2005), 343-44. 毫无疑问，一些国家数量的预期增长并非来自他对世界上会有更多国家的期望，而是因为当时有一些国家尚未被接纳进联合国。直到20世纪50年代中期，美国和苏联都利用其在安全理事会的权力将一些国家排除在成员国之外，当时它们实际上宣布了“休战”，并承认了那些它们各自曾阻止加入联合国的国家。

4 "Newly Renovated UN General Assembly Hall Will Greet World Leaders Next Week," UN News Centre, September 15, 2014, 2.

5 此图数据来自“国家体系成员名单”(State System Membership List, v2011), "Correlates of War" project（2011), 2016年1月14日查询，参见 http: // cow.dss.ucda vis.edu /data-sets / state-system-membership. We have extended the series from 2011 through 2015 by adding one state—South Sudan—in 2014。

6 Or reinvention. A good argument can be made that the Sumerians, Athenians, Romans, Persians, and Chinese had states as well.

7 Max Weber, "Politics as a Vocation," in H. H. Gerth and C. Wright Mills, eds., Max Weber: Essays in Sociology (New York: Oxford University Press 1946), 78.

8 Charles Tilly, *Coercion, Capital, and European States, AD 990-1992* (Cambridge, MA: Blackwell, 1992), 67.

9 Ibid., 69.

10 Ibid., 75. 杰弗里·帕克（Geoffrey Parker）的《军事革命》(*The Military Revolution*）详细阐述了军事创新及其对全球法律秩序的影响。参见 Geoffrey Parker, *The Military Revolution: Military Innovation and the Rise of the West, 1500-1800* (2nd ed. New York: Cambridge University Press, 1996)。约翰·布鲁尔（John Brewer）的《权力的源泉》(*The Sinews of Power*）探讨了英国税收体系与英国崛起为全球主要军事强国之间的联系。参见 John Brewer, *The Sinews of Power: War, Money, and the English State, 1688-1783* (Cambridge, MA: Harvard University Press 1990)。

11 Ibid., 26.

12 当然，发动战争需要的不仅仅是人力和金钱，要想成功是一件复杂的事情。历史学家和政治学家已经耗费了大量笔墨来讨论帝国和国家兴衰背后的秘密。参见，例如 Paul Kennedy, *The Rise and Fall of the Great Powers: Economic Change and Military Conflict from 1500 to 2000* (New York: Vintage, 1989); Robert Gilpin, "Theory of Hegemonic War," *The Journal of Interdisciplinary History* 18 (1988); James D. Fearon, "Rationalist Explanations for War," *International Organization* 49 (1995)。

13 Tilly, *Coercion, Capital, and European States*, 75.

14 有人指出，重商主义理论分支有许多种——甚至可能像一位历史学家所说的那样，“重商主义理论和重商主义者一样多”。参见 Ferand Braudel, *The Wheels of Commerce*, trans. Siaˆn Reynolds (New York: Harper & Row, 1981), 542（引自 Henri Chambre, “Pososkov et le mercantilisme,” *Cahiers du monde russe* 4, no. 4 (1963): 358)。尽管如此，这一术语对于一个在 1776 年受到亚当·斯密攻击之前一直占据主导性地位的经济关系思想学派来说，是一个很有帮助的保护层。

15 Braudel, *The Wheels of Commerce*, 544, 引自伏尔泰 1764 年观点。

16 Tilly, *Coercion, Capital, and European States*, 42.

17 尽管准确的估计各不相同，但大多数政治学家认为，国家的规模在 18 世纪期间继续扩大。戴维·莱克（David Lake）和安吉拉·奥马霍尼（Angela O’Mahony）的研究表明，1815~1820 年，各国平均面积为 87 万平方公里，到 19 世纪末，已增至 175 万平方公里，面积几乎扩大到两倍。参见 David Lake and Angela O’Mahony, “The Incredible Shrinking State: Explaining Change in the Territorial Size of the Countries,” *Journal of Conflict Resolution* 48, no. 5 (2004): 699–722。在 19 世纪期间，国际体系中“国家”的数目略有增加，尽管国家的平均规模有所增长。参见，例如 ibid。这些趋势可能是不一致的，但当人们认识到国家体系中的“国家”直到 20 世纪初才控制了世界的全部或几乎全部领土时，这些趋势就有意义了。相反，直到 19 世纪晚期，大部分领土都在部落和其他非国家实体的手中。然而，值得注意的是，最近的一篇文章对其所称的关于导致国家形成的“好战”共识提出了质疑，认为在 1100 年至 1790 年，“经济发展和城市增长模式的变化导致一些地方的政治权力分散，而另一些地方则形成了地域辽阔的国家”。参见 Scott F. Abramson, “The Economic Origins of the Territorial State,” *International Organization*（2016 年即将发表）。

18 莱克和奥马霍尼记录了 20 世纪国家数量的减少，并得出“初步结论认为……19 世纪国家规模的增长是联邦民主国家越来越多的产物，这些国家往往规模很大，而 20 世纪国家平均规模的下降是单一民主国家越来越多的产物”。参见 Lake and O’Mahony, “The Incredible Shrinking State,” 700。他们推测，这一“无因之因”(uncaused cause）是由日益增长的经济自由主义带来的。我们的论点是一致的，但我们进一步认为，战争非法化抵消了一些推动国家扩大规模的动力，其中保护主义是一个因素。莱克和奥马霍尼的研究显示，国家规模的下降始于 19 世纪末，我们自己的测算显示，国家规模在 1920 年前后趋于平稳，并在 1950 年之前基本保持稳定，在 1950 年时下降了三分之一。这似乎与拉尔斯·埃里克·塞德曼（Lars Erik Cederman）的推算一致。参见 Lars-Erik Cederman, “Generating State-Size Distributions: A Geopolitical Model”（未出版的手稿, Center for Comparative and International Studies, Zurich, Switzerland, 2003)。

19 我们关于弱国不再受到征服威胁的说法不仅与前一章的数据一致，而且与塔尼莎·法扎尔的论点和发现一致，她的记录显示，20 世纪下半叶国家消失数量减少了。参见 Tanisha Fazal, *State Death: The Politics and Geography of Conquest, Occupation, and Annexation* (Princeton,

NJ: Princeton University Press, 2007)。

20 Adam Smith, *An Inquiry into the Nature and Causes of the Wealth of Nations* (London: W. Strahan and T. Cadell, 1776).

21 David Ricardo, *On the Principles of Political Economy and Taxation* (London: John Murray, Albermarle-Street, 1817).

22 Mohamed Nagdy and Max Roser, "International Trade (2016)," Our World In Data .org, 2016 年 1 月 17 日访问, http: // ourworldindata .org /data /global-interconnections /international-trade/。

23 Robert Powell, "Absolute and Relative Gains in International Relations Theory," *The American Political Science Review* 85, no. 4 (1991): 1303–20.

24 John A. Vazquez, "Why Do Neighbors Fight? Proximity, Interaction, or Territoriality," *Journal of Peace Research* 32, no. 3 (1995): 277–93. 参见 Halvard Buhaug and Kristian Skrede Gleditsch, "Contagion or Confusion? Why Conflicts Cluster in Space," *International Studies Quarterly* 52, no. 2 (2008): 215–33。

25 罗伯特・基欧汉的著作《霸权之后》(Princeton: Princeton University Press, 1984) 被认为是代表性著作。

26 Nagdy and Roser, "International Trade (2016)."

27 John Kenneth Galbraith, *A Journey Through Economic Times: A Firsthand View* (Boston: Houghton Mifflin, 1994), 158–59. 也可参见 Erik Gartzke and Dominic Rohner, "The Political Economy of Imperialism, Decolonization and Development," *British Journal of Political Science* 41 (2011): 525–57（认为经济发展导致国家更为偏好商业活动而不是征服活动，因为"充足的资本通过将对生产性投入的激励措施转向努力影响各国互动的条件，使得维持帝国统治代价高昂"）。这反过来又导致重商主义的衰落和自由市场政策的兴起。

28 International Convention for the Regulation of Whaling, December 2, 1946, 62 Stat. 1716, 161 U.N.T.S. 72.

29 Atlantic Charter, U.S.–U.K., August 14, 1941, 55 Stat. 1603.

30 U.N. Charter, Art. 1, ¶ 2.

31 Lieutenant Colonel A. J. F. Doulton, *The Fighting Cock: Being the History of the 23rd Indian Division, 1942-1947* (Aldershot: Gale & Polden, 1951), 237.

32 Ibid., 230–48.

33 参见 Neta Crawford, *Argument and Change in World Politics: Ethics, Decolonization, and Humanitarian Intervention* (Cambridge: Cambridge University Press, 2002); Robert H. Jackson, "The Weight of Ideas in Decolonization: Normative Change in International Relations," in Judith Goldstein and Robert Keohane, eds., *Ideas and Foreign Policy: Beliefs,*

Institutions, and Political Change (Ithaca, NY: Cornell University Press, 1993), 112; Michael W. Doyle, *Empires* (Ithaca, NY: Cornell University Press, 1986); David Strang, "From Dependency to Sovereignty: An Event History Analysis of Decolonization 1870–1987," *American Sociological Review* 55, no. 6 (1990): 846–60。

34 Jaroslav Tir, Philip Schafer, Paul Diehl, and Gary Goertz, "Territorial Changes, 1816–1996: Procedures and Data," *Conflict Management and Peace Science* 16 (1998): 89–97; "Territorial Change (v.5)," "Correlates of War" project（2014), 2016 年 1 月 17 日访问，http: // cow.dss.ucdavis.edu /data-sets /territorial –change. Data calculated for (tc_indep= 1)。请注意，头几十年和最后几十年只是部分数据。

35 正如我们在码书（codebook）——可在 www.theinternationalistsbook.com 网站上查阅——中解释的那样，"当一个主权实体管辖的领土的一部分分裂并成为由一个新的、独立的、自治的主权实体管辖的独立国家时，独立就实现了。独立不同于强制解散，因为它在很大程度上是由自治的愿望驱动的。如果一个领土获得独立，但被置于托管之下，只要托管者不对其主权提出要求，并认为这是暂时的和过渡性的安排，这仍然是独立"。

第十五章　为何总是冲突不断？

1 Department of Peace and Conflict Research, UCDP Battle-Related Deaths Dataset v.5–2016, 1989–2015.

2 League of Nations Covenant, Art. 22［"前属土耳其（奥斯曼）帝国之各民族发展已达可以暂时认为独立国之程度，惟仍须由受委任国予以行政之指导及援助，至其能自立之时为止"］。

3 James A. Balfour, "Balfour Declaration 1917," Avalon Law Project, Yale Law School Lillian Goldman Law Library, http: // avalon.law.yale.edu /20th _century /balfour.asp.

4 David Fromkin, *A Peace to End All Peace: The Fall of the Ottoman Empire and the Creation of the Modern Middle East* (New York: Holt, 1989), 339, 500–08.

5 Tom Segev, *One Palestine, Complete: Jews and Arabs Under the British Mandate* (New York: Henry Holt, 2000), 158–62.

6 U.N. General Assembly Resolution 181, U.N. GAOR, 1st Sess., at 131, 139, U.N. Doc. A /64 (1946); Carol Migdalovitz, *Israel: Background and Relations with the United States* (Washington, DC: Congressional Research Service, 2009), 7.

7 "The Declaration of the Establishment of the State of Israel (May 14, 1948)," Israel Ministry of Foreign Affairs, 2016 年 1 月 13 日访问，2016, http: // www .mfa .gov.il /mfa /foreignpolicy /peace /guide /pages /declaration%20of%20establish ment%20of%20state%20of%20israel.aspx。

8 沙特阿拉伯派遣了一支特遣队，在埃及指挥下行动；也门也宣布对以作战，但没有采取直接行动。David Ben Gurion, "Israel: A Personal History," in *Israel in the Middle East: Documents and Readings on Society, Politics, and Foreign Relations, Pre-1948 to the Present*, ed. Itamar Rabinovich and Jehuda Reinharz (New York: Oxford University Press, 1984), 15.

9 "Israel's Diplomatic Missions Abroad: Status of Relations," Israel Ministry of Foreign Affairs, accessed January 13, 2016, http: // www .mfa.gov.il /MFA /About TheMinistry /Pages / Israel-s%20Diplomatic%20Missions%20Abroad.aspx.

10 John Kampfner, "NS Interview: Jack Straw," New Statesman, November 18, 2002, http: // www. newstatesman. com /node /156641.

11 Case Concerning Sovereignty over Pedra Branca /Pulau Batu Puteh, Middle Rocks and South Ledge (Malaysia /Singapore), International Court of Justice, May 23, 2008. 参见 Brian Taylor Summer, "Territorial Disputes at the International Court of Justice," *Duke Law Journal* (2004)（描述了 2004 年之前国际法院审理的 9 起边界争端）; Frontier Dispute (Burkina Faso / Niger) (July 20, 2010); Carter Center, Approaches to Solving Territorial Conflicts: Sources, Situations, Scenarios, and Suggestions (May 2010)（描述了国际法院处理的 14 起领土冲突）。此外，国际法院还解决了许多海洋争端，部分原因是《海洋法公约》要求各国选择一种争端解决方式，而国际法院恰好是一种选择。

12 卡特中心总结了一些已知的案例，参见 Approaches to Solving Territorial Conflicts。除了常设仲裁法院的案件外，还有数目不详的私下特别仲裁和其他调解决议。Ibid.

13 The United Nations and Decolonization: Trusteeship Council, http: // www .un .org / en /decolonization/trusteeship.shtml.

14 United Nations Office of Legal Affairs, *Handbook on the Peaceful Settlement of Disputes Between States* (New York, 1992), 111–23.

15 U.N. Security Council Resolution 1246 (1999).

16 "South Sudan—Birth of a Nation—July 9, 2011," YouTube video, 2: 07, posted by ForPolExmnr, July 11, 2014, https: //www .youtube .com /watch ?v= M8xP BE5ccpc.

17 "South Sudan Profile—Overview," *BBC News*, accessed January 17, 2016, http: // www. bbc .com /news /world-africa-14019208.

18 Carol Berger, "Old Enmities in Newest Nation: Behind the Fighting in South Sudan," *The New Yorker*, January 23, 2014.

19 Jairo Munive, "Invisible Labour: The Political Economy of Reintegration in South Sudan," *Journal of Intervention and Statebuilding* 8, no. 4 (2014): 334, 339.

20 Simon Tisdall, "South Sudan President Sacks Cabinet in Power Struggle," *The Guardian*, July 24, 2013.

21 Alastain Leithead, "South Sudan's Men of Dishonour," *BBC News*, September 28, 2015.

22 根据“政体Ⅳ——1800~2014 年度失败国家时间序列”数据计算得出，2016 年 1 月 18 日访问，http: // www. systemicpeace. org /inscrdata.html。（该图表是通过将所有 polity2=0 的情况汇总制作而成的，polity2=0 表明了一段“‘政权空位期’，在此期间，中央政治权威完全崩溃。”）

23 Munive, “Invisible Labour,” 339.

24 Monty G. Marshall, Ted R. Gurr, and Keith Jaggers, “Polity Ⅳ Project: Political Regime Characteristics and Transitions, 1800–2015,” *Center for Systemic Peace*, May 19, 2016, 19.

25 “国内战争”包括内战，指的是军事行动发生在国家内部、民族国家政府介入、双方积极抵抗、死亡人数超过 1000 人的国家内部战争。它还包括：“族群间战争”（intercommunal wars），指的是涉及两个族群参与的战争，没有一方是政府；地区战争，涉及一个地方政府或地区政府作为参战一方。参见 Meredith Reid Sarkees, “The COW Typology of War: Defining and Categorizing Wars (Version 4 of the Data),” “Correlates of War” project。

26 Meredith Reid Sarkees and Jeffrey S. Dixon, “The Waning of Intra-State War? The ‘Decline of War’ Thesis Revisited”（未发表论文）（2017 年 3 月 1 日）。这张图是作者们在出版前提供的，包括了所有四种在“战争相关因素”项目中被归类为“国内战争”的战争［为争夺中央政府控制权而爆发的内战（第 4 类）、因地方问题而爆发的内战（第 5 类）、地区内部战争（第 6 类），以及族群间战争（第 7 类）］。有关战争类型学的更多信息，参见 Sarkees, “The COW Typology of War”。

27 美国国务院在关于恐怖主义的国家报告中列出了几个“恐怖分子的避风港”（terrorist safe haven），参见 Office of the Coordinator for Counterterrorism, “Chapter 5: Terrorist Safe Havens (Update to 7120 Report) 5.1.a–5.1.b. Strategies, Tactics, and Tools for Disrupting or Eliminating Safe Havens,” U.S. Department of State, July 31, 2002, accessed January 18, 2016, http: // www .state.gov /j/ct /rls /crt /2011 /195549.htm。

第十六章　驱逐

1 John W. Dietrich, ed., *The George W. Bush Foreign Policy Reader: Presidential Speeches with Commentary* (New York: Routledge, 2005), 5.

2 “Weirton Steel,” YouTube video, 32：51，取自 todengine 2012 年 3 月 1 日发布的一部由美国陆军军械部和陆军通信兵（Ordnance Department and Signal Corps）制作的电影，参见 https: // www .youtube .com /watch ?v= A4euorued9E (14: 43)。

3 Toby Harnden, “Cheney at the Coal Face to Woo ‘Pick-up Truck Man,’” *The Telegraph*, October 28, 2000, http: // www. telegraph.co.uk /news /worldnews /northamerica /usa /1372247 /Cheney-at-the-coal-face-to-woo-pick-up-truck-man.html; “Enforcement of Trade Laws Cheney Focus,” Lubbock AvalancheJournal, October 28, 2000, http: // lubbockonline .com /stories

/102800 /nat _102800045.shtml.

4 Richard W. Stevenson and Elizabeth Becker, "After 21 Months, Bush Lifts Tariff on Steel Imports," *New York Times*, December 5, 2003.

5 "President Bush to Send Iraq Resolution to Congress Today." September 19, 2002, U.S. Department of State, http: // 2001-2009.state.gov /p/nea /rls /rm /13565.htm.

6 U.S. Department of Defense, "The National Defense Strategy of the United States of America," March 2005, http: // www .au.af.mil /au /awc /awcgate /nds /nds2005.pdf.

7 Richard F. Tomasson, *Iceland: The First New Society* (Minneapolis: University of Minnesota Press, 1980).

8 Gunnar Karlsson, *The History of Iceland* (Minneapolis: University of Minnesota Press, 2000), 11-15.

9 William Ian Miller, *Bloodtaking and Peacemaking: Feud, Law, and Society in Saga Iceland* (Chicago: University of Chicago Press, 1990), 16-17.

10 Karlsson, *The History of Iceland*, 24-26; Jesse L. Byock, *Medieval Iceland: Society, Sagas, and Power* (Berkeley: University of California Press, 1988), 120.

11 Byock, *Medieval Iceland*, 59-60; Jesse L. Byock, *Viking Age Iceland* (London: Penguin, 2001), 171.

12 根据传统说法，927 年前后，一个名叫乌尔夫约特（Ulfljotur）的人被派往挪威东部学习"古拉聚集法"（gulathing），在此基础上，他编纂并带回了一部新的法律法典。该法典于 930 年被定居者群体采纳为该地法律。参见 Tomasson, *Iceland*, 15。冰岛国家议会依然被称为"Althing"。

13 Byock, *Medieval Iceland*, 61.

14 Byock, *Viking Age Iceland*, 175-76. 也可参见 Miller, *Bloodtaking and Peacemaking*, 227-28。在议会中，还有季度性法院，这些法院"为地方聚集无法做出判决的案件提供了法院，并作为附属于不同地方聚集的诉讼当事人之间案件的初审法院"。Ibid., 17.

15 Karlsson, *History of Iceland*, 21, 24.

16 Miller, *Bloodtaking and Peacemaking*, 223-28.

17 Haraldur Bessason and Robert J. Glendinning, eds., *Laws of Early Iceland: Gragas I*, trans. Andrew Dennis, Peter Foote, and Richard Perkins (Winnipeg: University of Manitoba Press, 1980), 7-8.

18 Byock, *Viking Age Iceland*, 231-32; Miller, *Bloodtaking and Peacemaking*, 234-35. 逐出法外者可以寻求他人的帮助，而且他们经常这样做。他们有时向他们的酋长求助，但反过来，酋长又依赖那些自愿向其宣誓效忠的人。他们实际上是"当地社群自我保护的联合者"。参见 Karlsson, *History of Iceland*, 25。

19 Miller, *Bloodtaking and Peacemaking*, 229.

20 Byock, *Medieval Iceland*, 29; Bessason and Glendinning, *Laws of Early Iceland*, 92.

21 Vienna Convention on the Law of Treaties Art. 60, May 23, 1969, 1155 U.N.T.S. 331.

22 United Nations International Law Commission, Draft Articles on Responsibility of States for Internationally Wrongful Acts, with Commentaries, Report of the International Law Commission on the Worl of its Fifty-Third Session [2001] , U.N. Doc. A /56 /20.

23 Case Concerning the Air Service Agreement of March 27, 1946 between the United States of America and France, Reports of International Arbitral Awards, Vol. 18 (December 9, 1978).

24 Treaty Concerning the Formation of a General Postal Union, October 9, 1874, 19 Stat. 577. 万国邮政联盟一开始被称为"邮政总联盟"(General Postal Union)。

25 Ibid.

26 Ibid.("当一国不遵守关于过境自由的第 28 条规定时，各行政当局有权停止与该国的邮政服务。他们必须以电报方式事先将这一措施通知涉及的行政当局。") 也可参见 George A. Codding, Jr., *The Universal Postal Union: Coordinator of the International Mails* (New York: New York University Press, 1964), 112(指出，"自 1920 年以来，类似的条款已被列入邮政公约")。

27 International Coffee Agreement, September 28, 2007, http: // www .ico .org/documents / ica2007e.pdf; Convention on International Trade in Endangered Species of Wild Fauna and Flora, March 3, 1973, 993 U.N.T.S. 243.

28 Robert H. Jackson, "Address of Robert H. Jackson, Attorney General of the United States, Inter-American Bar Association, Havana, Cuba, March 27, 1941," *American Journal of International Law* 35, no. 2 (April 1941).

29 Pablo D. Fajgelbaum and Amit K. Khandelwal, "Measuring the Unequal Gains from Trade," NBER Working Paper No. 20331 (July 2014): 39, Table 4(中等消费者贸易收益，按国家分类)。

30 Scott C. Bradford, Paul L. E. Greico, and Gary Clyde Hufbauer, "The Payoff to America from Global Integration," in C. Fred Bergsten, ed., *The United States and the World Economy: Foreign Economic Policy for the Next Decade* (Washington, DC: Institute for International Economics, 2005), 69; Christian Broda and David E. Weinstein, "Globalization and the Gains from Variety," *The Quarterly Journal of Economics* 121, no. 2 (2006): 541−85.

31 俄罗斯总统弗拉基米尔·普京对它的重要性有着深刻认识，他的本科论文就是关于这个主题，参见："The Most Favored Nation Trading Principle in International Law." Allen C. Lynch, *Vladimir Putin and Russian Statecraft* (Washington, DC: Potomac Books, 2011), 15。

32 有几个例外。特别是，加入像欧盟或《北美自由贸易协定》等区域性贸易联盟的成员国可以向联盟内的成员国提供更优惠的条件，而无须向世贸组织所有成员提供同样的条件。

33 General Agreement on Tariffs and Trade, January 1, 1948, 55 U.N.T.S. 194.

34 Ibid., Art. 23.

35 R. Rajesh Babu, *Remedies Under the WTO Legal System* (Leiden: Martinus Nijhoff Publishers, 2012), 240.

36 "United States—Definitive Safeguard Measures on Imports of Certain Steel Products," World Trade Organization, accessed January 26, 2015, https: //www .wto .org /english/tratop _e /dispu _e /cases _e /ds248 _e.htm; Warren Vieth, "Steel Tariffs Are Judged Illegal," Los Angeles Times, November 11, 2003; Jonathan Weisman, "Bush Rescinds Tariffs on Steel," *Washington Post*, December 5, 2003.

37 Thomas Hobbes, *Behemoth*, ed. Ferdinand Tonnies (London: Frank Cass, 1969), 7.

38 "United States—Measures Affecting the Cross-Border Supply of Gambling and Betting Services," World Trade Organization, 2016 年 1 月 25 日 访 问 , http: // www .wto .org / english /tratop _e /dispu _e /cases _e /ds285 _e.htm。

39 Karen Jacobs Sparks, ed., *Encyclopedia Britannica Book of the Year 2011* (Chicago: Encyclopedia Britannica, 2011), 512.

40 Convention Against Torture and Other Cruel, Inhuman or Degrading Treatment or Punishment, October 12, 1984, 1465 U.N.T.S. 85.

41 本节中蒂蒂娜・洛伊兹多的故事来源如下：Michel Faure, "L'espoir de Titina" ("Titina's Hope"), L'Express (Paris), March 22, 2004, http: // www .lexpress.fr /actualite /monde /europe /l-espoir-de-titina _490287 .html; Janet McMahon, "European Court of Human Rights Rules in Favor of Woman Seeking to Regain Family Home in Kyrenia," *Washington Report on Middle East Affairs* (September 1999), http: // www .wrmea .org /1999-september /european-court-of-human-rights-rules-in-favor-of-woman-seeking-to-regain-family-home-in-kyrenia.html. 关于洛伊兹多在欧洲人权法院的陈述，参见"Statement of Applicant Titina Loizidou," December 14, 1990, Hellenic Resources Network, 2016 年 1 月 28 日访问 , http: // www. hri. org /news / special /loizidou /tstatemnt.html。

42 "Cyprus—'Women Walk Home,'" YouTube video, 33: 51, posted by "grokked," March 11, 2014, www .youtube .com /watch ?v= AbMLVo6cw0M (9: 50).

43 European Convention for the Protection of Human Rights and Fundamental Freedoms, November 4, 1950, 213 U.N.T.S. 222.《欧洲人权公约》第 46 条要求"公约"缔约国遵守法院的决定（"缔约各国承诺在它们作为当事一方的任何案件中服从法院的最后判决"）。在做出最后判决后，法院自动将文件转交给欧洲委员会部长委员会，然后由该委员会负责监督执行判决。

44 Statement of Applicant Titina Loizidou, Loisidou v. Turkey, December 14, 1990.

45 *Loizidou v. Turkey*, Article 50 (Just Satisfaction) Judgment, 1998–IV Eur. Ct. H.R. 1807 (July 1998), ¶ 39.

46 Interim Resolutions ResDH (2000) 105, July 24, 2000, and ResDH (99) 680, October 6, 1999, in Council of Europe Committee of Ministers, "Collection of Interim Resolutions, 1988–2008," 237–38, https: //www. coe.int/t/dghl /moni toring /execution /Source / Documents /IntRes2008 _en.pdf. 也可参见 "Implementation of Decisions of the European Court of Human Rights by Turkey," Recommendation 1576, September 23, 2002, Council of Europe Parliamentary Assembly, http: // assembly.coe.int/nw/xml/XRef/Xref-XML2HTML-en. asp?fileid= 17036&lang= en. 欧洲委员会议会大会鼓励采取进一步措施，确保土耳其遵守人权法院判决，特别是关于洛伊兹多的判决。声明强调成员国遵守欧洲委员会法律程序的重要性。

47 "Turkey Compensates Greek Cypriot for Property," Asbarez, December 2, 2003, http: // asbarez .com /49301 /turkey-compensates-greek-cypriot-for-property/.

48 Interim Resolution ResDH (2003) 174, November 12 2003, in Council of Europe Committee of Ministers, "Collection of Interim Resolutions," 235.

49 Mario J. Molina and F. S. Rowland, "Stratospheric Sink for Chlorofluoromethanes: Chlorine Atom-Catalysed Destruction of Ozone," *Nature* 249 (June 28, 1974): 810–12.

50 Walter Sullivan, "Tests Show Aerosol Gases May Pose Threat to Earth," *New York Times*, September 16, 1974; "Death to Ozone," *Time*, October 7, 1974, 95.

51 "All in the Family, S [eason] 5 E [pisode] 7—Gloria's Shock," YouTube video, 23: 55, 取自 1974 年 10 月 26 日播出的那集，由 "Tobias Paraone" 2013 年 9 月 3 日发布，参见 www. youtube .com /watch ?v= Jncz _um7OOs (12: 20)。

52 Walter Sullivan, "Low Ozone Level Found Above Antarctica," *New York Times*, November 7, 1985.

53 The Montreal Protocol is a protocol to the Vienna Convention for the Protection of the Ozone Layer, March 22, 1985, 1513 U.N.T.S. 293.

54 Montreal Protocol on Substances that Deplete the Ozone Layer, September 16, 1987, 1522 U.N.T.S. 3, Arts. 2–4.

55 Mihnea Radu, "Luxury Cars Belonging to Saddam Hussein's Son," autoevolution, June 27, 2012, http: // www. autoevolution. com /news /luxury-cars-belonging-to-saddam-husseins-son–46640.html.

56 John Mueller and Karl Mueller, "Sanctions of Mass Destruction," *Foreign Affairs* 78, no. 3 (May /June 1999).

57 Gary Samore, ed., "Sanctions Against Iran: A Guide to Targets, Terms, and Timetables," addendum to *Decoding the Iran Nuclear Deal* (Cambridge, MA: Harvard Kennedy School,

2015), http: // belfercenter.ksg.harvard.edu /files /Iran%20Sanctions.pdf.

58 "Data: GDP growth (annual %)," The World Bank, http: // data.worldbank .org /indicator / NY.GDP.MKTP.KD.ZG.

59 Shreeya Sinha and Susan Campbell Beachy, "Timeline on Iran's Nuclear Program," *New York Times*, April 2, 2015.

60 United Nations, S.C. Res. 1696 (July 31, 2006); S.C. Res. 1737 (December 23, 2006); S.C. Res. 1747 (March 24, 2007); S.C. Res. 1803 (March 3, 2008); S.C. Res. 1929 (June 9, 2010).

61 Juan C. Zarate, *Treasury's War: Unleashing a New Era of Financial Warfare* (New York: PublicAffairs, 2013), 287–316.

62 Comprehensive Iran Sanctions, Accountability, and Divestment Act of 2010, 22 U.S.C. § 8501 (2010). 此外，《2012 年国防授权法案》(National Defense Authorization Act) 第 1245 条规定，在知情情况下，如果外国金融机构为被美国财政部指定为制裁对象的伊朗央行或伊朗金融机构进行重大金融交易提供便利，将面临被切断直接进入美国金融体系的风险。

63 David S. Cohen, "Remarks of Under Secretary for Terrorism and Financial Intelligence David Cohen at the Foundation for Defense of Democracies Washington Forum," December 6, 2012, U.S. Treasury Department, https: // www. treasury.gov/ press-center /press-releases /Pages / tg1790.aspx. 美国并不是唯一一个针对伊朗金融部门的国家。2012 年 3 月，欧盟命令环球银行金融电信协会 (Society for Worldwide Interbank Financial Telecommunication，或者简称 SWIFT) 禁止伊朗银行使用它的服务。参见 Rick Gladstone and Steven Castle, "Global Network Expels as Many as 30 of Iran's Banks in Move to Isolate Its Economy," *New York Times*, March 16, 2012。与此同时，欧洲对进口伊朗石油实行全面禁运。参见 Samore, ed., "Sanctions Against Iran," 12。

64 Exec. Order No. 13, 590, 76 C.F.R. 72, 609 (2011); Exec. Order No. 13, 599, 77 C.F.R. 6659 (2012); Exec. Order. No. 13, 606, 77 C.F.R. 24, 571 (2012); Exec. Order No. 13, 608, 77 C.F.R. 26, 409 (2012); Exec. Order No. 13, 622, 77 C.F.R. 45, 897 (2012).

65 Zarate, *Treasury's War*, ix.

66 Cohen, "Remarks at the Foundation for the Defense of Democracies".

67 Suzanne Maloney, "Why Rouhani Won—And Why Khamenei Let Him," Foreign Affairs, June 16, 2013, https: //www. foreignaffairs .com /articles /iran /2013-06-16 / why-rouhani-won-and-why-khamenei-let-him.

68 更多细节参见 The White House, "The Iran Deal: Joint Comprehensive Plan of Action," July 14, 2015, https: //medium .com /the-iran-deal /joint-comprehensive-plan-of-action-5cdd9b320fd#. v8ykblagu。

69 Peter Baker, "U.S. Tightens Crimea Embargo to Pressure Russia," *New York Times*, December

19, 2014.

70 Alexey Eremenko and Carlo Angerer, “Crimea One Year After Russia Referendum Is Isolated from World,” *NBC News*, March 16, 2015, http: // www. nbcnews. com /storyline /ukraine-crisis /one-year-after-annexation-sanctions-isolate-crimea-world-n324131; Dimiter Kenarov, “Putin’s Peninsula Is a Lonely Island,” Foreign Policy, February 6, 2015, http: // foreignpolicy .com /2015 /02 /06 /putin-peninsula-lonely-island-crimea-annexation-russia-ukraine/.

71 “International Mail Services to Crimea via Ukrainian Post Suspended,” *Post and Parcel*, April 7, 2014, http: // postandparcel.info /60771 /news /companies /international-mail-services-to-crimea-via-ukrainian-post-suspended/.

72 Baker, “U.S. Tightens Crimea Embargo to Pressure Russia.”

73 David S. Cohen, “Remarks of Under Secretary for Terrorism and Financial Intelligence David S. Cohen at the Practicing Law Institute,” December 11, 2014, U.S. Treasury Department, https: //www .treasury.gov /press-center /press-releases /Pages /jl9716.aspx.

74 James Kanter, “E.U. to Extend Sanctions Against Russia, but Divisions Show,” *New York Times*, December 19, 2015.

75 “Russia—Trade Picture,” European Commission, 2017 年 2 月 22 日最后更新，参见 http: // ec.europa.eu /trade /policy /countries-and-regions /countries /russia/。

76 而且欧盟对俄罗斯实施制裁还有一些法律上的障碍。因为欧盟制裁需要每 6 个月更新一次，而这需要 28 个成员的一致同意。参见 James Kanter, “Italy Delays E.U.’s Renewal of Sanctions Against Russia,” *New York Times*, December 15, 2015。

77 Carol J. Williams, “Russia and Greece Consider Collaborating to Circumvent Western Sanctions,” *Los Angeles Times*, June 21, 2015.

78 Herman Van Rompuy and José Manuel Barroso, “Joint Statement on Crimea,” March 18, 2014, European Union Delegation to the United Nations, http: // eu-un.europa.eu /articles /en /article _14755 _en.htm.

79 Barack Obama, “Statement by the President on Ukraine,” March 17, 2014, The White House, https: //www. whitehouse.gov /the-press-office /2014 /03 /17 /statement-president-ukraine.

80 European Commission, “The Hague Declaration Following the G7 Meeting,” March 24, 2014, http: // europa.eu /rapid /press-release _STATEMENT−14−82 _en.htm; Alison Smale and Michael D. Shear, “Russia Is Ousted from Group of 8 by U.S. and Allies,” *New York Times*, March 24, 2014.

81 Exec. Order No. 13, 660, 79 C.F.R. 13, 493 (March 6, 2014); “Ukraine and Russia Sanctions,” U.S. Department of State, accessed January 29, 2016, http: // www. state.gov /e/eb /tfs /spi / ukrainerussia/.

82 "Council Implementing Regulation (EU) No 477 /2014," Official Journal of the European Union 137, no. 3 (December 5, 2014), http: // eur-lex.europa.eu /legal-content /EN /TXT/?uri= uriserv: OJ.L _.2014.137.01.0003.01.ENG#ntr1-L _ 2014137EN.01000301-E0001; "Ukraine Crisis: Russia and Sanctions," *BBC News*, December 19, 2014, http: // www. bbc .com /news /world-europe-26672800; "Announcement of Additional Treasury Sanctions on Russian Government Officials and Entities," April 28, 2014, U.S. Treasury Department, https: //www. treasury.gov /press-center /press-releases /Pages / jl2369.aspx; "Treasury Sanctions Russian Officials, Members of the Russian Leadership's Inner Circle, and an Entity for Involvement in the Situation in Ukraine," March 20, 2014, U.S. Treasury Department, https: //www.treasury.gov /press-center /press-releases /Pages /jl23331. aspx; "Issuance of a New Ukraine-Related Executive Order; Ukraine-Related Designations," March 17, 2014, U.S. Treasury Department, https: //www.treasury.gov /resource-center / sanctions /OFAC-Enforcement /pages /20140317.aspx.

83 Cohen, "Remarks of Under Secretary for Terrorism and Financial Intelligence David S. Cohen at the Practicing Law Institute"; "Information Note on Capital Markets," European Union Newsroom, 2016 年 1 月 29 日访问，参见 http: // europa.eu /newsroom /files /pdf /info-note-capital-markets.pdf。该计划并非一帆风顺。一个很快浮出水面的问题是，没有得到俄罗斯商业伙伴——有时违反合同义务——付款的美国公司在对未付余额收取利息时，是否实际上（向其俄罗斯商业伙伴）提供了被禁止的贷款。

84 Cohen, "Remarks of Under Secretary for Terrorism and Financial Intelligence David S. Cohen at the Practicing Law Institute."

85 Stanley Reed and Clifford Krauss, "New Sanctions to Stall Exxon's Arctic Oil Plans," *New York Times*, September 12, 2014.

86 "Sanctions Tit-for-Tat: Moscow Strikes Back Against US Officials," Russia Today, March 20, 2014, https: //www.rt.com /news /foreign-ministry-russia-sanctions-133/.

87 International Monetary Fund, "Cheaper Oil and Sanctions Weigh on Russia's Growth Outlook," IMF Survey, August 3, 2015, http: // www.imf.org /external /pubs / ft /survey /so /2015 /CAR080315B.htm; Ivana Kottasava, "Russia's Slump Pushes 3 Million into Poverty," CNN Money, July 22, 2015, http: // money.cnn .com /2015 / 07 /22 /news /economy /russia-crisis-poverty-three-million /index .html ?iid= EL; "Historic Inflation Russia—CPI Inflation," Worldwide Inflation Data, accessed January 29, 2016, http: // www.inflation.eu /inflation-rates /russia /historic-inflation /cpi-inflation-russia.aspx.

88 Kenneth Rapoza, "Putin Admits Sanctions Sapping Russia," *Fortune*, October 21, 2016.

89 参见 The White House, "The Iran Deal: Joint Comprehensive Plan of Action," July 14,

2015, https: //medium .com /the-iran-deal /joint-comprehensive-plan-of-action–5cdd9b320fd#. v8ykblagu。

90 Ambassador Stephen D. Mull, Lead Coordinator for Iran Nuclear Implementation Senate Committee on Banking, Housing, and Urban Affairs (May 25, 2016).

91 William Booth, "Former Israeli Defense Minister Calls Nethanyahu a Fearmonger Who Hypes Threats," *Washington Post*, June 16, 2016.

92 Judith N. Shklar, "The Liberalism of Fear," in Nancy L. Rosenblum, ed., *Liberalism and the Moral Life* (Cambridge: Harvard University Press 1989).

第十七章 "伊斯兰国"的视角

1 Angus McNeice, "Police Launch Investigation into Chilean-Norwegian Jihadist in Syria," *Santiago Times*, July 3, 2014. 据信，巴斯克斯于 2015 年初死亡。

2 Hayat Media Center, "The End of Sykes-Picot," June 29, 2014, https: //archive. org /details / sykespicotend.

3 《赛克斯 - 皮科协定的终结》并不是"伊斯兰国"唯一一个关注 1916 年协议的宣传片。事实上，公平地说，"伊斯兰国"对这项协议非常纠结。与《赛克斯 - 皮科协定的终结》一道发布的有阿拉伯语版《打破边界》（"Kaser al-Hudud"）、一场名为"粉碎赛克斯 - 皮科边界"摄影活动以及一个推特主题标签"赛克斯皮科终结了"（#SykesPicotOver）。

4 James C. Scott, *Seeing Like a State: How Certain Schemes to Improve the Human Condition Have Failed* (New Haven: Yale University Press, 1998).

5 Lawrence Sondhaus, *World War One: The Global Revolution* (Cambridge: Cambridge University Press, 2011), 91; David Fromkin, *A Peace to End All Peace: The Fall of the Ottoman Empire and the Creation of the Modern Middle East* (New York: Holt, 1989), 43–44, 71–76.

6 Marian Kent, *Oil and Empire: British Policy and Mesopotamian Oil, 1900-1920* (London: Macmillan Press for the London School of Economics, 1976), 122.

7 Fromkin, *A Peace to End All Peace*, 190; Jonathan Schneer, *The Balfour Declaration: The Origins of the Arab-Israeli Conflict* (New York: Random House, 2012), 78.

8 Fromkin, *A Peace to End All Peace*, 191. 也可参见 Jukka Nevakivi, "Lord Kitchener and the Partition of the Ottoman Empire, 1915–16," in Bourne and D. C. Watt, eds., *Studies in International History* (Hamden, UK: Archon, 1967), 327（指出了基奇纳想要在英国和俄罗斯领土之间建立空间的愿望）；Kent, Oil and Empire, 122。

9 Henry McMahon, *Letter to Sharif Hussein*, October 24, 1915.

10 Schneer, *The Balfour Declaration*, 85.

11 Ibid., 80.

12 British Mandate for Palestine, LNOJ, Vol. 3, No. 8 (August 1922), 1007–12; French Mandate for Syria and the Lebanon, LNOJ, Vol. 3, No. 8 (August 1922), 1013–17. 对美索不达米亚的托管授权从未生效。取而代之的是与伊拉克王国的一项条约。

13 John Calvert, *Sayyid Qutb and the Origins of Radical Islamism* (Oxford: Oxford University Press, 2010), 106; Adnan Musallam, *From Secularism to Jihad: Sayyid Qutb and the Foundations of Radical Islamism* (Westport, CT: Greenwood, 2005), 69; James Toth, *Sayyid Qutb: The Life and Legacy of a Radical Islamic Intellectual* (Oxford: Oxford University Press, 2013), 4.

14 Calvert, *Sayyid Qutb and the Origins of Radical Islamism*, 62.

15 Ibid., 106.

16 Naguib Mahfouz, *Mirrors*, trans. Roger Allen (Cairo: Zeitouna Press, 1999), 120.

17 Ibid., 122.

18 Calvert, *Sayyid Qutb and the Origins of Radical Islamism*, 142, citing Salah al-Khalidi, *Sayyid Qutb: Min al-Milad ila al-Istishhad* (Damascus: Dar al-Qalam, 1994), 27–28.

19 Sayyid Qutb, "Hama'im fi New York," al-Kitab, Sana 4, no. 10 (December 1949): 666 (translated by Mara Revkin).

20 Calvert, *Sayyid Qutb and the Origins of Radical Islamism*, 148, citing Daniel Brogan, "Al Qaeda's Greeley Roots," 5280 Magazine: Denver's Mile-High Magazine (June 2003), 162–63, http: // www.5280.com/magazine /2003 /06 /al-qaeda%E2%80%99s-greeley-roots? page= full.

21 Sayyid Qutb, Fi Zilal al-Quran, "Surah 6: Al-Anām" (Cattle), 1091 (Cairo: Dar al-Shuruq, 1978) (translated by Mara Revkin).

22 Adnan Musallam, *From Secularism to Jihad*, 117.

23 Sayyid Qutb, *Milestones* (New Dehli: Islamic Book Service, 2002), 111.

24 Sayyid Qutb, "Hama'im fi New York," al-Kitab, Sana 4, no. 10 (December 1949): 668.

25 Dan Caldwell, *Vortex of Conflict: U.S. Policy Toward Afghanistan, Pakistan, and Iraq* (Stanford, CA: Stanford University Press, 2011), 17; Calvert, *Sayyid Qutb and the Origins of Radical Islamism*, 152.

26 Lawrence Wright, *The Looming Tower* (Toronto: Alfred A. Knopf, 2006), 19. 也可参见 Calvert, *Sayyid Qutb and the Origins of Radical Islamism*, 152。

27 Andrea Mura, "A Genealogical Inquiry into Early Islamism: The Discourse of Hasan al-Banna," *Journal of Political Ideologies* 17, no. 1 (February 2012): 61–85.

28 "The Complete Works of Imam Hasan al-Banna, 1906–1949," *The Quran Blog*, accessed

February 19, 2016, http: // thequranblog. Ô¨Åles.wordpress .com /2008 /06/ _2 _-to-what-do-we-invite-humanity.pdf.

29 Mura, "A Genealogical Inquiry into Early Islamism," 71.

30 Calvert, *Sayyid Qutb and the Origins of Radical Islamism*, 191; Toth, *Sayyid Qutb*, 75–76.

31 Calvert, *Sayyid Qutb and the Origins of Radical Islamism*, 191–92.

32 "The Revolutionary," *Time*, September 26, 1955, 27–34.

33 Calvert, *Sayyid Qutb and the Origins of Radical Islamism*, 192.

34 Muhammad Haykal, *The Cairo Documents: The Inside Story of Nasser and His Relationship with World Leaders, Rebels and Statesmen* (Garden City, NY: Doubleday, 1973), 25; Peter Mansfield, *Nasser's Egypt* (London: Penguin, 1969), 88.

35 Toth, *Sayyid Qutb*, 80.

36 Calvert, *Sayyid Qutb and the Origins of Radical Islamism*, 181–95.

37 Toth, *Sayyid Qutb*, 63–64.

38 William McCants, ed., *Militant Ideology Atlas* (West Point: Combatting Terrorism Center, 2006), 13, https: //www. ctc.usma.edu /wp-content /uploads /2012 /04 /Atlas-ExecutiveReport.pdf. 阿布·穆罕默德·迈格迪西（Abu Muhammad al-Maqdisi）是一位萨拉菲派伊斯兰作家，他是扎卡维（al-Zarqawi）（两人于 20 世纪 90 年代末在约旦的监狱里相识）的精神导师，也是"基地"组织重要的精神导师之一，是库特布愿景的一个特别突出的现代拥护者。Ibid., 8–13. 迈格迪西的著作《民主：一种宗教》(*Democracy: A Religion*) 认为，民主依赖于人为制定的法律，他认为这些法律是多神论的崇拜对象，因此违反了伊斯兰对真主的一神论信仰（tawhid）的要求。迈格迪西解释说，现代宪政民主中的"多元立法"意味着"除了真主之外，侍奉的主和神的多元化"，因此构成了多神论。但这些思想并不是迈格迪西的原创，它们几乎完全来自库特布。Ibid., 8, 13.

39 Qutb, *Milestones*, 7.

40 Ibid., 57.

41 Ibid.

42 Ibid.

43 Ibid., 45.

44 Ibid., 57.

45 Ibid., 45–46. 库特布偏离了"Jahiliyyah"（蒙昧时代）的标准用法，它指的是精确的前伊斯兰的历史时期，库特布声称，蒙昧直到今天仍然存在。事实上，他认为蒙昧统治着伊斯兰世界——或者更准确地说，现在根本没有伊斯兰世界，因为即使那些自称穆斯林的人也不是真正的穆斯林。他们仍然在蒙昧的精神沙漠中游荡，仿佛《古兰经》的真理从来没有向先知透露过。

46 Ibid., 58.

47 Calvert, *Sayyid Qutb and the Origins of Radical Islamism*, 231.

48 Ibid., 236–37.

49 Ibid., 229–71.

50 Ibid.; Toth, *Sayyid Qutb*, 89–90.

51 Calvert, *Sayyid Qutb and the Origins of Radical Islamism*, 261–63.

52 Ibid.

53 Wright, *The Looming Tower*, 37.

54 Ibid. 引用 Ayman al-Zawahiri, "Knights Under the Prophet's Banner," in Laura Mansfield, *His Own Words: Translation and Analysis of the Writings of Dr. Ayman Al Zawahiri* (Lulu . com, 2006)。

55 Ibid., 78–79.

56 Qutb, *Milestones*, 47.

57 Ibid., 59.

58 Ibid., 65.

59 Ibid., 56.

60 Ibid., 160.

61 Ibid., 126.

62 Joshua Eaton, "U.S. Military Now Says ISIS Leader Was Held in Notorious Abu Ghraib Prison," *The Intercept*, August 25, 2016, https: //theintercept .com /2016 /08 /25 /u-s-military-now-says-isis-leader-was-held-in-notorious-abu-ghraib-prison/.

63 Ed Husain, "How 'Caliph' Baghdadi Aimed His Sermon at the Muslim Devout," *The Telegraph*, July 18, 2014, http: // www .telegraph.co.uk /news /worldnews /middleeast/iraq /10975807 /How-Caliph-Baghdadi-aimed-his-sermon-at-the-Muslim-devout.html#disqus _ thread.

64 "ISIS Abu Bakr al-Baghdadi First Friday Semon as So-Called 'Caliph,'" *Al Arabiya News Reports*, July 5, 2014, http: // english.alarabiya .net /en /webtv /reports /2014 /07 /07 /ISIS-Abu-Bakr-al-Baghdidi-first-Friday-sermon-as-so-called-Caliph–.html.

65 Abū Bakr al-Baghdādī, "A Message to the Mujahidin and the Muslim Ummah in the Month of Ramadan," http: // www .gatestoneinstitute .org /documents /baghdadi-caliph.pdf.

66 Ibid.

67 Ashley Kirk, "Iraq and Syria: How Many Foreign Fighters Are Fighting for ISIL?," *The Telegraph*, August 12, 2015; Eric Schmitt and Somini Sengupta, "Thousands Enter Syria to Join ISIS Despite Global Efforts," *New York Times*, September 26, 2015; "Islamic State

Group: Crisis in Seven Charts," *BBC News*, 2016 年 6 月 13 日访问，参见 http: // www .bbc .com /news /world-middle-east-27838034; "ISIS Sanctuary Map: May 25, 2016," Institute for the Study of War, 2016 年 6 月 13 日访问，参见 http: // www .understandingwar .org / backgrounder /isis-sanctuary-map-may-25-2016。

68 Karen Yourish, Derek Watkins, and Tom Giratikanon, "Recent Attacks Demonstrate Islamic State's Ability to Both Inspire and Coordinate Terror," *New York Times*, December 7, 2015.

69 "Islamic States 43 Global Affiliates: Interactive World Map," IntelCenter, December 15, 2015, http: // intelcenter .com /maps /is-affiliates-map.html#gs.1B wx8RE.

70 Nathaniel Zelinsky, "ISIS Sends a Message: What Gestures Say About Today's Middle East," *Foreign Affairs*, September 3, 2014.

71 Qutb, Milestones, 75.

72 "The Islamic State Announces Its Own Currency," *Insite Blog on Terrorism & Extremism*, November 13, 2014, http: // news.siteintelgroup .com /blog /index .php /entry /311-the-islamic-state-announces-its-own-currency.

73 Mara Revkin, "The Judicial Construction of Citizenship in the Islamic State: Evidence from Iraq and Syria," Yale Law School Middle East Legal Studies Seminar paper.

74 Bruce Lawrence, ed., *Messages to the World. The Statements of Osama bin Laden* (New York: Verso, 2005), 14.

75 Greg Miller and Julie Tate, "Osama bin Laden Warned Against Almost Every Aspect of Islamic State Playbook," *Washington Post*, March 1, 2016. 一个附属组织——伊斯兰马格里布的"基地"组织（Al Qaeda in the Islamic Maghreb）——也认为，宣布建立哈里发国为时过早。Thomas Joscelyn, "AQIM Rejects Islamic State's Caliphate, Reaffirms Allegiance to Zawahiri," *Long War Journal* (July 14, 2014), http: // www.longwarjournal.org /archives /2014 /07 /aqim _rejects _islamic.php.

结论：今后的任务

1 John Dewey to Robbie Tunkintell (Roberta Lowitz Grant Dewey), November 30, 1940, JDP CUL. 这封信是写给"罗比·汤金泰尔"(Robbie Tunkintell）的，这显然是杜威第二任妻子罗伯塔·L·G. 杜威（Roberta L. G. Dewey）的亲切昵称。参见，例如 John Dewey to Roberta Lowitz Grant Dewey, undetermined month, 1945, No. 09978, JDP CUL。莱文森于 1941 年 2 月 2 日去世。

2 Graeme Wood, "What ISIS Really Wants," *The Atlantic*, March 2015. 截至本书撰写之时，该视频仍然发布在黎明媒体基金会（al-Furqān Media Foundation）网站上，参见 "Although the

Disbelievers Dislike It," November 16, 2014, https://archive. org /details/disbelievers（第 15 分 12 秒）（应警告读者，该视频过于逼真，会引起极度不安）。

3 尽管截至本书撰写之时，美国还没有派出大量作战部队，但它已经派出了 300 多支特种作战部队来招募、协助和训练当地战斗人员。其中一名军人在 2016 年 11 月遇害。Alissa J. Rubin, Karam Shoumali, and Eric Schmitt, "American Is Killed in First Casualty for U.S. Forces in Syria Combat," *New York Times*, November 24, 2016.

4 Ambassador Samantha J. Power, Permanent Representative of the United States of America to the United Nations, to Mr. Ban Ki-moon, Secretary General of the United Nations, September 23, 2014. 这种行为可以成为自我实现的预言。当美国对其他组织发动袭击时，他们更有可能对美国发动武装袭击。这可能导致确实符合《联合国宪章》第 51 条的武装袭击（意即，由于其他组织对美国发动了武装攻击，因此美国可能会行使自卫权发动武装袭击来反击，这符合《联合国宪章》第 51 条规定。因此，作者说这是一个自我实现的预言）。

5 Federal Bureau of Investigation, 2014 Crime in the United States: Violent Crime, https://ucr.fbi.gov /crime-in-the-u.s /2014 /crime-in-the-u.s.-2014 /offenses -known-to-law-enforcement / violent-crime.

6 U.N. General Assembly Resolution 68 /262, *Territorial Integrity of Ukraine* (March 27, 2014).

7 参 见 Oona A. Hathaway, "Positive Feedback: The Impact of Trade Liberalization on Industry Demands for Protection," *International Organization* 52, no. 3 (1998): 575–612。

8 Organization for Economic Cooperation and Development, Trade and Jobs, http:// www. oecd.org /tad /tradeandjobs.htm.

索 引

（索引页码为原书页码，斜体字的页码指插图）

Page numbers in *italics* refer to illustrations.

图书在版编目(CIP)数据

反战之战：律师、政客与知识分子如何重塑世界 / (美) 乌娜·A.海瑟薇 (Oona A. Hathaway)，(美) 斯科特·J.夏皮罗 (Scott J. Shapiro) 著；朱世龙译. -- 北京：社会科学文献出版社，2021.11

书名原文：The Internationalists: How a Radical Plan to Outlaw War Remade the World

ISBN 978-7-5201-9017-6

Ⅰ. ①反… Ⅱ. ①乌… ②斯… ③朱… Ⅲ. ①反侵略战争－国际条约－研究 Ⅳ. ①D816

中国版本图书馆CIP数据核字（2021）第191575号

反战之战：律师、政客与知识分子如何重塑世界

著　　者 / ［美］乌娜·A. 海瑟薇（Oona A. Hathaway）
［美］斯科特·J. 夏皮罗（Scott J. Shapiro）
译　　者 / 朱世龙

出 版 人 / 王利民
组稿编辑 / 段其刚
责任编辑 / 周方茹
责任印制 / 王京美

出　　版 / 社会科学文献出版社·联合出版中心（010）59367151
地址：北京市北三环中路甲29号院华龙大厦　邮编：100029
网址：www.ssap.com.cn
发　　行 / 市场营销中心（010）59367081　59367083
印　　装 / 北京盛通印刷股份有限公司

规　　格 / 开 本：787mm×1092mm 1/16
印 张：40　插 页：2　字 数：520千字
版　　次 / 2021年11月第1版　2021年11月第1次印刷
书　　号 / ISBN 978-7-5201-9017-6
著作权合同登记号 / 图字01-2018-1802号
定　　价 / 168.00元